Basistexte Personalwesen

Herausgegeben von Oswald Neuberger

Bd. 6/1

Oswald Neuberger

Personalwesen 1

Grundlagen
Entwicklung
Organisation
Arbeitszeit
Fehlzeiten

36 Abbildungen und 15 Tabellen

Ferdinand Enke Verlag Stuttgart 1997

Prof. Dr. Oswald Neuberger
Lehrstuhl für Psychologie I
Wirtschafts- und Sozialwissenschaftliche Fakultät
der Universität Augsburg
Universitätsstraße 2
D-86159 Augsburg

Die Deutsche Bibliothek – CIP-Einheitsaufnahme

Personalwesen. - Stuttgart : Enke
  (Basistexte Personalwesen ; Bd. 6)

1. Grundlagen, Entwicklung, Organisation, Arbeitszeit, Fehlzeiten : 15
  Tabellen / Oswald Neuberger. - 1997
  ISBN 3-432-29841-2

© 1997 Ferdinand Enke Verlag, P.O.Box 300366, D-70443 Stuttgart
Printed in Germany
Druck: Zechnersche Buchdruckerei, D-67346 Speyer

Inhaltsverzeichnis .... **Seite**

Vorwort

Personalwesen ist eine faszinierende Disziplin: mehrfach totgesagt, höchst lebendig, umstritten und facettenreich, in Diskussion und Bewegung, fruchtbar (was sich auch am enormen Umfang der inzwischen verfügbaren Fachliteratur zeigt), vielseitig (und) anschlussfähig (für Ökonomie und Sozialwissenschaften), perspektivenreich, von Ideologien durchsetzt, um Formalisierung bemüht ...

Dieses produktive Chaos lässt sich weder in Gänze überblicken noch festhalten. In den beiden Bänden, die wir (Peter Wimmer und ich) gemeinsam konzipiert haben, werden wir deshalb nicht *das* Personalwesen darstellen, sondern lediglich bestimmte *Perspektiven* des Personalwesens; wegen der Unmöglichkeit einer allgemeingültigen Zentralperspektive bieten wir bestimmte Hin- oder Ansichten, die immer zugleich auch Wegsichten sind, Absichten verraten und Aussichten versprechen. Inhaltlich haben wir drei Perspektiven ausgewählt, die wir bei jedem Themengebiet erproben: eine managementorientierte, eine ökonomische und eine politische Sicht des Personalwesens.

Dem Titelbegriff 'Personalwesen' haben wir den Vorzug vor derzeit modischeren Fachbezeichnungen (Personalwirtschaftslehre, Personalmanagement, Human Resource Management) gegeben, weil er zum einen die umfassendste Bezeichnung darstellt und zum anderen offener als seine Alternativen für eine sozioökonomische Diskussion der Fragestellung ist.

Die Inhalte der beiden Bände gehen aus der folgenden Übersicht hervor:

Band 1: (*Neuberger*)	**Band 2**: (*Wimmer & Neuberger*)
Kap. A: Konzeptionelle und paradigmatische Grundlagen	Kap. E: Personalplanung
Kap. B: Geschichte, Professionalisierung und Organisation des Personalwesens	Kap. F: Beschäftigungspolitik (am Beispiel des Personalabbaus)
Kap. C: Arbeitszeitgestaltung	Kap. G: Personalkosten
Kap. D: Fehlzeiten	Kap. H: Personalcontrolling

Vorwort

Ursprünglich wollten wir - nach dem Vorbild der anderen Bände der Reihe 'Basistexte' - unsere Themen in *einem* Band behandeln. Weil sich der zunehmende Reifegrad des Personalwesens insbesondere in den personalwirtschaftlichen Kernthemen, um die es in diesem Basistext geht, in einer starken Ausdifferenzierung der Wissensbestände manifestiert, haben wir uns entschlossen, die Darstellung auf zwei Bände aufzuteilen, um auf konkretisierende empirische Befunde und Praxisbeispiele nicht verzichten zu müssen.

Dank

Der vorliegende *erste Band* verdankt seine Endform vielen Mit-ArbeiterInnen:
- Michaela Bartl, Annedore Kauffmann, Felix Miketta und Marc Stammer haben als 'studentische ProbeleserInnen' Druckfehler beseitigt, didaktische Hinweise gegeben, unnötige Fremdwörter ausgemerzt und für einige der dennoch verbliebenen dann Vorschläge für Übersetzungen gemacht, die in Fussnoten abgedruckt sind[1].
- Zu verschiedenen Kapiteln haben Andreas Bergknapp, Dieter Jaufmann, Ain Kompa, Peter Schettgen, Harald Seeba und vor allem Regina Dietmair durch hilfreiche kritische Kommentare zu inhaltlichen und formalen Klärungen beigetragen.
- Michael Singer und Ingeborg Schnörch haben sich trotz hohen Zeitdrucks mit Sorgfalt der Sach- und AutorInnen-Register angenommen.
- Wie auch bei den anderen Texten der Reihe hat Ursula Boehnke engagiert dafür gesorgt, dass aus dem Rohmaterial eine Gestalt wurde, indem sie den Text formatiert, die Abbildungen gezeichnet, die Tabellen und Belege geschrieben hat.

Ihnen allen mein herzlicher Dank!

Oswald Neuberger

Universität Augsburg
Universitätsstr. 2
86135 Augsburg
Tel: 0821/598 4080

---

[1] Im Unterschied zu mehreren anderen Bänden der Reihe ist diesmal kein Glossar am Ende des Textes eingefügt; Fremdwörter werden stattdessen im Allgemeinen dann, wenn sie zum erstenmal vorkommen, in einer Fussnote erklärt. Das hat den Nachteil, dass man diese Erläuterung nicht findet, wenn man in einem späteren Kapitel zu lesen beginnt. Vorschlag: Im Sachwortregister nachsehen - meist ist dort die Fundstelle angegeben!

Kapitel A: Theoretische Grundlagen - Übersicht

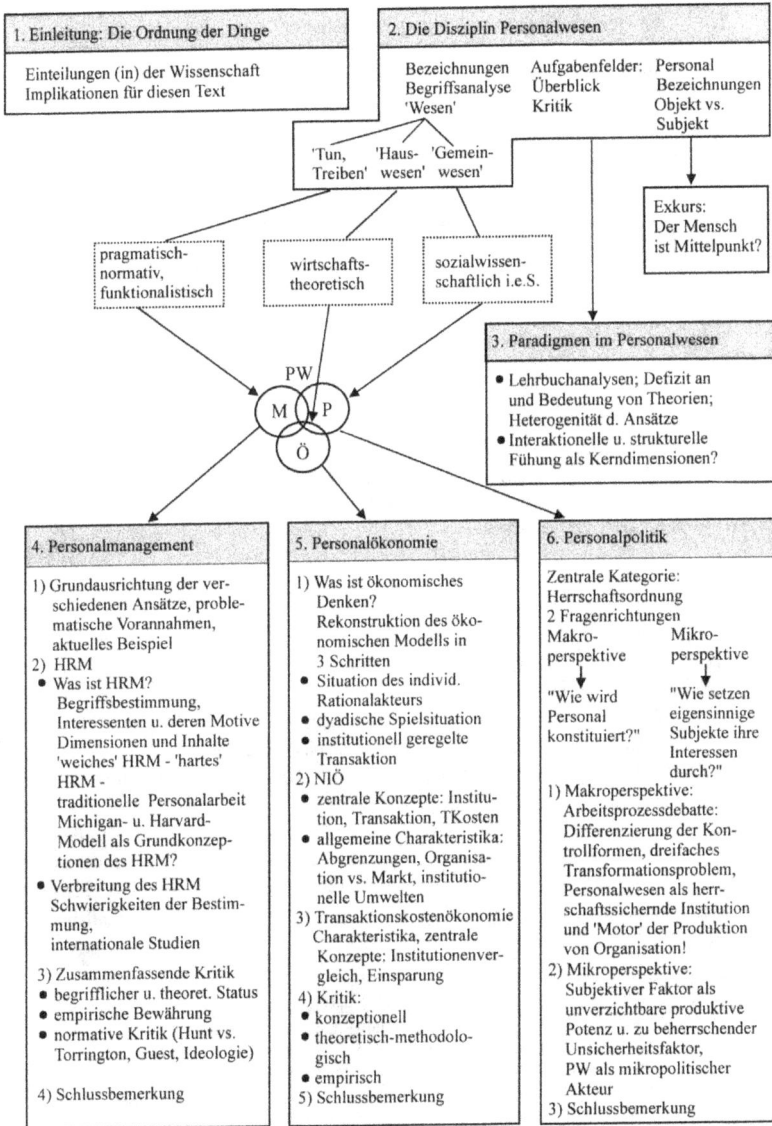

1. Einleitung: Die Ordnung der Dinge

Einteilungen (in) der Wissenschaft
Implikationen für diesen Text

2. Die Disziplin Personalwesen

Bezeichnungen	Aufgabenfelder:	Personal
Begriffsanalyse	Überblick	Bezeichnungen
'Wesen'	Kritik	Objekt vs.
		Subjekt

'Tun,   'Haus-   'Gemein-
Treiben'   wesen'   wesen'

Exkurs:
Der Mensch
ist Mittelpunkt?

pragmatisch-
normativ,
funktionalistisch

wirtschafts-
theoretisch

sozialwissen-
schaftlich i.e.S.

PW
M P
Ö

3. Paradigmen im Personalwesen

- Lehrbuchanalysen; Defizit an und Bedeutung von Theorien; Heterogenität d. Ansätze
- Interaktionelle u. strukturelle Fühung als Kerndimensionen?

4. Personalmanagement

1) Grundausrichtung der verschiedenen Ansätze, problematische Vorannahmen, aktuelles Beispiel
2) HRM
- Was ist HRM?
  Begriffsbestimmung,
  Interessenten u. deren Motive
  Dimensionen und Inhalte
  'weiches' HRM - 'hartes'
  HRM -
  traditionelle Personalarbeit
  Michigan- u. Harvard-
  Modell als Grundkonzeptionen des HRM?
- Verbreitung des HRM
  Schwierigkeiten der Bestimmung,
  internationale Studien
3) Zusammenfassende Kritik
- begrifflicher u. theoret. Status
- empirische Bewährung
- normative Kritik (Hunt vs. Torrington, Guest, Ideologie)
4) Schlussbemerkung

5. Personalökonomie

1) Was ist ökonomisches Denken?
   Rekonstruktion des ökonomischen Modells in 3 Schritten
- Situation des individ. Rationalakteurs
- dyadische Spielsituation
- institutionell geregelte Transaktion
2) NIÖ
- zentrale Konzepte: Institution, Transaktion, TKosten
- allgemeine Charakteristika: Abgrenzungen, Organisation vs. Markt, institutionelle Umwelten
3) Transaktionskostenökonomie
   Charakteristika, zentrale Konzepte: Institutionenvergleich, Einsparung
4) Kritik:
- konzeptionell
- theoretisch-methodologisch
- empirisch
5) Schlussbemerkung

6. Personalpolitik

Zentrale Kategorie:	
Herrschaftsordnung	
2 Fragenrichtungen	
Makro-	Mikro-
perspektive	perspektive

"Wie wird   "Wie setzen
Personal   eigensinnige
konstituiert?"   Subjekte ihre
   Interessen
   durch?"

1) Makroperspektive:
   Arbeitsprozessdebatte:
   Differenzierung der Kontrollformen, dreifaches Transformationsproblem, Personalwesen als herrschaftssichernde Institution und 'Motor' der Produktion von Organisation!
2) Mikroperspektive:
   Subjektiver Faktor als unverzichtbare produktive Potenz u. zu beherrschender Unsicherheitsfaktor, PW als mikropolitischer Akteur
3) Schlussbemerkung

3

Kapitel A

1. Einleitung: Die Ordnung der Dinge

1.1 Wissenschaftliche Einteilungen

Barbara *Townley* zitiert in ihrem kritischen Human-Resources-Buch aus "Die Ordnung der Dinge"; die Einleitung dieses *Foucault*-Texts liest sich wie folgt:

Beleg A-1: Die chinesische Enzyklopädie (aus *Foucault* 1989, 1)

"Dieses Buch hat seine Entstehung einem Text von *Borges* zu verdanken. Dem Lachen, das bei seiner Lektüre alle Vertrautheiten unseres Denkens aufrüttelt, des Denkens unserer Zeit und unseres Raumes, das alle geordneten Oberflächen und alle Pläne erschüttert, die für uns die zahlenmäßige Zunahme der Lebewesen klug erscheinen lassen und unsere tausendjährige Handhabung des Gleichen und des Anderen (du Même et de l'Autre) schwanken läßt und in Unruhe versetzt. Dieser Text zitiert 'eine gewisse chinesische Enzyklopädie', in der es heißt, dass

'die Tiere sich wie folgt gruppieren: a) Tiere, die dem Kaiser gehören, b) einbalsamierte Tiere, c) gezähmte, d) Milchschweine, e) Sirenen, f) Fabeltiere, g) herrenlose Hunde, h) in diese Gruppierung gehörige, i) die sich wie Tolle gebärden, k) die mit einem ganz feinen Pinsel aus Kamelhaar gezeichnet sind, l) und so weiter, m) die den Wasserkrug zerbrochen haben, n) die von weitem wie Fliegen aussehen'".[1]

Foucault zitiert ein zitiertes Zitat; ihn wiederum zitiert Barbara *Townley* und wir haben Townley zitiert. Damit wollen wir zweierlei veranschaulichen: einmal den üblichen Stil (personal-)wissenschaftlichen Arbeitens, der aus Zitatenkollagen besteht. Dabei ist an den Doppelsinn des Worts 'zitieren' zu erinnern, nämlich einen Autor als Autorität anrufen und als Autorität jemanden oder etwas herbeirufen: sie haben zur Stelle zu sein. Weil alles schon einmal gesagt wurde, wiederholt man es bekräftigend ein weiteres Mal, und wenn es oft genug gesagt wurde, gilt die vorherrschende Meinung der Fachwelt als beste Annäherung an die Wahrheit. Auf diese Weise wird Wirklichkeit produziert: so viele Autor(ität)en können sich nicht irren, ja es ist nicht einmal mehr entscheidend oder prüfbar, was 'in Wirklichkeit ist', weil Wirklichkeit nur über Reden/Schreiben zugänglich ist. Der Wissenschaftsbetrieb ist in seiner Anähnelung an die wirtschaftlichen Großbetriebe weit fortge-

---

[1] Georges *Perec* (1996) variiert *Borges'* chinesische Enzyklopädie (die den bezeichnenden Titel 'Himmlischer Warenschatz wohltätiger Erkenntnisse' trägt): Er reiht z.B. so: "a) Tiere, auf die man wettet, b) Tiere, die vom 1. April bis zum 15. September nicht bejagt werden dürfen, c) gestrandete Wale ..." Die vorgeblich akribische Einteilung führt ein Systematisieren, das sich auf Oberflächen- und Einzelerscheinungen stützt, ad absurdum. Wenn wir unten den Warenschatz wohltätiger Erkenntnisse des Personalwesens inventarisieren werden, können wir über ähnlich überzeugende Einteilungen berichten - und wir beteiligen uns aktiv...

schritten: Verringerung der Fertigungstiefe, verstärkter Fremdbezug, Konzentration auf Montage und Marketing, durchgehende Verkundung des Unternehmens. Selbst wer auf den Schultern von Riesen steht, müßte sich schon auf den Kopf stellen, um sie zu überragen.

Zum anderen aber möchten wir *Foucaults* Einsicht nutzen, dass die Ordnung der Dinge auf Unterscheidungsleistungen beruht, die als gültige durchgesetzt wurden. Es geht nicht darum, eine vorhandene naturgesetzliche Ordnung zu erkennen, sondern zu verstehen, wie Ordnung *gemacht* wurde und wird. Der Anfang jeder Herrschaft ist Kategorisierung: das eine wird vom anderen unterschieden (Mann/Frau, gesund/krank, normal/irr, anständig/kriminell usw.), diese Differenz wird plakativ benannt, es werden Verfahren der Unterscheidung (Prüfung) und Registrierung entwickelt und das Unterschiedene wird verschieden behandelt, sodass die Differenz letztlich ontologischen* Status gewinnt. Wenn man z.B. zwischen Führern und Geführten trennt und die Geführten für unzuverlässig, faul und unfähig erklärt(!) und sie entsprechend traktiert (kontrolliert, motiviert, trainiert etc.), dann werden sie womöglich 'tatsächlich' so werden, wie sie gesehen werden und die Unterscheidung bewahrheitet sich.

Auch im Personalwesen werden Unterscheidungen vorgenommen. Das Personalwesen grenzt sich ab von anderen betrieblichen Funktionen, es erklärt sich für bestimmte Dinge (un-)zuständig, interessiert sich für einiges und läßt anderes unbeachtet, lebt von Kategorisierungen (ArbeiterInnen/Angestellte/Außertarifliche, Anwesende/Fehlende, mit Potential/ohne Potential, Stamm-/Randbelegschaft, Vorgesetzte/MitarbeiterInnen usw.). Viele der Unterscheidungen sind vermutlich für eine kulturfremde Person genauso wunderlich wie die in der chinesischen Enzyklopädie, aber für die Vollsozialisierten machen sie Sinn, weil sie das übliche und richtige Handeln sowohl anleiten wie rechtfertigen.

Sieht man es als Aufgabe der Wissenschaft (z.B. der Wissenschaft vom Personal) an, die 'richtige' Ordnung der Dinge zu finden, verfehlt man die Pointe. Einteilungen - man könnte auch sagen: Ab-Teilungen und Ansichten - gelten (sind 'richtig'), wenn sie von anderen übernommen werden und sich im praktischen Leben bewähren, das - zirkulär - ihnen entsprechend gestaltet ist. Eine solche Sicht ist postmodern-beliebig, sie lehnt den dogmatischen Alleinvertretungsanspruch auf Wesens- oder Wahrheits-Erkenntnis ab und verschafft somit einer Vielzahl konkurrierender Stimmen wenn nicht Gehör, so doch Ausdruck. Aber sie machte es sich zu leicht, wenn sie auf der Ebene der Erscheinungen bliebe und sich mit der Ratifizierung des Bestehenden als gleich gültig, weil historisch kontingent, zufriedengäbe. Wissenschaft - auch das ist eine Einteilung, die autoritativ einen Unterschied zu Nichtwissenschaft macht - ist durch kritisch reflektierte Beziehungsaussagen definiert. Kurz

---

* *Ontologie* (griech.): Seinslehre; hier: objektive (beobachterunabhängige) Existenz

zu den drei Definitionsmerkmalen Aussagen, Beziehungen, Kritik: Wissenschaft ist ein System von *Aussagen*, das sich eines symbolischen Mediums (Sprache) bedient und seinen Gegenstand in dieses Medium übersetzen muss. 'Die Wirklichkeit' findet sich in Wissenschaft nur als eine kodierte Konstruktion. Das zweite Charakteristikum (Beziehungen herstellen) erfordert, das analytisch und real Vereinzelte in (sachlichen, zeitlichen, kausalen, funktionalen) Zusammenhang zu bringen, also aus der Isolation des Nun-einmal-so-Gegebenen zu holen, im Kontext zu sehen und *prinzipiell* zu verstehen oder zu erklären. Kritische Reflexion schließlich heißt, das Bestehende an vorhandenen und möglichen Alternativen zu prüfen, und die konstruierten Ordnungen nicht unbefragt gelten zu lassen, sondern an ihren eigenen und fremden Ansprüchen zu messen (und diese kreativ zu erneuern).

1.2 Die Ordnung dieses Textes

Das bedeutet für das Personalwesen (oder bescheidener: für den vorliegenden Text) Skepsis gegenüber den vorherrschenden Einteilungen. Sie sollen referiert und relativiert werden, ohne aber der Hybris zu verfallen, die eigentliche oder letztgültige anbieten zu können (was letztlich auch den unendlichen Regress erforderte, die Referenzkriterien selbst wiederum zu analysieren und zu kritisieren). Alle Einteilungen haben ihre Geschichte und ihre gesellschaftliche und wirtschaftliche Funktion - und darüber soll reflektiert werden; bloße Praxisbewährung von Ansätzen oder Instrumenten läßt jedenfalls ihre Wirkprinzipien nicht erkennen, sondern beschreibt Korrelationen. Das wird sehr deutlich an den periodisch erneuerten Wunderlehren, die mit eindrucksvollen Praxisbeispielen belegen, dass Unternehmenskultur, Total Quality Management, Kundenorientierung, Lernende Organisation usw. der Schlüssel zum Erfolg sind. Sie finden zustimmende Resonanz der PraktikerInnen - und sind im nächsten Jahr von der nächsten Mode überholt (s. *Kieser* 1996).

Auch unsere Ordnung ist so eigenartig wie die chinesische Klassifikation der Tiere. Dass wir z.B. in einem Grundlagentext fürs Personalwesen wichtige Themenkreise überhaupt nicht behandeln (z.B. Lohnfindung, Personalbeschaffung, Arbeitsgestaltung, Personalentwicklung, Führung etc.) hat damit zu tun, dass in anderen Bänden der Reihe 'Basistexte Personalwesen' die eben genannten Gebiete in Monografien behandelt werden. Weil wir - wie alle anderen AutorInnen - nicht nur unter Beschränkungen unseres Wissens, sondern auch unter denjenigen von Raum und Zeit (Seitenbegrenzung und Termindruck) leiden, können wir keinen allumfassenden Überblick bieten. Wichtiges Selektionskriterium war, dass wir in dieser Monografie den bereits existierenden Gesamtdarstellungen der Personalwirtschaftslehre (z.B.: *Berthel; Bühner; Drumm; Hentze; Jung; Kolb; Marr & Stitzel; Oechsler; Remer; Richter; Scholz; Wunderer & Kuhn*) keine weitere hinzufügen wollten. Allenfalls wären dafür die acht Bände[2] unserer Reihe 'Basistexte Personalwesen' *zusammengenommen* qualifiziert.

Es wäre ein unrealistisches Ziel, den Diskussionsstand des Personalwesens - das sogenannte 'gesicherte Wissen' und die 'verbreiteten Meinungen' - annähernd vollständig oder auch nur repräsentativ wiedergeben zu wollen, denn es gibt niemand, der das schlechtdefinierte Gebiet überblicken und die große Menge der täglich neu erscheinenden Publikationen rezipieren könnte. Jede Darstellung ist deshalb selektiv, akzentuierend und voreingenommen und das trifft selbstredend auch auf den vorliegenden Text zu. Wie im Vorwort angekündigt, gehen wir nun in den ersten beiden Kapiteln des Bandes 1 auf konzeptionelle und theoretische Grundlagen, sowie die Entwicklung und Organisation des Fachs ein; die restlichen zwei Kapitel dieses Bandes sind ebenso wie die vier Kapitel des Bandes 2 dann inhaltlichen Themen gewidmet.

2. Die Disziplin Personalwesen

2.1 Namen für das Personalwesen

Eine Antwort auf die Frage, was denn nun Personalwesen *ist,* erübrigt sich nach den Vorbemerkungen zur Ordnung der Dinge. Es geht vielmehr darum, sich zunächst der in Praxis und Fachliteratur getroffenen *Unterscheidungen* bewußt zu werden. Auch wenn sich zeigen sollte, dass die verschiedenen Namen nur jeweils andere Etiketten für das in der Sache Gleiche sind, werden doch Ansprüche (oder Illusionen) erzeugt, die aufschlußreich sind. Es geht um Revierabgrenzungen und Selbstdefinitionen (Wissenschaft/Praxis, Ökonomie/Verhaltenswissenschaften, modern/überholt, affirmativ/kritisch etc.).

Was wir unter Personalwesen verstehen, hat viele Rufnamen: Personalwirtschaftslehre, Personalmanagement, Human Resources Management, Personalführung, Personalpolitik, Personalökonomie, Personalwissenschaft[3].

Viele Autoren (beispielsweise *Wächter* 1992, *Conrad* 1991, *Storey* 1995, *Staehle* 1989, *Sadowski* et al. 1994, *Pieper* 1990 usw.) haben die verschiedenen Titel kommentiert.

---

[2] Die anderen sechs Bände haben folgende Titel bzw. Inhalte: 'Führen und geführt werden' (*Neuberger*), 'Arbeit, Leistung, Lohn' (*Schettgen*), 'Arbeitsgestaltung' (*Heller*), 'Personalentwicklung' (*Neuberger*), 'Personalmarketing, Bewerberauswahl und Arbeitsplatzsuche' (*Rastetter*), 'Mikropolitik' (*Neuberger*).

[3] *Türks (*1978a) Vorschlag, eine 'Personalwissenschaft' zu begründen, hat sich nicht durchgesetzt. Wir gehen deshalb nicht näher darauf ein.

Kapitel A

Nach *Wächters* Meinung findet man den Begriff *'Personalwesen'* immer seltener:
"Er gilt wohl als zu angestaubt" (*Wächter*, 1992, 316). Vielleicht wird auch die Nähe zu 'Sozialwesen' und zu einer spezifisch deutschen religiös-humanistischen Ausrichtung gescheut, die ihre Wurzeln in der katholischen Soziallehre hat (s.a. *Drumm*
1993); ein weiterer Grund dürften Assoziationen zum Bürokratismus antiquierter
Personalverwaltung sein, obwohl analoge Begriffe in anderen Funktionsbereichen
(siehe Material-, Finanz-, Rechnungs-Wesen) nicht veraltet sind. Lehr- und Handbücher, die den Titel 'Personalwesen' tragen, stammen von *Potthoff* 1974, *Wächter*
1979, *Gaugler & Weber* 1992, *Bierfelder* 1976, *Bisani* 1976, 1983.

Angesichts der meist pejorativen* Etikettierung von Personal*wesen* fühlen wir uns
veranlasst zu begründen, warum wir dennoch an dieser Bezeichnung festhalten. Wir
glauben, dass dieser Begriff der umfassendste ist, der alle anderen zu subsumieren
erlaubt. Als Gewährsmänner für diese Auffassung ziehen wir die Gebrüder *Grimm*
heran. Nicht um ein weiteres Märchen aufzutischen, an denen es im Personalwesen
ohnehin nicht mangelt, sondern um auf ihr deutsches Wörterbuch zurückzugreifen,
in dessen 29. Band auf 72(!) engbedruckten Spalten der Facettenreichtum des deutschen Worts 'Wesen' entfaltet wird. In Abb. A-1 haben wir eine zugegebenermaßen
selektive Ordnung rekonstruiert, indem wir verschiedene Bedeutungsgruppen unterschieden haben. Die Sinngehalte, die wir in unserem Text dem Personal-Wesen un-
terlegen wollen, haben wir in der Abb. A-1 mit Buchstaben markiert (M für Management, P für Politik und Ö für Ökonomie). Darüber hinaus gibt es noch weitere
Akzentsetzungen, die in der Fach- und Laiendiskussion eine Rolle spielen: Als Er-
fahrungsbereich, der sich zu einem sozialen Objekt mit eigenständigen Verfahren,
Sprachregelungen, Instrumenten usw. konkretisiert hat, ist Personalwesen ein 'Ding',
'Kram', 'Zeug' wie z.B. auch Materialwesen, Kriegswesen, Gesundheitswesen usw.
Manchmal wird versucht, die 'eigentliche Natur', das 'wahre Sein', die 'innerste Organisation' dessen zu ergründen, was *Personal* heißt oder ist. Ferner wird zuweilen
unterstellt, im Personalwesen ginge es um konkrete ('ganze') Menschen, Persönlichkeiten, Charaktere bzw. es hätte selbst - als Institution - ein einmalige und unver-
wechselbare 'Persönlichkeit'. Eine letzte Auffassung begnügt sich mit dem schlichten Konstatieren der Existenz von Personalwesen, bzw. den ihm zugeschriebenen
Personen, Instrumenten, Systemen, Kennziffern usw.: es ist nun einmal so, wie oder
was es ist und kann in dieser Beschaffenheit analysiert werden.

---

* *pejorativ*: abwertend

P
Gemeinwesen
öffentliche Ordnung
öffentliche Verhältnisse
politische Körperschaft
verwaltetes Territorium

M
Tun und Treiben
Lebensweise, -form
Wandel, Werk, Leben
Gebaren, Verhalten

Ö
Hauswirtschaft
Haushalt
Haus u. Hof ('Anwesen')
Besitztum Gebäude,
Wirtschaft

WESEN

Ding, Zeug, Kram,
'ens', Stoff, Sache,
(Schul-, Gerichts-,
Kriegs-, Münz-,
Gesundheitswesen)

eigentliche Natur
(substantia, essentia)
wahres Sein
innerste Organisation

Persönlichkeit
Lebe-Wesen
Lebensart
('einnehmendes W.')
('das höchste Wesen')
Naturell, Charakter

Dasein, Existenz
Zustand, Status,
Beschaffenheit,
Bestehendes

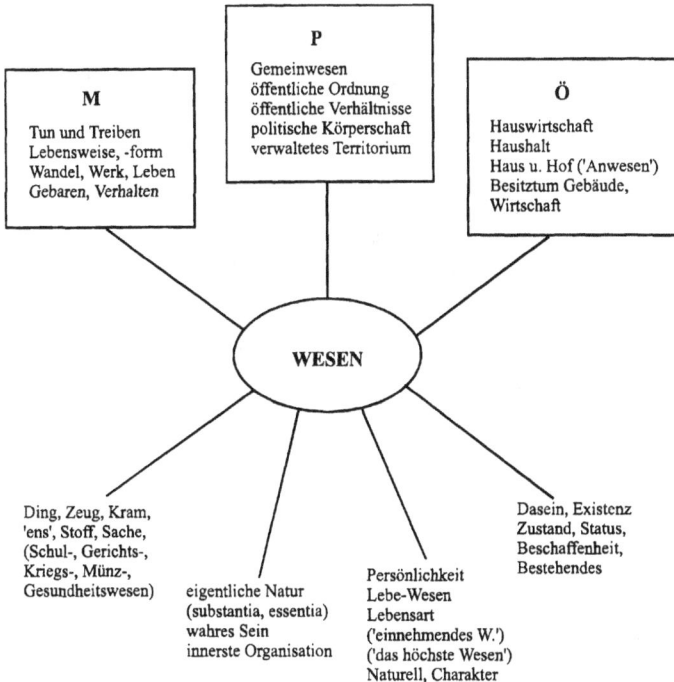

Abb. A-1:   Facetten des Begriffs 'Wesen' (nach Jacob und Wilhelm *Grimms* deut-
schem Wörterbuch (1991, Sp 510-581)

2.2   Das Analyseraster in diesem Buch:
Management - Ökonomie - Politik

Jene Bedeutungen, die wir nutzen wollen, sind

- **M**: 'Tun und Treiben', 'Tun und Lassen', Verhalten, Werk, (Lebens-)Wandel. Diese Perspektive verweist nach unserer Meinung auf den Gestaltungsanspruch, den
das *Management* in der Formung des Personal-Gebarens erhebt.
- **P**: Die *politische* Dimension der Personalarbeit wird sichtbar, wenn man sich auf
die Wortwurzel 'Gemeinwesen', 'öffentliche Ordnung' besinnt. Es geht um die

fortwährende (Re-)Produktion einer gesellschaftlichen (manche meinen sogar: gemeinschaftlichen) Ordnung.

- Ö: Die Bedeutungskomponenten 'Hauswesen', 'Anwesen' rufen den ursprünglichen Sinn von *Ökonomie* in Erinnerung, nämlich die Führung und 'haushälterische' Verwaltung des 'oikos', der Hauswirtschaft.

Demzufolge trennen wir zwischen

- pragmatisch-normativen, funktionalistischen Richtungen, die wir unter dem Stichwort 'Personalmanagement' zusammenfassen. Das Leitinteresse ist präskriptiv: es zielt auf effiziente und effektive Gestaltung und Intervention;
- wirtschaftstheoretischen Akzentsetzungen ('Personalökonomie'), denen es mit analytischem Interesseschwerpunkt um die Integration der Personalfunktion in den Denkrahmen der Neoklassik oder der Neuen Institutionellen Ökonomie geht;
- und schließlich im engeren Sinn sozialwissenschaftlichen Orientierungen ('Personalpolitik'); Zentralperspektive der Analyse ist die machtvolle Durchsetzung von Interessen zur (Re-)Produktion gesellschaftlicher Ordnungen.

Diese Aufgliederung ist - wie in Abb. A-2 visualisiert - nicht überlappungsfrei und lediglich akzentuierend gemeint, um für die Zwecke unserer Enzyklopädie(!) Ordnung zu stiften. Um es am Beispiel 'Personalmanagement' zu illustrieren: Das Management des Personals muss sich zweifellos intensiv mit Fragen der Kostenplanung und -kontrolle befassen und alternative Kombinations-, Einsatz- und Verwertungsmöglichkeiten der betrieblichen Ressourcen (vor allem der finanziellen) prüfen. Zugleich ist Management die Kunst des politischen Austarierens unterschiedlicher Interessen der verschiedenen 'stakeholders'. In unserer Analyse gehen wir aber vereinfachend davon aus, dass sich Management als Agentur des Prinzipals versteht (siehe dazu Kap. 5.2.3.) - insofern also politisch einseitig festgelegt ist - und in erster Linie das Programm der Sicherung und Reproduktion der bestehenden (Herrschafts-) Verhältnisse verfolgt. Seine Maxime ist es, die Kontrolle über das Geschehen zu behalten und auszubauen.

Mit der Trias 'Management - Ökonomie - Politik' schließen wir uns an dominante 'Erzähltraditionen' an, die wir referieren und kommentieren, aber nicht durch einen eigenen Entwurf integrieren oder gar ersetzen. Unsere Gegenüberstellung hat primär eine didaktische Absicht, weil sie uns helfen soll, unterschiedliche Standpunkte im Diskurs über Personalwesen akzentuierend herauszustellen. Die Managementperspektive gilt uns als Vertreterin einer an Herrschaftsinteressen ausgerichteten pragmatisch-normativen Orientierung (im Sinne der Vereinigung von Know-how, How-to-do-it, Do-it-yourself); den ökonomischen Ansatz sehen wir als Beispiel einer analytischen Perspektive, die ein bestimmtes methodisches Paradigma (rationale individuelle Entscheidung) konsistent und konsequent anwendet; die politische Modellierung des Personalwesens schließlich ist nach unserer Auffassung im methodischen Ansatz mit dem ökonomischen verwandt (Akteursorientierung, Rationalprinzip), aber durch ein anderes Erklärungsinteresse charakterisiert: nicht Verwertung, sondern 'geordnete' Interessendurchsetzung steht im Mittelpunkt.

PERSONALWESEN

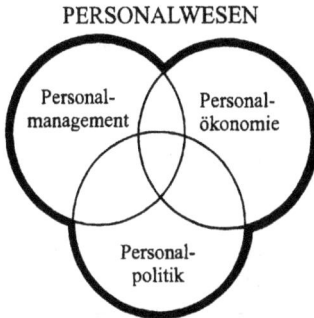

Abb. A-2:   Personalwesen als Personalmanagement, Personalökonomie und
Personalpolitik

2.2.1   Personal-*Management* (bzw. Personalwirtschaftslehre, Human Resource Management, Personalführung)

Texte, die unter dem Titel Personal*wirtschaftslehre* erschienen sind, befinden sich in sehr viel engerer Nachbarschaft zu Arbeiten, die mit Personal*management* oder *Human Resource Management* oder Personal*führung* überschrieben sind, als zu Büchern oder Aufsätzen über Personal*ökonomie*.

Personalwirtschaftslehre ist somit nicht der ökonomischen Theorie (im engeren Sinn, siehe dazu unten Kap. 5.1), sondern primär einem pragmatisch-normativen Programm verpflichtet, d.h. sie versteht sich im Regelfall als angewandte Wissenschaft, die praxisbewährte (und z.T.: empirisch geprüfte) Gestaltungs*empfehlungen* macht (letzteres bezeichnet ihre normsetzende und präskriptive[*] Ausrichtung). Es dominieren Darstellungen von Verfahren, Instrumenten und Systemen der Praxis, die im Hinblick auf ihren Beitrag zur Erreichung ökonomischer oder sozialer Ziele gewürdigt werden. Meist wird aus der Management-Perspektive argumentiert, für die in diesem Zusammenhang die Maxime[*] gilt: "In Personal zu investieren ist kein Luxus oder keine soziale Wohltat, vielmehr muss (wird) es sich ökonomisch aus-

---

[*] *präskriptiv* (lat.): vorschreibend
[*] *Maxime* (griech.): Handlungsprinzip, Grundsatz

zahlen" (*Wächter* 1992, 316). 'Personalwirtschaftslehre' scheint "eine implizite Stellungnahme für ein enges, eher instrumentelles Verständnis der BWL zu enthalten ..." (a.a.O.) "... wobei der Glaube an die (rationale) Entscheidbarkeit groß ist" (a.a.O., 317). *Kossbiel* (1997, 124) definiert als Gegenstand der Personalwirtschaftslehre "ökonomisch legitimierbare Entscheidungen zur Lösung betrieblicher Personalprobleme" ... "Die zu lösenden Personalprobleme wurden[4] unter den Rubra 'Verfügbarkeit über Personal'[5] und 'Wirksamkeit des Personals' ausdifferenziert." Wir werden uns (im Kap. 5.1.) noch damit auseinandersetzen, was es für eine Entscheidung bedeutet, '*ökonomisch* legitimierbar' zu sein; offen bleibt auch, was denn nun Personalprobleme sind. Lehrbücher mit dem Titel Personalwirtschaftslehre haben z.B. *Hentze* 1994, *Marr & Stitzel* 1979, *Drumm* 1995 und *Türk* 1978 herausgebracht.

Mit der Titulierung der Disziplin als Personal*management* will man *Wächter* zufolge "besonderen Wert auf ein Verständnis der Personalfunktion als Teil eines übergreifenden (Management-)Prozesses legen, der in allen seinen Phasen von personellen Aspekten durchzogen ist ... Logischerweise sind die Gebiete, mit denen sich Personalmanagement befaßt, beinahe unbegrenzt ... D.h. der gesamte Managementprozeß wird unter seinen personellen Voraussetzungen und Implikationen betrachtet" (1992, 318). Für *Steinmann & Kühlmann* (1991, 667) "... thematisiert die Personalmanagementlehre die Gestaltung der individuellen, sozialen und ökonomischen Determinanten menschlicher Arbeit oder kurz der Arbeitsverhältnisse"; für sie gilt, dass die Personalmanagementlehre als Teil der Allgemeinen Managementlehre zu entwickeln ist (a.a.O., 668). Lehrtexte mit dem Titel Personalmanagement stammen von *Remer* 1978, *Ackermann & Scholz* 1991, *Berthel* 1995, *Bühner* 1994, Jung 1995, *Kastner* 1990, Kolb 1995, *Wunderer & Kuhn* 1993, *Scholz* 1994.

> "Unter Personalmanagement wird im folgenden ein Vorgang verstanden, der ... die Bestimmung von Zwecken (oberste Ziele), die Planung von Strukturen (strukturelle Mittel) und Maßnahmen zur konkreten Gestaltung der Strukturen (Aktionsprogramme) umfaßt. Auf eine Kurzformel gebracht, wird Personalmanagement hier begriffen als Konzipierung und konkrete Gestaltung arbeitsteilig organisierter Strukturen auf dem Wege der Selektion von Zwecken und Mitteln des Einsatzes von Menschen in diesen Strukturen" (*Remer* 1978, 19f).

Der Begriff *Human Resource Management* hat die steilste internationale Karriere gemacht, er beginnt inzwischen auch in deutschen Großunternehmen zu dominieren. Durch die Wahl des Begriffs *Human Resource Management* soll "zum einen (...) das Personal nicht primär als Kostenfaktor, sondern als Leistungsträger und -potential

---

[4] nämlich 1971, als der erste deutsche Lehrstuhl für Personal*wirtschaftslehre* an der Universität Hamburg gegründet wurde

[5] gemeint ist vermutlich 'Disposition über Personal' oder 'Verfügbarkeit des Personals'

gesehen werden" ... (zum anderen wird) "dessen strategische Ausrichtung und Integration in die Unternehmensstrategie insgesamt" hervorgehoben (*Wächter* 1992, 319). *Wächter* merkt kritisch an: "Es mag noch angehen, die Betrachtung des Menschen als Mittel der Produktion zu konstatieren (so ist es ja auch), aber das als spezifische Tugend rechtfertigend in den Mittelpunkt der Überlegungen zu stellen, dagegen gibt es im deutschen Sprachraum und -gebrauch offensichtlich einen - vielleicht auch nur latenten - Vorbehalt" (a.a.O., 319). Dieser Vorbehalt scheint Vergangenheit zu sein, es erscheinen Bücher unter diesem Titel (z.B. *Pieper* 1990), auch eine bekannte Praktikerzeitschrift ('Personal') hat sich den Untertitel "Zeitschrift für Human Resource Management" gegeben.

Wegen der aktuellen Bedeutung der Diskussion über Human Resource Management haben wir dieser Thematik ein eigenes Kapitel (4.2.) gewidmet.

Personalführung schließlich sieht *Wächter* (a.a.O., 321) meist beschränkt auf unmittelbare Vorgesetzten-Mitarbeiter-Beziehungen: "Die zentralen Kategorien, nämlich 'Personal', 'Arbeit' und 'Organisation' bleiben undefiniert bzw. erscheinen gar nicht" (a.a.O., 322). Ganz anders als der Mainstream hat *Türk* (1981) das Konzept der Personalführung interpretiert: als Institution der sozialen Kontrolle in Organisationen.

Für den größten Teil der *personalwirtschaftlichen* Literatur dürfte dürfte *Wächter*s Diagnose zutreffen:

> "Vorschnell wird in den Büchern die (offizielle) Entscheiderperspektive eingenommen. Es gibt wenig Reflexion über die Akteure, deren Handlungsbedingungen und -parameter. Es gibt nach wie vor erstaunlich wenig Informationen über den tatsächlichen Einsatz der vorgestellten Instrumente, deren Wirkungen und Funktionen. Statt die Praxis kritisch zu begleiten und ihr im allgemeinen konzeptionell und kreativ vorauszugehen, gibt es eine in ihrem Zustandekommen nicht nachzuvollziehende Zusammenstellung von Verfahren und Instrumenten, die dann irgendwie mit dem vorgestellten Konzept verbunden wird. Das Jäger- und Sammlerstadium haben wir noch nicht verlassen. Es wäre gut, wenn wir uns das eingestehen. Umso besser könnten wir diese (notwendige) Phase effizient hinter uns bringen" (a.a.O.).

2.2.2 Personal-*Ökonomie*

Die Bezeichnung *Personalökonomie* wurde in Deutschland vor allem von der Gruppe um *Sadowski* ins Gespräch gebracht, um an die mikro- und institutionenökonomische Tradition der Betriebswirtschaftslehre anschließen zu können (s. aber auch *Lazear* 1995). Diese Bezeichnung sperrt sich gegen vorschnelle Vereinnahmung der Disziplin als Praxislehre und betont die ökonomietheoretische Fundierung. Wir gehen darauf unten noch ausführlicher ein (s. Kap. 5).

Kapitel A

2.2.3 Personal-*Politik*

Wächter identifiziert Personalpolitik mit der grundsätzlichen Ausrichtung des Handlungsfelds und fordert: "Personalpolitik soll sich *strategisch* ausrichten (statt bloß reagierend und verwaltend); sie soll den Menschen als *Ressource* begreifen (statt nur als Kostenfaktor), und die Personalfunktion soll als primäre *Management*aufgabe (statt als spezialisierte Stabsfunktion) verstanden werden" (1992, 325). Im Rahmen einer im engeren Sinn politischen Perspektive diagnostiziert *Wächter* auch die unausweichliche Konflikthaftigkeit der Personalarbeit:

> "Aus einer genaueren Analyse von Wirkungszusammenhängen der betrieblichen Personalpolitik leitet sich logischerweise die Forderung ab, Menschen dort und so einzusetzen, dass sie ihre Fähigkeiten, ihre Initiative, Kreativität, ihr Fingerspitzengefühl, ihre Emotionalität verwenden können. Damit erweist sich aber das Verhältnis von Mensch und Arbeit als zutiefst ambivalent: Es tendiert immer auch zur Ausbeutung auch noch der feinsten und individuellsten Züge des Menschen, die produktiv eingesetzt werden, und es bietet immer auch die Möglichkeit zur individuellen Entfaltung und Emanzipation" (*Wächter* 1992, 334).

> Für *Sadowski et al.* 1994, 399) ist " ... Personal*politik* - eine Formulierung, die daran erinnert, dass personelles Geschehen oft auf Aushandlungen zwischen Arbeitnehmern und Arbeitgebern beruht."

> *Krell* (1994, 19f) definiert: "Der Begriff 'Personalpolitik' wird hier nicht im engeren Sinne zur Kennzeichnung eines Teilbereichs der Disziplin 'Personalwesen' verwendet, ... sondern im weiteren Sinne, d.h. zur Bezeichnung des gesamten Gegenstandsbereichs der mit 'Personal' befaßten speziellen Betriebswirtschaftslehre ... Die dementsprechende Bezeichnung für das Fach lautet 'Personalpolitiklehre' bzw. 'Lehre von der betrieblichen Personalpolitik'."

Ein Lehrbuch mit dem Titel Personalpolitik haben *v. Eckardstein & Schnellinger* 1978 veröffentlicht; Gertraude *Krell* (1994) stellt ihren geschichtlichen Rückblick unter dieses Thema.

Schlussfolgerung

In der Differenzierung zwischen Personalwirtschaftslehre einerseits und Personalökonomie andererseits kommt eine Art Glaubensspaltung zum Ausdruck, die die BWL praktisch seit ihrem Bestehen beschäftigt, nämlich die Frage, ob die BWL eine sozial- bzw. verhaltenswissenschaftliche oder aber eine 'rein' ökonomische Disziplin ist [fürs Personalwesen sind die kontroversen Positionen einmal mehr durch Weibler (1996) und Alewell (1996) zusammengefasst worden; wir werden darauf im Kap. B ausführlich eingehen]. *Wächter* kann hier für die eine Extremposition stehen:

> "So paradox es klingen mag: das Personalwesen kann seinen *ökonomischen* Nutzen umso mehr nachweisen, als es sich verstärkt *verhaltenswissenschaftlicher* Methoden und

14

Modelle bedient. D.h. es ist nicht zu viel verhaltenswissenschaftlicher Gehalt in den Lehrbüchern, sondern eher zu wenig - oder vielleicht nicht das Richtige oder das Richtige nicht in ausreichender Weise" (*Wächter* 1992, 333).

Eine ausgewogene vermittelnde Position in dieser Frage vertritt *Weber* 1996, während *Sadowski*, dessen Argumente unten noch ausführlicher dargestellt werden, eher für eine entgegengesetzte Auffassung steht (siehe Kap. 5.1).

Die verschiedenen Positionen lassen sich nicht integrieren oder harmonisieren; sie sind Ausdruck radikal unterschiedlicher Begriffs- und Theoriestrategien. Die Kategorien, die in die Fachbezeichnungen hineingesehen werden, implizieren - wie im einleitenden *Foucault*-Hinweis bereits erwähnt - zugleich Ab- oder Ausgrenzungen, Bewertungen und Handlungsvorschriften. Einige der Unterscheidungen, die in verschiedener Weise kombiniert sein können, seien im Folgenden genannt:

- ökonomisch - verhaltenswissenschaftlich,
- analytisch (deskriptiv) - normativ (präskriptiv),
- rational/kalkulatorisch - humanistisch/empathisch,
- elementaristisch - ganzheitlich,
- operativ - strategisch,
- technisch - politisch,
- Personal als Kosten - als Investition,
- Wertschöpfung - Herrschaft,
- längsschnitthafte (diachrone) - querschnitthafte (synchrone) Sicht ....

Angesichts dieser Vielzahl an Hin-Sichten verwundert es nicht, dass eine einheitliche umfassende Kategorisierung des Fachs kaum gelingt. Auch die von uns gewählte Dreier-Gliederung des Gesamtgebiets 'Personalwesen' in Personalmanagement, Personalökonomie und Personalpolitik ist eine lediglich akzentuierende Aufteilung, die in plakativer Weise vorherrschende Zugänge bezeichnet. In den jeweiligen Titulierungen sind (oftmals unausgesprochene) theoretische Vorannahmen komprimiert, auf die wir noch ausführlich eingehen werden.

2.3   Aufgabenfelder des Personalwesens

Es mag vielen müssig erscheinen, sich über Namen und Fachbezeichnungen zu streiten; mehr als das Etikett interessiert sie der Inhalt. Aber auch hier werden - zumindest im ersten Anlauf - wiederum nur Namen geboten, die aber immerhin schon ein größeres Auflösungsvermögen haben. Im Folgenden haben wir - angeregt durch Darstellungen in *Scholz* 1994, *Bühner* 1994, *Benz* u.a. 1993, *Domsch* 1991, *Spie* 1988, *Wunderer* 1993, *Steinmann & Schreyögg* 1990 - zur ersten inhaltlichen Orientierung eine Liste jener Funktionen und Aufgaben zusammengestellt, die üblicherweise im Personalwesen bearbeitet werden. Diese ungeordnete Aufstellung soll einen Überblick geben über die wichtigsten Arbeitsgebiete, die zusammengenommen das Fach konstituieren:

- Personalbestandsanalyse
- Personalbedarfsplanung
- Personalmarketing
- Personalbeschaffung, -gewinnung
- Personalentwicklung
- Personaleinsatz(planung)
- Personalveränderung/-anpassung
- Personalabbau, -freisetzung
- Personallogistik
- Personalinformationsmanagement
- Personalführung
- Personalrechnung
- Personalkostenplanung oder -management
- Personalcontrolling

- Personalverwaltung
- Personaldienste
- Personalorganisation
- Personalauswahl
- Personal- u. Sozialpolitik
- Personalberatung (in house)
- Personalbeurteilung
- Personalforschung
- Personalerhaltung
- Personalförderung
- Unternehmensvertretung u.
- Industrial Relations
- Personalbetreuung
- Personalpflege
- usw.

Oft werden die Arbeitsbezeichnungen nicht nebeneinandergestellt, sondern in thematischen Gruppen gebündelt, die historische Entwicklungsphasen der Disziplin bezeichnen sollen. Die 'Disziplinierung' (Disziplinwerdung) des Personalwesens begann ursprünglich mit der Personalverwaltung (eigentlich: dem Lohnbüro) und soll heute Höhepunkt und Vollendung im 'Human Resource Management' erreicht haben - wobei der Anglizismus durchaus auch Kolonialisierungs- und weltweite Uniformierungsbestrebungen wiedergibt. Zur 'Geschichte des Personalwesens' äußern wir uns unten noch detaillierter (siehe Kap. B-1.). An dieser Stelle wollen wir nur festhalten, dass die jeweils aktuelle Ausrichtung von sich behauptet, die Defizite ihrer Vorgängerin überwunden zu haben, wobei regelmäßig die Vergangenheit relativ schlecht wegkommt: Modernes oder aktuelles Personalwesen ist dann nicht mehr (wie früher) verfahrensfixiert, sondern (heute) strategisch, kein kunterbuntes Sammelsurium von Instrumenten oder Techniken (wie einst), sondern (heute) theoretisch fundiert und geordnet, kein Sammelbecken von Allerweltsweisheiten (wie damals), sondern (inzwischen) empirisch bewährt, kein Hort der Sozialromantiker und Humanitätsduseler (wie in der Vergangenheit), sondern heutzutage 'knallhart' - wie man im Krieger- und Boxerjargon so treffend sagt - auf ökonomische Effizienz und Effektivität getrimmt. Verräterisch ist es auch, wenn das vormalige 'Personal- und *Sozial*wesen' zur 'reinen'(!) Personalwirtschaft mutiert. Es wird stets ein moderner - linear progressiver - Entwicklungspfad zugrunde gelegt: es geht ständig aufwärts, das Letzte ist das Beste. Zyklen, Brüche, die Wiederkehr des Vergangenen, Parallelexistenzen etc. sind nicht vorgesehen.

Andererseits ist, solange es Personalwesen als Disziplin gibt, auch die fachtypische Ambivalenz artikuliert worden: Zum einen wird Personal als der wichtigste Produktionsfaktor (das 'wertvollste Kapital') bezeichnet, zum anderen aber auch die beschleunigte und weitgehende Ersetzung der lebendigen durch die tote Arbeit (Technologie) vorausgesagt. Oder: Personalarbeit gilt als eine Querschnittsfunktion, die zwar von *allen* betrieblichen Ebenen und Positionen wahrzunehmen sei, die aber durch eine professionelle zentrale Personalabteilung gesteuert werden müßte; zugleich aber wird das baldige Ende der Institution 'Personalressort' verkündet, weil das Personalwesen überflüssig werde und verschwinde bzw. an die 'Linie' übergehe. Aber auch hier trifft zu: Totgesagte leben (länger).

Immer wieder flammt auch die - unten (siehe Kap. B-2.) noch ausführlicher kommentierte - Professionalisierungs-Debatte auf (z.B. *Wächter* 1987, Heft 1 der *Zeitschrift für Personalforschung* 1990, *Steinmann & Kühlmann* 1991, *Wächter & Metz* 1995), die das Selbstverständnis der WissenschaftlerInnen und PraktikerInnen reflektiert: Sind für die Personalarbeit Jedermannsqualifikationen ausreichend oder gibt es (inzwischen) einen Kern von Kompetenzen, die nur die Personalprofis mit ihrer spezifischen Ausbildung, eigener Standesorganisation, unternehmensübergreifender Orientierung ('Fachwelt'), verbindlicher Berufsethik etc. haben? Oder ist - in Erweiterung des *Beuys*-Worts 'Jeder ist ein Künstler' - jeder ein Personaler? *Titscher* (1995, 211) hat in diesem Zusammenhang einem Abschnitt seines Beitrags zur Profi-Debatte eine doppeldeutige Überschrift gegeben: "Zur Aufgabe des Personalwesens". Darauf kommen wir (siehe die Kap. B-2. und B-3.) noch zurück; zunächst aber soll der Gegenstand des Personalwesens (das Personal) diskutiert werden.

2.4   Was ist Personal?

2.4.1   Namen für Personal

Das Verständnis von Personal als Belegschaft ist relativ jung; im Bd. 13 des zuerst 1889 erschienenen Wörterbuchs der deutschen Sprache der *Gebrüder Grimm* (1984, 1565) wird unter Personal noch 'zusammengehörige personen gleicher stellung, gleiches berufes' verstanden.

In Beleg A-2 haben wir zur Illustration verschiedene Namen zusammengestellt, mit denen das Objekt des Personalwesens bezeichnet wird. Überfliegt man diese Liste, wird einem schlagartig klar, dass man nicht nur sachlich-neutral über das reden kann, was Gegenstand der Personalarbeit ist.

Beleg A-2:   Namen für das Personal

wertvollster Rohstoff, Leistungsreserve, Massmännchen, Normwerker, Nutzmensch, bio-
logisches Material, (bestes) Produkt, Bestand (der zugeschaltet werden kann), Altbestand
(der entsorgt, entrümpelt, werden kann/muss), Produktionsfaktor Arbeit, Ware Arbeitskraft, (Engpaß-)Faktor Personal, Humankapital, Humanressourcen [s.a.: 'Verzehr von Hu-
mangütern'], Kosten auf zwei Beinen, personale Elemente, Köpfe [s.a.: Head(!)hunter],
Hände ['hands'], Kräfte, Teammitglieder, Mitmenschen, Mitglieder, MitarbeiterInnen, Ge-
samtsortiment (so im Personalmarketing), zeitflexibles Beschäftigungsmix, optimales
Workforce-Mix, Gesamtarbeiter, Arbeiterschaft, Belegschaft, Mannschaft, Einsatzfaktor,
Leistungsfaktor, Aufgaben- oder Leistungsträger, Positions- oder Stelleninhaber, Lei-
stungsempfänger, Problemlösungspotential, produktive Potenz, Ressource Mensch, Ho-
mo(!) oeconomicus, interner Kunde ...

Die Divergenzen sollen anhand einiger aktueller Definitionen aufgezeigt werden:

"Mit 'Personal' ist die Gesamtheit von sich in abhängiger Stellung befindenden Personen, die in einer arbeitsvertraglichen Beziehung mit dem Unternehmen verbunden sind,
gemeint (*Türk* 1978, *Oechsler* 1992)" (*Weibler* 1995, 117).

"Der Versuch, die Kosten für die Nutzung der jeweils eingesetzten Arbeit zu minimie-
ren, andererseits Flexibilität für zukünftige Einsatzanforderungen zu erhalten, ist verwandt mit dem Problem, ein Portefeuille von Wertpapieren zusammenzustellen, das den
Erwartungswert der Renditen maximiert, ohne bestimmte Risiken zu überschreiten"
(*Sadowski & Frick* 1989, 409).

"Wir haben die politische Sensibilität der Lehrbücher festzustellen versucht, indem wir gefragt haben, ob Arbeitskräfte als Personen (Subjekte) oder als Personal betrachtet werden. Die Subjektivität des arbeitenden Menschen bedeute, dass er sich nicht wie eine Maschine 'verhält', sondern handeln kann, dass er Ziele, Interessen und Werte (Ansprüche)
hat und dass er etwa feindselig oder kooperativ sein kann. 'Personal' sei das, was man
hat, aber nicht ist, also verdinglichte Arbeitskraft oder in der Sprache der Ökonomie 'ein
homogener Produktionsfaktor mit gegebenen Bedürfnissen'" (*Sadowski* et al. 1994, 406).

Offenkundig ist, dass es im Personalwesen ums Personal geht; alles andere als eindeutig ist jedoch, was unter Personal zu verstehen ist. Einige Autoren sehen das
konkret(istisch) und meinen damit den Menschen oder sogar den 'ganzen Menschen', andere dagegen denken an das Kollektiv (die Belegschaft, den 'Gesamtarbeiter') und wieder andere zerstückeln oder abstrahieren den Menschen, indem sie
von 'Partialinklusion' sprechen, derzufolge nur bestimmte Potenzen ('Arbeitsvermögen') oder Äußerungen (Entscheidungen, Handlungen) Gegenstand personalwirtschaftlicher Verfügung werden (dürfen). Ganz zu schweigen von dehumanisieren-
den, technizistischen, ökonomistischen und offen zynischen Umschreibungen.

2.4.2 Personal als Objekt und Subjekt

Die vorherrschende Orientierung des Personalwesens ist *objektivistisch*, d.h. sie behandelt Personal als Verfügungsobjekt, das unter dem gestaltenden und kontrollierenden Zugriff des Managements als dem 'dispositiven Faktor' (zur Ideengeschichte s. *Hermann* 1994) instrumentalisiert wird. Der Produktionsfaktor 'Arbeit' hat jedoch gegenüber anderen Produktionsfaktoren einige Besonderheiten, auf die in der ökonomischen Theorie immer wieder hingewiesen wird: Erworben und vertraglich gebunden wird ein abstraktes Arbeitsvermögen, das im Arbeitsprozeß zur Arbeitsleistung transformiert werden muss und allein die letztere ist von betrieblichem Interesse. Wenn aber Arbeits*leistung* vom 'subjektiven Faktor' abhängt, dann müßte auch in der Theorie jener Teildisziplin, die sich auf diesen Faktor spezialisiert hat, eben diese Subjektivität angemessen Berücksichtigung finden. Das ist nur zum Teil und indirekt der Fall, am deutlichsten dann, wenn es um 'Personaleinsatz' geht, wo neben Allokationsentscheidungen insbesondere Fragen der Anwesenheit, Motivation, Führung, Kontrolle etc. behandelt werden. Der zum Handlungssubjekt stilisierte 'dispositive Faktor' handelt wie ein kompetenter Ingenieur, der Störungen im Ablauf der Maschine Arbeit konstruktiv, präventiv und reparierend abstellt. Alles läuft nach (seinem) Plan. Quasi nebenbei wird somit das Transformationsproblem 'gelöst': Wenn mit Fehlzeiten, Drückebergerei, Widerstand, Sabotage, Desinteresse usw. zu rechnen ist, muss der dispositive Faktor derart 'ineffektives Verhalten' durch passende Interventionen eliminieren und korrigieren.

Dabei muss er jedoch behutsam vorgehen, wenn er nicht gleichzeitig die unverzichtbaren produktiven Potenzen der 'lebendigen Arbeit' zerstören will (Kreativität, Spontaneität, Ideenreichtum, Expertenwissen, Engagement, Mitdenken usw.). Um es mit einer anderen Metapher auszudrücken: der dispositive Faktor ist der reife, realistische, überlegene und verantwortungsvolle Vater, der das launische, unerzogene, mutwillige, unreife, verführbare, trotzige, uneinsichtige, eigensüchtige Kind Arbeitskraft mit Lohn und Strafe erzieht. Was aber, wenn es sich um kein Kind, sondern einen anderen verantwortungsbewußten und fähigen Erwachsenen handelt, der Ansprüche auf Mitsprache erhebt? Das personalwirtschaftliche Herrschaftsmodell ist für diesen Fall schlecht gerüstet. Allenfalls werden Delegations- und Partizipationsmodelle, Qualitätszirkel, Empowerment-Strategien usw. vorgeschlagen, die aber samt und sonders an der Vor-Herrschaft des dispositiven Faktors nichts ändern dürfen (das zeigt schon die Analyse von strukturellem Aufbau und Operationsmodus dieser Strategien: es gibt Steuerungskommitees, Berichts- und Rechenschaftspflichten, Ressourcenkontrolle etc.). Würde man wahr machen mit dem Intrapreneurship, müßte man das Herrschaftsmodell durch ein Marktmodell ersetzen. Das erfordert mehr als die bloß verbale Reformulierung des Herrschaftsmodells als Marktmodell bei sonst gleichen strukturellen Bedingungen. Neuere organisationstheoretische Ansätze setzen auf Deregulation, Netzwerke, Allianzen, Outsourcing, 'Neue Selbständigkeit' etc. und machen damit die Idee hoffähig, lange Agenten-Ketten durch unmittelbare Ergebnisverantwortung der Akteure zu ersetzen. Dem Prinzipal als der Inkarnation des Kapitalinteresses wird dann der Nutzenbeitrag unvermittelt geliefert.

Der 'subjektive Faktor' ist eine destruktive *und* konstruktive Potenz und muss - so oder so - kalkulierbar sein. Eben dieses Anliegen der Kontrolle der Ungewißheitszone begründet Personalwesen als macht-volle Disziplin. Macht ist kein Besitz, sondern eine Beziehung, die durch die Dialektik wechselseitiger (wenngleich asymmetrischer) Abhängigkeit charakterisiert ist. Mit seinem Konzept der 'Dialektik der Herrschaft' bringt *Giddens* (1988) die Zwieschlächtigkeit dieser Beziehung auf den Punkt: Je umfassender und porenloser die Herrschaft, desto geringer die produktiven Beiträge der Unterworfenen (subiecta), die bestenfalls nur noch tun, was befohlen ist, und dies auch nur dann, wenn es überwacht und belohnt wird. Je stärker das Eigenhandeln der Subjekte ausgeprägt ist, desto mehr Energien und Ideen werden freigesetzt, aber desto schwächer die Herrschaft. Es sei denn, es gelänge - und hier lebt der alte Machtgedanke in neuer Verkleidung auf - die Herrschaft in die Subjekte einzuschmuggeln, so dass sie zwar glauben, frei zu sein, dennoch aber funktionieren, wie sie sollen. Das macht Programme der 'mentalen Programmierung' und Werte-Infusion (Unternehmenskultur), der Koppelung von Leistung an Eigennutz, der charismatischen und transformativen Führung, der scheinbaren Selbstorganisation (unter kontrollierten Rahmenbedingungen) so attraktiv.

Das freie, autonome, emanzipierte bürgerliche Subjekt ist ebenso eine Fiktion oder Utopie wie der perfekt und rational kontrollierte Untertan. Auf der Ebene der *Interaktionen* zwischen Akteuren ist auf beiden Seiten mit Intransparenz und Ignoranz in Bezug auf Wissensbestände wie Interessen zu rechnen - und gerade dies erlaubt Handeln. Es stehen sich Antagonisten gegenüber, die mit unvollkommenen Informationen über die Situation, ihre eigenen Ziele und Ressourcen sowie die Strategien der anderen Seite miteinander verschränkt handeln müssen, weil sie voneinander profitieren wollen.

Eine solche politische Sicht der Dinge darf nicht blind sein für die strukturellen Machtasymmetrien, die die Beziehung prägen. Aber sie entwirft ein anderes Bild des Personalwesens, das alle ihre Bereiche neu zeichnet. Statt aus der sogenannten Unternehmensperspektive nach der vollkommenen formalen Personalplanung, der Elimination der Fehlzeiten, der effizienten Personalanpassung (meist: downsizing oder noch vieldeutiger: dumpsizing*), der Minimierung der Personalkosten usw. zu streben, wird Personalwesen als eine politische Arena gesehen, in der es um Kon-

---

* *downsizing*: 'herunterverkleinern'; *dumpsizing*: angespielt wird auf das englische 'dump': auf den Abfallhaufen oder die Müllhalde werfen, entsorgen, entrümpeln

trakte, Kompromisse und Koalitionen geht, die auf Zeit und zum gegenseitigen Nutzen eingegangen werden. Dabei wird durchaus rational gehandelt, aber nicht im Sinn einer synoptischen* Rationalität, sondern eher als 'Stückwerks-Technologie' und 'Durchwursteln': man hangelt sich von Zwischenlösung zu Zwischenlösung, was das Weitermachen ermöglicht und zugleich betrieblichen, individuellen und institutionellen Zwängen und Chancen Rechnung trägt.

Im vorliegenden Text soll der Standpunkt eingenommen werden, dass alle Institutionen, Prozeduren und Instrumente des Personalwesens Kompromißbildungen in diesem Sinne sind.

Definitionen wie jene, dass es im Personalwesen um Planung, Beschaffung, Einsatz, Führung, Entwicklung, Gratifikation und Anpassung des Personals gehe, verabsolutieren einseitig eine instrumentalistische Sicht des zum Verfügungs*objekt* gemachten Personals. Die (Aufgaben-)Organisation gilt als unumstößliche Vorgabe, der der plastische Faktor 'Personal' anzupassen ist, vor allem durch Auswahl-, Zuordnungs- und Entwicklungsmaßnahmen. Die 'Personalfunktionen' beschreiben im Grunde lediglich die pragmatischen Arbeitsfelder, die sich Personalabteilungen angeeignet haben, wenn sie den Durchsatz des Faktors 'Arbeit' organisieren. So wird die *Funktion* Personalwesen (Personalarbeit, Personalwirtschaft) zu dem, was die *Institution* Personalwesen (Personalabteilung, Personalbereich, Personalressort) macht. Es fehlt nicht an einer Fülle konzeptioneller Einteilungen und empirischer Erhebungen, die die Aufgabenfelder des Personalsektors beschreiben (siehe dazu Seite 16). Derartige Systematiken präsentieren keine explizite *theoretische* Perspektive, sie sind allein pragmatisch orientiert (worauf wir bei der Darstellung der Personal*management*-Ansätze unten noch eingehen werden).

Aufgabe der wissenschaftlichen Disziplin Personalwesen ist es, die Herstellung und Behandlung von Personal zu beschreiben und zu reflektieren. Um sich nicht auf die Managementperspektive zu verkürzen, ist dabei das Spannungsverhältnis zu berücksichtigen, das daraus entsteht, dass die Objekte dieser Behandlung 'eigensinnige' und eigenmächtige Subjekte bleiben.

2.4.3 Exkurs: Der Mensch ist Mittelpunkt?

Weil die Gleichsetzung von Personal mit Person verbunden ist mit der Ausblendung inter- und apersonaler Momente der Kategorie 'Personal', soll kurz auf Hintergründe dieses verkürzten Verständnisses eingegangen werden.

> "Eines zeigen allerdings alle Arbeiten: Der Mensch ist inzwischen wirklich in den Mittelpunkt der personalwirtschaftlichen Forschung gerückt (680) ... "Ein Zweites zeigen

---

* *synoptisch* (griech.): 'zusammenschauend', auf einen Blick erfasst

allerdings die Lehrbücher der Personalwirtschaft auch: Wirkungsanalysen gemäß dem eingangs formulierten Theorieparadigma fehlen - von Partialanalysen abgesehen - bis heute" (*Drumm*, 1993, 680f).

Dies schreibt derselbe *Drumm*, der in seinem empfehlenswerten Lehrbuch (1995) folgende Grundgleichung für das Personalwesen angibt (siehe auch *Drumm* 1996, 6f):

$$ap = f(z_w, z_h, z_i \, / \, r, S_s, O_k),$$

wobei gilt: ap = personalwirtschaftliche Aktionen, z_w = wirtschaftliche Ziele, z_h = soziale Ziele, z_i = individuelle Ziele, r = Ressourcen, S_s = Umweltsituation und O_k = Organisationsstruktur).

Ein beliebtes und vielzitiertes Motto für das Personalwesen ist, dass es den Menschen in den Mittelpunkt stelle. Das darf man nicht für bare Münze nehmen, sondern so, wie es gemeint ist: der Slogan ist ein leerer Behälter, in den jeder die Bedeutung füllen kann, die ihm lieb ist. Mit 'der Mensch' ist weder der konkrete einzelne noch überhaupt nur ein einzelner gemeint, sondern das Gattungswesen oder die Idee des Menschen. Die nähere Betrachtung zeigt, dass nicht alle Bestimmungen, die das Menschsein ausmachen, in Wirtschaftsunternehmen 'im Mittelpunkt' stehen (können): Ein Mensch kann fühlen, lieben, sorgen, streiten, phantasieren, träumen und - arbeiten. Welche dieser Potenzen steht im Mittelpunkt? Was wäre, wenn sich 'der' Mensch plötzlich die Freiheit nähme, anderes oder anders zu wollen und zu tun als gut zu funktionieren? Der *Mensch* tritt auf als Aktionär, Kundin, Bürger, Managerin, Mitarbeiter, Lieferant, Funktionär, Politikerin, Staatsangestellte - oder als Mann/Frau, Gesunder/Behinderter, Junger/Alter, Deutscher/Ausländer ... Als welcher steht er im Mittelpunkt? Und: Stehen alle Menschen im Mittelpunkt? Oder nur manche oder nur der abstrakte, versämtlichte, generalisierte, universalisierte? Was würde geschehen, wenn es im Unternehmen lauter Unikate ('Persönlichkeiten') gäbe, die sich selbst verwirklichen wollten (so wie das die - ebenfalls ideologische - Formel vom Intrapreneur fordert)? Wenn hier von Ideologie geredet wird, ist damit nicht impliziert, dass es sich dabei um etwas Täuschendes und Falsches handelt. Ideologien werden als strukturschützende Systeme der gedanklichen Rechtfertigung bestehender (oder gewollter) Verhältnisse gesehen und sollen diese Verhältnisse den in ihnen Lebenden als sinnvoll, natürlich oder unausweichlich darstellen; insofern haben Ideologien eine außerordentlich wichtige Orientierungs-, Sinnstiftungs-, Kohäsions- und Abwehrfunktion.

Wenn nicht der 'ganze Mensch' zu verorganisieren ist, wird ein Dilemma sichtbar: Um den Menschen zum 'Faktor' (zum nützlichen Täter) machen zu können, muss er *typisiert* und begrenzt oder reduziert werden. Das bringt jedoch die Gefahr mit sich, dass viele seiner verwertbaren Potenzen (Vitalisierung, Innovation, Flexibilität usw.)

zerstört werden. Also muss in einer paradoxen Gegenbewegung der typisierte Mensch wiederum *individualisiert*, zugleich in dieser Individualität aber beherrscht werden.

Es geht hier um jenes leitmotivische Spannungsverhältnis zwischen Freiheit und Zwang, auf das wir oben schon eingegangen sind. Personalwesen objektiviert (verfügt über den verdinglichten Produktionsfaktor Arbeit), gleichzeitig aber gelingt diese Verfügung nicht vollständig und lückenlos, weil das kontrahierte (vertraglich gebundene) Arbeitsvermögen im Besitz der Arbeitskraft verbleibt. Über den formalen Kontrakt hinaus müssen deshalb andere Einbindungs- (oder besser gesagt: Freisetzungs-)formen gefunden werden.

Als Beispiel soll kurz ein Theoriefragment skizziert werden, das diese Doppelstrategie (Vereinnahmung und Befreiung) aus einer psychodynamischen Perspektive erklärt. *Schwartz* (1987) untersuchte, warum 'honorige' verantwortliche Führungskräfte im Interesse und zum Nutzen ihres Unternehmens unethisches Verhalten zeigen [z.B. Korruption (Schmiergelder), Vertuschung von Produktfehlern mit z.T. lebensgefährlichen Folgen für Produktnutzer (etwa unfallträchtige Autos)]. Seine Konstruktion: Zum loyalen Organisationsmitglied wird eine Person dann, wenn sie ihr Ich-Ideal durch das Organisations-Ideal ersetzt. Die Organisation wird als groß, mächtig, stark, unsterblich etc. phantasiert - alles Beschreibungen, die unerfüllbare Ichwünsche repräsentieren. Indem sich der einzelne mit der (Idee der) Organisation identifiziert (wörtlich: sich mit ihr gleich macht), wird er wie sie und damit so, wie er als einzelner nie sein kann. Der sterbliche, vereinzelte, unvollkommene Einzelne fusioniert mit dem Ideal (und nur die guten Seiten werden ichverstärkend gesehen). *Schwartz* argumentiert weiter, dass das Ideal unerreichbar, eine Illusion ist. Daher muss verdrängt werden, dass es unerreichbar ist und diese Verdrängung muss verdrängt werden, weil man mit einer bewußten Selbsttäuschung nicht leben könnte. Die Idealisierungen müssen innerhalb der Organisation, z.B. durch Corporate Identity- oder Culture Management-Programme, als selbstverständlich, real (erreichbar) und erstrebenswert dargestellt werden. *'Die da oben'* z.B. verwirklichen das Ideal: sie sind weise, gütig, wissend, mächtig, perfekt ... Die quasifaschistische Konsequenz: Was das Ganze & Größere erfordert, kann nicht unrecht sein. Individuelle Reflexion und Verantwortlichkeit sind im 'organization man' zugunsten des Organisationswillens suspendiert. Der Mensch ist Personal geworden.

'Der Mensch im Mittelpunkt' ist eine Forderung, die implizit ein emphatisches Menschen-Bild voraussetzt, das Ausgangs- und Zielpunkt aller Beeinflussungen sein kann, über das aber in einer pluralistischen Gesellschaft wohl kaum Einigung zu erzielen ist. Denn jede autoritative und zugleich gehaltvolle inhaltliche Präzisierung, die über die allgemeinen Menschenrechte hinausgeht, machte Differenzierungsleistungen rückgängig, die moderne Gesellschaften auszeichnen. Religiöse (z.B. fundamentalistisch christliche oder islamische), staatsideologische (rassistische, nationalistische), wissenschaftliche (biologische, psychologische, soziologische, ökonomische), massenmediale, künstlerische, rechtsdogmatische etc. Menschenbilder lassen sich nicht homogenisieren: der zwanglose Zwang des besseren Arguments scheitert an der Unübersetzbarkeit der Geltungsansprüche in die Leitdifferenzen der jeweils fremden Sphäre. Was bleibt, ist die prozedurale Position: den Widerspruch anmelden und im Gespräch bleiben, ohne das Ergebnis vorwegnehmen zu können.

In der Sphäre 'Wirtschaft', in der es (unter unseren Bedingungen) um geldregulierten Tausch und Kapitalakkumulation geht, wird der Mensch "mit anderen Strukturierungsleistungen" "auf einen Nenner" gebracht (*Luhmann* 1975, S. 49). Dies geht nicht über ein holistisches Konzept wie Persönlichkeit, sondern über allgemeinere Konstrukte wie z.B. Rolle, Erwartung, Handlung, Kommunikation, Sinn etc. Auf einer solchen Ebene werden Transaktionen einerseits reduziert, andererseits aber 'kommensurabel', d.h. miteinander vergleichbar, aufeinander beziehbar, untereinander verrechenbar.

Willke (1987, 108) konstatiert in diesem Zusammenhang lakonisch:

"Aus der Fülle möglicher Menschen 'schaffen' sich Organisationen jenen Organisationsmenschen, der den Funktionsbedingungen von Organisationen angepaßt ist. Wem diese Aussage zynisch erscheint, der schaue sich in einer Organisation um."

Man sollte eine Metapher nicht zu wörtlich nehmen und damit überstrapazieren, wohl aber benutzen, um latente Gehalte zu entschlüsseln. Wenn der Mensch Mittelpunkt ist, was dreht sich dann um ihn, was hat sich an ihm auszurichten? Wie sehr der Anthropozentrismus des homo-mensura-Prinzips (Der Mensch ist das Maß aller Dinge) zur Zerstörung unserer natürlichen Ressourcen geführt hat, braucht hier nicht belegt zu werden (wenngleich festzuhalten ist, dass 'der Mensch' hier mit dem konsumfähigen Mensch in den hochentwickelten Industrienationen gleichgesetzt wird).

Würde man jeder Persönlichkeit zugestehen, sich als Mittelpunkt zu sehen (und dies müßte für alle gelten), dann könnte man nur ent-fesseln, was in einzelnen Personen bereits vorhanden ist - jedoch kein höheres Emergenzniveau* erreichen. Wie die einzelne Person ihr Handeln und Unterlassen an das der anderen anschließt, dürfte man nicht vorschreiben, erzwingen oder belohnen; man müßte es der Person selbst überlassen. Koordiniertes Handeln wäre auf lokale Abstimmung in überschaubaren Kreisen beschränkt, unsicher und widerrufbar. Der wichtigste (nicht: einzige) Operationsmodus einer wirtschaftlichen Organisation ist jedoch nicht Treue, Liebe oder Phantasie, sondern: Geld-Zahlungen auf der Grundlage von Kontrakten, die beiden Seiten Nutzen stiften. Großzügige Behandlung von Sozialfällen, Freundlichkeit, Fürsorge und Mitmenschlichkeit kommen vor, aber sie sind nicht Wesensbestimmung oder Meßkriterien ökonomischen Handelns. Diese zeigen sich deutlich in der

---

* *Emergenz*: wörtlich: Auftauchen; Entstehen einer neuen Qualität oder Gestalt, die anders ist als es die bloße Addition ihrer Bestandteile oder Ursachen erwarten lässt.

Selbstbeschreibung 'Bilanz': Wo steht da etwas über das erreichte Ausmaß an Bedürfnisbefriedigung, humaner Entwicklung, Sinnstiftung, Aufrichtigkeit, Liebesfähigkeit etc. - zweifellos zentrale menschliche Anliegen? Was nicht in der Geld-Semantik codiert werden kann, zählt oder zahlt nicht oder wird als Fremdkörper externalisiert. Die Methode der kollektiven Steuerung ist Herrschaft, ihr Preis Entfremdung (Verzicht auf selbstbestimmte Entfaltung). Unter dem Diktat einer funktionierenden Wirtschaft - *so wie sie ist* - ist die Formel vom Menschen im Mittelpunkt unwahr und heuchlerisch.

> Der Nestor der katholischen Soziallehre, *Oswald v. Nell-Breuning*, hat es (1950, 258f)
> so formuliert: "Nicht die Humanität oder Ethik haben die Betriebswirtschaftslehre zu
> dieser Wiederentdeckung des Menschen geführt, sondern die rein betriebliche Erfahrung, was pflegliche Behandlung der menschlichen Arbeitskraft für den betrieblichen
> Erfolg bedeutet ... Die im Betrieb tätigen Menschen sind für den Betrieb da. Wäre die
> Leistung, die der Betrieb von ihnen benötigt, in gleicher Vollkommenheit ohne pflegliche Behandlung ihrer menschlichen Qualitäten von ihnen zu erlangen, so würde der
> Betrieb sich die dafür aufzuwendenden Kosten sparen; dass der Betrieb sich in diese
> Kosten stürzt, hat seinen Grund ausschließlich darin, dass diese Kosten sich für ihn lohnen, dass sie zu einer den Aufwand übersteigenden Leistungssteigerung und damit Erhöhung des Betriebserfolges führen. Die Überlegung des Betriebswirtschaftlers ist keine
> andere als das ganz nüchterne: 'It pays'. Mit dieser überzeugenden Begründung hat der
> Betriebswirtschaftler auch solche Betriebsleiter, die sich ethischen, humanitären und sozialen Erwägungen durchaus verschlossen zeigten, dazu geführt, dem Menschen im Arbeiter in bestimmten Grenzen Rechnung zu tragen; sein eigenes Interesse gebot es ihm."

Die Rede von Menschen im Mittelpunkt hat ideologische Funktion, weil sie zwar gutgemeint, aber falsch ist. Der Arbeiter oder die Sekretärin erfahren tagtäglich, wenn es um Personalabbau, Entlohnung, Arbeitsbedingungen geht, dass sie nicht der Mittelpunkt sind. Wenn überhaupt, so steht allenfalls jener Mensch im Mittelpunkt unternehmerischen Interesses, der nützlich, knapp, wichtig, verwertbar ist, der sein Geld wert ist, weil er geldwerte Leistungen erbringt.

Aber selbst für den 'dispositiven Faktor' Unternehmer gilt, dass er nicht als Mensch im Mittelpunkt steht:

> "Am konsequentesten haben Fels und Richter den Produktionsbezug der Theorie der
> Unternehmung dadurch gekennzeichnet, dass sie in Anlehnung an den Zentralbegriff
> der Produktions- und Kostentheorie, die Produktionsfunktion x = f(y) mit x = Output-
> Vektor und y = Input-Vektor, das Unternehmerische 'f-entrepreneurship' nannten. Wer
> ist der 'f-entrepreneur'? Ist es die Entscheidungseinheit, die Produktionspläne aufstellt
> und realisiert? Fiktiv kann eine Person oder Personengruppe als Kombinierer der Produktionsfaktoren angenommen werden, weil zu einer Entscheidungseinheit 'Unternehmung' begrifflich ein Unternehmer gehört. De facto ist er aber arbeitslos, weil unterstellt
> wird, dass er über alles vollkommen informiert ist, so dass es viel zu rechnen, aber für
> ihn nichts zu entscheiden gibt" (*Mag* 1976, 644).

Mag zitiert in diesem Zusammenhang eine Bemerkung *Sauermanns*, demzufolge "... in der ökonomischen Theorie zwar Größen auftreten, aber keine Figuren. 'Infolgedessen kommt der Unternehmer in ihr ebensowenig vor wie etwa der Arbeiter'" (a.a.O.). Hinzuzufügen ist, dass ebensowenig vorkommt, dass die Figuren (oder Menschen) nicht 'als solche' und 'für sich' handeln, sondern zusätzlich in *konkrete* soziale Beziehungen und in institutionelle (apersonale) Strukturen eingebettet sind, die sie zugleich durch ihr Handeln (re-)produzieren.

Resümee dieses Exkurses:

Wollte man eine These ("Der Mensch ist Mittelpunkt") auf ihren Wahrheitsgehalt prüfen, müsste man sie in theoretische Zusammenhänge einbetten. Je nachdem, welche man (herbei-)zitiert, ergeben sich andere Begründungen: eine Produktionstheorie argumentiert anders als eine Systemtheorie und diese wiederum anders als eine Bedürfnistheorie oder eine kommunikative Handlungstheorie; sie sind untereinander nicht kompatibel.

In einer vorläufigen Zusammenfassung der bisherigen Überlegungen zum Status des Personals im Unternehmen kann man sagen, dass zwar immer wieder der 'fundamentale' Konflikt zwischen sozialen und ökonomischen Zielen thematisiert wird, dass aber die Praxis (sowohl diejenige der Theorie wie der Praxis) nicht sonderlich am Menschen interessiert ist, sondern an nützlichen und be- und verwertbaren Leistungen und Handlungen von Menschen.

3.   Paradigmen im Personalwesen: Ein Überblick

3.1   Zur Heterogenität der Ansätze (Lehrbuchanalysen)

Wächter konstatiert schon 1974 (30), dass die Literatur zum Personalwesen gekennzeichnet ist "durch die Erörterung einer Vielzahl von Einzelproblemen, von praktischen Winken für die Personalverwaltung und arbeits- und sozialrechtlichen Detailfragen, ohne dass dahinter ein erkennbares Konzept stände." An die zwanzig Jahre später - nachdem mindestens 10 weitere Lehrbücher zum Personalwesen erschienen sind, können *Wright, Rowland & Weber* (1992) immer noch feststellen: "Die Konzeptionen des Personalwesens bzw. des HRM sind bisher weitgehend Ordnungsschemata für die Darstellung der praktischen Fragen betrieblicher Personalarbeit. Die meisten Gesamtdarstellungen des Fachs orientieren sich relativ theoriearm an den personalwirtschaftlichen Subfunktionen" (a.a.O., 1152).

In den Kompositionen von Autoren, die sich mit dem Thema "Theorie(n) des Personalwesens" befassen, kehrt stets eine Reihe von zum Teil dissonanten Motiven wieder:

- Fehlanzeige erstatten,
- Theoriearmut beklagen,
- bunte Vielfalt, Beliebigkeit und Eklektizismus* konstatieren,
- Instrumentalismus und Pragmatismus diagnostizieren,
- nach einer längst fälligen theoretischen Fundierung rufen oder sie ankündigen.

Wunderer & Mittmann (1983) schreiben z.B. in ihrem vielzitierten Aufsatz "10 Jahre Personalwirtschaftslehre - von Ökonomie nur Spurenelemente" (in dem sie personalwirtschaftliche Lehrbücher auswerten), dass "die Problemorientierung der wenigen Lehrbücher so bunt (ist) wie die wissenschaftliche Herkunft ihrer Autoren"
und ihnen wird von *Marr* (1987) sekundiert, der feststellt: "die Personalwirtschaftslehre ist eine eklektische Zusammenstellung von vor allem aus verhaltenswissenschaftlichen Disziplinen übernommenen Theoriefragmenten".

Der sonst nüchtern-prosaische *Drumm* läßt sich zu der poetischen Formulierung hin-
reißen, die Personalwirtschaftslehre sei eine Kunstlehre und ein "nicht von tragen-
den Theorien durchflutetes Fach" (*Drumm* 1993, 681). In seinem knappen Rückblick
über die Entstehung einer eigenständigen Personalwirtschaftslehre in Deutschland
ordnet er die wichtigsten Richtungen in vier Gruppen (S. 679), nämlich

- die *verhaltenswissenschaftliche* (die Anleihen bei organisationspsychologischen
  und industriesoziologischen Ansätzen macht),
- die *normativ-ethische* (die in starkem Maße durch die katholische Soziallehre geprägt wurde),
- die *politisch-emanzipatorische* (die ihren konkretesten Ausdruck in der gewerk-
  schaftlich inspirierten 'arbeitsorientierten Einzelwirtschaftslehre' fand) und
  schließlich
- die *betriebswirtschaftlich-rationale* Richtung, die im Anschluß an das mikroökonomische Programm (z.B. *Gutenbergs*) arbeitet.

Dies ist ein typisches Beispiel einer Gliederung der theoretischen Zugänge, dem wir
im Folgenden noch einige weitere, auch ein eigenes, hinzufügen werden. Zunächst
aber eine Rechtfertigung dafür, sich überhaupt mit Theorien zu befassen und nicht
gleich zur Sache (z.B. zu Instrumenten, Befunden, Systemen) zu kommen. Die Beschäftigung mit Theorien hat verschiedene Gründe und Motive.

---

* *eklektisch (griech.)*: wörtlich: 'auswählend'; keinen eigenständigen originellen Ansatz bieten,
sondern aus Vorarbeiten verschiedener Anderer zusammenstellen.

Kapitel A

Theorien

- sind Ersatz für fehlende empirisch gestützte, sogenannte 'harte' Fakten. Die Reinheit der Wissenschaft bewahrt vor der Verschmutzung durch Praxis;
- schaffen in der verwirrenden Vielfalt der Ansätze, Konzepte, 'Philosophien', Methoden, Instrumente etc. eine Ordnung der Dinge oder helfen erkennen, 'was die Welt im Innersten zusammenhält';
- erlauben es, die Ideal- und Wahnwelten der Ökonomen kennenzulernen und zu sortieren, um sich besser orientieren zu können und nicht auf jede neue Mode hereinzufallen; das jeweils Aktuelle wird als Variation weniger altbekannter (den Alten bekannter) Grundthemen erkannt;
- ermöglichen es unter Einsatz von *Occams* Rasiermesser[6] alles Überflüssige wegzuschneiden und zu sparsamen, dichten, gehaltvollen und zusammenhängenden Aussagen zu kommen;
- sind mit der Hoffnung verbunden, neue Kontroll- und Interventionspotentiale zu erschließen und/oder das Handlungsrepertoire zu steigern;
- verhindern eine vorschnelle Akzeptanz der nächstbesten oder 'herrschenden' Meinung; durch Konfrontation mit Alternativen wird der Horizont erweitert, neue Perspektiven oder Muster werden erschlossen;
- werden in akademischen Texten und Veranstaltungen erwartet; um den 'good will' der Umwelt zu erhalten, muss solch wichtigen Erwartungen genügt werden. Zu dieser Leistungsschau gehört auch, dass WissenschaftlerInnen belesen (welch ausdrucksstarkes Wort!) zu sein haben.

Eine Theorie des Personalwesens muss - *Drumm* (1993, 675) zufolge - folgenden Restriktionen Rechnung tragen:

1. "Die Verschiedenartigkeit der Unternehmungen in einem Land oder gar Kulturkreis zwingt zu bedingten Theorien über den Einsatz von Personal".

2. "Eine explizite Orientierung an konkreten ökonomischen und sozialen ... Zielen ist für personalwirtschaftliche Theorien unverzichtbar".

3. "Aussagen über deterministische Zusammenhänge ... sind zwar erwünscht und bei sicherer Bedingungskonfiguration auch vorstellbar. Die weitaus üblichere Ungewißheit von Bedingungskonfigurationen sowie Begrenzungen der Finalität von Aktionen erlauben in vielen Fällen jedoch nur probabilistische instrumentelle Aussagen über Zusammenhänge zwischen personalwirtschaftlichen Handlungen und deren Zielbeiträgen".

Diesen Ansprüchen genügen die vorliegenden Theorien nicht, wenn man denn überhaupt von ausformulierten *personalwirtschaftlichen* Theorien sprechen darf. Denn im Regelfall werden Ansätze aus anderen wissenschaftlichen Disziplinen auf

---

[6] *William Occam bzw. Ockham* (um 1300) war ein englischer Mönch, der als erster das 'Prinzip der Sparsamkeit' bei wissenschaftlichen Erklärungen formulierte: alles Überflüssige ist mit dem Rasiermesser des Verstandes wegzuschneiden.

Personalprobleme übertragen. *Ende* (1982) hat in seiner Überblicksdarstellung, die zum Beispiel auf sozialwissenschaftliche Theorien beschränkt ist, versucht, die Vielfalt in sechs Kategorien zu ordnen (s. a. *Scholz* 1994, 27). Wir zitieren diesen Ordnungsversuch, den wir für noch chinesischer als *Borges'* Fundstelle halten:

- den Personalmarketing-Ansatz (dem es vor allem um Personalbeschaffung geht),
- den systemtheoretisch-kybernetischen Ansatz (beschränkt auf die sog. '1. Generation' der Systemtheorien);
- den Kontingenzansatz (vor allem für die sog. 'situative Führungstheorie'),
- die Entscheidungstheorie (gemeint sind nicht mikroökonomische, sondern anreizbeitrags-theoretische und konfliktbezogene Ansätze),
- den sozio-technischen Ansatz (in dem sozial-humane und technisch-ökonomische Ziele zum Ausgleich gebracht werden),
- den Personalmanagement-Ansatz (dem sich *Scholz* anschließt und der im Sinne einer Führungslehre heterogene Ansätze kombiniert).

Etwas ausführlicher gehen wir auf *Weibler* (1995, 121) ein, der eine Übersicht über die Theorien präsentiert, die in verbreiteten personalwirtschaftlichen Lehrbüchern (*Hentze, Berthel, Oechsler, Drumm, Scholz*) erörtert oder zugrundegelegt werden (s. Tab. A-1.). *Weibler* fand in den von ihm untersuchten Lehrtexten jeweils zwischen 5 und 9 Theorien. Für die Disziplin insgesamt konstatiert er ein unbefriedigendes Integrationsniveau: die Ansätze werden weitgehend unverbunden konstelliert.

Als möglichen Grund für diesen Eklektizismus sieht er ein unterschiedliches Verständnis einerseits der *wissenschaftstheoretischen* Positionierung des Fachs Personalwesen durch den jeweiligen Autor (Grundlagen- vs. angewandte Wissenschaft) und/oder andererseits des zugrundegelegten *Menschen-, Organisations- und Gesellschaftsbildes* (a.a.O., 124).

3.2 Interaktionelle und strukturelle Führung als Kerndimensionen?

Er selbst schließt sich dem Personalmanagement-Ansatz an und findet auf der Basis einer Definition der Personalwirtschaftslehre als Führungslehre eine Einteilung, die sich an *Wunderers* Differenzierung zwischen struktureller und interaktioneller Führung orientiert. Für *Weibler* hat die Personalwirtschaftslehre "die Aufgabe, Gestaltungsbeiträge zum Einsatz von Human-Ressourcen in Unternehmungen unter Berücksichtigung unternehmensbezogener und individueller Ziele zu formulieren" (a.a.O., 119) bzw. noch deutlicher: "Das bedeutet, die Personalwirtschaftslehre als eine am ökonomischen Kontext ausgerichtete, im ökonomischen Kontext sich zu bewährende und in Anbetracht unserer früheren Äußerungen angewandte Verhaltenslehre vom Einsatz der Human-Ressourcen zu verstehen" (a.a.O., 127) und deshalb ist die "... Personalwirtschaftslehre [zu verstehen] als eine Führungslehre

Autoren (Auswahl)	Relevante theoretische Grundlagen/Ansätze/ Richtungen der Personalwirtschaftslehre
Hentze 1994*	- Scientific Management - Human-Relations-Bewegung - Produktionsfaktor-Ansatz - Verhaltenswissenschaftliche Ansätze - Entscheidungsorientierter Ansatz - Systemorientierter Ansatz - Kontingenzansatz

Berthel 1995**	- Generalisierende Managementansätze
	  - Scientific Management
	  - Human-Relations-Ansatz
	  - Humanistische Ansätze
	- Motivationstheoretische Ansätze

Oechsler 1992 (angelehnt an Wächter 1979)	- Produktionsfaktor-Ansatz
	- Verhaltensorientierte Ansätze
	  - Entscheidungsorientierter Ansatz
	  - Motivationstheoretische Ansätze
	  - Systemtheoretischer Ansatz
	- Konfliktorientierte Ansätze
	  - Arbeitsorientierte Einzelwirtschaftslehre
	  - Konfliktorientierter Ansatz
	    (nach Marr/Stitzel 1979)
	  - Human Resource Management-Ansatz

Drumm 1992	- Anreiz-Beitrags-Theorie - Sozialpsychologische Konflikttheorien - Systemtheoretischer Ansatz (nach Remer 1978) - Neue institutionelle Mikroökonomie - Ökonomische Theorie der Personalpolitik
Scholz 1994 (angelehnt an Ende 1982)	- Personalmarketing-Ansatz - Systemtheoretisch-kybernetischer Ansatz (Informationsorientierter Ansatz) - Kontingenzansatz - Entscheidungsorientierter Ansatz - Sozio-technischer Ansatz - Personalmanagement-Ansatz

*   In der 5. Auflage 1991 kamen noch hinzu: die arbeitsorientierte Einzelwirtschaftslehre, der konfliktorientierte Ansatz und die sozialistische Arbeitsökonomie
** In der 3. Auflage 1992 wurde wie folgt unterschieden: Scientific Management, soziologische Ansätze (entsprach Human Relations) und motivationstheoretische Ansätze.

Tab. A-1:   Theoretische Fundamente der Personalwirtschaftslehre (Auswahl)
(aus: *Weibler* 1995, S. 121)

(= spezielle Verhaltenslehre) vom Einsatz der Human-Ressourcen ..." (a.a.O.,131). Auffällig ist, dass *Weibler* zweimal den 'ökonomischen Kontext' beschwört, aber nicht klarmacht, was er darunter versteht und wie dieser systematisch in seine angewandte Verhaltenslehre integriert werden könnte.

Weibler unterscheidet interaktionelle und strukturelle Führung "als die beiden Kerndimensionen der Personalwirtschaftslehre" (a.a.O., 128) [Ähnlich differenziert übrigens schon *Berthel* in seinem Lehrbuch 'Personalmanagement': "Als Führung soll allgemein die *Gestaltung von Systemen* ... und die *Steuerung von Prozessen* ... bezeichnet werden", 1989, 6)]. Interaktionelle Führung bezeichnet "die unmittelbare, situative, dezentrale, individuelle und informelle Ausrichtung", während strukturelle Führung "die mittelbare, indirekte Verhaltensbeeinflussung" (a.a.O., 127) betont und sich in Richtlinien, Grundsätzen, allgemeine Anweisungen und Strukturregelungen konkretisiert. Unschwer lässt sich hier die Aufteilung der Disziplin in 'Personalwesen als Institution' und 'Personalarbeit als Funktion' (s. *Neuberger* 1990) assoziieren. Eine solche Aufteilung läßt *Weibler* zwei Theorieklassen fordern, nämlich 'spezielle Führungstheorien' (die den interaktionellen Teil abdecken sollen) und 'spezielle Personaltheorien', die sich mit den üblichen pragmatisch herausgebildeten Funktionen (Personalwerbung, -auswahl, -beurteilung, -entwicklung usw.) zu beschäftigen hätten. Beide zusammen wären dann (eklektisch?) in einer "*allgemeinen personalwirtschaftlichen Theorie zu verbinden, die eine Führungstheorie vom Einsatz der Humanressourcen ist.*"

"Eine allgemeine personalwirtschaftliche Theorie stünde nach unseren bisherigen Erörterungen demnach dann zur Verfügung, wenn alle, zumindest doch alle wesentlichen personalwirtschaftlichen Sachverhalte mit Hilfe spezieller Personaltheorien bearbeitet werden könnten" (a.a.O., 125). Hier unterstellt *Weibler* (1995), dass der Gegenstand des Personalwesens vorab quasi 'theoriefrei' bestimmt werden kann, so dass danach die jeweiligen 'Spezialtheorien' integriert werden können.

*Weibler*s Ordnungsversuch ist ein sehr abstrakter konzeptioneller Rahmen, der die Besonderheiten der zusammengeführten Theorie-Ansätze unaufgeklärt läßt und sie lediglich benutzt, um Leitdifferenzen (Interaktion - Struktur, Handeln - System, Verhalten - Institution) zu illustrieren. Er scheint uns im Prinzip(!) auf einen pragmatisch-funktionalistischen Ansatz festgelegt zu sein. Aber dies ist eine Kategorie *unserer* Einteilung.

Kapitel A

Die Fachzeitschrift 'Die Betriebswirtschaft' hat 1996 zur Klärung des Standorts der Personalwirtschaftslehre zwei Positionspapiere veröffentlicht: *Weibler* vertritt die verhaltenswissenschaftliche, *Alewell* die (arbeits-)ökonomische Orientierung. *Weibler* hat dabei seine oben schon referierten Auffassungen wiederholt, insbesondere die Forderung, den "Einsatz von Human Ressourcen in Unternehmungen" (1996, 655) als Aufgabe der Personalwirtschaft zu definieren. Implizit stellt er einmal mehr den Menschen der Organisation als das Andere gegenüber und geht nicht auf die ebenso berechtigte Umkehrung dieser Position ein: dass nämlich die Organisation 'im' Menschen sein muss, damit er organisierbar ist. Die Vermittlung der Ebenen oder Einheiten 'Mensch' und 'Organisation' lässt sich nicht dadurch herstellen, dass man den 'homo clausus'[7] in Komponenten zerlegt (Wollen, Können, Dürfen) und über die Kategorie 'Verhalten' mit 'Situation' in Verbindung bringt (1996, 652), weil damit die spezifische Koppelung *organisierter* Menschen, mit der sich Personalwesen zu beschäftigen hat, unanalysiert bleibt. Die Perspektive, unter der menschliches Verhalten in der Personalwirtschaftslehre untersucht werden soll, wird nur negativ bestimmt: nämlich nicht so eng (nutzenmaximierend) wie es die Ökonomie tut! Damit ist aber kein eigenständiger *verhaltenswissenschaftlicher* Anspruch formuliert. Auf den ökonomischen Part der Kontroverse, den *Dorothea Alewell* zu vertreten übernommen hat, gehen wir unten - siehe S. 66ff. ein. Als Möglichkeit einer Vermittlung zwischen beiden Standpunkten deutet *Alewell* das Konzept 'Arbeit' an, weil dieser Begriff die enge Anbindung an Personal (und damit die Fixierung auf den Menschen) aufgibt. Allerdings darf dann nicht ein ahistorischer Begriff von Arbeit zugrundegelegt werden, Arbeit muss vielmehr als eine unter kapitalistischen Verwertungsgesichtspunkten organisierte verstanden werden (siehe *Neuberger 1983*; *Türk* 1995). Damit aber wird die institutionelle Verfassung ökonomischen Verhaltens betont und die Stellung der Ökonomie als einer Sozialwissenschaft hervorgehoben (siehe dazu auch die Ausführung im Kap. 5.1).

---

[7] Der Begriff *homo clausus* (ab- oder eingeschlossener Mensch) stammt von *Norbert Elias*, der damit eine verbreitete Argumentationsfigur kritisiert hat: Es wird dabei nämlich unterstellt, dass 'der Mensch' (an sich, als eigentlicher, a-sozialer) mit 'der Gesellschaft' konfrontiert und durch sie spezifisch geprägt werde, anstatt davon auszugehen, dass 'die Gesellschaft' gleichursprünglich mit 'dem Menschen' ist und ein gesellschaftsfreier Mensch nicht zu denken ist.

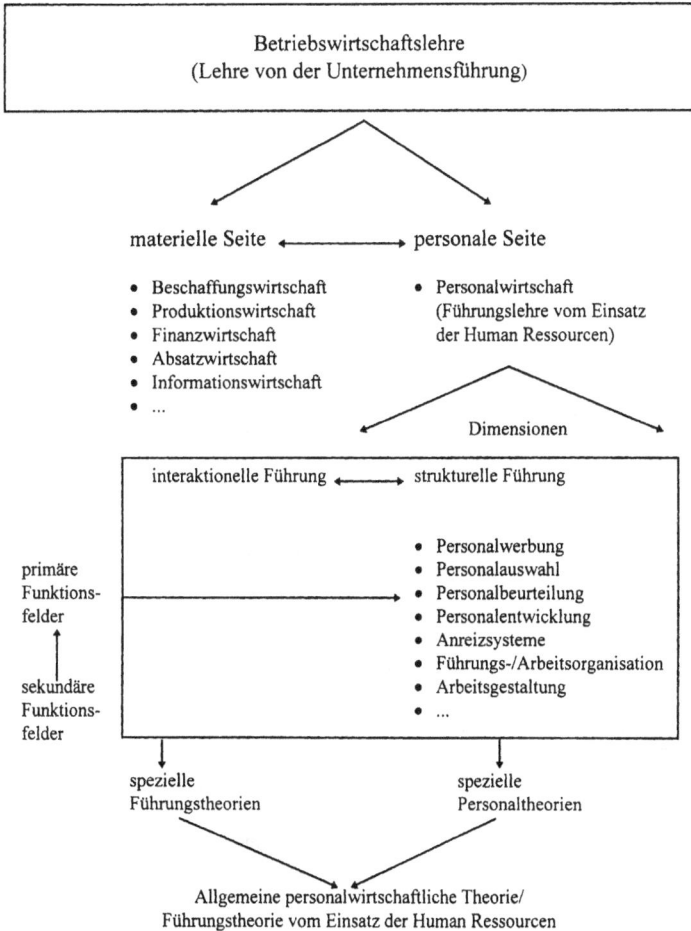

```
┌─────────────────────────────────────────────────────┐
│              Betriebswirtschaftslehre                 │
│        (Lehre von der Unternehmensführung)            │
└─────────────────────────────────────────────────────┘
```

materielle Seite ←————————→ personale Seite

- Beschaffungswirtschaft
- Produktionswirtschaft
- Finanzwirtschaft
- Absatzwirtschaft
- Informationswirtschaft
- ...

- Personalwirtschaft
  (Führungslehre vom Einsatz
  der Human Ressourcen)

Dimensionen

interaktionelle Führung ←——→ strukturelle Führung

primäre
Funktions-
felder

- Personalwerbung
- Personalauswahl
- Personalbeurteilung
- Personalentwicklung
- Anreizsysteme
- Führungs-/Arbeitsorganisation
- Arbeitsgestaltung
- ...

sekundäre
Funktions-
felder

spezielle
Führungstheorien

spezielle
Personaltheorien

Allgemeine personalwirtschaftliche Theorie/
Führungstheorie vom Einsatz der Human Ressourcen

Abb. A-3: *Weibler*s Vorschlag zur Einordnung der Personalwirtschaftslehre in die Betriebswirtschaftslehre (aus Weibler 1995, S. 129)

4. Personalmanagement

4.1 Pragmatisch-normative Ansätze

Diese Gruppe ist die mit Abstand am häufigsten vertretene. Sie ist nicht so sehr orientiert an dem, was in Personalabteilungen tatsächlich getan wird; sie beschreibt vielmehr, was getan werden müßte, damit Personalwesen seine Funktion (den objektiven Beitrag oder die Wirkung) zur Bestands- und Erfolgssicherung des Unternehmens erfüllt. Pragmatisch nennen wir diesen Ansatz deshalb, weil er konkrete Aufgabenfelder (Planung, Einsatz, Enwicklung usw.) anführt, für deren Bearbeitung Regularien, Methoden und Instrumente entwickelt werden können. Normativ oder präskriptiv ist er, weil er Gestaltungsempfehlungen gibt, die der Maxime 'Es funktioniert!' genügen müssen. So sind zum Beispiel die modisch aktualisierten Desiderate* zu verstehen, die die Personalabteilung abwechselnd als Service-, Kompetenz-, Koordinations-, Strategie-, Kultur-, Informations-, Service-, Innovations-Center sehen (siehe z.B. *Scholz* 1994, 73ff.).

Ausgangspunkt ist - mehr oder weniger explizit formuliert - der Grundgedanke, dass das Unternehmen ein System und Personalwesen ein Subsystem oder eine Teilfunktion ist, die dem Ganzen zu dienen hat. Dieses Ganze gibt die Ziele und Beschränkungen vor. Die Funktion 'Personal' hat zu gewährleisten, dass die zur Erfüllung der 'Gesamtaufgabe' nötigen menschlichen Ressourcen in der richtigen Qualität und Menge, zum richtigen Zeitpunkt am richtigen Ort verfügbar sind und sie hat diese Verfügbarkeit strukturell, dauerhaft, effizient und ökonomisch zu sichern.

Der funktionalistische Ansatz bietet - sieht man die bei verschiedenen Autoren genannten Funktionen zusammen - eine Art Liste, anhand derer Vollständigkeit oder Differenziertheit personalwirtschaftlicher Aktivitäten geprüft werden können (ein Beispiel ist oben auf S. 16 abgedruckt). Damit wird die große Bandbreite von Aufgaben aufgezeigt, die traditioneller- oder idealerweise dem Personalwesen zugeschrieben werden. Der Ansatz bietet nur eine allgemeine Landkarte; sieht man sich die konkreten Funktionsfelder näher an, dann taucht im verkleinerten Maßstab das verdrängte Theorieproblem wieder auf: Auf welcher theoretischen und methodologischen Basis sollen - um ein Beispiel zu nennen - Personalauswahlkonzepte und -verfahren entwickelt und bewertet werden? Will man sich nicht auf die ominöse 'Praxisbewährung' stützen, zeigt sich sofort, dass die Anforderungsanalyse eine Theorie der Arbeit, die Eignungsdiagnose eine Theorie der Persönlichkeit, die Prüfverfahren eine Testtheorie usw. voraussetzen und dass die empirische Untersuchung ergibt, dass die jeweiligen Kriterien durch die üblichen Praxismethoden höchst unzulänglich erfüllt werden. Theoretische Fundierung oder gar kritisch-emanzipato-

---

* *Desiderat (lat.)*: wörtl.: Wünschenswertes; Anspruch, Erwartung, Wunsch

rische Reflexion stehen auf der Agenda des Personalmanagement-Ansatzes weit unten; wichtiger ist, dass 'es' funktioniert (oder irgendwo gut bzw. besser funktioniert hat: benchmarking!*).

Metz (1995, 16 ff) hat die Vorannahmen eines solchen Ansatzes analysiert:

> "Zunächst wird auf sehr allgemeiner Ebene ein System (bzw. das Modell eines Systems) definiert, in das man sich anschließend gleichsam 'hineinbegibt'. Was man dort sieht, ist allerdings bereits vorab bestimmt. Man weiß es immer schon: In unserem Beispiel etwa wären dies zielorientierte Personen, die verhaltenssteuernde und systemgestaltende Aktivitäten entfalten, bzw. 'über die' solche entfaltet werden, die Ressourcen einsetzen usw. Wohlgemerkt: Welche Personen, Gruppen oder Abteilungen diese Aktivitäten entfalten (sollten), darüber kann uns diese funktionale Bestimmung keinerlei Angaben machen, sie besagt nur, dass solche Aktivitäten mit Sicherheit stattfinden müssen, da sonst das System keinen Bestand hätte" (*Metz* 1995, 21).

Zu den problematischen Voraussetzungen des funktionalistischen Ansatzes (konkret: der Auflistung heterogener Aufgabenfelder der Personalarbeit) gehören:

- Es wird unterstellt, dass die Ziele des Unternehmens (und die abgeleiteten Ziele des Personalwesens) bekannt und widerspruchsfrei sind. Die Ziele (ökonomische, soziale, humane, individuelle) werden nicht aufeinander bezogen oder auseinander abgeleitet, sondern begründungslos als wichtig gesetzt.
- Das Unternehmen und die 'Personalfunktion' (bzw. Personalbereich, -abteilung, -ressort) sind eindeutig von ihren jeweiligen Umwelten abgegrenzt.
- Es werden lediglich Beschreibungen vermutlich *notwendiger* (aus der Systembestimmung logisch deduzierter) Aktivitäten vorgelegt. In der aktuellen Umsetzung wird jedoch weitgehend kasuistisch* vorgegangen; ob die Aktivitäten hinreichend sind, wie sie interagieren und vor allem: aus welcher inhaltlichen Theorie sie konsequent und konsistent abgeleitet sind, bleibt unerörtert.
- Im Kern sind diese Ansätze am Modell materieller Produktion orientiert. Die Personalfunktion ist analog der Anlagenbeschaffung und -nutzung (alternativ: des Materialdurchlaufs) in einem Produktionsbetrieb konzipiert: der Bedarf muss aus dem Produktionsplan abgeleitet werden, Anlagen müssen konzipiert, beschafft und finanziert werden, sie sind rational einzusetzen, zu warten, instandzuhalten, zu kontrollieren, bedarfsgerecht auszubauen und schließlich zu verkaufen oder zu entsorgen ...
- Zum einen wird auf Seiten der bzw. des *Steuernden von konkreten Akteuren* abstrahiert: das Geschehen ereignet sich mit 'innerer Systemlogik' zwangsläufig, soll das System nicht aufhören zu existieren. Andererseits sind die *Gesteuerten*

---

* *benchmarking*: sich die Leistungen des oder der Besten als Bezugspunkt oder Erfolgsziel (benchmark) wählen.
* *kasuistisch* (von lat. *casus*: der Fall): ausgehend von der Besonderheit des Einzelfalls; nicht auf allgemeingültige Grundsätze gestützt

durch und durch *Objekte*. Resümee: "Der funktionalistischen Analyse fehlen die Subjekte" (*Metz* 1995, 30).

- Es werden nur Systemfunktionen (z.b. Personalentwicklung, -einsatz etc.) differenziert. Unberücksichtigt bleibt, dass diese - je nachdem *wer* sie *auf welche Weise* ausführt - zeitlich, sachlich und sozial höchst unterschiedlich gestaltet sein können und dass unter dem Deckmantel einer (offiziellen) Funktion ganz andere (latente*) Funktionen realisiert werden können.

Als Beispiel für die funktional-pragmatischen Management-Ansätze im Personalwesen soll im Folgenden auf das Human Resource Management eingegangen werden, weil es im Zentrum aktueller Diskussionen steht und frühere funktionalistische Ansätze (wie z.b. den Taylorismus oder die Human Relations-Bewegung) abgelöst hat.

4.2   Das Beispiel Human Resource Management

4.2.1   Was ist HRM?

Die im angelsächsischen Raum früher verbreiteten Begriffe für die Personalfunktion (Personnel, Personnel Function, Personnel Department, Personnel Administration) ist in jüngster Zeit zunehmend durch HRM ersetzt worden und mit dieser Änderung im Namen wird auch eine Änderung in der Sache behauptet (worauf noch einzugehen sein wird). Der Begriff HRM soll zuerst von *Yoder* 1959 gebraucht worden sein; *Miles* (1965) hat ihn mit einem bekannten Artikel "Human Relations or Human Resources" im Harvard Business Review publik gemacht. 1975, also in Zeiten der Quality of Working Life - Debatte, hat er das Konzept aus einer humanistischen Perspektive umfassender interpretiert: Wachstum und Verwirklichung der Individuen müssen mit den Zielen der Organisation in Einklang gebracht werden.

Springer & Springer (1990, 42) behaupten, dass in den USA der Begriff HRM in den fünfziger Jahren als Ausdruck stärkerer *psychologischer* Orientierung galt - vor allem gegenüber einem tayloristischen naturwissenschaftlichen Management.

'Psychologisch' ist in diesem Zusammenhang allerdings ein recht mehrdeutiger Begriff. Er steht zum Beispiel für

- den ur-amerikanischen Individualismus;
- die Wirksamkeit verborgener und starker 'innerer Kräfte' (vor allem nachdem Taylor und der Behaviorismus überwunden waren, die in erster Linie auf das Beobachtbare fixiert waren),

---

* *latent* (lat.): unbeobachtbar, verborgen, heimlich

- den Bruch mit den rationalen Entscheidungsmodellen des homo oeconomicus; stattdessen werden Intuition, Gespür, 'guts', Spontaneität etc. gefordert und Management als Kunst (nicht: Technik oder Wissenschaft) etabliert;
- die Einsicht, dass MitarbeiterInnen selbsttätig und keine bloßen Werkzeuge sind, die im Rahmen von 'human engineering' benutzt werden;
- die normative Perspektive der menschlichen *Möglichkeiten*, die verwirklicht werden sollten (Selbstverwirklichung, Wachstum, Empowerment etc.).

Die Inanspruchnahme von Psychologie ist jedoch rein instrumentell motiviert und an die Hoffnung geknüpft, bislang ungenutzte 'innere' Ressourcen erschließen zu können; emanzipatorische oder (selbst-)aufklärerische Impulse werden damit nicht verbunden. Weil der Rückgriff auf die Tiefendimension der Verhaltenssteuerung die Einlösung des Programms 'working smarter' (anstelle des bislang vorherrschenden protestantischen 'working harder') verspricht, wird das Angebot begrüßt. Allerdings wird damit nur die eine (softe) Seite von HRM erfaßt; auf die 'harte' werden wir unten noch zurückkommen.

4.2.1.1 Interessenten an HRM

Neue Konzepte setzen sich nicht von selbst durch, sie werden lanciert und müssen sich profitabel nutzen lassen. Mit *Legge* (1995b, 48) kann man nach den Stakeholders fragen, die an der Promotion von HRM interessiert sein könnten; es lassen sich mehrere Kandidaten identifizieren: WissenschaftlerInnen, Linienvorgesetzte, PersonalmanagerInnen, Beratungsfirmen, Berufsverbände, FachjournalistInnen. Eine solche heterogene Fördergruppe lässt erwarten, dass es sich wohl nicht um ein homogenes Produkt handelt, das da platziert wird. Aus ganz unterschiedlichen Motiven stehen sie hinter den 'neuen' Ideen:

Personalleute: Sie sind eine durch HRM bedrohte Spezies, zumindest wenn 'hartes' HRM eingeführt werden soll (beim weichen HRM können alle Formen und Verfahren recycelt werden, die schon in Zeiten von Humanisierung der Arbeit, Organisationsentwicklung, Unternehmenskultur usw. nützlich waren). Personalisten müssen die Sprachen des General Managements und des Controllings lernen, um vom alten Image als Sozialleistungsverwalter, Gehaltsbuchhalter und Seminaranbieter wegzukommen. Auch die Gewerkschaften sind in Zeiten eines Arbeitsüberangebots kein gefährlicher Gegner mehr, mit dem man früher symbiotisch zur gegenseitigen Einflusssteigerung verbunden war.[8] Jetzt müssen die PersonalspezialistInnen sehen,

---

[8] *Garnjost & Wächter* (1996, 792) vertreten die These, dass sich das HRM in den USA vor allem deshalb so rasch entwickelte, weil sich mit "dem sinkenden gewerkschaftlichen Organisationsgrad der Arbeitnehmer, insbesondere in den Wachstumsbranchen" das Management durch Kommunikations- und Partizipationsinitiativen unmittelbar an die Beschäftigten wandte, und sie für seine Zielsetzungen zu gewinnen suchte.

37

dass sie sich der Linie als Beratungs- und Servicecenter andienen, ja sogar selbst Linie werden, indem sie sich zum Wertschöpfungscenter entwickeln oder in den strategischen Entscheidungsgremien vertreten sind. Dazu kann ihnen die HRM-Rhetorik viel helfen.

WissenschaftlerInnen: Neue Konzepte machen Arbeit und bringen Reputation; man kann Bücher und Artikel publizieren, Kongresse veranstalten, Untersuchungen durchführen, Forschungsgelder akquirieren, sich in Lager der Befürworter und Kritiker spalten und imageträchtige Kontroversen inszenieren. Gerade in Zeiten fragwürdig gewordener Professionalität und reduzierter Bedeutung des Personalsektors kann man sich mit solchen erfolgsträchtigen Themen einerseits in der Fachöffentlichkeit wichtig machen, andererseits auch 'der Praxis' und den Studierenden signalisieren, dass man verwertbare und nützliche Ideen bietet.

Linienmanagement: Insbesondere die 'harte' Version von HRM findet Anhänger. Das Linienmanagement steht durch Kostenreduktions-, Hierarchieabbau-, Verschlankungs- Reengineering-, TQM-, Outsourcing-Programme unter Druck. Es muss Funktionen aufgeben und abgeben und um seinen eigenen Einfluss fürchten. Deshalb kommt es ihm nur zu gelegen, wenn der vorgeblich formalistischen, bürokratisch-wasserköpfischen, ahnungslos hineinregierenden Personalabteilung Kompetenzen weggenommen werden und das eigene Portfolio entsprechend aufgestockt wird. HRM liefert den Freibrief für Generalisten- und Unternehmertum, zumindest aber verheißt es Befreiung von gängelnden Vorschriften, Berichtspflichten, Systemanwendungen etc. Wenn und weil ManagerInnen in ihrem Einflussbereich direkt und allein für Ergebnisse verantwortlich gemacht werden, spielen Fragen der unmittelbaren Personalarbeit für sie eine größere Rolle und sie können entscheiden, was sie selbst erledigen, wann sie sich beraten lassen und was sie extern zukaufen wollen. Dabei kommen nicht zuletzt auch die kundenfreundlichen Sprachregelungen von HRM zupass, weil sich mit ihrer Hilfe freundlicher sagen läßt, was sonst Irritationen hervorriefe.

Beratungsfirmen: Sie sind in einer ähnlichen Lage wie die WissenschaftlerInnen und die Personalfachleute. Sie müssen sich wichtig machen, um ins Geschäft zu kommen. Dazu brauchen sie neue Begriffe, Antworten und Tools für Fragen, die oft gar nicht so neu sind. Wenn von verschiedenen Seiten das Feld vorbereitet ist (Fachpresse, Bestseller, Wissenschaft), können sie die aktuellen Problemlösungen anbieten. Dazu müssen sie Kompetenz nachweisen und gegenüber Konkurrenten aus den eigenen Reihen Wettbewerbsvorteile haben (weshalb Auftreten, Präsentationen, Referenzen, Veröffentlichungen wichtig sind). HRM ist genügend weit, um die 'sunk costs', die in bereits erarbeiteten Produkten liegen, erneut - z.B. auf dem Wege der Umetikettierung dieser Produkte - amortisieren zu können.

Öffentlichkeitsarbeiter: In dieser Rubrik fassen wir die Berufsverbände mit ihren Aktionen (Kongresse) und Publikationen, die Fachpresse und den Literatur- und Medienmarkt zusammen. Dieser expandierende Markt ringt um Aufmerksamkeit eines ohnehin schon informationell überfluteten Publikums und deshalb ist es wichtig, 'News' mit entsprechendem Nach-Druck zu platzieren. Interviews mit Siegertypen, Wundertaten kreativer Unternehmungen, die den turn-around geschafft haben, Do-it-yourself-Anleitungen, Insider-Enthüllungen über Mismanagement (inklusive mitgelieferter Kur), Übersetzungen amerikanischer Supersellers - all das sind bewährte Techniken, den Business-Fads* ein Forum zu bieten und damit das eigene Medium zu verkaufen oder attraktiv zu machen. Hier hat HRM natürlich mit harter Konkurrenz zu rechnen, weil die Halbwertszeiten dieser Themen eher in Monaten, denn in Jahren gerechnet werden (s. *Kieser* 1996, *Drumm* 1996, *Huczynski* 1993).

4.2.1.2 Dimensionen und Inhalte des HRM

In seinem Editorial meint der Herausgeber des Human Resource Management Journal, dass sich HRM

> "in seiner allgemeinsten Bedeutung auf Politik, Prozeduren und Prozesse bezieht, die das Management von Menschen in Arbeitsorganisationen beinhaltet" (*Sisson* 1990, 17).

John *Storey* (1995, 5) definiert:

> "Human Resource Management ist ein besonderer Ansatz des Beschäftigungsmanagements, der Wettbewerbsvorteile durch den strategischen Einsatz einer sehr engagierten und fähigen Belegschaft zu erreichen sucht und dabei einen integrierten Satz kultureller, struktureller und personalbezogener Techniken nutzt."

Diese Definition konkretisiert er im folgenden durch ein sog. "HRM-Modell", dem er vier (jeweils weiter untergliederte) Komponenten von HRM zugrundelegt (*Storey* 1995, 6):

1. Überzeugungen und Annahmen
- Es ist die Humanressource, die Wettbewerbsvorteile schafft.
- Das Ziel sollte nicht bloßes Befolgen von Regeln, sondern Engagement der Mitarbeiter sein.
- Deshalb sollten MitarbeiterInnen sorgfältig ausgewählt und entwickelt werden.

2. Strategische Qualität
- Wegen der obigen Faktoren sind HR-Enscheidungen von strategischer Bedeutung.
- Die Einbindung des Top Managements ist notwendig.

---

* *fad* (engl.): Mode(torheit), vorübergehende Laune

- HR-Grundsätze sollten in die Geschäftsstrategie integriert sein - aus ihr stammen oder sie sogar mitgestalten.

3. Die entscheidende Rolle der Linien-ManagerInnen
- Weil die HR-Praxis entscheidend für die Kernaktivitäten des Geschäfts ist, ist sie zu wichtig, um allein den PersonalspezialistInnen überlassen zu werden.
- Linien-ManagerInnen müssen eng eingebunden werden, sowohl als Lieferanten wie Motoren der HR-Grundsätze.
- Größte Aufmerksamkeit gilt dem Management der ManagerInnen selbst.

4. Wichtigste Hebel
- Kultur zu managen ist wichtiger als Prozeduren und Systeme zu managen.
- Integriertes Handeln in Auswahl, Kommunikation, Training, Belohnung und Entwicklung, bei dem die einzelnen Verfahren einer gemeinsamen stimmigen Grundhaltung verpflichtet sind.
- Restrukturierung und Arbeitsgestaltung erlauben Delegation von Verantwortung und Ermächtigung.

Aufbauend auf dieser Einteilung hat Storey für eine Unternehmensbefragung, in der 15 britische Unternehmen vertieft analysiert wurden, eine 25-Item-Prüfliste entwickelt, mit deren Hilfe er konkretisierte, was mit den Dimensionen gemeint ist. Weil damit *Storeys* (eher 'softes') Verständnis von HRM expliziert wird, sollen diese Items im folgenden verkürzt wiedergegeben werden (siehe Beleg A-3).

Storey fand, dass viele dieser Problembereiche in den Firmen angegangen worden waren, zum Teil aber nur kurzfristig praktiziert und schnell von anderen Akzentsetzungen abgelöst wurden, und dass des öfteren Grundsätze und Maßnahmen nicht unternehmensweit, sondern sektoral beschränkt realisiert wurden. Zu den Befunden gehört weiter, dass meistenteils kein integriertes Vorgehen praktiziert wurde und es an Integration mit dem Unternehmensplan mangelte. HRM scheint also kein integriertes kohärentes Phänomen zu sein. Dieser 'Herauspicken-und-Mischen'-Ansatz offenbart nach Storey (1995, 14), dass HRM

> "in Wirklichkeit ein symbolisches Etikett ist, hinter dem mannigfaltige Praktiken verborgen sind, von denen viele untereinander nicht zusammenhängen. Wenn dem so ist, dann würde das näher erklären, warum es diesen weithin pragmatischen und opportunistischen Organisationen [in seiner Studie] relativ leicht fiel, diverse Elemente dieser 'neuen' Initiativen herauszugreifen."

Beleg A-3: Die 25-Item-Prüfliste für das HRM-Modell (aus: *Storey* 1995, S. 10)

Zu: "Überzeugungen und Annahmen":
1. Vertragsgestaltung: Darauf abzielen, 'über den Vertrag hinauszugehen' (freiwillig mehr als das Vereinbarte leisten)
2. Bedeutung von Regeln: 'Wir-können-das-machen'-Einstellung; Ungeduld bezüglich bloßer Regelorientierung
3. Richtschnur des Managementhandelns: Unternehmensinteresse geht vor; Flexibilität; Engagement
4. Verhaltenssteuerung durch Werte/Mission
5. Aufgabe der ManagerInnen in Bezug auf MitarbeiterInnen: Förderung
6. Beziehungen durch Zielübereinstimmung gekennzeichnet
7. Zweitrangigkeit von Konflikten
8. Niedriger Standardisierungsgrad (z.B. wird Parität als nicht relevant gesehen)

Zu: "Strategische Qualität":
9. Im Mittelpunkt stehen Unternehmen-Kunden-Beziehungen
10. Integrierte Initiativen
11. Unternehmensplan ist zentral
12. Hohe Entscheidungsgeschwindigkeit

Zu: "Entscheidende Rolle der Linien-ManagerInnen":
13. Transformationale Führung
14. Schlüsselfiguren sind Unternehmensleitung, Geschäftsführung, LinienmanagerInnen
15. Betonte Managementfähigkeit: den Weg bahnen

Zu: "Wichtigste Hebel":
16. Bei Interventionen werden weitreichende kulturelle, strukturelle und personalbezogene Strategien entwickelt und verfolgt
17. Integrierte Personalauswahl (Schlüsselaufgabe)
18. Leistungsbezogene Bezahlung; wenn überhaupt, wenig Gehaltsgruppen
19. Angleichung der (Vertrags-)Bedingungen
20. Management-Arbeiter-Beziehungen: Individuelle Kontrakte
21. Beziehungen zu gewerkschaftlichen Vertrauensleuten: marginalisiert
22. Kommunikationsfluß gesteigert und direkt
23. Arbeitsgestaltung: statt Arbeitsteilung Gruppenarbeit
24. Konflikthandhabung: durch Klima und Kultur managen
25. Ausbildung und Entwicklung: Lernende Unternehmen

Storey konnte keinen Zusammenhang zwischen dem Finanzergebnis der Unternehmen und der bloßen Zahl von HR-Initiativen finden; auch die Korrelation zwischen diesem Wert und der Qualität des Arbeitslebens war niedrig. Mitarbeiter-Engagement, Vertrauen und Zufriedenheit waren in den untersuchten Firmen nicht eng korreliert mit den HR-Werten. Den Grund dafür vermutet Storey im Unterschied zwischen 'hartem' und 'softem' HRM; das erste behandele Arbeitskräfte eben eher als Kalkulationsgrößen. Jedenfalls - so resümiert *Storey* (1995, 16) - fehlt es dem HRM an strategischer Integration; es ist darüber hinaus in nahezu allen zugrundeliegenden Meßgrößen in der Praxis weit entfernt von den Lehrbuch-Vorschriften.

Analoge Ergebnisse wurden bei einer telefonischen Erhebung unter 560 britischen Unternehmungen gefunden, die *Storey* zusammen mit mehreren Koautoren durchgeführt hatte. Auch hier ging es darum herauszufinden, welche zentralen HRM-Initiativen realisiert wurden.

Im einzelnen wurde nach jenen Initiativen gefragt, die im Beleg A-4 abgedruckt sind (s. nächste Seite).

Vielen AutorInnen ist HRM ein zeitgemäßes oder zeitgeistiges Synonym für Personalwesen, Personalmanagement usw. Es wird des öfteren konstatiert, dass einige Autoren Neuauflagen ihrer kaum veränderten Lehrbücher einfach von 'Personalmanagement' in 'Human Resource(s) Management' umtituliert hätten; HRM ist dann vielfach lediglich eine Art umgemode(l)tes Personalwesen.

Als Dimensionen zur Unterscheidung von HRM und 'klassischem Personalmanagement' (PM) gelten (s.a. *Guest* 1987, 507, *Guest* 1991, *Legge* 1995a):

- HRM sei strategisch, langfristig, proaktiv, PM dagegen (nur) taktisch oder ad hoc operativ, reaktiv;
- HRM integriere ökonomische und soziale Ziele, PM habe sich, je nach Ausrichtung, auf eine dieser Zielsetzungen konzentriert;
- HRM suche die Verbindung zur Geschäftsleitung und sei dort verortet, während PM seine eigenständigen partikularen Ziele verfolge;
- PM gehe aus von einem pluralistischen Interessenkonzept (MitarbeiterInnen und Management verfolgen unterschiedliche Ziele), HRM dagegen von einem unitaristischen ('Wir sitzen alle in einem Boot');
- PM kümmere sich vor allem um Nicht-ManagerInnen, HRM dagegen richte sich ans Management;
- PM suche das Management zu beeinflussen, HRM sei integriert in die Linien-Management-Tätigkeit;
- PM setze auf Sich-Fügen (compliance), HRM auf Sich-Verpflichten (commitment);
- PM sei bürokratisch, zentralisiert, formalisiert, HRM dagegen 'organisch', dezentralisiert, flexibel;
- PM sei ein pragmatisches Sammelsurium von Ansätzen und Techniken, während HRM ein konsistentes geschlossenes Konzept biete;
- für PM sei Personal ein Kostenfaktor, für HRM eine Investition.

Beleg A-4:   Der Einsatz von HRM-Initiativen in 560 britischen Unternehmen
(aus *Storey* 1995, 18).

Anmerkung zu den Spalten: 'Durchgeführt' bedeutet, dass innerhalb der letzten fünf Jahre vor 1994 eine HRM-Initiative realisiert wurde; 'Nachhaltig' heißt, dass die Initiative in Kraft blieb und 'nicht nur auf marginalem Niveau betrieben' wurde.

		Durchgeführt (%)	Nachhaltige Wirkung (%)
A	Ein Kulturänderungs-Programm: Ein bewußter und geplanter Versuch, die Einstellungen, Werte und Arbeits- routinen zu ändern	35	73
B	Delegierte Führung: Das Verlagern von Verantwortung auf untere Managementebenen	65	86
C	Gruppenarbeit bei Mitarbeitern auf Nicht-management-Ebene	76	87
D	Leistungsbeurteilung bei Mitarbeitern auf Nicht-Management-Ebene	55	78
E	Mission Statement	42	85
F	Gruppenbesprechungen, in denen Information durch Vorgesetzte an die Gruppenmitglieder weitergegeben wird	74	86
G	Qualitätszirkel	35	80
H	Angleichung von Vertrags- und Arbeitsbedingungen	40	87
I	Psychometrische Tests	11	45
J	Abbau hierarchischer Ebenen: Der Abbau einer oder mehrerer Führungs- ebenen	19	74
K	Gesteigerte Flexibilität in der Übernahme von Arbeitstätigkeiten	75	89

Kapitel A

Alle diese Differenzierungen sind willkürlich; sie entstammen eher dem Repertoire von Werbefeldzügen zur Positionierung eines neuen Produkts, als dass sie markante Unterschiede in der sog. Realität wiedergeben würden. Wie unten bei der Darstellung der 'Geschichte des Personalwesens' (s. Kap. B-1.) noch gezeigt werden wird, ist es die übliche Strategie, das Vergangene und scheinbar Überwundene abzuwerten, das Neue dagegen ins beste Licht zu setzen. Man kann genauso gut argumentieren, dass das, was heute HRM genannt wird, immer schon 'gute' Personalmanagement-Praxis war.

Pieper macht geltend, dass die Idee des HRM mehr als bloßes Personalmanagement sei, denn sie beinhalte auch "eine Management-Philosophie und die Integration des Personalmanagements in das strategische Management" (a.a.O., 19). Auch *Keenoy* (1990, 3) findet, dass die HRM-Befürworter neben der strategischen Orientierung als das Neue an HRM das einheitlich-geschlossene Konzept (unitary framework) herausstellen. Auf diesem Hintergrund ist *Karen Legges* (1995, 1ff) Differenzierung hilfreich, weil sie deutlich macht, dass man zwischen vier unterschiedlichen Modellierungen der Personalarbeit unterscheiden kann:

1. Das *normative* Modell, bei dem in idealisierender Weise optimale Ausgestaltungen der Personalarbeit zusammengestellt werden. MitarbeiterInnen werden ihm zufolge so ausgewählt, entwickelt, belohnt, geführt usw., dass sie nicht nur zufrieden sind und 'ihr Bestes geben', sondern (damit) auch ihrer Unternehmung die Zielerreichung ermöglichen. Alle Vorgesetzten (nicht nur spezialisierte 'PersonalerInnen') üben Personalfunktionen aus.

2. Das *deskriptiv-funktionale* Modell, das sich auf jene Funktionen bezieht, die die Personalarbeit in der Realität hat - unabhängig von idealisierenden Programmen: es geht um die Regulierung von Beschäftigungsverhältnissen, wobei die z.T. gegensätzlichen Interessen verschiedener 'stakeholders' berücksichtigt werden müssen.

3. Das *kritisch-evaluative* Modell orientiert sich an der vorgefundenen Realität, die sie aus kritischer Distanz bewertet. Es steht in marxistischer Tradition und sieht das Arbeitsverhältnis als Aneignungsverhältnis, dessen Ausbeutungsfunktion durch eine beschönigende Rhetorik verschleiert wird.

4. Das *deskriptiv-verhaltensbezogene* Modell schließlich beschreibt, was diejenigen tatsächlich tun, denen Personalverantwortung übertragen wurde.

Legge (1995a, 7) zitiert als Beleg für die Fremdwahrnehmung von Personalabteilungen eine frühe Studie von *Ritzer & Trice* (1969), deren Ergebnisse in späteren Untersuchungen mehrfach bestätigt wurden. Amerikanische Manager sahen ihre Personalabteilungen in folgender Weise:

"1.   Sie reagieren auf Probleme, statt sie zu antizipieren.
2.   Sie sind passiv, anstatt zu initiieren und zu stimulieren.
3.   Sie verteidigen den Status Quo, statt kreativ zu sein und Führerschaft zu übernehmen.

4. Sie führen Managemententscheidungen aus, nehmen aber keinen Einfluss auf das Managementdenken.
5. Sie halten ihren Kopf nicht hin.
6. Sie sind risikoscheu.
7. Sie sind nicht geschäftsorientiert.
8. Sie sind an den Personalaspekten von Unternehmensentscheidungen nicht beteiligt.
9. Sie haben sehr wenig Einfluß auf das Management.
10. Sie operieren in einem Vakuum."

Legge fügt aus weiteren Studien zusätzliche, z.T. wenig schmeichelhafte Etikettierungen hinzu: Wohltätigkeitshelfer, ineffiziente pfuschende Gutmenschen, Feuerwehrleute, machtlose Dienstleister, 'bringen LinienmanagerInnen gegen sich auf durch verspätete, irrelevante und zeitraubende Richtlinien', 'geben sinnlose Statistiken heraus', 'haben keine Ahnung von der Unternehmenswirklichkeit', 'humane Bürokraten', Kontraktmanager, Vertragsaushandler, Schmieröl, Puffer, Sicherheitsventil, Mittler, Beschwichtiger, Konsensproduzenten ...

4.2.1.3 'Weiches' und 'hartes' Human Resource Management

Eine vielzitierte von *Miles* konstruierte Genealogie* verortet HRM in der Neo-Human-Relations-Bewegung, die mit den Namen *McGregor, Likert* und *Argyris* in Verbindung gebracht wird, weil auch diese Autoren um die Integration von Individuen in die Organisationen bemüht sind (durch Berücksichtigung ihrer Bedürfnisse, Entwicklung ihrer Fähigkeiten, Schaffung herausfordernder Arbeitsbedingungen etc.). Damit ist die *'softe'* Fraktion der HRM-Tradition identifiziert.

Demgegenüber geht es beim *'harten'* HRM darum, alle Maßnahmen im Personalbereich im Hinblick auf ihren Beitrag zur Wertschöpfungskette zu analysieren und sie entsprechend neu zu gestalten (oder zu eliminieren). Das 'harte' HRM ist durch Instrumentalisierung und Verdinglichung der (Ware) Arbeitskraft gekennzeichnet, die als zwar wichtiger, aber ersetzbarer Produktionsfaktor allein unter kalkulatorischen Gesichtspunkten zugekauft, eingesetzt und abgestoßen wird.

Im Rahmen dieser unterschiedlichen Akzentsetzung kann man HRM auf zweierlei Weise lesen oder betonen und damit die 'softe' oder die 'harte' Version zum Ausdruck bringen: *Human Resource* Management oder Human Resource *Management* (s.a. *Legge* 1995b, 35).

'Soft' HRM ist machtblind und sozialromantisch, 'hard' HRM dagegen ist zuweilen offen zynisch. Es ist zugleich aber auch realitätsblind, weil es gegenüber der ge-

---

* *Genealogie*: (von lat. *genus*: Geschlecht, Stamm): Abstammungslehre, Stammbaum, Herkunft

schäftsmäßig gestylten Formel die mißliche krumme Realität vergisst: dort geht es nicht so strategisch, zielbewußt, planvoll und harmonisch zu!

Fowler (1987, 3) behauptet ebenfalls, dass (hartes) HRM gegenüber den früheren Ansätzen des Personalmanagements keine gravierende Neuerung ist: "Es kommt nicht darauf an, was es ist, sondern wer es sagt!" HRM hat die Personalfunktion für das Vorstandszimmer salonfähig gemacht, weil es die Probleme in der dort üblichen Sprache formuliert. Damit ist nicht die immer geübte Rhetorik der Sonntagsreden und Leerformeln gemeint ('Die Mitarbeiter sind unser wertvollstes Kapital'), sondern die konsequente Übersetzung der Personalfragen in den Geldcode und zugleich die passende Umsetzung durch entsprechende Maßnahmen. Insofern ist 'hartes' HRM dann nicht viel mehr als der schon von *Marx* erkannte Versuch des Kapitals, die 'Poren der Arbeit' zu schließen, d.h. durch Maßnahmen der Leistungsverdichtung und Produktionssteuerung dafür zu sorgen, dass auch noch das letzte Quentchen Arbeitskraft aus der Arbeitskraft ausgepresst wird.

Auch Karen *Legge* (1992, 23) diagnostiziert, dass das (harte) HRM den Produktmarkt über den Arbeitsmarkt stellt und die Sprache des ersteren spricht. Um im Management akzeptiert zu werden, müssen die 'PersonalerInnen' in dessen Dialekt reden - und in dem sind Begriffe wie Bedürfnis und Zufriedenheit nicht geläufig, wohl aber Kosten und Rentabilität. Gerade deshalb werden PersonalerInnen oft von 'harten' strategischen Entscheidungen ausgeschlossen, weil man sie bei der Umsetzung dieser Entscheidungen zum einen lediglich als Konsensbeschaffer, Tröster, Härtenmilderer etc. benötigt, zum anderen aber auch, weil sie die eigentlichen Entscheider abpuffern sollen, indem sie die Aggressionen auf sich, die Henker, und somit weg von den Richtern, ziehen sollen.

Frost (1989, 5) visualisiert das mit einem Teufelskreis, der das 'Dilemma der Personalabteilung' bezeichnet. Dieser Kreis läuft über folgende Stationen: (1) Die Personalabteilung wird vom strategischen Planungsprozess ausgeschlossen, (2) bei der Implementierung entstehen Personalprobleme, (3) die Problemlösung wird der Personalabteilung delegiert, (4) die Personalabteilung wird unter hohen Zeit- und Erfolgsdruck gesetzt, (5) Krisenmanagement herrscht vor, (6) das Linienmanagement findet die Leistung der Personalabteilung schwach und das wiederum führt (zurück) zu (1) ... (Den gleichen Kreislauf erläutert *Legge* 1995a, S. 27).

In seiner 'harten' Variante wird HRM reflexiv, weil es auch das Management selbst auf den Prüfstand holt und unter Kosten-Nutzen-Perspektive analysiert, was dann z.B. in die Forderung nach 'delayering' - Abbau der Lähmschichten - münden kann. Damit wird zusätzlich zur Kluft zwischen ManagerInnen und Nicht-ManagerInnen eine innere Front (ManagerInnen gegen ManagerInnen) eröffnet.

Angesichts dieser Entwicklungen schrumpfen großtönende Behauptungen, 'weiches' HRM in der Praxis realisiert zu haben, auf recht bescheidenen Umfang zusammen. Autonome Gruppen, Selbstorganisation, Commitment, Identifikations- und Kulturprogramme usw. bedeuten oft nicht mehr, als bei anspruchsvoll erhöhten Zielen größere Freiheiten in der Wahl der Mittel zu erhalten. Die kontrollierende Führungskraft ist durch 'Selbstkontrolle', versachlichte Kontrolle oder soziale Kontrolle ersetzt worden. Selbstkontrolle wird nur so lange zugestanden, als die Ergebnisse stimmen; wird durch stets mitlaufende externe Kontrollen (z.B. Kosten- und Ergebniskontrolle, Kundenreaktionen) das Verfehlen der Vorgaben oder Erwartungen entdeckt, wird korrigierend interveniert.

Zusammenfassend haben wir in der Abb. A-4 drei Orientierungen gegenübergestellt: hartes und weiches HRM, sowie das meist als Kontrast benutzte 'klassische' Personalwesen.

Die Geschichtsschreibung der HRM-Bewegung sieht sich immer wieder mit der Schwierigkeit konfrontiert, das 'traditionelle' Personalwesen vom 'neuen' HRM abzuheben. Wie schon erwähnt, betonen verschiedene AutorInnen, dass diese Unterscheidung oft willkürlich und gewaltsam ist und nicht selten um der besseren Kontrastierung willen Popanze erzeugt: Auf der einen Seite (Personalwesen) wird alles versammelt, was antiquiert, bürokratisch, machtlos, sozialfürsorgerisch ist, auf der Seite des HRM dagegen wird in leuchtenden Zukunftsfarben gemalt: HRM ist strategisch, dynamisch, erfolgsorientiert, menschlich *und* effektiv usw. Beide Male aber sind die Zusammenstellungen kunterbunt-beliebig, nur oberflächlich systematisiert und ohne theoretisches Fundament. Das gilt auch für die in Abb. 4 vorgenommene Gegenüberstellung, deren Absicht ist, die Rhetorik, nicht die Realität von HRM wiederzugeben.

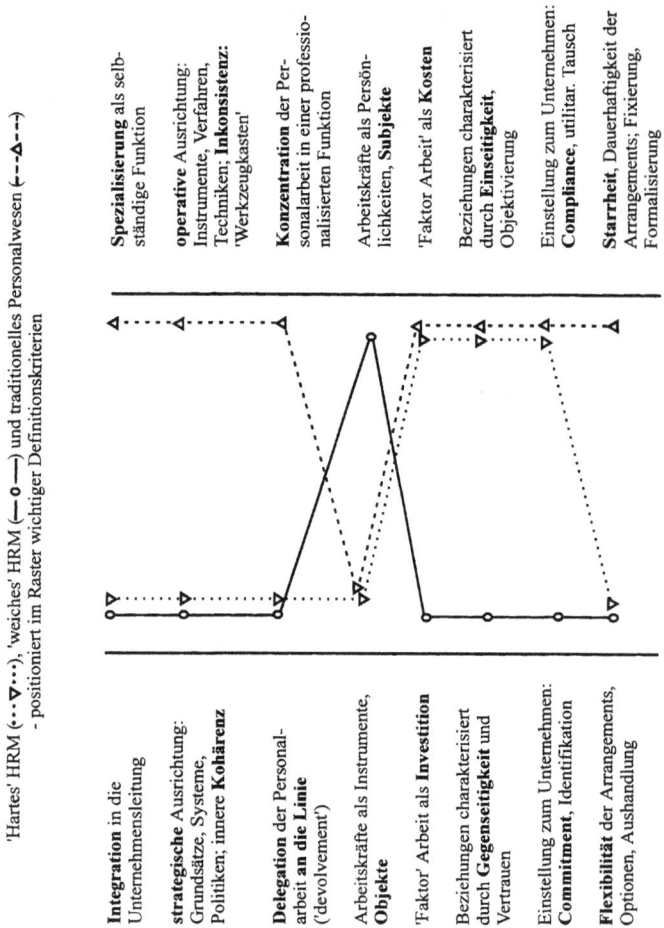

Abb. A-4: 'Hartes' und 'weiches' HRM

The figure compares 'Hartes' HRM (···▽···), 'weiches' HRM (—o—) und traditionelles Personalwesen (---△---) – positioniert im Raster wichtiger Definitionskriterien

Left side criteria (weiches HRM):

- **Integration** in die Unternehmensleitung
- **strategische** Ausrichtung: Grundsätze, Systeme, Politiken; innere **Kohärenz**
- **Delegation** der Personalarbeit **an die Linie** ('devolvement')
- Arbeitskräfte als Instrumente, **Objekte**
- 'Faktor' Arbeit als **Investition**
- Beziehungen charakterisiert durch **Gegenseitigkeit** und Vertrauen
- Einstellung zum Unternehmen: **Commitment**, Identifikation
- **Flexibilität** der Arrangements, Optionen, Aushandlung

Right side criteria (hartes HRM / traditionell):

- **Spezialisierung** als selbständige Funktion
- **operative** Ausrichtung: Instrumente, Verfahren, Techniken; **Inkonsistenz:** 'Werkzeugkasten'
- **Konzentration** der Personalarbeit in einer professionalisierten Funktion
- Arbeitskräfte als Persönlichkeiten, **Subjekte**
- 'Faktor' Arbeit als **Kosten**
- Beziehungen charakterisiert durch **Einseitigkeit**, Objektivierung
- Einstellung zum Unternehmen: **Compliance**, utilitar. Tausch
- **Starrheit**, Dauerhaftigkeit der Arrangements; Fixierung, Formalisierung

In den ersten drei Dimensionen, die als die wichtigsten Unterscheidungskriterien angesehen werden können, gibt es gegenüber hartem und weichem HRM keine Unterschiede: beide streben die Integration der Personalfunktion in die Unternehmensleitung an, betonen die strategische Ausrichtung der Personalarbeit, fordern die Übernahme der operativen Personalarbeit durch die Linienvorgesetzten und plädieren für flexible Arrangements; traditionelles Personalwesen wird demgegenüber als nachrangige, in den Leitungsgremien nicht repräsentierte Funktion gesehen, die ihre Interessen nicht strategisch zur Geltung bringen kann, die Vorgesetzten von möglichst vielen Personalaufgaben entlastet (und dadurch entmündigt, sich selbst aber unentbehrlich macht und zum Wasserkopf aufbläht) und aufgrund einer Vielzahl ausgefeilter und bürokratisch administrierter Verfahren und Instrumente verkalkt ist. Traditionelles Personalwesen hat mit hartem HRM gemeinsam, dass 'das Personal' objektiviert wird (zum Kostenfaktor, Aufgabenträger, Stelleninhaber), während weiches HRM für sich beansprucht, jede einzelne Persönlichkeit in ihrer Einmaligkeit zu respektieren und zu entwickeln. Demzufolge wird der Aufwand für die Beschäftigten als *Investition* gesehen, während für klassisches Personalwesen und hartes HRM Personalaufwand ein *Kosten*block ist, den es zu reduzieren gilt. Der Management-Standpunkt von HRM und die 'Verwaltungs'-Orientierung des herkömmlichen Personalwesens neutralisieren und objektivieren ihren Gegenstand(!), den sie einseitig zu kontrollieren trachten, während weiches HRM zwischen den Mit-ArbeiterInnen respektvolle Beziehungen aufzubauen und zu erhalten sucht, die durch Vertrauen und Gegenseitigkeit charakterisiert sind. Ziel dieser Perspektive ist dementsprechend auch, das Unternehmen als eine Gemeinschaft zu erleben, mit der man sich identifizieren kann und für die man sich engagiert einsetzt; hartes HRM und Personalwesen sehen im Kontrast dazu die Unternehmen-Beschäftigten-Beziehung als eine nüchterne Tauschrelation, in der Fügsamkeit erkauft wird durch Belohnungsversprechen oder erzwungen wird durch Nachteilsandrohung.

Wohlgemerkt: diese Gegenüberstellung markiert plakative Idealbilder oder Ideologien. Allen drei Varianten ist gemeinsam, dass sie die *Management*-Perspektive verabsolutieren, deren Kennzeichen ist, den optimalen Einsatz des 'Faktors Arbeit' (Humanressourcen, Personal) sicherzustellen. Das Kriterium der Optimalität ist Effizienz, ein möglichst günstiges Verhältnis von Aufwand und Ertrag. Wenn sich Freundlichkeit, Beteiligung und Vertrauen auszahlen, dann HRM, wenn gewollte Resultate anders besser erreicht werden können, dann eben anders.

Kapitel A

4.2.1.4 Ist HRM eine in sich stimmige und theoretisch fundierte Konzeption?

Womit sich Personalpraktiken oder -systeme den Titel 'HRM' erwerben, das ist - wie die eben präsentierte Gegenüberstellung oder die oben zitierte Aufstellung von *Storey* gezeigt haben - nicht eindeutig zu klären, weil die gewählten Unterscheidungen nicht aus einer kohärenten theoretischen Position abgeleitet sind. Als Beispiele für die Überwindung dieses buchstäblich konzeptionslosen Zustands werden in der Literatur immer wieder das Michigan- und das Harvard-Konzept (siehe z.B. *Staehle* 1990, 32f; *Noon*, 1992; *Legge* 1995) genannt:

Tichy, Fombrun & Devanna (1982, University of Michigan) haben die Vernetzung von Mission, Strategien, Organisationsstruktur und HRM gefordert. Im Michigan-Ansatz besteht HRM aus vier Funktionen (Auswahl, Beurteilung, Belohnung, Entwicklung) und diese haben die Unternehmensstrategie zu implementieren (nicht so sehr: zu gestalten).

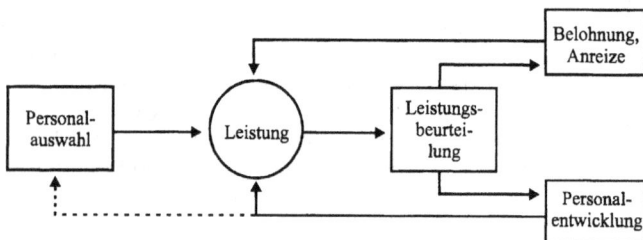

Abb. A-5: Das Michigan-Modell (aus: *Tichy, Fombrun & Devanna* 1982)

Das *Harvard-Konzept* (s. Abb. A-6) geht auf *Beer, Spector, Lawrence, Mills & Walton* (1985) zurück. Sie unterscheiden vier entscheidende Politikfelder (HRM policy choices; im Schema grau unterlegt):

- Mitarbeitereinfluß (Partizipationsphilosophie)
- Humanressourcen-Lebenszyklus (von der Rekrutierung über den Einsatz zur Entlassung),
- Belohnungssysteme (Anreize, Bezahlung, Partizipation),
- Arbeitssysteme (Arbeitsorganisation).

Diese Politikfelder werden *beeinflusst* durch die Interessen diverser Stakeholders (Aktionäre, Management, Gewerkschaften, MitarbeiterInnen, öffentliche Hand) und situative Faktoren (Arbeitsmarkt, Geschäftsstrategie, Managementphilosophie, Technologie, gesellschaftliche Werte usw.). HRM-Entscheidungen haben *Auswirkungen*, und zwar unmittelbare (die vier Cs: commitment, competence, congruence, cost effectiveness) und langfristige (individuelles Wohlbefinden, organisationale Effektivität, gesellschaftlicher Wohlstand). Die Inputs und Outcomes werden durch Feedback-Schleifen miteinander verbunden. Die vier Politikfelder sind untereinander und mit der Unternehmensstrategie zu harmonisieren.

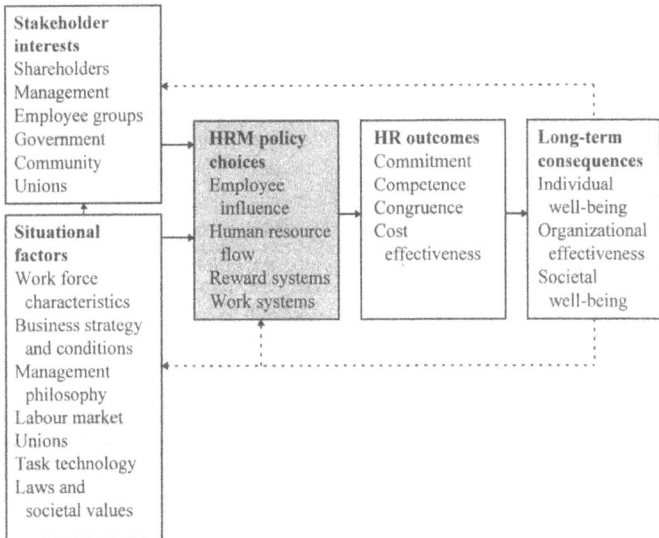

Abb. A-6:   Das Harvard-Modell (aus: *Beer* et al. 1985. S. 17)

Wenn für HRM 'eine geschlossene Konzeption' behauptet wird, überspielt eine solche Einheitlichkeit sowohl Interessengegensätze wie Zielkonflikte und erweckt den Eindruck ihrer Harmonisierbarkeit. Moderne Marktwirtschaften funktionieren nicht wie geplant und logisch, weil sie viel zu komplex, widersprüchlich, intransparent und dynamisch sind. Der Gegensatz zwischen Kapital und Arbeit verschwindet nicht einfach dadurch, dass Integration, Gegenseitigkeit, gemeinsame Zielerreichung und dergleichen beschworen werden. Die Ordnung, die 'geschlossene Konzeptionen' suggerieren, darf nicht darüber hinwegtäuschen, dass die zugrundeliegenden Gegensätze und Spannungen keineswegs ausgeräumt sind. Kritische Autoren monieren immer wieder, dass HRM kein "kohärentes und universalistisches Set von 'Menschenführungs'-Praktiken" sei (*Keenoy* 1990, 3), sondern eher ein "Fleckenteppich-Begriff", in dem diverse Strömungen locker zusammengenäht sind.

Eine konsistente theoretische Fundierung würde voraussetzen, dass Begriffe klar definiert und auf der Grundlage eines übergreifenden Aussagen-Systems stimmig und systematisch miteinander in Beziehung gesetzt werden; die Aussagen müssen informativ sein, d.h. sie müssen Möglichkeiten ausschließen und sie sollten prüfbar sein. Nichts von allem gilt für HRM.

Noon (1992, 29) hält dafür, dass HRM keine richtige, sondern eine 'mimic theory' hat oder ist: sie simuliert eine Theorie, die sie aber in Wirklichkeit nicht hat oder ist.

> "... HRM mag eine neue Management-'Philosophie' sein (oder, wenn man es nach dem fanatischen Eifer beurteilt, mit dem sie einige Leute vertreten, eine Management-Theologie), aber es ist noch viel Arbeit nötig, um die empirischen Analyseeinheiten zu entwickeln, die nötig sind, um HRM als Management-Theorie zu begründen" (*Noon* 1992, 22).

Noon macht drei innere Widersprüche aus, die die postulierte 'Geschlossenheit' in Frage stellen (1990, 23):

- *Individualismus vs. Kooperation:* Auf der einen Seite werden die individuellen Fähigkeiten herausgefordert und genutzt und die individuellen Bedürfnisse angesprochen und befriedigt, auf der anderen Seite geht es um gemeinsame Ziele, Gruppenarbeit, Qualitätszirkel und solidarische Zusammenarbeit.
- *Commitment vs. Flexibilität:* Einerseits werden Engagement, Leistung und Qualität gefordert, gleichzeitig andererseits aber Flexibilität, Austauschbarkeit, Beweglichkeit, sodass sich gar keine vertieften erfahrungsgestützten Kompetenzen herausbilden können. Es besteht auch ein Spannungsverhältnis zwischen der Identifikation zum einen mit der Aufgabe und zum anderen mit der Unternehmung.
- *Starke Kultur vs. Anpassungsfähigkeit:* Feste Überzeugungen und starke Identifikationen erschweren unter Umständen die Anpassung an neue Bedingungen.

Auch *Legge* (1989, 1995a, 1995b) hat sich intensiv mit derartigen internen Widersprüchen von HRM auseinandergesetzt. Sie glaubt, dass HRM "über weite Strecken eher eine pragmatische Antwort auf die Chancen und Beschränkungen im gegenwärtigen sozio-politisch-ökonomischen Umfeld ist, als dass sie einer kohärenten neuen Beschäftigungsphilosophie Ausdruck gibt" (*Legge* 1995b, 34).

Sie geht auf folgende Widersprüche näher ein:

Wenn von *'Integration'* als Charakteristikum von HRM geredet wird - welche Art von Integration ist dann gemeint? Integration in die Unternehmensstrategie ('fit') oder Integration als Aussöhnung der Interessenunterschiede zwischen Kapital und Arbeit? Die erste Art von Passung charakterisiert das 'harte' HRM, während das 'weiche' HRM für den Glauben steht, Mitarbeiter- und Unternehmensinteressen ließen sich harmonisieren.

Flexibilität kann bedeuten, dass die MitarbeiterInnen so ausgewählt und entwickelt werden, dass sie bereit und fähig sind zu vielseitigem Arbeitseinsatz; es kann aber auch heißen, dass über den Faktor Arbeit allein nach ökonomischen Kosten-Nutzen-Überlegungen verfügt wird, ungebremst durch soziale, rechtliche oder persönliche Rücksichten.

Commitment ist zum einen die *affektive* Bindung der MitarbeiterInnen an 'ihr' Unternehmen mithilfe von Sozialisations- und Corporate-Identity-Programmen; es kann aber auch die strukturelle Festlegung durch Verhaltensprogramme sein: wenn man die objektiven Arbeitsbedingungen ändert, folgen die entsprechenden (passenden) Einstellungen und Werte auf dem Wege der Herstellung des kognitiven Gleichgewichts (insbesondere, wenn die Änderung mit minimalen Belohnungen durchgesetzt wurde). *Legge* (1995b, 39) fragt: Wem oder was ist das Organisationsmitglied verpflichtet oder hingegeben: Seiner Arbeit, Karriere, Profession, Abteilung, Gewerkschaft, Organisation?

Nicht nur *innerhalb* von Kernbegriffen des HRM bestehen Mehrdeutigkeiten und Gegensätze, auch *zwischen* den einzelnen Forderungen gibt es logische und empirische Widersprüche. *Legge* (1989) diskutiert - in Erweiterung der eben zitierten Polaritäten - die Spannungen zwischen

- Commitment und Flexibilität,
- Flexibilität und Qualität,
- Individualismus und Gruppenarbeit,
- starker Kultur und Flexibilität und
- Qualität und Commitment.

Vermutlich liegt es an diesen inneren Gegensätzen, dass die oft geforderte konsistente und umfassende Verwirklichung von HRM in der Praxis so selten erfolgt.

4.2.2 Zur Verbreitung des HRM

Dazu ist wegen der Definitionsschwierigkeiten und -unterschiede, die oben dargelegt wurden, wenig eindeutiges zu berichten. Zwar wurden und werden in vielen, vor allem international tätigen Unternehmungen die Personalressorts in 'Human Resources Departments' umgetauft, ob damit aber eine Veränderung in den Tätigkeitsinhalten verbunden ist, läßt sich nicht so leicht feststellen. Und selbst wenn es Veränderungen gegeben hätte, wäre noch längst nicht ausgemacht, ob nun tatsächlich Human Resource Management praktiziert wird - weil ja, wie gesagt, verschiedene Versionen von HRM auf dem Markt sind und es weitgehend ins Belieben der

Anwender gestellt ist, ob sie ihren Mix an Instrumenten, Praktiken und Grundsätzen für (vollendetes) HRM halten oder nicht - es gibt kein offizielles Zertifizierungsverfahren oder -institut (siehe die oben in Beleg A-3 wiedergegebene Prüfliste von *Storey* 1995). Ein zentrales Problem ist, dass HRM nicht so sehr Realität, sondern Ideologie ist bzw. nur als *Ideologie* eine Realität ist (darauf werden wir unten, Seite 64, noch näher eingehen). Untersuchungen in Großbritannien (siehe z.B. *Storey* 1995 und *Legge* 1995a) lassen den Schluß zu, dass sich in der vorangegangenen Dekade in Aufgaben und Bedeutung des Personalmanagements wenig geändert hat (s. *Sisson* 1995, 105). Am ehesten scheint in Zusammenhang mit Lean Management und Business Reengineering noch die 'harte' Version von HRM realisiert worden zu sein, aber auch hier kann von einer Umstellungs-*Strategie* im klassischen Sinn meist nicht die Rede sein: es wird meist "ad hoc und pragmatisch" (a.a.O. 106) vorgegangen. Vor allem aber sind in Großbritannien (harte) HRM-Praktiken primär auf Initiative von LinienmanagerInnen (und nicht von PersonalspezialistInnen) eingeführt worden und zwar als Nebenprodukt von Veränderungen der Arbeitssituation (z.B. neue Fertigungskonzepte wie etwa just-in-time-Logistik), nicht aus strategischer Intention.

Das Präfix "strategisch" vor HRM soll auszudrücken, dass die Personalfunktion nicht mehr nur operativ oder taktisch tätig sei, sondern (endlich) mit der Unternehmensstrategie 'harmonisiert' werden kann oder soll (*Staehle* 1990, 28). Und das bedeutet andererseits, dass Personalmanagement nicht mehr allein Sache der Personalabteilung, sondern der Unternehmensleitung ist. Das zweischneidige Argument dafür ist, dass die Personalfunktion zu wichtig sei, um sie allein der Personalabteilung zu überlassen.

In verschiedenen Studien ist die Verwirklichung von HRM untersucht worden. So haben z.B. *Brewster & Larsen* (1993) in einer Umfrage in 10 europäischen Ländern gezeigt, dass von einem Siegeszug des HRM-Modells in Europa nicht die Rede sein kann. Die verschiedenen Staaten unterscheiden sich ganz erheblich voneinander. Was z.B. die Integration der HR-Funktion in die Unternehmensleitung anbelangt, so gibt es Staaten (z.B. Schweden, Frankreich), bei denen das überwiegend (zu über 80%) der Fall ist, während es in Deutschland oder Italien kaum vorkommt (19 bzw. 18% der Unternehmen) (siehe dazu auch *Gaugler & Wiltz* 1992). In Bezug auf das 'devolvement' (die 'Rückgabe' oder Delegation der Personalfunktion an die Linie), liegt Deutschland etwa im Mittelfeld, während Dänemark und die Schweiz hohe Werte, Italien, Niederlande und England dagegen sehr niedrige Werte erreichen. Das Bild extremer Diversität wird auch durch eine Towers Perrin-Studie in 12 Nationen bestätigt, an der sich 2961 Führungskräfte, WissenschaftlerInnen und BeraterInnen beteiligt haben: sowohl *zwischen* den Ländergruppen (Lateinamerika, Europa, Nordamerika und Asien/Pazifik) wie auch *innerhalb* gab es enorme Unterschiede in der Anwendung bestimmter HR-Praktiken oder der Verfolgung von HR-

Zielen. Das kann zum einen bedeuten, dass das HR-Modell nicht durchgängig realisiert ist oder dass es die sehr verschiedenen Vorstellungen darüber, was HRM eigentlich ist, nicht erlauben, Befunde als Belege für oder gegen HRM zu verwenden.

Wenn behauptet wird, dass mit HRM die Personalarbeit endlich *strategisch* geworden sei, dann muss man fragen, was unter Strategie verstanden wird. Man darf Strategie aber nicht nur mit 'konsequent und überlegt realisierter Generallinie' gleichsetzen, sondern muss auch 'emergente' Strategien und 'ex-post-Strategien' bedenken (s. dazu *Hardy, Langley, Mintzberg & Rose* 1984), die nicht geplant wurden, sondern sich in der nicht zentral gesteuerten Reaktion auf eine Vielzahl von Zwängen ergeben oder die im Nachhinein als Einheit rekonstruiert werden. 'Strategie' beschwört die Assoziation mit rationaler Planung und bewußter Festlegung. Damit geht man jedoch an der Realität von Unternehmensführung und insbesondere auch Personalführung vorbei.

Sisson (1995, 106f) stellt auf der Grundlage von Erhebungen in Großbritannien zusammenfassend fest:

"Personalmanager im Vereinigten Königreich sind nicht nur im Hinblick auf ihre Tätigkeiten eine extrem heterogene Gruppe. Man kann kaum die Schlußfolgerung vermeiden, dass die große Mehrheit der Personalmanager, vor allem in Organisationen, die vollständig in UK-Besitz sind, im wesentlichen 'Sachbearbeiter' und 'Vertragsmanager' und keine 'Architekten' sind. Ihre Hauptaktivitäten bestehen aus routinemäßiger Verwaltung, die für die Alltagsvollzüge des Geschäfts wohl wichtig ist, aber weit entfernt ist von den großartigeren Bezeichnungen Strategie, strategische Wahl und 'regime competition', die sich als einige der Definitionskriterien von HRM eingebürgert haben."

Um einen Eindruck von den Praxisthemen zu geben, mit denen sich HRM-Projekte beschäftigen, sei eine Studie von *Rojot* (1990, 104 f) erwähnt, die bei 220 französischen Unternehmen durch HayFrance durchgeführt wurde. Es zeigte sich, dass 38% der Firmen ein 'Firmenprojekt' zur Mobilisierung der MitarbeiterInnen gestartet hatten. Gegenstände waren:

- Akzeptanz der Unternehmenswerte durch die MitarbeiterInnen,
- Fehlzeiten,
- Informationsfluß,
- Führungsstil,
- Qualitätsbewußtsein,
- Qualität des Kundendiensts,
- Geschwindigkeit in der Reaktion auf Kundenbedürfnisse.

Es dürfte wohl schwerfallen, hier einen grundsätzlichen Fortschritt gegenüber den Themen 'klassischer' Personalarbeit zu sehen.

Die übliche Argumentationspraxis, einzelne gelungene Fälle von HRM zu präsentieren, ist unwissenschaftlich. Nicht selten lassen sich Vorzeige-Firmen auf der einen

Seite für ihre Qualitätszirkel, Beteiligungsprogramme, Gruppenarbeits-Initiativen etc. loben, verbergen aber gleichzeitig konsequent und mit harter Hand durchgezogene Verschlankungsaktionen. Bestätigende Anekdoten lassen sich leicht erzählen; wenn auslösende und begünstigende Bedingungen systematisch mitberücksichtigt und auch Fälle des Scheiterns untersucht würden, könnte das Verständnis für die Effekte und Beziehungen erhöht werden.

Im Überschwang der Begeisterung für das Vielversprechende wird der Blick auf die nüchterne Wirklichkeit getrübt. Damit 'softes' HRM funktionieren kann, müssen eine Reihe von Bedingungen gegeben sein (Unternehmenswachstum, hochqualifizierte MitarbeiterInnen und ein interner Arbeitsmarkt, der als Mindestbedingung Beschäftigungssicherheit garantiert usw.); Unternehmen, die diese nicht vorfinden, brauchen auf den Titel HRM nicht zu verzichten, sie können die 'harte' Variante praktizieren.

4.3   Zusammenfassung der Kritik am HRM

Weil HRM einerseits ein Konzept (eine Theorie?), andererseits ein Programm der Unternehmensgestaltung und schließlich auch noch eine ideologische Heilsbotschaft ist, kann sich die Kritik auf verschiedene Facetten konzentrieren. Wir werden im Folgenden die *normativ-ideologische* Perspektive ausführlicher untersuchen, gehen aber zu Beginn auf die beiden anderen Bereiche (den begrifflich-theoretischen Status und die empirische Bewährung) kurz ein, indem wir zusammenfassen, was oben schon behandelt wurde.

4.3.1   Kritik am begrifflichen und theoretischen Status

- Der *Begriff* HRM ist vieldeutig; eine einheitliche Lesart hat sich nicht durchgesetzt. Zumindest zwei grundverschiedene Bedeutungen konkurrieren miteinander: hartes und weiches HRM.
- Es ist nicht klar, welche Praktiken, Instrumente, Systeme, Strukturen, Institutionen vollendetes HRM ausmachen. Deswegen kann nicht geprüft werden, ob die Behauptung stimmt, HRM sei in einem Unternehmen (vollständig, durchgängig) eingeführt.
- Die Diagnoseschwierigkeit liegt nicht zuletzt darin begründet, dass keine umfassende theoretische Fundierung von HRM existiert. Zwar gibt es einige Systematisierungen (z.B. das Harvard- oder das Michigan-Konzept), aber sie gründen sich nicht auf ein theoretisches Paradigma, sondern begnügen sich mit Ordnungen auf dem Niveau von Kästchen-mit-Pfeilen-Diagrammen.
- Deshalb gibt es keine Grundlage für die Prüfung der Frage, ob die einzelnen Inhalte eines HRM-Systems notwendig, hinreichend und konsistent (miteinander vereinbar) sind.

Insgesamt ist zu resümieren, dass HRM eine lockere Collage von Empfehlungen, Grundsätzen, Strategien und Verfahren ist, die sich auf den Faktor Arbeit beziehen.

Deswegen ist die Kampagne zur Einführung der neuen Marke 'HRM' von vielen Autoren mit Skepsis kommentiert worden, die sich in einigen fragenden Überschriften und Zwischentiteln von Zeitschriftenartikeln ausdrückt: "Der Wolf im Schafspelz?" (*Keenoy* 1990) oder "Des Kaisers neue Kleider?" (*Armstrong* 1987); das *Labour Research Department* (1989) übersetzt HRM mit 'Human Resources Manipulation' und *Legge* (1995b, 36) fragt sich, ob HRM nicht 'alter Wein in neuen Schläuchen' ist. Für *Fowler* (1987, 3) ist HRM nichts als "eine verdeckte Form der Mitarbeitermanipulation, die als Gegenseitigkeit verkleidet ist." *Noon* (1992, 23) fragt sich, "ob HRM nur umverpacktes Personalmanagement ist." Ins gleiche Horn stößt *Pieper* (1990, 18), der in der Einführung zu seinem Sammelband über HRM feststellt, dass es eher ein theoretisches Konstrukt als vorgefundene Realität ist.

Ist HRM nur heiße Luft? Bloße Umetikettierung des alten? Viel Lärm um nichts? Schöner Schein? Zukunftsmusik? Utopie? *Sisson* (1995, 107) berichtet, dass PersonalmanagerInnen und das IPM (die britische Dachorganisation für das Personalwesen) meinen, die Rhetorik des 'Vermögensmanagements' würde einfach als Maske für die Realität der 'Kostenminimierung' benutzt. Er glaubt, dass sich daran nur etwas ändern kann, wenn Personalmanagement als Funktion - nicht notwendig als Institution - in der Geschäftsleitung vertreten ist.

Eine häufige Strategie ist es auch, HRM als vorläufigen Endpunkt einer Entwicklung der Personalfunktion zu bezeichnen, die viele früheren Stadien hinter sich gelassen habe (patriarchale Fürsorge, Taylorismus, bürokratische Personalverwaltung, Human Relations etc.). Gerade die Behauptung eines Fortschritts gegenüber den 'Human *Relations'* ist aufschlußreich. Das relativ simple Rezept der Pflege guter Beziehungen, das allen betrieblichen Vorgesetzten angedient wurde, zeigt nicht immer die versprochenen Wirkungen, sondern auch unerwünschte oder gar schädliche Nebenwirkungen wie Kumpanei, Entscheidungsschwäche, Vermeidung von 'schmerzlichen' Interventionen usw. Das Management(!) der menschlichen *Ressourcen* dagegen hebt ab auf die Einzigartigkeit des Produktionsfaktors Arbeit; im Grunde suggeriert der Ansatz die Lösung des Transformationsproblems, weil er verheißt, das Arbeitsvermögen (also die vorhandenen, aber meist nicht ausgeschöpften Potenzen) könnte nun voll erschlossen werden, sei es zum beiderseitigen Nutzen (H<u>RM</u>) oder im Interesse der Unternehmensleitung (H<u>R</u>M). Man entdeckt, auf welch reiche Ader man gestoßen ist; die Frage ist nur, wie man den kostbaren Rohstoff aus seinen Verbindungen und Verunreinigungen herauslösen und in reiner Form verwerten kann.

Untersucht man - als Beispiel für eine mögliche theoretische Fundierung - welchen Handlungslogiken *weiches* HRM folgt, dann zeigt sich, dass nur eine von mehreren in den Vordergrund gerückt wird, nämlich die des Kooperationsverbunds. Kein vernünftiger Mensch wird abstreiten, dass Zusammenarbeit produktiver wird, wenn alle engagiert und selbstlos bei der Sache sind, mitdenken und ihre spezifischen Kenntnisse und Fähigkeit einbringen. Dabei wird aber übersehen, dass Unternehmungen auch Herrschaftsverbände und Verwertungsgesellschaften (hartes HRM!) sind (*Türk* 1989). Wer eignet sich privat an, was kollektiv erarbeitet wurde? Wer bestimmt, welche Regeln gelten und welche Entscheidungen auszuführen sind? Es geht hier nicht um die Unterstellung irgendwelcher subjektiver Motive bei denen, die das Sagen haben (Ausbeutung, Unterdrückung, Profitgier usw.), sondern um objektive Logiken. Menschliche Ressourcen haben in einer kapitalistischen Unternehmung keinen Eigenwert, sondern sind Produktionsfaktoren. Die einzelnen BesitzerInnen dieser Ressourcen sind Manövriermasse, sie werden in den Dienst von Kapitalverwertung und Herrschaftssicherung gestellt: Wenn Leistungen mit anderen Faktorpreisen oder -kombinationen günstiger erstellt werden können, muss das Unternehmen, bei Strafe seines Untergangs, die bessere Variante realisieren.

Allerdings muss bei einem solchen Kalkül die *Elastizität* des 'Faktors Arbeit' mit eingerechnet werden. Der rein utilitaristische Kontrakt 'Leistung gegen Geld' führt zu Ineffizienz, vor allem wenn die (Transaktions-)Kosten für Leistungsmessung, -kontrolle und -anreiz eingerechnet werden. Können die vergrabenen Schätze der Human Resources aber durch Partizipation, Commitment, Identifikation, Empowerment, Intrapreneurship, Vertrauensorganisation etc. *ohne monetäre Gegenleistungen und ohne maßgeblichen Kontrollverlust* gehoben werden, bedeutet das einen erheblichen Kostenvorteil für jene Unternehmen, die darin erfolgreich sind. Das setzt jedoch erhebliche Kompetenz in der Gestaltung von Strukturen und Praktiken der Personalarbeit voraus. Mit einem Federstrich die Aufgaben an die Linienvorgesetzten zu übertragen, sonst aber alles beim alten zu lassen, ist sicher keine Lösung des Problems; es führte lediglich (nach *Tyson & Fell* 1986) zur 'Balkanisierung' der Personalfunktion. Linienvorgesetzte müssten vielmehr für diese neue (oder ursprüngliche?) Aufgabe ausgewählt und trainiert werden und vor allem müssten passende Strukturen, Systeme und Spielregeln eingeführt werden - mit Sensibilität für den Faktor Personal.

Als derart 'aufgeklärter Managerialismus" (*Edwards* 1985) induzierte HRM eine (neue) Professionalisierung des Personalwesens, die maßgeschneidert wäre für die gegenwärtigen Bedingungen (Veränderungsdynamik, Globalisierung, Informatisierung, neue Kooperationsformen, veränderte Rolle der Gewerkschaften, neue Arbeitszeitmuster und Beschäftigungsverhältnisse, gespaltene interne und externe Arbeitsmärkte, Expansion des Dienstleistungssektors, Frauenarbeit usw.).

4.3.2 Zur empirischen Bewährung von HRM

Eine zweite Linie der Kritik könnte prüfen, ob und wie weit HRM Unternehmens-wirklichkeit geworden ist und ob die Versprechungen des HRM in der Praxis auch eingelöst wurden oder werden.

Wir haben oben schon dargestellt, dass diese beiden Fragen deshalb nicht befriedigend geklärt werden können, weil das begrifflich-theoretische Problem nicht gelöst ist. Die meisten vorliegenden Untersuchungen beschränken sich darauf zu erheben, welche Personalpraktiken eingeführt sind und wie sie sich nach Meinung der befragten ManagerInnen bewährt haben.

Aufgrund dieser misslichen Situation läßt sich auch die Folgefrage nicht entscheiden, ob HRM signifikant zum Unternehmenserfolg beiträgt oder nicht. Es gibt zwar Fallstudien, die eher anekdotische Evidenz dafür liefern, dass erfolgreiche Unternehmen HRM-Instrumente einsetzen, aber die Entscheidung zwischen 'correlation or causation' ist damit nicht möglich. Es handelt sich hier um ein ähnliches Problem wie jenes, das die empirische Führungsforschung plagt: Wenn in unternehmensvergleichenden Erhebungen festgestellt wird, dass erfolgreiche Unternehmen signifikant häufiger einen kooperativen Führungsstil praktizieren: ist dann dieser Stil die Voraussetzung des Erfolgs oder seine Folge (weil es sich erfolgreiche Unternehmen leisten können, großzügiger mit ihren Beschäftigten umzugehen und ihnen mehr Freiheiten zu geben)?

Es kann auch nicht festgestellt werden, ob bestimmte HRM-Politiken oder Praktiken notwendig oder überflüssig sind, welchen quantitativen Ergebnisbeitrag sie allein oder in Interaktion liefern, ob sie als kostengünstige (effiziente) Strategien anzusehen sind, ob sie einander substituieren können und welche (unerwünschten) Folge- oder Nebenwirkungen sie haben.

Diese Lage rechtfertigt die Zusammenfassung, dass noch erheblicher Forschungsbedarf besteht und die empirischen Belege für eine behauptete Überlegenheit von HRM - vorsichtig gesagt - unzulänglich und nicht überzeugend sind.

Aus diesen Gründen konzentriert sich die Kritik auf die normative oder ideologische Fundierung von HRM. Wir werden diesen Strang der Kritik in drei Abschnitte untergliedern: Am Beispiel der Kontroverse zwischen *Hart* und *Torrington* beginnen wir mit einer radikalen Kritik, wir gehen dann auf *Guests* soziohistorisches Argument ein, HRM sei eine Manifestation des 'American Dream' und referieren abschließend die konstruktivistische Position von *Keenoy & Armstrong*, die HRM als Folge und Rechtfertigung der Marktvergötzung betrachten.

4.3.3 Zur normativen Kritik am HRM

4.3.3.1 Die Kontroverse zwischen *Hart* und *Torrington*

Tim *Hart* (1993) bezeichnet HRM als amoralisch und antisozial, unprofessionell, reaktionär, unökonomisch und ökologisch destruktiv. Es ist amoralisch und antisozial, weil es umstandslos den konfliktgeladenen Auftrag des klassischen Personalwesens (zwischen ökonomischen und humanen Zielen zu vermitteln) aufgibt zugunsten einer Unterwerfung unter das eine Ziel des Managerialismus, um jeden Preis Profit zu machen und Menschen nur als Mittel zum Zweck zu behandeln. Es ist deswegen auch unprofessionell, weil es auf seine Eigenständigkeit verzichtet und sich dem Diktat des sog. Marktes unterwirft. Es ist ein reaktionärer Rückfall ins 19. Jahrhundert, weil es als 'hartes' HRM die Menschen lediglich als Produktionsfaktoren sieht. Und es ist schließlich unwirtschaftlich und ökologisch schädlich, weil Untersuchungen gezeigt hätten, dass HRM-praktizierende Unternehmen wirtschaftlich nicht besser sind als die anderen. Menschen als Ressourcen (assets) zu betrachten ist kein großer Fortschritt: jeder Buchhalter wisse, dass die Unterscheidung zwischen Investition und Kosten nur eine Zeitfrage ist; es wird investiert, um künftige Erträge konsumieren zu können. "Menschen als 'Ressourcen' zu behandeln, ist von Grund auf ausbeuterisch und enthumanisierend" (*Hart* 1993, 33). Weil HRM den Managerialismus befördere, unterstütze es auch den Mythos, die Erde managen und die natürlichen Ressourcen schrankenlos ausbeuten zu können. *Hart* fordert, das rationale ökonomische Modell moralischen und spirituellen Werten unterzuordnen und die wesensmäßige Dualität der Rolle des Personalmanagements anzuerkennen, das den Menschen als Subjekt und Objekt (bzw. Zweck und Mittel) behandelt.

Seine Erwiderung gründet *Torrington* (1993) auf die Voraussetzung, dass "Personalmanager keine eigenständige professionelle Identität haben, losgelöst vom Management, dessen Teil sie sind" (a.a.O., 51). Er stellt fest, dass sich die Personalfunktion ebenso wie die anderen Management-Spezialisierungen auf ihre zentrale *Management*-Rolle zu konzentrieren habe.

> "Personalmanager sind aktiv beteiligt an der Fragmentierung des Arbeitsmarkts, der Verringerung der Beschäftigungssicherheit, der Vermehrung des Zeitaufwands für das 'Managen der Manager' und der Ignorierung aller anderen. Dies alles geschieht nur zum Teil wegen des HRM-Evangeliums; es ist hauptsächlich eine Reaktion auf das Setting, in dem das Management der Beschäftigungsverhältnisse derzeit erfolgt: intensiver internationaler Wettbewerb, weltweite Überkapazität an Produkten und Dienstleistungen, Marginalisierung der Gewerkschaften, Veränderung der Arbeitsgesetzgebung, anhaltende hohe Niveaus der Arbeitslosigkeit usw." (*Torrington* 1993, 41).

Er postuliert, dass alle anderen Management-Funktionen genauso für menschliches oder ethisches Managen verantwortlich seien wie 'Personal' und dass 'Personal' sich nicht abstempeln lassen dürfe als alleinveranwortlich für diese Bereiche, weil es damit für die anderen das Alibi sei, sich darum nicht mehr zu kümmern: 'Personal' hätte dann lediglich die Schadensregulierung zu übernehmen. Woher sollten PersonalmanagerInnen die Machtposition gewinnen, sich gegen den Rest des Managements zu stellen und die Gleichgewichtigkeit der 'menschlichen' Ziele auch dann zu betonen, wenn sie den ökonomischen Interessen der Kapitalverwertung entgegenstünden? "Personalmanagement-Tätigkeit ist eine Management-Tätigkeit oder gar nichts" (*Torrington* 1993, 44), entweder sind die PersonalmanagerInnen Teil des Managements, oder sie sind machtlos. Aufschlußreich ist die (resignierende?) Reaktion *Torringtons* auf den Vorwurf der ökologischen Destruktivität von HRM:

> "Wenn ein Wirtschaftsunternehmen ein Element der Gesellschaft ist, wird es sicher die Werte der Gesellschaft, von der es ein Teil ist, importieren und reflektieren. Sollten Personalmanager das ignorieren und für eine andere Werteskala eintreten? Und wenn, woher nehmen sie das Recht dazu? Wie können sie proaktiv sein, ohne arrogant zu sein? Wie können sie wissen, dass sie aufgrund eines validen Prinzips arbeiten und nicht aufgrund persönlicher Vorlieben? Sie haben keinen Verfassungsauftrag, sie sind von niemandem gewählt, und Personalmanager, die ihre eigene Vision des Rechts verfolgen, die nicht geteilt wird von anderen Mitgliedern der Gesellschaft, von der sie ein Teil sind, stehen wirklich am Rande eines moralischen Abgrunds" (*Torrington* 1993, 48).

Storey (1995, 24) sieht die Angriffe von Hart nicht so sehr auf HRM, sondern auf den 'zügellosen Managerialismus' und das kapitalistische System insgesamt gerichtet. Er habe aber zurecht herausgestellt, dass die Personalfunktion im Rahmen des HRM ihre Aufgabe, sich um die MitarbeiterInnen zu kümmern, zugunsten der Erarbeitung von Wettbewerbsvorteilen vernachlässigt oder verloren habe.

Auch *Clark* (1993) kritisiert HRM aus einer normativen Perspektive. In der Begeisterung für Flexibilität, Überwindung verkrusteter Strukturen, Empowerment und engagiertes 'unternehmerisches' Handeln hätten die Befürworter die große Bedeutung von klaren Regeln und ausgearbeiteten Prozeduren übersehen. Diese garantieren Sicherheit, ermöglichen Anschlußhandeln und erlauben verläßliche Planung. An dieser Kritik - darin folgt ihm *Storey* (1995, 24) - wird die dilemmatische Natur der HRM-Empfehlungen sichtbar: Zwar ist es nachvollziehbar, dass eine zu enge Fixierung auf Regeln und Prozeduren dazu führt, dass diese ein Eigenleben zu führen beginnen und bürokratische Erstarrung produzieren, andererseits aber ist 'Organisation' geradezu definiert durch regelgeleitete Koordination, die notfalls erzwungen werden kann.

4.3.3.2 *Guest*: Unternehmertum und Amerikanischer Traum

HRM hat in den 80er Jahren seinen Aufschwung genommen, zu einer Zeit, in der der Westen auf die 'japanische Herausforderung' zu reagieren begann, indem er sich auf seine vorgeblich ureigensten Traditionen und Institutionen besann. Es war auch die Zeit von Thatcherismus und Reagonomics, wirtschaftspolitischen Visionen, die auf die vitalisierenden Kräfte des 'freien Marktes' setzten.

'Unternehmertum' wurde zum Kultwort und 'unternehmerisches Denken' (Intrapreneurship) wurde auch von allen Beschäftigten erwartet. "Als Verb gebraucht, hat 'unternehmerisch handeln' Konnotationen von Initiative, Energie, Unabhängigkeit, Kühnheit, Selbstvertrauen, Bereitschaft zur Risikoübernahme und zur Übernahme von Verantwortung für das eigene Tun" (*Legge* 1995a, 81). Die Maxime der 'schöpferischen Zerstörung', die den *Schumpeter*schen Unternehmer auszeichnet, der Geist des Kapitalismus, der methodische, rationale, asketische Lebensführung verlangt und im Erfolg den Beweis der Auserwähltheit sieht, der 'gesunde' westliche Individualismus, der sich gegen kollektivistische Bevormundungen durch Staat und Gewerkschaften wehrt, die nur Trägheit, Abhängigkeit, Versorgungsmentalität und Anspruchsdenken erzeugen - all das sind wiederbelebte Strömungen, die die Rückkehr zu Leistungsorientierung, Wettbewerb, Eigenverantwortung und Erfolgswillen unterfüttern.

Guest (1990) bringt die rasche Verbreitung von HRM in den USA mit der Nähe dieses Konzepts zum 'Amerikanischen Traum' in Verbindung. An drei zentralen Themen läßt sich die Parallelität zeigen:

1. *Glaube an das unerschöpfliche Potential zu menschlichem Wachstum.* Jeder kann alles, wenn er nur will. Das Ziel ist letztlich nebulös, ein idealisierter und selten erreichter Zustand der Selbstverwirklichung. Wichtig ist das 'Unterwegssein', nicht das Ankommen, der fortwährende Aufbruch zu immer neuen Zielen und Herausforderungen, die Mentalität des amerikanischen Pioniers, jenseits der Grenzen sein Heil zu suchen.

2. *Optimistisches Vertrauen in die Möglichkeit, die Lage zu verbessern.* Wenn Hindernisse und Einschränkungen abgebaut werden, können sich Tatendrang und Kreativität entfalten. Die Leute nehmen ihre Sache selbst in die Hand.

3. *Hochschätzung starker, entschlossener Führerschaft*, die Bewunderung des erfolgreichen Unternehmers, der Drang zur Selbständigkeit. Auch wenn nicht mehr jeder sein eigenes Unternehmen gründen kann, so kann er doch 'Eigentümer' seiner Aufgabe werden und sich mit 'seinem' Unternehmen identifizieren.

HRM fordert und fördert diesen kantigen Individualismus, nicht zuletzt durch die programmatische Aversion gegen kollektive Regelungen, Vertretungsorgane, gleichmacherische Vertragsbedingungen und Lohnsysteme etc. Deregulation gibt jedem die Möglichkeit, seines Glückes Schmied zu werden. *Guest (*1990, 393) sieht es deshalb

> "als eine Hauptwirkung des HRM in den Vereinigten Staaten, als Nebelwand zu fungieren, hinter der das Management Gewerkschaftsfreiheit einführen oder von den Gewerkschaften signifikante Zugeständnisse fordern konnte ... Wie die Mythen des Cowboys und des Wilden Westens, die dazu dienten, die Realität der Massaker an den Indianern

zu verschleiern, so kann HRM dazu dienen, den Angriff auf die Gewerkschaftsbewegung in den USA zu verschleiern. HRM bietet so das wohlwollende Gesicht des amerikanischen Managements; und sein Praktiker ist der James Stewart des neuen industriellen Grenzlands."

4.3.3.3 HRM ideologiekritisch betrachtet

Nach Meinung von *Keenoy & Armstrong* (1992) sind in diesem Zusammenhang vor allem zwei miteinander verbundene Prozesse zu würdigen:

"die Mystifikation der prosaischen 'Realitäten' in der alltäglichen Abwicklung der Beschäftigungsbeziehung und die Distanzierung des Managements von der Verantwortung für Charakter und Konsequenzen manageriellen Handelns" (a.a.O., 241).

Die 'Mystifikation der prosaischen Realitäten' belegen sie an einigen Beispielen für den Einsatz von verschleiernden Euphemismen zur Umschreibung der brutalen Wirklichkeit (etwa von Entlassungen); das Von-sich-Weisen der Verantwortung wird damit begründet, dass man als Manager ja nur die Zwänge des Markts exekutiere: man habe letztlich keine Wahl, wenn man nicht untergehen wolle[9]. Statt selber als Fordernde aufzutreten, lassen sie den Markt oder den Kunden diktieren, was die Produzenten zu tun haben. Wenn sie die Diktate dieser zu mythischen Größen stilisierten Kräfte verinnerlicht haben ('Kundenorientierung'), werden die Arbeitenden von sich aus tun, was ihnen ansonsten ihre Manager abverlangt hätten. Diese aber trifft keine Verantwortung, denn auch sie handeln nur im Auftrag: Wir sitzen alle im selben Boot!

HRM ist - so *Keenoy & Armstrong* 1992, 246f - so schwer an der 'Realität' zu prüfen, weil es diese Realität selbst definiert. Man kann also nicht mehr im Sinn einer Repräsentationstheorie der Wahrheit (Begriffe entsprechen der Wirklichkeit) argumentieren, weil es keine unabhängige Wirklichkeit gibt, sondern muss Konstruktionen mit Konstruktionen vergleichen.

"Statt Ideologien als falsche oder illusionäre Repräsentationen der Realität zu sehen, ist es die Realität selbst, die schon als ideologisch verstanden werden sollte. Ideologie ist eine soziale Realität, deren Existenz als solche impliziert, dass ihre Anhänger ihr Wesen nicht (er-)kennen. Ideologie ist ein Fantasiekonstrukt, das als eine Stütze der 'eigentlichen Realität' dient" (*du Gay*, 1991, 56).

Für *Keenoy & Armstrong* (1992, 247) gilt: "Ideologie ist Realität und Realität ist Ideologie." Als Kritiker der Marktvergötterung bezeichnen die Autoren den 'Markt'

---

[9] *Keenoy & Armstrong* (1992, 250) vergleichen das mit den Geschäftspraktiken rivalisierender Mafia-Gangs in Filmen: Bevor er den Gegner erledigt, sagt der Mörder zu ihm: 'Nimm's nicht persönlich, Julio, es ist rein geschäftlich!'

als 'dominante Ikone'* oder 'Inkarnation* des Philosophen-Königs' (a.a.O., 251); er funktioniert als eine Art Gott, dessen Wirken nicht in Frage gestellt werden darf und der mit übernatürlicher Kraft in alles Geschehen eingreift und es - für Menschen kaum einsehbar - diktiert.

Die beiden Autoren (a.a.O., 235) halten es für

> "eine Funktion des ideologischen Skripts des HRM, einen Anschluß zwischen der Bilderwelt der 'Unternehmenskultur' und der erlebten Wirklichkeit gesteigerten Wettbewerbs zu bieten. Aus diesem Grund sehen wir HRM als eine Meta-Erzählung, die die managerielle Praxis in einer Zeit rapider ökonomischer Umstrukturierung lokalisiert, informiert und legitimiert: die 'Botschaften', die HRM übermittelt, sind weit wichtiger als die spezifischen Instrumente, die es einsetzt."

Es geht also nicht nur darum, Verhalten zu ändern, sondern die dem Verhalten zugrundeliegenden Normen und Werte: Man habe sich den 'unausweichlichen Fakten', die 'der Markt' diktiert, zu beugen. Die beiden Autoren stellen die postmoderne These auf, dass Mythen, Metaphern und Ideologien als zentrale Bestandteile von Kulturen nicht länger *Fluchten* aus der 'wirklichen' Welt sind, sondern diese Welt selbst sind.

Sie beschreiben ihre sozial-konstruktivistische Sicht der Realität mit einem Zitat von *Zukav* (1980, 328):

> "'Wirklichkeit' ist, was wir für wahr halten. Was wir für wahr halten, ist was wir glauben. Was wir glauben ist auf unsere Wahrnehmungen gegründet. Was wir wahrnehmen hängt davon ab, was wir erwarten. Was wir erwarten hängt davon ab, was wir denken. Was wir denken hängt davon ab, was wir wahrnehmen. Was wir wahrnehmen bestimmt, was wir glauben. Was wir glauben bestimmt, was wir für wahr halten. Was wir für wahr halten ist unsere Realität."

Dementsprechend folgern *Keenoy & Armstrong* (1992, 237) für kulturelle Konstruktionen wie die HRM-Politik und -Praxis: "Die Kultur (ein Produkt) wird benutzt, um die Images (Produkte) zu erzeugen, die wiederum benutzt werden, um die Kultur (ein Produkt) zu rekonstruieren." Wenn man - so die Autoren in typischem Glauben an die Kraft der Aufklärung - den Mythos HRM *erklärt* (analysiert und kritisiert), hört er auf zu funktionieren.

> "Sein Zweck ist zu transformieren, zu inspirieren, zu motivieren und vor allem eine 'neue Realität' zu schaffen, die jenen frei offensteht, die sich zu glauben entscheiden oder dazu überredet werden ... Eine präzise, kohärente und innerlich konsistente Definition wäre dysfunktional: HRM beginnt nicht mit einem Satz von Leitzielen [policy objectives], sondern mit einer Aussage zum Unternehmenszweck [mission statement] ...

---

* *Ikone* (griech.): Bild, Erkennungszeichen, Sinn-Bild
* *Inkarnation* (lat.): Fleischwerdung, Verkörperung

(HRM) befaßt sich mit dem Management von Glauben, mit der Herstellung von Zustimmung zu Unternehmenswerten, mit der Produktion von Images" (a.a.O., 238).

Daraus folgt:

"Wenn das der Fall ist, wenn die symbolische statt der sozialen Konstruktion der 'Realität' das zentrale Anliegen strategischer HRM ist, dann ist die Gewaltenteilung zwischen Personal- und Human Ressourcen Management notwendig: Schamanen können nicht die Alltagsarbeit tun ... Früher einmal hielt man es für ausreichend, die Organisation so umzugestalten, dass es zur Passung zwischen menschlicher Fähigkeit und Einsicht kam, heute ist es besser, menschliche Einsicht umzugestalten, sodass sie zum Organisationszweck paßt. Es ist höchste Zeit, HRM wirklich sehr ernst zu nehmen" (*Keenoy & Armstrong* 1992, 239).

Als Meta-Erzählung ist HRM

"ein Bildverstärker, der uns einen Satz idealisierter Handlungsimperative bietet. Alle 'guten' Unternehmen sollten eine Mission und einen charismatischen Führer mit Vision haben, nach Exzellenz streben und für Qualität kämpfen. Diese Bildersprache verkörpert völlige Gewißheit, sie ist kompromißlos, exemplarisch und stattet ökonomische Aktivität mit einem höheren, buchstäblich religiösen Sinn aus. Alle verneigen sich vor dem allmächtigen Dollar ..." (*Keenoy & Armstrong* 1992, 240).

4.4   Schlußbemerkungen

Wir haben HRM als ein Beispiel für funktionalistisch-pragmatische Personalmanagement-Ansätze herausgegriffen. Die meisten vorliegenden Lehrbücher zum Personalmanagement oder zur Personalwirtschaftslehre sind in diesem Geist konzipiert. Sie berichten über konkrete Aufgabenfelder, die im Personalbereich zu bearbeiten sind und geben praxisnahe Hinweise, in welcher Haltung und mit welchen bewährten Instrumenten diese Aufgaben am besten zu bewältigen sind. Im Prinzip handelt es sich um mehr oder weniger systematisierte wirklichkeitsgetreue Wiedergaben der Herausforderungen und Problemlösungen, die den Alltag von PersonalpraktikerInnen ausmachen. Gegen Praxisnähe ist nichts einzuwenden - aber es darf nicht dabei bleiben, denn sonst begnügt sich eine derartige Personalwirtschaftslehre mit personen- oder firmenspezifischen, modisch-aktuellen oder scheinbar bewährten, aber nur unreflektiert übernommenen Einteilungen und Gewohnheiten. Meist werden Gestaltungsempfehlungen gegeben, die mit Plausibilitätsargumenten, normativen Setzungen oder der Behauptung der Erfolgswirksamkeit (die mit einzelnen anekdotischen Beispielen belegt wird) operieren. Klar definierte Konzepte, eindeutige Operationalisierungsvorschläge und prüfbare Zusammenhangsaussagen fehlen im Regelfall, sodass die vorliegenden Fallstudien und Firmenbefragungen wenig zum Aufbau eines kumulierten und gesicherten Wissensbestandes beitragen. In konkreten Praxissituationen bewährte Instrumente und Systeme sind Problemlösungen, die

Kapitel A

man zwar kopieren kann, deswegen aber noch lange nicht durchschaut hat, sofern nicht ihre Wirkungsbedingungen und -mechanismen aufgeklärt und in prinzipieller (d.h. von lokalen, zeitlichen und personellen Zufälligkeiten abstrahierender) Weise verstanden wurden. Im Grunde erfolgt in den Personalmanagement-Ansätzen durch eine Art Verdoppelung der Praxis eine selbstsuggestive Bestätigung eben dieser Praxis. Das macht diese Vorgehensweise offenbar für Adressaten attraktiv, die sich am liebsten das als richtig bestätigen lassen, was sie ohnehin tun oder die erfolgreiches Durchwursteln mit Durchschauthaben verwechseln oder die durch das professionelle Marketing von Management-'Philosophien' oder -Instrumenten geblendet sind, weil sie nur zu gern glauben, dass die marktschreierisch behauptete Erfolgstüchtigkeit tatsächlich besteht. So können sie sich die Mühe ersparen, nach Gründen, Alternativen und Zusammenhängen zu suchen. Kurz gesagt: es geht um einleuchtende Anwendungstauglichkeit, nicht reflektiertes Verstehen.

5. Personalökonomie

Spätestens seit Anfang der siebziger Jahre wird in der Betriebswirtschaftlehre (speziell der Organisations-, Management- und Personaltheorie) verstärkt die Rückbesinnung auf ihre ökonomischen Grundlagen gefordert, um die Dominanz der Verhaltenswissenschaften zu brechen.

5.1 Was ist *ökonomisches* Denken?

Was aber jene *ökonomischen* Grundlagen sind, ist durchaus umstritten, weil es verschiedene Kandidaten gibt, die z.B. in der Mikroökonomie, der (neueren) Institutionenökonomie, der Polit-Ökonomie jeweils anders aussehen. Im Folgenden behandeln wir die Mikroökonomie nur kurz, die institutionalistische Theorie dagegen ausführlicher und die Politökonomie ordnen wir dem politischen Paradigma zu, auf das wir im nächsten Kapitel eingehen

Bevor wir auf den Leitautor *Sadowski* eingehen, der seit langem und nachdrücklich die ökonomische Fundierung des Personalwesens anmahnt, sollen einleitend noch weitere Positionen zur Sprache kommen. Uns geht es um Antworten auf die Frage "Wodurch wird die Personalwirtschaftlehre zu einer ökonomischen Theorie?" (so der Titel eines Aufsatzes von *Mag* 1995). *Mag* reiht sich mit dieser Frage in eine lange Tradition ein, denn die Auseinandersetzung darüber, ob Personalwirtschaftslehre eine verhaltenswissenschaftliche oder eine ökonomische Disziplin sei, hat immer wieder zu Reflexionen angeregt und zu Kontroversen geführt (s. etwa *Wächter* 1981, *Wunderer & Mittmann* 1983, *Kießler* 1990, *Deters* 1990, *Backes-Gellner* 1993, *Sadowski u.a.* 1994, *Weibler* 1996, *Alewell* 1996 und die Diskussionsbeiträge verschiedener Kommentatoren in "Die Betriebswirtschaft" (1996, 855-865 sowie 1997, 119-127).

Als Beispiel eines Plädoyers für deutliche Abgrenzung sei aus einem Editorial *Horst Albach*s in der Zeitschrift für Betriebswirtschaft zitiert:

> "Strittig und umstritten ist die methodologische Position der Personalwirtschaftslehre. ... Betriebspsychologen und Betriebssoziologen haben die Ökonomie fast ganz aus dem Personalwesen, ja, der Organisationstheorie, vertrieben. Es gibt Personalwirtschaftler, die verstehen unter 'organization theory' betriebssoziologische Arbeiten, nicht etwa die mikroökonomische Theorie der Firma. Es gibt Wissenschaftler, die behandeln in der betriebswirtschaftlichen Organisationslehre Fragen der Evolutionstheorie, des Sozio-Darwinismus, der Selbstorganisation, ohne dass dabei die Begriffe Lohn, Preis, Markt oder Hierarchie überhaupt vorkommen. Und weil das so ist, dass von Ökonomie nur noch Spurenelemente in der Personalwirtschaftslehre und in dem, was manche Neudeutschen als "OB (oubie)"[10] bezeichnen, vorkommen, maßen sich auch manche Geisteswissenschaftler, manche Kommunikationswissenschaftler, manche Literaturwissenschaftler an, in Fragen der Unternehmensführung mitzureden. Natürlich steht im Mittelpunkt dieser Disziplinen (nicht immer) der Mensch, aber das berechtigt noch nicht zu Aussagen über den wirtschaftenden Menschen, über den Menschen im Betrieb. Man sollte sich immer ins Bewusstsein rufen, dass zwischen einem deutschen Gymnasiallehrer (und erst recht einem deutschen Gesamtschullehrer) und einem deutschen Manager größere Unterschiede im Verhalten bestehen als zwischen einem deutschen Manager und einem japanischen." (*Albach* 1989, 810).

In der auf S. 32 schon erwähnten Auseinandersetzung zwischen *Weibler* (1996) und *Alewell* (1996) um die verhaltenswissenschaftliche oder ökonomische Orientierung der Personalwirtschaftslehre (und den nachfolgenden Stellungnahmen) wurden die Auffassungen einmal mehr präzisiert. Da wir die verhaltenswissenschaftliche Position (am Beispiel *Weibler*s) schon dargestellt haben, konzentrieren wir uns nun auf den ökonomischen Pol der Debatte. *Alewell* (1996, 670) führt in Zusammenschau mehrerer Definitionsversuche ein umfangreiches Fragegerüst auf, durch das sie das ökonomische Verhaltensmodell charakterisiert[11].

---

[10] Gemeint ist vermutlich die Abkürzung für 'organizational behavior', einem Zentralbegriff organisationspsychologischer und -soziologischer Analysen.

[11] "- Wer sind die handelnden Akteure, Kooperationspartner oder am Tausch Beteiligten?
- Welche Präferenzstrukturen weisen diese Akteure auf?
- Welche Ressourcen stehen diesen Akteuren zur Verfügung?
- Welche Restriktionen sind in einer Handlungssituation wirksam? Welche Institutionen beeinflussen die Handlungen?
- Welche Handlungsalternativen stehen den Akteuren zur Verfügung?
- Welche Umweltzustände können eintreten und wie wahrscheinlich sind sie?
- Welche für die jeweiligen Akteure relevanten Ergebnisse erbringen die einzelnen Handlungsalternativen in den einzelnen Umweltzuständen? Wie werden diese Ergebnisse von dem jeweiligen Akteur bewertet? [fortgesetzt S. 68 unten].

Kapitel A

Dieses 'Analysegerüst' ist zunächst nicht mehr als eine Aufstellung von Einflussgrößen (Parametern); die spezifische *ökonomische Methode* ist definiert durch Annahmen über die Prinzipien, nach denen Subjekte entscheiden, wählen, handeln (z.B. vorausschauend, risikominimierend, nutzenmaximierend, kostenminimierend).

In seiner Nobelpreisrede führt *Becker* dazu u.a. aus:

> "Im Unterschied zur marxistischen Analyse nimmt der ökonomische Ansatz, auf den ich mich beziehe, nicht an, dass Individuen allein durch Selbstsucht oder materiellen Gewinn motiviert sind. Er ist eine Analyse*methode*, keine Annahme über bestimmte Motivationen. Ebenso wie andere habe ich mich bemüht, Ökonomen abzubringen von engen Annahmen über Eigennutz. Verhalten wird durch einen weit reicheren Satz an Werten und Präferenzen angetrieben.
>
> Die Analyse unterstellt, dass Individuen ihre Wohlfahrt maximieren *wie sie sie sehen*, seien sie nun selbstsüchtig, altruistisch, loyal, boshaft oder masochistisch. Ihr Verhalten ist vorausschauend, und es wird auch unterstellt, dass es über die Zeit hinweg konsistent ist. Insbesondere versuchen sie so gut sie nur können, die unsicheren Konsequenzen ihrer Aktionen zu antezipieren. Vorausschauendes Verhalten kann jedoch immer noch in der Vergangenheit verwurzelt sein, denn die Vergangenheit kann einen langen Schatten auf Einstellungen und Werte werfen.
>
> Handlungen sind bestimmt durch Einkommen, Zeit, unvollkommene Erinnerung und Rechenfähigkeit und andere begrenzte Ressourcen, und auch durch die in der Ökonomie und sonstwo verfügbaren Gelegenheiten. Diese Gelegenheiten werden weitgehend determiniert durch die privaten und kollektiven Handlungen anderer.
>
> Für verschiedene Situationen sind verschiedene Beschränkungen entscheidend, aber die grundlegendste Beschränkung ist begrenzte Zeit" (*Becker* 1993, 385f).

Zentrale Annahme des ökonomischen Modells ist, dass dann, wenn Präferenzen und Restriktionen bekannt sind (oder unterstellt werden können), angegeben werden kann, wie eine Person *unter bestimmten Verhältnissen* handeln wird oder sollte (wenn sie ihren Prinzipien treu bliebe, also auf *rationale* Weise ihren Nutzen maximierte). Insofern ist nachzuvollziehen, dass *Kirchgässner* (1991, 27) feststellt:

> "Die Ökonomie ist damit - wenn man so will - eine Wissenschaft von der Veränderung der Verhältnisse. Menschliches Verhalten kann dadurch beeinflusst bzw. verändert werden, dass die Verhältnisse, unter denen die Menschen agieren, d.h. in unserer Terminologie die Restriktionen, verändert werden."

- Wie hängen die Ergebnisse der jeweiligen Handlungsalternativen von den Handlungsalternativen ab, die andere Akteure ergreifen?
- Welche Alternativen wird bzw. sollte der jeweilige Akteur wählen?
- Welche individuellen Wahlen führen unter welchen Bedingungen zu Gleichgewichten bzw. Optima? Gibt es Bedingungskonstellationen, die zu Gleichgewichten führen?
- Welches Gleichgewichtskonzept wird verwendet bzw. welches Maß an Information wird unterstellt?" (*Alewell* 1996, 670).

Fundamental ist somit die Annahme, dass die Präferenzen sich nicht ändern[12], wohl aber die Restriktionen.

Das ökonomische Modell soll nun aus didaktischen Gründen in einem Dreischritt rekonstruiert werden, indem zuerst die Situation des individuellen Rationalakteurs, dann die dyadische Spiel- oder Tauschsituation und schließlich die institutionell (z.B. marktlich) geregelte Transaktion erörtert wird. Diese Analysestufen bauen aufeinander auf und konstituieren in ihrer Ganzheit - so die These - das sog. ökonomische Modell. Zu anderen Rekonstruktionen der 'Erzählungen' der Ökonomie siehe *Seifert & Priddat* (1995).

5.1.1 Die rationale Entscheidung des individuellen Akteurs

Grundsituation ist die Wahl zwischen Handlungsalternativen. Im folgenden Schema ist die Konstellation skizziert.

		s_1	s_2	s_3	...	s_n
		p_1	p_2	p_3	...	p_n
a_1	q_1	e_{11} w_{11}				e_{1n} w_{1n}
a_2	q_2					
a_3	q_3					
. . .	. . .					
a_n	q_n	e_{n1} w_{n1}				e_{nn} w_{nn}

s = Situation
p = Wahrscheinlichkeit
q = Wahrscheinlichkeit
a = Aktionsmöglichkeit
e = Ergebnis
w = Wert

---

[12] Diese Position haben *Stigler & Becker* 1977 in einem Aufsatz mit dem Titel "De gustibus non est disputandum" [Über Geschmack läßt sich nicht streiten] als grundlegend für ökonomische Analysen erhärtet. Schon in seinem Hauptwerk 1976 hatte *Becker* (S. 5) geschrieben: " Die Präferenzen, die als stabil angenommen werden, beziehen sich nicht auf Marktgüter oder -leistungen wie Orangen, Autos oder Gesundheitsversorgung, sondern auf zugrundeliegende Entscheidungsgegenstände, die durch jeden Haushalt produziert werden, der Marktgüter und -leistungen, seine eigene Zeit und andere Inputs nutzt. Diese zugrundeliegenden Präferenzen werden über fundamentale Aspekte des Lebens definiert, wie z.B. Gesundheit, Prestige, sinnliche Lust, Wohlwollen oder Neid, die nicht immer eine stabile Beziehung zu Marktgütern oder -leistungen aufweisen."

Kapitel A

Allgemein gilt: Das Individuum verfügt über eine Reihe von Alternativen und wird diejenige wählen, die ihm den größten Nutzen bringt. Dabei entstehen folgende Probleme:

- Das Individuum hat die Wahl zwischen verschiedenen Handlungsalternativen a (es ist also weder 'programmiert', noch festgelegt auf eine einzige Option).
- Die Menge möglicher Ergebnisse e, die auf die verfügbaren Handlungen folgen werden, ist bekannt.
  Es ist jedoch nicht immer *sicher*, welche Konsequenzen (e = 'Ergebnisse') eine bestimmte Handlungsalternative auslösen wird, sodass eine Wahrscheinlichkeit q der Koppelung zwischen a und e besteht.
- Das Auftreten bestimmter Konsequenzen hängt von äußeren Umständen oder Restriktionen ab (s = 'Situationskonstellationen'), die bekannt sein müssen.
- Das Eintreten bestimmter Situationskonstellationen ist zuweilen nicht sicher, aber es gibt begründete Vermutungen über die Wahrscheinlichkeit des Eintretens (p = Eintretenswahrscheinlichkeit).
- Die möglichen Ergebnisse e sind nicht alle gleich erwünscht; sie können aber aufgrund eines konsistenten Präferenzsystems des Individuums hinsichtlich ihrer Vorzugswürdigkeit geordnet werden, sodass jedem Ergebnis e ein Wert w zugeordnet werden kann.
- Das Individuum besitzt eine Entscheidungsregel, die ihm die Auswahl aus den resultierenden Ergebnis-Werten erlaubt (z.B. 'Maximiere Deinen Nutzen!" bzw. "Wähle jene Alternative, die Dir mit geringstem Aufwand den höchsten Nutzen sichert!" usw.).

5.1.2 Die spieltheoretische Erweiterung

Der zweite Entwicklungsschritt ökonomischen Denkens besteht darin, die Wahlentscheidung nicht mehr von einem isolierten Individuum *für sich* treffen zu lassen, sondern eine Zwei-Personen-Situation oder -Konfrontation zu unterstellen: die Wahl von A kann unter Umständen davon abhängen, welche Wahl B getroffen hat oder treffen wird. Das bekannteste Beispiel ist das sog. Gefangenendilemma:

> Zwei Gefangene werden eines Verbrechens beschuldigt, das man ihnen aber nicht nachweisen kann. Gestehen beide, dass sie die Tat begangen haben, werden beide verurteilt, bekommen aber nicht die Höchststrafe, sondern nur 8 Jahre Gefängnis. Gesteht einer und der andere leugnet, wird der Geständige als Kronzeuge nur zu einem Jahr Gefängnis verurteilt und der andere bekommt die Höchststrafe von 12 Jahren. Leugnen sie, werden sie wegen geringerer Dilekte belangt und kommen beide mit jeweils 3 Jahren Gefängnis davon. Keiner der beiden weiß, wie sich der andere entscheiden wird.

Die Situation lässt sich in der folgenden Matrix darstellen:

Gefangener B	Gefangener A	
	Gestehen	Nicht Gestehen
Gestehen	8 Jahre für beide	1 Jahr für B 12 Jahre für A
Nicht gestehen	1 Jahr für A 12 Jahre für B	3 Jahre für beide

Abb. A-7:   Das Gefangenen-Dilemma

In der nächsten Matrix ist dieselbe Situation auf formalisierte Weise dargestellt, wobei in den Zellen die 'Auszahlungen' (Nutzenwerte) aufgeführt sind, die die beiden Akteure zu erwarten haben. Dies ist die typische Form der Darstellung, mit der spieltheoretische Analysen operieren.

Akteur 2	Akteur 1	
	Strategie A1	Strategie B1
Strategie A2	(-8/-8)	(-12/-1)
Strategie B2	(-1/-12)	(-3/-3)

Abb A-8:   Eine formalisierte Darstellung einer Gefangenen-Dilemma-Situation

Einmal mehr wird deutlich, dass z.B. die Auszahlung für Akteur 1 zum einen von seiner eigenen Wahl, zum anderen aber auch von der Wahl seines Partners abhängt. Diese Grundsituation lässt sich in beliebiger Weise komplizieren. Um Empfehlungen für solche Konflikt- oder Kooperationsspiele auszusprechen, wird im allgemeinen davon ausgegangen, dass die Nutzenwerte bekannt sind - eine nicht unproblematische Annahme. Von besonderer praktischer Bedeutung ist es auch zu untersuchen, ob und wie sich die Strategiewahl ändert, wenn die Akteure nicht nur einmal zu entscheiden haben, sondern wiederholt miteinander zu tun haben (Entwicklung von Kooperation, Vertrauen, Vergeltungstrategien usw.). Noch komplexer lassen sich Spiele gestalten, wenn von der dyadischen Situation abgegangen wird und Mehrpersonen-Spiele mit Koalitionsmöglichkeiten analysiert werden. Es ist nachvollziehbar, dass damit ein ideales Exerzierfeld für mathematische Simulationen entsteht. Selbst wenn man von sehr einfachen Annahmen ausgeht, werden im Nu Komplexitätsstufen erreicht, die ohne Computerunterstützung nicht mehr bewältigt werden können. Umso einleuchtender ist es zu untersuchen, wie derartig komplexe Probleme in der Praxis gelöst werden: Absprachen, Verträge, Gewohnheiten, Traditionen, Regeln, Gesetze, Rituale, Normen, Maximen etc. sind Regulierungsinstrumente, mit deren Hilfe Interaktions-Situationen strukturiert und berechenbar gemacht werden. Imgrunde ist damit die dritte Stufe der Organisierung von Tausch- und Kooperations- oder Konfliktverhalten erreicht: die Institutionalisierung.

5.1.3 Institutionelle Ökonomie

In dieser Komplexitätsstufe werden die (kontingenten*) Wahlen von Individuen im Kontext bestimmter Institutionen gesehen werden (z.B. Markt, Organisation). Durch Institutionen werden bestimmte Optionen ausgezeichnet oder (nahezu) ausgeschlossen, soziale Institutionen ermöglichen und beschränken Handeln. Sie sind Sets von Regeln und Restriktionen, denen alle Akteure in ihrem Geltungsbereich unterworfen sind, wobei allerdings differentielle Geltungsbedingungen wahrscheinlich sind (für bestimmte Akteure gelten andere Regeln und Restriktionen als für andere; in einem System, das Privateigentum schützt, hat, wer z.B. reich ist, hat andere Möglichkeiten als ein Armer).

Transaktionen werden so in einem größeren Zusammenhang gesehen, der über individuelle rationale Wahlen und unmittelbare dyadische Transaktionen hinausgeht. Die ökonomische Theorie sucht zu erklären, wie es im Chaos individueller Transaktionen zu Ordnungen oder gar Gleichgewichten kommt, sodass sich bestimmte Muster oder Regulationsformen von Transaktionen entwickeln und wiederholen [Man kann zum Beispiel untersuchen, wovon es abhängt, dass sich vollkommene Märkte oder Monopole oder Oligopole bilden (können) oder dass sich bestimmte Institutionen (z.B. Eigentumsrechte, Rechtsordnungen) herausbilden und erhalten]. Auf diese Weise wird ökonomisches Denken reflexiv; es erklärt z.B. die sozialen Institutionen, die wirtschaftliches Handeln bestimmen, wiederum ökonomisch. Wir werden unten bei der Darstellung der Neuen Institutionellen Ökonomie und speziell

---

* *kontingent* (lat.): bedingt, (voneinander) abhängig

der Transaktionskostenökonomie ausführlicher auf diese Entwicklungsstufe zurückkommen.

Die Grundlage ökonomischen Denkens ist - noch einmal sei auf das oben angeführte
Becker-Zitat verwiesen - die Analyse des *vorausschauenden* Handelns von Individuen (methododologischer Individualismus), deren Ziel es ist, "ihre Wohlfahrt (zu)
maximieren wie sie sie sehen". Und bei dieser Absicht sind sie von Ressourcen und
Restriktionen abhängig. Die Ökonomie analysiert, wie Individuen entscheiden
müssten, wenn sie ihre Interessen befriedigen wollen; zu den Restriktionen der Entscheidungen gehören die Institutionen.

> "Darum ist das korrekte und traditionelle Selbstverständnis der Ökonomie auch ein an-
> deres. Dieser Auffassung zufolge ist die Ökonomie eine axiomatisch-deduktive* Theo-
> rie des Handelns, und manche Ökonomen - insbesondere Ludwig von Mises - haben die
> Ökonomie von daher auch als Praxeologie bezeichnet, als Logik des Handelns. Die
> Ökonomie formuliert nicht etwa hypothetische Wenn-dann-Aussagen, sondern nicht-
> hypothetische Aussagen über die logischen Implikationen menschlichen Handelns. Ihr
> Ziel ist es, den logischen-praxeologischen Zusammenhang zwischen bestimmten sozia-
> len Phänomenen zu begreifen, nicht Prognosen zu machen" (*Hoppe* 1991, 45 f).

Auf ähnlicher abstrakter oder grundlegender Ebene definiert der oben schon ange-
kündigte *Mag* (1995, 270f) ökonomisches Denken als ein Denken

1. in *Änderungen* (z.B. Mangel beseitigen, Bedürfnis befriedigen),

2. in *Alternativen* (fortgesetzte Wahl zwischen verschiedenen Möglichkeiten),

3. in *Restriktionen* (knappe Ressourcen konkurrieren um alternative Einsätze) und

4. in *Input-Output-Kategorien* (Einsatz und Resultat werden miteinander verglichen;
   Mag zitiert z.B. 'Leistungs-Gegenleistungs-Systeme und Kosten-Nutzen-Kal-
   küle').

Wenn Input-Output-Relationen extremisiert werden und wenn in Grenzbeiträgen
kalkuliert wird, handelt es sich nach Mag wiederum um "Denken in Änderungen"
(siehe 1.).

Mag liefert damit eine sehr abstrakte Wesensbestimmung und geht nicht näher auf
die historisch-konkrete *kapitalistische* (oder marktwirtschaftliche) Verfassung der
Ökonomie ein, in der bestimmte Operationsmodi und Leitdifferenzen formbestim-
mend sind [(Geld-)Zahlungen, Kapitalakkumulation]. *Mag* lehnt es ab, die Personalwirtschaftslehre rein kapitalorientiert zu sehen, sondern attestiert beiden Parteien
(Kapital und Arbeit) 'ökonomisches' Interesse:

> "Das Zusammentreffen von Zielen, Maßnahmen und Ressourcen von Arbeitnehmer N
> und von Arbeitgeber G bildet den Gegenstandsbereich der Personalwirtschaftslehre.

---

* *axiomatisch* (griech.): aus Grundsätzen (Axiomen) folgend; *deduktiv* (lat.): ableitend

Beide benutzen bei der Anbahnung, beim Abschluß und bei der Realisation eines Beschäftigungsverhältnisses die gleichen Denkkategorien ..." (a.a.O., 271).

Dies ist einerseits ein wesentlicher Fortschritt gegenüber traditionellen Argumentationsfiguren, in denen 'das Unternehmen' von *ökonomischen*, 'das Personal' dagegen von *sozialen* Zielen gelenkt wird - wobei dem Personalwesen dann die konfliktträchtige Aufgabe zufällt, sowohl ökonomische wie soziale Zielsetzungen zu realisieren. Andererseits ist dieser Standpunkt zugleich eng, weil institutionelle Vor-Regelungen nicht ins Blickfeld kommen.

Üblicherweise werden bei der Definition des Ökonomischen Teilmengen der *Mag*schen Kategorien gewählt, vor allem 'Umgang mit Knappheit' und/oder 'rationales Entscheiden'. Ein Beispiel für den 'rational choice'-Ansatz liefert *Opp* (1978), wenn er die Soziologie(!) auf das 'ökonomische Programm' festlegt, indem er in einer 'struktur-individualistischen Soziologie' die in der Wirtschaftswissenschaft verwendeten Nutzenhypothesen geltend macht: Ein Individuum wird jene Handlungsalternative wählen, deren Ergebnisse den höchsten Erwartungswert des Produkts aus Wahrscheinlichkeit und Nutzen haben: "Der Nettonutzen einer Handlung ist gleich den 'benefits' abzüglich der Kosten der Handlung. Die Nutzentheorie behauptet, dass die Handlung mit dem höchsten Nettonutzen auftritt" (S. 132). Auch das Programm einer verhaltenstheoretischen BWL von *Schanz* (1977) ist an einem analogen motivationspsychologischen Gratifikationsprinzip orientiert.

Dass die Nutzenmaximierungs-Maxime tautologisch ist, wird von rational-choice-Theoretikern nicht bestritten; erst die Konkretisierung der Randbedingungen erlaubt inhaltlich gehaltvolle Vorhersagen (s. *Esser* 1994, *Coleman* 1990).

Auf dieser Linie liegen auch *Sadowski*s Bemühungen um eine mikroökonomische Fundierung des Personalwesens, wobei er - aufbauend auf der *Gutenberg*schen Tradition - den Anschluss herstellt zu neueren institutionalistischen und organisationstheoretischen Konzeptionen.

In spürbarer Aversion gegen liebedienerisch-beflissene Anbiederung an 'die Praxis', sowie Werkzeugkasten-Mentalität, oberflächliches Variablensammeln und dessen theoriefreier Verpackung in Kästchen-mit-Pfeilen-Diagrammen formuliert *Sadowski:*

> "Die Theorie der Personalwirtschaft ist nicht als Arbeitsbuch für die Personalabteilung zu entwerfen, voller Verfahren, Techniken, Checklisten und Schaubilder, sondern zunächst als Theorie von Beschaffungsentscheidungen unter Marktbedingungen, anders ausgedrückt: als Teil der allgemeinen Betriebswirtschaftslehre im Sinne Gutenbergs" (*Sadowski* 1991, 130f).

Einem kleinen Seitenhieb auf die 'humanistische Fraktion' folgt eine starke These:

> "Die Furcht vor der Kommerzialisierung der Welt und der Entfremdung des Menschen könnte ein forschungspraktischer Ausdruck des Widerstandes gegen die Grundkonzepte

mikroökonomischen Denkens sein: relative Preise, Substituierbarkeit, Effizienz und Wettbewerb, neuerdings auch: Opportunismus." Dennoch gilt: "Auch wer nur multi- oder interdisziplinäre Konzepte für angemessen hält, muss zugestehen, dass vor der sozioökonomischen Synthese die ökonomische Analyse steht" (a.a.O., 130).

Sadowski lehnt den einseitigen Umweltdeterminismus kontingenztheoretischer Ansätze ab und zeigt eine gewisse Annäherung an den (politökonomischen) 'betriebsstrategischen Ansatz' von *Altmann & Bechtle*, der das Bestreben der Betriebe thematisiert, sich autonome Handlungsspielräume zu sichern. In einem zusammen mit Bernd *Frick* veröffentlichten Aufsatz heißt es:

"Im Gegensatz zur neoklassischen Theorie, die das Unternehmen als eine 'black-box' betrachtet, definiert die neuere Organisationstheorie Unternehmen als 'quasiautonomous economic agents which allocate, use and transform sets of resources with imperfect knowledge in idiosyncratic ways' (*Whitley* 1987:132). Dies bedeutet, dass sich Zustand und Dynamik betrieblicher Sozialsysteme sowohl durch ihre Stellung auf den relevanten Faktor- und Absatzmärkten als auch durch die jeweiligen betrieblichen Arbeits- und Sozialbeziehungen erklären lassen. Um sich in einer 'turbulenten' Umwelt behaupten zu können, entwickeln Unternehmen deshalb Autonomiestrategien, die darauf abzielen, die zur Verwirklichung des Produktionszieles notwendigen ökonomischen, technischen und sozialen Strukturen des Betriebs so zu organisieren, dass der Betrieb nicht auf Leistungen angewiesen ist, deren Verwertung mit 'betriebsfremden' Auflagen verbunden ist (vgl. *Altmann/Bechtle* 1971:30). Im Fall des Umweltausschnitts 'Arbeitsmarkt' steht dabei das Interesse, Autonomie über die Nutzung und Verwertung des Humankapitals zu erlangen, im Mittelpunkt der betrieblichen Strategien (vgl. *Hohn* 1989:83)" (*Sadowski & Frick* 1989, 409).

"Um die Aushandlung der Arbeitgeber- und Arbeitnehmerinteressen zu verstehen, bedarf es solcher Konzepte wie sie in der ökonomischen Organisationstheorie entwickelt werden, wo man die Wirkungen von Anreizen, Informationsasymmetrien, Kontroll- und Bestrafungsregeln und die Bedingungen für stabile Koalitionen untersucht" (*Sadowski* 1991, 131).

Im Unterschied zu *Williamson* geht *Sadowski* von der Möglichkeit 'dauerhaft ungleichgewichtiger Arbeitsmärkte' und von systematischen Machtdifferenzen aus. Er schlägt vor,

"die Nachfrage nach Arbeitskräften als Problem der von der Produktnachfrage abgeleiteten Faktornachfrage zu verstehen. Selbst einfache Faktornachfragefunktionen enthalten zentrale Determinanten der unternehmerischen Beschäftigungspolitik: Löhne, Grenzwertprodukte und die Marktformen auf Produkt- oder Absatzmärkten. Kompliziertere Funktionen erfassen die Substitution von Arbeit und Kapital sowie die Substitution zwischen Arbeitskräften unterschiedlicher Qualifikation" (a.a.O., 132).

Dabei differenziert *Sadowski* zwischen kleineren und größeren Unternehmen, wobei die kleineren stärker unmittelbar vom Markt abhängig seien. Die größeren entwickelten interne Arbeitsmärkte, sie begegneten z.b. Nachfrageeinbrüchen mit 'internen Federungsstrategien' (a.a.O., 133).

Bezeichnend für die Absage an jeglichen 'ökonomischen Imperialismus' ist, dass *Sadowski* die Einbettung von Ökonomie in Gesellschaft, die 'Ambiguität' von Markt und Herrschaft, die Notwendigkeit einer 'Verbindung' von Wirtschaftlichkeit und Akzeptanz registriert:

> "Die Bezeichnung 'interne Arbeitsmärkte' für solche Beschäftigungssysteme (aufeinander abgestimmter Personalpraktiken) erfaßt zwar die tendenzielle Ablösung vom externen Arbeitsmarkt, begünstigt aber den irreführenden Eindruck, als wirkten hier anonyme Marktkräfte, wo doch in Wirklichkeit sehr unterschiedliche Organisationsteilnehmer Verfahrenswege und Entscheidungen aushandeln ... Auf diese unterschiedlichen Sichtweisen von internen Arbeitsmärkten, nämlich einerseits Personalallokationssysteme, andererseits Systeme der Herrschaftsausübung oder der politischen Auseinandersetzung zwischen den Organisationsmitgliedern zu sein, weise ich besonders hin, weil diese Ambiguität denknotwendig verlangt, die Wirtschaftlichkeit einer Entscheidung mit Fragen der sozialen Akzeptanz (Legitimität, Gerechtigkeit) zu verbinden" (133).

> "Wenn die Beschäftigungskosten nicht nur Lohn- und Lohnnebenkosten, sondern auch Kontroll-, Fluktuations- und Suchkosten, Kosten der Einhaltung arbeits- und sozialrechtlicher Vorschriften sowie alle von den Arbeitnehmern als lohnäquivalente Kompensationen empfundenen Leistungen umfassen, dann sind die aus dem quasi-fixen Charakter des Faktors Arbeit resultierenden Beschäftigungspraktiken des internen Arbeitsmarktes als organisationskostenreduzierende (freiwillige) Wahlentscheidungen der Unternehmen interpretierbar" (*Sadowski & Frick* 1989, 411).

Man muss also sowohl den Investitions-, wie den Systemcharakter von Personal-Entscheidungen berücksichtigen. Dafür kommen Techniken wie z.B.: 'self-enforcement' (self-policing) als Form des 'relational contracting' in Frage; auch die Principal-Agent-Theorie fordert, "diese Detailsicht von Anreizen in den Gesamtzusammenhang der Bedingungen der langfristigen Nutzung von Personal zu stellen" (*Sadowski* 1991, 134). Damit wird deutlich, dass nicht etwa kurzsichtig kalkulierte Vorteilsmitnahme (Opportunismus) propagiert wird, sondern die Sicherung langfristig gewinnbringender Austauschprozesse, die auf scheinbar unökonomischen Kategorien wie Moral, Vertrauen, 'Treu und Glauben' gründen.

> "Im Kern, denke ich, geht es in der Personalökonomie darum, dem Wettbewerb angemessene Investitionsstrategien in die Leistungsfähigkeit und Leistungsbereitschaft des Personals zu finden. *Streeck* (1988) versucht in soziologischer Perspektive die Handlungsmöglichkeiten der Unternehmen im Hinblick auf die Grundbegriffe 'Status' und 'Kontrakt' zu ordnen. Als Ökonom ziehe ich es vor 'Humankapital' und 'Organisationskapital' zu Grundkategorien einer unternehmerischen Personalpolitik zu machen" (a.a.O., 135). [Das Konzept Organisations- oder Sozialkapital übernimmt *Sadowski* von *Coleman* (z.B. 1990, 300-321)].

Humankapital definiert *Sadowski* als den "Ertragswert der verfügbaren Qualifikationen" (a.a.o., 136), Organisationskapital als den "Bestand an Regeln in einer Organisation, Information zu teilen, Konflikte beizulegen und Kooperationsbereitschaft zu signalisieren"; dabei fallen "produktive Folgen von Berechenbarkeit und Zuverlässigkeit in sozialen Beziehungen" ins Gewicht. "Die zweifellos wichtigste Form von Sozialkapital stellen wechselseitige Erwartungen und Verpflichtungen dar, die ihrerseits von der 'Vertrauenswürdigkeit' der Arbeitsbeziehungen abhängen" ... Die "nicht-kontraktuellen Elemente des Arbeitsvertrages [bleiben] in vieler Hinsicht unspezifisch und unjustitiabel" (*Sadowski & Frick* 1989, 411). *Sadowski* konzediert die schwierige Operationalisierung dieser Kategorie:

> " ... Amortisationsrechnungen sind nicht einfach, weil Organisationskapital intangibel ist und infrastrukturellen Charakter hat. Es ist weder einzelnen Personen, Transaktionen, Produkten oder Projekten zuzuschreiben und dürfte als unternehmensöffentliches Gut daher einer Tendenz zur Unterinvestition unterliegen. Den Personalwirt sollte die Kapitalmetapher zudem daran erinnern, dass es sich um ein langfristig nutzbares Vermögen handelt, das allerdings nicht so sehr durch isolierte Anlageentscheidungen, sondern im alltäglichen Unternehmensablauf aufgebaut und verspielt werden kann" (1991, 136).

> "Die Gleichgültigkeit vieler Personalwirte hierfür [für die Modellentwicklungen in der ökonomischen Theorie, N. & W.] könnte als List der Vernunft vermuten lassen, dass es zu einer sozioökonomischen Theorie der Personalwirtschaft von Unternehmen kommt, ohne dass das programmatisch multidisziplinäre Personalwesen daran ernsthaft beteiligt ist" *(Sadowski* 1991, FN 4 auf S. 138).

In ähnlicher Zielrichtung definiert *Backes-Gellner* (1993), eine frühere Mitarbeiterin *Sadowskis:*

> "Gegenstand der Personalökonomie ist einerseits die Betrachtung von Beschäftigungsentscheidungen unter Marktbedingungen, d.h. Personalökonomie versucht, Beschäftigungsentscheidungen vor dem Hintergrund von Unsicherheit auf Produkt- und Absatzmärkten zu erklären. Andererseits ist der Spielraum betrieblicher Personalpolitik durch rechtliche, tarifvertragliche und sonstige normenstiftende Regelungen vorgezeichnet. Personalökonomie wird also auch Beschäftigungsentscheidungen vor dem Hintergrund der Wirkung institutioneller Rahmenbedingungen betrachten und versuchen, alternative Arbeitsmarktinstitutionen i.w.S. ökonomisch zu analysieren. Eine so verstandene Personalwirtschaftslehre reiht sich nahtlos ein in eine allgemeine Betriebswirtschaftslehre im Sinne Gutenbergs" *(Backes-Gellner* 1993, 516).

Personalökonomie ist für *Backes-Gellner* (1993) nicht (nur) traditionelle Mikroökonomie, sondern stützt sich (auch) auf Arbeitsökonomie, Informationsökonomie, die Neue Institutionelle Ökonomie, die Vertrags- und Transaktionskostentheorie und die Verhandlungs- bzw. Spieltheorie. Es handelt sich bei der ökonomischen Fundierung also nicht um ein einheitliches Theoriegebäude, sondern um eine Vielzahl von Spezialisierungen, die sich lediglich auf eine gemeinsame Theorietradition berufen

können. *Backes-Gellner* (1993) charakterisiert das, was zusammenfassend Personal*ökonomie* genannt wird, durch folgende Akzentsetzungen, Kernthemen bzw. In-
terpretationsmuster:

1. Personal als Arbeitsangebot und -nachfrage;
2. Personal als Investitionsgut (Humankapitaltheorie);
3. der Arbeitsvertrag als nichtjustitiables Dauerschuldverhältnis (à la *Williamson*),
   relational contracting, interne Arbeitsmärkte; Beziehungen zwischen Humankapital und Organisationskapital;
4. das Arbeitsverhältnis als Aushandlungsverhältnis;
5. die Einbettung der Arbeitsbeziehungen in staatliche Regulierung und industrielle
   Beziehungen.

> "Zusammenfassend kann festgestellt werden, dass für die Personalökonomie das Be-
> schäftigungsverhältnis ein Tausch zwischen Arbeitnehmer und Arbeitgeber ist, d.h.
> Funktionalität und Instrumentalität der Arbeit für den Beschäftiger und die Beschäftig-
> ten ist die grundlegende Wertvorstellung ökonomischer Personalwirtschaftslehre." ...
> "Sie ist keine Kunstlehre, die eine Vielzahl von Instrumenten an die Hand gibt, und kei-
> ne angewandte Wissenschaft, deren Probleme von der Praxis definiert werden" (*Backes-
> Gellner* 1993, 520f).

Den häufig geäußerten Vorwurf, die ökonomische Theorie sei weltfern-abstrakt,
wendet *Backes-Gellner* zum Vorteil:

> "Im Gegensatz zu angewandter Entscheidungstheorie, zu rein beschreibender oder pri-
> mär empirischer Forschung zeichnet sich Personalwirtschaftslehre als ökonomische
> Disziplin durch ihren konzeptionellen, abstrakten, modellhaften und auch spekulativen
> Charakter aus, wodurch sich spezifische Vorteile ergeben. Ökonomische Theorie be-
> währt sich zunächst als Sprachsystem und macht logische Implikationen sichtbar, die
> sonst übersehen würden. Außerdem führen modellorientierte Analysen, wie sie für die
> Ökonomie typisch sind, zu empirisch gehaltvollen und überprüfbaren Aussagen"
> (a.a.O., 524). ... "Auch wenn oder gerade weil ökonomische (wie alle rigorosen) Mo-
> delle die Realität nicht vollständig abbilden, sondern eher reduzierte Bilder der Realität
> darstellen, können sie einen besonderen Beitrag zum Verständnis der Realität für die
> personalpolitische Praxis leisten ... Gerade der Versuch, Theorien nicht als Abbilder,
> sondern als kühne Entwürfe der Realität zu entwickeln (Popper), erlaubt es Sozialwis-
> senschaftlern, ihre Probleme nicht nur von der Praxis zu übernehmen, sondern selbst an
> deren Konstitution mitzuwirken ... Personalwirtschaftslehre als ökonomische Disziplin
> entwirft also auch Bilder möglicher Welten und stellt in diesem Sinn eine Definitionsin-
> stanz dar ... Personalwirtschaftslehre als ökonomische Disziplin kann und soll also keine
> enzyklopädische Aufarbeitung von Problemen und Stoffen liefern, sondern eine Per-
> spektive darstellen, die theoretische Einsichten und ungewohnte Forschungsfragen pro-
> duziert" (a.a.O., 525).

Weil sowohl *Sadowski* wie auch *Backes-Gellner* auf die Neue Institutionelle Ökonomie (NIÖ) Bezug genommen haben, sollen Kerngedanken dieser Richtung vorgestellt und am Beispiel der Transaktionskostentheorie vertieft werden, um den möglichen Beitrag eines ökonomischen Ansatzes für eine theoretische Fundierung des
Personalwesens zu illustrieren.

5.2 Neue Institutionelle Ökonomie (NIÖ)

Bevor wir diesen Ansatz näher charakterisieren, sollen zunächst zum besseren Verständnis einige wichtige Begriffe geklärt werden.

5.2.1 Zentrale Konzepte der NIÖ: Institution, Transaktion, Transaktions-
kosten

Institution

Der Chamäleonbegriff Institution wird in vielen Bedeutungen verwendet (s. ausführlich dazu: *Türk* 1997); *Schmid* (1989, 386f) differenziert z.B. drei Verwen-
dungsweisen, nämlich

- "soziale und politische Regulierungsinstanzen (z.B. die Betriebsräte, die Gewerkschaften, die Arbeitsämter, das Arbeitsgericht)",
- "normative Regelungen (z.B. der Arbeitsvertrag, das Betriebsverfassungsgesetz,
  das Tarifvertragsgesetz ...)",
- "dauerhafte Verhaltens- und Wertemuster, d.h. überlieferte Traditionen und Gewohnheiten."

Schmid konzentriert sich auf den zweiten Inhalt: "Danach sind Institutionen normative Regelwerke oder dauerhafte Muster sozialer Beziehungen, die erzwungen oder
legitim sind und als tatsächlich gelebte Muster entsprechende Steuerungswirkungen
auf soziale Beziehungen ausüben" (*Schmid* 1989, 387).

Douglass *North,* einer der Institutionalisten, die den Nobelpreis erhalten haben, bezeichnet Institutionen als "von Menschen entworfene Beschränkungen, die politische, ökonomische und gesellschaftliche Interaktionen strukturieren. Sie bestehen
sowohl aus informellen Beschränkungen (Sanktionen, Tabus, Sitten, Traditionen,
Verhaltensregeln) wie aus formalen Regeln (Verfassungen, Gesetzen, Eigentums-
rechten)" (*North* 1991, 97). An anderer Stelle definiert er (zitiert nach *Williamson*
1995a, 211): "Institutionen bestehen aus einem Satz von Verhaltensbeschränkungen
in Form von Regeln und Vorschriften; einem Satz von Prozeduren, mit denen Abweichungen von den Regeln und Vorschriften entdeckt werden können und schließlich aus einem Satz von moralischen, ethischen Verhaltensnormen, die die Umrisse

definieren und die Weisen einschränken, in denen die Regeln und Vorschriften spezifiziert werden und ihre Durchsetzung ausgeführt wird."

Institutionen sind gesellschaftliche Einrichtungen, die das Handeln der Individuen regulieren. Insofern ist der Markt kein imaginärer außergesellschaftlicher Platz, an dem 'Angebot und Nachfrage' abstrakt zusammentreffen, sondern eine Institution, deren Bestand und Funktionsweise gesellschaftlich garantiert wird (Rechtsetzung, -sprechung, und -durchsetzung; moralische Codes, Sanktionen etc.). Das Tauschgeschehen ist nicht nur durch das Eigeninteresse der Akteure bestimmt, sondern auch durch die gesellschaftlichen Verhältnisse, die ihre Transaktionen ermöglichen und beschränken. Das hindert jedoch nicht, ökonomische Erklärungen für die Art und Funktionsweise bestehender Institutionen zu suchen.

Transaktion

Als Zentralbegriff der Ökonomie wurde von *Commons* die Transaktion eingeführt. Sie ist - nach *Williamson* - der Transfer von Waren oder Leistungen über eine technisch separierbare Schnittstelle oder ein Tausch von Verfügungsrechten.

Williamson (1996b, 50) zitiert *Commons* (1932) wie folgt: "Die letztendliche Aktivitätseinheit ... muss in sich die drei Prinzipien Konflikt, Gegenseitigkeit und Ordnung enthalten. Diese Einheit ist eine Transaktion." *Williamson* fährt fort: "Die Vertreter der Transaktionskostenökonomie pflichten nicht nur bei, dass die Transaktion die grundlegende Analyseeinheit ist, für sie ist auch 'Lenkung' (governance) das Mittel, durch das Ordnung in einer Beziehung hergestellt wird, in der potentieller Konflikt die Gelegenheiten zu beiderseitigem Gewinn zunichte zu machen oder zu vereiteln droht."

> "Inzwischen besteht im deutschsprachigen Raum Einigkeit darüber, eine Transaktion als den Prozess der Koordination eines Leistungsaustausches einschließlich der Vereinbarungen von Maßnahmen zur Absicherung dieses Austausches zu definieren" (*Eigler* 1997, 8f).

Transaktionen interessieren nicht als die Myriaden konkreter Tauschvorgänge auf den Märkten. "[*Commons*] vertrat einen kontrakttheoretischen Standpunkt und lenkte die Aufmerksamkeit auf die Bedeutung von Institutionen, die allein dazu dienen, die Beziehungen zwischen Partnern mit unterschiedlichen Interessen harmonisch zu gestalten" (*Williamson* 1996a, 3). Um Austauschprozesse langfristig plan- und berechenbar zu machen, können sie vertraglich oder institutionell reguliert und abgesichert werden.

Da von beschränkter Rationalität und Opportunismus ausgegangen wird (siehe dazu Näheres unten), muss sich der 'vertragsschließende Mensch' als Nachfolger des klassischen 'ökonomischen Menschen' sinnvollerweise gegen die Gefährdungen absichern, die aus diesen Bedingungen resultieren. Er tut dies, indem er 'ex ante' (im

Vorhinein) möglichst eindeutige Verträge aushandelt und sich *zusätzlich* - weil
Verträge grundsätzlich unvollkommen bleiben und ein Versprechen darstellen, das
gebrochen werden kann - die Option offenhält, 'ex post' (im Nachhinein) regulierend
auf die Vertragserfüllung einwirken zu können. Dazu bedarf er (nachvertraglich
wirksamer) Lenkungsstrukturen (governance structures).

Transaktionskosten

Transaktionen laufen nicht reibungs- und kostenlos ab: "Bereitstellung, Nutzung,
Aufrechterhaltung und Umorganisation von Institutionen" (*Richter* 1994, 6) verursachen Kosten: Transaktionskosten. "Transaktionskosten sind keine quantité négli-
geable - weder im wörtlichen noch im übertragenen Sinne. Transaktionskosten um-
fassen in modernen Marktwirtschaften einige 70-80% des Nettosozialproduktes,
nicht zu sprechen von den enormen Einrichtungskosten ('set-up cost') neuer institutioneller Arrangements oder Organisationen. Die Umorganisation und der Aufbau
der ostdeutschen und osteuropäischen Wirtschaft verdeutlichen das" (*Richter* 1994,
5). Transaktionskosten sind der Preis, das Opfer oder der Reibungsverlust, die entstehen, wenn ein Leistungs- oder Rechte-Tausch vorgenommen wird. *Richter* unterscheidet folgende Transaktionskostenarten (a.a.O., 6ff):

1. Kosten der Marktbenutzung:

   a) Kosten der Anbahnung von Verträgen (Such- und Informationskosten, z.B.
      Anzeigen, Werbung; Einrichtung organisierter Märkte wie Börsen, Messen,
      Wochenmärkte; Kommunikationskosten: Post- und Telefongebühren, Reise-
      kosten; Kosten für Preisvergleiche; Prüfkosten z.B. für Qualitätskontrolle,
      Begutachtung, Inspektion, Zertifizierung);
   b) Kosten des Abschlusses von Verträgen (Verhandlungs- und Entscheidungs-
      kosten)[13];
   c) Kosten der Überwachung und Durchsetzung von Leistungspflichten (Kon-
      trollkosten: Überwachung von Lieferterminen, Qualität, Mengen, Preisen;
      Kosten für die Sicherung und Durchsetzung von Ansprüchen, z.B. Gerichts-
      kosten).

2. Kosten der Organisationsnutzung

   Damit sind Kosten der Nutzung von Dienstverträgen innerhalb von Unternehmungen gemeint, z.B. Kosten der Planung und Verteilung von Aufgaben, Kommunikation, Überwachung und Leitung.

---

[13] *Milgrom & Roberts* (1992, 192ff) diskutieren in diesem Zusammenhang auch 'Einflusskosten',
die im Grunde Kosten der Mikropolitik sind: jener Aufwand, der vor- und nachvertraglich zu
leisten ist bei der Pflege von Beziehungen, der Beschaffung vertraulicher Informationen, der
Einwirkung auf Widerstrebende usw.

3. Politische Transaktionskosten

Sie beziehen sich auf die Kosten der Bereitstellung und Nutzung des Staats und internationaler Organisationen. Hierunter fallen z.b. Ausgaben für Verteidigung, Rechtssetzung und -sprechung, Öffentliche Einrichtungen (Verkehr, Bildung, Erziehung, Wissenschaft) und die Alimentierung* der Staatsführung.

Bei dieser Aufstellung handelt es sich wie bei allen anderen derartigen Zusammenstellungen um ein vorläufiges Ordnungsschema, das ergänzt oder komprimiert werden könnte, weil keine explizite Prozess- oder Strukturtheorie zugrundeliegt, die festlegen würde, welchen Vorgängen oder Einrichtungen Kosten zugerechnet werden (können). Der Begriff 'Transaktionskosten' erweist sich als ähnlich grundlegend und unoperational wie analoge Begriffe der Ökonomie (Bedürfnis, Nutzen, Interesse).

Über eine mögliche Klassifikation von Transaktionskosten in der Personalwirtschaft informiert Beleg A-5. Diesem Ordnungsversuch ließen sich beliebig viele weitere anschließen, weil es bislang keine Übereinkunft darüber gibt, welche Kostenarten sinnvollerweise zu differenzieren und zu messen sind. Im Grunde kann jeder Vorgang, der personalwirtschaftliche Aufmerksamkeit findet, aus einer Transaktionskostenperspektive untersucht werden. So gibt es dann Such-, Kontroll-, Abwicklungs-, Nachbesserungs-, Fluktuations-, Einfluss-, Verhandlungs- usw. -kosten. Daran zeigt sich auch die große Schwierigkeit, personalwirtschaftliche Produktions- von Transaktionskosten zu separieren.

Dass man nicht nur Transaktions*kosten*, sondern auch Transaktions*kapital* berücksichtigen sollte, deutet *Richter* in einer interessanten Weiterung an:

"Transaktionskosten sind offensichtlich Kosten, die etwas mit der Arbeitsteilung zu tun haben. Reale Ressourcen sind für den Zweck notwendig und binden Kapital. Wir können deshalb auch von 'Transaktionskapital' sprechen. Wie im technischen Bereich ist auch im Transaktionsbereich mit wachsendem organisatorischen Fortschritt zunehmender Kapitaleinsatz erforderlich, der verdient und erspart sein will - ein Faktum, das bei den Bemühungen um die Reorganisation der ehemaligen sozialistischen Staaten und bei der Hilfe für Entwicklungsländer zwingend zu berücksichtigen ist. Wirtschaftliches Wachstum hängt u.a. ab vom Tempo des organisatorischen Fortschritts und der Bildung von Transaktionskapital" (*Richter*, 1994, 9).

Nach diesen einführenden begrifflichen Klärungen geben wir zunächst einen allgemeinen Überblick über die NIÖ und die drei wichtigsten Richtungen, bevor wir anschließend näher auf eine von ihnen, die Transaktionskostenökonomie, eingehen.

---

* *Alimente* (lat., wörtl.: Nahrungsmittel): Unterhaltsleistung, Finanzierung, Sicherstellung der Existenzgrundlage

Beleg A-5:   Transaktionskosten in der Personalwirtschaft (nach *Wiegran* 1993)

Anbahnungskosten: Hier handelt es sich um die Kosten der Informationssuche über geeignete Vertragspartner. Für das Unternehmen fallen hier beispielsweise Kosten der Kontaktaufnahme zu Mitarbeitern im Rahmen von Stellenanzeigen und Informationsveranstaltungen an Schulen und Universitäten an. Auch die Aufwendungen des externen Personalmarketing beispielsweise für Anzeigen zur Imagepflege, erhöhen die Anbahnungskosten.

Vereinbarungskosten: Hierzu gehören die Kosten der Vertragsverhandlung und Vertragsvereinbarung. Dabei fallen im Unternehmen beispielsweise Kosten für Vorstellungsgespräche und Assessment Center an und im höheren Management können auch die Kosten für Vertragsverhandlungen erheblichen Umfang annehmen.

Abwicklungskosten: Abwicklungskosten sind hier die Kosten der Konkretisierung des Arbeitsvertrags. Da der Arbeitsvertrag ein unvollständiger Vertrag ist, der nur die Rahmenbedingungen für die Leistungserbringung wie Arbeitszeit, Arbeitsort und Entgelt festlegt, muss er ständig durch Kommunikation zur Aufgabenerfüllung spezifiziert werden.

Kontrollkosten: Dabei handelt es sich um die Kosten der Kontrolle der vereinbarten Leistung. Für das Unternehmen entstehen beispielsweise Kosten durch die Kontrolle der Anwesenheit und Überprüfung der Leistung.

Anpassungskosten: Anpassungskosten sind Kosten der Vertragsänderung. Hierzu gehören Aufwendungen für die Gespräche über Gehalts- oder Positionsänderungen oder Zielvereinbarungen im Rahmen eines "management by objectives" oder auch die Kosten, die durch Streiks im Rahmen der Tarifverhandlungen entstehen.

5.2.2 Allgemeine Charakteristika der NIÖ

Die NIÖ grenzt sich - als Teil der Mikroökonomie - einerseits von der Neo-Klassik[14], die die Unternehmung als Produktionsfunktion analysiert, andererseits von den älteren 'Institutionalisten' ab.

Die *alte* amerikanische institutionalistische Schule der Nationalökonomie ist mit Namen wie *Veblen, Mitchell* und *Commons* verbunden. Sie baut auf der sog. Deutschen Historischen Schule auf, die für eine realistischere und empirische Ausrichtung der Wirtschaftswissenschaft plädierte - und wegen ihrer exzessiven und lediglich deskriptiven Faktensammlungen kritisiert wurde (siehe *Williamson* 1995, 208, der eine Bemerkung von *Coase* zitiert: "Ohne eine Theorie hatten sie nichts weiterzugeben als eine Masse deskriptiven Materials, das auf eine Theorie oder das Feuer

[14] Die ökonomische Klassik basiert auf dem Prinzip des methodologischen Individualismus und der Betonung des Eigeninteresses als handlungs- bzw. entscheidungsleitendem Prinzip. Die Neo-Klassik entwickelt das Prinzip der rationalen Nutzenmaximierung und ergänzt es insbesondere durch Überlegungen zum alternativen Einsatz begrenzter Mittel und durch das Grenznutzenkalkül.

wartete"). *Jacoby* (1990, 164) nennt vier Merkmale, an denen sich der Unterschied der Institutionalisten zur Orthodoxie* festmachen läßt:

- *Indeterminiertheit*: Das Verhalten der Marktteilnehmer ist nicht determiniert durch vollkommenen Wettbewerb und resultierende Gleichgewichte, sondern läßt Raum für Ausgestaltungen aufgrund von Sitte, Verhandlung, Recht usw.;

- *Endogenität*. Der Markttausch ist vermittelt durch soziale Institutionen, die individuelle Bedürfnisse und Handlungen sowohl determinieren wie auch durch sie determiniert werden; die Institutionen sind nichts Äußerliches, sondern durch die wirtschaftlichen Akteure selbst erzeugt;

- *Verhaltensrealismus*: Nicht nur rationales Eigeninteresse treibt den homo oeconomicus an, sondern auch Gewohnheiten, die einen historischen, sozialen und kulturellen Ursprung haben;

- *diachrone* *Analyse*: Während die orthodoxe Ökonomie übergeschichtliche und universelle Gesetzmäßigkeiten sucht, betonen die Institutionalisten die Zeit- und Ortsgebundenheit ihrer Aussagen; neben synchroner bestehen sie auf diachroner Analyse, d.h. der Untersuchung des geschichtlichen Entstehung und Veränderung ökonomischer Verhältnisse und Prozesse.

Diesen Merkmalen sind aus der Kontroverse zwischen *Donaldson* (1990a, b) und *Barney* (1990) noch die Differenzen zwischen NIÖ (als Teilgebiet der Mikroökonomie) und strategischer Managementtheorie hinzuzufügen:

- die NIÖ geht nach wie vor vom methodologischen Individualismus aus (Verträge werden z.B. so geschlossen, dass die PartnerInnen ihren Nutzen maximieren);

- die NIÖ basiert auf wenigen und restriktiven Grundannahmen über menschliches Verhalten (z.B. beschränkte Rationalität und Opportunismus), wobei die negative Bewertung überwiegt und positive Merkmale (Loyalität, intrinsische Motivation etc.) nicht berücksichtigt werden;

- die NIÖ ist eine *deskriptive* ('positive' oder positivistische) Theorie, die beschreibt, was überwiegend der Fall ist und keine normativen Empfehlungen gibt, wie das Bestehende zu verbessern wäre.

Die berühmte *Coase*-Frage "Why firms?" ist die Zentralthematik der NIÖ. Warum werden nicht alle Transaktionen marktlich abgewickelt? Welche Vorteile hat es, bestimmte Transaktionen der *autonomen* Koordination durch den (anonymen) Markt zu entziehen und in (hierarchisch gelenkter) *kooperativer* Koordination zu organisieren? Allgemein begründen die Theoretiker der NIÖ dies mit den Reibungsverlusten (= Transaktionskosten), die unter bestimmten Bedingungen bei marktlicher Koordination zu erwarten sind (s. *Masten* 1993).

---

* *Orthodoxie* (griech.; wörtl.: richtige, wahre Lehre): vorherrschende Lehrmeinung, die als 'wahr' und 'unkritisierbar' gilt.
* *diachron* (griech.): im Zeitablauf, nacheinander; im Gegensatz zu *synchron*: gleichzeitig, simultan.

"Wenn Firmen und Märkte Lenkungsstrukturen[15] zur Gestaltung von Transaktionen sind, dann rücken eher organisatorische als technologische Züge in den Vordergrund. ... Es wird davon ausgegangen, dass Hauptzweck und -wirkung der ökonomischen Organisation nicht ist, Monopole zu schaffen, sondern Transaktionskosten zu sparen [economizing on transaction costs]" (*Williamson* 1996c, 133). [Eine dazu konträre Auffassung vertritt *Türk* 1995, der Organisationen als Herrschaftsverbände interpretiert; ihre Existenz geht zeitlich und logisch der der Märkte voraus; siehe auch *Simon* 1991].

Nach *Hill* (1990) gibt es drei Bedingungen, unter denen Organisationen Märkten überlegen sind:

a) wenn die Ergebnisse von Transaktionen äußerst unsicher sind,
b) wenn die Reputation der Transaktionspartner schwer zu ermitteln ist und
c) wenn die kurzfristigen Gewinne aus unternehmerischen (speziell: opportunistischen) Handlungen sehr groß sind.

Man kann allerdings dagegenhalten, dass diese drei Bedingungen in *Groß*organisationen nicht unbedingt gegeben sind (z.B. bei komplexen Geschäftsprozessen, häufiger Vorgesetztenrotation und idiosynkratischen, also durch persönliche Willkür geprägten Belohnungs- und Beförderungspraktiken).

Goshal & Moran (1996, 33) führen weitere Überlegungen an, warum organisationale, also *zielgerichtete* Anpassung der marktlichen autonomen Anpassung überlegen sein kann:

- sie funktioniert auch in Abwesenheit von Preisen oder Märkten,
- sie erlaubt das Verfolgen dynamischer Effizienz (z.B. Opferung kurzfristiger Vorteile zugunsten langfristiger Optimierung, Bearbeiten innovativer Projekte),
- sie kann den institutionellen Kontext transformieren, in den die Beziehungen eingebettet sind und so Handlungen und Präferenzen der Akteure beeinflussen. Durch eine 'Moralisierung' der Organisation (Vertrauen, Vision, Commitment etc.) kann effektiver geführt werden als durch starke monetäre Anreize.

Organisationen gibt es also weniger deshalb, weil sie zur Eindämmung des Opportunismus taugen (dazu Näheres unten), sie sind - *Goshal & Moran* zufolge - vielmehr unabhängig davon effektive Koordinationsformen. An die Stelle des Preises, der die marktliche Koordination dominiert, rückt bei ihnen die Zweckbestimmung. Deshalb spielen auch die Entwicklung und Pflege vertrauensvoller Beziehungen (siehe oben: *relational contracting*) eine wichtige Rolle. Bei dauerhafter Zusammenarbeit - wie in Organisationen - nehmen PartnerInnen nicht nur wie bei anonymen Spotmarkt-Tauschgeschäften einmalige Transaktionen vor. Wenn 'repeat business' (mit unbekannter Zahl der Wiederholungen!) die Regel ist und die Chance be-

---

[15] Den wichtigen Begriff 'governance structures' übersetzen wir im Folgenden meist mit 'Lenkungsstrukturen'; in der deutschen Literatur finden sich auch die Versionen 'Steuerungs-' oder 'Leitungsstrukturen'.

steht, dass ein übervorteilter Partner das nächste Mal keine Geschäfte mehr mit einem macht oder ebenfalls zu Arglist und Täuschung greift, werden rationale TransaktionspartnerInnen nicht mehr versuchen, eine Transaktion mit allen Mitteln für sich vorteilhaft zu gestalten (Opportunismus). Deshalb wird die *Reputation*, ein Opportunist zu sein, jemand von kostengünstigen Transaktionen ausschließen oder mögliche PartnerInnen werden Sicherheitsleistungen verlangen, enger überwachen, präzisere Verträge schließen usw., sodass Opportunismus für beide Parteien die zusammengesetzte Quasirente senkt (s. *Hill* 1990, 505). Die in *Axelrods* Studien überlegene 'Zug-um-Zug'-Strategie (tit-for-tat) ist ein Anti-Opportunismus-Programm: Es setzt in Gefangenen-Dilemma-Situationen einen Spieler voraus, der wohlgesonnen, vergeltend, vergebend und klar ist: er beginnt kooperativ, vergilt, wenn er hereingelegt wird, trägt nicht nach, wenn der andere auf Fairness überwechselt und handelt dann auch wieder kooperativ, und ist schließlich unmißverständlich in seiner Reaktion.

Spieltheoretische Überlegungen legen also nahe, dass Opportunismus keine optimale Strategie ist, wenn Interaktionen für eine *unbestimmte* Dauer fortgesetzt werden (das ominöse 'in the long run') und keine krasse Machtasymmetrie besteht. Beide PartnerInnen fahren besser, wenn sie Verhandlungs-, Überwachungs-, Sanktionskosten sparen und stattdessen die Transaktionskostenersparnisse als ihre Quasirente gemeinsam konsumieren. Daraus leitet sich aber andererseits auch ab, dass unter bestimmten Bedingungen mit Opportunismus zu rechnen ist (s. dazu auch *Hill* 1990):

- einer der Partner will die Beziehung (ohnehin) beenden und braucht deshalb künftige Strafaktionen nicht zu befürchten, oder es handelt sich um eine ein- und/oder erstmalige Beziehung,
- die Situation ist kaum durchschaubar (es gibt keine verläßlichen Informationen über Alternativen, die man selbst oder die andere Seite hat),
- die andere Seite täuscht eine vertrauenswürdige Reputation vor und die Kosten der Überprüfung sind (zu) hoch,
- es geht um außerordentlich hohe (einmalige) Gewinnmöglichkeiten, die den Verlust einer dauerhaften Beziehung verschmerzen lassen,
- die andere Seite operiert mit Identitätsfassaden (Briefkastenfirmen; anonyme Kapitalanlagen, die jeweils höchste Verzinsung suchen, egal, ob die andere Seite ruiniert wird oder nicht).

Die Neue Institutionelle Ökonomie (NIÖ) betont wie ihre 'alte' Vorläuferin die Bedeutung (wirtschafts-)geschichtlicher Analysen und gesellschaftlicher Institutionen (wie z.B. das Recht), legt aber größeren Wert auf den Anschluss an die (mikro-) ökonomische Theorietradition (formale Modelle, reduktionistisches Vorgehen, methodologischer Individualismus, Rationalitätsprinzip). Wegen der Bedeutung für das Personalwesen ist kurz auf die parallele Entwicklung der institutionalistischen *Organisations*theorie hinzuweisen, die Form und Wirkungsweise von Organisationen in Abhängigkeit von den 'institutionellen Umwelten' interpretiert, in denen sie operieren: Unternehmen haben nicht nur Effektivitäts- und Effizienzforderungen, sondern auch zentralen gesellschaftlichen Ansprüchen zu genügen (Legimität, kulturelle Passung usw.; siehe dazu *Meyer & Rowan* 1977).

Scott (1995, 47) differenziert zwischen *technischen Umwelten*, deren 'rationale' Strukturen dazu anhalten, effektiv und effizient zu produzieren und *institutionellen Umwelten*, die das 'Rationale' bieten für das, was geschieht: Gründe, Erklärungen, Theorien, Legitimationen. Er macht auch darauf aufmerksam, dass man nicht nur von einer Einflußbeziehung reden darf ('die Umwelt determiniert den Akteur'), sondern von einer Konstitutionsbeziehung: die Umwelt bestimmt, welche Art von Akteur es gibt. Organisationen verhalten sich gegenüber ihrer Umwelt mimetisch (nachahmend-anpassend); der kultur- und epochentypische Isomorphismus (Strukturgleichheit, wörtlich: Gleichförmigkeit) von Organisationen ist nicht auf Effizienzüberlegungen, sondern auf Imitations- und Ansteckungsprozesse innerhalb von 'Organisationsfeldern' zurückzuführen (*DiMaggio & Powell* 1983).

Auch der wichtigste Vertreter der Transaktionskostenökonomie, *Oliver Williamson,* kann als 'institutioneller Organisationstheoretiker' bezeichnet werden, der auf die große Bedeutung von 'institutionellen Umwelten' und 'Transaktionsatmosphäre' hinweist; deswegen werden wir auch auf seinen Ansatz näher eingehen und andere Richtungen der NIÖ (z.B. den Property Rights- und den Principal-Agent-Ansatz) nur kurz erwähnen.

5.2.3   Varianten der NIÖ

Richter & Bindseil (1995) stellen in ihrem Überblick über die NIÖ das mikroönomische Ausgangsmodell vor, von dem sich die NIÖ abhebt:

"In einer gedachten Welt ohne Transaktionskosten, der Null-Transaktionskosten-Welt (NTKW) bestehen symmetrische Information und vollständige Voraussicht. Wir haben es mit einer gläsernen Welt zu tun. Jedes Individuum kennt perfekt heute und für alle Zukunft die Erstausstattungen, Präferenzen und Technologien aller übrigen Individuen, alle existierenden Güter und ihre Eigenschaften, den gegenwärtigen Zustand und alle möglichen künftigen Zustände der Welt samt ihrer Eintrittswahrscheinlichkeiten. Alle Handlungen sind von allen beobachtbar, die kognitiven Kapazitäten der Individuen sind unbegrenzt. ... Die NTKW ist der Idealtyp der Neoklassik. Sie liefert uns die first-best Lösungen von Allokationsproblemen. Berücksichtigen wir Transaktionskosten, z.B. Informationskosten, dann lassen sich die first-best Lösungen nicht mehr verwirklichen, sondern nur noch sog. second-best Lösungen. Es stellt sich die Frage, bei welchem institutionellen Arrangement eine second-best Lösung dem (gedachten) Referenzpunkt der first-best Lösung am nächsten kommt" (*Richter & Bindseil* 1995, 133).

Kapitel A

Entscheidender Fortschritt der Neuen Institutionenökonomie gegenüber der Neo-
klassik ist, dass die Existenz eines funktionierenden Marktes nicht als selbstverständlich vorausgesetzt wird. Vielmehr ist auch der Markt eine Institution(!), deren
Schaffung und Erhaltung etwas kostet und die sich gegenüber alternativen Institutionen als (ökonomisch) vorteilhaft erweisen muss, um zu bestehen. Die Berücksichtigung z.b. der 'Marktbenutzungskosten' erlaubt einen angemesseneren Vergleich etwa der Koordinationsformen 'Markt' und 'Hierarchie' (oder Organisation
i.e.S.). Darüber hinaus kommen auch weitere (institutionelle) Nebenbedingungen
ins Blickfeld, zum Beispiel Bedeutung und Kosten der Institution Recht
(Privateigentum, Verfügungsrechte, Vertragsfreiheit, Rechtsdurchsetzung).

> *Sadowski et al.* (1994) stellen der herkömmlichen Betrachtung eine Alternative gegen-
> über und differenzieren (in ihrer Tab. 2, 401) unter anderem zwischen 'Marktökonomie'
> und 'Organisationsökonomie': "Kennzeichen für die traditionelle ökonomische Be-
> trachtung ist es, das Unternehmen als Produktionsfunktion zu verstehen und Marktab-
> hängigkeit unter vollständiger Information und bei gegebenen Präferenzen der Akteure
> zu entfalten. In der neueren Unternehmenstheorie dagegen wird der Arbeitsvertrag als
> unvollständiger Vertrag betrachtet, es treten Informations- und Anreizprobleme in den
> Vordergrund, die institutionellen Regulierungen von Beschäftigungsverhältnissen und
> Arbeitsmärkten (Betriebs- und Unternehmensverfassung, Arbeitsmarktverfassung) wer-
> den betont" (a.a.O., 402).

Property Rights Ansatz

Wenn Stammbäume der NIÖ gezeichnet werden, wird regelmäßig auf die Verbindung von Recht und Ökonomie verwiesen, die die Arbeit von 'Gründervätern' (wie
z.B. *Commons*) geprägt habe. Besonders markant zeigt sich diese Herkunft im
'Property Rights'-Ansatz (Theorie der Verfügungsrechte; s. *Coase* 1937, *Alchian &
Demsetz* 1972, *Furubotn & Pejovich* 1972).

Als ökonomische Theorie geht der Verfügungsrechte-Ansatz von der Annahme individuell nutzenmaximierenden Verhaltens aus und unterstellt, dass dieses durch die
Verteilung der 'property rights' bestimmt ist.

> Property Rights sind "die mit einem Gut verbundenen und Wirtschaftssubjekten auf-
> grund von Rechtsordnungen und Verträgen zustehenden Handlungs- und Verfügungs-
> rechte. Die Herausbildung, Zuordnung, Übertragung und Durchsetzung dieser Rechte
> verursacht Kosten, sogenannte Transaktionskosten. Diese beinhalten nicht nur unmittel-
> bar monetär erfassbare Größen, sondern grundsätzlich alle ökonomisch relevanten
> Nachteile, wie etwa aufzuwendende Zeit, Mühe und dergleichen. Sind einem Individu-
> um im Rahmen der bestehenden Verfügungsrechte nicht alle wirtschaftlichen Folgen
> seiner Ressourcennutzung eindeutig zugeordnet, entstehen externe Effekte, die häufig
> zu Wohlfahrtsverlusten führen. Aus property-rights-theoretischer Sicht ist nun jeweils
> diejenige Verteilung von Handlungs- und Verfügungsrechten am effizientesten, welche

die Summe aus Transaktionskosten und den durch externe Effekte hervorgeruffenen Wohlfahrtsverlusten minimiert" (*Picot* 1991, 141).

Aus dieser Perspektive können auch die Handlungen in Organisationen als durch ein Netz von Verträgen determiniert vorgestellt werden. Je weniger Verfügungsrechte jemand an einer Ressource besitzt und je höher die jeweiligen Transaktionskosten sind, desto geringer ist der realisierbare Nettonutzen (s. *Ebers & Gotsch* 1993, 196). Diese Problematik stellt sich insbesondere bei Arbeitsverträgen, weil - siehe das schon öfters beschworene Transformationsproblem - der Arbeitgeber nur einen Teil der Verfügungsrechte erwirbt[16].

Principal-Agent-Theorie

In einem weiteren Zweig der NIÖ, der sog. Vertretungstheorie, wird die Prinzipal-Agenten-Relation analysiert: der Prinzipal (Kapitaleigner, Auftraggeber) bedient sich der Agenten (Manager, Auftragnehmer), um seine Interessen durch sie vertreten zu lassen (*Marx* hat diese Helfer vor über hundert Jahren schon als Offiziere und Unteroffiziere des Kapitals bezeichnet). Der Prinzipal geht ein Risiko ein, weil er nicht sicher sein kann, dass die Agenten immer nur seine (und nicht auch ihre eigenen) Interessen wahrnehmen. Es besteht zudem 'Informationsasymmetrie', weil z.B. der Prinzipal *vor* der Beauftragung ('ex ante') Wissen, Können, Interessen, Handlungsbereitschaften etc. der Agenten weniger gut kennt als diese selbst. Agenten können Charakteristika haben, die dem Prinzipal *vor* Vertragsschluss verborgen waren oder sie können ein 'moralisches Wagnis' darstellen, weil sie nach Vertragsschluss nicht jenen Leistungseinsatz zeigen, den sie versprochen hatten oder verborgen Handlungen ausführen, die dem Prinzipal schaden. In der Tab. A-2 ist eine Übersicht von *Breid* (1995) übernommen, in der verschiedene Informationsprobleme, Risiken und Aktionsmöglichkeiten zusammengestellt sind (s.a. *Eisenhardt* 1989).

"Die primäre Bedeutung der ökonomischen Agency-Theorie liegt in ihrer informationsökonomisch und entscheidungstheoretisch fundierten Analyse der Bestimmungsgrößen von Delegations- und Koordinationsproblemen. Die Unternehmung wird als ein System von vernetzten Agency-Beziehungen aus streng rationalen Individuen mit persönlichen Zielsetzungen betrachtet, vorhandene Informationsasymmetrien schränken die Kontrollmöglichkeiten ein und verstärken die Notwendigkeit positiver Verhaltensanreize. Der Einsatz von finanziellen Anreizsystemen macht Kontrollen aber nicht überflüssig. Neben den mit einer Kontrolle verbundenen Verhaltenswirkungen ist zu berücksichtigen, dass auch motivierte Entscheidungsträger Fehlentscheidungen treffen können, die über Kontrollen aufzudecken sind. Ferner dienen Kontrollen dazu, die von Anreizsy-

---

[16] In der Theorie der Verfügungsrechte werden verschiedene Rechte unterschieden (s. *Ebers & Gotsch* 1993, 195), nämlich das Recht a) die Ressource zu nutzen (usus), b) die Erträge einzubehalten (usus fructus), c) ihre Form oder Substanz zu ändern (abusus) und d) einzelne oder alle der vorstehenden Verfügungsrechte auf andere zu übertragen (Übertragungsrecht).

stemen ausgehenden Verhaltenswirkungen zu überwachen und die Ausprägungen der Bemessungsgrundlagen, die in die Entlohnungsfunktion eingehen, zu überprüfen" (*Breid* 1995, 844). "Das grundsätzliche Festhalten an der Prämisse des rationalen Verhaltens, die Überbetonung der Anreizproblematik gegenüber den branchen- und unternehmensspezifischen Fähigkeiten des Managements und das hohe Maß an Ungewißheit schränken die Relevanz agencytheoretischer Erkenntnisse für die praktische Ausgestaltung strategischer Anreizsysteme aber erheblich ein" (a.a.O., 846).

Es ist allgemeines Ziel des Prinzipals, durch entsprechende Vertragsgestaltung und andere Arrangements dafür zu sorgen, dass die 'richtigen' BewerberInnen gewonnen werden (können), dass differenzierte Anreizsysteme entwickelt werden, dass Überwachungseinrichtungen geschaffen werden usw. Das Problem kompliziert sich dadurch, dass Abweichungen vom Vertrag z.T. nicht beobachtbar sind und auch wenn sie das wären, nicht messbar und (z.B. vor Gericht) belegbar bzw. verifizierbar sind. Beispiele für mögliche Probleme und Lösungen für den Personalbereich haben *Alewell* (1994), *Staffelbach* (1995) und *Schauenberg* (1996) zusammengestellt.

Für eine personalwirtschaftliche Perspektive ist eine weitere Akzentsetzung interessant, auf die wir im Zusammenhang mit den 'relationalen Verträgen' unten noch einmal zurückkommen werden. Weil zwischen VertragspartnerInnen Informationsasymmetrie besteht, die Zukunft nicht sicher vorhergesehen werden kann, der Informationsverarbeitung kognitive Grenzen gesetzt sind usw., wird Berechenbarkeit durch Einbettung der Verträge in soziale Beziehungen (Relationen) geschaffen, sodass Vertrauen, Verläßlichkeit, Glaubwürdigkeit usw. ebenfalls einen Wert bzw. Preis haben, der beim Vertragsschluss eine Rolle spielt. Ein Partner, der z.B. viel in eine Vertragsbeziehung investiert hat (sunk costs), kann nach Vertragsabschluss vom anderen erpresst oder ausgenommen werden (hold up) oder es kann zu opportunistischem Verhalten kommen, indem sich bietende Chancen rücksichtslos ausgenutzt werden. Deshalb sind 'Treu und Glauben', Redlichkeit, Fairness usw. als 'Transaktionsatmosphäre' buchstäblich wertvolle, kostbare Momente eines Vertragsschlusses. Sie senken z.B. Kosten der Überwachung, Kontrolle, Rechtsdurchsetzung usw.

Ver-＼ Typ gleichs-＼ kriterium	hidden characteristics	hidden intention	hidden information	hidden action
Entstehungs- zeitpunkt	vor Vertrags- abschluß	vor oder nach Vertragsabschluß	nach Vertragsab- schluß, vor Entscheidung	nach Vertragsab- schluß, nach Entscheidung
Entstehungs- ursache	ex-ante* ver- borgene Eigen- schaften des Agents	ex-ante verbor- gene Absichten des Agents	nicht beobacht- barer Informati- onsstand des Agents	nicht beobachtbare Aktivitäten des Agents
Problem	Eingehen der Vertragsbezie- hung	Durchsetzung impliziter An- sprüche	Ergebnisbeurtei- lung	Verhaltens-(Lei- stungs-)beur- teilung
Resultierende Gefahr	adverse selection*	hold up*	moral hazard* adverse selection	moral hazard shirking*
Lösungs- ansätze	signaling* screening* self selection	signaling reputation*	Anreizsysteme Kontrollsysteme self selection* (reputation)	Anreizsysteme Kontrollsysteme (reputation)

Tab. A-2:   Ein Überblick über Informationsasymmetrien in Principal-Agent-
Beziehungen (nach *Breid* 1995).

---

* *ex-ante* (lat.): im Vorhinein, vor(her); *ex-post* (lat.): im Nachhinein, nachher
* *adverse selection*: eine Personalauswahl, die KandidatInnen rekrutiert, die Eigenschaften haben, die für den Prinzipal abträglich, negativ sind (z.B. einen Alkoholiker als Kraftfahrer ein-
stellen)..
* *hold up*: (Raub-)Überfall, Erpressung (der Agent nutzt z.B. eine Notlage des Prinzipals aus,
wenn er als unentbehrlicher Spezialist den Prinzipal vor die Alternative: Gehaltserhöhung oder
Wechsel zu einem anderen Arbeitgeber! stellt).
* *moral hazard*: moralisches Wagnis. Beispiel: Wer ohne Selbstbeteiligung vollkaskoversichert
ist, wird achtloser fahren, weil er ja alle Schäden ersetzt bekommt.
* *shirking*: Drückebergertum (z.B. Leistungszurückhaltung, Blaumachen)
* *signaling*: Anzeichen (Signale) suchen (oder geben), die auf bestimmte Eigenschaften oder
Einstellungen schließen lassen (gute Schulnoten lassen evtl. auf Leistungs- oder Unterord-
nungsbereitschaft schließen).
* *screening*: ausfiltern; Vorausscheidung (z.B. bestimmte BewerberInnen durch Vorgabe spezifischer Anforderungen von einer Bewerbung abhalten).
* *reputation*: Ruf, Reputation: ein bestimmtes Image aufbauen, das ein Unternehmen attrativ
oder abschreckend für definierte BewerberInnen erscheinen lässt.
* *self selection*: Selbstauswahl, d.h. bestimmte Bedingungen schaffen, die es für KandidatInnen
lohnenswert machen, sich bei bestimmten Organisationen zu bewerben; bietet man z.B. Senio-
ritätslöhne (am Anfang eines Beschäftigungsverhältnisses unterdurchschnittliche Einkommen,
die jedoch mit Länge der Betriebszugehörigkeit immer stärker steigen), dann hält man KandidatInnen von einer Bewerbung ab, die nicht vorhaben, dem Unternehmen lange treu zu bleiben.

Die Bedeutung dieser Überlegungen für die Personalökonomie liegt auf der Hand. Mit dem Arbeitsvertrag gehen Arbeitgeber und Arbeitnehmer eine Beziehung ein, die von beiden Seiten nicht 'buchstabengetreu' erfüllt werden kann, eben weil sie nicht eindeutig auszubuchstabieren ist. Ein Arbeitnehmer, der z.B. einen unbefristeten Vertrag hat, kann in seinem Leistungseinsatz nachlassen, schlechte Qualität produzieren, häufig fehlen, Kunden verärgern usw. All das zu kontrollieren und abzustellen, bereitete dem Arbeitgeber enorme Transaktionskosten. Oder der Arbeitgeber unterfordert die Arbeitnehmerin, gibt ihr keine Entwicklungschancen, diskriminiert sie, verlangt Lohn- oder Arbeitszeitzugeständnisse etc. Beide Seiten profitierten, wenn sie sich 'stillschweigend' aufeinander verlassen könnten. Konzepte wie Unternehmenskultur, Betriebsklima, 'vertrauensvolle Zusammenarbeit' (BetrVG!), Pflichtbewußtsein, Identifikation, Commitment, organizational citizenship usw. bezeichnen jene atmosphärische Qualität der Beziehungen, die einen (Arbeits-)Vertrag für beide Parteien (wenngleich nicht unbedingt symmetrisch) vorteilhaft, nämlich transaktionskostenminimierend, werden lassen.

> "Arbeitsbeziehungen sind schließlich nicht nur eine Institution des ökonomischen Leistungstauschs, sondern auch eine Institution sozialer Beziehungen. Die NIÖ geht im Grunde von einer deprimierenden Sicht der Welt aus, die - überspitzt formuliert - nur aus Machiavellis, Napoleons, Gaunern, Betrügern, Faulpelzen und Risikoscheuen (die entsprechenden weiblichen Formen nicht zu vergessen) besteht. Das ist sicherlich voll aus dem Leben gegriffen, aber eben nur aus dem halben Leben. Falsch wäre freilich auch die naiv-optimistische Kehrseite. Die NIÖ schärft mit Recht den Blick auf Institutionen, die auf Misstrauen basieren und Opportunismus bestrafen. Granovetter (1985) weist aber auch mit Recht darauf hin, dass eine solche Strategie langfristig kostspieliger sein kann als eine Strategie, die auf Vertrauen und auf Institutionen basiert, die Solidarität (also Nicht-Opportunismus) belohnt. Denn negative Sanktionsmechanismen laden immer zu einem Verhalten ein, solche Sanktionen zu umgehen, was zu einer Misstrauensspirale führen kann" (*G. Schmid* 1989, 401).

Diese Überlegungen werden wir im Folgenden bei der Darstellung der Transaktionskostentheorie noch vertiefen. Wir gehen deshalb ausführlicher auf die Transaktionskostenökonomie (TKÖ) ein, weil dieser Ansatz am häufigsten in personalwirtschaftlichen Kontexten erörtert wird.

5.3   Die Transaktionskostenökonomie

Unsere Diskussion ist so organisiert, dass zunächst Charakteristika und Konzepte der TKÖ vorgestellt und erörtert werden, danach eine kurze Anwendung auf Arbeitsverhältnisse und schließlich eine kritische Kommentierung erfolgt.

5.3.1 Charakteristika und zentrale Konzepte der TKÖ

Williamson nennt vier Charakteristika der TKÖ, die ihre Besonderheit im Rahmen von Ansätzen der NIÖ ausmachen (1996c, 136f):

1. Institutionenvergleich

   Es wird jeweils eine Organisationsform mit einer oder mehreren alternativen Organisationsformen bei der Bewältigung einer bestimmten Aufgabe verglichen (die Alternative zu diesem empirischen Vergleich wäre, alle Organisationen an einem *Ideal* zu messen). Alle Organisationsformen "verdienen Respekt, aber keine berechtigt zu unangemessenem Respekt. Dementsprechend ist der geeignete Test von 'Versagen' aller Art - Markt-, Bürokratie-, Umverteilungsversagen - die Abstellbarkeit [remediableness]: ein *Ergebnis, für das keine machbare überlegene Alternative beschrieben und mit Nettogewinnen verwirklicht werden kann, wird für effizient gehalten*" (a.a.O., 136). Gerade auf dem Hintergrund neuer Kooperationsformen (z.B. Netzwerke, strategische Allianzen, joint ventures usw.) kommt dem Institutionenvergleich große Bedeutung zu.

2. Einsparung [Economizing]

   Es wird von weitsichtigen, aber unvollständigen Verträgen ausgegangen. Die Vertragsparteien sind sich über die Natur ihrer Beziehungen klar, auch über mögliche Vertragsrisiken. "Weil jedoch komplexe Verträge unvermeidbar unvollständig sind - es ist unmöglich oder prohibitiv teuer, für alle möglichen Wechselfälle ex ante Vorsorge zu treffen -, wird ein großer Teil der relevanten Vertragstätigkeit von den ex post Leitungsstrukturen übernommen" (a.a.O.). Da es schwerfällt zu operationalisieren, was Transaktionskosten sind, schlägt *Williamson* vor, Anpassung als das zentrale Problem wirtschaftlicher Organisationen zu bezeichnen. Es gibt zwei Arten der Anpassung: autonome (marktliche) und kooperative (organisationale). "Nach der Reformulierung des Problems der wirtschaftlichen Organisation als eines der Anpassung leuchtet es ein, Transaktionskosten als die (komparativen) Kosten der Fehlanpassung zu beschreiben" (a.a.O, 137).

   Der Fixierung auf 'economizing' wird von anderer Seite (s. z.B. aus Management-Perspektive von *Steinmann & Hennemann* 1993) die Forderung nach 'strategizing' gegenübergestellt (siehe unten).

3. Detailorientierung

   Weil die TKÖ die Markt-Voreingenommenheit der klassischen Ökonomie zugunsten einer gleichberechtigten Rücksichtnahme auf alle Organisationsformen überwindet (Organisationen werden im Prinzip auf in sich homogene 'Produktionsfunktionen' reduziert), werden Details der Transaktion und alternativer Lenkungsweisen bedeutsam. "Das Studium von Märkten und Preisen und Mengen macht dem Studium von Transaktionen und alternativen Lenkungsweisen Platz, wobei besondere Betonung auf die Mechanismen intertemporaler Vertragsschlüsse gelegt wird" (a.a.O., 138). Es genügt nun nicht mehr, mit Daten aus Volksbefragungen und Finanzberichten zu operieren, sondern man muss detaillierte Originaldaten in den Organisationen erheben.

4. Vorhersage

Die TKÖ baut auf der Hypothese differenzierender Koppelung [discriminating alignment] auf: "Transaktionen, die sich in ihren Attributen unterscheiden, koppeln sich mit Lenkungsstrukturen, die sich in ihren Kosten und Kompetenzen unterscheiden, um ein transaktionskostensparendes Ergebnis zu erzeugen" (a.a.O., 138). Damit erweist sich die TKÖ als eine den Kontingenz* - oder Fit-Ansätzen vergleichbare Konstruktion.

Sieht man Verträge als ein Tripel, in dem Preise, Transaktions-Attribute und Vertragssicherung *simultan* bestimmt werden, dann darf man sich nicht mehr wie in der klassischen Ökonomie allein auf die Preise konzentrieren, sondern muss auch die beiden TKÖ-Erweiterungen berücksichtigen, will man bestimmen oder vorhersagen, welche Gestaltungsform überlegen ist. In jedem Fall gilt: "*Organization matters!*"

"In der Tat ist eine kompakte Antwort auf die Frage 'Warum haben wir so viele unterschiedliche Arten von Organisationen?' die folgende: Wagnisse kommen in vielen Formen daher, sodass bezogen auf sie ex post Lenkungsstrukturen auf differenzierende Weise gekoppelt werden müssen, um auf diese Weise die Wagnisse zu begrenzen" (*Williamson* 1996c, 144).

5.3.2 Ein Modell der TKÖ

Um den Zusammenhang der zentralen Konzepte der TKÖ zu visualisieren, stellen wir in Abb. A-9 ein Modell vor; alternative Darstellungen finden sich in *Williamson* (1995, 213); *Picot* (1991, 148); *Ebers & Gotsch* (1993, 227); *Festing* (1996, 62).

Unser Schema ist folgendermaßen aufgebaut:

Im Mittelpunkt steht die *Transaktion* als elementare ökonomische Einheit. Dieser Austausch von Gütern und Leistungen bzw. Verfügungsrechten wird von Akteuren vollzogen, zwischen denen sie vermittelt, oder anders: die versuchen, mittels der Transaktion ihre jeweiligen Interessen zu verfolgen. Weil die Transaktion mindestens zwei Akteure mit unterschiedlichen Interessen, Besitzständen, Rechten etc. voraussetzt, werden im Schema zwei Antagonisten oder Vertrags- bzw. TauschpartnerInnen gegenübergestellt. Akteure und Transaktionen sind eingebettet in *institutionelle Umwelten*, die Möglichkeiten und Grenzen ihres Handelns bestimmen - sie stellen den unüberschreitbaren Rahmen dar, innerhalb dessen alle (Trans-)Aktionen

---

* *Kontingenz* (lat.): Bedingtheit, Abhängigkeit. Die Kontingenz-Ansätze in der Organisationstheorie gehen davon aus, dass die interne Struktur einer Organisation abhängig(!) ist von spezifischen Umwelt- oder Situationsvariablen. Je besser Situation und Organisation zusammenpassen ('fit'), desto erfolgreicher wird die Organisation arbeiten können.

abgewickelt werden. Die institutionellen Umwelten prägen bzw. konstituieren die Akteure, insbesondere aber strukturieren sie die Formen ihrer *wechselseitigen* (Tausch-)Beziehungen; andererseits werden durch das Handeln die Institutionen bestätigt oder ausgehöhlt. Es ist eine wichtige Besonderheit *institutioneller* Ansätze, dass sie davon ausgehen, dass der Tausch nicht nur über den (Markt-)Preis vermittelt ist, sondern *soziale* Einrichtungen (Recht, Staat, Sozialisationsinstanzen, Normen etc.) voraussetzt, die ihn ermöglichen und regulieren.

Innerhalb der Transaktionen spielen die Transaktions-Kosten eine zentrale Rolle, weshalb sie in der Mitte des Schemas lokalisiert sind. Im Begriff Transaktionskosten-*Ökonomie* kommt - insbesondere in der englischen Formulierung - zum Ausdruck, dass 'economizing on transaction costs' (die Einsparung oder Minimierung der Transaktionskosten) die fundamentale Handlungsmaxime ist. [Genauer gesagt geht es um die Einsparung der *Summe* aus Transaktions- und Produktionskosten (s. *North* 1986, 231); deshalb sind die letzteren außerhalb der Transaktionen berücksichtigt]. Um die Einsparung leisten zu können, müssen *institutionelle Arrangements* (Verträge bzw. Lenkungsstrukturen) gefunden oder hergestellt werden, die sozusagen maßgeschneidert sind für die *Charakteristika der Transaktion* (Spezifizität, Unsicherheit/Komplexität, Häufigkeit). Institutionelle Arrangements sind auch Lösungen für Probleme, die durch Eigenheiten der 'Transaktionäre' entstehen; die TKÖ stellt vor allem drei Besonderheiten der Akteure heraus: sie handeln beschränkt rational, opportunistisch und risikoneutral.

Nach diesem Überblick über die Konstruktionslogik des Schemas (bzw. der TKÖ) gehen wir nun auf einzelne strategische Konzepte näher ein.

5.3.2.1 Institutionelle Arrangements

Wie gesagt sind institutionelle Anordnungen nötig oder sinnvoll, um Transaktionen zu stabilisieren, zu beherrschen und berechenbar zu machen. In der TKÖ wird die Vielzahl möglicher Arrangements meist in typologischer Vereinfachung behandelt; üblicherweise werden drei Typen herausgegriffen, die ursprünglich an Vertragsformen orientiert waren: klassische Verträge, neoklassische Verträge und relationale Verträge.

Verbreiteter ist die verkürzende Gegenüberstellung von 'Markt' (auf dem 'klassische' Verträge abgewickelt werden) und 'Hierarchie' (oder Organisation), die auf 'relationalen' Verträgen aufbauen. Neben der 'hybriden' Zwischenform (wie sie etwa in Franchise-Verträgen, oder bilateralen Langzeitverträgen eine Rolle spielen) werden auch 'informelle Abmachungen' berücksichtigt, die legal nicht einklagbar oder durchsetzbar sind, aber 'auf Treu und Glauben' zwischen Partnern abgeschlossen und nicht zuletzt durch die in deren sozialen und institutionellen Umwelten gültigen Normen und Werte garantiert werden.

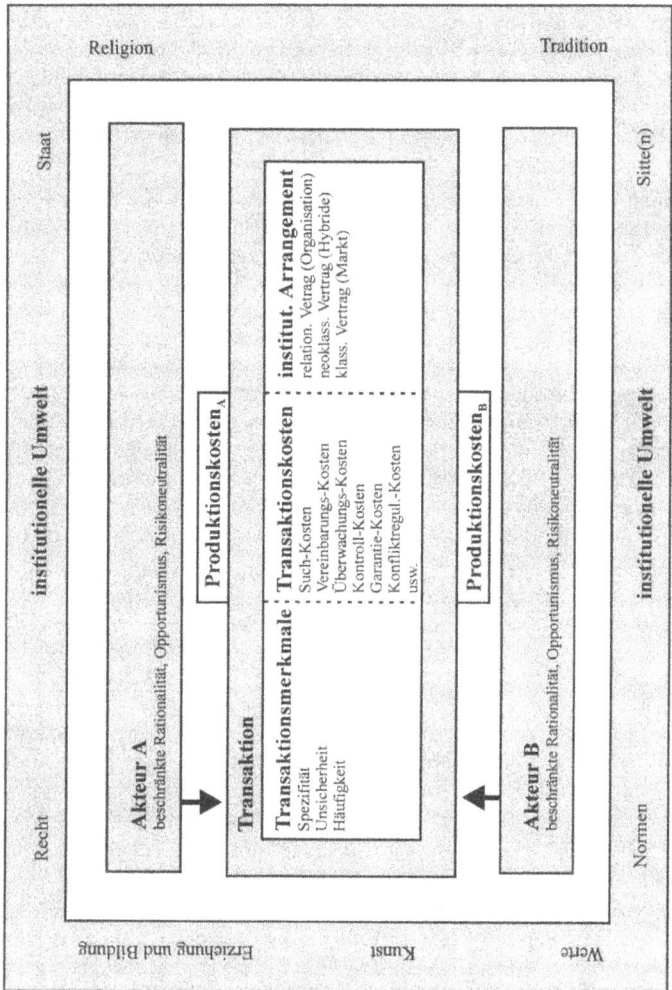

Abb. A-9:   Transaktionskostenökonomie (nach *Williamson*)

Als Unterscheidungskriterien zwischen Märkten und Hierarchien (Organisationen) werden herangezogen:

- *Fristigkeit der Kooperation*: Hierarchien sind günstigere Koordinationsformen, wenn langfristige Beziehungen, deren Beendigung nicht absehbar ist, geplant sind; bei einmaligen oder kurzzeitigen Interaktionen sind Märkte überlegen.

- *Anreizintensität*: Wenn Leistung und Gegenleistung in einem unmittelbaren und einsichtigen Zusammenhang stehen, ist die marktliche Koordination günstiger; weil hierarchisch regulierte Kooperation komplexer, vermittelter und intransparenter ist, fließen Transaktionsgewinne nicht unmittelbar zu, sondern werden nach komplizierten Verfahren aufgeteilt.

- *Präzisionsgrad der Regeln und Vereinbarungen*: Läßt sich ex ante nicht genau festlegen, wie Qualität, Zeitpunkt, Kosten etc. einer (Gegen-)Leistung aussehen, dann sind relationale Verträge vorzuziehen, die auch die Möglichkeit der Nachverhandlung oder Nachbesserung, also der flexiblen Anpassung an gewandelte Erfordernisse bieten; bei routinisierten und anonymisierten (Markt-)Transaktionen bewähren sich dagegen fixe, starre und eindeutige Regeln.

Aus diesen Überlegungen geht hervor, dass eine bestimmte Koordinationsform (z.B. der Markt) keineswegs für alle möglichen Transaktionen die bestmögliche Variante ist, sondern dass auch hier die Grundregel 'it depends' gilt. Wovon es im einzelnen abhängt, beschreiben die Transaktionsmerkmale, die wir nun darstellen.

5.3.2.2 Transaktionscharakteristika

Der meistzitierte Theoretiker der TKÖ, *Williamson*, hat mehrere Vorschläge für Transaktionsmerkmale gemacht, von denen die transaktionskostenminimierende Ausgestaltung der Lenkungsstrukturen (bzw. institutionellen Arrangements) abhängt, nämlich asset specificity, uncertainty und frequency.

Spezifität

An erster Stelle steht die 'asset specificity' (Vermögensspezifität, Spezifität der Aktiva), die an anderer Stelle auch generalisiert wird zu Identität oder Idiosynkrasie. *Williamson* (1985, 55) definiert Vermögensspezifität etwas umständlich als

> "... dauerhafte Investitionen, die zur Unterstützung bestimmter Transaktionen vorgenommen werden, wobei die Opportunitätskosten dieser Investitionen bei den besten alternativen Einsätzen oder bei alternativen Nutzern viel niedriger sind, sollte die ursprüngliche Transaktion vorzeitig beendet werden."

Opportunitätskosten (der verlorengegangene Nutzen) sind bei alternativen Einsätzen niedrig, d.h. man kann nirgendwo soviel herausholen, wie eben in jener besonderen Transaktion, auf die man sich 'dauerhaft' festgelegt hat, sodass Ressourcen für alternative Transaktionen nicht mehr verfügbar sind. Man macht sich auf diese Weise vom anderen Partner abhängig und muss deshalb sicherstellen, dass einen dieser nach Vertragsschluss nicht ausnutzt.

Wenn ein Transaktionsparter spezifische Aktiva[17] anbieten kann, die der andere Partner nur von ihm und nicht anderweitig erhalten kann, gibt ihm das erheblichen Gestaltungseinfluss. Es ist z.B. denkbar, dass ein Arbeitgeber sehr spezielle Maschinen oder Verfahren einsetzt, zu deren kompetenter Bedienung spezifisches Humankapital (Qualifikation) erworben werden muss, das auf dem allgemeinen Arbeitsmarkt weder abrufbar vorhanden noch verwertbar ist. Es entsteht dabei eine bilaterale Abhängigkeit: die Arbeitskraft kann mit ihrem Humankapital woanders praktisch nichts anfangen, andererseits aber kann der Arbeitgeber sich auch nicht auf dem Arbeitsmarkt mit Ersatzkräften versorgen. Eine Trennung würde also beiden schaden. In dieser Situation geht es aus Arbeitgebersicht darum, sich nicht ausnehmen zu lassen (*hold up*) und *shirking* (Drückebergertum) zu unterbinden; aus Arbeitnehmersicht darf die 'Unterdosierung' des Leistungseinsatzes nicht so weit getrieben werden, dass eine Entlassung riskiert wird oder eine Substitution durch Maschinen erfolgt.

Unsicherheit, Komplexität, Messbarkeit, Zurechenbarkeit

Transaktionen unterscheiden sich des weiteren durch ihre Berechenbarkeit, Planbarkeit, Durchschaubarkeit, Zurechenbarkeit usw. *Williamson* wählt dafür unterschiedliche Dachbegriffe (z.B. Unsicherheit, Komplexität). Wenn z.B. Transaktionen einfach und durchschaubar sind (z.B. der Kauf einer Tageszeitung am Kiosk), benötigt man dafür keine ausgefeilten Absicherungseinrichtungen. Anders ist es, wenn ein Auftraggeber eine komplexe Anlage (z.B. eine Erdölraffinerie oder ein Kernkraftwerk) errichten möchte: hier werden erhebliche Transaktionskosten anfallen, sodass sehr sorgsam überlegt werden muss, mit welchem Arrangement dieser komplexe Prozess am besten bewältigt werden kann.

Im Personalbereich (etwa bei der Gestaltung von Arbeitsverträgen, Entlohnungs- oder Anreizsystemen) spielen Messbarkeit und Zurechenbarkeit von Leistungseinsatz oder Leistungsergiebigkeit eine ausschlaggebende Rolle: je schwieriger eine exakte Erfassung und Attribution ist, desto eher wird der Arbeitgeber auf Strategien wie Vertrauensbildung, Eigennutz-Stimulation, soziale Kontrollen etc. zurückgreifen, also eher ein organisationales (kooperatives) Arrangement denn eine autonome marktliche Koordination wählen.

---

[17] *Williamson* nennt sechs Formen transaktionsspezifischer Investitionen, je nachdem ob sie sich auf Standort, Anlagen, Humankapital, Abnehmer, Termine oder Reputation beziehen.

Häufigkeit

Werden Transaktionen in identischer oder vergleichbarer Form immer wieder abgewickelt, können Skalen- oder Synergieeffekte genutzt werden: ein einmaliger
Aufwand in die Lenkungsstruktur amortisiert sich schnell durch die Vielzahl der
Gelegenheiten, in denen sie genutzt wird oder die kumulierten Erträge, die sie bietet. Ein ausgefeilter Standardarbeitsvertrag für AT-MitarbeiterInnen ist bei der erst-
maligen Erstellung eventuell sehr teuer, lohnt sich aber, wenn man seinen jahrelan-
gen häufigen Einsatz und die ersparten Kosten von Rechtsstreitigkeiten bedenkt.

5.3.2.3 Die Entscheidungsregel der TKÖ

Neben den Charakteristika der *Transaktion* hängt das optimale institutionelle Arrangement auch von den Charakteristika der beteiligten *Akteure* ab. Insofern ist die
TKÖ dem (mikro-)ökonomischen Programm des methodologischen Individualismus
verpflichtet, weil sie Tauschprozesse auf Entscheidungen oder Handlungen einzelner Akteure zurückführt. Statt aber - wie oben schon erwähnt - von den idealisti-
schen Annahmen des allwissenden homo oeconomicus in einer Null-Transaktionskosten-Welt auszugehen - nimmt sie für sich in Anspruch, den Menschen "so zu
nehmen wie er ist." Sie geht davon aus, dass seine Rationalität nicht vollkommen
ist, dass er opportunistisch handelt (und, dies wird meist nur am Rande erwähnt,
weil es vor allem von theorietechnischer Bedeutung ist, dass er risikoneutral* ist).

Die anthropologischen Grundannahmen spielen in der Handlungsmaxime der TKÖ
eine zentrale Rolle:

> *"Organisiere Deine Transaktionen so, dass Dir aus Deiner begrenzten Rationalität
> möglichst geringe Kosten entstehen, und versuche gleichzeitig, Dich vor möglichem op-
> portunistischen Verhalten Deines Vertragspartners zu schützen!" (nach Ebers & Gotsch
> 1993, 218 f).*[18]

Als Alternative läßt sich auch formulieren:

Wähle

- jenes institutionelle Arragement (bzw. jene governance structure), für welche(s)
- bei gegebenen Transaktionscharakteristika

---

* *Risikoneutralität*: Bei Entscheidungen unter Unsicherheit wird das unvermeidbare Risiko
(von Verlust oder Gewinn bzw. Erfolg oder Misserfolg) als solches weder positiv (Spielsucht,
Erregung, Lust, Kitzel), noch negativ (Angst, Absicherungsbedürfnis) bewertet. Allein die Folgen oder Ergebnisse gehen ins Kalkül ein.

[18] Dies ist eine gelungenere Übersetzung als die in der deutschsprachigen Ausgabe von *Williamson* (1990, 36), wo es heißt: "Organisiere Deine Transaktionen so, dass die begrenzte Rationalität sparsam eingesetzt wird, die Transaktionen aber gleichzeitig vor dem Risiko des Opportunismus geschützt werden."

- die Summe der Transaktions- und Produktionskosten niedriger ist
- als in der nächstbesten Alternative.

Die letzte Qualifikation wird vor allem deshalb eingeführt, weil konsequentes 'economizing' aufgrund der Skalenqualität von Transaktionskosten-Maßen und der Unüberschaubarkeit der Randbedingungen nicht möglich ist. Deshalb schlägt Williamson einen komparativen Ansatz vor, bei dem bestehende Arrangements mit konkreten machbaren Alternativen verglichen werden.

5.3.2.4 Das Menschenbild der TKÖ: beschränkt rational, opportunistisch

Wegen des Stellenwertes der anthropologischen Vor-Annahmen gehen wir im Folgenden näher auf sie (nämlich beschränkte Rationalität und Opportunismus) ein. Als dritte Annahme wäre noch "Risikoneutralität" hinzuzufügen; weil sie jedoch weder bei *Williamson* noch bei anderen AutorInnen eine große Rolle spielt, erörtern wir dieses Merkmal nicht.

"Ich habe kürzlich argumentiert, dass der vertragsschließende Mensch sich in zweierlei Hinsicht von der orthodoxen Konzeption des Nutzenmaximierers unterscheidet. Als erstes ist hier die Bedingung beschränkter Rationalität zu nennen. Zweitens verfolgt der kontraktorientierte Mensch sein Eigeninteresse auf eine wesentlich verschlagenere und störendere Art als sein nutzenmaximierender Vorgänger ... Die Transaktionskostenökonomik verbindet die Annahme begrenzter Rationalität mit der Annahme der Verfolgung des Eigeninteresses unter Zuhilfenahme von Arglist. Letztere bezieht sich insbesondere auf die unvollständige und verzerrte Weitergabe von Informationen durch die Wirtschaftssubjekte, was vorsätzliche Versuche zu verzerren, verbergen, verschleiern und irrezuführen einschließt. Diese Annahme wird in der Literatur unter den Titeln Opportunismus, moralisches Wagnis (moral hazard) und 'Agency' abgehandelt" (*Williamson* 1996, 6).

Begrenzte Rationalität

Das Konzept der 'bounded rationality' geht auf *Simon* bzw. *March & Simon* zurück (siehe dazu die Ausführungen im Band 'Mikropolitik' in der Reihe 'Basistexte Personalwesen', *Neuberger* 1995). Entscheidungspersonen suchen nicht nach der *optimalen* Handlungsalternative (weil dies u.a. unverhältnismäßig hohe Such- und Verarbeitungskosten verursachen und viel zu viel Zeit verbrauchen würde), sie begnügen sich mit *befriedigenden* Alternativen.

Im Kontext der NIÖ gilt die Rationalitätseinschränkung auch für die vertragschließenden Parteien: Sie verfügen weder vor noch nach Vertragsschluss über alle relevanten Informationen oder wollen bzw. können diese - weil sie Transaktionskosten sparen wollen oder müssen - gar nicht erheben. Es wird deshalb stets unter unvollständiger und unsicherer Informationslage entschieden und gehandelt. In Kenntnis dieser Bedingung ist Vorsorge zu treffen, dass die möglichen negativen Folgen unter Kontrolle gehalten werden. Dies geschieht vorzugsweise durch die Wahl geeigneter Arrangements (Verträge, Lenkungsstrukturen). Das Management kann z.B. gegen die Möglichkeit der 'Leistungszurückhaltung' dadurch vorgehen, dass es durch Gruppenentlohnung informelle soziale Kontrolle stimuliert oder Effizienzlöhne zahlt, die höher als marktüblich sind, sodass Drückeberger bei einer Kündigung wegen ihres geringen Einsatzes eine vorteilhafte Lohnposition verlieren würden. Oder der Arbeitgeber nimmt 'Pfänder' (hält Lohnleistungen zurück und zahlt sie nach Periodenende als Bonus an diejenigen, die nie gefehlt haben, wenig Ausschuss produziert haben, hohe Stückzahlen erreicht haben usw.).

Die 'beschränkte Rationalität' führt andererseits auch dazu, dass die Abschreckungs-Intentionen bestimmter Lenkungsstrukturen ins Leere laufen können, weil sie unzulänglich verstanden werden. Wer z.B. die Wahrscheinlichkeit sehr gering einschätzt, bei Drückebergertum erwischt und bestraft zu werden, wird selbst bei hohen Strafandrohungen (z.B. Entlassung) 'irrationalerweise' nicht reagieren.

Während das Konzept der 'begrenzten Rationalität' nahezu allgemein akzeptiert wird, ist die Situation bei der zweiten Grundannahme völlig anders: sie wird höchst kontrovers diskutiert.

Opportunismus

"Unter Opportunismus verstehe ich Verfolgung des Eigeninteresses auf arglistige Weise [self-interest seeking with guile]. Das schließt eklatantere Formen wie Lügen, Stehlen und Betrügen ein, ist aber kaum darauf beschränkt. Opportunismus beinhaltet oft subtile Formen der Täuschung. ... Allgemeiner bezieht sich Opportunismus auf die unvollständige oder verzerrte Preisgabe von Informationen, insbesondere auf kalkulierte Anstrengungen irrezuführen, zu verzerren, zu vernebeln oder auf andere Weise zu verwirren" (*Williamson* 1985, 47).

"Das Konzept des *Opportunismus* ist eine - im Vergleich zu klassischen Verhaltensannahmen - differenziertere und realitätsnähere Version des eigennützigen Menschen, der sprichwörtlich jede Gelegenheit zu seinen Gunsten nutzt, sei es durch Vermeidung kostspieliger Informationsbeschaffung, durch gezielte Fehlinformation oder Zurückhaltung von Informationen ('ex ante opportunism'), sei es durch Ausnutzung jedes sich bietenden Vorteils bis hin zum betrügerischen Erschleichen von Profiten ('ex post opportunism')" (*Schmid* 1989, 391).

Der Unterschied zwischen *Opportunismus* und dem in der ökonomischen Theorie üblicherweise unterstellten *Eigeninteresse* liegt darin, dass Opportunismus darüber hinausgeht, nämlich ungezügelt ist und sich nicht an Regeln oder Versprechen gebunden fühlt. Opportunismus erlaubt 'strategisches Verhalten', also "das Machen falscher oder leerer, d.h. selbst nicht geglaubter Drohungen und Versprechen in der Erwartung, dass damit ein individueller Vorteil realisiert werden kann" (*Williamson*

1975, 26). Als verläßlicher Schutz gegen Opportunismus gilt *Williamson* die (hierar-
chisierte) Organisation, die Kontrolltechniken wie z.b. Befehle, Überwachung, Anreize einsetzen kann.

Goshal & Moran (1996) belegen Inkonsistenzen des Gebrauchs von 'Opportunismus' bei *Williamson* und zeigen, dass er Opportunismus zum einen als Teil der un-
veränderlichen menschlichen *Natur* ansieht, zum anderen aber für typisches, aber
bedingtes und damit beeinflussbares *Verhalten* hält. Opportunismus ist also einerseits Verhaltens-Voraussetzung, andererseits Verhaltens-Ergebnis (das z.B. durch
Lenkungsstrukturen beeinflusst werden kann). Die beiden Autoren (1996, 20) verweisen auf die Vielzahl von Belegen für die These, dass Einstellungen und Verhalten nicht hoch korrelieren - dass also selbst dann, wenn es den *Wesenszug* Opportunismus gäbe, noch längst nicht gesagt ist, dass opportunistisches *Verhalten* gezeigt
werden wird.

Aus der mehrdeutigen Wirkung von *hierarchischen* Lenkungsstrukturen (sie können
positive Effekte entfalten, weil durch dichtere Kontrolle ausufernder Opportunismus
eingedämmt wird, aber auch negativ wirken, weil das Überwachtwerden Widerstand
und Reaktanz auslösen kann) leiten *Goshal & Moran* die Folgerung ab, dass *Williamson*s Erwartung, durch hierarchische organisationale Kontrolle Opportunismus
mildern zu können, nicht mit Sicherheit bestätigt wird: auch das Gegenteil kann
eintreten. "Es liegt beträchtliche Evidenz vor, dass der Einsatz rationaler Kontrollen
die Gefühle sowohl der Kontrollierenden wie der Kontrollierten hinsichtlich ihrer
Beziehung negativ beeinflusst" (*Goshal & Moran* 1996, 24).

Auch nach *Jacoby* (1990, 180) ist "die Annahme angeborenen Opportunismus' töd-
lich für Vertrauen", denn sie "führt zum Wuchern der Kontrollstrukturen - Überwachung, Regeln und verzögerte Belohnungen -, die Opportunismus hemmen sollen.
Sie erzeugen Unwillen und Misstrauen bei den Beschäftigten, die die Kontrollen
richtig wahrnehmen als Ausdruck des Misstrauens ihres Beschäftigers. Erwartungen
erfüllen sich selbst, wenn Arbeiter-Unwillen Opportunismus nährt und der Beschäftiger gezwungen ist, zusätzliche Kontrollen einzuführen, nun mit der Überzeugung,
dass seine anfänglichen Überzeugungen berechtigt waren. *Fox* (1974) hat das das
low trust syndrome genannt: wenig Vertrauen erzeugt wenig Vertrauen in einer stetig abwärts gerichteten Spirale von Unwillen, Opportunismus und Kontrolle."

Die Kosten zur Kontrolle des Opportunismus können in bestimmten Berufen/Orga-
nisationen/Stellen exorbitant hoch sein, sodass es sich lohnt, Vertrauensbeziehungen
zu kultivieren (z.B. keine Anwesenheitskontrollen, keine Leistungserfassung, keine
Zielvorgaben ...). Der Beschäftiger spart sich die Einrichtung komplexer Systeme
und die Beschäftigten brauchen nicht einen Teil ihrer Kreativität und Energie darauf
zu wenden, die Kontrollsysteme zu überlisten.

Der 'Faktor Arbeit' wird nicht nur durch *rationale* (technische) Kontrolle in Schach gehalten, sondern - noch stärker - durch *soziale* Kontrolle, wie sie z.B. innerhalb von Arbeitsgruppen informell aufgrund von Gruppennormen, Gewohnheiten, kulturellen Standards etc. ausgeübt wird. *Goshal & Moran* (1996) werfen *Williamson* vor, dass er *soziale* Kontrollen nur unzulänglich berücksichtige. Soziale Kontrollen erforderten aber stabile Langzeit-Mitgliedschaft, eine lange Geschichte fairer Tauschbeziehungen, fehlende institutionelle Alternativen und ein gutes soziales Gedächtnis.

Zur Verteidigung des Opportunismus: Das Schlimmste erwarten, um es zu verhüten

Gegen die Betonung des Opportunismus wird oft eingewandt, hier werde ein recht einseitiges und zudem negatives Menschenbild zugrundegelegt. Der "Mensch, so wie er ist" sei auch durch Verläßlichkeit, Ehrlichkeit, Altruismus, Loyalität, Solidarität etc. charakterisiert. Natürlich widersprechen die Transaktionskosten-Theoretiker einer solchen Diagnose nicht, sie sind aber vorsichtig: Wenn und weil bei ökonomischen Transaktionen viel auf dem Spiel steht, ist es rational, vorzusorgen für die Eventualität, dass man nicht alle notwendigen Informationen vor Vertragsschluss kannte, dass einige Informationen unrichtig waren und dass man nach Vertragsschluss hereingelegt werden kann. Gesundes(!) Misstrauen ist besser als grenzenlose Menschenfreundlichkeit; eine Versicherung kostet eine Prämie - in diesem Fall besteht sie in Abstrichen an einem optimistischen Menschenbild.

Williamson unterstellt keineswegs, dass *alle* Menschen immer und *äußerst* opportunistisch sind (oder handeln?), wohl aber, dass man nicht immer im Vorhinein wissen kann, wer, wann, wie oft und wie sehr opportunistisch sein wird, sodass es vernünftig ist, sich gegen das Risiko zu wappnen, ausgenutzt zu werden. Zu diesem Zweck kann man Institutionen ersinnen und einsetzen, die es für die andere Seite unattraktiv machen, arglistig und selbstsüchtig ihren Vorteil zu suchen.

"Während sich kurzsichtige Parteien auf Altruismus verlassen müssen, damit nicht eine die andere übervorteilt, wenn sich die Umstände zum schlechten wenden, sind weitsichtige Parteien, die im Vorhinein wagnismindernde Maßnahmen ergriffen haben, denselben Schicksalsschlägen weniger ausgeliefert" (*Williamson* 1996b, 54) ... "Statt Firmen als Produktionsfunktionen zu beschreiben, denen ein Profitmaximierungsziel verläßlich zuzuschreiben ist, werden Firmen nun auch als Lenkungsstrukturen beschrieben, in denen gemischte Motive wirken. Statt anzunehmen, dass Versprechen selbst-einlösend sind, wird davon ausgegangen, dass ein Vertrag als bloßes Versprechen ein Wagnis darstellt, wenn er nicht durch glaubwürdige Verpflichtungen gestützt ist. Statt anzunehmen, dass Marktversagen durch eine wohlgesonnene Regierung zuverlässig kuriert wird, wird davon ausgegangen, dass alle Organisationsformen (einschließlich Regierung) versagen können." (a.a.O., 56).

Kapitel A

"... die Hauptbotschaft des Opportunismus ist nicht die eines machiavellistischen Raffens oder 'Erwisch sie, bevor sie dich erwischen'. Vielmehr ist, wenn man vorausschaut und die Typen von Wagnissen erkennt, die durch Opportunismus entstehen, die Hauptbotschaft, glaubwürdige Verpflichtungen zu geben und zu erhalten (in kosteneffektivem Ausmaß). Wohlgemerkt, mit glaubwürdigen Verpflichtungen zu arbeiten ist eine nüchtern-realistische Angelegenheit. Die resultierende Vertragswelt ist jedoch ein Platz, der viel nutzerfreundlicher ist" (a.a.O., 50).

Warum wird der These von der Bedeutung des Opportunismus so heftig widersprochen? Zum einen gibt es dafür sachliche Gründe, die insbesondere durch spieltheoretische Überlegungen gestützt werden. Andererseits aber ist die Affektivität des Einspruchs wohl auch mit einer fundamentalen Kränkung zu begründen, ähnlich der *kopernikanischen* (die Erde ist nicht Mittelpunkt der Welt), der *darwinschen* (der Mensch ist kein Sondergeschöpf, sondern Evolutionsprodukt) und der *freudschen* (das Ich ist nicht Herr im Hause): Opportunismus stellt den Glauben an Altruismus, Ehrlichkeit und Solidarität in Frage. Wer dagegen setzt, dass Menschen ja 'eigentlich' gut sind, würde wohl dennoch zögern, Polizei und Strafgesetze mit der Begründung abzuschaffen, sie drückten ein allzu negatives Menschenbild aus.

Trotz der Kritik an der Einseitigkeit und Überzogenheit der Opportunismus-Annahme hält *Williamson* an ihr als einem Prinzip der *ökonomischen* Analyse fest, denn dieser Zugang sei nun einmal durch das Prinzip der 'Berechnung' (calculativeness) charakterisiert: das rationale Kalkül von alternativen Strategien des Mitteleinsatzes erhöhe unter Bedingungen der Unsicherheit die Chance der Nutzensteigerung. Dabei käme es auf das richtige Maß an Kalkül an, weder 'obsessive Übersteigerung', noch kurzsichtige Beschneidung, noch Abstinenz seien sinnvoll. Er wendet sich dagegen, Vertrauen und Opportunismus (oder 'Berechnung') gegeneinander auszuspielen oder von 'kalkuliertem Vertrauen' zu sprechen. Vertrauen sei ein psychologischer Begriff, der persönliche Beziehungen charakterisiere:

"Wenn wir sagen, dass wir jemand vertrauen oder dass jemand vertrauenswürdig ist, dann meinen wir implizit, dass die Wahrscheinlichkeit, dass er eine Handlung ausführt, die für uns vorteilhaft, zumindest aber nicht nachteilig ist, hoch genug ist, um zu erwägen, mit ihm irgendeine Form der Zusammenarbeit einzugehen" - so zitiert *Williamson* (1993, 463) zustimmend *Gambetta* (1988) und er präzisiert - unter Hinweis auf eine Auffassung von *Henlin* - noch weiter, dass "Vertrauen darin besteht, dass ein Akteur eine Selbstdefinition anbietet und ein Publikum entscheidet, ob es mit ihm interagiert (Vertrauen) oder nicht interagiert (Misstrauen)" (a.a.O., 465). Im ökonomischen Sinn wird die Reputation 'vertrauenswürdig' über wiederholte Interaktionen gezielt und unter Inkaufnahme von Kosten aufgebaut, sie ist kein Charakterzug, der eine Person mehr oder weniger auszeichnet oder eine spontane affektbestimmte Entscheidung (wie z.B. in einer Liebesbeziehung). Statt zu personalisieren, sollte man auf institutionelle Sicherungen zurückgreifen, mit deren Hilfe Erwartungen enttäuschungsfest(er) gemacht werden, z.B. Kultur und Unternehmenskultur, Politik (Legislative und Jurisdiktion), vertragliche

Regulierung, Professionalisierung, Netzwerke (*Williamson* 1993, 476). Eine berechnende Haltung zerstört Liebe oder Freundschaft, aber sie stabilisiert ein ökonomisches Verhältnis, wenn und weil sie eine 'glaubhafte Selbstbindung' [credible commitment] unterstützt, indem sie beiden Parteien Sicherheit(en) gibt. Mit *Dunn* differenziert *Williamson* (a.a.O., 482) zwischen Vertrauen als Leidenschaft, die die sichere Erwartung wohlwollender Absichten eines Handlungspartners ist, und *Vertrauen als Handlungsmodalität*, die unausweichlich strategisch ist. "Menschen müssen, soweit sie können, mit Vertrauen in Personen haushälterisch umgehen und stattdessen auf wohldurchdachte politische, soziale und ökonomische Institutionen setzen." Während 'persönliches Vertrauen' von einer positiven Grundeinstellung ausgehend auf Überwachung verzichtet, Enttäuschungen verzeiht und auf einzelne ausgewählte PartnerInnen beschränkt ist, ist eine kalkulative Beziehung distanzierter, nüchterner, verlangt Sicherheiten oder positive Erfahrungen und stützt sich auf formalisierbare und generalisierbare Regeln (statt persönliche Abhängigkeiten). "Die Kernidee von Vertrauen ist, dass es sich nicht auf die Erwartung seiner Rechtfertigung gründet. Wenn Vertrauen gerechtfertigt wird durch die Erwartung positiver reziproker Konsequenzen, ist es schlicht eine andere Version ökonomischen Tauschs" (*March & Olsen* 1989, 27).

Die Anthropologin Mary *Douglas* kann sich mit der 'hohen Dosis an Erbsünde', die das Opportunismuskonzept enthält, durchaus anfreunden (1995, 107). Sie meint jedoch, dass man es sich zu leicht macht, wenn man Opportunismus allein als privaten Persönlichkeitszug betrachtet und unberücksichtigt lässt, dass er gesellschaftlich und kulturell gefordert, gefördert und begrenzt ist. "Was einem Außenstehenden als Rückgriff auf Gerissenheit, Lüge, Diebstahl und Betrug vorkommt, kann in hohem Maße vorgeschrieben sein. Moralische Attribute sind wirklich irrelevant" (*Douglas* 1995, 108).

Sie illustriert ihre Überlegungen anhand einer berufskriminalistischen Studie von *Mars* (1984), der davon ausgeht, dass bestimmte Arbeitssysteme bestimmte Formen des 'Beutemachens' zulassen. Er unterscheidet drei Räubertypen (Falken, Geier, Wölfe) und einen Opfertyp (den Esel). Eine solche Darstellung bildet einen amüsanten und lehrreichen Kontrast zu der Vierfelder-Tafel Abb. A-10, die wir im Folgenden besprechen werden.

5.3.3 Anwendung der TKÖ-Logik auf Arbeitsverhältnisse

Die allgemeine Modell-Logik, die in Abb. A-10 veranschaulicht ist, soll - einer Darstellung *Williamsons* folgend - nun auf Beschäftigungsverhältnisse angewandt werden. Es geht also darum, mögliche institutionelle Arrangements (Vertragstypen) zu identifizieren, die bei bestimmten (spezifischen) Ausprägungen von Humankapital und Unsicherheit bzw. Komplexität der Leistungsmessung und -zurechnung (und unterstellter begrenzter Rationalität und Opportunismus-Neigung) transaktionskostensenkend sind.

Williamson (1985, 247) unterscheidet vier mögliche Konstellationen, die in Abb. A-10 zusammengestellt sind (s.a. *Löhr & Osterloh* 1993).

		Humanvermögen	
		nicht organisationsspezifisch	organisationsspezifisch
Unsicherheit, Komplexität, Schwierigkeit der Leistungsmessung und -zurechnung	Niedrig	Typ 1 Interner Spot-Markt	Typ 3 Interner Arbeitsmarkt (Obligational market) Risiko: hold-up)
	Hoch	Typ 2 Primitives Team Risiko: shirking	Typ 4 Beziehungsorientiertes (relationales) Team - Clan - Risiko: shirking & hold-up

Abb. A-10: Kontrahierungstypen in Organisationen (nach *Williamson* 1981)

Diese Möglichkeiten sollen im folgenden kurz skizziert werden. Zunächst zu den zwei jeweils dichotomisierten Dimensionen:

Die *Messbarkeit* ist hoch, wenn die Arbeitsleistung quantitativ (z.B. Stückzahl) und qualitativ (z.B. exakte Prüfkriterien) eindeutig bestimmbar und ebenso klar einer bestimmten Person zuzurechnen ist. Montagearbeiten an einem Einzelarbeitsplatz genügen u.U. diesen Erfordernissen (vor allem, wenn ausgeschlossen werden kann, dass Leistungs- und Gütemängel auf Material-, Transport- oder Werkzeugprobleme zurückzuführen sind, so dass allein persönlicher Einsatz und Fähigkeiten der Arbeitskraft verantwortlich sind). Die Tätigkeit einer Managerin kann als der andere Extrempol angesehen werden.

Spezifität ist dann gegeben, wenn ein bestimmtes (Arbeits-)Vermögen, z.B. eine Ausbildung, Qualifikation, Persönlichkeitseigenschaft *nur* in einem bestimmten Arbeitsverhältnis verwertet werden kann, ansonsten (für andere Arbeitgeber) aber wertlos ist. Andererseits hat die Arbeitskraft auch ein hohes Erpressungspotential, weil der Arbeitgeber nicht ohne weiteres auf dem freien Arbeitsmarkt einen Ersatz besorgen kann. Langjährige Erfahrung an einer Maschine, die ein Betrieb selbst entwickelt hat, kann eine Arbeitnehmerin nicht bei einem anderen Arbeitgeber verwerten, der derartige Maschinen nicht hat. Je universeller jemand einsetzbar ist (bzw. je umfassender Qualifikationen anerkannt werden), desto weniger ist diese Person auf einen bestimmten Arbeitgeber festgelegt und desto besser ist ihre Verhandlungsposition, jedoch nur dann, wenn ihr Qualifikationsangebot nicht als 'Massenware' auf dem Arbeitsmarkt verfügbar ist.

Nun zu den Typen der Vierfeldertafel:

Typ 1 (interner Spotmarkt): Jedermannsqualifikationen, die auf dem Arbeitsmarkt frei und in großen Mengen verfügbar sind, können Arbeitsplätzen zugeordnet werden, bei denen die Anforderungen/Ergebnisse klar definiert und leicht ermittelbar sind. Akkordlohnarbeitsplätze sind ein Beispiel. Arbeitskräfte sind sowohl leicht kontrollierbar, wie leicht ersetzbar (insbesondere wenn kein rechtlicher Kündigungsschutz und keine kollektive Interessenvertretung existieren).

Typ 2 (primitives Team): Unspezifische Humanressourcen sind mit schlechter individueller Zurechenbarkeit kombiniert. Eine Fertigungsgruppe erbringt z.B. einen messbaren Output, es ist aber undurchschaubar, wer von den Gruppenmitgliedern wieviel zum Ergebnis beigetragen hat. Individuelles Drückebergertum kann 'von außen' nicht kontrolliert werden. Die Lenkungsstruktur wird auf soziale Kontrollen, Gruppenentlohnung, Prämien etc. abstellen.

Typ 3 (interner Arbeitsmarkt): Die benötigten Qualifikationen sind hochspezifisch und nur auf dem internen Arbeitsmarkt verfügbar und verwertbar (sie werden auf dem externen Arbeitsmarkt nicht angeboten); Leistungsergebnis und -verursachung lassen sich genau bestimmen. Der Arbeitnehmer könnte den Arbeitgeber ausnehmen (hold up: Raubüberfall), weil er ihn 'in der Hand hat'. Der Arbeitgeber wird vertrauensbildende Maßnahmen einsetzen (langfristige Arbeitsverträge, Sozialleistungen, Effizienzlohn etc.), die den Arbeitnehmer verpflichten und ihn wegen der hohen Verluste eine Kündigung nicht riskieren lassen, oder wird 'Pfänder' nehmen (z.B. anfangs niedrige Löhne und bei längerer Betriebszugehörigkeit erhöhte Löhne zahlen, eine betriebliche Altersversorgung einrichten, die an Mindestdienstjahre geknüpft ist, gestaffelte Abfindungen beim Ausscheiden zusagen etc.).

Typ 4 (Clan): Die Humanressourcen sind hochspezifisch (anderweitig nicht erhältlich), die Leistung einer Abteilung ist jedoch schlecht messbar, sowie kaum erzwingbar und zurechenbar. Es geht hier typischerweise um Arbeitsplätze, bei denen die Arbeitskräfte über viel Erfahrung, Handlungsspielraum, Selbständigkeit, Verantwortung etc. verfügen. Mit Druck, Kontrolle, Drohungen kann nicht gesteuert werden, wohl aber mit *relationalen* Verträgen, in denen die Qualität der Beziehung gepflegt wird (Teamgeist, Unternehmenskultur, Vertrauenskultur).

5.4 Zur Kritik an der TKÖ

"Die TKÖ ist aus vielen Gründen kritisiert worden - wegen der Verkörperung einer ver-
steckten Ideologie, die mehr verdunkelt als sie erleuchtet (*Perrow* 1986), wegen ad-hoc
Theoretisierens, das realitätsfern ist (*Simon* 1991), wegen mangelnder Allgemeingültig-
keit aufgrund ethnozentrischer Verzerrung (*Dore* 1983), wegen des Ignorierens der
kontextuellen Grundlage menschlichen Handelns und damit des Angebots einer unter-
sozialisierten Ansicht menschlicher Motivation und einer übersozialisierten Ansicht institutioneller Kontrolle (*Granovetter* 1985) und wegen weiterer solcher behaupteter
Unterlassungen und Verfehlungen" (*Goshal & Moran* 1996, 14f).

Nach Meinung von *Goshal & Moran* ist die TKÖ weniger eine positive Theorie (die
die Wirklichkeit beschreibt), sondern eine normative Theorie, die vorschreibt, wie
in der Praxis zu handeln ist. Und als solche sei sie gescheitert:

"*Williamsons* Argumente ... sind nicht nur in den meisten Entscheidungssituationen in
Firmen unanwendbar, sondern, wenn angewandt, geeignet deren Leistungsergebnisse
negativ zu beeinflussen" (a.a.O., 16).

Williamsons (1996b) Antwort auf diese Kritik: die TKÖ sei als ein fruchtbares Paradigma anzusehen, das zahlreiche Forschungsaktivitäten ausgelöst und inspiriert
habe und zunehmend mehr empirische Bestätigung finde - jedenfalls nicht widerlegt
werden könne durch konstruierte Beispiele und Anekdoten (die er den beiden Kriti-
kern vorwirft).

Es ist ein Zeichen eines zunehmenden Reifegrades einer Theorie, wenn sie zur Auseinandersetzung einlädt und konzeptionelle, methodologische und empirische Kritik
erfährt. Auf diese Kritik soll nun stichwortartig eingegangen werden.

5.4.1 Konzeptionelle Kritik

Der TKÖ wird vorgehalten, ihre Konzepte seien vage, auslegungsfähig und unoperational. Für das Beispiel des 'Opportunismus' ist das oben schon erörtert worden,
aber auch andere Begriffe, wie z.B. Spezifität, Messbarkeit oder - ganz besonders -
Transaktionskosten sind unter Beschuss geraten.

Theoriestrategisch so bedeutsame Begriffe wie 'institutionelle Umwelt' werden zwar
eingeführt, aber praktisch nicht in operational(isiert)er Weise in die Erklärungszu-
sammenhänge eingebaut (außer durch Globalbegriffe wie 'Transaktionsatmosphäre'). Beispielsweise wird die Rolle des Staates zwar reflektiert, aber nicht konkret in
den Analysen berücksichtigt:

"Weil letztendlich eine dritte Partei immer den Staat als Zwangsquelle involvieren muss, beinhaltet eine Theorie der Institutionen unausweichlich eine Analyse der politischen Struktur einer Gesellschaft und des Grades, in dem diese politische Struktur einen Rahmen für die effektive Durchsetzung bietet" (*North* 1986, 231).

North ist es auch, der betont, dass es schließlich auch auf die Auffassungen über Legitimität und Fairness bei den Vertragsparteien ankommt. Seiner Meinung nach (1986, 233) haben Ökonomen die Rolle von '*Ideologien*' ignoriert. Agenten haben jedoch erheblichen Ermessensspielraum in der Erfüllung ihrer Aufgaben, der durch Vorstellungen über Ehrlichkeit, Integrität, Gleichheit, Gerechtigkeit, Fairness etc. bestimmt wird. Generell geht es um die verhaltensmodifizierenden Überzeugungen und Werte der Individuen (*North* 1986, 233). "Die Bedeutung der ideologischen Überzeugung ist in einem spezifischen Setting eine inverse Funktion ihrer Kosten für das Individuum" (*North* 1986, 234). Er bietet eine realistische (zynische?) These an: Man handelt nur dann unmittelbar aufgrund der eigenen ideologischen Überzeugungen, wenn man dafür keine gravierenden (materiellen) Kosten zu erwarten hat (deswegen werden z.B. Richter unabhängig gemacht und auf Lebenszeit eingestellt); dagegen wird man seine innersten Überzeugungen opfern, wenn große Einbußen an Lebensqualität angedroht werden (*North* 1986, 234).

"Effiziente Märkte erfordern eine Regierung, die nicht nur einen Satz von Verfügungsrechten spezifiziert und durchsetzt, sondern in Richtung auf das Coasesche Ideal auch die Transaktionskosten senkt und die im Rahmen von Einstellungen zu Ehrlichkeit, Integrität, Fairness und Gerechtigkeit operiert, welche niedrige Transaktionskosten pro Tauscheinheit ermöglichen ... Freie Märkte bedeuten nicht für sich schon effiziente Märkte. Effiziente Märkte implizieren ein gut konzipiertes Rechtssystem, eine Regierung als wohldefinierte und unparteiische dritte Partei, die es durchsetzt und einen Satz von Einstellungen zu Vertragsschluss und Handel, der die Leute ermutigt, sich zu geringen Kosten in ihnen zu engagieren" (*North* 1986, 236).

"Pareto-Effizienz[19] oder pareto-überlegene Bedingungen machen einfach keinen großen Sinn. Der Grund ist klar. Solange die Transaktionskosten positiv und hoch sind, haben wir keine Möglichkeit eine effiziente Lösung mit irgendeiner realen Bedeutung zu definieren, weil wir keine Möglichkeit haben festzulegen, was ein effizientes 'Regime' ist, das der ökonomischen Struktur der Verfügungsrechte zugrundeliegt. Ohne ein effizientes Regime spezifizieren zu können, können wir nicht wirklich über Pareto-Effizienz reden. Was wir sagen können ist, dass etwas pareto-effizient ist unter der gegebenen institutionellen Struktur. Aber es braucht nicht betont zu werden, dass dies genau das ist, wovon die neue institutionelle Ökonomie wegkommen möchte: nämlich die institutionelle Struktur einer Gesellschaft als gegeben zu nehmen" (*North* 1986, 236).

---

[19] Pareto-effizient ist eine Entscheidung, wenn sie zur Folge hat, dass es einem oder einigen besser, niemandem aber schlechter geht.

5.4.2 Theoretisch-methodologische Kritik

Die NIÖ argumentiert grundsätzlich, abstrakt und praxisfern - wie die Mutterdisziplin Mikroökonomie, der sie entstammt. Sie vertritt eine eher volks-, als betriebswirtschaftliche Perspektive, d.h. sie ist nicht so sehr an den Gestaltungsmöglichkeiten der Einzelwirtschaften interessiert, sondern sucht diese aus einer allgemeineren Perspektive zu erklären (wenn z.B. Unterschiede von Volkswirtschaften im Hinblick auf Lohnprofile und Karrieren analysiert werden). Erst vereinzelt werden großzahlige Einzelfallstudien durchgeführt (s. *Schauenberg* 1996).

In ihrem Kern ist die TKÖ eine Kontingenztheorie. Ähnlich wie die Vorläufer in der Organisationstheorie geht sie von einem Entsprechungs- oder Fit-Verhältnis zwischen 'Umwelt' und 'Organisation' (bzw. institutionellem Arrangement) aus. Ihr Kerngedanke ist, dass die Transaktionscharakteristika (als unabhängige Variable) bestimmen, welche 'governance structure' (als abhängige Variable) transaktionskostenminimal ist. Dabei wird letztlich ein blinder, quasi-automatischer Anpassungs- oder Selektionsprozess unterstellt. Die Möglichkeit der 'strategischen Wahl', deren Ausblendung schon in der Kritik der 'situativen Organisationstheorien' moniert wurde, wird auch in der TKÖ nicht thematisiert: das 'stategizing' wird dem 'economizing' geopfert.

Wie der Mikroökonomie sei der TKÖ (und der NIÖ generell) auch vorzuhalten, dass sie zugunsten von Effizienz und 'economizing' die Bedeutung von Macht in Organisationen vernachlässige.

Den allerdings beschränkten Beitrag der NIÖ zur Re-Politisierung der Ökonomie heben *Steinmann & Hennemann* (1996, 239 f) hervor:

> "*Lerner* hat darauf aufmerksam gemacht, dass die Lösung von Interessenkonflikten im Rahmen von Tauschprozessen in der Neoklassik in der Transformation des Konflikts als eines *politischen Problems* in eine *ökonomische Transaktion* besteht. 'Eine ökonomische Transaktion ist ein gelöstes politisches Problem. Die Ökonomie hat den Titel Königin der Sozialwissenschaften gewonnen, indem sie gelöste politische Probleme zu ihrer Domäne gemacht hat' (*Lerner* 1972, 259 ...). Die Annahmen, die diese Problembegrenzung ermöglichten, betreffen (1) die exogene Durchsetzung von Ansprüchen aus Tauschverträgen und (2) die exogene Konstituierung der Marktakteure. Die Rückgängigmachung dieser Exogenisierung in der neuen mikro-ökonomischen Theorie könnte man dann insoweit im Hinblick auf die Feststellung von *Lerner* auch als eine (partielle) 'Re-Politisierung' der Disziplin ansehen."

In diesem Zusammenhang wird die methodologische Fundierung des Ansatzes kritisiert:

Jacoby (1990, 176) zitiert ein Argument von *Dow*, demzufolge

"neoklassische und transaktionale Theorien funktionale statt kausaler Erklärungen institutioneller Ergebnisse sind. Der Glaube an die Effizienz beobachteter Strukturen ... führt zu funktionalistischen Erklärungssätzen der Form: 'Lenkungsstruktur X existiert, weil Effizienzerfordernisse ebendieses X für Transaktionen des Typs Y diktieren ... Kausalerklärungen würden andererseits beschreiben, wie spätere Strukturen sich aus früheren entwickelt haben."

Die 'Erklärungen' der TKÖ sind sehr allgemein, weil sie sich - beim derzeitigen Stand der Transaktionskostenmessung - auf lediglich komparative Aussagen beschränken: ein Arrangement wird daraufhin geprüft, ob es gegenüber einer bestimmten oder möglichen Alternative (transaktionskosten-)günstiger ist. Das *Zustandekommen* bestimmter Arrangements kann nur unvollständig erklärt werden. Auch die Rekursivität der Beziehungen zwischen institutionellen Arrangements und Transaktionscharakteristika (sowie den Transaktionskosten) wird mit dem Begriff der 'Passung' nicht angemessen erfasst.

Die NIÖ sei - wie die Mikroökonomie generell - eine Collage und keine kohärente integrierte Theorie (*Steinmann & Hennemann* 1996, 227), weil formales Theoretisieren auf das Modellieren einzelner unzusammenhängender Beispielsfälle geschrumpft sei. In ihren instruktiven Überblicken über das beeindruckende Spektrum von Anwendungsmöglichkeiten illustrieren z.B. *Schauenberg* (1996), *Staffelbach* (1995) und *Alewell* (1994) zugleich auch den Ad hoc-Charakter der oftmals für bestimmte Anwendungen speziell maßgeschneiderten Ansätze (s.a. das kritische Resümee *Weibler*s 1996, 658).

Simon (1991) wendet sich mit guten Gründen - und einem Schuss Ironie - gegen die Markt- und Transaktionsversessenheit der neo-klassischen und der neo-institutionellen Ökonomie. Zahlreiche Hilfsannahmen würden in einer beiläufigen Weise eingeführt, die empirische Stützung sei schwach, ein konsistenter Bezugsrahmen fehle. Betrachte man die Realität, dann dominierten nicht marktliche Transaktionen, sondern organisational regulierte: die Welt ist organisiert (s. dazu auch die umfassende Monografie von *Türk* 1995). Deshalb müsse man, so spitzt er polemisch zu, nicht Organisationen marktökonomisch, sondern Märkte organisationsökonomisch analysieren. Wenn die allermeisten ökonomischen Handlungen in Organisationen stattfänden, dann lohne es sich, die Besonderheiten und die Effizienz dieser Regulierungsform näher zu betrachten. Er schlägt vier Erklärungsbereiche vor: Im Arbeitsvertrag wird (auch) eine *Autoritätsbeziehung* begründet, in der nicht *spezifische Handlungen* angeordnet und überwacht werden, sondern Handlungs- und Entscheidungs*prämissen* durchgesetzt werden, die selbständiges Handeln der Akteure ermöglichen. Die dominante Form der *Motivation* ist nicht die kontingente monetäre Belohnung, weil die Meß- und Zurechenbarkeit gerade bei komplexeren Vollzügen nicht gegeben ist. Viel wichtiger sei *Identifikation* mit der Organisation, weil durch sie auf eine ökonomische Weise Trittbrettfahrer-, Loyalitäts- und Verantwortungsprobleme gelöst werden könnten. Und schließlich zeigt es sich, dass auch bei marktlicher Koordination nicht nur Preise und Mengen eine Rolle spielen, sondern zahlreiche *inhaltliche Informationen* spezifiziert würden, die unverzichtbar sind, um das Handeln zu steuern und abzustimmen.

Föhr & Lenz (1992, 123ff) machen darauf aufmerksam, dass die Institutionenökonomie bisher 'nur ansatzweise ökonomisch diskutiert' hat, welche Probleme sich ergeben aus der *Dauerhaftigkeit* der Beziehungen in Organisationen/Unternehmungen, der *Unvollständigkeit* der Arbeitsverträge und dem Auftreten *unvorhergesehener Ereignisse.*

5.4.3 Zur empirischen Bewährung

Eines der zentralen Argumente von *Williamson* (1996c) in seiner Erwiderung auf die Kritik von *Goshal & Moran* (1996) ist, dass die TKÖ inzwischen auf eine ermutigende Bilanz bestätigender empirischer Studien zurückblicken könne. Er bezieht sich dabei ausdrücklich auf ein Überblicksreferat von *Shelanski & Klein* (1995). Zwar kommen die Autoren insgesamt zu dem Resümee, dass die TKÖ-Vorhersagen 'im allgemeinen' (a.a.O. 352) bestätigt worden seien, sie zeigen aber durchaus einige Mängel und Probleme auf:

> "Auf jedem Feld gibt es jedoch auch Resultate, die fundamentalen und wichtigen TKÖ-Argumenten widersprechen und andere, die lediglich eine schwache oder randständige Bestätigung des Ansatzes hergeben (*Shelanski & Klein* 1995, 352).

Die Schwierigkeit, die TKÖ abschließend zu beurteilen, führen die Autoren auch auf die oben schon erwähnten Messprobleme zurück. Am wenigsten befriedigend sei die Erfassung der 'asset specificity' - immerhin eines der zentralen Konzepte. Es gäbe dazu keine einheitliche Messvorschrift und in den empirischen Studien seien mehrere (jeweils kaum vergleichbare) und unbefriedigende Näherungslösungen genutzt worden (a.a.O., 338; siehe dazu auch *Hammes & Poser* 1992). Die am häufigsten eingesetzte Methode sei die Fallstudie - und dieser Ansatz erlaubt keine vergleichenden Analysen über Firmen oder Branchen hinweg. Besonders negativ habe sich auch die 'Konfusion über die Definitionen' (a.a.O., 339) der wichtigsten Begriffe ausgewirkt; darüber hinaus seien alternative Hypothesen, die von den Daten ebenfalls gestützt würden, kaum formuliert und verglichen worden. Dies hängt mit einer allgemeinen Tendenz zusammen, die im Beleg A-6 an einem Beispiel illustriert werden soll, das *Shelanski & Klein* als Bestätigung für die TKÖ zitieren: in höchst selektiver Interpretation werden komplexe Zusammenhänge mit recht allgemein formulierten TKÖ-Annahmen in Beziehung gesetzt.

Beleg A-6:

Diamonds are a girls' best friends

"... in einer interessanten Anwendung der TKÖ auf den Kontext persönlicher Beziehungen hat *Brinig* (1990) das Transaktionskosten-Denken genutzt, um den plötzlichen Nachfrageanstieg für Diamant-Verlobungsringe in der Mitte der 30-er Jahre zu erklären. Der Anstieg, so argumentiert sie, könne auf die Abschaffung der 'Klage wegen Bruchs des Heiratsversprechens' etwa zu dieser Zeit zurückgeführt werden. Bevor diese Klagemöglichkeit abgeschafft wurde, konnte eine Verlobungsaufkündigung einen Prozess auslösen, weil sich eine Frau in dieser Situation einem beträchtlichen Reputationsverlust gegenübersah. Nachdem der Klagegrund beseitigt war, war jedoch ein anderes Arrangement nötig, um die Glaubwürdigkeit der Heiratsverpflichtung abzusichern. Diese Rolle nahmen Verlobungsringe mit Diamanten ein. Auf diese Weise können Ringe als Lenkungsstruktur gesehen werden: sie schützen die beziehungsspezifische Investition der künftigen Braut - ihren guten Ruf" (*Shelanski & Klein* 1995, 349).

5.5 Schlussbemerkung

Die Neue Institutionelle Ökonomie hat für sich entdeckt, was PraktikerInnen und SozialwissenschaftlerInnen längst bekannt war, z.B. die Bedeutung von (impliziten) Verträgen und ihre Abhängigkeit vom Klima der Beziehungen zwischen den Vertragsparteien, die Kosten von Markt und Organisation, menschliche Fehlbarkeit, Schwäche und Bösartigkeit, die Ungleichheit der Menschen und die Schwierigkeit der Informationsgewinnung etc. Insofern muten die Neuerungen, auch oder gerade wenn man sie am irrealen Referenzmodell der Null-Transaktionskosten-Welt (siehe S. 87) misst, trivial an. Dafür, dass sie ihr selbstgebasteltes Wolkenkuckucksheim der besten aller Welten verlassen haben und einen Blick auf die realen Arbeitsverhältnisse geworfen haben, müßte man die Ökonomen nicht beglückwünschen.

Ein anderer Aspekt ist bedeutsamer: Anders als empiriesüchtige positivistische Sozialwissenschaftler, die sich - den Blick fest auf den Boden der Tatsachen gerichtet - im Dschungel ihrer Befunde heillos verlaufen und sich an ihren Lagerfeuern (Kongressen) gegenseitig übertrumpfen mit Geschichten aus dem sogenannten wirklichen Leben und anders auch als jene kreativen Deutungskünstler, denen ein paar zugetragene Fakten genügen, um kühne Entwürfe zu skizzieren, die alles mögliche enthalten, sind die neuen institutionellen Ökonomen bescheidener, reflektierter und systematischer. Sie sind bescheiden, weil sie sich auf das ökonomische Programm der individuellen rationalen Entscheidung und das Nutzenmaximierungsprinzip beschränken und die ökonomische Bedeutung von Institutionen berücksichtigen; sie sind reflektiert, weil sie Voraussetzungen, Grenzen und Konsequenzen ihrer Konstruktionen differenziert offenlegen und sie sind um Systematik bemüht, weil sie

Formalisierung und Prüfbarkeit zumindest selektiv anstreben. Wenn man Wissenschaft nicht mißversteht als Verdoppelung der Welt durch fotorealistische Abbildung, bei der alle Betrachter sofort Déjà-vu-Erlebnisse haben müssen, sondern als prinzipiengeleitete zusammenhängende begriffliche Rekonstruktion und Kritik, dann ist die NIÖ zweifellos ein gewichtiges wissenschaftliches Programm. Wie ethnomethodologische Bruchexperimente legen die zunächst recht dürren Annahmen der NIÖ komplexe Zusammenhänge offen, die so noch nicht gesehen und/oder ausgedrückt wurden.

Dass die verschiedenen Richtungen der NIÖ nur wenig miteinander verbunden sind, dass mit sehr auslegungsfähigen Begriffen (Transaktionskosten, Institution) gearbeitet wird, dass die 'menschliche Natur' recht einfach fixiert wird (Menschen sind beschränkt rational und opportunistisch) und dass Transaktionen auch noch andere Charakteristika als *specificity* und *meterbility* haben, zeigt nur, dass die NIÖ ein Theorieprogramm ist, das am Anfang seiner Entwicklung steht. Die Anwendung auf/als Personalökonomie ist für das herkömmliche (funktionalistische) Personalwesen eine doppelte Herausforderung, weil sie zum einen dazu zwingt, einseitig auf Managementberatung fixierte Denkbahnen zu verlassen und weil sie zum anderen Erklärungen für Entwicklungen anbieten kann, die sich in der Praxis vollziehen (Deregulation, Netzwerke, Outsourcing usw.).

6.   Personal-Politik

Strenggenommen ist auch die NIÖ eine Art Polit-Ökonomie, weil sie das ökonomische Geschehen nicht rein für sich, sondern in Zusammenhang mit gesellschaftlichen Institutionen, die sie ökonomisch interpretiert, sieht.

Eingeengter versteht man unter Polit-Ökonomie (und Sozio-Ökonomie) eine Perspektive, die das Wechselspiel von Ökonomie und Gesellschaft in den Mittelpunkt ihrer Analysen stellt. Ökonomie ist ein Teilbereich der Gesellschaft und (re-)produziert diese und sich. Die Wirtschaft ist immer eine 'Wirtschaft der Gesellschaft' (so der Titel eines Buchs von *Luhmann*, der damit auf Max *Webers* 'Wirtschaft und Gesellschaft' anspielt).

Politökonomie sieht jedoch nicht ein einseitiges Bestimmungsverhältnis (die Gesellschaft determiniert oder begrenzt die Wirtschaft), sondern ein gegenseitiges Konstitutionsverhältnis. Der Marxismus als das wohl prominenteste politökonomische Paradigma hat zu begründen versucht, dass die (kapitalistische) Wirtschaftsverfassung materielle Grundlage des (gesellschaftlichen) Seins ist, das das Bewußtsein bestimmt.

Politischen Fragestellungen geht es ganz generell um die Frage, wie die Ordnung menschlichen Zusammenlebens erklärt, hergestellt und gesichert werden kann. Akzentuierend gesagt: die zentrale Kategorie ist Ordnung, oder konkreter: Herrschaftsordnung. Im Unterschied zu Macht, mit der jedwede Form der Durchsetzung des eigenen Willens gemeint ist, geht es bei Herrschaft um *legitimierte*, auf Dauer gestellte Machtausübung.

Personal*politik* hätte sich demzufolge zu fragen, wie die betriebliche (Herrschafts-) Ordnung errichtet und erhalten wird. Mit einer solchen Akzentsetzung wird der Unterschied zu einer *managementz*entrierten Perspektive deutlich: diese behandelt (vordergründig) die Frage, wie Leistungseffizienz und -effektivität zustandegebracht werden können. Personal*ökonomie* betrachtet das betriebliche Geschehen als die Bemühung (beschränkt) rationaler Individuen, die - auch auf opportunistische Weise - auf Maximierung ihres Nutzens aus sind. Personalpolitik kann zwei Fragerichtungen verfolgen:

- Makro-Perspektive: Wie wird Personal konstituiert, also jene Ordnungskategorie geschaffen, die Menschen systemkonform funktionieren läßt?
- Mikro-Perspektive: Wie agieren Menschen innnerhalb der bestehenden Ordnungen, um ihre eigenen Interessen durchsetzen zu können?

Die eine Perspektive ist eher objektivistisch und systemisch, die andere eher subjektivistisch und akteurszentriert. Wenn von 'eher' die Rede ist, dann soll damit ausgedrückt werden, dass beide An-Sichten aufeinander verweisen: es kann ebensowenig eine subjektlose Ordnung geben, wie es ein systemloses Handeln geben kann. Es ist deshalb auch müßig darüber zu streiten, ob die eine wichtiger oder grundlegender als die andere sei. Im Sinne des *Giddens*schen Strukturationstheorems (1988) kann man sagen, dass Strukturen durch Handeln erzeugt werden, das sie wiederum ermöglichen und beschränken. Die kapitalistische Wirtschaftsordnung bestimmt und begrenzt, was Individuen tun und sein können; aber diese Wirtschaftsordnung wird durch das Handeln der Individuen aufrechterhalten, entwickelt, unterminiert.

Im Sinne dieser Doppelperspektive werden wir die folgende Diskussion organisieren. Zuerst gehen wir aus einer Makroperspektive auf die Konstitution von Personal ein, dann werden wir aus einer Mikroperspektive untersuchen, wie die Subjekte, die 'personalisiert' wurden, dabei mitspielen. Diese Darstellung werden wir sehr knapp halten, weil *Neuberger* (1995) diesem Thema schon eine Monografie gewidmet hat.

6.1 Die Makroperspektive

Im Zentrum marxistischer Diskussionen steht die Frage nach den immanenten Gesetzmäßigkeiten des 'Kapitals'. *Marx* hat Begriffe und Unterscheidungen eingeführt, die von großer Bedeutung für das Verständnis personalwirtschaftlicher Zusammenhänge sind: Arbeitskraft als Ware, Produktionskräfte und Produktionsverhältnisse, Mehrwertproduktion und -aneignung, Verelendung etc. Seine Ausführungen zum 'Arbeitsprozess' haben lange Zeit in der Theoriediskussion keine besondere Aufmerksamkeit gefunden; erst die 'Arbeitsprozess-Debatte' hat die Auseinandersetzung belebt.

Ausgangspunkt ist das schon mehrfach erwähnte Transformationsproblem (das auch in der NIÖ eine wichtige Rolle spielt): Im Arbeitsvertrag erwirbt der kapitalistische Unternehmer als Käufer der Ware Arbeitskraft ein Arbeitsvermögen; wie er aus diesem Arbeitsvermögen eine (höchstmögliche) Arbeitsleistung herausholt, ist eine Frage der Organisation der Herrschaft. Die in Arbeitsverhältnissen gehandelte 'Ware Arbeitskraft' ist - anders als andere Waren - keine *freie* und keine *feste* Größe. Frei ist sie nicht, weil sie nicht abgelöst vom Eigentümer des Arbeitsvermögens, der Person, erworben und gehandelt werden kann (sodass der Käufer noch zusätzliche Rechtspflichten übernimmt, z.B. Achtung der Würde des Menschen, freie Entfaltung der Person etc.). Fest ist sie nicht, weil es im Belieben der 'gedungenen' Person liegt, ihre Arbeitskraft voll, engagiert, kreativ etc. zu verausgaben oder eben nicht.

Die Arbeitsprozess-Debatte (s. *Neuberger* 1995) hat deutlich gemacht, dass die Abfolge, die *Marx* konstatiert hatte (im Kapitalismus: von der formellen zur reellen Subsumption), sich nicht so einfach und undialektisch ereignet. Es gibt vielmehr in jeder Phase gleichzeitig unterschiedliche oder gar widersprüchliche Herrschaftsformen, auch wenn sich phasenhafte Entwicklungen begründen lassen, z.B. von direkter Kontrolle zu verantwortlicher Autonomie (*Friedman*), oder von direkter über technische hin zu bürokratischer Kontrolle, wobei die letztere auch das umfaßt, was man 'Unternehmenskultur' nennt.

Für die Konstitution von Personal kann das Transformationsproblem in einer weiteren Weise differenziert werden, denn es geht nicht nur um eine einfache, sondern eine doppelte (siehe *Kompa* 1992) oder gar dreifache Transformation:

Eine erste (gesellschaftlich organisierte) Transformation bildet Menschen zu Arbeitskräften um. Gesellschaftliche Institutionen (Religion, Erziehung, Recht etc.) sorgen dafür, dass der dominante Sozialisationstyp (hier: 'Ware Arbeitskraft') erzeugt wird, indem entsprechende Tugenden und Werthaltungen installiert werden, passende Haltungen und Fähigkeiten eintrainiert werden, sanktionsbewehrte Rahmenordnungen geschaffen werden, die abweichendes Verhalten ahnden etc. Auf diese Weise ist dann auf dem Arbeitsmarkt, dem Markt für die *Ware* Arbeitskraft, vor-geformtes Arbeitsvermögen verfügbar.

Die zweite Transformation ist spezifischer und konkreter, denn es geht um die Passage von Menschen aus primären Sozialverbänden (Gemeinde, Familie) in wirtschaftliche Organisationen. Die vorher abstrakt angeeigneten Haltungen (Leistung, Verantwortung, Pflichtgefühl, Askese etc.) werden in konkreten Verfahren und

Techniken materialisiert. Andere Bezüge (zur Familie, zu Freunden etc.) werden 'abgeschnitten': es geht nur noch um die 'Mitgliedschafts-Rolle', die jenes Muster an Erwartungen bezeichnet, die jemand erfüllen muss, um dazuzugehören. Die Organisationen richten differenzierte Verfahren der Eingangs- und Ausschlußselektion ein, um sicherzugehen, dass sie für ihre Zwecke gut präparierte parierende Menschen gewinnen und behalten können und sie tun ein Übriges, um durch innerbetriebliche Sozialisation eine verbesserte Passung zu erreichen.

Die dritte Transformation schließlich ist jene, die in der Arbeitsprozess-Debatte thematisiert wird: die zu Organisationsmitgliedern gemachten Arbeitskräfte müssen ihr Potential tatsächlich realisieren: aus Arbeitsvermögen muss Arbeitsleistung werden und dies wird mit einer Vielzahl von Kontroll-, Gratifikations-, Herrschafts- und Sozialisationsverfahren geleistet. Gerade die sog. Personalsysteme gehören hierher, z.B. Bezahlungs-, Beförderungs-, Anwesenheitsüberwachungs-, Leistungsbewertungs- und Personalbeurteilungs-, Führungs- und Qualifikationssysteme usw. Effiziente Herrschaft arbeitet weniger mit Druck und Bestrafung, sondern mit Belohnung, Beteiligung und Internalisierung von Werthaltungen.

Aus Herrschaftsperspektive ist es wichtig zu berücksichtigen, dass alle Transformationen, auch die außerbetrieblichen, von Rückfällen oder Perversionen bedroht sind: Organisationsmitglieder z.B. beginnen sich als 'Menschen' aufzuführen, zweckdienliche Sorgfalt und Gewissenhaftigkeit wachsen sich zu pedantischer Zwanghaftigkeit aus ... Es ist deshalb Sorge dafür zu treffen, dass die Transformation 'richtig' erfolgt, so dass zur Feinsteuerung und Zielausrichtung weitere Herrschaftsorgane und -techniken eingeführt werden, die allerdings wiederum selbst auf ihre Passung hin kontrolliert werden müssen (und so in unendlicher Spirale weiter). Um ein Beispiel von oben aufzugreifen: der Prinzipal setzt Agenten ein, die die Arbeitenden zu überwachen haben; aber um sicherzugehen, dass die Agenten ihre Aufgabe effektiv erfüllen (und sich nicht etwa eine schöne Zeit machen oder in die eigene Tasche wirtschaften), muss er die Vorgesetzten-Agenten überwachen (Leistungsbeurteilung) oder durch Bezahlungssysteme (Erfolgsbeteiligung) oder Indoktrinationen (Managementschulung) oder interne und externe Kontrollen (Revision, Wirtschaftsprüfer) usw. dafür sorgen, dass die Arbeit gut getan wird. Wer aber prüft die Wirtschaftsprüfer, wer stellt sicher, dass die Indoktrineure die richtige Doktrin predigen oder dass bei Erfolgsbeteiligungssystemen nicht betrogen wird?

Aus Transformationsperspektive ist Personalwesen jene betriebliche Institution, die Regeln, Techniken, Instrumente, Verfahren etc. zur Verfügung zu stellen und zu überwachen hat, die gewährleisten, dass die bestmögliche Umformung erfolgt. Sie ist dann jene professionalisierte Zentralinstanz, in der die nötigen Kompetenzen konzentriert sind: In der Personalabteilung weiß man, wie Assessment Center durchzuführen sind, um die besten Führungskräfte zu gewinnen; man kann erfolg-

reiche Personalentwicklung betreiben, kennt die auf dem Markt befindlichen Einstu-
fungs-, Bezahlungs-, Zeitmanagement-Systeme und kann sie implementieren, hat
das Know-how zur Entwicklung und Einführung von Beurteilungs- und Zielverein-
barungsgesprächen, kann Mitarbeiterbefragungen durchführen, um Schwachstellen
und Verbesserungsmöglichkeiten herauszufinden usw. Selbst Imagekampagnen, die
auf potentielle Bewerber gerichtet sind und sogar gesellschaftspolitische Aktivitäten, die sich in Fragen der Schul- und Hochschulbildung einmischen, dienen der Sicherung der (zweiten und ersten) Transformation. Aus dieser *politischen* Perspektive sind alle Verfahren im Personalwesen, ja diese Institution selbst, herrschaftssta-
bilisierend und transformationssichernd.

Wenn damit der Eindruck erweckt wird, es gehe ausschließlich um *Herrschaft* zum
Zwecke der Aufrechterhaltung einer bestehenden Ordnung, ist der Beitrag des Personalwesens zu eng beschrieben. Die personalwirtschaftlichen Methoden und Instrumente haben noch weitere Wirkungen, die das Bild dieses politischen Aktions-
zentrums abrunden. Um sie beschreiben zu können, ist vorher noch etwas weiter
auszuholen:

Die erste Antwort auf die Frage, was in wirtschaftlichen Organisationen geschieht,
ist: Arbeiten, damit Leistungen erstellt werden, die eine Nachfrage finden. Das ist
sozusagen die Oberfläche der Erscheinungen in einem kapitalistischen Unternehmen: es geht um zahlungsfähige Nachfrage, die Befriedung von Kundenwünschen,
die langfristige Bindung von Kunden an das Unternehmen. Damit derartige Leistungen erstellt werden können, sind dauerhaft erhebliche Vor-Leistungen zu erbringen, denn der Output eines Unternehmens wird in einer *Organisation* erzeugt.
Diese Selbstverständlichkeit entgeht leicht der Aufmerksamkeit. Eine Organisation
ist nichts Spontanes, Urwüchsiges oder Unvermeidliches. Jede Organisation ist eine
kontingente Konstruktion, die beständig vom Zerfall bedroht ist, weil sie sich gegenüber anderen Organisationen behaupten muss und weil sie intern mit Widersprüchen kämpfen und sich gegen alternative Gestaltungen verteidigen muss. *Burawoy*
hat das Doppelproblem auf eine griffige Formel gebracht: Der 'Organisation der
Produktion' (also die sachgerechte Einrichtung aller Abläufe zum Zweck einer optimalen Produktion) steht die 'Produktion der Organisation' gegenüber: Ideen, Zeit,
Kraft, Ressourcen müssen eingesetzt werden, um die Organisation herzustellen und
zu erhalten (die Transaktionskostentheoretiker würden das wohl ähnlich sehen). Um
es an Metaphern zu veranschaulichen: 'Organisation' ist nicht länger ein einmal fer-
tiggestelltes Gebäude, das bis zu Abriss oder Umbau festgegründet steht, sondern
ein 'lebendes' Gebilde, das in stetem Stoffwechsel mit seiner Umwelt die eigenen
inneren Strukturen tagtäglich erneuert, um sie zu erhalten. Würden dieser fortwährende Auf- und Abbau, Wachstum und Absterben, Ansteckung und Abwehr zum
Stillstand gebracht, indem *eine* Entwicklungsrichtung dominant würde, dann wäre
das Ende besiegelt. Organisationen - um es anders zu sagen - leben von Wider-

spruch, Kampf, Konflikt, Bedrohung, weil diese die Abwehrkräfte mobilisieren, die das Überleben in einer ständig sich ändernden Umwelt sichern.

Bei der 'Produktion der Organisation' hat nun das Personalwesen einen wichtigen Anteil (damit ist nicht gesagt, dass dieses Personalwesen in einer zentralisierten Personalabteilung konkretisiert sein muss; im Gegenteil, vielleicht ist gerade diese strategische Variante abträglich). Das Personalwesen schafft Bedingungen der Möglichkeit von Organisation und beeinflusst deren Form. Zu fragen ist deshalb, was die Leistungen von 'Organisation' sind, und wie Personalwesen daran beteiligt ist.

Organisation darf nicht verwechselt werden mit Interaktion (etwa der unmittelbaren Beziehung zwischen KollegInnen oder Vorgesetzten und Unterstellten oder Mitgliedern und Kunden). Das Organisationsförmige ist bestimmt durch *Typisierung* (Absehen von der konkreten Einmaligkeit der Beteiligten und der Fälle, um die Einsatzbreite zu steigern und von idiosynkratischen* Rücksichten zu befreien), *Dauer* (Wiederholbarkeit, Verläßlichkeit, Langfristigkeit, um Erfahrungsgewinne realisieren und Beziehungsmuster aufbauen zu können), *Formalisierung* (Verschriftlichung, Aktenkundigkeit, Archivierung, um sich von Einzelpersonen und -erfahrungen unabhängig zu machen), *Regelhaftigkeit* (Befolgen verbindlicher Vorschriften, Prinzipien, um extern und intern Erwartungstreue zu sichern), *Selbstidentifikation* (Name, Darstellung, Abgrenzung, Image, um sich zu unterscheiden und erkannt zu werden) und *Selbstüberwachung* (von sich aus - und nicht von außen angestoßen - alle Abläufe fortwährend überwachen und auf Abweichungen prüfen).

Der Eintritt in eine Organisation verändert die Identität einer Person; sie muss lernen, nicht nur anschlussfähig zu arbeiten, sondern zusammenzuarbeiten; sie muss den Unterschied zwischen Person und Position erkennen; sie muss sich fügen und gehorchen; sie muss Abstand gewinnen zu den anderen, ihrer Arbeit, sich selbst und sich selbst objektivieren; die Ergebnisse ihres Tuns gehören nicht ihr, sondern "dem Ganzen" ... Derartige Erfahrungen gehen der Erfahrung des 'Marktes' voraus; bevor die Individuen 'marktförmig' sind, sind sie längst 'organisationsförmig' (s.a. *Türk* 1995).

Was oben 'Personal' genannt wurde, ist das Ergebnis dieser organisationsförmigen Zurichtung, die ohne ein organisiertes(!) Personalwesen nicht gelänge. Allerdings ist damit noch nicht alles gesagt.

---

* *Idiosynkratisch* (griech.): einmalig, nicht verallgemeinerbar, auf eine bestimmte Person zugeschnitten, höchstpersönlich.

6.2 Die Mikroperspektive

Wir haben oben zwischen objektiver und subjektiver Perspektive, System und Akteur, Struktur und Handlung unterschieden. Menschen, die zu Personal gemacht wurden, hören nicht auf, Menschen (im emphatischen Sinn) zu sein. Das bedeutet eine zweifache Herausforderung für das Personalwesen:

Auf der einen Seite ist die 'Vermenschlichung' des Personals zu unterbinden. Gleichbehandlung, Objektivität, Vorschriftentreue, Berechenbarkeit etc. sind Maximen, die gegen Günstlingswirtschaft, Willkür, Launenhaftigkeit, Chaos und Anarchie gesetzt werden. Damit bleibt man auf der Ebene allgemeiner kollektiver Merkmale.

Die oft übersehene andere Seite betont demgegenüber die produktiven Potenzen, die im nicht kolonisierten 'Rest' liegen. Statt gleichgeschalteter Roboter werden Menschen gefordert, die innovativ vorausdenken, kritisch querdenken, konstruktiv mitdenken, reflektierend nachdenken und vor allem: selbst etwas aktiv unternehmen. Insofern ist Subjektivität ein Produktionsfaktor, der genutzt werden kann. Der 'Subjektive Faktor' wird deshalb auch verwertet. Menschen erhalten Handlungsspielräume, selbstverantwortliche Autonomie, Partizipationsmöglichkeiten und werden zu Intrapreneurship* ermuntert.

Damit ist ein prekärer Antagonismus institutionalisiert: Auf der einen Seite sollen MitarbeiterInnen berechenbar und verfügbar wie eine *Ware* (Arbeitskraft) sein und sich in größere Zusammenhänge selbst-los einplanen lassen, auf der anderen Seite aber sollen sie Subjekte sein, die unvorhergesehene Störungen beheben, die ihr Erfahrungswissen einsetzen und preisgeben, die ganz, mit allen ihren Sinnen, bei der Arbeit sind, die als elastische Produktionsfaktoren enorme Reserven freisetzen können und fähig sind, sich den unterschiedlichsten Entwicklungen anzupassen.

So weit, so gut - aus der Managementsicht des Personalwesens. Denn das Subjekt, das hier gefordert und zugelassen ist, ist das pflegeleichte, engagierte, identifizierte Subjekt. Wo aber bleibt die andere Seite von Subjektivität, die sich nicht in den Dienst der Organisation nehmen läßt? Wenn die unendliche Fülle menschlicher Potenzen (Aggression, Liebe, Neid, Großzügigkeit, Besessenheit, Fanatismus, Faulheit, Mitgefühl, Fairness ...) sich *nicht* im Sinne der Organisation entfaltet, sondern gegen deren abstrakte Zielsetzungen wendet (die sie in einer kapitalistischen Wirtschaftsordnung zum Instrument des Gewinnzieles macht und damit festlegt auf Trennung, Aneignung, Kontrolle, ...)? *Dieses* Subjekt (selbstverliebt, rebellisch, renitent, gedankenverloren, zärtlich, altruistisch ...) ist womöglich nicht nützlich und

---

* *Intrapreneurship*: Kunstwort, das aus 'entrepreneur' (Unternehmer) und 'intra' (intern, innen) gebildet ist und das Wunschziel bezeichnet, alle Beschäftigten zu 'Unternehmern im Unternehmen' zu machen

daher nicht gefragt. Weil aber alle Transformationen - wie oben schon festgestellt - unvollständig und reversibel sind, muss mit der Wiederkehr des Überwundenen gerechnet werden: Die Arbeitskraft wird wieder zum/ist immer zugleich 'Mensch', das Organisationsmitglied bleibt/wird wieder 'freie' Arbeitskraft, Staatsbürger, Familienmitglied; 'Hochleister' (wie dieser Typus amerikanisierend zuweilen genannt wird) fallen zurück auf ihre Rolle als bloße 'OrganisationsteilnehmerInnen', die die Minimalstandards erfüllen und/oder sehen Probleme, ihre Leistungsfixierung mit ihren anderen Verpflichtungen (als Kinder, Eltern, Geliebte, Fans usw.) zu vereinbaren.

Die den drei Transformationen zuzurechnenden Gegenpole werden immer wieder diskutiert:

- Die Transformation Mensch-Arbeitskraft wird rückgängig gemacht: Emanzipation, Frei-Zeit, Genuss (Konsumgesellschaft; Erlebnisgesellschaft statt Arbeitsgesellschaft) ...
- Die Transformation Arbeitskraft-Organisationsmitglied wird revidiert: Neue Selbständige, Werkverträge, prekäre Arbeitsverhältnisse und 'Randbelegschaften' ...
- Die Transformation des organisierten Arbeitsvermögens in Arbeitsleistung kann nicht aufrechterhalten werden: innere Kündigung, Widerstand gegen Veränderungen, Absentismus, Drückebergerei ...

Für das (organisierte) Personalwesen ist die Mikroperspektive deshalb relevant, weil davon auszugehen ist, dass *alle* oben genannten Institutionen, Verfahren und Instrumente der Personalarbeit auch mikropolitisch genutzt werden. Die Subjekte, die durch sie geformt werden (sollen), bedienen sich ihrer, um ihre eigenen Interessen zu verfolgen, Machtpositionen aufzubauen und organisationale Herrschaft zu sabotieren. Dies ließe sich bei jedem Verfahren zeigen. Was von offizieller Seite als Missbrauch, Fehleinsatz, Unkorrektheit usw. etikettiert wird, ist aus Subjektsicht Cleverness, 'gutes Recht', Heimzahlen, Selbstbedienung (wie alle anderen - vor allem 'die da oben' - sie auch praktizieren), Lücken ausnutzen usw. Wir werden das unten am Beispiel der sogenannten Fehlzeiten noch ausführlicher diskutieren.

Um solchen 'Fehl'-Entwicklungen zu begegnen, hat das Personalwesen Gegenstrategien parat (verstärkte Kontrollen, Unternehmenskultur-Programme, sogenannte Mitbeteiligung, Aufklärungskampagnen usw.), die natürlich auf der anderen Seite mit entsprechend raffinierten Schachzügen wiederum genutzt oder unterlaufen werden. Daraus entwickeln sich dann die in der Organisationsliteratur diskutierten Teufelskreise (s. dazu *Türk* 1976, *Masuch* 1985).

Man darf jedoch nicht bei der individuellen Mikropolitik stehenbleiben und ein Szenario skizzieren, bei dem ein organisationsloyales Personalwesen einen zähen Kampf gegen die Perversion seiner Verfahren durch trickreiche oder widerborstige MitarbeiterInnen führt. Man muss vielmehr davon ausgehen, dass auch die Institution Personalwesen (konkret: die Personalabteilung oder die Personalfachleute) *selbst* mikropolitisch agiert (bzw. agieren muss?), um ihre partikulären Ziele zu erreichen. Ein solcher Ansatz geht davon aus, dass das Unternehmen keine wohlkonstruierte Maschine ist, bei der es allenfalls Bedienungsfehler oder Verschleiß gibt. Wenn es kein konsistentes Zielsystem gibt, wenn die Situation (Umwelt) intransparent und die Gesamtorganisation nur lose gekoppelt ist, dann muss sich auch die Institution Personalwesen *aktiv* darum kümmern, die 'richtigen' Ziele vorgegeben zu bekommen, die nötigen Ressourcen zu erhalten, die relevanten Erfolgsmeldungen zu platzieren, unerwünschte Einsichten abzuwehren etc. Deshalb wären alle Verfahren und Systeme daraufhin zu analysieren, welchen Beitrag sie leisten, das Image, die Verhandlungsposition, den Ressourcenzugang, die informationelle Abschottung *des Personalwesens selbst* zu verbessern.

Personalpolitik ist dann ein dreiwertiger Term:

- Politik für das Personal,
- Politik des Personals,
- Politik der 'Personaler' (der Institution Personalwesen),

und keine dieser Möglichkeiten darf übersehen werden, wenn man untersucht, welche personalwirtschaftlichen Methoden entwickelt werden, wie sie begründet werden, wie sie gehandhabt werden und wer davon profitiert. Eine solche Sicht der Dinge fügt dem funktionalistischen Management-Ansatz und dem rationalen ökonomischen Ansatz eine weitere Dimension hinzu: die der Macht.

6.3   Schlussbemerkung

Es ging im einführenden Kapitel A darum, am Leitfaden einer 'perspektivischen' Gliederung Konzepte und Theorien des Personalwesens vorzustellen. Perspektivisch nennen wir diese Gliederung deshalb, weil sie nicht zurückgreift auf *ein* übergreifendes und kohärentes Paradigma des Personalwesens, sondern sich an drei Sichtweisen orientiert: einer eher funktionalistischen managementorientierten, einer (institutionen)ökonomischen und einer politischen. Was 'Personal' oder was 'Personalwesen' ist, das ließe sich zwar dogmatisch dekretieren, aber nur um den Preis, auf Erkenntnisse verzichten zu müssen, die in den verschiedenen Zugängen gewonnen wurden. Wir werden deshalb versuchen, im Hauptteil des Buches die dort behandelten Arbeitsfelder des Personalwesens (Personalplanung, Personalabbau, Arbeitszeitflexibilisierung, Fehlzeiten, Personalkosten und Personalcontrolling) ebenfalls aus diesen drei Perspektiven zu diskutieren. Bevor wir auf diese konkreten Anwendungsbereiche eingehen, behandeln wir im Kap. B in einer Art selbstreferentiellen Wendung die *Institution* Personalwesen: seine Geschichte, Professionalisierung und Organisation.

Kapitel B: Geschichte, Professionalisierung, Organisation

- Übersicht -

Geschichte des Personalwesens	Personalwesen als Profession	Organisation des Personalwesens
Fünf Gründe für eine geschichtliche Betrachtung	Durch welche Merkmale ist eine 'Profession' charakterisiert?	Wer führt die Personalarbeit aus?
Die Ko-Evolution von PW und BWL	Ist PW professionalisiert? Gibt es originäre P-Aufgaben oder ist P eine 'Jedermanns'-Funktion'?	Organisationsmodelle des Personalwesens:
Zentrale Kontroversen: Ist Personalwesen:		- funktional (verrichtungsorientiert)
- sozial oder ökonomisch,	Personalaufgaben	- divisional (objektorientiert)
- gemeinwirtschaftlich oder kapitalistisch,	- werden definiert, herausgegriffen als spezielle Funktion(en)	- als Linienfunktion
- praktisch (Kunstlehre) oder theoretisch (Wissenschaft) zu betreiben?	- übernommen, ausgeführt von verschiedenen Instanzen/Personen	- als Projektorganisation
	- haben ein bestimmtes Image	- verselbständigt (externalisiert) oder zugekauft
		- virtualisiert

Der erste Abschnitt setzt sich mit der Geschichte des Fachs auseinander. Nach einer Reflexion über den Sinn einer historischen Betrachtung wird statt einer Chronologie wichtiger Ereignisse oder Persönlichkeiten die Ko-Evolution von Personal- und Betriebswirtschaftslehre anhand eines Tableaus dargestellt; dabei wird insbesondere auf zentrale und immer wieder erneuerte Kontroversen zwischen sozialen, gemeinwirtschaftlichen, praktischen und ökonomischen, kapitalistischen, theoretischen Orientierungen eingegangen.

Im zweiten Abschnitt wird untersucht, was die Merkmale einer 'Profession' sind, um die Frage beantworten zu können, ob Personalwesen (schon oder noch nicht) professionalisiert ist. Daran schließt sich die Frage an, ob es im Personalwesen originäre, nur von SpezialistInnen ausführbare Personalaufgaben gibt oder ob alle (Führungs-)Kräfte Personalfunktion(en) ausüben. Und zuletzt: Wie ist das Image jener, die sich *ausschließlich* mit Personalaufgaben beschäftigen?

Im letzten Abschnitt geht es um Varianten der Organisation der Personalfunktion: sie kann *funktionalisiert* sein (also zerlegt in einzelne wichtige spezifische 'Verrichtungen', die von qualifizierten ExpertInnen wahrgenommen werden) oder *divisionalisiert*, d.h. an bestimmten 'Objekten' orientiert (z.B. Werken, Produkten, Mitarbeitergruppen etc.), sodass im Rahmen dieser Gliederungen die Personalarbeit eher ganzheitlich erledigt wird (z.B. im Referentensystem). Modernere Varianten fordern die Rückgabe der Personalfunktionen an die Linie, die Auslagerung der Personalfunktion, die Erledigung wichtiger Personalaufgaben in Projekten oder sogar die Virtualisierung* der Personalabteilung.

---

* erklärt im Abschnitt 3.2.6

1. Die Geschichte des Personalwesens

Die folgende Darstellung stützt sich auf einige hervorragende und umfangreiche Überblicksdarstellungen, deren Lektüre wir empfehlen. Es sind dies im einzelnen die Arbeiten von Bernd *Wagner* (1990), der den Paradigmenstreit der BWL aus einer bedürfnisorientierten Perspektive würdigt, Jürgen *Deters* (1990), der die Rolle des Menschen in der BWL analysiert und schließlich Gertraude *Krells* (1994) "Vergemeinschaftende Personalpolitik", die die Geschichte harmonisierender Vereinnahmungsversuche in der Ideologisierung des Gemeinschafts-, Partnerschafts- und Kooperationsgedankens untersucht (siehe zu diesen Themen auch *Wächter* 1981, *Schummer* 1995).

1.1 Warum die Auseinandersetzung mit der Geschichte des Fachs? Fünf Thesen

Was *Santayana* für die Lebensgeschichte jedes einzelnen festgestellt hat, gilt auch für die Geschichte des Fachs Personalwesen: Wer seine Geschichte nicht kennt, ist dazu verdammt, sie zu wiederholen. Der Untertitel von Gertraude *Krells* Buch ("Normative Personallehren, Werksgemeinschaft, NS-Betriebsgemeinschaft, Betriebliche Partnerschaft, Japan, Unternehmenskultur") macht schlaglichtartig sichtbar, dass die gleiche personalwirtschaftliche Thematik unter verschiedenen Namen immer wieder als neu, fortschrittlich, revolutionär, Durchbruch usw. angekündigt wurde.

Geschichtsschreibung erklärt Ereignisse zu Fakten und setzt sie in Beziehung. Es ist jedoch zu berücksichtigen, dass in der Geschichtsschreibung nie alle Ereignisse ('die tatsächlichen Verhältnisse') erfasst werden (können), sodass immer eine perspektivische Auswahl zugrundeliegt. Darüberhinaus wird diese Selektion interpretiert; im Rückblick auf die scheinbar bewältigte (abgeschlossene) Vergangenheit werden Zusammenhänge und Sinn hineingesehen. Werden dieselben Wahrnehmungs- und Deutungsmuster stereotyp wiederholt, verengt sich Geschichtsschreibung dogmatisch* (Beispiel: Geschichte wird von den 'Großen Männern' gemacht); darum gilt auch für die Geschichtswissenschaft, dass neue Einsichten vor allem durch konkurrierende Auslegungen gefunden werden können. Aus der Geschichte lernen heißt nicht, Vergangenheit kopieren, sondern das Verdrängte ans Licht bringen.

Einleitend sollen einige Thesen präsentiert werden, die nicht als Wahrheiten, sondern als Provokationen zu verstehen sind:

---

* *Dogma* (griech.): unangreifbarer Lehr- oder Glaubenssatz

1. These: Geschichte wiederholt sich nicht.

Geschichte wiederholt sich im strengen Sinne nicht, denn die Geschichte ist kontingent (es könnte immer auch anders kommen; s.a. *Mee*s These von der 'Unvermeidbarkeit der Überraschung'). Es gibt aber die Wiederkehr von bestimmten zentralen Ideen, Paradigmen, Leitbildern, Ideologien (z.B. für das Personalwesen: Der Mensch steht im Mittelpunkt). Gleiche Muster lassen sich identifizieren, weil und wenn es typische (wirtschaftliche, politische, militärische ...) Konstellationen gibt, in denen Akteure handeln. In Krisensituationen wird z.B. regelmäßig der Ruf nach dem 'starken Mann' laut oder die Aufforderung, zusammenzustehen, oder zu den guten alten Werten bzw. zu law & order zurückzukehren.

2. These: Aus der Geschichte kann man lernen

... und zwar alles mögliche, je nachdem, welche Geschichtsschreibung man zugrundelegt. Es lassen sich jedoch keine Rezepte ableiten; eher ist die *Popper*sche Metapher von Fundamenten angebracht, auf denen man weiterbauen kann oder muß:

> ... die empirische Basis der ... Wissenschaft ist also nichts 'Absolutes'. Die Wissenschaft baut nicht auf Felsengrund. Das ganze himmeltragende Gebäude, die oft phantastisch-kühne Konstruktion ihrer Theorien erhebt sich über einem Sumpf. Die Fundamente sind Pfeiler, die (von oben her) in den Sumpf gesenkt werden; - nicht bis zu einem natürlichen, 'gegebenen' Grund, sondern so tief, als man sie eben braucht, um das Gebäude zu tragen. - Nicht weil man auf eine feste Schicht gestoßen ist, hört man auf, die Pfeiler tiefer hineinzutreiben - sondern weil man hofft, dass sie das Gebäude tragen werden, beschließt man, sich mit der Festigkeit der Pfeiler zu begnügen" (*Popper* 1979, 136).

Daraus folgt, dass der Blick zu schärfen ist für Argumentationsfiguren, Problemdefinitionen, Lösungsvorschläge etc.; stets aber sind - um im Bilde zu bleiben - Belastbarkeit und 'Tragfähigkeit' der Konstruktionen zu reflektieren.

Man kann als allgemeine Heuristik* formulieren: Was heute als 'brandneu' verkauft wird, war früher schon einmal da, oder - um es mit *Alexis de Toqueville* zu formulieren: Geschichte gleicht einer Bildergalerie, in der nur sehr wenige Originale, aber viele Kopien ausgestellt sind. Gertraude *Krell* belegt das differenziert für den Vergemeinschaftungsgedanken; Ähnliches ließe sich für die Verwissenschaftlichung der Unternehmens- und Personalführung zeigen. Es ist darum sinnvoll, sich an frühere Diagnosen, Interventionen und Erfahrungen zu erinnern, um erkennen, was aus ihnen geworden ist, um die damaligen Lektionen nicht erneut lernen zu müssen.

---

* *Heuristik* (griech.): pragmatische (nicht theoretisch gelenkte) Suchstrategie zum Auffinden neuer Erkenntnisse

Kapitel B

3. These: Es gibt Fortschritt.

Gemeint ist damit nicht lineares Fortschrittsdenken, das den heute erreichten Zustand (in den westlichen Industrieländern) als den folgerichtigen Höhepunkt einer
linearen Höher-Entwicklung betrachtet. Diese Auffassung ist auch für jene Ent-
wicklungsdarstellungen des Personalwesens typisch, die eine Aufeinanderfolge von
Phasen oder Stufen konstatieren (siehe z.B. Tab. B-1, in der eine Einteilung von
Wunderer abgedruckt ist; s.a. die Unterteilungen bei *Schartner* 1990). Bei entsprechender Langsicht zeigt sich, dass vergleichbare Probleme (oder besser: Themen)
immer wieder bearbeitet werden; vereinzelt kommen auch neue hinzu, die durch
neue Bedingungen und die unvorhergesehenen und unbeabsichtigten Wirkungen
früherer Problemlösungen entstehen. Dem linearen Fortschrittsdenken lassen sich
andere Modelle gegenüberstellen: spiralige Höherentwicklungen, kreisförmige Prozesse (periodische Wiederholung des gleichen Themas), wellenförmiges Auf und
Ab der gleichen Themen, unvermutete Emergenz des Neuen, Anreicherung des
Wissensbestandes mit neuen - auch: unverbundenen und widersprüchlichen - Gesichtspunkten, die nicht im wertenden Sinn 'fortschrittlich' sein müssen.

	bis/ab ca.	Hauptfunktionen	Verantwortlich	Philosophie
I. **Bürokratisie-rung**	bis ca. 1960	Verwaltung, Durch-führung personal-politischer Entschei-dungen	Kaufmännische Leitung	Kaufmännische Bestandspflege der Personalko-sten
II. **Institutionali-sierung**	ab ca.1960	Professionalisierung, Zentralisierung, Spe-zialisierung	Personalleiter im Groß- und z.T. Mit-telbetrieb	Anpassung des Personals an or-ganisatorische Anforderungen
III. **Humanisierung**	ab ca. 1970	Humanisierung, Par-tizipation, Mitarbei-terorientierung, Ge-staltung der Arbeit	Personalstäbe, Arbeitnehmerver-tretungen	Anpassung der Organisation an die Mitarbeiter, Effizienz
IV. **Ökonomisierung**	ab ca. 1980	Flexibilisierung, Ra-tionalisierung, Sub-stitution von Per-sonal durch Kapital	Personalwesen, Linienmanagement	Anpassung an veränderte Um-weltbedingungen, Effektivität
V. **Intrapreneuring**	ab ca. 1990	Unternehmerisches Mitwissen, Mitden-ken, Mithandeln und Mitverantworten	Geschäftsleitung, Linie, Mitarbeiter	Mitarbeiter sind die wertvollste und sensitivste Ressource

Tab. B-1: Entwicklungsphasen des Personalwesens (nach *Wunderer* 1992, S. 202)

126

4. These: Es gibt Alternativen.

Zu allen beobachteten (und schon gar: allen gewählten) 'Lösungen' gibt es Alternativen. Handlungen sind begründungspflichtig oder -fähig. Keine Maß-Nahme ist selbstverständlich oder die einzig mögliche oder konkurrenzlos überlegen. Dies zeigt sich auch beim näheren Hinsehen auf die oben genannten beliebten Phaseneinteilungen: das scheinbar Überwundene ist immer präsent, das Dominante setzt sich nicht absolut durch, sondern ist konfrontiert mit sowohl alten wie neuen Gestaltungsformen: es herrschen auch hier 'challenge and response' (um *Toynbees* geschichtsphilosophisches Prinzip zu zitieren). Beispielsweise ist der Taylorismus nicht dadurch überwunden, dass man das Wort nicht mehr gebraucht und es gab andererseits nie eine Zeit, zu der *nur* Taylorismus herrschte.

5. These: Es kommt auf die einzelne Person an.

Damit ist kein romantisches heroisches Geschichtsverständnis gemeint ('Große Männer machen Geschichte' oder wie amerikanische Feministinnen sagen: 'History is his story': nämlich die des Dead European White Male). Man sollte die Re-Konstruktion von Geschichte aber nicht mit Geschichtenerzählen verwechseln. Geschichten sind nach dem Subjekt-Prädikat-Schema geschrieben: Wo etwas geschah, lassen sich TäterInnen identifizieren. Diese handelten nicht autonom, sondern im Rahmen ihrer Sozialisation und der herrschenden(!) Verhältnisse und Strukturen, die sie durch ihr Handeln reproduzierten. Weil Reproduzieren aber nicht identisches Klonen ist, stellt das Neue stets eine Variation des alten dar und kann die kritische Schwelle der Strukturveränderung erreichen. Dies deshalb, weil Strukturen durch *individuelles* Handeln erzeugt werden, das sie zirkulär ihrerseits ermöglichen und beschränken (s. *Giddens* 1988).

Ist die 5. These also nur schmeichelnder Selbstbetrug vom Schlage 'Mensch im Mittelpunkt'? Ist sie Hofierung des eigenen Narzissmus, der sich für das Große und Ganze verantwortlich sieht? Oder ideologisch, weil sie die einzelne Person in die Verantwortung nimmt, ohne dass sie 'etwas dafür kann'? Oder Verleugnung der Unfähigkeit, die Kränkung zu ertragen, dass es auf einen selbst überhaupt nicht ankommt? Einzelne Personen können das Ruder herumwerfen, aber diese einzelnen müssen nicht jene sein, die als Steuermann oder Kapitän eingestellt worden sind und man weiß erst im Nachhinein, auf wen es angekommen war. Die meisten haben genug damit zu tun, sich auf dem schwankenden Schiff zu halten oder einzurichten. Aus der Perspektive der einzelnen Person gesehen, lebt sie nicht nur ein 'kollektives Leben' als unbedeutendes Molekül des Ganzen, sondern auch ein einmaliges privates (wörtlich: abgetrenntes), zumindest wenn sie zum reflexionsfähigen Subjekt (im Sinne der europäischen Aufklärung) gemacht wurde.

Wenn die einzelne Person Wert nur dadurch erhält, dass sie - Folge des verbreiteten Macherwahns - grundstürzende, epochale Veränderungen bewirkt oder zumindest 'die Dinge im Griff hat', dann allerdings sind verständliche Reaktionen auf die realistische Einschätzung der Chancen zu Groß-Taten - je nach Charakter - Demut, Verzweiflung, Resignation, Zynismus, Depression.

> Schon 1928 schrieb *Schmalenbach*, einer der Begründer der deutschen Betriebswirtschaftslehre: "Keiner unserer Wirtschaftsführer geht mit freiem Willen in die neue Wirtschaftsform hinein. *Nicht Menschen, sondern starke wirtschaftliche Kräfte sind es, die uns in die neue wirtschaftliche Epoche hineintreiben.* Was sind es denn im Grunde genommen anders als die Erfüllung der Voraussagen des großen Sozialisten Marx, die wir erleben? ... Nein, man kann wirklich nicht sagen, dass unsere Wirtschaftsführer uns mit bewusster Absicht in die neue gebundene Wirtschaft hineintreiben. *Sie sind Werkzeuge, nichts als Werkzeuge*" (*Schmalenbach* 1928, 242).

1.2 BWL-Geschichte und Personalwesen-Geschichte

Personalwesen hat in seiner Geschichte alle diese Bewegungen mitgemacht: Es hat die Handelnden einmal verklärt und dann wiederum dezentriert (der Mensch im Mittelpunkt und als Produktionsfaktor), es hat die Unterordnung unter das größere Ganze gefordert, aber auch den autonomen Entrepreneur gefeiert, es hat Leistung und Zufriedenheit (oder Produktivität und Humanität) als 'Doppelziel' propagiert ...

Was kann man aus *dieser* Geschichte lernen? Kann man Personalwesen anders treiben oder zumindest: anders lehren? Wird bei geschichtlichen Grabungsarbeiten nicht vielmehr das moralische Fundament der Ökonomie freigelegt, weil sich 'Lehren aus der Vergangenheit' nicht automatisch aufdrängen, sondern weil Vergangenheit zu *bewerten* ist und die Maßstäbe für 'richtig' oder 'gut' nur außerökonomisch zu gewinnen sind? Die sprichwörtlichen handfesten PraktikerInnen haben schnell das Urteil parat, dass das Nachdenken über Grundlagen und Ziele des Personalwesens jene typische Haltung widerspiegelt, die man 'akademisch' (also weltfern und unpraktikabel) nennt und die man sich nur im Elfenbeinturm (oder moderner: Raumschiff) Hochschule leisten kann. Hält sich eine Gesellschaft Hochschulen *nur* als berufsqualifizierende Institutionen? Oder als Zentren der Produktion von Verfügungswissen? Oder aus nostalgischen, altmodischen, luxuriösen Gründen, die man 'Aufklärung' oder 'Mündigkeit' oder 'Kritik' bzw. 'Zweifel' nennt?

Die Auseinandersetzung mit der eigenen Fachgeschichte ist Teil der Professionalisierung. Professionalisierung impliziert u.a. Verallgemeinerung (vom local zum cosmopolitan werden) und Distanzierung (sich nicht mit Personen oder Organisationen identifizieren, sondern einer 'Disziplin' unterwerfen). Profis gehen ihren Gegenstand mit geschultem Sachverstand und bewährten Verfahren an. Leidenschaftliche Kontroversen, wie sie für die Entwicklungsphase einer Disziplin charakteristisch sind, scheinen überwunden, man weiß inzwischen, was Sache ist. Aber genau diese Selbstgewissheit soll die Auseinandersetzung mit Geschichte in Frage stellen. Was ist, ist nur Moment einer Bewegung. Deren zyklische oder spiralige oder lineare Natur erkennt man aus der Distanz. Diese Entfernung setzt Handlungsentlastung voraus, zuweilen eine geradezu spielerische oder verrückte Haltung (s. *March*s 'Technologie der Torheit' (1976 bzw. 1990): Was wäre, wenn man das Gewohnte und Orthodoxe anders sähe/täte? PraktikerInnen behaupten zuweilen, unter dem Druck der Verhältnisse könnten sie sich eine solche Haltung nicht leisten, gleichzeitig wird sie von ihnen aber auch - allerdings in instrumentalistischer Absicht - gefordert (Kreativität, Querdenken, Innovation, Intrapreneurship).

An der Hochschule leben Weltinterpreten, nicht Weltveränderer (s. die 11. Feuerbach-These[1]). Sie sollen diese Haltung einer Klientel vermitteln, die sich der *Veränderungs*aufgabe verschreibt und sich damit von jenen Leuten unterscheidet, die an der Hochschule hängengeblieben sind und eunuchenhaft das Nachdenken (oder gar nur das Nach-Denken) zu ihrem Metier gemacht haben. Sieht man die Hochschule nicht als das Privatvergnügen der Lehrenden, sondern als gesellschaftliche Institution, dann muss sie sich rechtfertigen durch den nützlichen Beitrag, den sie für 'die Gesellschaft' (die sie im Doppelsinn reflektiert!) leistet. Diese Gesellschaft aber ist kein Monolith, sondern funktional in teilautonome Sektoren differenziert (Politik, Wirtschaft, Erziehung, Unterhaltung, Religion, Kunst ...). Unterschiedliche Themen und Akzentsetzungen in der Fachgeschichte spiegeln darum immer auch wechselnde Dominanzen verschiedener gesellschaftlicher Funktionsbereiche.

Sich allein dem ökonomischen Diktat zu unterwerfen, hieße die Reste einer Autonomie der Hochschule aufgeben. Die Hochschule hat im doppelten Sinn ein kritisches Verhältnis zur Gesellschaft und zur sog. Praxis: es ist zum einen von Beziehungsabbruch bedroht, zum anderen zweifelnd und problematisierend. Über das Personalwesen zu reden oder nachzudenken, hilft denen nicht unmittelbar, die 'konkrete Personalarbeit machen'. Der Praxis kann die Hochschule keine Konkurrenz bieten; sie soll stattdessen das tun, was sie besser kann als die Praxis: die Dinge mit Abstand betrachten (= schauen = theoretisieren), um herauszufinden, warum es so ist, wie es ist; wie es anders sein könnte und warum es (noch) nicht anders ist.

In Abb. B-1 haben wir versucht, die kurze Geschichte der deutschen BWL mit der noch kürzeren Geschichte des Personalwesens in Beziehung zu setzen. Die Darstellung ist chronologisch geordnet und auf das 20. Jahrhundert beschränkt. Diese Entwicklung haben wir - durch die Zeilen direkt unterhalb der Zeitachse - parallelisiert mit wichtigen historischen Ereignissen, die wirtschaftlich bedeutende Umbrüche mit sich brachten.

---

[1] "Die Philosophen haben die Welt nur verschieden *interpretiert*, es kommt aber darauf an, sie zu *verändern*", *Marx* 1888 bzw. 1983, 535).

Zeitachse: 1900 – 1910 – 1920 – 1930 – 1940 – 1950 – 1960 – 1970 – 1980 – 1990 – 2000

Polit. Entwicklung

1. Weltkrieg · Depression · Nazi-Reich · 2. Weltkrieg · Korea-krieg · Wiederaufbau · Vietnam-Krieg · Afghanistan-Krieg · Golf-Krieg · Wirtschaftsmacht Japan · Europäische Einigung · Zus.Bruch UdSSR

pers.-wirt. u. soz.pol. relev. Ansätze und Prinzipien

Taylorisierung · Psychotechnik · Human Relations · Neo-Human-Relations · Situative Kontingenz-Ansätze · HDA QWL · Unt.-Kultur Wirt.-Ethik · Lean Mgmt. TQM

Refa · Werks-Gemeinschaft · Führer-Prinzip. Betriebs-Gemeinschaft · Mitbestimmung: Betriebs-Verf.-Ges.

BWL als Kunstlehre: BWL als 'Sozial-wissenschaft'

SCHMALENBACH Gemeinwirtschaft; BWL als 'Kunstlehre'

Niklisch 1912; 1921
Dietrich 1914
Seyffert 1922

O. v. Nell-Breuning
J. Kolbinger
A. Marx
G. Fischer

Ulrich 1971
Schanz 1977
Heinen 1976

Professionalisierungsdebatte
H. Wächter

Ökonomische Wissenschaft: BWL als

RIEGER: Einkommensorientierte BWL als 'Wissenschaft'

GUTENBERG: Mikroökonom. Fundierung der BWL (1. Aufl. 1951)

A. Wöhe   H. Albach

1. Lehrstuhl für Personalwesen

D. Sadowski
D. Schneider

Entwicklung des Fachs

Bezeichnungen: Privat-WiLehre   Betriebs-WiLehre

1938 300 BWL-Stud. in Deutschland

1980 26.000 BWL-Stud. in der BRD

1994/95 82.075 BWL-Stud. in der BRD

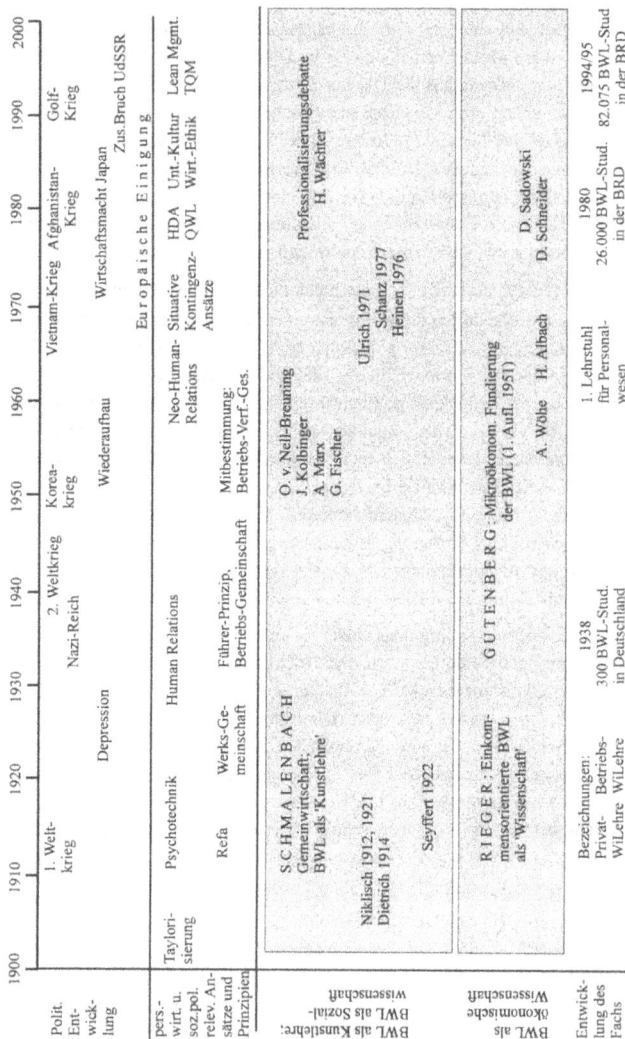

Abb. B-1:   Eine kurze Geschichte der BWL und PWL

In einer weiteren Zeile sind Stationen der (verhaltenswissenschaftlichen) Management-Theorie notiert, die das geistige Klima bezeichnen, innerhalb dessen sich personalwirtschaftlich relevante Konzeptionen herausgebildet haben:

- Die nach dem Ingenieur *Frederick W. Taylor* benannte Phase war gekennzeichnet durch konsequente Trennung von Denken und Tun (Planen und Ausführen); das erstere oblag dem naturwissenschaftlich angeleiteten Management, das letztere den Arbeitskräften. Systematische Arbeitsanalyse, konsequente Schulung, differenzierte Werkzeuggestaltung, leistungsabhängige Lohnsysteme, intensive Überwachung durch Funktionsvorgesetzte waren die wichtigsten Maßnahmen, die vorgeschlagen wurden und die binnen kurzer Zeit in allen industrialisierten Staaten eingeführt wurden, nicht zuletzt deshalb, weil zahllose Berichte über beeindruckende Produktivitätsgewinne veröffentlicht wurden. Auch in Deutschland wurde mit der Gründung des 'Reichsausschusses für Arbeitszeitermittlung REFA' die Bewegung, die viele geradezu missionarische Anhänger gefunden hatte, institutionalisiert.

- Die Verhaltenswissenschaften unterstützten, beginnend mit *Hugo Münsterberg*, durch psychodiagnostische Tests, lerntheoretisch begründete Trainingsverfahren und experimentell fundierte Werkzeug- und Arbeitsplatzgestaltung diesen Prozess der Rationalisierung,

- der um die Zwanzigerjahre ein zusätzliches Moment durch den sog. Fordismus erhielt, weil *Henry Ford* in seinen Fabriken konsequent das Fließbandsystem als Grundlage der Massenfertigung eingeführt hatte.

Die einseitige Rationalisierung stieß auf Seiten der Arbeitnehmerschaft und der Gewerkschaften auf zum Teil erbitterten Widerstand, sodass die Wiederentdeckung des 'menschlichen Faktors' als Kur gegen die unübersehbaren negativen Auswüchse des Scientific Managements gepriesen wurde:

- Insbesondere die sog. *Hawthorne Studies* (so benannt, weil sie in Hawthorne, einem Vorort Chicagos, in einer Fabrik der Western Electric durchgeführt worden waren) fanden große Aufmerksamkeit, weil sie auf der Grundlage z.T. mehrjähriger Studien (Experimente, Beobachtungen, Befragungen) empirische Belege dafür präsentierten, dass die Qualität der menschlichen Beziehungen zwischen Vorgesetzten und MitarbeiterInnen (human relations) die Leistungsresultate stärker beeinflusse als z.B. Lohnsystem, Pausengestaltung und Arbeitszeitregime. Wie spätere Reanalysen zeigten, waren diese Schlußfolgerungen keineswegs gerechtfertigt, aber sie stießen auf breite Resonanz, weil das sozioökonomische Klima dafür günstig war.

- Auch in Deutschland hatte sich schon in der Zeit nach dem ersten Weltkrieg der 'Gemeinschaftsgedanke' in der Vordergrund der Diskussion geschoben. Erste Experimente mit Gruppenfabrikation wurden durchgeführt (1922 bei Mercedes), in der Weimarer Republik wurde ein Betriebsverfassungsgesetz verabschiedet, die 'Betriebsgemeinschaft' wurde als Mittel der Vereinnahmung der Arbeitskräfte (nicht zuletzt zur Abwehr gewerkschaftlicher und sozialistischer Aktivitäten) beschworen und von seiten der Unternehmerschaft aktiv gefördert.

- Im Dritten Reich wurden nach Abschaffung der Gewerkschaften (1933) und Gründung der 'Deutschen Arbeitsfront' die Ideologie der Werksgemeinschaft bzw. NS-Betriebsgemeinschaft und das Führerprinzip tragende Säulen der 'Gleichschaltung'.
- Nach den Erfahrungen von Nazi-Diktatur und 2. Weltkrieg wurden in der Wiederaufbauphase die Rechte der Arbeitnehmer und ihrer betrieblichen Vertretung gestärkt (Betriebsverfassungsgesetz 1952).
- In der weltweiten wirtschaftlichen Expansion wurde, vor allem aufgrund angespannter Arbeitsmärkte, die Neo-Human-Relations-Bewegung zur dominanten Ideologie; einmal mehr wurden individuelle Motivation, Gruppenklima, Führungsstil und partizipative ('demokratische') Organisationsformen als Methoden propagiert, mit deren Hilfe die Doppelzielsetzung (Leistung und Zufriedenheit) erreicht werden könnte.
- Die Ansätze der sog. Situativen oder Kontingenz-Theorie leiteten einen erneuten Pendelumschwung ein: jetzt wurde 'differenziert', weil nicht mehr Globalaussagen (z.B.: "Je mehr Partizipation, desto mehr Leistung") akzeptiert wurden, sondern es von der 'Lage der Dinge' , also der jeweiligen konkreten Situation abhängig (kontingent) gemacht wurde, welche Gestaltungsform ergebnisoptimal sei (z.B.: "Wenn die MitarbeiterInnen unfähig oder unmotiviert sind, ist direktiver/autoritärer Führungsstil effektiver").
- Mit der Entwicklung von Unternehmensforschung (Operations Research), PPBS (Planning, Programming and Budgeting Systems), Human Factor Engineering (Ergonomie) fanden wieder 'rationale' formalisierte und technisierte Ansätze Zuspruch.
- Die aus den USA übernommene "Quality of Working Life"-Bewegung wurde in Deutschland als regierungsgefördertes Programm "Humanisierung der Arbeitswelt" (HdA) betrieben; in zahlreichen Projekten wurden Maßnahmen der Organisations- und Arbeitsgestaltung mit arbeits- und sozialwissenschaftlicher 'Begleitforschung' analysiert.
- Nach dem Abebben dieser Welle begann die Konjunktur des Unternehmenskultur-Ansatzes, der durch die Kultbücher von *Deal & Kennedy* (1982) und insbesondere *Peters & Waterman* (1982) in Praxis und Wissenschaft Verbreitung fand.
- Fast schon erwartungsgemäß kamen mit beginnender weltweiter Rezession wieder stärker direktive und kostenorientierte Ansätze in Mode (z.B. Lean Management, Business Reengineering, Intrapreneurship), wenngleich die Einbettung in 'ganzheitliche' Ansätze betrieben (Total Quality Management, Kaizen) und die Bedeutung der aktiven Mitarbeit der Beteiligten betont wurde (Empowerment, Organizational Citizenship, Quality Circles, Lernende Organisation).

Es war nicht die Absicht dieses Überblicks über Management-'Moden und Mythen' dieses Jahrhunderts (s. *Kieser* 1996), alle Strömungen vollständig darzustellen und zeitlich genau zu datieren, weil dies ein sehr verwirrendes Bild ergeben hätte: Viele der Entwicklungen fanden überlappend oder parallel statt, es gab zahlreiche Abspaltungen und Verfeinerungen, und was wir als exotische Einzelrichtung ausgelassen haben, würden andere AutorInnen vielleicht als fruchtbaren Impuls bezeichnen. Wir können die genannten Monografien (*Deters, Wagner, Krell*) nicht ersetzen und wollten mit diesem Schnelldurchgang vor allem personalwirtschaftlich relevante Entwicklungen betonen.

Die abwechselnde Betonung entgegengesetzter Pole oder auch die Gleichzeitigkeit des Widersprüchlichen läßt auch - und dem sind die nächsten Zeilen des Tableaus gewidmet - in der Entwicklung der Disziplin *Personalwesen* als Teil der BWL zeigen. Die BWL hatte sich um die Jahrhundertwende von der Nationalökonomie oder Volkswirtschaftslehre abgespalten und als eigenes Hochschulfach etabliert. Den "Kampf um Anerkennung und Status", den laut *Wright, Rowland & Weber* (1992, 1140) die Personalwirtschaftslehre innerhalb der BWL führt, führt die BWL als ganzes mit der Volkswirtschaftslehre. Dabei hat das chronische Minderwertigkeitsgefühl der BWL eine lange Tradition, die bis auf Zeiten zurückgeht, wo sich erste Ansätze zu einer Handelswissenschaft entwickelten:

> "So schreibt Ludovici 1768 in seinen 'Grundrissen', dass 'man diese Wissenschaft bisher verächtlich, ... ja überhaupt der Beschäftigung eines Gelehrten unwürdig gehalten hat'. Die vorliegenden Schriften sind deshalb auch stets bemüht, Handlungsregeln für den 'ehrbaren' Kaufmann aufzustellen" (*Wagner*, 1990, 63) und "Die sich formierende geschlossene Front der Vertreter der Volkswirtschaftslehre isoliert die Privatwirtschaftslehre 'als eine Anleitung zu möglicher Routine in einer öden Profitmacherei', sorgt damit aber auch für deren internes Zusammenrücken" (a.a.O., 68).

> "Der Begriff selbst - 'Betriebswirtschaftslehre' - setzt sich durch in dem Bestreben, den vorbelasteten und verdächtigen Begriff der 'Privatwirtschaftslehre' durch einen neutraleren zu ersetzen. Die Diskussion erfährt ihren Höhepunkt in der Auseinandersetzung um Schmalenbachs Forderungen nach 'Gemeinwirtschaftlichkeit' als oberstem unternehmerischen Zielkriterium im sog. 'Werturteilsstreit'" (*Wagner*, 1990, 69).

Zwischen 1898 und 1901 wurden die ersten sechs Handelshochschulen errichtet, denen bis 1919 fünf weitere folgten (in Leipzig, Berlin, Mannheim, Wien, St. Gallen usw.)[2]; 1903 wurde in Zürich der erste universitäre Lehrstuhl eingerichtet; damals firmierte das Fach noch unter der Bezeichnung Handelswissenschaft oder Privatwirtschaftslehre. *Schmalenbach* (1873-1950) bezeichnete sich 1919 zum erstenmal als 'Betriebswirt'. Während es noch 1938 insgesamt 300 BWL-Studierende in

---

[2] Damals wurden auch zwei der bekanntesten betriebswirtschaftlichen Fachzeitschriften gegründet: 1906 von *Schmalenbach* die 'Zeitschrift für betriebswirtschaftliche Forschung' (ZfbF, die damals noch bezeichnenderweise 'Zeitschrift für handelswissenschaftliche Forschung' hieß) und 1908 die 'Die Betriebswirtschaft' (DBW) unter dem damaligen Namen 'Zeitschrift für Handelswissenschaft und Handelspraxis'.

Deutschland gab, waren es 1980 in der BRD ca. 26.000 und 1994/5 in Deutschland über 82.000.

Quasi von Anfang an standen sich zwei Lager gegenüber: eine Richtung, die BWL als 'Kunstlehre' mit starkem *Praxis- oder Anwendungsbezug* auffasste und eine entgegengesetzte, die ihren *wissenschaftlichen Charakter* betonte. Exponenten dieser beiden Fraktionen waren *Schmalenbach* (auf seiten der praxeologischen Richtung) und *Rieger* als Vertreter einer konsequent theoretischen Fundierung. Hinzu kommt, dass die Gruppe um *Schmalenbach* das Prinzip der 'Gemeinwirtschaft' verfocht und die gesellschaftliche Verantwortung der Einzelwirtschaft betonte, während *Rieger* für eine konsequent einkommensorientierte (in anderen Worten: marktwirtschaftliche, kapitalistische) Ausrichtung plädierte.

Die *Schmalenbach*sche Position wird in folgenden Zitaten deutlich:

> "Und so ist es nicht der Sinn unserer Betriebswirtschaftslehre, zuzuschauen, ob und wie irgend jemand sich ein Einkommen oder ein Vermögen verschafft. Sinn unserer Lehre ist es lediglich zu erforschen, wie und auf welche Weise der Betrieb seine gemeinwirtschaftliche Produktivität beweist" (*Schmalenbach*, 1933; zit. nach *Wagner*, 1990, 73).

> "'Wissenschaft' im Gegensatz zur 'Kunstlehre' ist eine philosophisch gerichtete, 'Kunstlehre' dagegen eine technologisch gerichtete Wissenschaft. Die 'Kunstlehre' gibt Verfahrensregeln, die 'Wissenschaft' gibt sie nicht." Kunstlehre verlangt "eine besondere Gattung von Forschern ... In ihrer Mehrzahl pflegen das Leute zu sein, die sich in der Praxis betätigen. In der Privatwirtschaftslehre sehen wir sie als Gutachter, Revisoren, in Aufsichtsräten sich umtun. Das ist natürlich von erheblichem Einfluss auf Lehrtätigkeit und Forschung; es erschließt ein Material, über das ein Stubengelehrter schlechterdings nicht verfügen kann" (*Schmalenbach* 1911/12, 304f; zitiert in *Wagner* 1990, 75).

Schmalenbach selbst hatte diesen Forschertyp durch umfangreiche Gutachtertätigkeit vorgelebt.

*Rieger*s Gegenposition:

> "*Rieger* andererseits teilt zwar *Schmalenbach*s kapitalismus-kritische Analyse der ökonomischen Realität und ihrer Funktionsmängel. Er hält jedoch die Forderung der Unternehmer, diese Realität mit dem moralischen Anspruch nach mehr Gemeinwirtschaftlichkeit zu verändern, für Illusion und Wunschdenken. Die Unternehmung ist unter den gegebenen wirtschaftlichen Verhältnissen 'eine Veranstaltung zur Erzielung von Geldeinkommen - hier Gewinn genannt - durch Betätigung im Wirtschaftsleben. Wenn wir also von einem Zweck der Unternehmung reden, so kann dies nur dieser sein, Gewinn zu erzielen, und zwar für den Unternehmer.' Auf keinen Fall kann es Aufgabe, bzw. privatwirtschaftlicher Zweck der Unternehmung sein, an der 'Befriedigung der wirtschaftlichen Bedürfnisse mitzuwirken.' Letzteres mag ein sekundärer Effekt sein, nicht aber der primäre" (*Rieger* 1959, 44; zit. in *Wagner* 1990, 73).

> (Für den Wirtschaftswissenschaftler kann es nicht darum gehen) ..."persönliche Wünsche und Ansichten vorzubringen oder der Wirtschaft Vorschriften zu machen, was sie

tun sollte. Vielmehr gilt es, die Zustände so wie sie sind möglichst vorurteilslos zu untersuchen und mit äußerster Sachlichkeit zu schildern - gleichgültig, ob wir sie billigen oder nicht... Wissenschaftliches Denken muss von den persönlichen Wünschen und Idealen unabhängig sein, und erst diese Unabhängigkeit und Wunschlosigkeit ist es, die es zur wissenschaftlichen Betrachtungs- und Denkweise erhebt. Wer bestimmte Zustände ablehnt, andere empfiehlt und anstrebt, ist Politiker" (*Rieger*, 1959, 44, zitiert in *Wagner* 1990, 44).

Es überrascht nicht, dass die 'gemein(wirt)schaftliche' Richtung eine größere Affinität zu Fragen der 'Menschenführung' (wie es damals hieß) hatte. Namen, die in diesem Kontext immer wieder fallen, sind *Dietrich, Nicklisch, Weyermann & Schönitz* und *Seyffert*.

Für *Dietrich* ist - so *Gertraude Krell* 1994, 57f.) - das Arbeitsverhältnis ursprünglich eine 'Zwangsgemeinschaft', die sich jedoch 'zur freien erhöhen' kann, "weil jeder einzelne zu seinen Nächsten, zu allen Mitarbeitern, zum Ganzen ein freundliches innerliches festes Verhältnis gewonnen, die gleiche betriebsgenossenschaftliche und persönliche Gesinnung alle eint und bindet" (*Dietrich* 1914, 105).

> "Und da die Menschen im besonderen die Träger aller wirtschaftlichen Angelegenheiten sind, kann es 'rein' wirtschaftliche Dinge - wie 'rein wirtschaftliche Betrachtung' der Dinge - nicht geben. Folglich ist der Betrieb ein wirtschaftlich-soziales Wesen. Und das Gebot der Wirtschaftlichkeit im Verfahren, Verbrauchen wird dem Menschen, dem persönlichen Betriebs-Gliede gegenüber zur sozialen Pflicht" (*Dietrich* 1914, S. 104, zitiert in *Deters* 1990, 279).

Nicklisch gilt als ein erster Vertreter einer ethisch-normativen Richtung der BWL, der insbesondere in seiner Organisationslehre einer emphatischen Verklärung des Gemeinschaftsgedankens (geradezu) huldigte. "Das Wort Betriebsgemeinschaft bedeutet, dass Menschen einheitlich verbunden das Leben des Betriebes leisten und dass der Mensch auf diese Weise aus dem Betriebsmechanismus einen Organismus macht" (*Nicklisch* 1932, 296, zitiert in *Krell* 1994, 57). Nicht der (einzelne) Mensch, sondern die menschliche Gemeinschaft stand im Mittelpunkt seiner Arbeit. Menschen, die sich nicht vom Gewissen, sondern vom Egoismus leiten lassen, waren für ihn keine Menschen mehr (1920, S. 36 und 69):

> "Gegen solche 'Subjekte', 'Parasiten', die im Kampf zwischen Egoismus und Pflichtgefühl unterliegen, weil ihr Gewissen nicht gesund ist, 'muß sich die Volksgemeinschaft wehren', von 'solchen Elementen' muß sie sich befreien, ihnen das Handwerk legen" (*Nicklisch & Schweitzer* 1928, S. 134; zitiert in *Krell* 1994, 63).

Hier kommt ein geistiges Klima zum Ausdruck, das die wortgleichen Argumentationen im 3. Reich vorbereitet; ähnliches kann man aber auch in und aus den Führungsgrundsätzen von Toyota lesen, die *Shimizu* (1979) zitiert.

Kapitel B

Nicklisch errichtete nach dem 1. Weltkrieg in Mannheim ein wirtschaftspsychologisches Institut und setzte als Direktor des psychotechnischen Labors 1919 *Seyffert* ein, der von *Gertraude Krell* (1987) als Verfasser des ersten personalwirtschaftlichen Lehrbuchs (1922) bezeichnet wird.

Nach dem Krieg wurde - stark beeinflußt vom Nestor der katholischen Soziallehre *Oswald* v. *Nell-Breuning* - durch *Josef Kolbinger* (Mannheim), *August Marx* (Mannheim) und *Guido Fischer* (München) der Gedanke der Gemeinwirtschaftlichkeit wiederbelebt; es wurde - mit ethischer Begründung! - die zentrale Stellung des Menschen in der Betriebswirtschaft postuliert. Dass die prägenden Autoren keineswegs blind waren für die tatsächlichen Verhältnisse, sollen - zusätzlich zu den oben schon erwähnten Belegen - weitere Zitate illustrieren:

> "Die wirtschaftlichen Werte sind zweifellos nicht die höchsten Werte, aber sie sind von besonderer Dringlichkeit; denn die höheren Ziele der Menschheit lassen sich nur realisieren, wenn die materiellen Grundlagen gesichert sind ... Wenn der Mensch sich in diese Produktionsstätten eingliedert, unterstellt er sich damit zwangsläufig den dort herrschenden Gesetzen, d.h. also dem Gesetz der Wirtschaftlichkeit" (*Hax* 1950, 394).

> "Der Betrieb wird von organisatorischen Gesetzmäßigkeiten beherrscht, die dem Drang des Mensch-Wesens nach möglichst 'freier' Selbstbestimmung und nach eigener Besinnung auf als individuell oder als gemeinschaftlich empfundene Werte sowie seinem Selbstbewußtsein, das Achtung vor seiner Würde als Mensch fordert, nicht durchaus zuträglich sind" (*Hasenack* 1961, 577f.).

In der Folgezeit fand die sog. 'verhaltenswissenschaftliche Öffnung' der BWL statt; prominente Vertreter der BWL, die sich für eine Integration sozialwissenschaftlicher Theorien stark machten, waren *Hans Ulrich* (St. Gallen) und *Edmund Heinen* (München). Beide Wissenschaftler können als Importeure von Ideen betrachtet werden, die in der Organisations- und Management-Theorie der USA verbreitet waren: *Ulrich* übernahm die Konzeption der Unternehmung als soziales System, *Heinen* sorgte für die Verbreitung des entscheidungstheoretischen Ansatzes aus der *Barnard-Simon-March-Cyert*-Tradition. Konzentriert auf das Programm der psychologischen Erwartungs-Valenz-Theorien vertritt *Günther Schanz* seit 1977 eine am Gratifikationsprinzip* orientierte individualisierte BWL.

Die andere Richtung der BWL wurde nach *Rieger* durch die wohl wichtigste Persönlichkeit in der deutschen BWL geprägt: *Erich Gutenberg* (Köln). Er entwickelte die BWL als eine mikroökonomische Theorie: nicht der Mensch, sondern die Produktivitätsbeziehung steht im Mittelpunkt. *Wöhe*, der *Gutenberg*s Konzeption seiner

---

* *Gratifikation* (lat.): wörtl.: Gunsterweis, Gefälligkeit, Geschenk; im vorliegenden Zusammenhang ist gemeint, dass die Wahl einer Handlungsalternative abhängt vom erwarteten Nutzen, den sie stiftet.

in vielen Auflagen erschienenen "Einführung in die Betriebswirtschaftslehre" zugrundelegt, formulierte schon 1959: "Vom Standpunkt der Betriebswirtschaftslehre ist der Mensch nicht Zweck, sondern Mittel" (zit. in *Deters* 1990, 300).

Und 1984 schreibt *Wöhe*:

> "Da alles menschliche Handeln auf Ziele gerichtet ist, muß die Betriebswirtschaftslehre als praktische Wissenschaft ihre Probleme an den Zielen auswählen, die die Menschen, die die unternehmerischen Entscheidungen zu treffen haben, verfolgen. Diese Ziele müssen *empirisch festgestellt* werden und dürfen nicht aus Normen oder ideologischen Vorstellungen abgeleitet werden, an denen nach der subjektiven Vorstellung einzelner Fachvertreter oder gesellschaftlicher Gruppen die Entscheidungen im Betriebe ausgerichtet werden sollten, tatsächlich aber gar nicht ausgerichtet werden. Die Betriebswirtschaftslehre dieser Prägung versteht sich also als *wertfrei*, weil sie die von den Betrieben verfolgten Ziele registriert, ohne sie ethisch-sozial zu beurteilen, und weil sie auch die Mittel, die geeignet sind, diese Ziele bestmöglich zu realisieren, nur auf ihre Operationalität, nicht aber auf ihre ethisch-sozialen Konsequenzen hin beurteilt. Eine solche Betriebswirtschaftslehre wird als *praktisch normativ* bezeichnet" (*Wöhe* 1984, 41f, zitiert in *Wagner* 1990, 92).

Auch *Erich Schäfer* und vor allem *Dieter Schneider* können als erklärte Gegner einer verhaltenswissenschaftlich orientierten BWL angesehen werden; sie sehen die BWL als eine ökonomische Disziplin und bestehen auf der konsequent ökonomischen - nach ihrer Auffassung heißt das: am Einkommensprinzip orientierten - Fundierung der BWL.

> "Seit Edward Baumstark 1835 den Namen *'Betriebswirtschaftslehre'* einführte, umschließt Betriebswirtschaft zumindest die Erhaltung, Verwendung und Berechnung des Vermögens und Einkommens in den einzelnen Gewerben. Menschen müssen Einkommen erzielen und verwenden, um zu überleben und um ethische, kulturelle und andere Ziele verwirklichen zu können. Dabei ist als Erfahrungssachverhalt unbestreitbar, dass *Unsicherheit* beim Erwerb und Verwenden von Einkommen nicht zu vermeiden ist ... Die Aufgabe, bei gegebenen Mitteln und Erwartungen Einkommen zu erzielen und zu verwenden und dabei Einkommensunsicherheiten zu verringern, verlangt eine *eigenständige* Wissenschaft, weil die hierbei auftretenden Probleme so schwierig sind, dass sie weder durch praktische Erfahrung allein noch durch Erkenntnisse von Verhaltens-, Sozial-, Rechts- oder anderen Wissenschaften bewältigt werden können" (*Schneider* 1990, 276).

Auch sozialwissenschaftlich orientierte Fachvertreter wie *Ekkehard Kappler* plädieren für eine 'Reökonomisierung der BWL' (so das Thema einer Tagung des Hochschullehrerverbands in Wuppertal). Dies nicht, um einer einseitigen Kapitalorientierung das Wort zu reden, sondern um an die 'gesellschaftliche Bedingtheit' und den Zwangscharakter der betrieblichen Verhältnisse zu erinnern, der sich wohlmeinenden philanthropischen* Appellen gegenüber als resistent erweist. In dem von *Kappler* herausgegebenen Tagungsband schreibt z.b. *Nagaoka*:

> "Den individuellen 'Arbeitnehmern' sind - genauso wie den individuellen 'Kapitalge-
> bern', 'Arbeitgebern', 'Managern' usw. - die gesellschaftlichen Verhältnisse, in denen sie
> leben müssen, vorgegeben; wenngleich auch diese Verhältnisse nichts anderes als das
> Ergebnis des vielfach vermittelten intersubjektiven Zusammenwirkens der Menschen
> sind. In diesen Verhältnissen erscheinen notwendigerweise die zwischenmenschlichen
> Beziehungen, so, als ob sie Eigenschaften von Dingen bzw. Sachen wären oder als ob
> sie Beziehungen zwischen Dingen bzw. Sachen wären. So ist z.B. die Produktivitätsbe-
> ziehung in der Unternehmung nicht nur eine rein physisch-mengenmäßige Beziehung.
> Sie enthält auch die zwischenmenschliche Beziehung und bringt sie zum Ausdruck, wie
> in den 'Grundlagen' ja auch nachlesbar ist. Diese zwischenmenschliche Beziehung ist
> nicht ausschließlich eine soziologische oder psychologische, sondern vielmehr eine
> ökonomische Beziehung. Man kann diese ökonomische zwischenmenschliche Bezie-
> hung nicht untersuchen, wenn dabei nicht zumindest die Kapitalbewegung im Sinne
> Gutenbergs berücksichtigt wird. Hierin liegt auch ein wichtiger Grund dafür, dass ... die
> Verhaltenswissenschaften nicht die 'Basis' der Betriebswirtschaftslehre bilden können"
> (*Nagaoka* 1980, 252-254; zitiert in *Deters* 1990, 319).

Kappler ergänzt:

> "Der in den Verhaltenswissenschaften firme homo oeconomicus hat nur vermeintlich
> die Grenzen des betriebswirtschaftlichen Erkenntnisobjektdenkens verlassen. In der Il-
> lusion solch plastischer Erweiterung wird ökonomische Theorie ihrer gesellschaftlichen
> Bedingtheit hinter dem Flitterglanz verhaltenswissenschaftlicher Deskription noch we-
> niger einsichtig als bei *Gutenberg* ... die verhaltenswissenschaftliche ... Floskel von der
> Unternehmung als einem sozialen System in einem Interaktionssystem von Menschen
> oder Rollenerwartungen oder Verhaltensweisen (wird) zur Banalität, vergleicht man sie
> mit der von *Nagaoka* wiederentdeckten *Gutenberg*schen Einsicht: '... Ein Unternehmen
> ist nicht nur ein technisches und ein ökonomisches, sondern auch ein soziales, ich würde
> vorziehen zu sagen, ein gesellschaftliches Gebilde'" (*Kappler* 1983, IV, zitiert in *Deters*
> 1990, 319f.).

Für *Kappler* erscheint es deshalb auch unmittelbar einleuchtend,

> "die Gesetze der Kapitalbewegung - oder unter ihrem Namen zumindest Begriffe wie
> erwerbswirtschaftliches Prinzip, Kosten, Leistung, Eigentum, Profit, ausführende Ar-
> beit, dispositive Arbeit" zur Basis der Betriebswirtschaftslehre als ökonomischer Theo-
> rie zu machen und von der Aussage her aufzubauen, "wonach die Gestaltungsfreiheit
> der Praxis Vollzugsorgan der Gesetze der Kapitalbewegung ist" (*Kappler* a.a.O.).

Die Position *Sadowski*s, des derzeit prominentesten Vertreters einer ökonomischen Personalwirtschaftslehre, haben wir oben schon im Kap. A, S. 66ff.) dargestellt.

---

* *Philanthrop* (griech.): Menschenfreund

Schlußbemerkung

Die Theorie-Geschichte des Personalwesens ist gekennzeichnet durch eine Reihe von fruchtbaren Kontroversen, die auch noch heute für Polarisierungen sorgen und die Vitalität des Fachs erhalten. Auch wenn stets das jeweils Aktuelle oder Dominante als Höhepunkt oder vorläufiger Abschluß einer Entwicklung bezeichnet wird, zeigt sich bei genauerer Betrachtung, dass die Widersprüche zugleich aufgehoben (bewahrt) und nicht aufgehoben (weder beseitigt noch auf ein höheres integrierendes Niveau emporgehoben) sind. Die vorangegangene Darstellung hat belegt, dass folgende Fragen immer wieder aus neue gestellt werden:

- Ist das Personalwesen (oder die BWL insgesamt) eine angewandte Kunstlehre oder eine theoretische Disziplin?
- Was steht im Mittelpunkt: der Mensch oder das Kapital bzw. Einkommen? Geht es um Ökonomie oder Humanität?
- Ist das Personalwesen eine rein ökonomische Disziplin oder eine verhaltenswissenschaftliche bzw. interdisziplinäre Veranstaltung?
- Sollen Aussagen über das Aggregat bzw. Kollektiv 'Personal' gemacht werden oder ist das Individuum Ausgangspunkt der Analyse?
- Geht es um die Harmonisierung zum 'Ganzen' (Gemeinschaft) oder um den unaufhebbaren Dauerkonflikt partikulärer Eigeninteressen?
- Sind Analysen und Interventionen rein sachlich-objektiv (verdinglichend) anzulegen oder sind die Besonderheiten des 'Faktors Mensch' (Subjektivität, Identität, Körperlichkeit, Emotionen, Bedürfnisse, Sinn usw.) zu berücksichtigen?
- Sind die Aussagen allein auf ökonomische Effektivität und Effizienz zu beziehen oder gehen soziale, normative und ethische Kriterien mit ein?

Handelte es sich allein um den Streit der (oder in den) Fakultäten, dann müssten derartige Kontroversen als normal angesehen werden, weil Wissenschaft von Rede und Gegenrede, von spekulativem Entwurf und systematischer Prüfung, vom Spannungsverhältnis zwischen Theorie und Empirie lebt. Es wäre dann auch müßig, sachfremde Maßstäbe einzuführen (z.B: Welche Position hat sich durchgesetzt? Was ist praxistauglich oder anwendbar?). Es ginge allein um Kriterien wie Informationsgehalt, Widerspruchsfreiheit (innere Konsistenz), Anschlussfähigkeit, Prüfbarkeit, Falsifizierung etc. Beschränkt man sich auf die Würdigung der Theorie(n) des Personalwesens, ist zu resümieren, dass die Bilanz zwar nicht besonders beeindruckend ausfällt (siehe dazu Kap. A), dass das Fach aber eine lebendige Disziplin ist, in der über heterogene Positionen gestritten wird.

Anders verhält es sich, wenn man diese rein wissenschaftsimmanente Haltung aufgibt und sich vergegenwärtigt, dass Personalwesen mehrere Existenzen führt: es ist zum einen eine (angewandte) Wissenschaft, zum anderen eine Profession und schließlich eine umkämpfte Institution der betrieblichen Praxis. Aus den letztgenannten Perspektiven aber ist es nicht unerheblich, welche der oben genannten Pole Oberhand gewinnt, weil dann Ressourcen, Status, Einfluß, Karrieren und Identitäten auf dem Spiel stehen. Darauf soll im folgenden eingegangen werden.

2. Personalwesen als Profession

Hartmut Wächter hat 1987 mit seinen kontrovers diskutierten Thesen zur Professionalisierung des Personalwesens einen ersten Impuls für eine - vor allem von Hochschullehrern geführte - Debatte gegeben. Er meinte damals, dass in Deutschland die Arbeits- und Sozialgesetzgebung (vor allem Betriebsverfassungs- und Mitbestimmungsgesetze) Bedarf für Expertise geschaffen hätte, die in den klassischen 'verwaltenden' Personalabteilungen nicht gegeben war; zudem hätte sich die Personalwirtschaftslehre an den Hochschulen so weit entwickelt, dass sie bewährte Konzepte, Methoden und Instrumente zur Lösung betrieblicher Probleme bereitstellen könne. Personalarbeit sei so komplex geworden, dass sie nicht mehr quasi nebenbei von Selfmade(wo)men erledigt werden könne, sondern Professionalität erfordere.

2.1   Was ist eine Profession?

Diese Überlegungen haben zunächst zum Nachdenken darüber Anlass gegeben, was denn eigentlich eine 'Profession' sei, um eine begründete Antwort darauf geben zu können, ob die Personalarbeit (in den Großunternehmen!) professionalisiert sei. Damit wurde die soziologische Professions-Diskussion, die weit in die erste Hälfte des 20. Jahrhunderts zurückreicht (s. *Ringlstetter & Kniehl* 1995, 141; *Beyer & Metz* 1995, 186), in die Personalwirtschaftslehre übertragen.

Professionen "... werden als Dienstleistungsberufe begriffen, die a) ein systematisch entwickeltes Wissen auf Probleme anwenden, die b) von erheblicher Bedeutung für das Wertsystem einer Gesellschaft sind" (*Rüschemeyer* 1972, 168f.; 1973). Das Kontinuum *Arbeit* (job) ⇨ *Beruf* (occupation) ⇨ *Profession* symbolisiert zugleich, dass der Profession ein höherer Entwicklungsstand und ein höherer Status zugeschrieben wird. In der amerikanisch-britischen Tradition, in der der Professionsbegriff entwickelt wurde, standen vor allem Selbständige (wie Ärzte, Anwälte, Architekten etc.) Pate für das Konzept; deshalb sind Autonomie und Freiheit (Unabhängigkeit von einer Großorganisation, in der man angestellt ist) wichtige Aspekte. Und wenn Professionelle schon angestellt seien, dann seien sie mehr ihrer Berufsgruppe oder Fachdisziplin verpflichtet, als der jeweiligen Organisation.

Die Diskussion der Besonderheit von Professionen hat zu keinem allgemein akzeptierten Begriffsverständnis geführt; wir wollen deshalb im folgenden häufig genannte Merkmale aufführen, die als eine Prüfliste dienen können, um die 'Professionalität' von Personalverantwortlichen abzuschätzen (siehe dazu die Ausführungen in *Lang* 1995, *Ringlstetter & Kniehl* 1995, *Freimuth* 1995, *Beyer & Metz* 1995, *Altrichter & Gorbach* 1993):

- Verwissenschaftlichung, eigene Professuren und Studiengänge, hoher Bildungsgrad;
- Zugangskontrolle und Abschlußprüfungen, (staatlich anerkannte) Graduierung und Zertifizierung (Diplome oder Urkunden als Qualitätssiegel); geschützte Titel ('Buchstaben vor oder nach dem Namen');
- systematischer Wissenserwerb, reguliertes Ausbildungssystem; exklusive Wissens- und Fähigkeitsbestände (die von 'Laien' nicht beherrscht oder kontrolliert werden können), spezifisches Expertentum;
- eigene Fachzeitschriften, Lehrbücher, fachspezifische Dokumentations- und Informationsorgane oder -zentren;
- Verrechtlichung der Kontrolle über bestimmte Tätigkeitsgebiete (z.B. Ärzte vs. Heilpraktiker vs. Psychologen); Absicherung und Stabilisierung von Erwerbschancen;
- Autonomiesicherung, Selbstkontrolle der Inhalte und Strukturen der Ausbildungsgänge, der Abschlüsse und des beruflichen Handelns;
- (selbstfinanzierte) Berufs- oder Fachverbände oder (Standes-)Vertretungsorganisationen; hauptamtliche Funktionäre; eigene Öffentlichkeitsarbeit; Organisation von Kongressen, Symposien, Erfahrungsaustauschgruppen; Gründung eigener (kommerziell geführter) Ausbildungsstätten ('Akademien');
- spezifische Wertorientierung, ausdrückliche Verpflichtung auf spezifische Verhaltensregeln und ethische Grundsätze, Ehrenkodex, Standesgerichte;
- Institutionalisierung innerhalb von (Groß-)Organisationen (z.B. eigenes Fachressort); spezifische Laufbahnen innerhalb von Organisationen ('Kaminaufstieg' innerhalb derselben Funktion; z.B. von Personalsachbearbeiterin über Personalreferentin und Personalleiterin zum Personalvorstand).

Die Durchsetzung der Professionalisierung einer Tätigkeit ist ein gesellschaftlicher Kampf, weil Monopole errichtet werden, andere Berufstätige durch Inkompetenzerklärung als Konkurrenten ausgeschaltet und ihnen Arbeitsfelder weggenommen und/oder vorenthalten werden. Zu Arbeitsgebieten, Pfründen und Einfluß wird ein exklusiver Zugang geschaffen und verteidigt. *Freidson* hält die Professionsideologie für 'in sich imperialistisch', weil Professionen mehr Wissen und Entscheidungsbefugnis für sich beanspruchen als sie effektiv nachweisen können. Professionsorganisationen dienen dem Zweck, ihren Mitgliedern günstige Marktverhältnisse und damit eine privilegierte Position und Autonomie zu verschaffen und zu bewahren. Professionelle nehmen für sich in Anspruch, ihre Arbeit (nur) selbst kontrollieren zu können (*Freidson* 1986; *Forsyth & Danisiewicz*. 1985). Die beanspruchten Privilegien und Vorrechte werden auf Dauer gestellt, z.B. durch soziale und sachliche Schließung und deren Selbstkontrolle. Angriffe werden durch Identitätsbildung, Reputationssicherung, Networking, Lobbyismus abgewehrt. Wichtig ist, dass die Profession (bzw. ihre Vertretungsorganisation) die Definitionsmacht über ihr Arbeitsgebiet und die Nachwuchsrekrutierung behält.

Der Status jeder Profession ist prekär, weil sie damit rechnen muß, von innen und von außen in Frage gestellt zu werden. Genauso wie sie selbst einmal andere verdrängt hat, können nun neue Anbieter vergleichbarer Dienstleistungen ('Laien') in den geschützten Markt eindringen (Steuergehilfen - oder PC-Programme - bedrohen Steuerberater, psychologische Therapeuten bedrohen Ärzte), der Selbstregulationsmechanismus versagt (siehe die Krise im Gesundheitswesen), sodass externe Eingriffe die vormalige Autonomie aufheben.

2.2   Ist das Personalwesen professionell?

Sind Personalverantwortliche Professionelle oder grundsätzlicher gefragt: Ist Personalarbeit professionalisiert?

Auf der Grundlage der oben aufgezählten Merkmale können zweifellos einzelne Professionalisierungselemente festgestellt werden:

So hat sich z.B. die Personalwirtschaftslehre in den Wirtschaftsfakultäten fast aller deutschen Universitäten und Fachhochschulen als Fach etabliert (zum Teil in Kombination z.B. mit 'Organisation' oder 'Arbeitswissenschaft' oder 'Unternehmensführung' bzw. 'Management'); das Fach Personalwirtschaft ist Teil der Allgemeinen BWL und kann vielfach als Spezielles Prüfungsfach gewählt werden.

> "Der erste personalwirtschaftliche Lehrstuhl wurde ... 1963 am Seminar für Personalwesen und Arbeitswissenschaft an der Universität Mannheim (Wirtschaftshochschule) eingerichtet; erster Direktor war August Marx. Die Bezeichnung des Lehrstuhl mit 'Personalwesen und Arbeitswissenschaft' macht dabei deutlich, dass für die damals Verantwortlichen eine Trennung zwischen dem Personalwesen als betriebswirtschaftlicher Disziplin und ... der Arbeitswissenschaft nicht sinnvoll erschien" (aus *Deters* 1990, S. 297).

> *Kossbiel* (1997) erinnert - nicht ohne Stolz - daran, dass der erste Lehrstuhl mit der Bezeichnung 'Personal*wirtschaftslehre*' 1971 in Hamburg gegründet wurde.

In anderen europäischen Ländern ist eine ähnliche Entwicklung festzustellen: In Frankreich z.B. konnte 1968 zum ersten Mal ein formaler Universitätsabschluss in Personalwesen erworben werden (*Rojot* 1990,90). In Großbritannien gab es nie einen Lehrstuhl für 'Personnel' oder 'Personnel Management', aber Ende der 80er Jahre wurden die ersten 'chairs' für Human Resource Management eingerichtet (siehe *Noon* 1992, 17).

Eine Fülle von Lehrbüchern und Monografien zu Spezialthemen ist erschienen; es gibt auch Fachzeitschriften, in denen über Probleme, Lösungen und Kontroversen berichtet wird. Fachperiodika dienen zum einen der Selbstreflexion und Selbstverständigung, zum anderen sind sie Teil der Strategie, sich in einer Art Leistungsschau der Fachöffentlichkeit als reife Disziplin zu präsentieren und um Anerkennung zu werben.

Auch Standesorganisationen haben sich gebildet: im akademischen Bereich eine eigenständige Kommission im Verband der Hochschullehrer für BWL (1973); im Praxisfeld die DGFP (Deutsche Gesellschaft für Personalführung), in der 1995 ca. 1300 Firmen Mitglieder waren; einzelne Personen können normalerweise in der DGFP nicht Mitglied werden, allerdings gab es ca. 250 außerordentliche Einzelmitgliedschaften vor allem für Personalberater (*Wächter & Metz* 1995, 39). Die DGFP gibt eine monatlich erscheinende Fachzeitschrift heraus, bietet ein gestuftes System von Fortbildungsveranstaltungen an und organisiert Erfahrungsaustauschgruppen. Anders als ihr britisches Pendant, die IPD (Institute of Personnel and Development) vergibt sie jedoch keine Zertifikate und ist nicht als politische 'pressure group' tätig (s. *Lee & Limberg* 1995).

Personalspezifische Titel existieren hingegen nicht, auch entsprechende Berufsbezeichnungen sind in Deutschland nicht geschützt, ebensowenig ist ein diesbezüglicher Abschluß unabdingbare Voraussetzung für die Übernahme einer verantwortlichen Position im Personalwesen. In einer empirischen Erhebung in Oberösterreich haben z.B. *Putz & Nöbauer* (1995) gefunden, dass in den erfassten 232 Unternehmen nur ein Drittel der jeweiligen Personalverantwortlichen ein akademisches Studium absolviert hat und von diesem Drittel wiederum hat nur etwas mehr als die Hälfte einen wirtschaftswissenschaftlichen Abschluss (der Rest hat Jura, Naturwissenschaften, Psychologie/Pädagogik etc. studiert).

Innerhalb von Organisationen gibt es keine exklusiven Personal-Laufbahnen (mehr); im Gegenteil wird im Managementbereich heutzutage meist die 'Rotation' als Norm definiert: um voranzukommen, muß jemand Erfahrungen in der Leitung verschiedener Funktionsfelder (in verschiedenen Divisionen im In- und Ausland) vorweisen können.

Was die für Professionen üblicherweise hohe gesellschaftliche Reputation anlangt, so ist unten noch einiges über das manchmal schlechte Image der Personalabteilungen zu sagen (s. Beleg B-1, S. 151). Es gibt auch keine Art 'hippokratischen Eids'* für Personalleute und ebenfalls keine definierten Wertestandards, auf die sich ein Ehrengericht beziehen könnte.

---

* *Hippokratischer Eid*: Auf den griechischen Arzt *Hippokrates* (ca. 460 - 375 v.Chr.) zurückgeführtes 'Ärztegelöbnis', mit dem auf [Initiative des Weltärztebunds (Genf 1948)] Ärzte auf bestimmte ethische Grundsätze festgelegt werden.

Zwar existiert inzwischen ein großer Korpus an personalwirtschaftlichem Wissen und an spezifischen Verfahren, Techniken und Instrumenten, aber deren Anwendung ist nicht exklusiv einer definierten Gruppe von PersonalspezialistInnen vorbehalten: jedermann kann sich im Supermarkt der Ideen, Konzepte und Methoden nach Belieben bedienen.

Die einzigen, die gegenüber ihrer Klientel eine besondere Kompetenz vorweisen können (müssen), sind PersonalberaterInnen, weil sie bei Neukontakten im Regelfall Referenzen für erfolgreiche Projekte angeben müssen; aber auch diese Gruppe hat weder einen einheitlichen und vorgeschriebenen beruflichen Werdegang, noch müssen ihre Mitglieder personalwirtschaftliche Graduierungen haben.

Nach unserer Auffassung muss deshalb das Resümee gezogen werden, dass die Beschwörung des Professionsstatus für das Personalwesen Ausdruck von Wunschdenken ist. Nicht zuletzt die Lehrpersonen des Hochschulfachs 'Personal' haben dafür ein Motiv: Ihre Anerkennung in der Fachöffentlichkeit hängt - gerade in einer anwendungsnahen Disziplin wie der BWL - auch davon ab, dass es ein definiertes Praxissegment gibt, das als Nachfrager auftritt. Je mehr es eine 'Jedermannsqualifikation' wird, Personalarbeit zu leisten, sodass sie von den Linienvorgesetzten 'miterledigt' werden kann, desto mehr verschlechtert sich die Kontroll- und Plazierungsfunktion eines entsprechenden Hochschulabschlusses. Deshalb ähnelt die Behauptung der Professionalität dem Singen im dunklen Wald: man beeindruckt weniger andere, als dass man sich selbst Mut macht.

Eine konsolidierte Identität als exklusive (aus- und einschließende) Disziplin ist vor allem (standes-)*politisch* wichtig. Der Rang der Personalwirtschaftslehre als wissenschaftliches Fach ist davon ebensowenig berührt wie ihre Verpflichtung, für betriebliche Personalprobleme Lösungsstrategien anzubieten. Dem Personalwesen kommt das Erkenntnisobjekt nicht abhanden, wenn es in den Betrieben starke zentrale Personalabteilungen oder spezifische Personalkarrieren nicht mehr geben sollte. Personalprobleme gibt es genug, auch wenn die 'Träger der Personalarbeit' sich wandeln sollten. Man sollte die Frage nach dem bestmöglichen *Management* einer Funktion nicht zur Existenzfrage einer Profession umfunktionieren. Auch oder gerade *ohne* Fixierung auf einen bestimmten Wissens- und Methodenkanon, auf den berufspolitischer Ausschließlichkeitsanspruch erhoben wird, können innovative und konstruktive Beiträge zu Bearbeitung von Personalfragen geleistet werden.

Die Professionalisierungsdebatte kann auch als Versuch gesehen werden, sich über vergangene und vor allem künftige Entwicklungspfade klar zu werden. Ein Beispiel dafür geben *Beyer & Metz* (1995), die auf der Grundlage von vier professionsdefinierenden Merkmalen (soziale Schließung, Autonomie, Kollektivorientierung und Expertise) vier 'Professionalisierungspfade' diskutieren und jeweils durch 'Leitbilder' veranschaulichen (s. Tab. B-2)

dominante Professiona-lisierungsdimension	Professionalisierungspfad	Leitbild der Profession
Soziale Schließung	Elitenbildung im Personal-wesen	Arbeitsdirektor
Autonomie	Personalwesen als Dienstlei-stung	Personalberater
Kollektivorientierung	Entbetrieblichung des Perso-nalwesens	Ombudsman*
Expertise	Ökonomisierung des Perso-nalwesens	Personalwirtschaftler

Tab. B-2:   Alternative Professionalisierungspfade des Personalwesens
(aus: Beyer & Metz 1995, S. 197)

Das Modell 'Arbeitsdirektor' (starke, im Vorstand vertretene Personalfunktion, die personalpolitisch auf das 'gesamte Unternehmensgeschehen' einwirkt) scheint seine Blütezeit hinter sich zu haben, nicht zuletzt weil es verbunden war mit der Ausbildung bürokratisch bevormundender 'Zentralen'. Der Zuschnitt auf eine exklusive Spitzenposition führt zur sozialen Schließung (Privilegierung einzelner, Ausschluss der 'normalen' Fachleute).

Das Modell 'Personalberater' ist sozusagen das Gegenmodell: fachlich versierte Externe bieten für abgegrenzte Aufgabenstellungen ihre Dienste an (analog könnten schlanke Personalabteilungen als interne Kompetenz- und Service-Centers dienen). Gerade weil die 'Lean Management'-Mode zeigte, dass auch viele Personalfunktionen 'ausgelagert' werden können, fand diese Möglichkeit Resonanz.

Das Modell 'Ombudsman' ist eine utopische Variante, die auf einer Trennung der ökonomischen und sozialen Orientierung des Personalwesens basiert und für die letztere, die in Zeiten des Personalabbaus oft genug den kürzeren zieht, eine eigene Institution schaffen möchte. Der Ombudsman wäre die Inkarnation der Abspaltung eines Partners in jener symbiotischen Beziehung zwischen Management und Personalwesen, die *Freimuth* (1995, 176) beschreibt: das Management trifft unpopuläre Entscheidungen, deren Exekution der Personalabteilung überlassen wird, die das mit dem nötigen sozialen Feingefühl erledigt.

Der 'Personalwirtschaftler' dagegen stünde im Widerstreit zwischen *Amerikanisierung* der Arbeitsbeziehungen (lean management) und *Japanisierung* der Organisation (als 'Familie') (siehe *Freimuth* (1995, 177) für die 'amerikanische' Richtung, nämlich für den konsequenten Versuch einer zahlenmäßigen Durchdringung und ef-

---

* aus den skandinavischen Ländern stammende Einrichtung des 'Bürgerbeauftragten'

fizienten Gestaltung des Betriebsgeschehens im Hinblick auf 'added value'; nur was 'sich rechnet', soll realisiert werden.

Schließlich erörtern die Autoren auch noch einen 'De-Professionalisierungs-Pfad', der in die Preisgabe des Professions-Anspruchs mündet und der Rückgabe der Personalverantwortung und -arbeit an die Linie das Wort redet.

Ein solcher Ordnungsversuch zeigt, dass es 'das' Personalwesen wohl noch nie gegeben hat und nie geben wird; es gab immer verschiedene Optionen, die stark von der Unternehmensgröße und -philosophie, der Qualifikation der MitarbeiterInnen, der Konjunkturlage und der wirtschaftlichen Situation des Unternehmens, der Stärke der Arbeitnehmervertretung, unternehmensgeschichtlichen Besonderheiten und wohl auch 'starken Männern' (selten: Frauen) abhängen. Außerdem verschiebt es die Professions- auf die Organisations-Diskussion, nämlich auf die bestmögliche Gestaltung der 'Institution' Personalwesen (darauf soll unten noch eingegangen werden).

Wenn sich Personalwesen in der betrieblichen Praxis einen besonderen Status sichern möchte, dann müssten - siehe dazu *Wagner, Domnik & Seisreiner* 1995 - folgende Bedingungen gegeben sein, damit Personalwesen strategisches Erfolgspotential aufbauen kann:

- Es muss für die Lösung von Personalproblemen Handlungsspielräume und verschiedene Möglichkeiten geben. Wenn z.B. der Gesetzgeber oder die Tarifpartner ein für den Laien undurchschaubares Netz von Regulierungen entwickeln, braucht man *spezifische* Expertise, sei sie nun durch Erfahrung oder Ausbildung erworben, um zu entdecken, dass und wo Möglichkeiten der Gestaltung existieren.
- Das relevante Know-how muss immobil und knapp sein. Es müsste also die Möglichkeit bestehen, die Verbreitung der Kompetenz auf dem Markt zu kontrollieren und sie nicht per Fremdbezug jederzeit und billig beschaffen zu können.
- Die entsprechende Kompetenz darf nicht (leicht) substituierbar sein (z.B. durch Technologien, andere Formen der Organisation oder externe Anbieter).
- Personalwirtschaftliche Problemlösungen und Institutionen dürften nicht-imitierbar sein, sollten also spezifisch und maßgeschneidert auf ein bestimmtes Unternehmen (seine Traditionen, Ressourcen und Idiosynkrasien) und spezifische Herausforderungen bezogen sein, sodass eine 'best practice' nicht kopierbar ist.
- Investitionen in die Personalwirtschaft müssen als 'sunk costs' Bindewirkung entfalten und das Umschalten auf andere Lösungen erschweren.
- Zuletzt und am wichtigsten: Es müssten eindeutig wertsteigernde, Effizienz und Effektivität nachhaltig fördernde Beiträge des Personalwesens aufzuzeigen sein.

Überblickt man diese Liste, dann dürfte es wohl für einen abgegrenzten Bereich 'Personal' schwer sein, alle Forderungen zu erfüllen und so seinen Bestand zu sichern. Schon eher kann es einzelnen Projekten, Methoden oder Instrumenten gelingen, diesen Ansprüchen zu genügen. Es kommt also nicht darauf an, alle Lösungsbeiträge in einer betrieblichen Instanz 'Personalabteilung' zu konzentrieren, sondern die Voraussetzungen dafür zu schaffen, dass optimale Problemlösungen möglich sind, seien sie nun zentral oder lokal organisiert. (Mit dieser Fragestellung setzt sich die Diskussion über die *Institutionalisierung des Personalwesens* auseinander, auf die wir im nächsten Abschnitt eingehen werden).

Die Konzentration auf die - womöglich unverzichtbaren und unersetzlichen - *Leistungs*beiträge (Personalplanung, -beschaffung, -allokation, -entwicklung usw.) verschleiert, dass das Personalwesen auch noch andere Wirkungen hat, die in der stark funktionalistisch ausgerichteten Professionalisierungsdebatte selten thematisiert werden. Eine Ausnahme macht der Wiener Organisationssoziologe *Titscher* (1995, 212), wenn er feststellt, dass das Personalwesen auch die Funktion hat, Selbstdarstellungs- und Sozialisierungsaufgaben wahrzunehmen, die Organisation gegenüber ihrer *äußeren* wie *inneren* Umwelt zu (re-)präsentieren:

"Über diese traditionellen und die rein administrativen Aufgaben hinaus hat das Personalwesen natürlich (gewollt oder unbeabsichtigt) eine Darstellungs- und eine Sozialisierungsfunktion: Es präsentiert den Mitgliedern das Unternehmen als Arbeitgeber, indiziert durch seine Politik erwünschte/unerwünschte Einstellungen, soziale Vergleiche und Verhaltensweisen, es bietet Ordnungsvorstellungen an, die den Mitarbeitern Orientierung geben.

Und ebenfalls über eine Beschreibung von Teilaufgaben ginge der Versuch hinaus, die Rückwirkungen gesellschaftlicher Funktionen von Organisationen auf das Personalmanagement zu analysieren. In diesem Zusammenhang ... könnte dann etwa die Frage gestellt werden, ob Personalabteilungen nicht jene gesellschaftlichen Differenzen (z.B. in der Ungleichbehandlung von Frauen und Männern) zu administrieren haben, die Unternehmen aufrecht erhalten und damit Grundsatzerklärungen der Politik ermöglichen, in denen die Gleichheit als gegeben dargestellt wird. Harmloser wäre die Suche nach dem Beitrag, den ein Personalwesen für die öffentliche Darstellung des Unternehmens als wichtiger und daher förderungswürdiger oder mit Drohpotential ausgestatteter Arbeitgeber leistet."

Ein institutionalisiertes Personalwesen fungiert *Titscher* zufolge auch als "Schutz der Organisation":

"Das Personalwesen repräsentiert das Unternehmen den Mitarbeitern gegenüber, also Personen, die durch Anerkennung der Regeln zu Mitgliedern geworden und *nur* als solche für die Organisation Unternehmen relevant sind. Setzen sich mit den arbeitsbedingten Ansprüchen einzelner vorwiegend Vorgesetzte und Betriebsräte auseinander, so hat das Personalwesen die Erwartungen des Personals und definierbarer Gruppierungen mit den Forderungen des Unternehmens abzugleichen, also an Relationen zu arbeiten. ... Insofern vertritt diese (wie immer organisierte) Stelle die Normen und Regeln des Betriebes gegenüber den Forderungen, die aus der inneren Umwelt kommen. So hat sie etwa nicht nur die betriebsspezifischen Interpretationen von Arbeitsverträgen durchzusetzen, sondern hätte auch die Organisation vor den eigenen Vorgesetzten (ihrer eventuellen Willkür in der Mitarbeiterführung und -behandlung) zu schützen, Schaden abzuwehren, der aus 'Gefälligkeitsmustern' oder organisierter Korruption entsteht, Resistenz gegenüber Erneuerung der Wissensbestände abzufangen etc. Darüber hinaus kann ein Personalwesen (analog dem Kundendienst für den Markt) quasi als organisatorisches Sensorium für Signale der Belegschaft fungieren, also nicht nur Symbole vermitteln und Situationen einseitig definieren, sondern auch Reaktionsweisen der Mitarbeiter rechtzeitig als 'verschlüsselte Botschaften' interpretieren" (*Titscher* 1995, 216f.).

2.3   Die Wahrnehmung von Personalaufgaben

Dieser Überschrift kann man drei Deutungen geben:

Erstens: Welche Aufgaben werden als originäre *Personal*aufgaben angesehen, sodass für diese Funktionen SpezialistInnen vorgesehen werden? Diese Perspektive nehmen die üblichen funktional orientierten Einteilungen des Personalwesens ein. Ihnen zufolge gibt es aus einer Art logistischer Perspektive - der 'Durchsatz' von Personal im Sinne einer Art Lebenszyklus - notwendige Funktionen: Planung, Beschaffung, Einsatz, Motivation, Entwicklung, Kontrolle, 'Entsorgung' ... Eine solche Auffassung verabsolutiert eine spezifische, eingeengte Sichtweise. Sie übersieht, dass es schon institutioneller Vorkehrungen bedurfte, damit sich diese Art der Problemdefinition durchsetzen konnte. Ein bestimmtes Modell (das der funktional differenzierten 'anonymen' Großorganisation) wird auf alle Personalverhältnisse übertragen. Dem kann man aus historischer und systematischer Perspektive Alternativen gegenüberstellen, die die Besonderheit der als 'typisch' oder 'normal' unterstellten Situation erweisen. Historisch-politisch gesehen war es stets umkämpft, wer für welche Funktionen zuständig ist. Gerade angesichts aktueller Forderungen, die Personalverantwortung den Linienvorgesetzten zurückzugeben, muß man sich vergegenwärtigen, dass die Kompetenz(!) für Personalfragen im Prozeß der Ausdifferenzierung von Rechten und Positionen auch eine Frage von Macht und Status war: es ging um die Kontrolle von Ungewißheitszonen, um Verfügung über (Human)Ressourcen, um Entscheidungsbefugnisse und die Besetzung strategisch bedeutsamer Positionen. Eine systematisch-vergleichende Argumentation würde danach fragen, welche Varianten der Regulation der Personalarbeit es gegeben hat und/oder gibt, um dann spezifische Gestaltungsformen als kontingent auszuweisen.

Die Quintessenz: Es muss zuerst kategorisiert und definiert werden, d.h. es müssen Unterschiede gemacht und benannt und die Trennungen aufrecht erhalten werden. Die Aufgabe 'Personalbeschaffung' muß z.B. aus dem Integral der Aufgaben in einer Unternehmung herausgelöst werden. Derart isoliert, kann sie in ihrer Zusammensetzung analysiert und gegebenenfalls rationalisiert und neu konfiguriert werden. Ihre Teilschritte können dann verschiedenen Positionen zugewiesen oder als strukturierter Aufgabenblock einer Führungs- oder Stabs-Position (rück-)übertragen werden. Zusätzlich muß überwacht werden, ob die konzipierte Abfolge richtig (plan-getreu) oder erfolgbringend eingehalten wurde. Die Definition von Personalaufgaben ist immer auch ein Herrschaftsakt, weil damit die dauerhafte Übertragung von Rechten verbunden ist.

Zweitens: Bei dieser Hinsicht geht es nicht um die Abgrenzung und Einrichtung eines bestimmten Territoriums, sondern um das Wahrnehmen (Übernehmen) von Personal*aufgaben*. Diese können von 'PersonalerInnen', aber auch von Mitgliedern wahrgenommen werden, die hauptamtlich für ganz andere Belange zuständig sind. Zum einen geht es dann um die Frage, *wer* Personalfunktion ausübt (darauf werden wir im nächsten Abschnitt ausführlicher eingehen), zum anderen aber auch darum, *wie* diese Funktion 'wahrgenommen' wird. *Scholz* (1994) hat in seiner gewohnt plastischen oder drastischen Art dafür verschiedene Etiketten angeboten, die für sich selbst sprechen. Er arbeitet mit Vierfelderschemata, die aus Kombinationen von jeweils hoher und niedriger Mitarbeiter- und Unternehmensorientierung gebildet werden. Bei guter Konjunkturlage nennt er folgende vier negative Ausprägungen: Nebelwolke, Weihnachtsmann, Personalfunktionär, Peitschenschwinger; die positiven Ausprägungen sind Personalmanagementberater, Personalentwickler, Visionär und Organisationsentwickler. Bei schlechter Konjunkturlage sind die negativen Ausprägungen Unterseeboot, Sozialapostel, Personalbürokrat und Totengräber; die positiven Ausprägungen Passiver Vermittler, Kreativer Personalmanager, Ideengeber und Rationalisierer.

Drittens: Die 'Wahrnehmung' der Personalfunktion(en) kann schließlich auch die Wertschätzung (das Image) bedeuten, das speziell Personalfunktionäre und -abteilungen haben.

Wunderer (1984, 507) sieht die Personalabteilungen charakterisiert durch "begrenzte Handlungsspielräume, wenig Ressourcenautonomie, geringes Machtpotential zur Durchsetzung strategischer Personalarbeit und niedrigem Status in der 'Abteilungshierarchie'." Er berichtet (1992b) über eine empirische Umfrage über "Rollen von schweizerischen Personalchefs" aus dem Jahr 1981. Es wurden 5 Typen gebildet (in Klammern die prozentualen Häufigkeiten): 1. Beamter (23%), 2. Schauspieler (12%), 3. Politiker (18%), 4. Psychologe (21%) und 5. Unternehmer (26%).

Derartige Konzeptionen sind von großer heuristischer Bedeutung, weil sie nahelegen, nicht nur nach formalen Ordnungsregeln zu suchen (wie sie etwa im Organigramm der Personalfunktion visualisiert sind), sondern den *Stil* der Personalarbeit als die alle Aktivitäten orientierende Ausrichtung oder Qualität zu berücksichtigen. Operationalisiert wird er meist durch die subjektiven (Selbst-)Wahrnehmungen der Beteiligten, seien sie nun Akteure oder Adressaten. Es ist aber durchaus möglich, Korrelationen mit Artefakten aufzuzeigen (wie sie etwa in der empirischen Organisationsforschung der ASTON-Gruppe erhoben wurden, z.B. Existenz von Manualen oder Formularen, Stärke des Personals in bestimmten Funktionen, spezialisierte

Stellen, Verteilung der Aktivität auf Funktionen, Evalutations- und Controlling-Instrumente etc.). Ein 'bürokratisiertes' Personalwesen wäre z.B. eines, das bei einer Zählung vorhandener Verfahren, Instrumente, Handbücher, Standardprozeduren usw. einen hohen Wert erreichte.

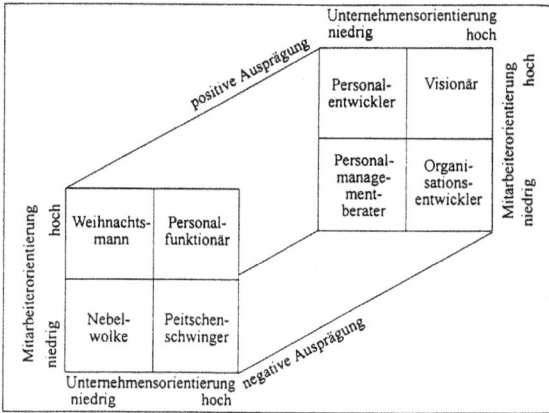

Abb. B-2a: Die Rollen der Personalabteilung bei guter Konjunkturlage

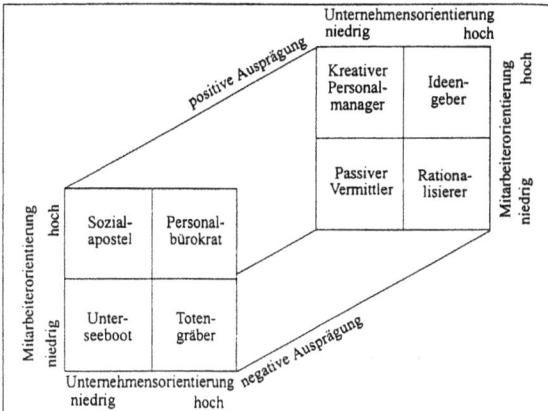

Abb. B-2b: Die Rollen der Personalabteilung bei schlechter Konjunkturlage
(aus: Scholz 1994, S. 48)

Im folgenden Beleg B-1 sind aus Kommentaren in der Literatur eine Reihe von Vorurteilen zusammengestellt, mit denen sich 'das' Personalwesen immer wieder konfrontiert sieht (siehe dazu auch den oben in Kap. A, S. 42ff. schon zitierten Kommentar aus *Legge*). Es überrascht angesichts dieses negativen Images nicht, dass 'PersonalerInnen' daran interessiert sind, jene Zeiten als längst überwunden zu bezeichnen, in denen dieses Urteil zutraf. Sie stellen das moderne Personalwesen (lieber noch: Human Resource Management) als dynamisch, strategisch, schlank, innovativ, kundenorientiert, kosteneffektiv usw. dar.

Es ist nicht verwunderlich, wenn - wie wir oben schon dargestellt haben - ein *derartiges* HRM in ein schlankes, dynamisches, wertschöpfendes HRM transformiert werden soll, wozu natürlich die passende Selbststilisierung gehört.

Beleg B-1:   Zum Image des Personalwesens als Institution

Das funktionale, im Personalressort zentralisierte Personalwesen

- gilt als 'grau', bürokratisch, formalistisch; es überzieht das Unternehmen mit Formularen, Systemen, 'Philosophien', die nur ihm selbst dienen;
- macht sich wichtig, obwohl es eigentlich nicht viel zu sagen hat: 'Big hat - no cattle' (*Skinner*);
- will Kompetenzen zentralisieren und die Linie entmündigen und zugleich
- gilt es aber auch als überflüssig, weil Personalarbeit in der Linie geschieht;
- findet sich vor allem in Großunternehmen und tendiert dazu, unproduktiver Wasserkopf zu werden;
- ist nur nötig in Zeiten angespannten Arbeitsmarkts, hohem gewerkschaftlichen Organisationsgrades der Belegschaft und starker Verrechtlichung der Arbeitsbeziehungen - kurzum: wenn der Markt nicht funktioniert;
- produziert Gemeinkosten; ist bevorzugtes Reservoir für Kostensenkungs- und Stellenabbaumaßnahmen;
- es ist machtlos, hat bei der Bestimmung der Unternehmenspolitik nicht viel zu sagen; es ist reaktiv: eher Befehlsempfänger und Ausführungsorgan, denn strategischer Gestalter;
- bietet vergleichsweise schlechtere Einkommen als andere Ressorts;
- bietet keine attraktiven Karrierechancen, dient im Gegenteil als Abstellgleis; es ist Sammelbecken für Leute ohne Biss; zieht SchönrednerInnen und Leute mit Helfer-Syndrom an;
- es ist unprofessionell und setzt nur Jedermannsqualifikationen voraus ('Personalarbeit kann jeder');
- ist 'soft' ('soziale Ziele') und leistet keinen beweisbaren Ergebnisbeitrag;
- ist Sammelbecken (Müllereimer) für alle möglichen Aufgaben, für die sich kein anderer interessiert: hodge podge, trash can (siehe auch *Metz* 1995, 45).

---

3. Die Organisation des Personalwesens

Die Frage nach der *Institution* Personalwesen wird in vielen Abhandlungen verkürzt zur Frage nach der *Organisation* des Personalwesens (ob es am besten funktional, divisional, objektbezogen oder noch anders zu gestalten sei; siehe dazu unten). Wir wollen das Problem grundsätzlicher angehen und es in zwei Teilfragen aufspalten:

- Wer führt Personalaufgaben aus? Wer macht (die) 'Personalarbeit'?
- Welche Organisationsformen gibt es? Und warum gerade diese?

3.1 Die Träger der Personalarbeit

Ein schönes Beispiel für Wunschdenken, das sich selbst die lange entbehrte Bestätigung liefert, bietet *Beyer*:

> "*Die Personalabteilung ist die wichtigste Abteilung eines jeden Unternehmens.* Wenn es wahr ist, dass der Mensch als Mitarbeiter im Betrieb und als Kunde auf dem Absatzmarkt im Mittelpunkt steht, dann ist folgerichtig das Personalmanagement die wichtigste Führungsaufgabe, die Personalabteilung selbst die wichtigste Abteilung eines Betriebs" (*Beyer* 1990, 32).

Bei der Bewertung des Personalwesens als Institution stehen sich zwei Haltungen gegenüber: Die eine behauptet, starke Zentralen hätten sukzessive 'die Linie' entmündigt und entmachtet, während die andere umgekehrt argumentiert:

> "Die ganze moderne Industriegeschichte hindurch gab es die Forderung, 'das Management der Menschen an die Linie zurückzugeben', wohin die Verantwortlichkeit wirklich gehöre. Es ist jedoch besser, es andersrum zu sehen: Im großen und ganzen tun Personalabteilungen das, was ihnen Linienmanager und Vorstände zu tun erlaubt haben" (*Purcell & Ahlstrand* 1994, 82).

Im Rahmen der kapitalistischen Logik der Steuerung des Arbeitsprozesses kann eine Dreiteilung von Akteuren vorgenommen werden; schon *Marx* hat in einer Art Urform der (Personal-)Organisation bildkräftig die Kapitalisten, ihre Offiziere bzw. Unteroffiziere und die einfachen (kämpfenden) Soldaten unterschieden. Abstrakter differenziert die im Kap. A-5.2.3 schon erwähnte moderne Vertretungstheorie: Der Prinzipal (Eigentümer) beauftragt Agenten mit der Aufgabe, den Einsatz der Produktionsfaktoren (zu denen auch 'Arbeit' gehört) zu managen. Diese dreistellige Relation impliziert, dass alle Beteiligten Rechte abgeben und dafür kompensatorische Gegenleistungen erwarten, die ihren Nutzen mehren. Die Arbeitskräfte treten (im freien Arbeitsvertrag) das Recht auf Selbstbestimmung ab und erhalten Einkommen, Beschäftigungssicherheit, Entwicklungsmöglichkeiten etc. Die Agenten verzichten auf die Möglichkeiten, ihre Einflußpositionen opportunistisch und egoistisch zu mißbrauchen und werden vom Prinzipal mit abgetretenen Direktionsrechten und (hohen) Einkommen belohnt. Der Prinzipal erleidet Einbußen, weil er Gehälter und Löhne zahlen muss und Kontrolle delegiert, erhält dafür aber eine bessere Verwertung seines Kapitals. Die Vertretungstheorie setzt die Herrschaftspositionen voraus (erklärt nicht ihre Genese) und entdialektisiert das Tauschverhältnis 'Verfügungsrechte gegen Verfügungsrechte'. Sie sieht das Problem der Operationalisierung der Tauschgrößen und der Kontrolle der Vertragseinhaltung als gelöst (oder vernünftig lösbar) an. Geht man aber - speziell auf menschliche Arbeitskraft bezogen - von der Existenz des Transformationsproblems aus, dann kommen einige Besonderheiten ins Blickfeld, die die Lage komplizieren: menschliche Arbeitskraft ist - wie oben schon mehrfach ausgeführt - keine freie Größe (sondern an ihren Eigentümer gebunden) und keine feste Größe (sondern höchst variabel und elastisch). Es fallen deshalb - immer ein rationales Tauschverhältnis zugrundegelegt - eine Reihe von (Transaktions-)Kosten an, die die Ausbeute schmälern: es müssen Einrichtungen geschaffen und finanziert werden, die der Information, Kontrolle, Sanktion, Motivation etc. dienen. Solche Einrichtungen (Institutionen) sind z.B. Hierarchie-Ebenen oder Stäbe oder funktional spezialisierte Abteilungen (wie etwa eine Personalabteilung).

Existenz, Größe und Macht einer organisatorisch verselbständigten 'Personalfunktion' können entsprechend dieser Logik mit den Vorteilen begründet werden, die sie stiftet - und es wird sie in dieser Form nur geben, solange sie Nutzen stiftet.

Damit es sie (die Personalabteilung und die Vorteile) geben kann, muß jedoch die Personalarbeit zunächst geeignet zugerichtet oder definiert werden: eine 'interaktionelle' Funktion muß zusätzlich 'strukturalisiert' werden (siehe dazu die Ausführungen auf S. 29 ff.) Was bei der Zusammen-Arbeit mehrerer Menschen zur Lösung eines Problems noch als (Selbst-)Organisation der unterschiedlichen Lösungsbeiträge ganzheitlich in Erscheinung trat, wird bei der strukturellen Bearbeitung in mehrfacher Weise aufgeteilt: einzelnen werden dauerhaft und exklusiv (andere ausschließend und zur ausschließlichen Besorgung) spezifische Aufgaben zugewiesen, ihre Verfügung über Ressourcen wird reglementiert und es wird eigenes Koordinationspersonal (Vorgesetzte) etabliert, das mit Vor-Rechten und Vor-Macht ausgestattet wird. Diese horizontale und vertikale Differenzierung wird gegen Widerstand aufrecht erhalten, weil sie ständig vom Aufbrechen der unterdrückten antagonistischen Tendenzen bedroht ist (im Sinne einer schnellen und befriedigenden Arbeit Zuständigkeiten überschreiten, ausgeklammerte Potenzen einbringen und entfalten, selbstbestimmt und nicht auf Anweisung handeln usw.). Es wird sogar deutlich, dass *ohne* die Zulassung und Nutzung dieser gegenläufigen Tendenzen das Kontrollmodell unökonomisch und nicht handhabbar würde (siehe Dienst nach Vorschrift). Paradox: Damit es lenkbar ist, muß das Personal sich selbst lenken; dazu müssen neben den im Arbeitsvertrag fixierten monetären Leistungen noch andere Vorteile 'überwiesen' werden (Eigenständigkeit, Achtung, Anerkennung, Vertrauen etc.) und vor allem: die lenkenden Vorgesetzten müssen sich als selber lenkbar erweisen.

Wenn man 'das Personal' nicht mehr als homogenes Objekt (Ding) sieht, sondern erkennt, dass die Objektivierung sozusagen nur im Zweierpack zusammen mit Subjektivierung zu haben ist, bringt das eine bestimmte Definition von 'Personalaufgabe' mit sich (siehe oben), es hat aber auch die Etablierung einer spezifischen Trägerschaft zur Folge. Die Abspaltung bestimmter Funktionen (Beschaffung, Entwicklung, Allokation usw.) setzt einerseits eine weit getriebene Zerstückelung der Aufgabenerledigung und andererseits eine herrschaftliche Aneignung von Kompetenzen voraus (hier verstanden als Fähigkeiten + Zuständigkeiten + Verantwortlichkeiten). Wenn ein Industriemeister zu früheren Zeiten, als es noch keine Personalabteilung gab, 'seine' Leute gesucht, eingestellt, bezahlt, ausgebildet, überwacht, bestraft, befördert, diszipliniert und entlassen hat, dann haben sich demgegenüber die Verhältnisse radikal gewandelt: im Laufe der Zeit sind ihm fast alle diese Funktionen abhanden gekommen, weil sie von Spezialisten übernommen (weggenommen) wurden. Diese ihrerseits werden - als zweite Stufe der Personal-Organisation - in einem dichten Netz von Abhängigkeiten wiederum von anderen kontrolliert, sodass schließlich jede Stelle ihre klein portionierten Direktionsrechte mit großen Abhängigkeiten bezahlen muß, deren jede einzelne vielleicht nur schwach wie ein Spinnwebfaden bindet, die jedoch in ihrer Gesamtheit die Person (oder Rolle oder Position) wie mit Drahtseilen in der überwältigenden und undurchschaubaren Struktur festhalten.

Im Prozess zunehmender Spezialisierung wurde Personal(abteilungs)arbeit entfremdet, aufgeteilt, vervielfacht, reglementiert (formalisiert), standardisiert etc., und 'als solche' produziert und reproduziert sie selbstähnlich 'das Personal' als homogenes, handhabbares Objekt. Das tut sie auf zwei Ebenen: *strukturbildend* in der Entwicklung von 'apersonalen' oder formalen Grundsätzen, Entscheidungsprämissen, Regeln, Systemen, Verfahren, Instrumenten etc., *exekutierend* im konkreten Vollzug dieser Ordnungen. Um ein Beispiel zu geben: Die Personalabteilung kann einerseits ein Arbeitszeiterfassungssystem entwickeln und formalisieren, andererseits dieses System durchsetzen, konkrete Daten erheben und verarbeiten und entsprechende Konsequenzen (bis hin zu Abmahnung und Entlassung) ziehen.

Alltägliche Personalarbeit, die sich zwischen einer unmittelbaren Vorgesetzten und ihrem Mitarbeiter abspielt, hat demgegenüber eine graduell, nicht grundsätzlich andere Qualität: sie ist direkter, weniger formal, persönlicher und das kann sowohl entlastender, wie belastender für beide beteiligten Parteien sein, weil sie sich gegenseitig ihren Idiosynkrasien, den Launen wie den Liebenswürdigkeiten, unvermittelt aussetzen.

Bisher wurde über *Arbeit am Personal* geredet, es gibt aber auch noch die Personalarbeit als *Arbeit des Personals*. Diese Selbst-Tätigkeit ist es, in der letztendlich die Forderungen von Personalabteilung und Vorgesetzten interpretiert, verwirklicht oder unterlaufen werden. Sie ist aber nicht nur Reaktion auf die Zumutungen, sondern (zuweilen unerwartete oder unerbetene) Zu-Tat. Denn nicht nur die 'Träger der Personalarbeit' (PersonalleiterInnen, -referentInnen; Vorgesetzte) sind Subjekte, auch deren Objekte sind Subjekte und nur weil sie es (auch) sind, kann Personal*arbeit* erfolgreich sein. Dieser dilemmatischen Struktur entkommt Personalarbeit (in allen drei hier erörterten Formen) nicht:

- Die formale und spezialisierte Personal(abteilungs)arbeit richtet die Arbeitskräfte als Rollen- oder StelleninhaberInnen zu und behandelt sie prinzipiell und objektiv und gleich - also ohne Ansehen der Person.

- In ihrer Vor-Ort-Personalarbeit können sich Vorgesetzte diese A-Personalität nicht erlauben, weil sie ihren MitarbeiterInnen von Angesicht zu Angesicht gegenüberstehen und deshalb eine komplexe Mixtur aus role-taking (ordnungsgemäße Rollenübernahme entsprechend den formalen Vorschriften) und role-making (kreative Rollengestaltung in der konkreten Situation) zulassen oder gar fördern müssen.

- In der Arbeit des Personals vermischen sich objektivierte und subjektivierte Arbeit - und dies ist ein wichtiger Grund für die Existenz von Vorgesetzten und Personalabteilungen, die sich durch die präventive und korrektive Kontrolle von Abweichungen legitimieren. Wissen, Wollen, Erlebnisse, Identität von MitarbeiterInnen sollen genutzt werden und deshalb müssen die fraglichen Inhalte definiert, erfaßt und gelenkt werden. Und je totaler diese Ansprüche werden, desto umfangreicher wird die objektivierende Personalarbeit. Bis der Punkt naherückt, an dem es zur Vertauschung von Mittel und Zweck kommt: die Personalabteilung vergißt ihren Mittel-, Service- oder Support-Charakter und wird *sich* selbst zum Zweck: in parkinsonartiger Stellenvermehrung macht sie denen Arbeit, denen sie Arbeit abnehmen sollte.

3.2   Organisationsmodelle des Personalwesens

Mit dem Wechselspiel zwischen Aufblähung und Gesundschrumpfung der formalisierten Personalarbeit setzen sich auch die Organisationsmodelle der Personalwesen-Praxis auseinander. Deren Darstellung gehört zu den Lieblingsthemen der personalwirtschaftlichen Literatur (s. dazu auch den Überblick bei *Metz* 1995). Es handelt sich dabei um zwei Grundtypen, die auch in Mischformen praktiziert werden. Der eine Typ ist die verrichtungsorientierte *funktionale*, der andere die objektorientierte *divisionale* Organisation; hinzu kommen jeweils verschiedene Varianten der Lokalisation (zentral, dezentral). Extremmodell ist die Utopie der Diffusion (Auflösung und Zerstreuung) der Personal*abteilung* (bis hin zu ihrer Virtualisierung, siehe unten) und die Übernahme ihrer Funktionen in die alltägliche Personal*arbeit* der Führungskräfte.

Die Grundstruktur der Darstellung ist in der folgenden Zusammenfassung wiedergegeben:

3.2.1 Verrichtungsbezogene (funktionale) Organisation: Das Personalwesen ist in spezialisierte Funktionen (z.B. Planung, Beschaffung, Entwicklung, Controlling, Verwaltung etc. gegliedert)

3.2.2 Objektbezogene (divisionale) Organisation: Das Personalwesen bietet seinen Kunden - z.B. Werken, Bereichen - alle Dienstleistungen integriert ('aus einer Hand') an (vor ort stellt sich das als 'Referentensystem' dar)

3.2.3 Delegation der Personalfunktion 1 (Übertragung an die Linie): Das Personalwesen wird als eigenständige Institution aufgelöst; die Personalarbeit wird von den Linienvorgesetzten selbst (unterstützt durch 'Moderatoren') wahrgenommen.

3.2.4 Delegation der Personalfunktion 2 (Projektorganisation): Einzelne Personalfunktionen werden in Projekten entwickelt und/oder betreut; bestimmte Aufgaben (wie z.B. Personalpolitik, Personalcontrolling) bleiben zentralisiert.

3.2.5 Delegation der Personalfunktion 3 (Virtualisierung): Die Personalabteilung wird als selbständige Abteilung aufgelöst; die Personalfunktionen werden von in der Unternehmung verteilten MitarbeiterInnen zusätzlich zu ihren Kernaufgaben wahrgenommen.

3.2.6 Das Personalwesen wird ausgelagert (Ausgründung als selbständige Dienstleistungsfirma) oder einzelne Leistungen werden von spezialisierten Dienstleistern zugekauft (z.B. Personalverwaltung, Personalentwicklung, Personalbeschaffung).

Bei all den vielfältigen Organisationsentwürfen darf nicht übersehen werden, dass die empirisch vorgefundene Gestalt der 'Personal'-Organisation keineswegs immer stringent einer dominanten Logik folgt, sondern (auch) von historischen und personellen Einflüssen abhängt. Starke Personalvorstände können z.B. ihre ganz persönlichen Vorlieben realisieren; manchmal führen bizarre Sonderentwicklungen ein zähes Leben, insbesondere solange die Leute, die sie geprägt haben, in Amt und Würden sind. Einmal mehr zeigt sich, dass lokale Interessen, Besitzstände und Eigenheiten rationale Konstruktionsprinzipien modulieren oder gar korrumpieren können (weil die Akteure, die dafür verantwortlich sind, strategische Ungewissheitszonen kontrollieren).

3.2.1 Die verrichtungsbezogene (funktionale) Organisation

In ihr dominiert das Verrichtungsprinzip, das auf Spezialisierungsgewinne setzt. Für jede Personal-Funktion (siehe die Auflistungen oben, Kap. A, S. 16) gibt es ExpertInnen, die nichts anderes machen, also z.B. *nur* Personalplanung oder *nur* Personalmarketing oder *nur* Entlohnung oder *nur* Entwicklung usw. Diese SpezialistInnen nehmen den anderen sowohl das Denken wie das Entscheiden ab: sie schreiben im einzelnen vor, was, wann, wie, von wem zu tun ist und sie kontrollieren es.

Üblicherweise wird diese Organisationsform in einem Organigramm visualisiert, wie es in der folgenden Abb B-3 wiedergegeben ist. Diese übliche Form der Darstellung bringt jedoch einige Besonderheiten der funktionalen Organisationsform nicht zum Ausdruck, sodass wir als eine Alternative eine andere Symbolisierung entworfen haben (Abb. B-4). Mit ihr wollen wir verdeutlichen, dass die SpezialistInnen 'abgehoben' sind, d.h. nicht direkt in den Leistungsprozess integriert sind und dass sie diesen aus ganz bestimmten Perspektiven - und nur dieser - wahrnehmen und beeinflussen. Diese Perspektiven sind in der Art von Scheinwerfern dargestellt; damit soll symbolisiert werden, dass die einzelnen Funktion das Unternehmen (genauer: die Wertschöpfungskette) jeweils nur aus speziellen Blickwinkeln betrachten - und die anderen Blickwinkel außer Acht lassen.

Für die Verrichtungsorientierung werden eine Reihe von Vorteilen beansprucht, die aus anderem Blickwinkel jedoch auch als Nachteile bezeichnet werden können:

Erwartete Vorteile:
- Im ganzen Unternehmen wird nach einheitlichen Prinzipien und Regeln gearbeitet,
- Egoismen der einzelnen Unternehmensbereiche werden reduziert und kontrolliert,
- der aktuelle Stand der Fachdiskussion wird rezipiert; komplexe Lösungen werden entwickelt, die das Gesamtinteresse im Auge behalten,
- es ist unternehmensweit klar, wer wofür zuständig und kompetent ist:
- eine solche Personalorganisation ist leicht zentral zu führen und schlagkräftig;
- die verschiedenen Personalfunktionen können sich unbeirrt durch lokale Rücksichten und Kompromisse profilieren;

Befürchtete Nachteile:
- Das Eingehen auf Sonderfälle und Abweichungen, die Erarbeitung und Anwendung maßgeschneiderter Lösungen wird unmöglich oder erschwert;
- es kommt zur Gleichschaltung bzw. konformistischen Anpassung; innovative lokale Lösungen werden ausgemerzt oder behindert;
- einfache Probleme werden verkompliziert;
- Lösungen, Verfahren, Programme entfernen sich von den Bedürfnissen der Praxis;
- Verakademisierung;
- Entmündigung der PraktikerInnen und gleichzeitig Horizontverengung der Fachleute, die immer mehr über immer weniger wissen;
- Probleme werden nicht ganzheitlich gelöst, weil die SpezialistInnen nur ihre Sicht der Dinge kennen und durchsetzen; enges Ressortdenken und egoistische Interessenpolitik der Personalfunktion(äre) dominieren;

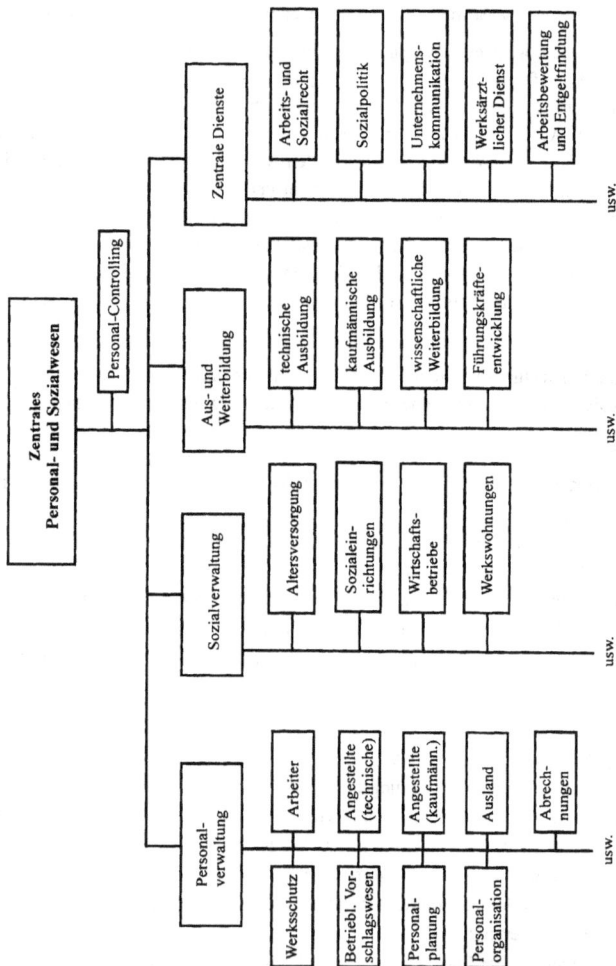

Abb. B-3: Beispiel einer funktionalen Organisation des Personalwesens
(klassissches Organigramm)

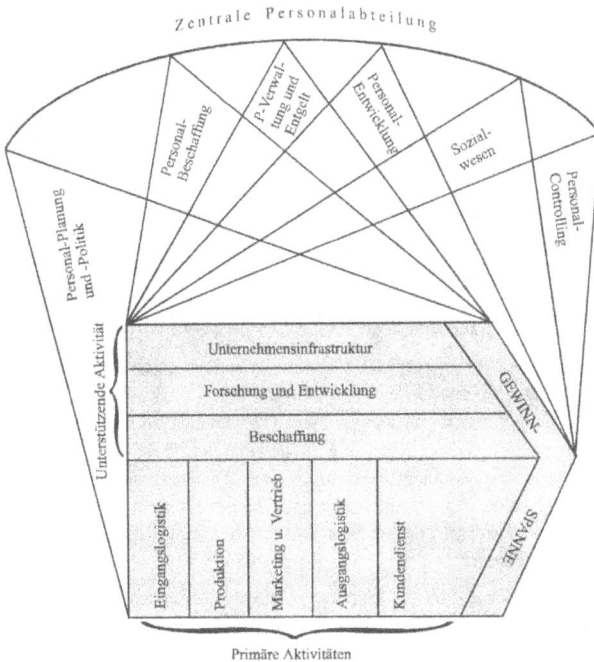

Abb. B-4: Die funktionale Organisation des Personalwesens: getrennte und un-
verbundene Perspektiven auf den Wertschöpfungsprozess

- wer ein Problem hat, muß sich mit einer Vielzahl von Stellen auseinandersetzen;
- die 'Kunden' werden als nachgeordnete Befehlsempfänger verstanden und mit Anweisungen, Richtlinien und Formularen überhäuft;
- Resultat ist die Verkümmerung der dezentralen Problemlösekompetenz.

Eine dezentrale Variante des funktionalen Prinzips, das seiner Anlage nach zur Zentralisierung tendiert, ist die Einrichtung von 'Dependancen' in großen Werken oder Filialen, die quasi als Mini-Ausgaben der Zentralstellen konzipiert sind, diesen berichten und mit ihnen in Personalrotation verbunden sind, aber zugleich besser und schneller auf lokale Problemstellungen eingehen können. Damit ergibt sich eine Annäherung an das Referentensystem, das unten dargestellt wird.

3.2.2 Die objektbezogene (divisionale) Organisation

Wenn im Personalbereich die Rede von 'objektbezogener' Organisation ist, dann wird damit zuweilen die Aufteilung nach Mitarbeiter-Gruppen gemeint. Früher war die Trennung in Arbeiter, Angestellte, AT-Angestellte und Führungskreis(e) üblich. Wegen der Angleichung der ersten beiden Gruppen in einigen Industriezweigen werden inzwischen die ersten beiden Gruppen zusammengefaßt. Meist wurde diese Trennung nicht konsequent und vollständig durchgeführt, sondern auf bestimmte Funktionen beschränkt (Entlohnung, Sozialleistungen, Personalentwicklung, Beschaffung). Andere Möglichkeiten sind z.B. (s. *Wagner* 1989, 182) Aufteilungen nach Arbeitsschwerpunkten, sodass z.B. ein Referat zuständig ist für das Techniku. Produktionspersonal, ein anderes für das Personal in Forschung und Entwicklung, ein weiteres für den Außendienst, die Hauptverwaltung usw.

Häufiger als diese Form der objektbezogenen 'Artenteilung' [die z.B. von *Wagner* (a.a.O.) ohnehin noch der funktionalen Differenzierung zugerechnet wird] ist die Sparten-Gliederung nach Standorten, Werken, Produktlinien etc. Sozusagen vor Ort werden Personalstellen eingerichtet, die die gesamte Palette der Personaldienstleistungen 'aus einer Hand' liefern (Referentensystem). Die PersonalreferentInnen sind entweder der lokalen Führung unterstellt oder in einer Doppelunterstellung dieser (disziplinar) und einer meist nach wie vor existierenden Zentralen Personalabteilung (fachlich) untergeordnet.

Auch hier geben wir in Abb B-5 eines der in diesem Zusammenhang üblichen Organigramme wieder; es zeigt die 'Einbindung' der ReferentInnen-Position in die Linie. Dem stellen wir in Abb B-6 eine alternative Sichtweise gegenüber, die deutlich macht, dass die Personalstelle zum einen aus ihrer abgehobenen Zentrale-Position auf den 'Boden der Tatsachen' heruntergeholt und unmittelbar in den Wertschöpfungsprozess integriert wurde. Sie hat nicht mehr *eine* Spezialfunktion, sondern in enger Unterstützung der primären Aktivitäten 'vor Ort' das gesamte Spektrum an Personaldienstleistungen zu offerieren.

Wiederum stehen Vor- und Nachteile einander gegenüber:

Erwartete Vorteile:

- Die PersonalreferentInnen bieten mitarbeiternahe Rundum-Betreuung und Problemlösungen aus einer Hand; es gibt keine Unzuständigkeitserklärungen;
- die 'Kunden' (MitarbeiterInnen, Vorgesetzte) wissen genau, an wen sie sich wenden können; Leistungen sind klar zurechenbar; die Reaktionszeiten sind kürzer;
- die ReferentInnen fühlen sich stärker ihren lokalen Adressaten verpflichtet, sind über die konkreten Gegebenheiten informiert und bemühen sich um praktikable Problemlösungen;

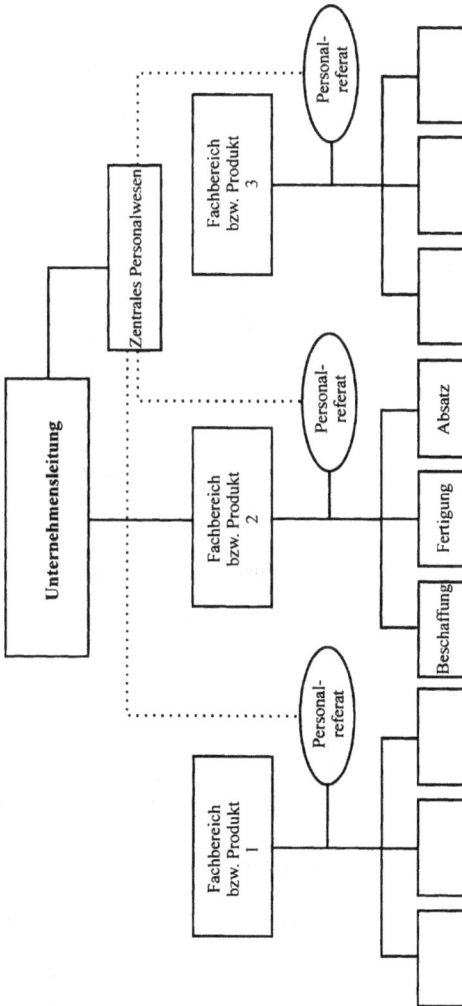

Abb. B-5:   Beispiel einer divisionalen Organisation des Personalwesens

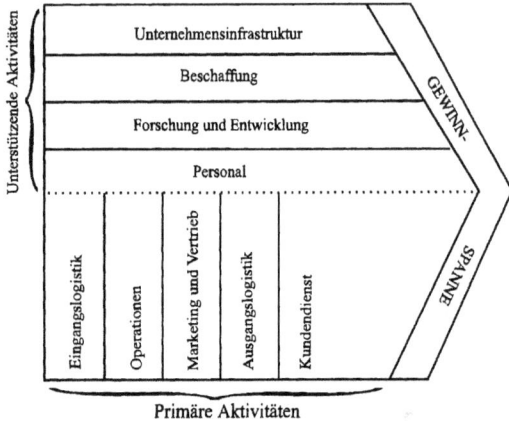

Abb. B-6: Die divisionale Organisation des Personalwesens: die integrierte (ganzheitliche) Personalfunktion ist unmittelbar den 'primären Aktivitäten' zugeordnet

- das Arbeitsgebiet der PersonalreferentInnen ist umfangreicher, herausfordernder und abwechslungsreicher; sie sind breiter qualifiziert, weil sie sehr heterogene Aufgaben wahrzunehmen haben.

Befürchtete Nachteile:

- Die ReferentInnen sind in den einzelnen Aufgabenfeldern unterschiedlich kompetent;
- ReferentInnen können in Spezialfragen oder durch die Fülle der Anforderungen überfordert sein (Gefahr des Dilettantismus für einzelne Aufgaben; deswegen stehen oft Zentrale-SpezialistInnen als FachberaterInnen zur Verfügung);
- es kommt zu einer unüberschaubaren Vielzahl bereichsspezifischer Sonderwege;
- die Vorgesetzten vernachlässigen ihre Personalarbeit und delegieren sie an 'ihre' ReferentInnen;
- es kommt häufiger zur Überforderung der ReferentInnen und/oder zur Vernachlässigung bestimmter Aufgaben;
- ReferentInnen sind - auch wegen ihres 'Beziehungskapitals' schwerer zu ersetzen;
- in Angelegenheiten, die unternehmenseinheitlich zu erfüllen sind, Schnittstellenfunktion haben und zugleich hohe Expertise *und* Vertrautheit mit unternehmensspezifischen Gegenheiten verlangen, ist eine dezentrale Regelung sowohl teuer wie ineffizient.

Das Referenten-System macht eine zentrale Personalstelle nicht überflüssig, reduziert oder fokussiert deren Aufgaben aber auf politische und strategische Aktivitäten, sowie auf die Wahrnehmung unternehmens*einheitlicher* Dienstleistungen (wie z.B. Personalcontrolling, Arbeitszeitsysteme, Personalinformationssysteme, Entgeltabrechnung). Die Position der ReferentInnen ist normalerweise konfliktreicher, weil sie zwischen Zentrale, Bereichsleitung, Vorgesetzten, MitarbeiterInnen und Betriebsrat stehen.

3.2.3   Delegation der Personalfunktion 1 (Übertragung auf die Linie)

Im Rahmen der Verschlankung von Unternehmen und der Rückführung von Zentrale-Leistungen in die Linie wird auch für die Personalfunktion die Tendenz diskutiert, die Enteignung der Linienvorgesetzten von Personalaufgaben rückgängig zu machen und sie mehr und mehr (wieder?) als die eigentlichen Träger der Personalarbeit zu etablieren. Dem sind jedoch Grenzen gesetzt, weil es zu einer Aufgabenverdichtung bei den Linienvorgesetzten kommt (ihre Fachaufgaben fallen ja nicht weg) und weil sie für bestimmte Fragen nicht kompetent genug sind. Abhilfe sind zum einen *Moderatorensysteme* (siehe z.B. *Paschen* 1988, 239), die Personalfachleute als 'interne Berater', Teamentwickler oder Coaches einsetzen: Die normale Personalarbeit vor Ort wird von den Vorgesetzten erledigt, für Sonderaufgaben aber können SpezialistInnen oder Beratungsteams gerufen oder gebildet werden, die umschriebene Aufgaben lösen. *Paschen* sieht das Moderationsmodell als einen weiteren Schritt auf dem Weg zur "*entpersonalisierten* Führung durch eine verstärkte *Personalisierung* der Personalaufgaben" (a.a.O., 240).

Noch weiter als das Moderationsmodell geht *Paschen*s 'Integrationsmodell' (1988, 240f.); das auf die Möglichkeiten moderner Informations- und Kommunikationstechnologien setzt. Mit ihrer Hilfe werden die direkten Vorgesetzten immer mehr in den Stand gesetzt, die volle Personalverantwortung dezentral zu übernehmen, weil sie sich jederzeit die "erforderlichen Personalinformationen" besorgen können, die die "zentralen Personaldienste" "möglichst schnell, korrekt und vor allem auch in verständlicher Form zur Verfügung" stellen; "die Mitarbeiter der Personaldienste sind damit vor allem 'Informationsspezialisten', die die Personal- und Führungsarbeit der Vorgesetzten indirekt unterstützen" (*Paschen* 1988, 240).

Auf die Probleme derartiger Radikallösungen gehen wir unten bei der Diskussion der 'Virtualisierung' ein.

3.2.4 Delegation der Personalfunktion 2 (Projektorganisation)

Ein Schritt hin zur Virtualisierung des Personalwesens (siehe Punkt 3.2.5) ist die Projektorganisation. Dabei kann man den Terminus 'Projektorganisation' auf zwei Arten verstehen: einmal als eine Variante der Matrixorganisation, bei der Projektleiter für ihre Vorhaben in den nach wie vor bestehenden (funktionalen) Fachabteilungen zeitanteilig MitarbeiterInnen gewinnen müssen und zum anderen als temporäre Teamstrukturen, die als selbständige 'Anhängsel' in einer bestehenden funktionalen oder divisionalen Organisation eingerichtet werden, wobei die Projektgruppen-Mitglieder völlig aus ihren alten Unterstellungen herausgelöst sind und 'vollzeit' an definierten Aufgaben arbeiten (s. *Bühner* 1994; 431 *Frese* 1995, 479). Wenn ihre Projektaufgabe erfüllt und z.B. ein neues Verfahren oder System entwickelt und eingeführt ist, lösen sie sich die Gruppen auf und übergeben die Verantwortung an die zuständige Leitung. Auch diese Lösung soll zusammen mit der Virtualisierung kommentiert werden.

3.2.5 Delegation der Personalfunktion 3 (Virtualisierung)

In den Sprachschatz der Organisationstheorie ist der Begriff 'Virtualisierung' wegen seiner Karriere in den Computerwissenschaften aufgenommen worden (s. z.B. virtuelle Speicher, virtuelle Umwelten). Virtuell ist etwas, das nicht materiell, sondern nur der Idee oder der Funktion nach vorhanden ist.

Scholz' (1995) Konzept der 'virtuellen Personalabteilung' radikalisiert die Vorstellungen von Moderations-, Integrations- und Projektgruppenmodellen, weil er die Personalabteilung als eigenständige Institution auf wenige zentrale strategische Aufgaben 'verschlankt' und sie ansonsten ersetzt durch in der Linie quasi verstreute SpezialistInnen, die sich bestimmter Personalaufgaben annehmen. So kann z.B. in der Produktion eine Person/Stelle für die Azubis zuständig sein, in der Beschaffung jemand für Personalentwicklungssysteme, in der Organsiation eine Spezialistin für Personalcontrolling, im Vertrieb übernimmt jemand die Konzeption von Trainee-Programmen etc. In Abb. B-7 ist diese Idee im Anschluss an *Scholz* (1995, 402) visualisiert.

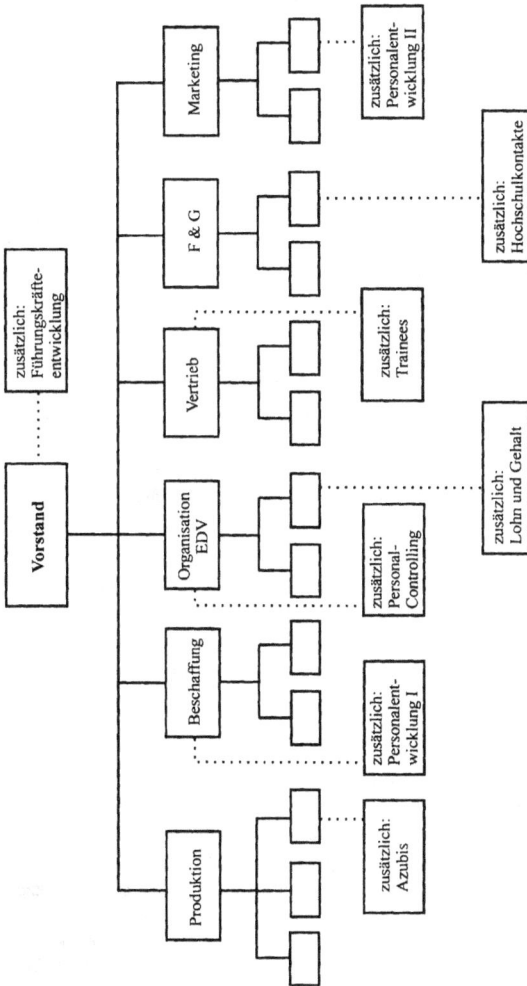

Abb. B-7: Beispiel einer virtualisierten Personalabteilung

Virtuell ist die Personalabteilung, weil sie als eigenständige abgegrenzte Institution nicht mehr existiert: es gibt ebensowenig ein Gebäude oder Stockwerk, in dem man 'die Personalabteilung' finden kann, wie es ein Organigramm gibt, in dem ein eigenes Kästchen für sie vorgesehen ist. Zwar ist ein 'Personalleiter' vorhanden, aber er übt wie alle anderen, die Personalaufgaben wahrnehmen, eine Doppelrolle aus, weil er auch eine Fach- oder Linienfunktion hat. Dennoch ist für alle Personaldienstleistungen gesorgt, weil sie von den Teilzeit-PersonalerInnen angeboten oder vermittelt werden. *Scholz* hat mit diesem utopischen Entwurf Gedanken aus dem populärwissenschaftlichen Text von *Davidow & Malone* (1992) zur 'virtuellen Unternehmung' aufgegriffen (s.a. *Behme* 1995, *Scholz* 1996a). Entscheidende Voraussetzung ist ein hoher Entwicklungsstand der Informations- und Kommunikationstechnologie, der es möglich macht, den Zugang zu und den Austausch von Informationen über beliebige physische Distanzen hinweg kostengünstig, aktuell und in beliebiger Aufbereitung zu bieten. Leute, die in einer Projektgruppe ein Problem lösen wollen, müssen dann nicht mehr an einem Ort zusammenkommen, sondern können sich in einer Videokonferenz treffen, der Zugriff auf die organisationale Datenbasis erlaubt es jedem, spezifische Konfigurationen oder Kombinationen von Daten herzustellen oder abzufragen und selbst die Organisationsgrenzen werden fließend, weil natürlich auch externe Kompetenz jederzeit eingespeist werden kann.

Ein Jahr nach seinem Anstoß hat *Scholz* (1996b) einen Rückblick gegeben, in dem er feststellt, dass die Resonanz von Praxis- und Wissenschaftsseite nicht besonders intensiv war. In seinem kritischen Kommentar hat *Scherm* (1995) einige Gründe für die zögerliche Rezeption zusammengestellt; er prüft die *Idee* der Virtualisierung anhand einer Liste von Kriterien, denen Personalarbeit zu genügen hat:

- *Kundenorientierung*: Weil die Teilzeit-Personalkräfte 'vor Ort' arbeiten und selbst in der Linie stehen, haben sie unmittelbares Wissen über den Praxisbedarf an Lösungen; ob sie aber auch die Fähigkeit und die Macht haben, Lösungen zu entwickeln und durchzusetzen, bleibt offen.

- *Individualisierung* (maßgeschneiderte Lösungen für den Einzelfall): In seinem unmittelbaren Umkreis kann ein Mitglied der virtuellen Personalabteilung differentiell handeln, kaum aber in organisationsweitem Rahmen, weil hier allgemeine Regeln und Ressourcenbegrenzungen zu beachten sind.

- *Flexibilität*: Hier macht *Scherm* darauf aufmerksam, dass Voraussetzung für die Erfüllung dieser Forderung ist, dass die Teilzeit(!)-PersonalerInnen relevante Veränderungen in der internen und externen Umwelt erkennen oder antizipieren und im Rahmen ihres engen Zeitbudgets (das ihnen nach/neben der Erfüllung ihrer Fachaufgaben für Personalarbeit zur Verfügung steht) auch variable Lösungen entwickeln und verwirklichen können.

- *Professionalität*: Wenn nur ein Teil der Arbeitszeit auf 'Personal' verwandt wird, müssen von der verantwortlichen Arbeitskraft erhebliche Anstrengungen unternommen werden, sich auf dem jeweiligen Spezialgebiet die erforderliche Kompetenz anzueignen. Wenn 'Personal' nicht Daueraufgabe, sondern Karriere-Intermezzo ist, kann es sein, dass im eigenen Fachgebiet höherer Einsatz gezeigt wird.

- *Akzeptanz*: *Scherm* bezieht dieses Kriterium nicht auf die Übernahme einzelner Instrumente, Verfahren oder Programme, sondern auf die Personalfunktion generell und meint, dass durch die Einbettung in die Linie eine größere Akzeptanzbereitschaft bestehe (wobei er offenbar unterstellt, dass 'Stallgeruch' mit höherer Lösungsqualität korreliert).

- *Produktionskosten*: Es mag sein, dass die Produktionskosten der Personalarbeit sinken, weil nur noch das unbedingt notwendige getan wird (keine unnötigen Leistungen, keine Leerzeiten) und weil nur ein Teil der Arbeitszeit der Verantwortlichen auf Personalfragen entfällt. Allerdings fallen höhere Qualifizierungskosten an und auch die Opportunitätskosten wären zu berücksichtigen, die dadurch entstehen, dass qualifizierte Linienfachleute einen Teil ihrer kostbaren Arbeitszeit nicht auf ihr wertschöpfendes Spezialgebiet verwenden.

- *Transaktionskosten*: Wie in der herkömmlichen Personalarbeit auch entstehen Such-, Anbahnungs-, Vereinbarungs-, Überwachungs-, Durchsetzungs-, Sicherungskosten; es ist nicht erkennbar, dass virtuelle Personalabteilungen günstiger arbeiten (können)[3].

Wir sind so ausführlich auf die *Scherm*sche Kriterienliste eingegangen, weil dieses Bewertungsraster auch auf alle anderen Strukturvarianten der Personalorganisation angewandt werden kann. Vor allem aber zeigt sich, dass auf der allgemeinen Ebene der *Idee* einer virtuellen Personalorganisation ohne Kenntnis empirischer Realisierungen kaum stichhaltige Bewertungen vorgenommen werden können. Begrenzt man nämlich die Bewertung allein auf die *Verwertungs*logik, dann mag es sein, dass Vorteile resultieren - allerdings nur bei Vernachlässigung von *Produktions-* und *Reproduktions*logik. Virtualisierung *kann* Personalkosten einsparen (siehe den beliebten Hinweis auf 'Abbau des Wasserkopfs'), es entstehen aber möglicherweise neue Produktions- und Transaktionskosten. Zum Beispiel ist gerade für den Bereich der Personalarbeit gezeigt worden, dass informelle Kommunikation und Zugehörigkeit zu bestimmten Netzen aussschlaggebend sein kann für Lösungen, die akzeptiert und umgesetzt werden. Die Doppelnatur der TrägerInnen virtualisierter Personalabteilungen (sowohl Personal- wie Fachkraft sein zu müssen), treibt entweder in die Selbstausbeutung (was verwertungslogisch vorteilhaft ist) oder führt zu Spaltungen, bei denen keiner der Anteile zu seinem Recht kommt. Teilzeit-PersonalerInnen haben es naturgemäß schwerer, professionell zu werden; dies wiegt schwer, wenn man bedenkt, dass die Virtualisierungskonzeption eigentlich eine *funktionale* Organisationsform darstellt (weil ja die einzelnen TrägerInnen auf bestimmte Funktionen spezialisiert sind). Es ist souveräne Kompetenz nötig, will man nicht einfach die neue-

---

[3] Diese Kriterienliste ist unvollständig; Ausführungen bei *Bühner* (1994, 421f) bieten weitere Prüfmöglichkeiten an: Transparenz, Integration (Vermittlungsfähigkeit), problemorientierte Komplettlösungen aus einer Hand, Vernetzung etc.

sten Moden (z.B. Virtualisierung?) nachbeten, sondern eigenständige Positionen entwickeln oder auch nur verteidigen. Personalarbeit ist eben nicht einfach Umgang mit konkreten *Menschen*, sondern erfordert Wissen, Erfahrung und Handlungsfähigkeit in Bezug auf Systeme, Instrumente, Techniken, Programme, Varianten usw. Hängt man nicht einem schwungvollen 'Avanti dilettanti!' an, wird man sich mehr Gedanken darüber machen müssen, wie benötigte Spezial-Kompetenzen erworben und dauerhaft (die Qualifizierungskosten amortisierend) eingesetzt werden können. Oder gilt, dass jeder Mensch Personaler ist, weil er von Geburt an mit Menschen zu tun hatte? Dann wäre auch jeder Mensch Finanzierer, weil er mit Geld umzugehen gelernt hat, oder auch Produktionsspezialist, weil er schon mal Schraubenzieher, Schraubenschlüssel und Bohrmaschine in der Hand gehabt hat. Das Virtualisierungsmodell geht davon aus, dass die Beteiligten lediglich das in der Organisation vorhandene Wissen zu bündeln und zu nutzen haben - es problematisiert aber nicht das Zustandekommen dieses Wissens (und die Bedeutung von Hintergrundwissen oder 'tacit knowledge') und die Vieldeutigkeit der Ziele, für das Wissen eingesetzt werden kann. Insbesondere aber fehlt die Reflexion des politischen oder herrschaftlichen Aspekts der Personalarbeit, die nicht verkürzt werden kann auf Informationsverarbeitung: auch die virtuellen PersonalerInnen wollen Karriere machen, konkurrieren um Ressourcen, haben in Zielkonkurrenzen Entscheidungen zu treffen, brauchen Verbündete, müssen kontrolliert werden und stellen sich im besten Lichte dar etc. Personalarbeit ist einerseits *System*entwicklung und -betreuung - und die kann sehr wohl von verteilten, über IuK-Technologien verbundenen Verantwortlichen geleistet werden. Personalarbeit ist zweitens auch ein Fulltime-Job, der *Beziehungs*arbeit (Aufklärung, Werbung, Verhandlung und Tauschhandel, Konfliktschlichtung, symbolisches Management usw.) verlangt. Personalarbeit erfordert drittens das Eingehen auf die einzelne *Person*, um auch auf dieser Ebene das Transformationsproblem zu lösen.

3.2.6 Verselbständigung oder Outsourcing von Personalfunktionen)

Mit dieser letzten Variante sind verschiedene Center-Lösungen gemeint - bis hin zur Auslagerung und zum Fremdbezug von 'Personal'-Leistungen. Vorauszuschicken ist, dass selbstredend nicht die tagtägliche Personal*arbeit* der Vorgesetzten ausgelagert oder zugekauft werden kann, sondern nur definierte Personalfunktionen (wie z.B. Training, Personalbeschaffung, Personalabrechnung).

Personalabteilungen können zu Service- oder Cost-Centers ausgebildet werden; sehr umfassende Konzeptionen schlagen eine Verselbständigung der Personalabteilungen zu Profit Centers (*Ackermann* 1992) oder Wertschöpfungs-Centers (*Wunderer* 1992a, 1992b) vor.

"Nach eingehender Markt- und Kundenorientierung soll das Profit Center 'Personal' Dienstleistungen bereitsstellen, die von den internen und externen Kunden der Personalabteilung nachgefragt und gegen Zahlung kosten- oder marktorientierter Verrechnungspreise in Anspruch genommen werden. Grundsätzlich sollten interne Kunden, z.B. die Fachbereiche, das Recht haben, an der Personalabteilung vorbei Weiterbildung und andere Dienstleistungen extern zu beschaffen" (*Ackermann* 1992, 16).

Mit derartigen Lösungen wird versucht, marktwirtschaftlichen Konkurrenzdruck auszuüben; die Personalabteilungen werden nicht länger alimentiert, sondern müssen sich selbst finanzieren und haben deshalb ein Interesse daran, möglichst schlank und kostengünstig zu arbeiten. Statt ihre eigenen Lieblingsprojekte zu verfolgen, werden sie automatisch kundenorientiert, weil sie ihre Angeboten - zu Marktpreisen! - verkaufen müssen. Ein Profit-Center-Konzept zwingt die Personalabteilung, ihre Leistungen zu bewerten, für sie zu werben und den eigenen Beitrag zum Unternehmenserfolg offensiv und nachprüfbar heauszustellen. Der Nachteil ist, dass damit möglicherweise auch die 'Unternehmensspezifität' der Personalarbeit verlorengeht und so ein unkopierbarer Wettbewerbsvorteil preisgegeben wird.

Dem wird manchmal durch eine Zwischenlösung begegnet, bei der eine Art Holding-Konzept (s. a. *Bühner* 1994, 431) realisiert wird. In der Unternehmensleitung existiert ein Personalressort mit den Aufgaben 'fachliche Koordination und Richtlinienkompetenz', das lediglich die Grundzüge der strategischen Personalpolitik festlegt, während die untergeordneten Einheiten die Umsetzung dieser Vorgaben selbst in die Hand nehmen können und in der Wahl ihrer Institutionen und Vorgehensweisen weitgehend frei sind.

Das schließt ein, dass einige der sonst 'selbstgefertigten' Personalleistungen von außen zugekauft werden: man kann z.B. die gesamte Verwaltung der Personaldaten, die Einführung und Überwachung des Zeitregimes und die Lohn- und Gehaltsabrechnung externen Organisationen übertragen, kann PersonalberaterInnen für die Beschaffung und (Vor-)Auslese von Arbeitskräften, sowie das Outplacement einschalten, und Module der Personalentwicklung von externen Institutionen anbieten und realisieren lassen. Das lohnt sich vor allem bei Routinefunktionen, die in ihrer Erledigungsgüte leicht prüfbar sind, bei denen 'economies of scale' möglich sind, die eigene MitarbeiterInnen nicht gleichmäßig auslasten und bei denen kein unternehmensspezifisches Know-how preisgegeben wird.

3.3 Schluss

Es wäre verfehlt, die Probleme, die oben im Zusammenhang mit der Virtualisierung der Personalabteilung erörtert wurden, nur auf dieses (noch) utopische Organisationsmodell beschränkt zu sehen. Auch alle anderen Gestaltungsvarianten sind Kompromisslösungen, in denen jeweils unterschiedliche Kombinationen einer Reihe von basalen Parametern vorgenommen werden, die sich in einer Art Prüfliste darstellen lassen:

- Was wird organisiert? Was ist eine originäre Personalaufgabe (oder aber eine undelegierbare Führungsaufgabe oder eine 'reine' Verwaltungsaufgabe)? In welchem Verhältnis sind die Aufgaben bekannt und vorab festgelegt oder aber neu, innovativ?
- Wie stark sind Personalaufgaben zu differenzieren? Welche und wieviele Aufgaben können in einer Position gebündelt werden?
- Wer soll welche Personalaufgaben wahrnehmen? Kann es eindeutige Zuordnungen zu Personalabteilungen, Vorgesetzten, Projektgruppen, Stäben, Externen etc. geben? Wie sind Mehrfachzuständigkeiten zu behandeln? Welche Personalaufgaben müssen intern (z.B. personalpolitische Grundsatzfragen, Controlling), welche extern erfüllt werden?
- Wie dauerhaft sollen Personalaufgaben übertragen werden? Temporär (wie z.B. in Projektgruppen) oder dauerhaft (wie in einer entsprechenden Planstelle oder Abteilung)? Kann eine Personalfunktion in Teilzeit oder (nur) in Vollzeit wahrgenommen werden?
- Welche Anordnungs- oder Machtbefugnis hat die Personalabteilung oder -stelle? Varianten lassen sich in folgenden Termini veranschaulichen: Durchführen, anordnen, vorschlagen, beraten, informieren ... Wem ist sie unterstellt (einem Linienvorgesetzten oder einer weiteren Personalstelle)? Wie sehr ist sie von internen und externen Kunden abhängig (Existenz, Bezahlung, Bewertung, Beauftragung)?
- Wie starr ist die Organisation der Personalfunktion? Hier sind alle Positionen auf dem Kontinuum von Rigidität (traditionelle funktionale Gliederung) bis hin zu sehr variablen Formen (Projektorganisation, Outsourcing, Virtualisierung) möglich.
- Ist die erforderliche Professionalität hoch oder niedrig? Sind Jedermannsqualifikationen hinreichend oder spezialisierte und zertifizierte Ausbildungen Voraussetzung? Gibt es Zugangsbeschränkungen?
- Wie hoch sind die Produktionskosten von 'Personal'? Durch welche funktionalen Äquivalente können sie substituiert werden (z.B. make-or-buy-Entscheidung)?
- Welche Transaktionskosten entstehen in den alternativen Organisationsformen der Personalarbeit - und von welchen Transaktionscharakteristika hängen sie ab?

Überlegungen dieser Art machen deutlich, dass es den 'one best way' der Organisation der Personalfunktion nicht geben kann - und wie wichtig es ist, bewährte überkommene Formen mit neuen Ideen - z.B. der Idee der Virtualisierung - zu konfrontieren.

Kapitel C: Arbeitszeitflexibilisierung - Übersicht

1. Arbeitszeit als Gegenstand der Personal-Politik

1.1 (Arbeits-)Zeit als soziale Institution	1.2 Arbeitszeit als politische Arena
1.1.1 Gesellschaftliche Konstitution der Arbeitszeit	1.2.1 Der Kampf um Arbeitszeitverkürzung
1.1.2 Arbeitszeit und Lebenszeit	1.2.2 Arbeitszeitflexibilisierung Interessenten
1.1.3 Normalarbeitszeit und Arbeitszeitinstitutionen: Lebensarbeit, Arbeitsjahr (Urlaub etc.), Arbeitsmonat, Arbeitswoche, Arbeitstag, Arbeitsstunde	ArbeitnehmerInnen: Zeitsouveränität Arbeitgeber: Zeithegemonie

2. Arbeitszeit als Gegenstand der Personal-Ökonomie

2.1 Mikroökonomische Theorie der Zeitallokation	2.2 Zeitökonomie in der Einzelwirtschaft	2.3 Präferenzen der Erwerbstätigen
Darstellung Kritik	Arbeitszeit als Kostenfaktor Entkoppelung von individueller Arbeitszeit und Betriebszeit	Wettlauf um positionale Güter Der logistische Vorsprung des Geldes vor der Zeit

3. Arbeitszeit als Gegenstand des Personal-Managements

3.1 Alternative Flexibilisierungsstrategien
3.2 Kriterien bei Zeitflexibilisierungs-Entscheidungen
3.3 Dimensionen der Flexibilisierung
   - Dauer, Lage, Gestalt
   - Weitere Gestaltungsbereiche

Chronomorphie	Chronometrie	Chronologie
Leitstrategie: Gleitzeit; andere Varianten	Leitstrategie: Teilzeit; andere Varianten	Leitstrategie: Schichtarbeit; andere Varianten

Fallbeispiele: Arbeitszeitflexibilisierung bei BMW-Regensburg und bei VW

1. Arbeitszeit als Gegenstand der Personal-Politik

1.0 Überblick

Die Arbeitszeit-Diskussion eröffnen wir - abweichend vom lehrbuchüblichen Vorgehen - nicht mit der Erörterung konkreter Gestaltungsmodelle, sondern mit sozioökonomischen Überlegungen zur Arbeitszeitpolitik. (Arbeits-)Zeit ist eine gesellschaftliche Konstruktion, die zur Strukturierung und Regulierung des Handelns eingeführt wird. Die konkrete Organisationsform der Arbeitszeit muss, weil es stets alternative Gestaltungsmöglichkeiten gibt, begründet und machtvoll durchgesetzt werden. Die jeweils realisierten Optionen erlauben es in unterschiedlichem Ausmaß, Interessen der Beteiligten zu verwirklichen - im wesentlichen das Interesse nach *Zeithegemonie** bei den Arbeitgebern und nach *Zeitsouveränität* bei den Arbeitnehmern. Um Arbeitszeit von Lebenszeit abzutrennen und als fremdbestimmten eigenständigen Bereich einzurichten, bedurfte es einer Vielzahl von Schritten: Zeit musste symbolisiert werden als lineare Ordnung, die gemäß dem gregorianischen Kalender in (Schalt-)Jahre, Monate, Wochen, Tage, Stunden, Minuten und Sekunden unterteilt wird; diese Auffassung musste durchgesetzt, Messvorschriften und -instrumente (mechanische Uhren) mussten entwickelt und verbreitet, der Alltag der Menschen bestimmten 'minutiösen' Zeitregimes unterworfen werden (Zerlegung ganzheitlicher Zeitmuster in Abschnitte, Perioden; Einführung von Anfangs- und Endpunkten, Vorgabe von Dauern etc.). Dies korrespondierte mit einer entsprechenden Organisation der Lebens- und Arbeitsvollzüge (Zerstückelung, Abtrennung, Organisation, Überwachung etc.), sodass das Zeitregime nicht als relativ beliebiges Muster von Dauern und Abfolgen missverstanden werden darf, sondern die Lebensform systemisch kolonisiert, d.h. nach neuen (abstraktifizierten, entqualifizierten, fremden Interessen und fremder Verfügung unterworfenen) Prinzipien strukturiert. Am Beispiel der Institutionen der Arbeitszeit wird gezeigt, dass es eine gesellschaftliche Konvention ist, dass das Arbeitsleben mit 15 beginnt und mit 65 endet, und dass sich dafür ebenso wie für die Struktur des Arbeitsjahres (seine Untergliederung durch Wochenenden, Feiertage, Urlaube), die Länge der Arbeitswoche und des Arbeitstages sowie dessen interne Gliederung (Beginn, Pausen, Ende) im intertemporalen wie im internationalen Vergleich unterschiedliche Lösungen finden. Auch innerhalb einer Gesellschaft gibt es im Hinblick auf die Arbeitszeitgestaltung sehr unterschiedliche Muster, in denen auch Privilegierung und Benachteiligung zum Ausdruck kommen (s. etwa die 'Zeit der Frauen', die Zeitüberwachung der ArbeiterInnen im Unterschied zu den Führungskräften usw.).

Um Zeitmuster wird gekämpft. Dies läßt sich zeigen an den Auseinandersetzungen bei der Einführung der 'industriellen' Zeitregimes und vor allem beim Kampf um die

---

*Hegemonie: (griech.) Führung, (Vor-)Herrschaft, Dominanz

Arbeitszeit-Verkürzung. (Arbeits-)Zeit und 'Geld' (Kapitalverwertung) gehen eine enge Beziehung ein, weil tendenziell der Imperativ der Kapitalverwertung eine extensive, intensive und synchronisierte Zeitnutzung vorschreibt. Die früher dominierende Forderung nach Verkürzung der Arbeitszeit wird zunehmend abgelöst durch diejenige nach Flexibilisierung. Bei ihr geht es primär darum, die individuelle Arbeitszeit so zu organisieren, dass in erster Linie marktwirtschaftlichen Erfordernissen Rechnung getragen wird und erst in zweiter Linie, vorwiegend zur Akzeptanzbeschaffung, die Interessen der Beschäftigten berücksichtigt werden. Dementsprechend sind Diktate dieser Zeitbewirtschaftung: stete Verfügbarkeit (am besten rund um die Uhr), nachfrageabhängige Abrufbarkeit, bedarfsgerechte Portionierung, Kostengünstigkeit, Vermeidung von Verschwendung (wie z.B. bezahlten Leerzeiten) usw. Dies führt zur Vervielfältigung von Zeitregimes und zur Vereinzelung ihrer Objekte; es wird nicht länger Rücksicht genommen auf kollektive Zeitstrukturen, wie sie durch das typisierte Normalarbeitsverhältnis (Feierabend, Wochenende frei, planbarer Langzeit-Urlaub, täglich gleiche Abfolge usw.) ermöglicht wurden. Die in gegenwartskritischen Diagnosen konstatierte Individualisierung ist weniger die Voraussetzung, als vielmehr die Folge neuer Organisationsformen der Arbeit. Alle neuen Arbeitszeitmodule und -modelle sind einerseits Kompromisse im Kampf um Zeithegemonie und -souveränität und andererseits Mittel dieser Auseinandersetzung, die vorangetrieben wird, weil der jeweilige Stand der Dinge keine Seite zufrieden läßt. Die sozioökonomische Perspektive soll den Blick auf die gesellschaftliche Dynamik freigeben, die durch die Fokussierung auf rationale Zeitallokations*-Muster (siehe Kapitel C-2) und (sozial-)technische Regelungen der konkreten Umsetzung (siehe Kapitel C-3) verschleiert wird.

1.1   (Arbeits-)Zeit als soziale Institution

1.1.1   Die gesellschaftliche Konstitution der (Arbeits-)Zeit

(Arbeits-)Zeit ist keine natürliche Größe, sondern eine 'soziale Institution' oder Konstruktion (s. *Elias* 1982, *M. Schmid* 1985, *Stanko & Ritsert* 1994), die durch die Symbolisierung und Regulierung des Handelns ent- und besteht. Es macht deshalb Sinn, von 'gesellschaftlicher Zeit' zu reden und nach den historischen, gesellschaftlichen und kulturellen Mustern zu fragen, nach denen Zeit jeweils organisiert ist.

Dass Zeit 'teuer' ist, ist nicht ihre einzige und zudem eine ambivalente Bestimmung, weil sie sowohl das Kostspielige wie das Kostbare der Zeit ausdrückt. Die Ver-Wertung der Zeit konnte erst dann ökonomisch wirksam werden, als es gelang, die Zeit aufzuteilen und zu messen, z.B. Lebenszeit von Arbeitszeit zu unterscheiden

---

* *Allokation*: (lat.) wörtlich: "an den Ort (bringen)", Zuweisung, Zuteilung, Verteilung

und verlässliche Uhren zu entwickeln. Die früheren Sonnen-, Sand- und Wasseruhren waren unzuverlässig (Sonnenuhren funktionieren nachts oder bei Bewölkung nicht, Wasseruhren konnten gefrieren, Sanduhren waren nicht synchronisiert, abbrennende Kerzen lieferten nur eine recht ungenaue Bestimmung etc.; s.a. *Aveni* 1991, 117f.). Die ersten mechanischen Uhren werden vor 1300 datiert (*Hohn* 1984, 67); erst um 1350 setzten sich der 24-Stunden-Tag, die 60-Minuten-Stunde und die 60-Sekunden-Minute durch. Eine private Uhr diente zunächst weniger der Zeitmessung, sondern war primär ein Zeichen der Wohlhabenheit. Noch wichtiger aber war die Verfügung über Zeit als Herrschaftsaspekt:

> "Auf Bildern tauchen Uhren kurz nach 1400 als Attribute der Tugend der Weisheit und Mäßigung auf. Kurz darauf erscheinen sie auf Herrscherportraits oder stehen explizit für Herrschaft in einem doppelten Sinne: Herrschaft über andere als Chance, deren Zeit zu ordnen bzw. über sich selbst als Fähigkeit, allen Gefühlen und Tätigkeiten Ordnung und Maß zu geben. Diese Attribute reklamieren nach und nach die kleineren Herrschaftsträger für sich, bis auch die Hausväter als Herren über die häusliche Zeitordnung stilisiert wurden" (*Dohrn-van Rossum* 1981, 60).

Natürlich gab es schon vor der Ära der mechanischen Uhren 'Zeitgeber'. *Wendorf* (1980, 145) schildert z.B. sehr anschaulich die Vielzahl der Glocken, die das Leben in mittelalterlichen Städten regulierten (Gemeindeglocke, Werkglocke, Schmiedglocke, Feuerglocke, Wein- oder Bierglocke, Torglocke, Zinsglocke, Marktglocke, Musglocke, Ratsglocke ...). Die Ersetzung dieser jeweils spezifischen Töne durch den Schlag der allgemeinen Turmuhr

> "... hat zur Folge, dass mehr und mehr jeder die Ohren spitzt, um sich über die genaue Tageszeit auf dem Laufenden zu halten, dass man generell für die Aufnahme von Zeitinformationen aufgeschlossener wird ... So ist der Übergang von vielen Spezialzeitsignalen zum regelmäßigen neutralen Stundensignal nicht nur eine Art organisatorische Vereinfachung, sondern er führt zu einer neuen, ständige Zeitwachheit schaffenden und dezentrale Zeitwachheit aller Lebensbereiche deutlich machenden Einstellung" (a.a.O.).

In diesem Zusammenhang wird immer wieder das Diktum von *Mumford* (1934, 14) zitiert: "Die Uhr, nicht die Dampfmaschine ist die Schlüsselmaschine des modernen Industriezeitalters."

Die zivilisationstypische 'Zeitbesessenheit' wurde sukzessiv kultiviert; für das 18. Jahrhundert konstatiert *Reulecke* (1976, 211): "Die Zeit wurde erst jetzt mit Hilfe der Uhr zur unerbittlich gegliederten, gleichmäßig fortschreitenden und überindividuell vergleichbaren Uhrzeit umgedeutet." Zur Durchsetzung der Arbeitsdisziplin wurden viele Wege beschritten; *Thompson* (1980, 58f.) zählt folgende Methoden und Hilfsmittel auf: "Arbeitsteilung und Arbeitsüberwachung, Bußen, Glocken- und Uhrzeichen, Geldanreize, Predigten und Erziehungsmaßnahmen, Abschaffung von Jahrmärkten und Volksbelustigungen ..."

Die Institutionalisierung von Zeit als Dimension der Herrschaft ist eine jener kapillaren* Disziplinierungstechniken, von denen *Foucault* spricht (siehe oben). Voraussetzung ist die *Thematisierung* von Zeit (z.B. als vergeudete und genutzte Zeit, Muße und Arbeit [otium und negotium]) und ihre *Messung, Einteilung* und *Zergliederung.* Uhren, die Minuten- oder gar Sekundenzeiger hatten und damit eine immer feinere Differenzierung und Disziplinierung erlaubten, setzten sich erst dann durch, als es nötig geworden war, den Zeit'verbrauch' zu planen, zu rationalisieren, zu rhythmisieren, zu rechtfertigen und zu belegen. Eine solch herrschaftliche Zeitdisziplin war es, die - vor allem in den mittelalterlichen Klöstern entwickelt - die Arbeitsdisziplinierung in den Manufakturen und Fabriken des 18. Jahrhunderts anleitete.

Dauerthema der Zeitphilosophie ist die Streitfrage, ob man Zeit als objektives Merkmal natürlicher Abläufe anzusehen habe, ob sie eine angeborene Kategorie der (menschlichen) 'Anschauung' sei oder ob sie schließlich als eine soziale Konvention gelten müsse (*Elias* 1982). Die Pointe dieser Überlegung ist, dass auch naturwissenschaftliche Methoden der Zeiteinteilung und -messung als Konventionen, also Mittel und Ergebnis gesellschaftlicher Vereinbarung, zu betrachten sind. Um z.B. modernen Verkehrssystemen zum Durchbruch zu verhelfen, musste für gemeinsame und verbindliche Zeiten gesorgt werden, so etwa bei der Koordination der Abfahrts- und Ankunftszeiten der Eisenbahn: weil die verbundenen Orte unterschiedliche Zeiten hatten, mussten diese erst vereinheitlicht, durchgesetzt und normiert werden. Der *Foucault*sche Dreischritt "Normierung - Normung - Normalisierung" lässt sich auch hier aufzeigen: Zuerst wird ein Verfahren der Messung und Standardisierung (Normierung) entwickelt; dieses wird zur verbindlichen Vorschrift (Norm) und schließlich wird das Gewaltsame an dieser Errungenschaft dadurch verdrängt, dass sie alltäglich und selbstverständlich - normal - wird.

Zeitnutzung ist jedoch kein Kind der Moderne; bereits in der Antike war die Maxime 'carpe diem' (Nutze den Tag) verbreitet, die damals jedoch im Sinne einer vernünftig gestalteten Lebensführung propagiert wurde. Zwar wurde schon von *Theophrast* (372-287 v. Chr.) der Spruch "Zeit ist eine kostbare Ausgabe" überliefert (s. *Brander* 1988, 135), aber erst zu Beginn der Industrialisierung erhält die Gleichsetzung 'Zeit ist Geld' den Charakter einer ökonomischen Maxime. In diesem Zusammenhang wird häufig eine plastische Stelle aus *Benjamin Franklins* 'Gutem Rat an einen Handwerker' (1748) zitiert:

"Bedenke, dass die Zeit Geld ist; wer täglich zehn Schillinge durch seine Arbeit erwerben könnte und den halben Tag spazieren geht, oder auf seinem Zimmer faulenzt, der darf, auch wenn er nur sechs Pence für sein Vergnügen ausgibt, nicht dies allein berechnen, er hat nebendem noch fünf Schillinge ausgegeben oder vielmehr weggeworfen. ...

---

*kapillar: (lat.) wörtlich: "haarfein", klein, unmerklich

Bedenke, dass Geld von einer zeugungskräftigen und fruchtbaren Natur ist. Geld kann Geld erzeugen, und die Sprösslinge können noch mehr erzeugen und so fort. Fünf Schillinge umgeschlagen sind sechs, wieder umgetrieben sieben Schillinge drei Pence und so fort, bis es hundert Pfund Sterling sind. Je mehr davon vorhanden ist, desto mehr erzeugt das Geld beim Umschlag, so dass der Nutzen schneller und immer schneller steigt ... Wer ein Fünfschillingstück umbringt, mordet alles, was damit hätte produziert werden können: ganze Kolonien von Pfund Sterling" (zitiert in *Brander* 1988, 137).[1]

Ausgangspunkt für die Diskussion über Arbeitszeit ist die Zeitenwende(!), die mit Industrialisierung und Kapitalisierung einherging. Durch die historische Innovation 'Lohnarbeitsverhältnis' wurde das frühere übliche Zeitverhalten (zyklisches, an den biologischen Jahresrhythmen orientiertes naturnahes *Arbeiten* i.S. von *Hannah Arendt*) durch - das Wort drückt den Charakter des Eingriffs gut aus - *Zeitregimes* abgelöst, die im Bereich des *Herstellens* (der systematisch organisierten Produktion von Gütern und Leistungen) eingeführt wurden. *Foucault* (1979) identifizierte Macht als die Verteilung der Körper auf Raum und Zeit[2]. Rhythmisierung, Stundenpläne, Präsenzpflichten etc. waren und sind bewährte Formen der Zeitherrschaft.

Wenn heute wie selbstverständlich zwischen Arbeits- und Freizeit unterschieden wird, ist an die Einseitigkeit dieser Differenz(ierung) zu erinnern. Zum einen ist - *Marx'* ironischer Wendung zufolge - schon der Arbeiter doppelt frei: frei von Vermögen (angewiesen allein auf seine Arbeitskraft) und frei für Verträge, in denen er sich (seine Arbeitskraft) beliebigen Käufern verdingt. Aus feministischer Sicht lässt sich eine 3. Freiheit hinzufügen, weil der Normalarbeiter(!) auch frei ist von Reproduktionsaufgaben; *Ravaioli* drückt das in der (irritierend geschriebenen) Gegenüberstellung MannProduzent - FrauReproduzentindesProduzenten aus (siehe *A. Maurer* 1992, 24). Zum anderen wird wie selbstverständlich unterstellt, dass *Arbeit* zur Gänze unfrei, fremdbestimmt und ent-eignet ist; damit wird das Wissen getilgt, dass menschliche Arbeit ohne freiwillige Zu-Tat nicht denkbar (zumindest: nicht ökonomisch einzurichten) ist.

Der Grundgedanke der *Marx*schen Werttheorie ist, dass die Aneignung von Mehrwert durch den Kapitalbesitzer möglich wird, weil nur ein Teil des im Rahmen der

---

1 Der Gedanke des 'entgangenen Nutzens' spielt in der ökonomischen Theorie der Zeitallokation eine zentrale Rolle (s. dazu ausführlich Abschnitt 2.1. unten).

2 "Man kann Herrschaft geradezu so definieren, dass sie jederzeit imstande ist, die Regeln vorzugeben, nach denen die Menschen ihre Zeit aufzuteilen gezwungen sind und in welchen Räumen sie sich zu bewegen haben. Herrschaft besteht primär nicht in globalen Abhängigkeitsverhältnissen, sondern *in einer Detailorganisation von Raum- und Zeitteilen*, die den einzelnen Menschen in seiner Lebenswelt wie in ein Korsett einspannen" (*Negt* 1984, 21) und "Herrschaft besteht in der abstrakt-verfügenden und zuordnenden Mikroorganisation von Raum und Zeit, denen die Menschen unterworfen werden; eine Politik, die auf Überwindung von Herrschaft gerichtet ist, besteht nicht in der *Aufteilung und Zuweisung des Bestehenden, sondern in der Produktion des Neuen*" (a.a.O., 256).

arbeitsvertraglich vereinbarten Arbeitszeit produzierten Wertes an den unmittelbaren Produzenten (den Arbeiter) zurückfließt. Ein anderer Teil ('Mehrwert') verbleibt beim Kapitaleigner und wird von ihm reinvestiert, transferiert oder konsumiert. Im 'freien Arbeitsvertrag' erwirbt der Unternehmer allerdings nicht so sehr konkrete Leistungsansprüche, sondern vielmehr Zeitnutzungsrechte; auf das daraus entstehende Transformationsproblem ist oben schon mehrfach hingewiesen worden. Dem Käufer von Arbeitszeit - dem Unternehmer - muss daran gelegen sein, seinen Rechtstitel auszuschöpfen, z.B. indem er Arbeit innerhalb der vereinbarten Zeitgrenzen verdichtet, intensiviert, dirigiert etc. Allerdings wird mit zunehmender Industrialisierung die bloße Dauer der individuellen *menschlichen* Arbeitszeit immer mehr zum untergeordneten Moment des Produktionszusammenhangs:

> "In dem Maße aber, wie die große Industrie sich entwickelt, wird die Schöpfung des wirklichen Reichtums abhängig weniger von der Arbeitszeit und dem Quantum angewandter Arbeit als von der Macht der Agentien*, die während der Arbeitszeit in Bewegung gesetzt werden und die selbst wieder ... in keinem Verhältnis steht zur unmittelbaren Arbeitszeit, die ihre Produktion kostet, sondern vielmehr abhängt vom allgemeinen Stand der Wissenschaft und dem Fortschritt der Technologie, oder der Anwendung dieser Wissenschaft auf die Produktion" (*Marx* 1983, 600). "Der *Diebstahl an fremder Arbeitszeit, worauf der jetzige Reichtum beruht*, erscheint miserable Grundlage gegen diese neuentwickelte, durch die große Industrie selbst geschaffne. Sobald die Arbeit in ihrer unmittelbaren Form aufgehört hat, die große Quelle des Reichtums zu sein, hört und muß aufhören, die Arbeitszeit sein Maß zu sein und daher der Tauschwert [das Maß] des Gebrauchswerts. ... Das Kapital ist selbst der prozessierende Widerspruch [dadurch], dass es die Arbeitszeit auf ein Minimum zu reduzieren strebt, während es andrerseits die Arbeitszeit als einziges Maß und Quelle des Reichtums setzt. Es vermindert die Arbeitszeit daher in der Form der notwendigen, um sie zu vermehren in der Form der überflüssigen; setzt daher die überflüssige in wachsendem Maß als Bedingung ... für die notwendige. Nach der einen Seite hin ruft es also alle Mächte der Wissenschaft und der Natur wie der gesellschaftlichen Kombination und des gesellschaftlichen Verkehrs ins Leben, um die Schöpfung des Reichtums unabhängig (relativ) zu machen von der auf sie angewandten Arbeitszeit. Nach der andren Seite will es diese so geschaffnen riesigen Gesellschaftskräfte messen an der Arbeitszeit und sie einbannen in die Grenzen, die erheischt sind, um den schon geschaffnen Wert als Wert zu erhalten. Die Produktivkräfte und gesellschaftlichen Beziehungen - beides verschiedne Seiten der Entwicklung des gesellschaftlichen Individuums - erscheinen dem Kapital nur als Mittel und sind für es nur Mittel, um von seiner borniertern Grundlage aus zu produzieren. In fact aber sind sie die materiellen Bedingungen, um sie in die Luft zu sprengen" (a.a.O., 601f.).

---

* *Agentien*: (von lat. agens = handelnd): 'wirkende Mittel, treibende Kraft'

Kapitel C

1.1.2 Arbeitszeit und Lebenszeit

Neben der Konfrontation von Arbeits- und Freizeit spielt auch die Gegenüberstellung von Arbeits- und Lebenszeit eine wichtige Rolle, insbesondere wenn von der Unerwerfung der Lebenswelt unter die Besatzungsherrschaft der (systemisch organisierten) Arbeit geredet wird.

Die behauptete Überwertigkeit von Arbeit kommt z.B. in der Überschätzung ihrer Dauer zum Ausdruck. Bittet man um eine spontane Einschätzung, wieviel Prozent ihrer gesamten Zeit pro Jahr eine erwerbstätige Person 'in Arbeit' verbringt, so werden meist Größenordnungen um die 30% genannt. In Wirklichkeit ist es weit weniger; auch der Anteil der Arbeitszeit an der Lebenszeit einer vollerwerbstätigen Person, die 'ihr Leben lang gearbeitet' hat, ist viel niedriger als meist angenommen (s. Tab. C-1).

	Jährliche Erwerbs-Arbeitszeit in Stunden				Jährliche Fernsehzeit in Stunden		
	1600 (D)	1700 (D)	1800 (D)	1950 (Japan)	bei 1h/Tag 365	bei 2h/Tag 730	bei 3h/Tag 1095
Prozentsatz der Arbeitszeit, bezogen auf die jährliche Lebenszeit (365 x 24 h = 8.760 h)	18,3	19,4	20,5	22,3			
Prozentsatz der Arbeitszeit bei 50jährigem Arbeitsleben (15.-65. Lebensjahr) in Bezug auf eine Gesamtlebenszeit von 80 Jahren	11,4	12,1	12,8	13,9			
Prozentsatz der Arbeitszeit bei 40jährigem Arbeitsleben (25.-65.Lebensjahr: Akademiker) in Bezug auf eine Gesamtlebenszeit von 80 Jahren	9,1	9,7	10,3	11,1			
Prozentsatz der Fernsehzeit bei 80jährigem Leben und täglichem Fernsehkonsum					4,2	8,3	12,5

Tab. C-1:   Der Anteil der Arbeitszeit (und der Fernsehzeit) an der Lebenszeit

Schon 1977 formuliert *Teriet* (86): "... beträgt heute der durchschnittliche Anteil der erwerbswirtschaftlichen Arbeitsstunden an der Gesamtlebensstundenzahl eines Erwerbstätigen nur knapp 14 Prozent, während der entsprechende Anteil noch zur Mitte des 19. Jahrhunderts bei über 30 Prozent lag." *Teriet* (1977, 99) verweist auch auf eine Studie von *de Jouvenel*, der ableitete, dass die Anzahl der erwerbswirtschaftlichen jährlichen Arbeitsstunden pro Einwohner (in der OECD) bei 880 Stunden liegt (wenn man nicht nur die Erwerbstätigen, sondern alle Personen im erwerbsfähigen Alter - also auch die Arbeitslosen, Hausfrauen, Studierenden usw. - hinzuzählt). "Setzt man die 880 Arbeitsstunden pro Jahr und pro Einwohner in Beziehung zu den 8760 Stunden eines Jahres, ergibt das eine Relation von in etwa eins zu zehn, was gleichbedeutend ist mit der Feststellung, dass nur etwa 10 Prozent der Gesamtzeit eines Jahres aller Bürger dieses Wirtschaftsraums auf die Arbeitszeit bzw. auf die Herstellung des Sozialprodukts entfallen".. Diese Aussage wurde zu einem Zeitpunkt formuliert, zu dem der durchschnittliche Erwerbstätige in (West-) Deutschland noch an die 42 Stunden pro Woche arbeitete!

Die sog. Arbeitsgesellschaft fordert 'zur Zeit' von ihren *erwerbstätigen* Mitgliedern - und das sind nicht einmal 50% der Gesamtbevölkerung - für sog. Vollzeitarbeit ca. 10-12% der Lebenszeit. Mit diesen 10-12% muss neben dem aktuellen eigenen Lebensunterhalt auch der eines evtl. Partners oder einer Partnerin und von Nachkommen, sowie der eigenen oder gemeinsame Ruhestand (mit-)finanziert werden.

Berücksichtigt man zusätzlich zur Erwerbsarbeit (= 'bezahlte Arbeit') noch die Hausarbeit (= 'unbezahlte Arbeit'), dann zeigt sich, dass die Gesamtarbeitsverteilung zwischen den Geschlechtern nicht symmetrisch ist. Aus Angaben des Sozioökonomischen Panels hat *Gershuny* (1996, 102) eine Übersicht zusammengestellt (s. Tab. C-2), die belegt, dass 1992 bei Ehepaaren in *jeder* der analysierten Konstellationen die Frauen eine größere Gesamtarbeitsbelastung trugen.

Die radikale Trennung von Arbeit und Leben (letzteres wird imaginiert als der Ort, an dem es freie Disposition über die Zeit, Interaktion, politisches Handeln, sozialkommunikatives Engagement etc. gibt) ist ein spätes gesellschaftliches Produkt. Ein Zwei-Welten-Modell zu konstatieren ist ideologisch, weil auch für Arbeit - selbst für 'entfremdete' - all die genannten Bestimmungen gelten, es sei denn, man definierte Arbeit als eigene Kategorie, sodass dann - entsprechend dieser Setzung - Arbeit kein Leben mehr ist und ganz einseitig und ausschließlich 'systemisch' organisiert ist. Dies anzunehmen, hieße die Absicht für den Erfolg zu halten; nirgendwo ist die formale Organisation deckungsgleich mit der informellen oder tatsächlichen. Die Zwei-Welten-Sicht ist Grundlage für die schon erwähnte These der umfassenden Kolonisierung der Lebenswelt, derzufolge inzwischen alle Lebensfelder 'systemisch' strukturiert, also rationalisiert und nach abstrakten Verwertungsinteressen organisiert sind. Auch in der sog. Frei-Zeit werden darum als Ergebnis universeller

Kapitel C

Sozialdisziplinierung Beschleunigung, Zeitdruck, Zeitnutzung zu unerbittlichen Diktaten (s. dazu auch *Stengel* 1996).

	Ehefrauen			Ehemänner			
	Haus-arbeit	bezahlte Arbeit	Insge-samt	Haus-arbeit	bezahlte Arbeit	Insge-samt	N
Paare insgesamt	53	15	68	21	34	55	1.510
Nicht erwerbstätig	59	0	59	27	0	27	34
In Ruhestand	44	0	44	23	0	23	338
Mann erwerbstätig, Frau nicht	71	0	71	17	48	65	444
Beide erwerbstätig	47	33	80	20	48	68	617
Frau erwerbstätig, Mann nicht	37	36	73	35	0	35	77

Tab. C-2   Stunden verschiedener Arten von Arbeit in Westdeutschland im Jahre 1992 (durchschnittliche Zahl der Stunden pro Woche) (aus: *Gershuny* 1996, 102)

Wir werden im Abschnitt 2.1. noch ausführlicher darauf eingehen, dass erst die gesellschaftliche Institution des Arbeitsvertrags dem Management die formale Verfügung über eine Teil-Zeit ermöglichte: es kam zur Entwicklung der *Zeitökonomie*, ein Ausdruck, der in seiner Doppeldeutigkeit buchstäblich vielsagend ist, weil sowohl die Verzeitlichung der Ökonomie und ihre Zeit- und Epochenabhängigkeit, wie auch der ökonomische Umgang mit der Zeit gemeint sind, denn erst damit ist *Zeit* (als knappes Gut) *Geld*.

1.1.3   Normalarbeitszeit als Zeitinstitution

Zum Konstrukt der 'Normalarbeitszeit'

Spricht man von Arbeitszeitflexibilisierung, dann ist der Ausgangszustand, demgegenüber eine neue Beweglichkeit erreicht werden soll, die sogenannte Normalarbeitszeit; diese wiederum ist nicht abzutrennen vom 'Normalarbeits*verhältnis*': ein Leben lang zu den 'normalen' Bedingungen einen Vollarbeitsplatz innehaben.

"Den Vorstellungen von einem 'industriellen Ideal' lag folgendes Bild zugrunde: Innerhalb einer mechanisierten und durchorganisierten Fabrik stellen die Arbeitskräfte während einer stets gleichlangen und fest verteilten Arbeitszeit bei fortwährender Vollauslastung der Anlagen standardisierte Massenprodukte für einen (wachsenden) Absatzmarkt her, der kontinuierlich die produzierten Mengen unmittelbar und vollständig abnimmt. Wenn und wo die Verhältnisse diesen Vorstellungen entsprechen, war es möglich, 'militärisch uniform(e)' Regelungen der Dauer, Lage und Verteilung der Arbeitszeit als 'Naturgesetze der modernen Produktionsweise' vorzugeben (Marx 1972: 299)" (*Hinrichs* 1988, 279).

Hinrichs (a.a.O.) konstatiert, dass solche Verhältnisse selten Realität waren: es gab saisonale, konjunkturelle und unvorhersehbare Schwankungen der Güternachfrage und Störungen des Produktionsablaufs, die teure Überstundenarbeit, kapitalbindende Lagerproduktion oder Unterauslastung der bezahlten Arbeitskräfte nach sich zogen. "Deshalb hatten die Betriebe immer schon ein Interesse, den Produktionsapparat und die Belegschaft möglichst klein zu halten und über die Verteilung des kontrahierten Arbeitsvolumens im Jahresablauf volle Verfügungsfreiheit zu bewahren" (*Hinrichs* 1988, 280). Was als aktuelles Thema erscheint, war also stets funktionsimmanentes Anliegen kapitalistischer Produktion.

Bevor wir auf die inzwischen weithin geteilte Auffassung eingehen, die Normalarbeitszeit-Standards seien erodiert*, soll das bis vor kurzem gültige Muster vorgestellt werden. Normal war es

- an einem 'Vollzeitarbeitsplatz' (zwischen 35 und 40 Stunden pro Woche)
- an fünf Tagen in der Woche zu arbeiten,
- ein stabiles Zeitverteilungsmuster in der Arbeitswoche zu haben (z.B. regelmäßig von 8 h bis 16.30 h zu arbeiten),
- eine festgelegte Zahl von Urlaubstagen (meist 30 Tage bzw. 6 Wochen) zu haben und
- keine Nacht-, Samstags-, Feiertags- und Sonntagsarbeit und keine Schichtarbeit zu leisten.

Dieses Konstrukt der Normalarbeit (manchmal auch - wohl in Analogie zu 'intakten Ehen' - als 'intakte Arbeitsverhältnisse' bezeichnet) definiert alle Abweichungen (z.B. Teilzeit, Gleitzeit, Schichtarbeit, regelmäßige Überstunden usw.) als Varianten der Flexibilisierung.

Die 'Normalität' ist eine Bezugsnorm, kein Ausdruck empirischer Verhältnisse: sie ist nicht (mehr) repräsentativ für die Mehrheit der existierenden Arbeitsverhältnisse. Nur 23% aller Arbeitenden waren 1993 in dieser Hinsicht 'normal' (*Bauer & Schilling* 1994, 12); 1995 war diese Zahl auf 17% gesunken (*Schilling, Bauer & Groß* 1996, 433).

---

* *erodieren*: (lat.) abtragen, auswaschen (verkarsten, verkümmern)

Kapitel C

Die Normalarbeit ist gekennzeichnet durch kontinuierliche und stabile Vollzeitbeschäftigung; solche Normalitätsstandards werden zunehmend in Frage gestellt; immer größer wird das Arsenal der praktizierten Alternativen, denn neue Regelungen

- gelten vielfach nicht mehr für *alle* Beschäftigten (sondern werden für verschiedene Gruppen differentiell gehandhabt),
- erlauben die Verteilung der wöchentlichen Arbeitszeit auf mehr oder weniger als
fünf Arbeitstage,
- heben die generelle Aussparung bestimmter Tageszeiten und Wochentage (z.B.
Sonntag) auf,
- vergrößern Dispositionsspielräume für Neugestaltungen der Arbeitszeitdauer und
-lage: Bezugsräume sind nicht mehr die Woche oder der Monat, sondern ein Jahr
oder sogar das ganze Arbeitsleben (z.B. Ausgleichszeiträume, Sabbaticals*, Zeitkonten für vorgezogenen Rententeinstieg usw.).

1994 wurde für solche Möglichkeiten mit dem ArbZG eine neue Grundlage geschaffen; Tarifverträge und betriebliche Praxis haben sie sehr unterschiedlich ausge-
staltet (s. *Bispinck* 1996).

Das Arbeitszeit-Gesetz (ArbZG)

Die *gesetzliche* Regulierung der Arbeitszeit im 1994er Arbeitszeit-Gesetz (ArbZG)
basiert auf Grundnormen der Regelung von Höchstarbeitszeiten, Mindestruhepausen
und Mindestruhezeiten:

1. Die *Höchstarbeitszeit* beträgt 8 Stunden *täglich*; sie kann bis auf 10 Stunden erhöht werden, wenn die Erhöhung in einer bestimmten Frist durch entsprechende
Verkürzungen ausgeglichen wird (Ausgleichszeitraum).
2. Über eine Höchstarbeitszeit pro *Woche* ist nichts ausgesagt; die Arbeitswoche besteht (einschließlich Samstag, der normaler Arbeitstag ist) aus 6 Tagen mit normalerweise jeweils 8 Stunden (im Höchstfall: 10 Stunden), sodass die Wochenarbeitszeit 48 Stunden betragen kann und eine gesetzliche Höchstarbeitszeit von 60
Stunden/Woche möglich ist.
3. *Mindestruhepausen* sind zwingend vorgeschrieben und zwar nach 6-9 Arbeitsstunden 30 min; nach über 9 Stunden 45 min; die Pausen müssen nicht im Block
genommen werden, jedoch darf die Länge einer Einzelpause 15 Minuten nicht
unterschreiten; es muss vor Beginn der Arbeit feststehen, wann Pausen sind.
4. *Mindestruhezeiten*: Vom Arbeitsende zum neuen Arbeitsbeginn müssen ununterbrochen 11 Std. Mindestruhezeiten eingeräumt werden; begründete (vorübergehende, kurzdauernde) Ausnahmen werden eingeräumt.

---

* *Sabbatical*: Ursprünglich eine dem jüdischen Sabbat als Ruhetag nachempfundene längere
Freizeit im akademischen Bereich ('Forschungsfreisemester'); später: freigewählte, längere Un-
terbrechung des Arbeitslebens aus persönlichen Gründen (Qualifikation, Hobby, Reisen, private
Pflichten). Als deutsche Namen scheinen sich 'Freizeitblock' oder 'Blockfreizeit' einzubürgern.

5. *Sonntags- und Feiertagsarbeit* bleibt im Allgemeinen verboten; es gibt aber (siehe § 10) eine 16 Positionen umfassende Liste von Ausnahmen.

6. *Nacht- und Schichtarbeit* ist speziell geregelt (§ 6); Nacht*zeit* ist die Zeit von 23 bis 6 Uhr und Nacht*arbeit* liegt vor, wenn in mehr als zwei Stunden dieser Zeit gearbeitet wird. Bei Nachtarbeit gelten kürzere Ausgleichszeiträume (z.B. statt sechs Monaten einer), regelmäßige arbeitsmedizinische Untersuchungen sind vorgeschrieben; Beschäftigungsverbote und -beschränkungen für Frauen sind aufgehoben; Personen, die Kinder unter 12 Jahren oder pflegebedürftige Angehörige haben, sind auf Verlangen umzusetzen.

Das ArbZG enthält eine Fülle von Ausnahmen und Öffnungsklauseln für tarifvertragliche Regelungen, sodass es als relativ flexible Bezugsnorm anzusehen ist. Das Gesetz ist überdies nicht anzuwenden auf Leitende Angestellte, den liturgischen* Bereich von Kirchen, und auf Jugendliche unter 18 Jahren (für die das Jugendarbeitsschutzgesetz gilt).

Die für die Flexibilitätsdiskussion wichtigste Innovation des ArbZG ist die Verlängerung des *Ausgleichszeitraums* für die vorübergehende Überschreitung der Höchstarbeitszeiten und die Möglichkeit zu seiner tarifvertraglichen Ausweitung. Der gesetzliche Zeitrahmen beträgt 6 Monate oder 24 Wochen, viele Tarifverträge (s. unten) haben 12-monatige Fristen vereinbart. Dies erlaubt eine Verlängerung oder Verkürzung der Arbeitszeiten je nach Arbeitsanfall, ohne dass Mehrarbeitszuschläge und die Zustimmung des Betriebsrats nötig sind. Vor allem aber wird dadurch die 'Entkoppelung' von Arbeitszeit und Betriebszeit (siehe unten) erleichtert.

Institutionen der Normalarbeitszeit

Im Folgenden sollen die wichtigsten Institutionen der (Normal-)Arbeitszeit vorgestellt werden: Arbeitsleben, Arbeitsjahr, Urlaub, Feiertage, Arbeitswoche, Arbeitstag, Arbeitsstunde. Diese Institutionen haben sich nicht im herrschaftsfreien vernünftigen Diskurs entwickelt, sie waren - und sind bis heute - umkämpft (siehe *Deutschmann* 1985, 1990; *Hautsch*[3] 1984; *Otto* 1989, 1990; *Schneider* 1984)[4]:

Das Arbeitsleben

Das *Arbeitsleben* begann früher in Europa in der Kindheit (und das ist derzeit in den meisten armen Ländern der Welt immer noch der Fall). In den 'entwickelten' Ländern werden heute der eigentlichen Erwerbsarbeit immer längere Ausbildungszeiten

---

* *Liturgie*: (griech.) kirchliche Gottesdienst-Feier

[3] In diesem Buch sind - ebenso wie in dem Buch von *Schneider* (1984) - zahlreiche Originaldokumente abgedruckt.

[4] Einen frühen Beleg bietet *Marx* im 'Kapital', das zuerst 1867 (!) veröffentlicht wurde; im 1. Band sind drei materialreiche Unterkapitel mit "Der Kampf um den Normalarbeitstag" überschrieben (*Marx* 1983, 279-320).

vorgeschaltet; zudem werden zahlreiche betriebliche, tarifvertragliche und gesetzliche Möglichkeiten der Gliederung einer kontinuierlichen Erwerbsbiografie geschaffen (z.b. Mutterschutz, Erziehungszeiten, Militärdienst). Auch das Ende des Erwerbslebens wird gesellschaftlich variabilisiert ('gleitender Übergang', Vorruhestandsregelungen, Alters-Teilzeit etc.). In der aktuellen Diskussion spielt v.a. die Diskrepanz zwischen der (beschlossenen) Herauf- und der (gewünschten) Herabsetzung des Rentenalters eine zentrale Rolle.

Das Arbeitsjahr

Das *Arbeitsjahr* spielte - nach der Ablösung der Produktion von den natürlichen Rhythmen der Jahreszeiten - früher vor allem als Bezugseinheit eine Rolle, wenn es darum ging, aggregierte Vergleiche der Arbeitszeiten in Volkswirtschaften, Sektoren, Branchen oder Betrieben durchzuführen oder wenn eine Bemessungsgrundlage für Sozial- oder Lohnzusatzleistungen (13. oder 14. Gehalt, Jubiläen, Anwesenheitsprämien usw.) gesucht wurde. In jüngster Zeit gewinnt es mit der Option der Jahresarbeitszeitverträge eine immer größere Bedeutung. Als wichtigste Unterbrechung des Arbeitsjahres gelten Urlaube; darauf soll gesondert eingegangen werden.

Der Urlaub

Zur Unterbrechung des Arbeitsjahres wurde der *Urlaub*[5] früher aus Belohnungs-, Integrations-, Disziplinierungs- und Erholungsgründen 'gewährt' (!) (*Maurer*, 1992a, 293). Weil sich die soziale Konstitution der Arbeitszeit (als Herrschaftsmittel) am Beispiel des Urlaubs exemplarisch zeigen lässt, soll darauf in Form eines kurzen Exkurses eingegangen werden.

---

[5] "Der Begriff 'urlaub' besitzt ... 1529 noch ganz seinen ursprünglichen Wortsinn, der soviel wie Abschied oder Entlassung aus dem Dienst bedeutete. Seit den Landsknechtsartikeln aus der Zeit des Kaisers Maximilian kam eine erste Bedeutungsnuance des Begriffs auf: Urlaub, Orlaub oder Verlaub, lat. venia, war die vom Offizier den Soldaten erteilte Erlaubnis, 'sich auf eine gewisse Zeitlang von ihren Quartieren oder Fahnen, Compagnien und Regimentern zu entfernen'. Überschreitungen des Urlaubs wurden sehr hart, z.T. mit dem Tode bestraft. Von hierher entwickelte sich mit der Entstehung der stehenden Heere das sogenannte Beurlaubungssystem: Ein Teil der Mannschaften wurde zeitweise beurlaubt, 'um Ersparnisse im Kriegshaushalt zu bewirken'. Gleichzeitig wurde der Begriff Urlaub im Zuge der zunehmenden Bedeutung und Ausweitung des Beamtenapparats auch auf die 'zeitweilige Enthebung von Dienstgeschäften, die dem öffentlichen Beamten von seinem Vorgesetzten bewilligt' wurde und normalerweise auf Antrag des Beamten erfolgte, ausgedehnt. Die Beurlaubung konnte z.B. zur Regelung von Familienangelegenheiten, zur Erledigung ehrenamtlicher Aufgaben, bei Krankheit, für eine für die Tätigkeit des Beamten nützliche Bildungsreise usw. erfolgen" (*Reulecke* 1976, 208).

Exkurs: Urlaub

Eine gesetzliche Urlaubsregelung gibt es in Deutschland erst seit 1963 ('Bundes-urlaubsgesetz'). Die Vorläufer des Urlaubs waren die 'freyen zeyten' der Gesellen im 13. bis 17. Jahrhundert (s. *Otto* 1990, 58f.) und der 'blaue Montag' (*Reulecke* 1976, 207f; für die englischen Verhältnisse s. *Reid* 1979), die der allgemeinen Erholung, Ausflügen, dem Besuch von Gesellenversammlungen, dem Spielen und Trinken galten. Urlaub im heutigen Sinn war anfänglich allein für die Erholung von geistiger, nicht jedoch von körperlicher Arbeit gedacht.

Es hatte sich schon früh (vor 1830) die Praxis bei Staatsbeamten eingebürgert, sich nach Vorlage einer ärztlichen Bescheinigung jährlich einen Erholungsurlaub genehmigen zu las-sen. Weil der Urlaub 'standesgemäß' verbracht und dies privat finanziert werden musste, gab es bald Probleme: "Das Bescheinigungswesen der Ärzte nahm solche Ausmaße an, dass z.B. schon 1834 eine ministerielle Aufforderung an die Berliner Ärzte erging, Badereisen nur in wirklich dringenden Fällen anzuordnen, da die großen Kosten dieser sehr in Mode ge-kommenen Reisen viele Familien in große Schulden gestürzt hätten" (*Reulecke* 1976, 221). Noch in der 'Verordnung über den Urlaub der Reichsbeamten' (1874) galt Erholungsurlaub für Beamte als eine Ausnahme, aber zu diesem Zeitpunkt hatte sich schon die Auffassung in der Praxis durchgesetzt, "die Erholungsbedürftigkeit des Beamten sei grundsätzlich ein-mal im Jahr gegeben" (a.a.O.); für Postunterbeamte betrug der Urlaub z.B. 8 Tage im Jahr, ab 1894 konnte er auf 10 Tage verlängert werden.

Bei den Angestellten ('Privatbeamten') wurde der Urlaub nach dem Vorbild der Beamten als eine Möglichkeit genutzt, das 'Distanzierungs- und Sonderbewusstsein der Angestellten' zu fördern (a.a.O.). "Ein Beispiel für Urlaubsgewährung vor diesem Hintergrund bot die Firma Siemens, in der am 4.6.1873 verfügt wurde, dass jedem 'Beamten' des Unterneh-mens in Zukunft ein 14tägiger Erholungsurlaub zustehen sollte. Die Arbeiter der Firma Siemens mussten dagegen auf ein erstes Entgegenkommen in der Urlaubsfrage noch 35 Jahre warten" (*Reulecke* 1976, 222). 1901 erhielten 39% der Angestellten im Deutschen Reich regelmäßig und weitere 8% auf Wunsch Urlaub. Die beiden wichtigsten Gründe wa-ren die Förderung des Distanzbewusstseins gegenüber den Arbeitern und die besondere Er-holungsbedürftigkeit bei geistiger Arbeit (*Reulecke* 1976, 224). Die Chemnitzer Handels-kammer gab noch im Jahr 1906 (zum Arbeiterurlaub) folgende Stellungnahme ab (a.a.O., 226): "Es geht viel zu weit, einen Erholungsurlaub für Leute einzuführen, die nur *körper-lich* tätig sind und unter die Gesundheit nicht schädigenden Verhältnissen arbeiten. Für Be-amte, die geistig tätig sind und häufig Überstunden arbeiten müssen, die auch keine *kör-perliche Ausarbeitung* bei ihrer Tätigkeit haben, scheint die Erteilung von Erholungsurlaub gerechtfertigt. Für Arbeiter dagegen ist ein solcher Urlaub in der Regel nicht erforderlich. Die Beschäftigung dieser Personen ist eine gesunde."

Urlaub für Arbeiter ist aus diesen Gründen eine relativ späte Einrichtung. 1889 wird in der Zeitschrift 'Der Arbeiterfreund' die (vorbildliche Ausnahme) der Leipziger Buchdruckerei C. G. Naumann erwähnt, "die allen Beschäftigten, die - ohne Anrechnung der Lehrzeit - drei Jahre ununterbrochen in der Firma beschäftigt waren, drei Tage Sommerurlaub 'bei geschäftsstiller Zeit' mit vollem Lohnausgleich gewährte" (*Reulecke* 1976, 216). Arbei-terurlaub wurde vor allem "als soziale Schenkung, als Mittel zur Belohnung und zur Bin-dung der Arbeiter an den Betrieb, als arbeiterfreundliche Maßnahme mit betrieblichem Nutzen und auch als simples Disziplinierungsmittel" (a.a.O., 239) eingesetzt: "Dazu ge-hörte vor allem die z.T. äußerst lange Wartezeit - in einer Reihe von Fällen war eine bis zu 25jährige Betriebszugehörigkeit gefordert -, bis der Arbeiter Urlaub erhalten konnte. Häufig wurde die Gewährung auch von guter Führung, genügender Leistung oder sogar Pünktlichkeit abhängig gemacht ... Manchmal musste der beurlaubte Arbeiter Belege beibringen und genau nachweisen, wie und wo er seinen Urlaub verbracht hatte, wenn ihm nicht überhaupt vorgeschrieben wurde, wo er sich zu erholen hatte" (*Reulecke* 1976, 225f.).

Vor 1900 haben nicht einmal 0,7% der gesamten Arbeiterschaft im Deutschen Reich Erholungsurlaub bekommen (a.a.O., 226). Zwar wurden schon kurz nach 1900 die ersten Tarifverträge (im Druckerei-, Brauerei- und Transportgewerbe) geschlossen, die Urlaube für Arbeiter vorsahen, der Durchbruch aber erfolgte in den Staats- und Gemeindebetrieben; z.B. wurde 1899 bei württembergischen Eisenbahnarbeitern als den ersten Staatsarbeitern in Deutschland überhaupt "'auf Ansuchen' ein Urlaub von drei Tagen im Jahr gewährt ..., wenn sie mindestens drei Jahre ununterbrochen im Dienst des Staates gestanden und sich gut geführt hatten" (*Reulecke* 1976, 232). "Von Vorbildlichkeit oder gar Großzügigkeit des Staates in dieser Frage kann man aber dennoch kaum sprechen: Das Mindestalter für eine Feriengewährung war oft auf 35 Jahre festgesetzt, und die Dauer der Ferienzeit steigerte sich erst nach 20, z.T. sogar 30 Dienstjahren auf die sinnvolle Länge von 10 bis 12 Tagen im Jahr" (a.a.O., 233).

Ende 1910 ergab eine Umfrage des Centralverbandes Deutscher Industrieller bei seinen Mitgliedern folgende - recht modern klingende - Gründe gegen regelmäßige Feriengewährung: "die besonderen Betriebsverhältnisse, die sowieso schon 'hohe sozialpolitische Belastung' der Betriebe, die Einklagbarkeit bei einer eventuellen Gewährung eines Rechts auf Urlaub, die einer Lohnerhöhung gleichkommende Lohnfortzahlung während des Urlaubs, die Schwierigkeiten der Beschaffung geeigneter Ersatzleute für die beurlaubten Arbeiter usw." (*Reulecke* 1976, 235).

Feiertage

Als weitere Unterbrechung des Arbeitsjahres sind *Feiertage* anzusehen. Im Mittelalter gab es "etwa 100 jährlich wiederkehrende Feiertage" pro Jahr (*Reulecke* 1976, 209, der die von *Sombart* erwähnte Zahl von 260 Sonn- und Feiertagen als 'viel zu hoch' zurückweist). Auch *Meißl* (1984, 95) kommt beim Zusammenzählen von Sonn- und Feiertagen auf etwa 100 arbeitsfreie Tage im Jahr.[6]

Auch heute unterscheiden sich die Bundesländer in der Zahl ihrer gesetzlichen Feiertage (sogar einzelne Regionen oder Städte können Ausnahmen machen, Beispiel: Augsburgs Friedensfest am 8. August). Die Zahl variiert - auch jahresabhängig -

---

[6] *Seifert* (1985, 66) geht davon aus, dass die durchschnittliche Jahresarbeitszeit im Mittelalter etwa 2300 Stunden war; "bei 200 Werktagen mit 12-stündigen täglichen Arbeitszeiten ergäbe sich, dass das Mittelalter bereits die 45-Stunden-Woche genoss." *Seifert* folgert, "... dass aus historischer Sicht der industrielle Arbeitszeitverkürzungsprozess nicht so sehr als geschichtlich einmaliger Fortschritt hingestellt zu werden braucht, sondern umgekehrt eher als eine längst fällige Rückführung abnormaler auf 'normale' Arbeitszeiten gewertet werden kann, die einen pathologischen Ausschlag wieder zur Ruhe bringt" (a.a.O.; ähnlich auch *Otto* 1990). [Anmerkung: *Seifert* (1985, 56) berichtet Daten, denenzufolge sowohl 1849 wie 1855 die durchschnittliche jährliche Arbeitszeit 3920 Stunden betragen habe; 1982 waren es 1684 Stunden - und 1996 unter 1600 Stunden.

zwischen 9 und 13 Tagen. Im europäischen Vergleich reichte (1994) die Spanne von 4 Feiertagen in den Niederlanden bis zu 13 in Spanien (*Dielmann* 1994, 326). Die weitere Reduzierung der Zahl kirchlicher Feiertage ist ein beständiger Streitpunkt zwischen Kirchen und Gewerkschaften auf der einen, Parteien und Arbeitgeberverbänden auf der anderen Seite (siehe z.B. den Kampf um den Buß- und Bettag als Ausgleichsopfer für den Arbeitgeberanteil der Pflegeversicherung). Es mag als ungeheurer Verlust von 'Freizeit' erscheinen, dass die Zahl der Feiertage gegenüber früher so drastisch reduziert wurde; hält man aber den Gewinn durch freie Samstage und großzügige Jahresurlaube dagegen (die quasi als 'profane Feiertage' anzusehen sind) und zählt noch bestimmte Ausfallzeiten hinzu, dann ist die Zahl der 'Freizeit-Tage' nahezu konstant geblieben.

Der Arbeitsmonat

Der *Monat* war Abrechnungszeitraum für die Angestellten und Bezugsgröße für verschiedene Leistungen, hat aber keine rhythmisierende Funktion gehabt.

Die Arbeitswoche

Im christlich geprägten Europa war die *Arbeitswoche* keineswegs schon immer durch den Sonntag (als gemeinsamem Ruhe- und Sozialtag) und vor- bzw. nachgelagerte Frei-Zeiten (Samstag, blauer Montag) unterbrochen. Zu Beginn der Industrialisierung waren z.B. Samstags- und Sonntagsarbeit üblich, der ('blaue') *Montag* war Erholungstag (s.a. *Koehne* 1920, *Singer* 1917). *Meinert* (1958, 11) berichtet für das Jahr 1855, dass 29,8% der Arbeiter in der Großindustrie und 41,8% der Arbeiter im Handwerk am Sonntag arbeiteten. Die Rhythmisierung durch den arbeitsfreien Sonntag hat nach *A. Maurer* vier Funktionen: er soll eigenbestimmte Handlungssequenzen ermöglichen, zum Innehalten und Ausruhen Gelegenheit geben, der Bewältigung der Kumulation sozialer Anforderungen dienen und schließlich die Möglichkeit zur Beteiligung an gesellschaftsweiten Lebensrhythmen und privat organisierten Treffen und Feiern geben (1992a, 292).

Der Arbeitstag

Der *Arbeitstag* war vor allem in seiner Dauer umkämpft: es war ein langer Weg von einer täglichen Arbeitszeit von 14 Stunden bis zu den heute üblichen 7-8 Stunden. Aber nicht nur die Länge des Arbeitstages war bedeutsam, den Arbeitenden mussten auch pünktliches Kommen und Gehen sowie kontinuierliches und diszipliniertes Arbeitsverhalten beigebracht werden; sie wurden zur sogenannten indüstriellen* Arbeitskraft geformt (*Pollard* 1967, *Thompson* 1980, *Treiber & Steinert* 1980, *Maier* 1988, *Deutschmann* 1990); auf diese Weise wurde nicht nur das Normalarbeits-

---

* *indüstriell*: Das Wort 'Industrie' stammt vom lat. 'industria' (Fleiß); ursprünglich war damit fleißiges, methodisch geregeltes Arbeiten gemeint; in den Anfangszeiten der Industrialisierung war in Deutschland die französische Aussprache 'Indüstrie' verbreitet.

verhältnis, sondern auch der (männliche!) 'Normalarbeitsmensch' (*Rastetter* 1994) hergestellt, der durch Sachlichkeit, Rationalität, Entsinnlichung, Emotionskontrolle etc. ausgezeichnet ist.

Der Arbeitstag besteht nicht nur aus 'reiner Arbeitszeit'; es gibt Wegezeiten, Vorbereitungs-, Warte- und Leerzeiten und nicht zuletzt auch (gesetzliche, tarifliche und 'privat genehmigte') *Arbeitspausen*. Die Ermittlung der optimalen Lage und Dauer von Arbeitspausen ist ein bevorzugtes Forschungsgebiet der Arbeitsphysiologie und Ergonomie.

Die Arbeitsstunde

Die *Arbeitsstunde* ist vielfach keine 60 min lang, sondern 55 oder evtl. sogar nur 45 min (etwa an der Hochschule). Die Zerlegung in Sekunden oder noch kleinere Zeiteinheiten (wie z.B. TMUs[7] bei MTM) führt zur 'Zerstückelung' der Arbeitsstunde und dient der Möglichkeit künstlicher Synthetisierung von Arbeitsprozessen. Verteilzeiten, Rüstzeiten etc. werden differenziert, Zeiten für Haupt- und Nebenarbeiten unterschieden und Leistungsgrade und Normalleistungen geschätzt (siehe dazu *Schettgen* 1995). Die Arbeitsstunde ist zur wichtigsten Bezugsgröße avanciert, wenn es um Arbeitszeitvergleiche und Arbeitszeitverkürzung geht.

Funktionen von Normalarbeitszeit-Standards

"Der heutige 'Normalarbeitstag' erfüllt ... eine doppelte Funktion. Er schützt die Arbeitskraft vor einer ruinösen Anwendung durch die Nachfrageseite, und hierdurch das System der marktförmigen Allokation von Arbeit vor seinen eigenen selbstzerstörerischen Mechanismen" (*Hohn* 1984, 158).

Hinrichs (1988) bezeichnet "die Etablierung von 'Normalarbeitszeitstandards' als *die* Innovation im Verlauf der Arbeitszeitentwicklung" (154ff.). Er schreibt den Normalarbeitszeitstandards vier Funktionen zu:

1. *Konkurrenzbeschränkungsfunktion*: Die kollektiv verbindliche Regelung verhindert eine Unterbietungskonkurrenz der Arbeitskräfte, bei der sich letztlich alle schlechter stellen würden. Fällt diese Bezugsgröße weg (s. etwa die derzeitige Diskussion über die Globalisierung der Wirtschaft, die zur Kosten- und Zeitkonkurrenz mit anderen Volkswirtschaften führt), können stets Anbieter von Arbeitskraft gefunden werden, die noch länger und noch billiger arbeiten. Auch einzelne, besonders leistungsfähige ArbeitnehmerInnen könnten versucht sein, egoistisch ihr Einkommen zu maximieren; weniger fähige würden entlassen und/oder müssten ihre Arbeitskraft entsprechend billiger anbieten, was letztlich auch die fähigeren wieder unter Druck setzte. Auch die Arbeitergeber schützen sich untereinander durch bindende Standards vor gegenseitiger Abwerbung mittels günsti-

---

[7] Ein Time Measurement Unit ist 1/100 000 Stunde; MTM bedeutet Methods Time Measurement.

ger Zeitarrangements oder vor 'Schmutzkonkurrenz', die sich nur aufgrund längerer Arbeitszeiten über Wasser halten kann (s. *Hinrichs* a.a.O., 160).

2. *Sperrklinkenfunktion**: Das erreichte Niveau der Lohn- und Arbeitsbedingungen wird gesichert; höhere Lohnsätze führen nur dann zu effektiven Einkommensverbesserungen, wenn zugleich kompensierende Rückgriffe auf die (individuellen) Arbeitszeiten verwehrt sind: ein *höherer* Stundensatz, der aber mit einer entsprechenden Arbeitszeit*verkürzung* verbunden ist, bringt kein höheres Gesamteinkommen.

3. *Garantiefunktion*: Wenn keine Mindesteinkommen gelten, sichern Arbeitszeitstandards auch in den untersten Lohngruppen das Existenzminimum durch den Anspruch auf ein regelmäßig zu zahlendes Arbeitsentgelt, auch wenn die Arbeitskraft nicht in Anspruch genommen wurde. Dies zwingt die Betriebe implizit dazu, keine subnormalen Arbeitsverhältnisse anzubieten, sondern die Stellen so einzurichten, dass die Summe der erbrachten Leistungen das Dauereinkommen rechtfertigt.

4. *Freizeitschutzfunktion*: Normalitätsstandards sichern nicht nur Einkommen, sondern auch "den Schutz der Freizeit und Voraussicht über deren Lage und Verteilung" (*Hinrichs* 1988, 158). "Die chronologische Rigidität* von Normalarbeitszeitstandards begrenzt damit autonome Entscheidungen der Arbeitnehmer (ihre 'Zeitsouveränität'), dissoziiert* aber zugleich die Arbeitsrolle von anderen sozialen Rollen durch die Definition von 'privater Zeit', die nicht ohne weiteres von der Arbeitsorganisation okkupiert* werden kann" (a.a.O., 159). Eingriffe in die 'geschützte' Zeit (Mehrarbeit, Nacht-, Samstags- und Sonntagsarbeit) müssen dann durch höheres Entgelt (Zuschläge) oder durch entsprechende (überproportionale) Freizeit kompensiert werden. Allerdings besteht dann die Gefahr, dass ArbeitnehmerInnen die verteuerten Zeiten stärker nachfragen (Überstundenarbeit!) und so langfristig deren Exklusivität untergraben.

Hinrichs (1988, 161) weist auch darauf hin, dass verbindliche Standards (speziell für Lage und Verteilung) es den Unternehmen erschweren, das Auslastungsrisiko auf die Arbeitskräfte zu überwälzen, und sie zwingen, innovative organisatorische und technologische Lösungen zu entwickeln oder aber mehr Personal einzustellen.

Hervorzuheben ist zudem die Funktion der Standardisierung und Vereinheitlichung für die Gewerkschaften und Arbeitgeber*verbände*, weil sie durch zentralisierte Verhandlungen die Abhängigkeit ihrer jeweiligen Klientel sichern können. Sie haben deshalb kein unmittelbares Interesse an 'Individualisierung' und 'Flexibilisierung'.

---

* *Sperrklinke*: bewegliches Metallstück, das sicherstellt, dass ein Zahnrad (z.B. bei einer Seilwinde) nur in eine Richtung gedreht werden kann; wird es in Gegenrichtung gedreht, rastet die Klinke ein und sperrt das Zahnrad.

* *Rigidität*: (lat.): Starrheit, Steifheit

* *dissoziieren*: (lat.) spalten, teilen, zergliedern, trennen

* *okkupieren*: (lat.) besetzen, sich aneignen

Die Sicherungsfunktionen wirken natürlich nur, wenn *alle* ArbeitnehmerInnen und Unternehmen durch die Normalarbeitszeitstandards gebunden sind. Werden Ausnahmen zugestanden oder erzwungen (s.o.: Globalisierung), wird es rational, auf (betriebs-)individuelle Lösungen zu setzen. Dies kennzeichnet die aktuelle Situation.

1.2 Arbeitszeit als politische Arena

1.2.1 Der lange Kampf um die Arbeitszeitverkürzung

In der Arbeitszeitdiskussion sind die wichtigsten Bezugsgrößen die Tages- und Wochenarbeitszeiten. Seit 200 Jahren gibt es beständige Fortschritte in der Verkürzung der (wöchentlichen und täglichen) Arbeitszeit. 1825 werden 82 Stunden pro Arbeitswoche berichtet; *A. Maurer* (1992, 129) zitiert eine Übersicht über die "Arbeitszeit von Gesellen, Gehilfen und Lehrlingen in Berlin 1854", bei denen die Arbeitszeiten bis zu 84 Stunden pro Woche betrugen; 1860 schwankte die tägliche Arbeitszeit zwischen 14 und 10 Stunden, meist betrug sie 13 Stunden (s.a. *Meinert* 1958, *Seifert* 1985, *Deutschmann* 1985, *Schudlich* 1987 *Otto* 1990).

In der folgenden Abb. C-1 sind Angaben aus verschiedenen Quellen zusammengestellt, um einen Eindruck von der langfristigen Veränderung der Arbeitszeit zu geben.

Man muss derartige Aufstellungen allerdings mit Zurückhaltung interpretieren und einige Besonderheiten beachten:

- Meist sind nur die Arbeitszeiten in der *Industrie* erfaßt, weil diese besser dokumentiert sind; unberücksichtigt sind die zum Teil viel längeren Arbeitszeiten im Handwerk, beim Dienstpersonal und vor allem der Landwirtschaft (in der um 1800 noch 4/5 aller Deutschen arbeiteten).
- Die offizielle Arbeitszeit ('Anwesenheitspflicht') darf man nicht gleichsetzen mit Arbeit; gerade zu Beginn der Industrialisierung waren große Pausen und arbeitsfremde Tätigkeiten eingestreut.
- Die Erfassungsmethoden (Statistik) sind alles andere als befriedigend (siehe dazu vor allem *Seifert* 1985). Oft sind die Quellen sehr verschieden, die Urdaten ungenau und lückenhaft, die Auswahl unsystematisch, die Berechnungsmethoden unterschiedlich usw. Manchmal finden sich im selben Text voneinander abweichende Angaben zum selben Gegenstand.
- Die hochaggregierten Durchschnitte verschleiern, dass es enorme Unterschiede zwischen einzelnen Industriezweigen und Regionen gab:

  So berichtet z.B. *Otto* (1990 68f.), dass 1873 in der Textilindustrie Wochenarbeitszeiten zwischen 66,8 Std. (Braunschweig) und 72,8 Std. (Sachsen) üblich waren; in der Druckindustrie schwankten 1885 die Zeiten zwischen 8 und '12 und mehr' Stunden.

Im Bezirk Mittelfranken stellte 1886 die Fabrikaufsicht fest, dass es für alle 21 Zwischenschritte zwischen 16 Std. und 5 Std. täglicher Arbeitszeit Betriebsbeispiele gab. Auch innerhalb eines Betriebes fanden sich sehr unterschiedliche Arbeitszeiten; am längsten waren sie meist für die Lehrlinge, die zuweilen 16-17 Stunden zu arbeiten hatten (s. *Otto* 1990, 61f.).

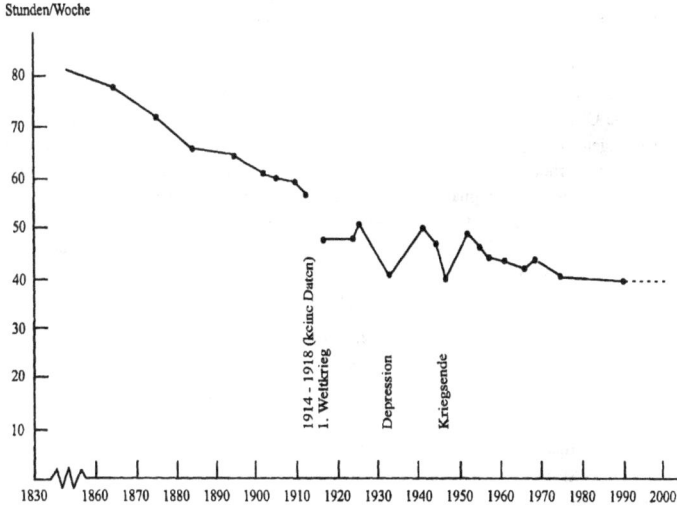

Abb.: C-1: Die Veränderung der durchschnittlichen wöchentlichen Arbeitszeiten seit 1860 [Die Angaben sind zusammengestellt aus *Meinert* (1958), *Schneider* (1984), *Otto* (1990) und *Stat. Jahrbuch* 1996]

Die Angaben können deshalb lediglich als Hinweise gelten, die einen ungefähren Überblick geben. Dennoch zeigt sich, wenn man die Zahlen aus der Frühzeit der Industrialisierung (um 1860) mit den heutigen Durchschnitten vergleicht (mit einer Streuung der Arbeitszeiten von über 50 Stunden bei Leitenden Angestellten bis unter 15 Stunden bei 'geringfügig Beschäftigten'), dass die wöchentliche Arbeitszeit mehr als halbiert wurde. Wie viele andere stellt *Bispinck* (1996) inzwischen einen "Stillstand der kollektiven Arbeitszeitverkürzung" (a.a.O., 415) fest: "Während die tariflich vereinbarte Wochenarbeitszeit West von 1984 bis 1990 im gesamtwirtschaftlichen Durchschnitt immerhin um fast 2 Stunden und 20 Minuten von 40 auf

Kapitel C

37,7 Stunden reduziert worden war, ging sie in den folgenden Jahren bis 1995 lediglich um weitere 20 Minuten auf 37,4 Stunden zurück. Lediglich ein knappes Viertel der Beschäftigten hat die 35-Stunden-Woche im Tarifvertrag stehen" (a.a.O.).

Der Prozess der Arbeitszeitverkürzung lief - wie gesagt - keineswegs kampflos ab; jeder Schritt einer weiteren Absenkung des Volumens musste erstritten werden.[8]

> "So unbestreitbar die Fakten des 'säkularen* Trends von AZV' [Arbeitszeitverkürzungen] sind, so sind diese ebenso sehr erst das Ergebnis eines fortwährenden Streites! Die Geschichte industrieller AZV ist auch die Geschichte des Kampfes zwischen Arbeit und Kapital um die Länge des Arbeitstages: 10-Std. 'bill'*, 'Normalarbeitstag', 8-Std.-Tag - dies waren die Kampfparolen. Niemals hat das Kapital selbst in größerem Umfang AZV angeboten" (*Seifert* 1985, 59). "Von Anfang an, dies muss sich gerade die akademische Ökonomie sagen lassen, haben die Arbeitnehmer(-Organisationen) zumeist allein gegen das Kapital gestanden, denn die Theoretiker und wissenschaftlichen Experten haben wiederholt Begründungen dafür geliefert, wieso (weitere) Arbeitszeitverkürzungen wirtschaftlich untragbar seien. Berühmt berüchtigt ist der englische Professor Senior und dessen sog. 'letzte Stunde' von 1837, demzufolge Gewinn überhaupt nur in der letzten Stunde gemacht werden könne, so dass eine Arbeitszeitverkürzung um eine Stunde den Ruin der Unternehmen bedeuten würde. Marx hatte im Kapital über diesen Unsinn seinen Spott ausgeschüttet (Kapital I, S. 237f.)" (a.a.O., 62)[9].

1900 setzten die Gewerkschaften den 10-Stunden-Tag in einer 6-Tage-Woche durch, 1918 den 8-Stunden-Tag. Ab 1956 begann der Übergang zur 5-Tage-Woche und ab 1965 wurde die 40-Stunden-Woche auf breiter Front eingeführt (aber erst um 1975 war sie die Regel). Von historischer Bedeutung war 1984 der sechswöchige Streik der Industriegewerkschaften Metall und Druck zur stufenweisen Durchsetzung der 35-Stunden-Woche 'mit Lohnausgleich'. Inzwischen haben sich die tariflichen Wochenarbeitszeiten je nach Branche auf Werte zwischen 35 (Stahlindustrie) und 40 (Beamte im Öffentlichen Dienst) eingependelt. Viele Branchen haben in Stufenplänen bis zum Jahr 1999 Reduzierungen auf 35 Wochenstunden vereinbart (*Göbel* 1995). Es gibt zudem eine Vielzahl betrieblicher Sonderregelungen, die (manchmal nur für Teile der Belegschaft) für Vollzeitarbeitsplätze(!) weitergehende befristete Verkürzungen auf 30 Stunden oder darunter vorsehen (s. *Bispinck* 1996, 416), aber auch Verlängerungen (z.B. im Rahmen von Jahresarbeitszeitverträgen) erlauben. Zudem unterscheiden sich die einzelnen Branchen stark im durchschnittlichen Arbeitszeitvolumen: so liegen z.B. Landwirtschaft und Gastgewerbe über 12% hö-

---

[8] Einen kurzen, aber prägnanten Überblick über 21 Argumente für und gegen Arbeitszeitverkürzung hat *Teriet* (1983) zusammengestellt.
  * *säkular*: von lat. 'seculum' (Jahrhundert): hundertjährig
  * *bill*: (engl.) Gesetz

[9] Siehe dazu (und zur Analyse der Beschäftigungseffekte von Arbeitszeitverkürzungen) auch *Kromphardt* (1989).

her in ihrer Jahresarbeitszeit als Eisen und Stahl oder Metallindustrie; die Lage im "Freizeitpark Deutschland" (Bundeskanzler *Kohl*) stellt sich also sehr differenziert dar.

Die tarifliche Arbeitszeit darf nicht mit der tatsächlichen verwechselt werden. Real ist die Arbeitszeit meist länger: durchschnittlich wurden 1993 ca. 53-56 Überstunden geleistet (*Bauer & Schilling* 1994, 13); 1995 war diese Zahl angestiegen auf 83,2 Überstunden pro Jahr (*Schilling, Bauer & Groß* 1996, 434)[10]. Andererseits sind Fehltage (Krankenstand, Streiks) abzurechnen. Ohne stillschweigend ein Konzept der Normalarbeit zu unterstellen, lässt sich über die Zerlegung der Arbeitszeit in produktive und unproduktive oder gar 'leere Zeiten' (wie Drückebergerei oder systembedingte Wartezeiten) nicht reden.

Die 'tatsächliche' Arbeitszeit kann auf verschiedene Weise operationalisiert werden (zur sog. 'arbeitsgebundenen Zeit' siehe unten, Fußnote 17, S. 237):

1. Anwesenheitsdauer im Betrieb oder (enger) am Arbeitsplatz;

2. Dauer der Ausführung der zugewiesenen Arbeit (abgezogen würden von der Gesamtanwesenheitszeit z.B. systembedingte oder selbstverschuldete Warte- oder Stillstandszeiten, Wege- oder Rüstzeiten etc.);

3. Dauer der Vorgabe- oder Richtzeit für eine zugewiesene Arbeit; die unter 2. beschriebene Tätigkeit kann z.B. mit hohem Wirkungsgrad oder sehr uneffektiv ausgeführt werden. Konzepte wie das der 'Normalleistung' oder der 'vorbestimmten Zeit' legen nicht die *faktisch* benötigte oder verbrauchte Zeit zugrunde,

---

[10] "Bei rund 31.150.000 abhängig Beschäftigten ergibt dies ein jährliches Überstundenvolumen von rund 2,6 Mrd. Stunden. Dem entspricht ein rechnerisches Arbeitsplatzäquivalent von 1,6 Mill. Vollarbeitsplätzen. Rechnet man davon das Überstundenvolumen ab, das Beschäftigte in Leitungsfunktionen erbringen - das sind 30 v.H. -, so bleiben immerhin noch 1,1 Mill. Vollzeitarbeitsplätze, die durch Überstundenabbau oder ihre Abgeltung in Form von Freizeitausgleich realisiert werden könnten. Über die Hälfte des Volumens definitiver Überstunden (52 v.H.) wird von den Überstundenbeschäftigten geleistet, die angeben, jeden Arbeitstag Überstunden zu leisten. Über die Hälfte der bezahlten und unbezahlten Überstunden sind also vorhersehbar und dürften daher auch bei einer anderen Arbeitsorganisation abbaubar sein. Dies würde rechnerisch 800 000 Vollzeitarbeitsplätze erbringen" (*Schilling, Bauer & Groß* 1996, 434).
Das Institut für Arbeitsmarkt- und Berufsforschung (IAB) hat für 1995 einen Durchschnitt von 62 Überstunden pro Arbeitnehmer errechnet; über die Hälfte aller Erwerbstätigen machen Überstunden: 8% regelmäßig (sechs Stunden pro Woche), 43% gelegentlich. Das IAB geht davon aus, dass (nur) 10% der Überstunden zugunsten neuer Stellen abgebaut werden könnten (*Süddeutsche Zeitung*, 28.8.96, 23).
Auch für andere Arbeitszeitformen werden Substitutionsmöglichkeiten errechnet: "Beschäftigungswirksam wird eine Verlängerung der Betriebszeiten vor allem, wenn Zuschläge für Nacht- und Wochenendarbeit in Freizeit umgewandelt werden. Rein rechnerisch liegt hier ein Potential für 750.000 zusätzliche Arbeitsplätze" (*Bosch* 1996, 424). Diese Art summarischer Arithmetik liegt auf einer Linie mit einem plakativen 'Grundsatz' der brandenburgischen Arbeitsministerin *Hildebrandt* (1994, 3): "Statt 100% Arbeitszeitverkürzung (=Arbeitslosigkeit) für rund 15 Prozent der Erwerbstätigen sollte die Arbeit für alle um 15 Prozent verkürzt werden."

sondern eine hypothetische Bezugszeit, bei der z.B. vorausgesetzt wird, dass die Arbeit richtig organisiert ist, die Arbeitskraft fähig, motiviert und eingearbeitet ist und einen harmonischen Arbeitsablauf zeigt.

Exkurs: Deutsche Arbeitszeit im internationalen Vergleich

Die Formel von den Deutschen als 'Freizeit-Weltmeistern' ist zur stehenden Wendung geworden (siehe zum Beispiel *Süddeutsche Zeitung* vom 6.9.1996, 27). Belegt wird das mit vergleichenden Gegenüberstellungen der Jahresarbeitszeiten in verschiedenen Volkswirtschaften. Als Resultat wird festgestellt, dass 'die Deutschen' mit einer Arbeitszeit von unter 1600 Std./Jahr das höchste Freizeitvolumen in der Welt hätten. Mit dieser Feststellung werden - meist unausgesprochen - einige Wertungen transportiert, z.B. daß es die alten 'deutschen' Tugenden (Fleiß, Arbeitseinsatz, Ausdauer etc.) nicht mehr gäbe, daß nun Schluss sein müsse mit weiteren Forderungen nach Arbeitszeitverkürzung, dass angesichts hoher Freizeiten auch weniger angenehme Arbeitszeitlagen zu akzeptieren seien usw. Sieht man sich die Statistiken näher an, dann treffen auf sie viele der Argumente zu, die *Seifert* (1985, siehe oben, S. 190) ganz generell zur vergleichenden Arbeitszeitstatistik vorgetragen hat. Die Probleme verschärfen sich, wenn man *internationale* Vergleiche vornimmt. So gibt es z.B. - häufig unkommentiert - Unterschiede in den *Datenerhebungsmethoden* (Betriebsbefragungen, Mikrozensus, Sozialversicherungsstatistiken usw.), *Bezugszeiträumen* (Wochen, die dann auf Jahre hochgerechnet werden), *Quellen* (Betriebe, ArbeitnehmerInnen/Haushalte, staatliche Stellen), *Branchen* (häufig werden bestimmte Branchen - meist: das verarbeitende Gewerbe - herausgegriffen und 'stellvertretend' für die Volkswirtschaft genommen), *Betriebsgrößenklassen* (vielfach werden Kleinstbetriebe - die meist längere Arbeitszeiten haben - ausgeklammert oder gar nur Großunternehmen berücksichtigt). Es macht auch einen Unterschied, ob tariflich vereinbarte (Wochen-)Arbeitszeiten oder effektive Arbeitszeiten (inklusive Feiertagen, Urlaub, Kurzarbeit, Streiks, Krankheit, sonstigen Fehlzeiten) berücksichtigt werden, ob nur Vollzeit-Arbeitskräfte oder aber alle Erwerbstätigen erfasst werden (im letzteren Fall wäre z.B. in Ländern, die hohe Teilzeitquoten haben - Niederlande, Großbritannien -, die Gesamtarbeitszeit wesentlich niedriger als in Deutschland). Man könnte z.B. die aggregierten effektiven Arbeitszeiten einer Volkswirtschaft mit dem Erwerbstätigen*potential* in Beziehung setzen oder die Arbeitslosenquote oder die Frauenerwerbsquote berücksichtigen und die durchschnittliche Arbeitszeit *aller* Erwerbs*fähigen* errechnen oder - vor allem - Produktivitätsunterschiede, die Arbeitszeitverkürzungen erlauben oder notwendig machen, in Rechnung stellen. Diese Überlegungen sollen nicht in Abrede stellen, dass in Deutschland erhebliche Fortschritte in der Reduktion der durchschnittlichen Arbeitszeiten gemacht wurden; es soll aber der abwertende oder disziplinierende Unterton mancher Interpretationen von fragwürdigem empirischem Material als politisch motiviert herausgestellt werden.

In jüngster Zeit haben sich das Interesse und die Aktivitäten der Tarif- und Betriebsparteien von der reinen Verkürzung der Arbeitszeit auf die Flexibilisierung verlagert. Darauf soll nun eingegangen werden.

1.2.2 Das neue Thema: Arbeitszeitflexibilisierung

Die oben behandelten Institutionen der Normalarbeitszeit sind zugleich Grundlage und Wirkung politischen Handelns interessierter Akteure und ihrer Vertretungen; sie sind - wie gezeigt - umkämpft und einem beständigen Wandel unterworfen. Was unter dem Etikett 'Flexibilisierung' firmiert, ist jedoch kein Novum, sondern eine Steigerung der Intensität und eine Vervielfältigung der Richtungen, in denen sich der Wandel vollzieht. Im folgenden soll zunächst auf die Interessen und Strategien der an dieser Kontroverse Beteiligten (vorwiegend Arbeitnehmer und Arbeitgeber) eingegangen werden.

Die Interessenten

Der zentrale Konflikt zwischen 'Kapital' und 'Arbeit' konkretisiert sich nicht allein in der Arbeitgeber-Arbeitnehmer-Polarisierung; auch innerhalb beider Lager gibt es unterschiedliche Interessen, ganz zu schweigen von weiteren Gruppierungen, die ebenfalls auf die Arbeitszeitgestaltung Einfluss nehmen (möchten). Wichtige Interessenpositionen sollen im folgenden vorgestellt werden.

Die (objektiven) Interessen der *Arbeitgeber* als Gesamtheit sind in sich widersprüchlich:

Aus einer *produktions*orientierten Perspektive wäre es für sie ideal, Arbeit auf Abruf zu haben, also eine totale Flexibilisierung durchzusetzen und nur noch solche Zeiten zu bezahlen, in denen Arbeit benötigt, abgerufen und geleistet wurde.

"Die ... Interessen der Betriebe an einer Veränderung der Arbeitszeitorganisation richten sich also einmal darauf, die Kapitalrentabilität durch *Verlängerung* der Nutzungszeiten des Anlagevermögens zu verbessern. In dieser stärkeren Entkoppelung von Arbeits- und Betriebszeiten ist angelegt die Tendenz zu einer Produktion 'rund um die Uhr'. Zum anderen gehen die Bestrebungen dahin, den Personalaufwand dadurch zu vermindern, dass die Arbeitskraftnutzung chronologisch *entstetigt*, d.h. mit dem (Dienst-)Leistungsbedarf synchronisiert bzw. einem dem Profil des Gütermarktes folgenden Produktionsumfang angepasst ist, und in der chronometrischen* Dimension die regelmäßig (oder durchschnittlich) zu leistende Arbeitszeit abhängig von der Arbeitsaufgabe oder den Spezifika der Arbeitskraft *differenziert* wird. Kurz: Das Ideal ist eine nach Dauer und Zeitpunkt beliebig abrufbare sowie dem Rhythmus des Betriebsgeschehens angepasste Nutzung

---

* siehe dazu ausführlich: Abschnitt 3.4.

der Arbeitskraft 'wie aus dem Wasserhahn' (vgl. Hinrichs et al. 1982: 25)" (*Hinrichs* 1988, 283f.).

Aus einer *konsum*orientierten Perspektive sollten die Arbeitenden als Kunden genug Zeit und vor allem (Arbeits-)Einkommen haben, um produzierte Güter kaufen und konsumieren zu können.

Auch bei den *ArbeitnehmerInnen* lassen sich Gruppen unterscheiden, deren Interessen divergieren: Vollzeitarbeitende sind im Allgemeinen nicht bereit, ihr Arbeitsvolumen zugunsten der Schaffung neuer Stellen (für Teilzeitarbeitende oder Arbeitslose) zu verringern und dabei Einkommens- und Rentenkürzungen hinzunehmen. Personen in ungünstigen oder ungewollten Zeitregimes haben ein größeres Interesse an Veränderungen als privilegierte Arbeitskräfte. ArbeitnehmerInnen, die von (Massen-)Entlassungen bedroht sind, finden sich eher bereit, Verkürzungen und Flexibilisierungen der Arbeitszeit zu akzeptieren als Personen in gesicherten Verhältnissen usw. Neben dem individuellen Einkommen spielt auch das Haushaltseinkommen eine Rolle; außerdem können das Alter, der Status (Arbeiter/Angestellte) und nicht zuletzt das 'Erwerbsmodell' (Haushaltstypus)[11] die Haltung gegenüber Arbeitszeitverkürzungen mit/ohne Einkommensminderung beeinflussen (s. z.B. *Stück* 1989).

Die *Gewerkschaften* fürchten bei einer weit fortgeschrittenen Flexibilisierung und Individualisierung der Arbeits(zeit)verhältnisse um ihre Verhandlungsmacht, weil sie sich bei der Durchsetzung von Forderungen nicht länger auf gleichgerichtete Interessen großer Kollektive stützen können. Rahmenkonzepte, die großen individuellen Spielraum ermöglichen, sind aber nicht so griffig und durchschlagend zu präsentieren wie "35-Stunden-Woche für alle!" Aus Gründen, die unten noch diskutiert werden (S. 221ff.) haben die Gewerkschaften mehrfach Mühe gehabt, Arbeitszeitverkürzungen gegen die Einkommenspräferenzen eines Teils ihrer Klientel durchzusetzen.

Staat, Länder, Kommunen und Sozialversicherungsträger, die (bei starren Normalarbeitsverhältnissen) in unterschiedlicher Weise von hohen Arbeitslosenquoten betroffen sind, haben ein Interesse daran, einen möglichst hohen Anteil der arbeitsfähigen Bevölkerung in Lohn und Brot zu halten oder zu bringen, und sind deshalb für alle Flexibilisierungsformen, die dieses Ziel fördern. Die Kampagnen des Bundesarbeitsministers für 'Mobilzeit' sind dafür ein Beispiel; auch die schon seit Jahren als Skandal beklagte Gleichzeitigkeit von hohen Arbeitslosen- und Überstundenquoten ist ein Anlass für Appelle und Interventionen. Vorschläge zur Veränderung von La-

---

[11] Gemeint sind damit folgende Typisierungen: Alleinstehend; beide PartnerInnen Vollzeit; ein(e) PartnerIn Vollzeit, ein(e) PartnerIn Teilzeit; ein(e) PartnerIn Alleinverdiende(r). Diese Typen können jeweils noch weiter differenziert werden, wenn die Anzahl der Kinder mitberücksichtigt wird.

denschlusszeiten oder der Festlegung von Mindestlöhnen oder der Abgabenpflichtigkeit bei 'geringfügiger Beschäftigung' werden im Hinblick auf ihre Beschäftigungseffekte diskutiert.

Auch die *Kirchen* haben wiederholt interveniert, wenn es um die Abschaffung von Feiertagen (Pfingstmontag, Buß- und Bettag) oder um das Aufweichen des Verbots der Sonntagsarbeit ging.

Nicht zuletzt haben die *Unterhaltungsmedien oder Veranstalter von Kultur- und Sportereignissen* ein ökonomisches Interesse daran, mit ihren zeitpunktgebundenen Angeboten ein möglichst großes Publikum zuverlässig zu erreichen. Eine allzu große und vor allem unberechenbare Zersplitterung ihrer jeweiligen Zielgruppen mindert Absatz- und Werbechancen.

Hinrichs (1992) skizziert in Vereinfachung dieser vielgliedrigen Konstellation eine Art 'magisches Dreieck' von

- individuellen Präferenzen,
- betrieblichen Interessen (Produktivität, Wettbewerbsfähigkeit) und
- volkswirtschaftlichen Beschäftigungseffekten.

Er illustriert das Spannungsverhältnis, indem er die drei Interessentenpositionen folgendermaßen skizziert: Es geht einerseits um 'bedürfnisgerechte Arbeitszeiten für Beschäftigte', sodann um 'Steigerung der Produktivität des Arbeitskräfteeinsatzes und der Wettbewerbsfähigkeit der Unternehmen' und schließlich um 'Steigerung des Beschäftigtenstandes zur Entlastung des Arbeitsmarktes'.

Die Möglichkeiten des Nationalstaats, die eigene *Volkswirtschaft* regulieren zu können, werden angesichts der zunehmenden Globalisierung der unternehmerischen Aktivitäten immer geringer. Internationale Arbeitsteilung, neue Kooperationsformen der Unternehmen, moderne Logistikkonzepte etc. schaffen eine völlig neue internationale Arbeitszeitkonkurrenz. Drohpotentiale und Verhandlungsmacht der Arbeitnehmervertretungen werden geschwächt durch die Möglichkeit, Teilefertigung und Montage im internationalen Verbund zu (re-)organisieren. Lohnstückkosten werden nicht nur durch Maschinenlaufzeiten, sondern auch durch die Bereitschaft zu elastischen (pulsierenden, atmenden) Arbeitszeiten beeinflusst, vor allem wenn die Ausführung der Arbeit kaum *asset specificity* (siehe die Ausführungen zur Transaktionskostenökonomie) erfordert.

Als Beispiel für ein *betriebliches* Interesse kann eine Dokumentation des *Instituts der Deutschen Wirtschaft* (1986, 3) herangezogen werden, die z.B. für die Jahre 1981 bis 1986 die Zulassungszahlen für fabrikneue PKW berichtet (und an den geschilderten Verhältnissen hat sich bis heute nicht viel geändert). Regelmäßig wurden in den Monaten März oder April die Jahreshöchstzahlen der Produktion erreicht (damals zwischen 317 000 und 259 000), während im August oder z.T. im Dezember die Tiefstwerte registriert wurden, die zwischen 58 und 42% der Höchstzahlen lagen! Es ist verständlich, dass bei solch extremen Schwankungen (die auch durch Auslandsnachfrage, Lagerproduktion, Betriebsurlaube, Wartungsarbeiten, Sonderaktionen usw. nicht geglättet werden können) ein gegebener Personalbestand zu Zeiten überbeansprucht wird (Überstunden!) und zu anderen Zeiten unterausgelastet ist. In solchen Situationen kommt den Interessen des Arbeitgebers die Konstruktion eines Jahresarbeitsvertrags entgegen, der bei monatlich gleichen Lohnzahlungen saisonal schwankenden, aber langfristig planbaren Abruf von Arbeitszeit erlaubt.

Aus solchen Gegebenheiten resultiert das Interesse der Arbeitgeber an *Zeithegemonie*; bevor wird darauf eingehen soll zunächst das individuelle Interesse an *Zeitsouveränität* erörtert werden.

Das zentrale Interesse der ArbeitnehmerInnen: Zeitsouveränität

Die Arbeitnehmer sind keineswegs die Verlierer auf der ganzen Linie. Wie die Unternehmer haben sie unter Umständen erhebliche Flexibilitäts- und Souveränitätsgewinne, es kann aber auch zu einer Verkürzung der *selbstbestimmten* Freizeit (und zuweilen auch des Einkommens) kommen. *Hinrichs* macht darauf aufmerksam, dass die Arbeitgeber nicht alle ihre Vorstellungen durchsetzen können, denn "... jeder effiziente Produktionsablauf ist auf ein Minimum an Kooperationsbereitschaft von seiten der Arbeitskräfte angewiesen" (*Hinrichs* 1992, 326).

Zeitsouveränität - den Begriff scheint *Teriet* (1977) in die Diskussion eingeführt zu haben - besitzt, wer Zeit*dauer*, Zeit*punkt* und *Abfolge* seiner Handlungen selbst bestimmen kann.

Teriet (1977, 87) sieht "Zeitsouveränität als das individuelle Recht und Vermögen zu mehr Dispositionen über die quantitative und/oder qualitative Seite von Zeitallokationen während eines jeden Lebens und in den verschiedensten Lebensbereichen (also nicht nur im Bereich der erwerbswirtschaftlichen Arbeit)."

Zeitsouveräne sind in der Lage, "Zeit qualitativ zu 'vermehren', weil unbrauchbare Restzeiten ('Leerlauf'), Engpässe (Warteschlangen, Stauungen) und sich überschneidende Zeitansprüche (Zeitknappheit) vermieden werden" (*Hinrichs* 1992, 326). Die Euphorie über die Möglichkeiten der Zeitsouveränität lässt aber zuweilen die Grenzen übersehen, die durch die betriebliche Zeitökonomie gesetzt sind.

Hinrichs befürchtet in der EU einen 'Deregulierungswettlauf' zwischen den Staaten, der sich auf niedrigem Niveau ohne komparative Vorteile für einzelne Volkswirtschaften einpendeln wird. Er macht deshalb einen Verfahrensvorschlag:

Exkurs: Ist-Arbeitszeit und Arbeitszeit-Präferenzen

In der Kontroverse um Fragen der Flexibilisierung und Verkürzung der Arbeitszeit wird des öfteren versucht, durch Befragung der Betroffenen deren Präferenzen zu ermitteln, um auf diese Weise für geplante Strategien größere Akzeptanz zu finden. Auf inhaltliche und theoretische Positionen gehen wir unten (s. Abschnitt 2.3, S. 221ff.) ein; an dieser Stelle sollen kurz methodische Probleme thematisiert werden.

Die empirischen Erhebungen der Arbeitszeit-Präferenzen basieren meist auf großzahligen Stichproben und operieren mit vorstrukturierten Fragen und Antworten. Allgemeine Aussagen sind nur auf hohem Generalisierungsniveau zu machen: die meisten Befragten wünschen mehr Mitsprache und 'Zeitsouveränität', unsoziale Arbeitszeiten werden abgelehnt, eine Vergrößerung von Freizeitblöcken (vor allem Jahresurlaub) wird der Verkürzung des Arbeitstags vorgezogen (siehe z.B. *Hinrichs* 1988). Die Antworten sind jedoch unter anderem sowohl abhängig vom aktuellen Arbeitszeitstatus (Vollzeitbeschäftigte haben andere Idealvorstellungen als Teilzeitbeschäftigte) als auch von dem in einer Gesellschaft erreichten typischen Arbeitszeitvolumen. Ein wichtiges Problem ist ferner, ob bei der Frage nach den persönlichen Arbeitszeit(verkürzungs)wünschen auch die Einkommenskonsequenzen explizit und vor allem: konkret genannt werden. Ist dies der Fall [und zwar in beiden Aspekten: den Einbußen beim monatlichen Arbeits(netto)einkommen und den Auswirkungen auf die Renteneinkommen], dann fallen z.B. Verkürzungswünsche deutlich zurückhaltender aus. Darauf werden wir unten bei der Diskussion von 'Teilzeit-Arbeit' noch zurückkommen.

Die künstliche Befragungssituation, die hypothetische Natur der Fragen, die Vielzahl der Aspekte lassen manchmal auch an der (internen) Validität der Ergebnisse zweifeln; so berichtet z.B. *Stengel* über Erfahrungen bei einer empirischen Erhebung:

"Auf die zu Beginn gestellte Frage nach der prinzipiellen Bereitschaft, kürzer zu arbeiten, antworteten 37% ablehnend; bei der gegen Ende gestellten ähnlichen Frage hatten nur noch 24% kein Interesse. Bei dieser Frage war auch eine im Vergleich zur ersten stärkere Nivellierung der Antworten zu beobachten. Dies könnte, neben der leicht abweichenden Frageformulierung, an der durch den Fragebogen induzierten Beschäftigung mit diesem Fragenkomplex liegen" (*Stengel* 1987, 80f. s.a. *Stengel & v. Rosenstiel* 1987).

In umfassender Weise haben sich z.B. *Stück* (1989) und *Hinrichs* (1988) mit den methodischen Ansätzen und Beschränkungen empirischer Erhebungen zu Zeit- und Einkommenspräferenzen befasst. Darauf werden wir unten noch zurückkommen.

Kapitel C

"Kollektive Regelungen der Arbeitszeitflexibilisierung, die mit dem Begriff *garantierte Optionalität* umschrieben werden könnten, würden insoweit eine Innovation darstellen, als nicht mehr materielle Sollzustände vorgegeben werden, sondern gesetzlich oder tarifvertraglich *prozedurale Normen* fixiert würden. Den Beschäftigten würden Optionen zugesichert, entsprechend der persönlichen Lebenslage und den jeweiligen aktuellen Bedürfnissen von der Normalarbeitszeit abzuweichen, und Verfahrensregeln bestimmten, welche konkreten Zustände im Einzelfall wie ausgehandelt werden dürfen" (*Hinrichs* 1992, 327f; 1988, 300ff.).

Damit wären sowohl ein Recht auf Wenigerarbeit, wie auch Gestaltungs- und Widerspruchsrechte hinsichtlich der Lage und Verteilung der Arbeitszeit verbunden (z.B. in Form 'optionaler Verfügungszeiten' im Wochen-, Monats- oder Jahreszyklus).

Das zentrale Interesse der Arbeitgeber: Zeithegemonie

Der Anspruch auf Zeithegemonie (wörtlich: Zeitherrschaft) ist Teil des unternehmerischen Interesses, die Bedingungen der Verwertung der Arbeitskraft zu diktieren und zu kontrollieren. In ihrer Mehrheit haben die Arbeitgeber stets gegen 'Arbeitszeitverkürzung' gekämpft und den Arbeitskräften im Tausch gegen Arbeitszeitreduktionen immer schon Flexibilitäts-Zugeständnisse abgerungen (s. *Smentek* 1991).

Aus betrieblicher Sicht sind die Hauptinteressen optimale Kapitalverwertung, Senkung der Kapitalstückkosten, Erhöhung der Produktivität des 'Faktors Arbeit' und Entkoppelung der Betriebsnutzungszeit von der individuellen Arbeitszeit. Dies ist gleichbedeutend mit der Überwindung des in der vorindustriellen Phase gültigen - wenngleich keineswegs immer eingelösten - Prinzips "Der Mensch ist das Maß".

Das Ziel der Arbeitgeber-Seite ist die Verringerung der Herstellungskosten auf dem Wege einer besseren Auslastung der vorhandenen kapitalintensiven Investitionen und der Anpassung an Auslastungs- und Nachfrageschwankungen (darauf wird bei der *Ökonomie* der Arbeitszeit unten noch eingegangen werden). Dies impliziert auch den An- oder Zugriff auf Normalarbeitszeit-Institutionen, z.B. den Samstag (Wiedereinführung als Regelarbeitstag, was flexible und kostengünstige Mehrarbeit ermöglichte) und den Sonntag (etwa in der sogenannten Konti-Produktion*).

Die historische Entwicklung des Kampfes zwischen Arbeitgebern und Arbeitnehmern um Zeitsouveränität und Zeithegemonie fasst *Hinrichs* (1988, 167-168) zusammen (s. Abb. C-2):

---

* *Konti*-Produktion: Wie unten - siehe Abschnitt 3.4.3. - noch erörtert, werden Arbeitsregimes, die eine *kontinuierliche* Produktion erlauben (24 Stunden an allen sieben Tagen der Woche), Konti-Schichtsysteme genannt.

Arbeitnehmermotive für Arbeitszeitänderungen (historische Abfolge)	Konkretion der Arbeitszeitänderungen	Regelungsmodus	sozioökonomische Rahmenbedingungen, änderungsfördernde Entwicklungen	Arbeitszeitinteressen der Arbeitgeber	
				änderungsbegünstigend	änderungsfeindlich
Verbesserung der Arbeitsbedingungen - Erhalt der Marktgängigkeit der Arbeitskraft durch ausreichende Regenerationszeit	Verkürzung des Arbeitstages / Verstetigung der Arbeitszeit / Auslagerung von Nicht-Arbeitsphasen aus der Betriebsanwesenheitszeit	gesetzliche u. kollektivvertragliche Normierung (Standardisierung)	sozialhygienische u. wehrpolitische Interessen des Staates / wachsende Stärke der Gewerkschaften / höheres Realeinkommen der Arbeitnehmer / Verdichtung, Intensivierung der Arbeit	Produktivitätssteigerungen durch höhere Leistungsfähigkeit der Arbeitskräfte	Kontrollverlust über die Arbeitskräfte / Ungewißheit über Wettbewerbs- u. Produktivitätsnachteile
quantitative Ausdehnung der Familien- und Konsumfreizeit	Ausdehnung von zusammenhängenden Freizeitblöcken (freies zweitägiges Wochenende, Jahresurlaub, mit Einschränkungen: Ausdehnung der Ruhestandsphase)		bessere Wohnverhältnisse / neue Arbeits- u. Freizeitethik (Überwindung des Traditionalismus) / Auf- und Ausbau sowie Ausgestaltung eigenständiger Lebensbereiche	Nachfragestabilisierung durch Freizeitkonsum	Flexibilitätsverlust hinsichtlich des Arbeitskräfteeinsatzes / Befürchtung höherer Ansprüche an die Qualität der Arbeit durch „spill over" Effekte aus erwerbsfremden Lebenssphären
qualitative Integration der Arbeitszeit in den individuellen Lebenszusammenhang	Neuverteilung der Arbeitszeit im Lebenslauf: situationsspezifische Verkürzungen der Arbeitszeit in verschiedenen Varianten; bedürfnisgerechte Bestimmung von Arbeitszeitlage/-verteilung	individualisierte Gestaltung (De-Standardisierung)	schwindender Verkürzungsdruck durch bereits erreichte Verminderung der Arbeitszeit / zunehmende Differenzierung der Arbeitnehmerschaft im beruflichen u. in außerberuflichen Lebensbereich(en) / veränderte Arbeitswerte	Kapitalkostensenkende Verlängerung der Betriebszeiten: Arbeitszeitflexibilisierung: Neubestimmung des Auslastungsrisikos; arbeitskraft- u. arbeitsplatzspezifische Festlegung der Arbeitszeitlänge	
	Ziel: individuelle Zeitsouveränität			Ziel: Ausdehnung der betrieblichen Zeithegemonie	

KONFLIKT → Regelungsbedarf

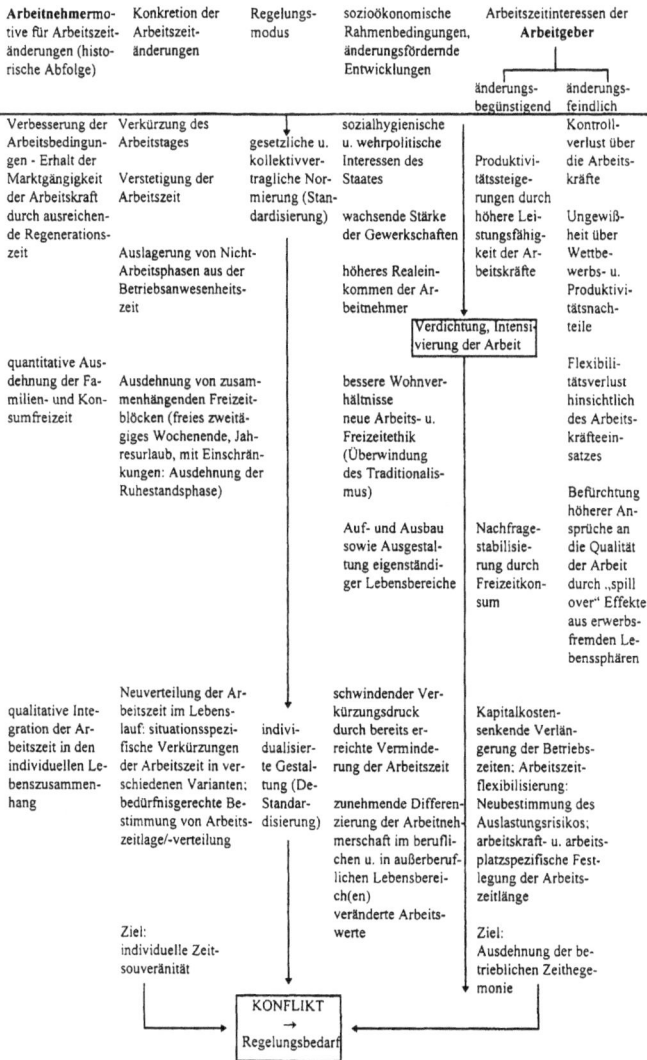

Abb. C-2: Synoptische Darstellung der dynamischen Elemente in der bisherigen Arbeitszeitentwicklung (aus: *Hinrichs* 1988, S. 168/9)

1.3 Schluss

Arbeitszeit ist jener Teil der Lebenszeit, der vorgeblich einer einzigen Bestimmung, der Arbeit, zu widmen ist. Wenn Arbeit nicht mehr ganzheitlicher Vollzug, sondern entfremdet (zerstückelt, vereinseitigt, fremdbestimmt) ist, dann (erst) kann die Arbeitszeit der Lebenszeit als etwas kategorial anderes gegenübergestellt werden. Damit wird wieder einmal die Überlegung von *Foucault* bestätigt, dass Voraussetzung und Mittel von sowohl Herrschaft wie Aneignung die komplexe Abfolge von Trennung (Differenzierung), Benennung, Bewertung, Behandlung und Kontrolle ist. Am Beispiel von Arbeits-Zeit heißt das: Zwischen Arbeit und Leben wird ein Unterschied gemacht und bezeichnet (Differenzbegriff: 'Frei-Zeit'!); die Höherwertigkeit der Arbeit wird ideologisch abgesichert; die Trennung wird durch Verfahren und Institutionen der Messung, Dokumentation, Honorierung, Bestrafung etc. operationalisiert, verdinglicht, durchgesetzt, überwacht und aufrecht erhalten.

Zeit ist darum kein physikalischer, sondern ein sozialer Begriff: z.B. eine Maßeinheit für Lebensqualität (Zeitsouveränität), Indikator der Trennung und Gewichtung von Lebenssphären (Arbeit vs. 'Frei'-Zeit) und nicht zuletzt Ausdruck und Form der Herrschaft. Das jeweils gültige Zeit-*Regime* ist deshalb umkämpft - sowohl was die offizielle Festlegung der gesetzlichen, tariflichen und betrieblichen Rahmenbedingungen betrifft (Beispiel: der Kampf um die Arbeitszeitverkürzung), als auch im konkreten betrieblichen Alltag, in dem sich vielfältige Aktivitäten als Ringen um die Zeit(vor)herrschaft interpretieren lassen: Methode und Differenziertheit der Zeiterfassung, Pünktlichkeit, Fehlzeiten, Produktivität (Arbeitsintensivierung statt bloßer Anwesenheitszeit, Abbau von Zeitpuffern usw.), Verpflichtung zur und Vergütung von Arbeit zu 'unsozialen' Zeiten etc. Aus dieser Perspektive sind auch die Bemühungen zu verstehen, die jeweils geltenden oder erstrebten Zeit-Institutionen zu legitimieren. Dieser Aufgabe hat sich in besonderem Maße die Personal-Ökonomie gewidmet, wenn sie z.B. Zeitallokation als rationale Entscheidung, Zeitökonomie als betriebliche Steuerungsstrategie und die Beziehung zwischen Einkommens- und Zeitpräferenzen untersucht hat. Darauf gehen wir nun ein.

2. Arbeitszeit als Gegenstand der Personal-Ökonomie

2.0 Überblick

Die Personal-Ökonomie behandelt die Zeitallokation als Resultat rationaler Entscheidungen. Wir werden im Folgenden drei Zugangsweisen darstellen: Zuerst die mikroökonomische Theorie der Zeitallokation, bei der untersucht wird, wovon es abhängt, in welchem Verhältnis Personen (oder Haushalte) ihr verfügbares Gesamtzeitbudget auf 'Arbeit' und 'Freizeit' aufteilen. Arbeit(szeit) interessiert dabei allein als Einkommensgenerator und Freizeitvernichter; Freizeit dagegen ist der Lebensbereich, in dem das erzielte Einkommen konsumiert und/oder einkommensunabhängige Bedürfnisse befriedigt werden können. Das Zustandekommen von Gleichgewichten wird unter Zuhilfenahme weniger Einflußgrößen (z.B. Lohnsatz, arbeitsfreies Einkommen, stabile Präferenzen) erklärt. Als zweites gehen wir auf die Bedeutung der 'Zeitökonomie' für die Einzelwirtschaft ein, die durch Intensivierung, Synchronisierung und Flexibilisierung der Zeitnutzung Wettbewerbsvorteile zu erringen sucht. Insbesondere die Diskussion um die Entkoppelung der individuellen Arbeitszeit von der Betriebszeit spielt dabei eine wichtige Rolle. Am Schluss behandeln wir die Frage, mit welchen (ökonomischen) Argumenten die bei den Erwerbstätigen immer wieder gefundene Dominanz der Einkommens- über die Freizeitpräferenz erklärt werden kann.

2.1 Mikroökonomische Theorie der Zeitallokation

2.1.1 Darstellung

Um als ökonomisches Gut zu gelten, muss Zeit die Eigenschaften der *Knappheit*, der *Nützlichkeit* und der *Verfügbarkeit* haben.

Verfügbarkeit impliziert mehrere Aspekte: Verfügungsrechte über Zeit können vertraglich abgetreten, verliehen oder verkauft werden; fremde Zeit kann gewaltsam angeeignet und (aus-)genutzt werden (Sklavenarbeit). Die Rede von der Zeitökonomie legt nahe, dass man Zeit auch sparen, reservieren, speichern, intelligent aufteilen und einsetzen und rationalisieren (verdichten) kann.

Die Nationalökonomie kennt verschiedene Produktionsfaktoren: Kapital, Boden (Rohstoffe), Arbeit und: *Zeit*. Auf dem Markt müssen Angebot und Nachfrage (gleich-zeitig) zusammentreffen; Kapitalverwertung bemisst sich an der Umschlagshäufigkeit in der Zeit; Kapitalverzinsung wird in Bezug auf Jahresperioden ausgedrückt. Dies schlägt sich auch in den olympischen Maximen der Ökonomie nieder: Schneller, mehr, besser, billiger produzieren bzw. auf den Markt bringen und v.a. rentabler als die Konkurrenten sein!

Aus mikroökonomischer Perspektive ist der *Arbeits*markt ein Zeit-Tausch-Markt, genauer: ein Markt, auf dem Zeitnutzungsrechte gegen Einkommen getauscht werden. In der *Marx*schen Arbeitswerttheorie gilt Arbeit als der einzige wertschaffende Produktionsfaktor. Um Zeitnutzungsgrade oder -intensitäten bestimmen zu können, führt *Marx*, orientiert am Modell der industriellen Güterproduktion, das Konstrukt "gesellschaftlich notwendige Arbeitszeit" ein[12]; es soll damit ausgedrückt werden, dass je nach dem Stand der Produktionsverhältnisse und der Entwicklung der Produktivkräfte andere Quanten von Arbeitszeit *notwendig* sind (als Mindest- und Bezugszeiten), um ein bestimmtes Produkt herzustellen.

Wenn Zeit für den individuellen Akteur einen Preis haben soll ("Zeit ist Geld"), muss es eine Operation geben, mit der dieser Preis bestimmt werden kann. Weil Zeit eine abstrakte inhaltsleere Größe ist, wird mit Zeit-Äquivalenten argumentiert: Der Wert der Zeit bemisst(!) sich danach, was mit der hingegebenen (Arbeits-)Zeit gekauft oder getauscht werden kann! Es geht also nicht um die *inhaltliche* Füllung der Zeit mit bestimmten Tätigkeiten, sondern um ein abstraktes Maß für den interpersonellen Vergleich.

Der Preis der Zeit entspricht dieser Logik zufolge ihren Opportunitätskosten (opportunities foregone). Es lässt sich dann - siehe *Kuhn* (1992, 13) - folgende Gleichung aufmachen: Zeitpreis = Opportunitätskosten = Einkommens- oder Konsumverzicht. Wenn in einer bestimmten Zeiteinheit ein bestimmtes Einkommen erzielt werden könnte, ist dies der (Kauf-)Preis der Zeit. Wählt jemand die Option 'Freizeit', so ist sie offenkundig begehrter als zusätzliches Einkommen (=Konsummöglichkeit) bzw. andere 'entgangene Gelegenheiten'. Der Wert dieser ausgelassenen Chancen ist unbestimmbar, weil es zu jeder gewählten Möglichkeit unzählige andere gegeben hätte, deren Folgen (für Lebenskraft, Gesundheit, soziale Beziehungen usw.) oft nicht exakt ermittelbar sind. Darum greift man auf dominante, übliche, naheliegende, einfachste, günstigste Alternativen zurück, vor allem den geldlich bewerteten Nutzen (Marktpreis) von Gütern oder Leistungen.

Als Axiom* wird eingeführt: Der Verbrauch (Genuss) materieller Güter hat eine streng monotone Nutzenfunktion ohne Sättigungspunkt, d.h. die menschlichen Bedürfnisse wirken stetig (nicht zyklisch), sie sind unstillbar ('immer mehr', wenngleich Grenznutzenüberlegungen typisch sind: zusätzliche Quanten haben einen immer geringeren Befriedigungswert). Voraussetzung für den 'Genuss' ist jedoch, dass durch den Konsum eines Gutes nicht der Genuss anderer Güter beeinträchtigt wird; es gelten also immer die ceteris paribus-Klausel oder gar die Pareto-Optimalität. In der Praxis werden aus Knappheitsgründen Tauschbeziehungen etabliert: Ein Gut wird hingegeben, um ein anderes begehrteres dafür zu erhalten; der

---

[12] siehe das Zitat auf S. 177

 * *Axiom*: (greich.) unbewiesener und unbeweisbarer Grundsatz

Wert des erhaltenen bemisst sich am Wert des abgegebenen. Jemandem dessen knappe Zeit abzukaufen wäre sinnlos, wenn sich diese Zeit (Arbeitszeit, Tat-Zeit) nicht vorher materialisiert hätte oder es zu tun verspräche; im Arbeitsvertrag wird das Versprechen gegeben, gegen Lohn die Früchte der Arbeit-in-der-Zeit jemand anderem zu überlassen; im Grunde wird dann mit dem dadurch erzielten Einkommen die restliche 'Frei'-Zeit finanziert. Offenbar ist für ÖkonomInnen ein arbeitsloses *angenehmes* Leben nicht vorstellbar, weil und wenn es geldloses Leben ist: allein durch Erwerbsarbeit werden die Mittel gewonnen, in der 'Frei'-Zeit zu existieren bzw. sogar zu genießen.

Über die Preis-Fiktion wird ein interpersoneller Nutzenvergleich ermöglicht bzw. konstruiert. Abstrakte Zeitquanten werden zu immergleichen Geldeinheiten transformiert; ausgeblendet wird dabei, dass der Nutzen selbst wiederum zeitabhängig ist. Jemand, der am Verdursten ist, wird einen extrem hohen Preis für Wasser zu zahlen bereit sein; zu gewissen Zeiten wird für ein Pferd ein Königreich angeboten.

Eine *ökonomische* Analyse der (Arbeits-)Zeit, die nur die Alternative Arbeit vs. Freizeit kennt, folgt der Leitfrage: Was würde jemand für eine zusätzliche Zeiteinheit bezahlt bekommen haben, wenn er oder sie in ihr gearbeitet hätte? Als Näherungswert gilt der "Reallohn, der dann als (Schatten-)Preis der Zeit dient" (*Kuhn* 1992, 13).

Aus der ökonomischen Logik folgt, dass der Wert der Zeit von der Arbeitsproduktivität abhängt; demzufolge war die Zeit eines Deutschen z.B. 1994 dreimal so wertvoll wie die eines Polen! [Auf die Zusammenhänge zwischen Einkommen (Arbeitskosten) und Produktivität wird im Band 2 dieses Buchs - bei der Behandlung der Lohnkosten - noch ausführlich eingegangen].

Das Zeit-Arbeits-Schema der Nationalökonomie ist dichotom: entweder man arbeitet, oder man genießt Freizeit. Unterstellt wird, dass Menschen ihren Nutzen maximieren wollen. Allerdings müssen sie etwas hergeben, wenn sie etwas Nützliches eintauschen wollen. Arbeit gilt als wenig erstrebenswert; man gibt dafür Frei-Zeit hin und wird allein durch Arbeitsentgelt für diesen entgangenen Nutzen entschädigt. So etwas wie intrinsische Arbeitsfreude kennt die an ihren alten Vorbildern orientierte neoklassische Ökonomie ebensowenig wie die Möglichkeit, dass Freizeit nicht erstrebenswert ist (gestresste Väter erholen sich nach einem anstrengenden Familienwochenende gern in ihrer geregelten und beherrschbaren Arbeit).

Dieses Verhältnis des unmittelbaren Tausches ist in der folgenden Grafik Abb. C-3 visualisiert (die eine Variante der Abbildung D-7 ist, die im nächsten Kapitel bei der Diskussion von Fehlzeiten aus arbeitsökonomischer Perspektive - s. Seite 380 - erörtert werden wird).

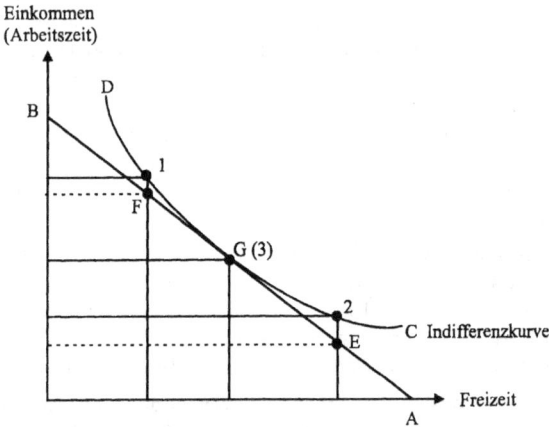

Abb. C-3:   Eine mikroökonomische Darstellung der Freizeit-Einkommens-
Relation (aus *Stück* 1989, 124)

In der 'Bilanzgeraden' AB sind die offiziellen Tauschrelationen zwischen Freizeit
und Einkommen (= Arbeitszeit) festgehalten. Freizeit und Einkommen sind gegenseitig substituierbar, es sind die unterschiedlichsten Kombinationen wählbar (siehe
etwa die Punkte E, F, G). Sowohl Einkommen wie Freizeit werden jedoch individuell bewertet (Nutzen); ein Nutzenzuwachs in einer Dimension bedeutet gleichzeitig
einen Nutzenentgang in der anderen. Das Gesetz vom abnehmenden Grenznutzen
unterstellt nun, dass eine hinzugefügte Einheit nicht jeweils den gleichen Nutzen
stiftet; der Nutzen einer weiteren Einheit eines Guts nimmt vielmehr ab, je mehr
man davon bereits besitzt. Dies ist in der Nutzenkurve CD zum Ausdruck gebracht.
Wer z.B. wenig Einkommen, aber viel Freizeit hat, für den ist ein Einkommenszu-
wachs attraktiver als ein weiterer Freizeitzuwachs (Punkt 2; Beispiel: subnormale
Arbeitszeiten, Teilzeit); wer viel Geld aufgrund von Arbeitszeiteinsatz (= Freizei-
topfer) besitzt, der wird für eine weitere Einheit hingegebener Freizeit mehr Geld
verlangen (Punkt 1; Überstundenzuschläge sind ein Beispiel dafür). Der Gleichge-
wichtspunkt (G) ist der Schnittpunkt der Indifferenzkurve mit der Bilanzgeraden:
die 'Grenzerträge' des Freizeitgewinns rechtfertigen die 'Grenzkosten' des Einkom-
mensverlusts.

Die in obiger Abbildung gekennzeichnete Situation ist der Spezialfall der unmittelbaren Substitution von Zeit durch Einkommen (oder umgekehrt). Es sind aber bei einer dynamischen Betrachtung weitere Fälle denkbar, die in der folgenden Tabelle als 1-9 aufgeführt sind:

Arbeitszeit	Einkommen		
	höher	gleich	niedriger
länger	1	2	3
gleich	4	5	6
kürzer	7	8	9

Tab. C-3:   Eine Typologie der Beziehungen zwischen Veränderungen
            von Arbeitszeit und Einkommen

Der Fall 4 ist der der klassischen Lohnverhandlung: bei bestehender Arbeitszeit wird ein (meist prozentual) höheres Einkommen verlangt. Der Fall 8 ist die "Arbeitszeitverkürzung mit vollem Lohnausgleich": am Einkommen ändert sich nichts, die Arbeitszeit wird verkürzt. Die Fälle in der Diagonale (1,5,9) sind die in der obigen Tabelle in der Bilanzgeraden festgehaltenen Substitutionsbeziehungen: für mehr (weniger) Arbeitszeit gibt es mehr (weniger) Einkommen; diese Beziehung muß nicht proportional sein, es ist auch denkbar, dass überproportionale Einkommenssteigerungen (bei 'Mehrarbeit' i.s. von Überstunden) oder unterproportionale Einkommenskürzungen (wegen anderer Steuerprogression etc.) resultieren. Der Fall 2 ist gegeben, wenn eine verlängerte Arbeitszeit mit gleichbleibendem Einkommen gepaart ist (s. etwa den im VW-Tarifvertrag von 1995 vereinbarten 'freiwilligen' sog. *Leistungsbeitrag*; siehe unten, S. 298). Der Fall 6 wäre das Analogon dazu: bei gleichbleibender Arbeitszeit wird der Lohnsatz reduziert, was einem geringeren Einkommen entspricht. Die Fälle 7 und 3 sind atypische, aber strukturähnliche Extremfälle: Arbeitszeitverkürzungen gehen mit Einkommenssteigerungen oder Arbeitzeitverlängerungen mit Einkommenssenkungen einher.

Auf dem Hintergrund dieser Überlegungen wird eine praktisch-politisch bedeutsame Alternative zum Modell des 'direkten Tausches", der der Abb. C-4 zugrundeliegt, sichtbar. *Stück* 1989 (138f.) spricht vom 'Modell der Güterabwägung'. Er meint damit jene Fälle, bei denen es nicht um die Aufteilung des *gegenwärtig Vorhandenen*, sondern um die unterschiedliche Allokation von *künftigen Zuwächsen* geht (die obigen Fälle 4 und 8).

Grafisch dargestellt (s. Abb. C-4) wird im Grunde bei erwarteten Zuwächsen eine Rechts-Verschiebung der Bilanzgeraden vorgenommen:

Einkommen

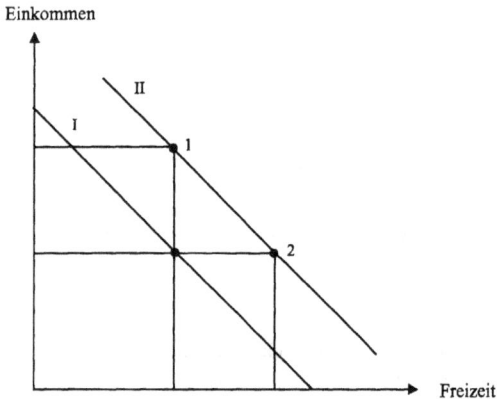

Alternative Wahlmöglichkeit:
1 = gleiche Arbeitszeit/mehr Einkommen
2 = gleiches Einkommen/mehr Freizeit

Abb. C-4:   Die alternative Verteilung von *Zuwächsen* (aus *Stück* 1989)

Auch hier ist das Produkt aus Einkommen und Zeit an jedem Punkt der Bilanzgeraden gleich, aber bei der Bilanzgeraden II immer höher: für die gleiche Arbeitszeit wird mehr bezahlt (Punkt 1) oder für das gleiche Geld wird kürzer gearbeitet (Punkt 2). Die offene Frage ist, ob und wie sich bei einer solchen Veränderung der objektiven Parameter Arbeitszeit und Arbeitseinkommen die Indifferenzkurve verändert. Denn sie ist dafür verantwortlich, dass die beiden genannten Alternativen nicht gleich sind (weil der Arbeitende sich seinen 'Lohn' entweder in Geld oder in Zeit auszahlen läßt). Wären Einkommensbedürfnisse gesättigt, wäre zusätzliche Freizeit begehrter; ist noch genug verfügbare Zeit vorhanden, wird eher eine Lohnsteigerung eingehandelt. Wie wir unten (s. Seite 222ff.) noch ausführlicher erörtern werden, gehen in eine solche Entscheidungsalternative Annahmen über Konstanz oder Veränderung bzw. Sättigung von Bedürfnissen ein, es spielen Zeitpräferenzen und nicht zuletzt *soziale* Vergleiche eine Rolle (z.B: Kann man es sich erlauben, in der einkommensabhängigen und demonstrierbaren Konsumfähigkeit hinter 'Seinesgleichen' zurückzufallen?).

Diese Vorüberlegungen waren nötig, um die ökonomische Theorie der Zeitallokation (die vom 'Modell des direkten Tausches' ausgeht) entsprechend zu positionieren: sie geht aus von rationalen nutzenmaximierenden Aufteilungen von 'Freizeit' und 'Einkommen'.

In diesem Sinn hat *Becker* (1965) den Aphorismus* 'Zeit ist Geld' mit wirtschaftlichem Sinn gefüllt. Er geht davon aus, dass Menschen von ihrer verfügbaren Zeit möglichst viel Nutzen haben möchten. In einem Teil ihrer Zeit können sie durch Arbeit Einkommen erhalten; unterstellt man, dass (Geld-)Einkommen der Schlüssel zu vielen anderen Nutzen ist (Sicherheit, Wohlstand, Konsummöglichkeit, Ansehen usw.), dann müsste der Wunsch dominieren, Einkommen zu maximieren (also viel Zeit in Arbeit zu investieren). Arbeit hat aber auch - wie in der klassischen Mikroökonomie üblich - abschreckende Eigenschaften (Anstrengung, Unterordnung, Gesundheitsverschleiß etc.) und 'Freizeit' ist einerseits nötig (Erholung), andererseits der Ort für spezifische Nutzen (Kontakt, Kultur, Genuss, 'Selbstverwirklichung' usw.). Es muss deshalb ein Kompromiss gesucht werden, den *Becker* am Einkommen misst: Wer (freiwillig) nicht arbeitet, verzichtet auf Einkommen und offensichtlich ist der Zugewinn an Freizeit das wert, was an Einkommen entgangen ist. Wird nun Arbeitszeit immer produktiver (pro Zeiteinheit wird ein immer höheres Realeinkommen verfügbar), muss mit der Freizeit haushälterischer umgegangen werden, denn sie wird fortlaufend mehr wert. Insbesondere Leute mit hohem Stundeneinkommen würden viel (Geldeinkommen) verlieren, wenn sie *nicht* arbeiteten. Sie werden deshalb ihre Freizeit sorgfältig kalkulieren, weil jede 'vertane' Zeiteinheit entgangenes Einkommen ist. Sie werden sich zeitsparende Maschinen kaufen (Waschmaschinen, Geschirrspüler), Fertiggerichte essen oder in billige Fastfood-Restaurants gehen, sich Haushaltskräfte leisten, schnellere Verkehrsmittel (Flugzeuge) benutzen usw. Generell müssen sie alles, was sie erwerben oder haben, schneller nutzen bzw. in kürzerer Zeit konsumieren, um nicht ihre (Arbeits-) Einkommenschancen zu schmälern.

Der spätere Nobelpreisträger *Becker* (1965, 516f.) fasst seine Theorie folgendermaßen zusammen:

> "Das Herzstück dieser Theorie ist die Annahme, dass Haushalte sowohl Produzenten wie Konsumenten sind; sie produzieren Waren, indem sie Güter- und Zeit-Inputs entsprechend den Kostenminimierungs-Grundsätzen der traditionellen Theorie der Unternehmung kombinieren. Die Quantität der produzierten Waren ist bestimmt durch die Maximierung der Nutzenfunktion der Warenmenge, abhängig von Preisen und einer Ressourcenbeschränkung. Ressourcen werden gemessen durch das, was man 'volles Einkommen' nennt, nämlich der Summe des Geldeinkommens und jenes Einkommens, das entgangen oder 'verlorengegangen' ist durch den Einsatz von Zeit und Gütern, um

---

* *Aphorismus*: (griech.) knapp formulierter, geistreich-hintersinniger Gedanke

den Nutzen zu erhalten, wobei Warenpreise gemessen werden durch die Summe der Kosten ihrer Güter- und Zeit-Inputs.

Der Effekt von Veränderungen in Lohn, anderem Einkommen, Güterpreisen und der Arbeitsproduktivität und der Konsumzeit auf die Allokation der Zeit und die produzierte Warenmenge ist analysiert worden. Zum Beispiel würde ein Anstieg im Lohn, der kompensiert wird durch das Sinken des anderen Einkommens (sodass das volle Einkommen unverändert bliebe), ein Sinken des Zeitbetrags induzieren, der für Konsumtätigkeiten eingesetzt wird, weil die Zeit teurer würde. Zum Teil würde die teurere Zeit bei der Produktion jeder Ware durch Güter substituiert werden, und zum Teil würden güterintensive Waren teurere zeitintensive substituieren. Beide Substitutionen erfordern weniger Einsatz von Zeit für Konsum und erlauben mehr Zeiteinsatz für Arbeit. Weil die Reallokation von Zeit simultan eine Reallokation von Gütern und Waren beinhaltet, sind alle drei Entscheidungen eng miteinander vernetzt...

Grobe Schätzungen deuten darauf hin, dass entgangener Lohn quantitativ bedeutsam ist und dass deshalb das volle Einkommen erheblich höher als das Geldeinkommen ist. Da entgangener Lohn primär durch den Einsatz von Zeit bestimmt ist, sollte seiner Effizienz und Allokation beträchtlich mehr Aufmerksamkeit gewidmet werden. Insbesondere sollten Stellen, die Information über die Verausgabung von Geldeinkommen sammeln, simultan Informationen über die Zeit-'Verausgabung' sammeln."

Was nach ihm *Linder* zum Gegenstand seines 'Axioms' (s.u.) gemacht hat, formuliert *Becker* bereits 1965 (513):

"Da im letzten Jahrhundert die Arbeitsstunden in den meisten fortgeschrittenen Ländern gesunken sind und sogenannte 'Freizeit' vermutlich vermehrt wurde, war es eine natürliche Erwartung, dass 'freie' Zeit reichhaltiger zur Verfügung stünde und 'gemütlicher' und 'verschwenderischer' genutzt würde. Doch stattdessen wird Zeit heute sorgfältiger genutzt als vor einem Jahrhundert. Wenn es einen säkulären Anstieg in der Produktivität der Arbeitszeit relativ zur Konsumzeit gegeben hat ..., dann bestünde ein wachsender Anreiz, letztere wegen ihrer höheren Kosten wirtschaftlich zu nutzen (unsere Theorie warnt ausdrücklich davor, solche Zeiten 'frei' zu nennen)."

Also: Je höher das Einkommen, desto höher die Ansprüche an den Ertrag aus der eingesetzten Zeit: Muße, Kultur, Pflege, Konsum werden weniger 'lohnend' und müssen 'zeitintensiv' verdichtet werden.

Auf dieser Grundlage formuliert *Linder* (1973, 10) als Axiom: *"Wirtschaftliches Wachstum bedingt ... eine allgemeine Verknappung der Zeit"* oder anders: fallende Warenknappheit korreliert mit steigender Zeitknappheit. Wie *Becker* kehrt er die verbreitete Auffassung um, dass aufgrund technischen und wirtschaftlichen Fortschritts und der damit verbundenen arbeitssparenden Innovationen die Menschen über immer mehr Freizeit verfügten. Dabei unterscheidet *Linder* (1973, 23ff.) drei Zeitkulturen: solche mit 'zeitlichem Überfluss' (Entwicklungsländer mit ihrer mañana*-Haltung), solche mit 'Zeit-Wohlstand' (z.B. manche Länder Südeuropas) und solche mit 'Zeit-Hunger' (die reichen Länder, die jeden Schlendrian bei der Verwendung von Zeit ausschalten und zu einem Leben nach striktem Zeitplan anhalten). Für diese Länder gilt die auf *Adam Smiths* berühmtes Nadelbeispiel bezogene Klage von *Bertrand Russell* in seinem Essay 'In Praise of Idleness' "... dass wir lernen, innerhalb einer bestimmten Zeit doppelt so viele Nadeln zu produzieren, statt eine bestimmte Menge in der halben Zeit" (*Linder* 1973, 32).

Linder differenziert weiterhin zwischen fünf Kategorien der Zeit:

- *Arbeitszeit*, "die Zeit, die bei der Arbeit in einer spezialisierten Produktion verbracht wird" (1973, 19) und durch die Einkommen erwirtschaftet wird.
- *Zeit für 'persönlich bezogene Arbeit'*: sie "besteht im Wesentlichen aus der Produktion dessen, was wir üblicherweise als Dienstleistungen bezeichnen ... die wir selbst erbringen" (a.a.O., 20), also z.B. 'persönliche Instandhaltung' (a.a.O., 37), wie Schlafen, Essen, Körperpflege, aber auch Erhaltung und Unterhalt von gekauften Gütern (wie etwa Haushaltsreparaturen, Do-it-yourself-Arbeiten usw.).
- *Konsumzeit* ist jene Zeit, die damit verbracht wird, gekaufte Güter oder Dienstleistungen zu ge- oder verbrauchen. Im Unterschied zu impliziten Annahmen der klassischen Ökonomie ist Konsum nicht zeitlos, er muss mit alternativen Zeitverwendungen konkurrieren.
- *Kulturzeit* ist "die Zeit, die der Pflege von Geist und Seele gewidmet ist" (a.a.O., 20).
- *Mußezeit*. Sie ist als Kategorie weniger präzise umrissen und eigentlich negativ definiert: es ist "Zeit, die nicht nutzbar gemacht wird" (a.a.O., 21), wirtschaftlich(!) nicht genutzte Zeit: sog. 'Nichtstun' als (erzwungene) Passivität oder (gewollte) Entspannung.

Linder geht mit dieser differenzierteren Kategorisierung ab von der simplen Dichotomie Arbeitszeit - Freizeit, weil er glaubt, auf diese Weise eine Reihe gesellschaftlicher Entwicklungen besser erklären zu können. Freizeit ist nicht einfach bloß Nicht-Arbeitszeit; auch in der Freizeit wird 'gearbeitet' (aber eben nicht spezialisiert), Konsum benötigt Zeit und reduziert verfügbare Lebenszeit ... Basal ist die Überlegung, dass eine rational handelnde Person ihren Gesamtnutzen steigern will; dabei spielen natürlich Gleichgewichts- und Grenznutzenüberlegungen eine Rolle: wenn z.B. eine weitere Stunde Arbeit weniger Nutzensteigerung verspricht als die Investition derselben Stunde in Freizeit, dann wird die Option 'Freizeit' gewählt werden.

Die Annahme, (bei der Arbeit oder in persönlich bezogenen Dienstleistungen) eingesparte Zeit vermehre die Freizeit ist irreführend: "Die eingesparte Zeit wird notwendigerweise so auf verschiedene Nutzungssektoren verteilt, dass der Zeitertrag

---

* *mañana*: (span.): morgen; *Mañana-Haltung*: Dinge nicht sofort, sondern morgen oder irgendwann tun

überall der gleiche ist. Erhöhte Produktivität persönlich bezogener Arbeit muss dazu führen, dass eine Zeitverteilung vorgenommen wird, welche die gleiche Produktivität in anderen Sektoren marginal herbeiführt. Die Zeitknappheit nimmt zu" (*Linder* 1973, 48).

> "Um einen Gleichgewichtszustand zu erreichen, ist es notwendig, dass der Zeitertrag bei allen Tätigkeiten gleich hoch liegt. Höhere Produktivität und ein größeres Gütervolumen führen mithin dazu, dass der für bestimmte Tätigkeiten verwendete Anteil an der Gesamt-Verbrauchszeit steigt, während der anderen Tätigkeiten gewidmete entsprechend abnimmt. Ist die Gesamt-Verbrauchszeit konstant, verringert sich also, in absoluten Zahlen, die Zeit für Tätigkeiten, welche nicht besonders güterabhängig sind" (*Linder* 1973, 83).

Und so erklärt sich *Linder* auch "die verkümmernden Freuden des Gaumens und des Bettes" (1973, 86f.). Kultur wird zur 'zweitrangigen Tätigkeit': "Obwohl man meinen sollte, dass mehr Zeit zur Erholung *vom* Konsum nötig wäre, wird doch mehr Zeit der Erholung *zum* Konsum gewidmet werden" (*Linder* 1973, 97). "Reiche Leute sind aus ökonomischen Gründen Bildersammler und nicht Ballettkenner" (a.a.O., 99).

Mit der Beobachtung, dass ManagerInnen lieber schnelle als optimale Entscheidungen fällen, sind *Linders* Ausführungen im Abschnitt über "Die rationale Grundlage der wachsenden Irrationalität" (63ff.) vereinbar. Er stellt dort fest, dass es sich aus Gründen der Ersparnis teurer Such- und Verarbeitungszeit lohnt, sich mit ungefähren und vorläufigen Informationen zufriedenzugeben, anstatt nach 'vollkommener' Information zu streben. Sie zu suchen verbraucht produktiv nutzbare Zeit und wenn der Aufwand nicht in einem proportionalen Verhältnis zur Verbesserung der Entscheidungsgüte steht (und das weiß man vorher nie genau), ist es besser, die Suchzeit abzukürzen.

Linder (1973, 144f.) resümiert:

> "Wie wir wissen, ist nicht allein das absolute Angebot einer einzigen Art von Mitteln wichtig; das *Verhältnis* zwischen den beiden wichtigsten Mitteln im Verbrauchsprozess - Zeit und Güter - beeinflusst ebenfalls den Charakter der Entwicklung. Um das Hauptthema dieser Studie zu wiederholen: Wohlstand und Knappheit sind relative Begriffe. Wirtschaftliches Wachstum erzeugt nicht in jeder Hinsicht Wohlstand. Der Wohlstand ist ein partieller ...
>
> a) Das Lebenstempo wird immer hektischer, was sich darin ausdrückt, dass man mit der knapper werdenden Zeit sorgfältig hauszuhalten versucht.
>
> b) Die Gütermenge wird expandieren, was große Zeitansprüche in Form von Unterhalts- und Wartungsarbeiten stellt, die nicht leicht zu mechanisieren sind. Dies wird trotz einer Verringerung im Unterhalt pro Einzelgut eintreten.
>
> c) Da der Wohlstand nur partiell ist, werden die Belastungen für diejenigen zunehmen, deren Wohlergehen nicht primär reichliche Güter, sondern die knappe Zeit ihrer Mit-

menschen erfordert. Fehlten zu Beginn der Wachstumsperiode den alten Leuten Brot und Bett, so wird ihnen gegen Ende der Wachstumsperiode die Pflege fehlen.

d) Es wird eine merkwürdige Kombination auftreten: Einerseits wird es zu einer zunehmenden Hinwendung zu Gütern im allgemeinen und andererseits, infolge niedrigeren Nutzungsgrades und raschen Umsatzes, zu einer zunehmenden Gleichgültigkeit gegenüber jedem einzelnen Gut kommen.

e) Es sinkt die Konkurrenzfähigkeit der Zeit, die der Kultivierung von Geist und Seele gewidmet ist, und der Zeit für bestimmte körperliche Freuden. *Dolce far niente.*

f) Der Einkommensnutzen wird abnehmen, ohne dass eine Sättigung der Bedürfnisse eintritt; um den materiellen Wohlstand noch mehr steigern zu können, widmet man weiteren wirtschaftlichen Fortschritten erhöhte Aufmerksamkeit.

g) Um des wirtschaftlichen Fortschritts willen wird in verstärktem Maße Wert auf rationales wirtschaftliches Handeln und Verhalten gelegt, aber aus demselben Grund nimmt die Zahl schlecht durchdachter Entscheidungen zu.

h) Es kommt zu einer neuen Form wirtschaftlicher 'Unfreiheit', die nicht von einem Kampf ums wirtschaftliche Überleben, sondern von einer Wachstumsbesessenheit gekennzeichnet ist. Diese Wachstumsbesessenheit zwingt uns, um der wirtschaftlichen Wachstumsraten willen, unsere wirtschaftlichen Mittel, einschließlich der Zeit selbst, auf destruktive Weise zu verteilen - mit der Folge, dass wir die natürlichen Grundlagen unseres Lebens, wie Luft, Wasser, die Schönheit der Natur und unser eigenes Erbgut, vernichten."

Linder hat schon Anfang der 70er Jahre hellsichtig Konsequenzen einer ökonomischen Zeitallokation prognostiziert: "Deshalb kann es kaum überraschen, wenn die aktive Generation auch bei alten Leuten bestrebt ist, das Unterhaltsvolumen pro 'Einheit' zu senken. Mit steigendem Durchschnittseinkommen werden die Bemühungen zunehmen, die alten Menschen geleistete Pflege pro Einzelperson zu reduzieren. In einem reichen Land alt zu werden ist keine reine Freude" (*Linder* 1973, 58).

2.1.2 Kritik der mikroökonomischen Theorie der Zeitallokation

Diese Kritik wurde von verschiedenen Autoren resümiert (z.B. *Schelling* 1973, *Niessen* 1985, *Stück* 1989, *Kuhn* 1992, *Kuhn & Maurer* 1995, *Bievert & Held* 1995).

In die Theorie gehen einige Annahmen und Restriktionen ein, die das ökonomische Zeitkalkül relativieren. *Bievert & Held* (1995) haben sie zusammengestellt:

- "Durch die Bindung des Preises der Zeit an den Lohnsatz kommen auf den ersten Blick sichtbar alle Personengruppen außerhalb der Reichweite der Theorie zu liegen, die kein Erwerbseinkommen haben" (z.B. Kinder, Jugendliche, Pflege und Arbeit im Haushalt usw.) (15).

- Durch die Bindung an den Lohnsatz handelt sich *Becker* "... - damit alles in monetär bewertete Einheiten umrechenbar wird - doch wieder eine Verengung auf materielle Bedürfnisse ein" (15). Den intrinsischen Wert der Zeit erfasst er nicht, weil er sich auf die Kosten, nicht aber den Nutzen der Zeit konzentriert.

- Zugrundegelegt wird auch eine rein extrinsische Motivation für Arbeit: Für das Arbeitsleid wird man durch Einkommen entschädigt - und nur dieses zählt. Andere Nutzen der Arbeit (Sinn, Kontakt, Entfaltung etc.) bleiben unberücksichtigt.

- Nur die *Zeitdauer* geht in die Überlegungen ein; Rhythmen, Eigenzeiten usw. spielen im Modell keine Rolle.

- Des weiteren unterstellen die Modelle von *Becker* und *Linder*, "dass die Beschäftigten *Entscheidungsfreiheit* haben, zu gegebenem Lohnsatz mehr oder weniger arbeiten zu können (ohne relevante Transaktionskosten, bei vernachlässigbar schnellen Anpassungszeiten)" (17). Damit bleiben sowohl Rigiditäten des Arbeitsmarkts (Arbeitslose mit viel Freizeit würden wohl gern für mehr Arbeit optieren), wie auch Transaktionskosten und -zeiten ausgeblendet.

- Ausserdem "wird Reversibilität von zeitlichen Entscheidungen bezüglich Erwerbsarbeit bzw. vollständige Voraussicht unterstellt. Im *realen Ablauf des Lebens* ist aber *der Zeitpfeil* ... höchst wirksam" (*Biervert & Held* 1995, 17).

Die mikroökonomische Konstruktion folgt einer paradoxen Logik: In der Frei-Zeit lebt man; die Mittel dazu bekommt man aber nur über (Lohn-)Arbeit, deren Mehrwert angeeignet wird und die die Frei-Zeit verkürzt. Eine geniale zirkuläre Verklammerung wird mephistophelisch* genutzt: Konsum ist nur möglich, wenn man Arbeitseinkommen hat; je mehr man arbeitet, desto mehr verdient man - aber man hat dann auch umso weniger Zeit, das Verdiente zu konsumieren. Also muss alles, was nicht bezahlte Erwerbsarbeit ist, zeitlich 'verkürzt' oder abgewälzt werden: im Haushalt z.B. durch Einsatz von Maschinen oder Konsum von industriellem fastfood oder den Einkauf billigerer Arbeitskräfte (Putzhilfen, Dienstmädchen, Tagesmütter).

Diese Konstruktion baut wie gesagt darauf auf, dass die *Arbeit selbst* nicht lustvoll genossen wird (einen Eigenwert hat, als solche - 'intrinsisch' - motiviert); denn dann würde sie nicht gegen Freizeit getauscht werden. Also muss die Arbeit als Last und Plage imaginiert oder gar eingerichtet *und* die Tauschnotwendigkeit erzeugt werden (s.o.: 'doppelt frei'!). Und gerade deshalb ist dann Freizeit (= Nichtarbeit) begehrt, somit als solche nützlich. Damit Lebenszeit (= Freizeit) in Arbeitszeit getauscht wird, muss sie als Freizeit etwas wert sein (als solche genossen oder als umworbene Konsumzeit vermarktet werden), anderenfalls würde *nur* gearbeitet. Man muss dann Arbeit so definieren, dass sie allein des Geldes wegen getan wird, mit dem sich materielle Güter oder Dienstleistungen kaufen lassen.

---

* Mephistopheles (von Faust gefragt, wer er denn sei). "Ein Teil von jener Kraft, die stets das Böse will, und stets das Gute schafft."

All das setzt vollkommene Arbeitsmärkte voraus, in denen sich die Grenzprodukti-
vität der Arbeitsstunde realisieren lässt und in denen die angebotene Arbeitszeit
auch nachgefragt wird. Natürlich sind solche Annahmen kontrafaktisch: Arbeitsmärkte gelten als notorische Beispiele für unvollkommene Märkte. In einer Rezession ist, wenn der Wunsch nach Gütern gleich bleibt, die Zeit weniger wert. Die Zeit
wechselt sozusagen konjunktur- oder nachfrageabhängig ihren Wert, es sei denn, es
gibt Glättungsinstitutionen wie Arbeitsgesetze, Tarif- und Arbeitsverträge. In diesem Sinn wirkt z.B. eine gesetzliche 'Normalarbeitszeit' oder das Kündigungsrecht
als Grundlage einer Verstetigung der Arbeitsverhältnisse.

Hier zeigt sich einmal mehr die coole oder zynische Logik der theoretischen Ökonomie, die die Grenze zwischen Genialität und Irrsinn des öfteren in beide Richtungen überschreitet: Wenn Luxusgüter a) teuer und deswegen b) zeitintensiv zu nutzen
sind, dann gilt:

zu a) Ein gutverdienender Mann(!) kann sich - weil er pro Zeiteinheit ein sehr hohes Einkommen hat - eine teure Freizeitgestaltung leisten (wenn man TV-Serien
glaubt: Yacht, Jet, Ferrari, schöne Frauen). Diese 'Güter' kann er aber nur kurz nutzen, weil sein Einkommen sinken würde, wenn er sich zuviel Freizeit erlaubte.

zu b) Deswegen muss er all seinen Reichtum sehr zeitintensiv nutzen, damit er
nicht zuviel 'opportunities foregone' riskiert. Das erklärt, warum große Manager
oder TV-Stars so wenig Zeit für ihre Frauen oder Geliebten haben. Wie Zeitökono-
men es formulieren würden: Die Nutzungszeiten von Ehefrau und Geliebten
sind zu intensivieren und zu verkürzen.

Aus dieser Logik folgt auch: Wenn jemand so viel arbeitet, dass er überhaupt nicht
mehr konsumieren kann (workaholic), dann ist er in derselben Lage wie *Dagobert
Duck*: sein Reichtum steigt unaufhörlich (immer unterstellt, dass Einkommen von
Arbeitszeit abhängt). Wenn es aber einer leisure class gelingt, *andere* für sich arbeiten zu lassen, kann sie sich dem demonstrativen Konsum widmen und auf *Eigen-
arbeit* weitgehend verzichten. Ist also die Theorie der Zeitallokation eine "Theorie
der armen Leute"? Ein allein auf verschiedene Verteilungen von Arbeit und Freizeit
gründendes Denken unterstellt die Freiheit des Tausches 'Zeit gegen Einkommen'
und vernachlässigt als rein rationales Kalkül Abhängigkeit und Zwangsverhältnisse.

Bievert & Held (1995, 18f.) heben neben der Bedeutung der *Allokation* der Zeit
noch andere Zeit-Aspekte als bedeutsam für das Wirtschaften hervor:

- "Wirtschaften erschöpft sich nicht in augenblicklicher Bedürfnisbefriedigung und
  Gewinnerzielung durch aktuelle Produktion und Handeln, sondern heißt Vorsorge
  treffen: *Planen und Handeln für die Zukunft* mit unterschiedlichen Fristigkeiten"
  (a.a.O., 18).
- "Wirtschaftliches Handeln ist durch *Unsicherheit geprägt. Mit Veränderungen im
  Zeitablauf ist zu rechnen* (Pfadabhängigkeit, gerichtete Zeit)" (a.a.O., 18).

Kapitel C

- "Von der Unsicherheit in der Gegenwart und bezogen auf die Zukunft sind *tatsächlich eintretende Veränderungen* wichtiger Einflussgrößen und *im Zeitablauf auftretende Überraschungen* zu unterscheiden" (a.a.O., 19).

2.2 Zeitökonomie in der Einzelwirtschaft

2.2.1 Arbeitszeit als Kostenfaktor

Ökonomische Theorien der Zeitallokation machen die Anstrengungen verständlich, die Arbeitsproduktivität zu steigern, um aus jeder eingekauften Arbeitszeit-Einheit möglichst viel Leistung oder Wert herausholen. Ermöglicht und unterstützt wird das durch arbeitssparende Erfindungen und neue Technologien, Ersetzung menschlicher Arbeit durch produktivere Maschinenarbeit, Vermeidung und Ausmerzung aller Zeitvergeudung oder -verschwendung ('Zeitdiebstahl', Fehl-Zeiten), Definition und Durchsetzung von Normalzeiten und -leistungen, Entwicklung von Systemen *vorbestimmter* Zeiten, ein dichtes Netz von Zeitkontrollen (Anwesenheit, Termineinhaltung, Produktions-, Liefer-, Zahlungszeiten), elaborierte Zeitplanung (Arbeitsvorbereitung, Fertigungssteuerung), Verringerung von Stillstands-, Warte- oder Leerzeiten, Vermeidung von Kapitalbindungszeiten, in denen kein Mehrwert hinzugefügt wird (Lagerhaltung, stockender Durchsatz, unterbrochene oder unnötige Prozesse) usw.

Im Personalbereich ist das zwangsläufige Ergebnis einer solchen Verabsolutierung der Verwertungslogik, dass teure menschliche Arbeitszeit rationalisiert, intensiviert und substituiert werden muss. Der Betrieb ist den Haushalten vorausgegangen in seiner Politik der Substitution von zeit- durch güterintensive Produktion. Der Effekt ist massive Einsparung von menschlicher Arbeitszeit; dadurch bedingter Personalabbau kann vermieden werden, wenn

- Wirtschaftswachstum zusätzlichen Bedarf an Arbeitszeit erzeugt;
- 'Lohnzugeständnisse' menschliche Arbeit konkurrenzfähig machen;
- allgemeine bindende Schutzgesetze oder Gegenmacht (Gewerkschaften) das Ausmaß der Substitution regulieren;
- gesellschaftlicher 'Wertewandel' zur Neubewertung von Arbeits- und Freizeit führt, sodass Beschäftigte mit weniger Arbeitszeit (und Einkommen) zufrieden sind;
- das an sich unbenötigte Arbeitskräftepotential durch Transferzahlungen subventioniert wird.

Angesichts steigender Kapitalintensität der Produktion (und damit steigender Fixkosten) muss eine Senkung der Stückkosten angestrebt werden. Dies kann - s. *Heller* 1994, 243 - erreicht werden durch Mengensteigerung oder Senkung der Gesamtherstellungskosten. Die erste Strategie ist z.B. mit Kartellbildungen oder Zentralisierungsprozessen realisierbar; für die zweite kommen spezifische *zeit*ökonomische Maßnahmen in Betracht:

1. Senkung der *Anlagestückkosten* durch steigende Auslastung, also höhere Produktionsgeschwindigkeit. Dies ist insbesondere nötig bei Sektoren mit raschem technologischen Fortschritt, wo gegebene Anlagen schnell veralten.

2. Senkung der *Materialstückkosten*. Dies erfordert, den Durchlauf des Materials von seinem Ankauf bis zum Verkauf des Fertigprodukts zu verkürzen, z.B. mit entsprechender Lagerhaltung oder anderer Logistik (s.a.: Just-in-time-Anlieferung), Minimierung von Stillstandszeiten, Beschleunigung innerbetrieblicher Transporte etc.

Anlage- und Materialstückkosten sind Momente der Kapitalstückkosten; das generelle Ziel ist, die Kapitalnutzung oder -produktivität (Rentabilität, Profitabilität) zu erhöhen. Das kann auch dadurch geschehen, dass die Kapitalbindung verringert wird (Outsourcing, Fremdbezug, Leasing).

3. Im vorliegenden Zusammenhang ist von besonderer Bedeutung die Senkung der *Arbeitsstückkosten* (also der Personalkosten, die für die Fertigung einer Einheit anfallen) durch höhere Produktivität und 'verbesserte' Auslastung der Arbeitskräfte oder ihre 'Verbilligung'. "Arbeitszeit ersetzt ... die zuvor übliche Lagerhaltung und der Mensch wird der eigentliche Puffer in der Wirtschaft" - sagt *Bosch* (1996, 425) im Blick auf die zunehmende Verbreitung von (Mehr-)Jahresarbeitszeiten.

Aus diesem Grund ist die betriebliche Zeitwirtschaft (Zeitökonomie) bemüht, den gesamten Herstellungsprozess logistisch zu integrieren und die Arbeits-, Anlagen- und Materialdurchlauf-Zeiten optimal zu synchronisieren. Es geht aber bei der zeitwirtschaftlichen Optimierung nicht nur - so *Rinderspacher* 1988 - um 'Verschnellerung' und *Synchronisierung* (die Vernetzung und Verzahnung der Just-in-time-Produktion ist ein Beispiel), sondern auch, wie *Rinderspacher* hinzufügt, um

- Intensivierung (zeitliche Verdichtung als Schließung der 'Poren der Arbeit', wie sie etwa als Folge von Refa- oder MTM-Analysen realisiert wird);

- Extension (zeitliche Ausdehnung, z.B. im Sinne der ohne Wochenend- oder Nachtunterbrechungen arbeitenden Fabrik: Rund-um-die-Uhr-Arbeit);

- Simultanisierung (Vergleichzeitigung, wenn z.B. von einer Arbeitskraft mehrere Maschinen bedient und überwacht werden oder wenn schon bei der Produktentwicklung die SpezialistInnen aus Forschung, Produktion, Marketing, Service etc. zusammenarbeiten).

Damit aber müssen die individuellen Zeit-'Bedürfnisse' der Arbeitenden den gesamtbetrieblichen Integrationsvorstellungen untergeordnet werden: die sog. *Zeitsouveränität* der Arbeitskräfte nimmt tendenziell ab und beschränkt sich auf die Ausfüllung von Spielräumen, welche die (dann) übergeordneten Planungen zugestehen. Eine solche Integration muss nicht auf Zwang und Zuteilung zurückgreifen, sie gelingt auch, wenn den Arbeitskräften verlockende Angebote gemacht werden, ihre Arbeitskraft zu den benötigten Zeiten zur Verfügung zu stellen.

2.2.2 Zur Entkoppelung von Arbeits- und Betriebszeiten

Am Demonstrationsbeispiel von *Förderreuther*, das in Abb. C-5 abgedruckt ist, wird vorgeführt, dass die Stückkosten nicht so sehr von den Arbeitskosten abhängen, sondern von der organisatorischen Optimierung der Anlagenauslastung (dabei geht *Förderreuther* aber offenbar in Variante 2 trotz höherer Auslastung von gleichen Abschreibungen und Instandhaltungs- bzw. Wartungskosten aus).

Die Logik dieser Überlegungen ist evident und begründet das oben schon erwähnte Interesse der Arbeitgeber an der Rund-um-die-Uhr-Produktion (wenn sofortige Absetzbarkeit der Produkte gesichert ist) oder an 'Arbeit aus dem Wasserhahn' bzw. einer 'atmenden Fabrik' (wenn die Marktnachfrage sehr schwankend ist) (*Hartz* 1995). Eine Verlängerung der Maschinenlaufzeiten allein sichert jedoch nicht ein besseres Gewinnergebnis - dazu müssen auch andere Voraussetzungen gegeben sein (Unternehmensbesteuerung, Wechselkurse, Wettbewerbssituation, Kapazitätsauslastung, Produkt- und Servicequalität etc.).

In der zuweilen plakativ geführten Diskussion[13] über die *Entkoppelung* von Betriebszeiten und (individuellen) Arbeitszeiten wird immer wieder mit Zahlenmaterial operiert, das belegen soll, dass in Deutschland im Vergleich zu anderen Industrienationen relativ kurze Anlagennutzungszeiten verwirklicht sind. Die Datenlage ist jedoch alles andere als befriedigend, um solche Vergleiche solide durchzuführen.

Teriet, Mitglied des neutralen Instituts für Arbeitsmarkt- und Berufsforschung und renommierter Fachmann, sagt 1993:

> "Konzentriert man sich auf den Gesichtspunkt der Dauer, so ist anzumerken, dass es fast *keine empirisch erhobenen und gesicherten Daten zu effektiven Betriebszeiten sowohl im Wochen- als auch im Jahreskontext* gibt. Ob abgeleitete Schätzgrößen oder Befragungsgrößen diese evident Datenlücke schließen können, muss bezweifelt werden, zumal die Unschärfebereiche beträchtlich sind. Außerdem gibt es erhebliche Aggregationsprobleme bei der Ermittlung von Betriebszeitenvolumina durch unterschiedliche Arbeitsplatzdefinitionen. So wird einerseits ein *Arbeitsplatz definiert als der Antipode* zur Arbeitskraft im Rahmen eines Arbeitsverhältnisses.* Andererseits kann der *Arbeitsplatz als eine betriebswirtschaftlich-technische Organisationseinheit* gesehen werden, die *im Rahmen von Einfach- und/oder Mehrfachbesetzungen mit Arbeitskräften erwerbswirtschaftlich genutzt wird und die zeitweilig - bei partieller Automatisierung - auch ohne Arbeitskraft in Betrieb sein kann*" (*Teriet* 1993, 10).

---

[13] "Viele deutsche Betriebe arbeiten immer noch zu kurz, im Vergleich zu unseren Nachbarländern in der Europäischen Union zu wenig flexibel, mit Sicherheit zu langsam und mit schwach ausgeprägtem Zeitcontrolling. Hinzu kommt die fehlende motivationale Einbindung der Mitarbeiter in das marktrelevante betriebliche Zeitgeschehen" (*Beyer* 1994, 479).

* *Antipode*: (griech., wörtlich: Gegenfüßler) ein auf der gegenüberliegenden Seite der Erde Lebender (z.B. für Deutsche: Australier); übertragen: Gegner, Gegenstück.

Variante 1

Annahmen:
• Arbeiterstunde 42,-- DM
• Maschinenlaufzeit 53 Stunden/Woche
  (Diese Zahlen entsprechen den realen Werten in Deutschland 1992)
• ein Arbeitsplatz - eine Maschine (aus Gründen der Vereinfachung)
• Investitionskosten für diesen Arbeitsplatz (Maschine)
  1,2 Mio DM (entspricht dem statistischen Durchschnitt im Investitionsgütersektor)
• kalkulatorische Abschreibung 3 Jahre linear
• monatliche Wartungs- und Instandhaltungskosten für die Maschine 2.000,-- DM

Aufgrund dieser Daten ergibt sich eine monatliche Abschreibung von 33.000,- DM + 2.000,- DM Wartungskosten.
Gesamte monatliche Maschinenkosten K_M = 35.000,- DM
Personalkosten (K_P) für eine Betriebszeit von 53 Stunden/Woche:
K_P = 53 Stunden/Woche x 42,- DM/Stunde x 4,3 Wochen/Monat
K_P = 9.572,- DM
Die monatlichen Gesamtkosten (KG) für den Arbeitsplatz betragen demnach
$K_G = K_M + K_P$ = 44.572,-- DM

Bei der monatlichen Betriebszeit von 228 Stunden ergibt sich ein Fertigungsstundensatz

$$F_S = \frac{K_G}{\text{Betriebsstunden}} = \frac{44.572}{228} = 195,49 \text{ DM}$$

Variante 2

Annahmen:
• Gleicher Arbeitsplatz.
• Maschinenlaufzeit 80 Stunden/Woche
  (Pilotprojekte der Industrie zeigen, daß 100 Stunden/Woche problemlos möglich sind)
• Arbeiterstunde 60,-- DM
  (Berücksichtigt wird ein Ansteigen der Personalkosten durch evtl. erforderliche Schichtzulagen, dennoch ist der Satz sehr großzügig bemessen)
• Alle anderen Variablen bleiben konstant.
  Bei dieser Variante ergeben sich monatliche Gesamtkosten von K_G = 55.640,- DM

Trotz deutlich höherer Personalkosten bei Variante 2 sinkt F_S um fast 17 %.

Bei der angenommenen ausgedehnten Maschinenlaufzeit/Betriebszeit von 344 Stunden/Monat beträgt der Fertigungssatz F_S = 161,74 DM

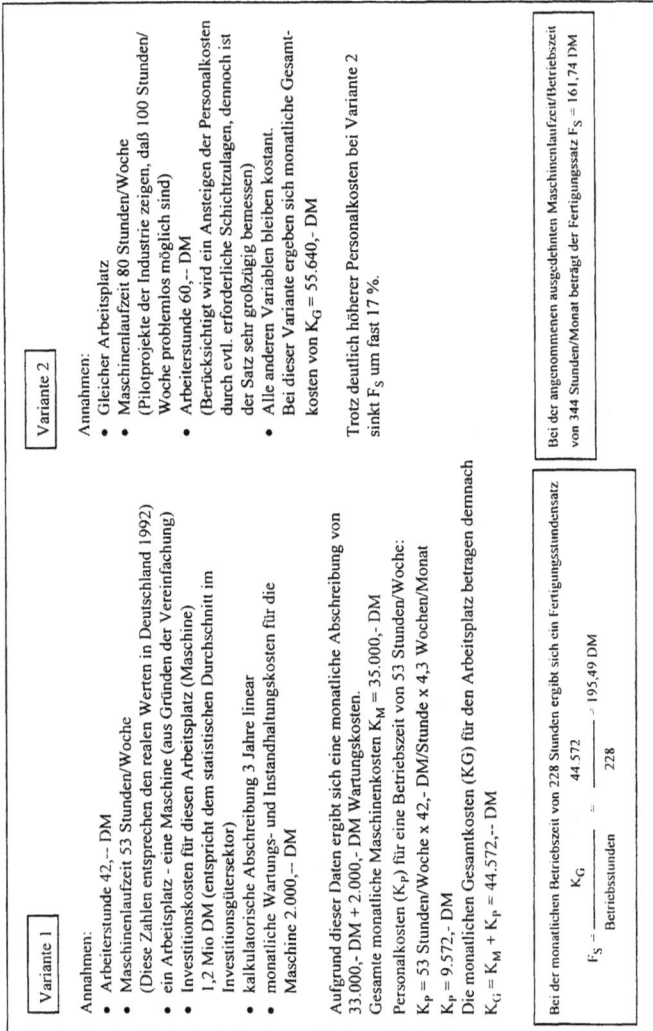

Abb. C-5: Vergleich der anteiligen Personalkosten bei unterschiedlichen Maschinenlaufzeiten (aus *Förderreuther* 1994)

Es ist bei den öfter angebotenen internationalen Vergleichen (bei denen die Bundesrepublik im allgemeinen schlecht abschneidet), nicht klar, ob es sich dabei um Soll-
und/oder Istwerte handelt; oft ist der Erhebungs- oder Bezugszeitraum die Woche
bzw. eine herausgegriffene Woche, was nicht ohne weiteres die Hochrechnung auf
die Jahresbetriebszeit pro Arbeitsplatz oder gar pro Gesamtbetrieb erlaubt (wegen
saisonaler Schwankungen, unterschiedlicher Urlaubs- und Feiertagszeiten etc.). Angaben über den Berechnungsmodus der Betriebszeiten finden sich sehr selten; in der
Literatur werden drei Varianten beschrieben: das Betriebskonzept, das Beschäftigtenkonzept und das Arbeitsplatzkonzept:

> "Beim 'Betriebskonzept' werden die Angaben der Betriebe zu ihren Betriebszeiten für
> deren Berechnung zugrundegelegt. Beim 'Beschäftigtenkonzept' wird die Betriebszeit
> einzelner Abteilungen mit der Zahl der Beschäftigten gewichtet[14]. Beim 'Arbeitsplatz-
> konzept' wird die Betriebszeit einzelner Abteilungen mit der Zahl der Arbeitsplätze ge-
> wichtet. Die Zahl der Arbeitsplätze wird dadurch ermittelt, dass die Anzahl der Schicht-
> beschäftigten durch die Anzahl der Schichten geteilt wird. Bei allen drei Verfahren wird
> die Berechnung von branchenspezifischen und gesamtwirtschaftlichen Durchschnitten
> über eine Gewichtung mit der Zahl der Beschäftigten in den jeweiligen Betrieben vor-
> genommen" (*Bauer & Schilling* 1994, 23).

Bei Zugrundelegung unterschiedlicher Konzepte ergeben sich sehr verschiedene
wöchentliche Betriebszeiten. Für das Jahr 1989 berichten *Bauer & Schilling* (1994,
25) im verarbeitenden Gewerbe nach 'Betriebskonzept' eine Stundenzahl von 72,8,
nach 'Beschäftigtenkonzept' 67,9 bzw. 63,6 und nach Arbeitsplatzkonzept 49,7.

Die Unterschiede in den Betriebszeiten variieren zudem ganz erheblich, wenn man
bestimmte Differenzierungen berücksichtigt. *Groß* (1992) berichtet über eine umfangreiche Betriebsbefragung, an der sich im Jahr 1990 2636 Betriebe beteiligten.
Auf Basis des Beschäftigtenkonzepts (s.o.) wurden z.B. erhebliche Unterschiede je
nach Branche und Betriebsgröße (Beschäftigtenzahl) gefunden; die *Durchschnitts*-
Werte der einzelnen Klassen reichten von 43,6 bis 74,5 Std./Woche. Bei der Bun-
desbahn ergab sich z.B. ein Wert von 106,2 Std. wöchentlicher Betriebszeit, bei
Gaststätten und Beherbungsbetrieben 99,2 Std., im Baugewerbe dagegen nur 41,0
Std. und bei Kreditinstituten und Versicherungen 44,9 Std./Woche. Die Betriebs-
zeitverlängerung wird angesichts kurzer individueller Arbeitszeiten im wesentlichen
durch folgende arbeitszeitpolitische Maßnahmen erreicht: versetzte Arbeitszeiten,
Überstunden, Wochenendarbeit, Kombination Voll- und Teilzeit, Gleitzeit, Schichtarbeit und vor allem durch Kombinationen dieser Formen (s. *Groß* 1992, 277). *Groß*

---

[14] *Groß* (1992, 268) gibt dafür ein Beispiel, das davon ausgeht, dass 50 Beschäftigte im gewerb-
lich-technischen Bereich in Kontischicht 168 Std/Woche, 50 Beschäftigte im 2-Schicht-System
mit 80 Std/Woche und 50 Beschäftigte einschichtig 38,5 Std/Woche arbeiten. Beim 'Beschäftigtenkonzept' errechnet sich eine durchschnittliche wöchentliche Betriebszeit von 95,5 Std
[(50 x 168 + 50 x 80 + 50 x 38,5): 150]

resümiert u.a.: "Der in der öffentlichen Diskussion beliebte Rückschluss von im internationalen Vergleich relativ kurzen individuellen Arbeitszeiten auf zu kurze Betriebszeiten in der Bundesrepublik muss nach diesem Befund als irreführend und falsch angesehen werden" (a.a.O., 273). Ein Teil der Verwirrung liegt darin, dass die Betriebszeiten nicht generell - über alle Branchen und Betriebsgrößenklassen hinweg - aggregiert werden; vielmehr werden Teilbereiche herausgegriffen (z.B. nur das Verarbeitende Gewerbe oder nur die Metallindustrie) und die Ergebnisse in diesen für die Volkswirtschaft keineswegs repräsentativen Bereichen werden dann auf die Gesamtheit generalisiert.

Bosch (1996, 424) stellt z.B. fest, dass im europäischen Vergleich die Betriebsnutzungszeiten keineswegs generell so niedrig sind, wie es in der Standortdebatte des öfteren behauptet wird: "9,1 v.H. der deutschen Industriebeschäftigten arbeiten regelmäßig nachts. Damit liegt die Bundesrepublik in Europa an der Spitze." Auch im Dienstleistungssektor gibt es seit langem Rund-um-die-Uhr-Arbeit (z.B. Krankenhäuser, Verkehrsbetriebe, Polizei, Energiewirtschaft usw.).

Einmal mehr zeigt sich am Beispiel der 'Betriebszeiten'-Diskussion die für Arbeitszeitfragen typische Vermischung politischer und ökonomischer Fragen, deren säuberliche Trennung nicht nur künstlich, sondern ideologisch (verschleiernd rechtfertigend) ist. Dies gilt auch für die dritte Analyse-Perspektive, die nun im letzten Hauptteil erörtert wird.

2.3 Präferenzen der Erwerbstätigen: Einkommen oder Zeit?

Die mikroökonomische Theorie der Zeitallokation hat arbeitszeitpolitische Implikationen. Sie könnte/müsste eine Antwort geben auf die Frage, unter welchen Bedingungen ArbeitnehmerInnen Einkommens- oder Freizeitpräferenzen zeigen werden. Gerade die von den Gewerkschaften betriebene Politik der Arbeitszeitverkürzung (mit oder ohne Lohnausgleich) wird immer wieder mit dem Argument konfrontiert, dass die Beschäftigten selbst sich fast immer fürs Einkommen entschieden, wenn sie die Wahl zwischen Einkommens- oder Freizeiterhöhungen hätten. Genauso wie es eine 'Gegenwartspräferenz' gibt [Verbesserungen *jetzt* werden wertgleichen (diskontierten) Verbesserungen in der *Zukunft* vorgezogen], scheint es eine Einkommenspräferenz zu geben.

Hinrichs (1988, 198ff.) macht dafür Eigenheiten der Güter 'Zeit' und 'Geld' verantwortlich; zum einen behandelt er den 'Wettlauf um die positionalen Güter' und zum anderen den 'logistischen Vorsprung von Geld gegenüber Zeit':

Kapitel C

Der Wettlauf um die positionalen Güter

Hinrichs geht aus von der These "dass eine Verbesserung des Konsumstatus eher höher bewertet wird als die Vergrößerung des Freizeitvolumens und es insbesondere unwahrscheinlich ist, dass von einer erreichten Einkommensposition zugunsten einer kürzeren Arbeitszeit abgegangen wird" (a.a.O., 198). Zur Begründung führt er die Existenz eines 'Auszeichnungstriebs' oder 'Distinktions- oder Demonstrationseffekts' an: Personen bewerten - wie noch bei der kurzen Erörterung des Ansatzes von *Thibaut & Kelley* ausgeführt werden wird (s. S. 365ff.) - ihre aktuelle Situation zum einen auf der Basis ihrer Chancen, eine Verbesserung ihrer Bedürfnisbefriedigung zu erreichen; ist diese kaum möglich, sind sie 'ganz zufrieden'. Zum anderen aber messen sie ihre Lage an der von (relevanten) anderen: geht es 'den anderen' deutlich besser, fühlen sie sich benachteiligt und wollen aufholen. Gerade dieser letztere *soziale* Vergleich führt nun zu einer endlosen Spirale gegenseitigen Aufschaukelns.

Immer wieder werden dabei Überlegungen von der Art vorgetragen, wie sie z.B. *Herzberg, Mausner & Snyderman* (1959) ihrer Zwei-Faktoren-Theorie der Arbeitszufriedenheit zugrunde gelegt haben. Ihnen zufolge muss man zwischen zwei Dimensionen der Zufriedenheit unterscheiden: die eine erstreckt sich über das Kontinuum 'Zufriedenheit - Nichtzufriedenheit', die andere über das Kontinuum 'Unzufriedenheit - Nichtunzufriedenheit'. Das zweite Kontinuum ist dadurch gekennzeichnet, dass ein erreichter Zustand als normal oder selbstverständlich gilt und keine positiven Emotionen auslöst; wird aber davon nach unten abgewichen, kommt es zur 'Unzufriedenheit'. Zum Beispiel löst die Verschlechterung einer bereits regelmäßig erreichten Einkommensposition intensive Unzufriedenheit aus. Dagegen wird 'Zufriedenheit' für *Herzberg et al.* durch Erfahrungen ausgelöst, die eine große Ichnähe haben (z.B.: das eigene Potential entfalten können, Anerkennung finden, sich entwickeln, Verantwortung übernehmen). Bleiben solche Erfahrungen aus, ist man 'nicht zufrieden' (denn es fehlt die motivierende Bereicherung, die 'Zufriedenheit' bedeutet), aber man kann dabei durchaus 'nicht unzufrieden' sein.

Während 'Nicht-Unzufriedenheit' dann gewährleistet ist, wenn man das übliche Vergleichsniveau erreicht oder hält, ist 'Zufriedenheit' ein bewegliches Ziel, das sich bei Annäherung immer ein Stück weiter entfernt.

Diese humanistischen Überlegungen werden von ökonomischen Theoretikern zusätzlich 'sozialisiert': Der soziale Vergleich, nicht die persönlichen Lebensbedürfnisse, bestimmt das subjektive Wohlbefinden; nicht was jemand absolut hat, sondern was er/sie relativ (im Verhältnis zu den anderen) hat, ist entscheidend. Daraus leitet sich der 'soziale Imperativ' ab, nicht gegenüber den anderen zurückzufallen. In einer konkurrenz- und statusorientierten Gesellschaft ist es jedoch ein noch stärkeres Motiv, nicht nur gleichzuziehen, sondern gegenüber der Vergleichsgruppe 'besser dazustehen' und diese Überlegenheit auch zu zeigen ('demonstrativer Konsum'). Das aber führt letztlich zur Hamsterrad-Situation: man läuft immer schneller, nur um auf der Stelle zu treten. Denn *positionale* Güter[15], um die es letztlich geht, sind nicht vermehrbar. Wenn alle sich bessere Wohnungen, teurere Autos, buchstäblich exklusivere Fernreisen, kostbarere Accessoires etc. leisten wollen, muss jede(r) sich - allein um mithalten zu können - immer mehr anstrengen. Die Hoffnung auf Verbesserung der relativen Position wird regelmäßig enttäuscht; aber die Angst, gegenüber der Vergleichsgruppe zurückzufallen, hält den Motor auf Hochtouren.

Ein Zugewinn an Freizeit ist nicht statuserhöhend vorzeigbar, jedenfalls nicht so sichtbar wie teurer Schmuck, ein Sportwagen, ein Einfamilienhaus im Grünen. Wenn aber alle sich schnelle Autos kaufen, stehen alle im Stau, wenn alle im Grünen wohnen wollen, werden die Grundstückspreise unerschwinglich, die Grundstücke klein und die Häuser dichtgedrängt, wenn alle nach Mallorca fliegen (können), ist es dort so wie hier, wenn alle unter Opfern ihre Kinder studieren lassen, ist der endlich errungene akademische Grad Massenware usw.

Solange der Selbstwert an die Wertschätzung durch andere gekoppelt ist und diese sich daran festmacht, was man (sich) leisten kann, hat die Forderung, auf Einkommen bzw. Einkommenssteigerungen zugunsten von mehr Freizeit zu verzichten, kaum Aussicht auf breite Akzeptanz. Gerade weil eine kapitalistische Wirtschaft Konsum stimulieren muss und zu diesem Zweck zunehmend auch Freizeit intensiv kommerzialisiert, muss man, um 'in' zu sein, gut verdienen, was - wie gezeigt - die Freizeit verkürzt und zu ihrer (kapital)intensiveren Nutzung zwingt. Der einzige Ausweg ist, per Gesetz oder Vertrag *kollektive* Regeln durchzusetzen, die *alle* gleichstellen (Beispiel: 35-Stunden-Woche). Ein solcher 'Normalarbeitszeitstandard' zieht dann eine neue Grundlinie, von der aus das Hamsterrennen wieder frisch gestartet wird (z.B.: Überstunden machen).

Das Angebot von Arbeitgebern, (einzelnen) MitarbeiterInnen den Tausch von mehr Arbeit gegen mehr Geld vorzuschlagen, hat eine große Chance akzeptiert zu werden (vor allem, wenn und weil die 'Normalarbeitszeit' auf unter 40 Stunden gesenkt wurde). Die Einforderung von Solidarität mit den Arbeitslosen, denen dadurch Einkommensmöglichkeiten genommen werden, der Hinweis auf den eigenen Gesundheitsverschleiss und die Verkürzung der nutzbaren Freizeit sind offenbar kraftlose Argumente.

---

[15] Positionsgüter - den Begriff hat *Hirsch* (1980) in die Diskussion eingeführt - sind anders als materielle Güter nicht vermehrbar, sie bleiben immer knapp und werden sogar umso knapper, je mehr Konsumenten sie in Besitz nehmen. Es geht im Grunde um Positionen auf einer gesellschaftlichen Rangordnung oder die Verteilung einer fixen Größe an eine wachsende Interessentenschar: wie sehr sich die Konkurrierenden auch anstrengen, der durchschnittliche Abstand zum exklusiven(!) Ziel (an der Spitze sein, allein genießen können, privilegiert sein usw.) bleibt gleich; die Privatisierung des Ziels macht es unerreichbar.

Kapitel C

Der logistische Vorsprung des Geldes vor der Zeit

Dass Geld gegenüber Zeit einen 'logistischen' Vorsprung hat, führt *Hinrichs* (1988, 204ff.) auf eine Reihe von Besonderheiten zurück:

1. Asymmetrische Konvertierbarkeit von Geld und Zeit

Mit Geld kann man (fast) alles mögliche kaufen (auch Zeit, nämlich die Zeit anderer dienstleistendender oder produzierender Menschen). Die Übertragbarkeit von Geld verschafft Wahlfreiheit, die sich zusätzlich auf den Zeitpunkt der Verausgabung erstreckt, denn Geld ist lagerfähig. Die Ansparmöglichkeit von Geld stiftet einen abstrakten Nutzen, weil *jetzt* noch nicht bekannt sein oder festgelegt werden muss, wie das Guthaben *später* aufgebraucht wird. Zeit aber muss *sofort*, und *persönlich* verbraucht werden, auch wenn sie ungünstig liegt oder in so kleinen Partikeln verfügbar ist, dass man damit nichts sinnvolles anfangen kann. Beliebig kleine Geldquanten sind kumulierbar, nicht aber die von Zeit. Kleine (tägliche) Arbeitszeitverkürzungen sind, weil sie nicht richtig verwertet werden können, auch wenig(er) wert und werden deshalb billig verkauft.

Auch für die Betriebe schaffen kleine, schrittweise Arbeitszeitverkürzungen große (organisatorische, personelle) Probleme. Es ist für Einzelwirtschaften einfacher, an den eingeschliffenen Routinen und Systemen festzuhalten und etwa fällige Mehrarbeit zu bezahlen.

2. Für Gelderwerb gibt es keinen Sättigungspunkt

Weil Geld universelles und zudem lagerbares Tauschmittel ist, kann man - in einer Geldwirtschaft - nie genug davon haben, nicht zuletzt auch wegen des geschilderten Zwangs, am Rennen im Hamsterlaufrad mitzumachen. "Denn während die Verausgabung von Einkommen Enttäuschungen bereiten kann (die 'Inkommensurabilität* von Wunsch und Erfüllung' - *Simmel* [...]), so folgt aus der *Überraschungslosigkeit* des Geldes, dass dessen Besitz und Erwerb als 'ruhige Leidenschaft' (*Hirschmann* [...]) um seiner selbst willen von keinem abnehmenden Grenznutzen begleitet ist ... Wenn dem Sparen selbst (und nicht nur dem Konsum) ein eigenständiger Nutzen zugerechnet wird, dann kann ab einer kritischen Einkommenshöhe der Grenznutzen der konsumtiven Einkommensverwendung gegenüber dem der (Geld-)Vermögensbildung laufend zurückfallen, ohne dass sich Arbeitszeitverkürzungen zu einer attraktiven Alternative entwickeln" (*Hinrichs* 1988, 209).

Hinrichs spricht damit zwei Möglichkeiten an: ein den sofortigen 'demonstrativen Konsum' ergänzendes Motiv (sparen oder sich verschulden, um sich eine 'größere' Anschaffung leisten zu können), oder eine antihedonistisch*-asketische bzw. ängstliche Alternative: Wenn die (eigene) Zukunft unsicher ist, lohnt es sich für unbe-

---

* *Inkommensurabilität*: (von lat. 'mensura' = Maß) fehlende Mess- oder Vergleichbarkeit
* *antihedonistisch*: (griech.) lustfeindlich

kannte, aber drohende Wechselfälle vorzusorgen. In *Böhm-Bawerks* Formulierung von der 'Minderschätzung künftiger Bedürfnisse' findet *Hinrichs* auch eine Erklärung für eine negative (Frei-)Zeitpräferenz:

> "Es ist denkbar, dass die Realisierung einer Freizeitpräferenz auf (immer) 'später' verschoben wird, weil die *künftigen* Bedürfnisse (und die dazu notwendigen Geldmittel) geringer geschätzt werden als die Befriedigung der *aktuellen* Bedürfnisse, insbesondere dann, wenn das vorhandene Einkommen mehr als die erwerbsfreie Zeit gegenwärtig als restringierende Größe für die Bedürfnisbefriedigung erfahren wird. Wo sich die Erwartung einer fortlaufenden Einkommensverbesserung verfestigt hat, mag ergänzend die Überlegung hinzukommen, sich 'später' die Arbeitszeitverkürzung besser leisten zu können" (a.a.O., 210).

3. *"Die Disposition über die Zeit ist attraktiver als mehr disponible Zeit"*

Mit dieser Formel drückt *Hinrichs* aus, dass die *Dauer* der Arbeitszeitverkürzung ('mehr disponible Zeit') im Vergleich zur *Zeitsouveränität* ('Disposition über die Zeit') zunehmend weniger wertgeschätzt wird: " ... es ist in jedem Fall vorteilhafter, sich bedürfnisgerecht kontextuell sinnvolle Zeitstrecken zuschneiden zu können, als von vornherein einfach nur 'viel Zeit' außerhalb einer vorgegebenen Arbeitszeit zu haben. Wer selbst den Zeitbedarf seiner Handlungen, den Zeitpunkt und die Abfolge aktiv strukturieren kann, ist in der Lage, Zeit qualitativ zu 'vermehren'" (a.a.O., 211). Zudem sind Dispositionschancen über Zeit eine 'Dimension sozialer Ungleichheit'; Personen mit besserer Qualifikation, höherer Position und besserem Einkommen können meist eher über die eigene Zeit und die Zeit anderer verfügen.

Auf dem Hintergrund dieser Überlegungen wird erkennbar, dass die sozio-ökonomischen Bedingungen in unserer Gesellschaft dafür sorgen, dass die Wahl zwischen Arbeitszeit (=Einkommen) und Freizeit - wenn der/die einzelne überhaupt wählen darf oder kann - tendenziell zugunsten des Einkommens ausfallen wird. Nur *kollektive* Regelungen können dieser Asymmetrie begegnen - oftmals gegen die geäußerten Wünsche (nicht unbedingt gegen die wohlverstandenen, langfristigen, verallgemeinerbaren Interessen) der Betroffenen. Flexibilisierung der Arbeitszeit scheint die Alternative zu ihrer Verkürzung zu sein: bei gleichem Einkommen werden Dispositionschancen erhöht. Wie noch zu zeigen sein wird (bei der Vorstellung konkreter Flexibilisierungsstrategien) ist diese Konsequenz keineswegs notwendig der Fall: Flexibilisierung kann auch zur Einschränkung von Dispositionsspielräumen und zur Zumutung 'unsozialer Arbeitszeiten' führen. Und nicht selten wird die alte Alternative 'Zeit gegen Geld', die vorrangig bei der Arbeitszeitverkürzungs-Debatte thematisiert wurde, auch bei der Flexibilisierung reaktiviert: die Bereitschaft zu Mehrarbeit, ungünstiger Chronologie und Unterordnung unter das betriebliche Interesse wird 'honoriert'.

2.4 Schluss

Mikroökonomische Modelle der Zeitallokation erkaufen ihre Klarheit und Transparenz durch ausgeprägten Reduktionismus; ihre Erklärungskraft leitet sich nicht zuletzt daraus her, dass Zeit als quantifizierbares knappes Gut - gleichsam tautologisch - Konstitutionsbedingung einer kapitalistischen Wirtschaftsordnung ist, sodass sich Modelle bewähren, die die systemisch geforderten Zusammenhänge entfalten. Weil aber der Entwurf der Wirtschaftsordnung nicht mit ihrer widersprüchlichen Praxis gleichzusetzen ist, werden die Modelle realitätsnäher gemacht, indem sie sich auf partielle Bereiche beschränken und dann Informationsasymmetrien, Human- oder gar Sozialkapitalüberlegungen usw. berücksichtigen. Auf diese Weise nähern sie sich der realen Komplexität an, mit der die Einzelwirtschaft konfrontiert ist, wenn sie Zeit als Parameter strategischer Gestaltungsentscheidungen berücksichtigt. Den Entscheidungen der *einzelnen* Akteure (wie sie ihr Zeitbudget auf Arbeit und Freizeit aufteilen) werden hier Kalküle des 'korporativen* Akteurs' gegenübergestellt, die für die Akteure zu strukturellen Zwängen werden, z.B. wenn die Verlängerung der 'Maschinenlaufzeit' Konzessionen erwingt, die sich nicht nur auf die Länge der Arbeitszeit, sondern auch auf ihre Lage und Verteilung erstreckt und bei der zunehmend mehr erzwungener (und monetär nicht kompensierter) Arbeitszeitverzicht eine Rolle spielt. In ihrer Gesamtheit führen die ökonomisch induzierten Zwänge zu einer immer stärkeren Intensivierung und Synchronisierung der Zeitnutzung, die die Institutionen der Lebenswelt ihrem Diktat unterwerfen - ohne dass ein Subjekt dieser Herrschaftsausübung zu identifizieren wäre. Die Objekte dieser Herrschaft, die Erwerbstätigen, die sich als Subjekte nur dünken, müssen ihre Lebensführung an den ökonomischen Imperativen orientieren (s. Einkommens- vs. Zeitpräferenz), wodurch sie diese zirkulär bestätigen. Es wird - anhand der Ausführungen des folgenden Kapitels - unter anderem zu prüfen sein, inwieweit die *Praxis* der *Zeitflexibilisierung* den Erwerbstätigen für ihre konkrete Lebensgestaltung neue Chancen einer (Rück-?)Gewinnung von Zeitsouveränität bietet.

---

* *korporativer* Akteur: eine Organisation oder Unternehmung wird als Handlungssubjekt vorgestellt ('juristische Person').

3. Arbeitszeit als Gegenstand des Personal-Managements

3.0 Überblick

"Arbeitszeitmanagement ist die Gestaltung des betrieblichen Arbeitszeitsystems zur Harmonisierung von Arbeitszeitbedarf und Arbeitszeitangebot nach Maßgabe der Kriterien der ökonomischen und sozialen Effizienz und im Rahmen der durch Gesetz und Tarifvertrag festgelegten Spielräume" (*Marr* 1987, 9). Es geht also um pragmatische *einzelwirtschaftliche* Problemlösungen, die sich auf Entwicklung und Einsatz von geeigneten Methoden, Instrumenten und Systemen konzentrieren, und die das Ziel haben, die einzelwirtschaftliche Wettbewerbsposition zu verbessern.

In diesem Kapitel werden wir zuerst auf Flexibilisierungs-Alternativen (neben der *Zeit*flexibilisierung) eingehen und die Kriterien auflisten, an denen Entscheidungen über das Zeitmanagement in der betrieblichen Praxis gemessen werden. Daran anschließend stellen wir mit Chronometrie, Chronologie und Chronomorphie die drei Hauptdimensionen vor, die in den Zeitflexibilisierungs-Ansätzen variiert werden. Dem fügen wir noch eine Reihe weiterer Gestaltungsfelder hinzu, in denen sich praktizierte Zeitregimes unterscheiden können und durch die das Repertoire der Gestaltungsmöglichkeiten bereichert wird. Den Hauptteil des Kapitels aber macht die Vorstellung und Diskussion von Hauptformen betrieblicher Arbeitszeitflexibilisierung aus. Wir haben die Darstellung entsprechend den genannten Hauptdimensionen organisiert: Bei den *chronomorphischen* Strategien wählen wir die Gleitzeit als Leitstrategie, kommen aber auch auf Jahresarbeitszeitmodelle, Kapovaz, Mehrarbeit etc. zu sprechen. Für die *chronometrischen* Varianten haben wir die Teilzeit als wichtigstes Modell ausgewählt; auch hier stellen wir zusätzliche Varianten vor. Bei den *chronologischen* Ansätzen dominiert in der Praxis seit langem die Schichtarbeit, die durch zusätzliche Ausgestaltungen (gestaffelte Arbeitszeit, Mehrfachbesetzung, Springersysteme etc.) differenziert wird. Abschließend illustrieren wir mit zwei Fallbeispielen aus der Automobilindustrie (BMW, VW) Ansätze kreativer und umfassender Gestaltungen.

3.1 Zeitflexibilisierung als Teil einer allgemeinen Flexibilisierungsstrategie

Die Diskussion über Arbeitszeitflexibilisierung fokussiert einen Teilbereich der Flexibilisierungsdebatte, denn *Zeit*flexibilisierung ist nur eine neben anderen Flexibilisierungsmöglichkeiten. *Beckstein & Wellen* (1994) unterscheiden z.B.

- *numerische Flexibilität*: Variationen der Belegschaftsstärke, im Extrem: Hire-and-fire-Politik; Arbeiten mit 'prekären' Beschäftigungsverhältnissen (geringfügige und kurzfristige Beschäftigung, Leiharbeit, Segmentierung des innerbetrieblichen Arbeitsmarktes ...);

- *funktionale Flexibilität*: Damit meinen die Autoren v.a. die Mehrfachqualifikation von MitarbeiterInnen, sodass sie auf verschiedenen Arbeitsplätzen einsetzbar sind;
- *temporale Flexibilität*: Arbeits*zeit*gestaltung (s. dazu unten);
- *finanzielle Flexibilität*: Hier geht es um Entgeltsysteme, die an eine Vielfalt von Basisgrößen flexibel anpassbar sind (Prämien, Zuschläge, Boni, Provisionen; Akkord; Zulagen; geldwerte Leistungen etc.).

Gemeinsam ist diesen Varianten, dass sie die Unternehmung in Stand setzen sollen, auf unterschiedliche Situationen schnell, maßgeschneidert und kostengünstig zu reagieren.

Darüber hinausgehend kann man alle Faktoren, die auf die Zielerreichung Einfluss nehmen, unter dem Aspekt einer möglichen Flexibilisierung betrachten; das könnten dann z.B. die Arbeitsbedingungen, die eingesetzte Technologie, das gesellschaftspolitische Umfeld, die Organisation usw. sein (s. *Hein* 1992). Auch an eine 'juristische' Flexibilisierung wäre zu denken (die z.B. auf die Befristung von Arbeitsverhältnissen, die Veränderung des Kündigungsschutzes etc. zielt). Man kann zudem - wie *Kurz-Scherf* (1994) - unterscheiden zwischen regulativer Flexibilität (Freiheitsgrade der tariflichen und gesetzlichen *Rahmenbestimmungen*) und tatsächlich *praktizierter* Flexibilität (die den Rahmen über- oder unterschreiten kann).

Für das Management bleibt Flexibilisierung nicht darauf beschränkt, Chronometrie, -logie und -morphie der aktuell Beschäftigten den 'betrieblichen Belangen' anzupassen, es geht vielmehr um die Herstellung eines 'zeitflexiblen Beschäftigungsmix mit hohem internen und externen Flexibilisierungspotential' (*Beyer* 1994, 480). Gemeint ist damit, dass ein Bündel von Maßnahmen eingesetzt wird, um Personal- in Sachkosten zu transformieren und die Personalkosten selbst variabel zu gestalten, z.B. durch Werkverträge und Fremdarbeit, Outsourcing (Ausgliederung und Fremdbezug von Leistungen), Personalleasing, zeitbefristete Aushilfen und nicht zuletzt die Maßnahmen, die wir in diesem Kapitel als 'Hauptformen der Arbeitszeitflexibilisierung' besprechen werden. Dahinter steht die verdinglichende Logik, von der 'Ware Arbeitskraft' möglichst wenig auf Lager zu halten (Fixkosten!); wenn Bedarf besteht, muß die Elastizität des Faktors Arbeit genutzt werden (z.B. Überstunden) oder aber es muss 'just-in-time' zugekauft bzw. geräumt werden.

In Bezug auf die Arbeitszeit ist der oben schon erwähnte epochale Trend festzuhalten, dass die lange dominierende Forderung nach *Verkürzung* inzwischen abgelöst wurde durch den Ruf nach *Flexibilisierung*. Im Folgenden soll untersucht werden, in welchen Dimensionen mit welchen Methoden flexibilisiert werden kann und welche Interessen(ten) hinter den Flexibilisierungsstrategien stehen.

3.2 Kriterien für Zeitflexibilisierungs-Entscheidungen

Damit ist nicht gemeint, dass Managemententscheidungen Zeitdruck unterliegen, von zeitlichen Umständen (Terminen, Gelegenheiten, Entwicklungen etc.) abhängig sind, sich auf bestimmte Perioden oder Planungszeiträume beziehen oder den Zeitgeist widerspiegeln; vielmehr geht es um (Arbeits-)Zeit als *Inhalt* von Entscheidungen. Vorgesetzte haben tagtäglich eine Fülle von Zeitentscheidungen zu treffen, gerade auch dann, wenn es in ihren Unternehmen ein systematisches Zeitmanagement-System gibt. Ihre Aufgabe ist es, Zeitregimes zu konzipieren und zu implementieren, Zeiten zu überwachen, Abweichungen zu registrieren und zu genehmigen. Beispiele: Welches Arbeitszeitmodell soll eingeführt werden? Wie wird mit (scheinbar) 'unproduktiven' Zeiten umgegangen (Mutterschutz-Zeiten, Grundwehrdienst-Zeiten, Wehrübungen, Betriebsversammlung, Krankheit, Kuren, Schonzeiten, Fehlzeiten, dienstliche Abwesenheit, Urlaub incl. Sonderurlaub und Bildungsurlaub, Betriebsratstätigkeit, Freistellung in Sonderfällen, Reisezeiten, bezahlte Freistellungen, Brückentage, Arbeits-, Wege- und Privatunfälle, Kurzarbeit, Anordnung von Mehrarbeit, abweichende Arbeitszeiten, Umgang mit Zeitsalden (z.B. bei Gleitzeit), Korrekturen erfasster Arbeitszeiten usw. (s. auch *R. Maurer* 1992).

Im vorliegenden Text soll weniger das Tagesgeschäft im Mittelpunkt stehen, sondern die Vorstellung von Optionen der Arbeitszeitgestaltung. Es ist schon erwähnt worden, dass es eine nahezu unüberschaubare Vielfalt von Gestaltungsmöglichkeiten gibt, sodass wir uns hier auf Module oder Bausteine, nicht aber deren praxisgerechte Anpassung und Kombination beziehen.

Entscheidungen über das Arbeitszeitsystem sind an Kriterien ausgerichtet, die keineswegs immer offengelegt oder bewusst gegenübergestellt, operationalisiert und systematisch erfasst werden. Zu diesen Kriterien gehören (siehe z.B. *Ackermann & Hofmann* 1988, *Wildemann* 1991, *Büssing* 1993, *Linnekohl, Kilz, Rauschenberg & Reh* 1993):

- Akzeptanz, Durchsetzbarkeit, Konflikthaftigkeit,
- Auswirkungen auf Motivation und Kooperation der ArbeitnehmerInnen und Vorgesetzten,
- Kosten (der Einführung, Durchführung, Kontrolle); Personal- und Kapitalkosten,
- Produktivitätssteigerung, Verbesserung der Betriebsmittelnutzung, Verkürzung von Durchlaufzeiten, Anpassung an Auslastungsschwankungen,
- Außenwirkung, Steigerung der Attraktivität als Arbeitgeber,
- Einsparmöglichkeiten (Personal, administrativer Aufwand, Konfliktschlichtung) bzw. Sicherung der Beschäftigung,
- Bewährungsgrad in anderen Firmen, Praxistauglichkeit, Robustheit,
- Ausmaß und Vorhersehbarkeit bzw. Steuerbarkeit der Wirkungen,

Kapitel C

- Outsourcing-Möglichkeit,
- rechtliche Zulässigkeit, tarifvertragliche Absicherung, Regelungsmöglichkeit in Einzelarbeitsverträgen etc.,
- Revidierbarkeit (Geltungsfristen, Zustimmungspflichten etc.),
- Disponibilität (Ausmaß, in dem der Arbeitgeber das Verfahren und seine Anwendung bestimmt; notwendiger zeitlicher Vorlauf; Disponibilität ist z.B. hoch bei Mehrarbeit, gering bei individueller Gleitzeit),
- Reagibilität (unmittelbare Auswirkung auf den dauerhaften Personalsollbedarf),
- Einsatzflexibilität (z.B. unbürokratische Anpassung an Veränderungen, Variantenvielfalt; Rücksichtnahme auf bestimmte Mitarbeitergruppen wie z.B. Mütter, Ältere, Behinderte),
- Kapazitätswirkungen (z.B. im Hinblick auf Personalbedarf bzw. -freisetzung, Maschinenlaufzeiten etc.),
- Differenzierungsgrad (einheitliches Schema oder große individuelle Anpassbarkeit),
- Passung zur Firmenkultur (etwa in den Aspekten Kontrolle-Vertrauen, Fremdbestimmung-Selbstbestimmung, Freiwilligkeit-Anordnung etc.),
- Transparenz, Einfachheit und Fehlertoleranz (z.B. im Hinblick auf Vermittlung, Schulung, Administration),
- Anschlussfähigkeit an und Auswirkungen auf (andere) Führungsinstrumente (z.B. Mitarbeitergespräche, Entgeltsystem, Personalplanung, Betriebsratskooperation etc.),
- Dispositionsfreiheit der ArbeitnehmerInnen, Rücksichtnahme auf private/familiäre Interessen und die Teilhabe an sozialen Ereignissen,
- Auswirkungen auf Gesundheit und Motivation der ArbeitnehmerInnen

Arbeitszeit- und Betriebszeitmuster sollen "beispielsweise möglichst friktions- und leerlauffrei, effizient, sinnvoll, gerecht, einheitlich, vielfältig, reversibel bzw. irreversibel, personenadäquat, produktionsadäquat, starr bzw. flexibel, uniform bzw. diversifiziert ..." sein (*Teriet* 1977, 85). Die Kriterienvielfalt ist verwirrend. In der Literatur werden verschiedene Reduktionsmöglichkeiten angeboten. *Günther* (1990) schlägt eine Portfolio-Darstellung vor, die ihm allerdings nur die Kombination zweier Kriterien (Reagibilität und Disponibilität) erlaubt; *Wildemann* (1991) führt für jede Arbeitszeitoption die Kriterien an, die sie erfüllt (es wird also immer eine Auswahl aus einer Gesamtliste präsentiert) bzw. er bewertet den Erfüllungs*grad* (von gering bis hoch); *Ackermann & Hofmann* (1988) arbeiten mit systematischen Gewichtungsfaktoren, die Ergebnis einer unternehmerischen Entscheidung sind. So geben sie in einem konkreten Anwendungsvorschlag z.B. der *Umweltebene* [Arbeitsmarkt und gesellschaftliche Umweltbedingungen (hierunter fallen z.B. 'Chancengleichheit der Frau', 'Verkehrsverhältnisse', 'Prestige des Unternehmens', 'gesellschaftliche Verantwortung des Unternehmens', 'soziales Image des Unternehmens')] ein Gewicht von 10%, der *Organisationsebene* (Struktur, Prozess und Effizienz)

60% und der *Gruppen- bzw. Individualebene* 30% Gewicht. *Innerhalb* der *Organisationsebene* werden 'Struktur' und 'Prozess' mit je 5% gewichtet, während der 'Effizienz' 90% zugesprochen werden. Unter 'Effizienz' finden sich dann so heterogene Dinge - die zum Teil auch 0-Gewichte haben können - wie Amortisationszeit/Kapitalumschlag, Fehlzeiten, Fluktuation, Kapazitätsauslastung, Kommunikation, Kosteneinsparungen, Leistung, Nutzung der Betriebszeit, Nutzung der Arbeitszeit, Produktivität und Unfallrate.

Kriterienkataloge, -zuordnungen und -gewichtungen führen (je umfassender sie sind, desto mehr) zu teilweise sehr willkürlichen Einstufungen oder Auswahlen. Sie haben primär die Funktion, die Beteiligten für die Vielzahl von Rücksichten zu sensibilisieren, die bei Arbeitszeitsystemen eine Rolle spielen können. Eine abschließende 'Überlegenheitskennziffer' wird selten resultieren; stattdessen aber kann es gelingen, für erkannte Problembereiche Lösungsmöglichkeiten zu entwickeln und vorzuhalten. Natürlich wird nach einer Phase des Sammelns und Vergleichens von Optionen eine Entscheidung fallen; diese Entscheidung ist (nachträglich) rational begründbar, sie ist aber selten auf der Basis rein rationaler Kalküle getroffen worden. Dies ist nicht dem Unvermögen des Managements, sondern der Natur des Problems geschuldet, weil sowohl die Kriterien zum Teil untereinander widersprüchlich sind, wie auch die unterstellten Auswirkungen in Ausmaß, Interaktion, Sicherheit des Eintretens, Fristigkeit, Bedingungsabhängigkeit usw. vielfach nur ungefähr bestimmt werden können. Gerade das sind wichtige Voraussetzungen für den *politischen* Gehalt von Arbeitszeitentscheidungen und -systemen, auf den oben eingegangen wurde.

Bevor wir im Folgenden einige Arbeitszeitsysteme beschreiben, wollen wir zunächst jene *Dimensionen* der Flexibilisierung herausarbeiten, die den konkret praktizierten 'Ausstattungsvarianten' zugrundeliegen.

3.3 Dimensionen der Arbeitszeitflexibilisierung

3.3.1 Die Hauptdimensionen: Dauer, Lage und Gestalt

Üblicherweise werden drei Dimensionen diskutiert: Dauer, Lage und Gestalt (oder Stabilität, Stetigkeit, Rhythmik). Wir werden zunächst diese drei Basisdimensionen erörtern und dann noch einige weitere Aspekte hinzufügen.

Chrono*metrie* (Dauer)

Mit dieser Dimension wird allein das ungerichtete (aggregierte) Zeit*quantum* oder *-volumen* erfasst.

Flexibilisierung wird durch Abweichung vom Standardvolumen eines Normalarbeitsverhältnisses erreicht; dabei ist die Bezugsnorm Ausgangspunkt und Vergleichsmaßstab (etwa Arbeitstag, Arbeitswoche, Arbeitsjahr oder Arbeitsleben). Meist wird in Arbeitsstunden pro Bezugseinheit gerechnet.

Die am häufigsten diskutierte *Dauer*-Verkürzungsform dürfte die tägliche Teilzeit sein, aber auch früheres Ausscheiden aus dem Erwerbsleben, dauerhafte Verlängerung bzw. befristete Verkürzung der wöchentlichen Arbeitszeit gegenüber einem tarifvertraglich vereinbarten Durchschnitt, gelegentliche Mehrarbeit und Überstunden oder Kurzarbeit gehören hierher.

Unter 'Dauer' fallen im Prinzip auch - wenngleich das meist nicht in diesem Zusammenhang diskutiert wird - jene Regelungen, die vorgeben, wieviel Zeit ein Vorgang oder eine Handlung beanspruchen darf. Leistungsgrade oder Produktivitäten können als Zeit(dauer)verhältnisse (z.B. Soll-Ist-Relationen) bestimmt werden.

Unter Bezugnahme auf die Flexibilisierung der Dauer spricht *Hinrichs* (1992, 322) von *"chronometrischer Destandardisierung oder Differenzierung"*. Mit *Standardisierung* ist eine gesamtwirtschaftliche oder branchenweite Gleichförmigkeit gemeint, die in Rechtsnormen und Tarifverträgen festgeschrieben wird.

> "Betriebe haben weiterhin ein Interesse an 'über-normalen' Arbeitszeiten von solchen Arbeitskräften, in deren Humankapital sie erheblich investiert haben oder die wegen der Seltenheit ihrer Qualifikation auf dem externen Arbeitsmarkt nur schwer zu rekrutieren sind" (*Hinrichs* 1992, 322).

Es können dann Arbeitskräfte mit weit überdurchschnittlicher und solche mit unterdurchschnittlicher Arbeitszeit beschäftigt werden (bei letzteren lässt sich damit eine bessere Stundenproduktivität erzielen!). So gibt es z.B. in der Metallindustrie die Möglichkeit, für maximal 18% der MitarbeiterInnen eine dauerhafte Verlängerung der wöchentlichen Arbeitszeit auf 40 Stunden (statt der regelmäßigen 35-Std-Woche) zu vereinbaren (s. *Bispinck* 1996, 415 f.).

Chronometrische Differenzierung ist faktisch weit fortgeschritten, weil alle möglichen Teilzeitoptionen verwirklicht sind und weil inzwischen die alte Definition für Teilzeit ('bis zu 36 Std.')[16] nicht selten schon Kennzeichen der Normalzeit geworden ist; siehe auch die Verbreitung und Reform des Status der 'geringfügig und kurzfristig Beschäftigten' oder die 'Zwangsteilzeitarbeit' im Rahmen der 4-Tage-Woche bei VW (siehe dazu das Fallbeispiel in Abschnitt 3.4.7). *Hinrichs* sieht bei der chrono*metrischen* Differenzierung die 'geringste Gefahr' für die Beschäftigten,

---

[16] Im 'Personenbogen' der Volkszählung 1987 war dieser Wert zur Bestimmung von 'Teilzeitbeschäftigung' vorgesehen.
Die Bundesanstalt für Arbeit definiert als Teilzeitarbeit jedes Arbeitsverhältnis oberhalb der Geringfügigkeitsgrenze von 15 Std/Woche und unterhalb der jeweiligen *tariflich* vereinbarten Wochenarbeitszeit. Daraus folgt, dass es keinen festen branchenübergreifenden oberen Grenzwert der Teilzeitarbeit gibt.

relativiert damit allerdings die Einkommens(zuwachs)verluste, die mit verkürzter Arbeitszeit meist verbunden sind.

Chrono*logie* (Lage)

Bei dieser Flexibilisierungsdimension wird im Regelfall der Zeit*punkt* von Anfang und Ende der Arbeitszeit variiert. Bezugseinheit ist hier nicht die bloße Anzahl der Stunden (wie beim Merkmal *Dauer*), sondern die *Lage* der Stunden (oder Tage, Wochen) im Kontinuum einer Bezugszeit (Tag, Woche, Jahr). Schichtsysteme und versetzte oder gestaffelte Arbeitszeiten sind ebenso Beispiele dafür wie einfache Gleitzeitregelungen, die bei täglich gleicher Arbeitsdauer Verschiebungen der Anfangs- oder Schlusszeiten erlauben.

Hinrichs (1992, 320) bezeichnet die entsprechende Flexibilisierungs-Strategie als '*chronologische Denormalisierung*':

> "*Normierung* bedeutet, dass die unternehmerische Arbeitskraftnutzung oberhalb des geltenden Niveaus einer verstetigten Tages- oder Wochenarbeitszeit oder außerhalb eines 'Normalrasters' (betreffend die Lage und Verteilung) durch Zuschläge z.B. für Mehr-, Schicht-, Nacht-, Sonn- und Feiertagsarbeit verteuert oder durch (gesetzliche) Vorgaben eingeschränkt oder verboten wird."

Im Wesentlichen geht es bei der 'chrono*logischen* Denormalisierung' um die Entkoppelung von (verlängerten) Betriebsnutzungszeiten und (verkürzten) individuellen Arbeitszeiten; dies mündet in eine Vermehrung von "Arbeitszeitlagen und -verteilungen".

Vom Arbeit*geber* verfügte Abweichungen vom gewohnten und eingespielten Normalarbeitsraster beeinträchtigen die Dispositionsfreiheit im Privatbereich und wurden oder werden deshalb überwiegend abgelehnt; dies gilt insbesondere für die sogenannten 'unsozialen Arbeitszeiten' (Nacht-, Feiertags-, Wochenendarbeit). Allerdings muss man bedenken, dass schon immer keineswegs alle Arbeitsverhältnisse gleichgeschaltet waren (siehe die erwähnten 17% Normalarbeitszeit-Verhältnisse). "Die Verbreitung der Wochenendarbeit hat deutlich zugenommen. Der Anteil regelmäßig sonntags Beschäftigter hat sich seit 1965 annähernd verdoppelt; der Anteil regelmäßig samstags Beschäftigter ist von 18% im Jahr 1970 auf rund 30% 1993 gestiegen" (*Bauer & Schilling* 1994, 16). Von 1993 bis 1995 ist der Anteil von Sonntagsarbeit von 12 auf 15% gestiegen; dies ist im Wesentlichen auf den Dienstleistungsbereich zurückzuführen (von 16 auf 20%), in der Industrie ist der Prozentsatz mit 7% gleichgeblieben. Der Anteil der Samstagsbeschäftigten ist mit 31% (in 1995) weitgehend konstant geblieben (*Schilling, Bauer & Groß* 1996, 436).

Analog würden dann auch z.B. Nachtarbeit und Wechselschichtarbeit in diesem Kontext zu behandeln sein. Der Anteil der Schichtarbeiter schwankte zwischen 12% (1960), 14% (1987) und 12% (1993) und 13% (1995). In versetzten Arbeitszeiten (zur Definition siehe unten, S. 267) sind 22% der Frauen und 16% der Männer tätig (zwei Drittel der Beschäftigten mit versetzten Arbeitszeiten arbeiten *nicht* in Nacht- und Schichtarbeit) (*Schilling, Bauer & Groß* 1996, 436f.).

In 'unsozialen Arbeitszeiten' (Nacht-, Feiertags- und Wochenendarbeit) sind - dem Mikrozensus 1995 zufolge - zumindest zeitweise 43,5% der Erwerbstätigen be-schäftigt.

Chronomorphie (Gestalt, Verteilung)

Strenggenommen ist die Chronomorphie ein Aspekt der Chronologie, sie wird aber häufig als eigenständige Dimension berücksichtigt, weil es in ihr nicht nur um Positionierung von Anfangs- und Endzeit*punkten* geht, sondern um Verteilungs*muster* oder typische Zeitgestalt(ung)en. Zugrundeliegt die Vorstellung eines zunächst a-morphen Zeitquantums oder -volumens, das durch ein spezifisches Arrangement Gestalt oder Form gewinnt.

Bestimmend ist die Aufteilung eines fixen, globalen Zeitkontingents in *Portionen*, die innerhalb eines Zeitrahmens oder -raums variabel *ver*teilt werden. Anders als bei der Variation von Zeitdauer und Zeitgrenzen geht es also um die Zusammenfassung, Zerstückelung oder 'Verstreuung' von Zeitblöcken oder um ein neues Mischungs-verhältnis von Arbeits- und Freizeit. Diese Portionierung und Verteilung wird weni-ger im Bezugsrahmen des Arbeitstags praktiziert (statt 'am Stück' zu arbeiten wird z.B. morgens von 9-12 h und dann wieder abends von 17-20 h gearbeitet); verbrei-teter sind Aufteilungen innerhalb der Arbeitswoche oder längerer 'Ausgleichszeit-räume' (Monat, Halbjahr, Jahr). So kann man z.B. eine vereinbarte Jahresarbeitszeit von 1600 Stunden so aufteilen, dass in den Monaten April bis Oktober jeweils 100 Stunden, im November und Dezember 200 Stunden und von Januar bis März 50 Stunden gearbeitet werden.

Fazit:

Bei der Flexibilisierung der Chrono*metrie* geht es somit um die Verlängerung oder Verkürzung einer vorgegebenen Zeit*strecke*, bei der chrono*logischen* Flexibilisie-rung wird eine an sich fixe Zeitstrecke auf einem Kontinuum hin- und her*bewegt* (sodass sich Anfangs- und Endzeitpunkte ändern), bei der Variation der Chrono-*morphie* wird das Zeitvolumen gegliedert und auf dem Bezugszeitkontinuum unter-schiedlich arrangiert. Diese Charakterisierung ist in der folgenden Abbildung C-6 visualisiert.

1. Chronometrie

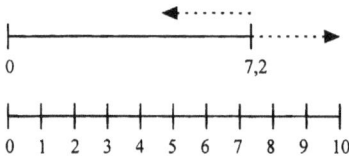

Chronometrie: Eine entkontextualisierte Zeitstrecke wird verlängert oder verkürzt
(bzw. ein Volumen ausgeweitet oder geschrumpft).

2. Chronologie

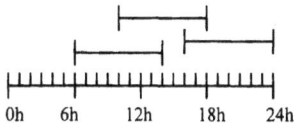

Chronologie: Vorgegebene Zeitstrecken oder -umfänge werden in einem Referenzkontinuum
(Tag, Woche, Monat etc.) verschieden platziert.

3. Chronomorphie

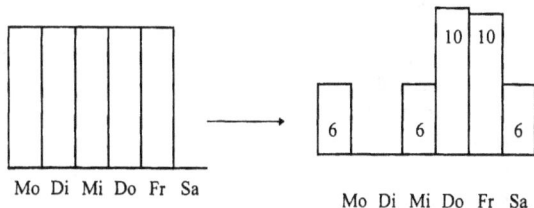

Chronomorphie: A-morphe Zeitquanten oder -volumina werden verschieden aufgeteilt
(portioniert) und in Referenzzeiträum verteilt, sodass sich unterschiedliche Verteilungs*muster*
(Gestalten) bilden:

Abb. C-6:   Elemente der Flexibilisierung (Chronometrie, Chronologie und Chronomorphie)

Die Chronomorphie ist vor allem wichtig, wenn es um die Entkoppelung von Arbeits- und Betriebszeiten geht oder um die kreative Verbindung von tariflichen Normen und betrieblichen Interessen. Beispiel: Eine tarifliche Arbeitszeit von 35 Wochenstunden kann z.b. dadurch erreicht werden, dass an 5 aufeinanderfolgenden Tagen je 7 Stunden gearbeitet wird oder an 4 Tagen je 9 (und die überzählige Stunde einem Zeitkonto zum späteren geblockten 'Abfeiern' gutgeschrieben wird) oder dass über einen mehrwöchigen Zeitraum hinweg die durchschnittliche Arbeitszeit von 35 Wochenstunden erreicht wird, aber die Arbeitstage nicht stets unmittelbar aufeinanderfolgen, sondern in mehr oder weniger langen Blöcken arrangiert sind, die durch zwei bis sechs Frei-Tage voneinander getrennt sind (etwa das IRWAZ*-System bei BMW, siehe Abschnitt 3.4.6).

In der Praxis sind isolierte reine Variationen der drei Grunddimensionen eher selten, meist werden sie auf zum Teil höchst kreative Weise kombiniert, sodass man sagen kann, dass die Kombination von Chronologie und Chronometrie in der Chronomorphie die zentrale Flexibilisierungsstrategie ist. Die *'qualifizierte Gleitzeit'* erlaubt der Arbeitskraft z.B. die tägliche Variation von Beginn, Ende, Dauer und (außerhalb der Kernzeit) Verteilung der Arbeitszeit (siehe dazu ausführlich unten). Auch Wechselschichtsysteme, Bandbreitenmodelle oder die 'kapazitätsorientierte variable Arbeitszeit' (KapoVAZ) mischen verschiedene Grunddimensionen.

3.3.2 Weitere Gestaltungsbereiche der Arbeitszeitflexibilisierung

Neben den drei Hauptdimensionen der Zeit-Flexibilisierung *Dauer, Lage und Gestalt* gibt es für konkrete betriebliche Arrangements noch weitere Gestaltungsfelder. Sie werden in den Darstellungen meist nicht explizit erwähnt, zeigen aber bei der Durchführung oft Wirkungen, die so stark sein können, dass die geplante oder theoretisch erreichbare Flexibilisierung verfehlt oder gar ins Gegenteil verkehrt wird. Wir gehen darauf ein, weil die Berücksichtigung dieser Möglichkeiten einmal mehr die im ersten Kapitel schon diskutierte gravierende Differenz zwischen *objektiver* (physikalischer) und *sozialer* Zeit erhellt. Chronometrie, -logie und -morphie variieren Zeitmerkmale, die im fixen Koordinatensystem astronomischer Zeit eindeutig verortet werden können. Wie insbesondere *Elias* (1982) oder *Aveni* (1991, mit plastischen Beispielen aus vielen Kulturen) deutlich gemacht haben, ist die Messung von Zeit eine gesellschaftliche Konvention, weil zur Abbildung einer Geschehenssequenz ein *anderes* Kontinuum als Referenzsystem benutzt wird. Dieses Referenzsystem ist - s. Kap. 1.1.1 - willkürlich: man kann Jahreszeiten, Pflanzenwachstum, Lebensalter, Sonnenstände, Planetenpositionen, Atomschwingungen usw. zugrundelegen.

---

* IRWAZ: Individuelle regelmäßige Wochenarbeitszeit

Arbeitszeitflexibilisierung

"Das Wort 'Zeit' ... ist ein Symbol für eine Beziehung, die eine Menschengruppe ... zwischen zwei oder mehreren Geschehensabläufen herstellt, von denen sie einen als Bezugsrahmen oder Maßstab für den oder die anderen standardisiert" (*Elias* 1982, 843).

Die scheinbar umständliche Definition *Elias'* lenkt das Augenmerk darauf, dass das standardisierte Referenzsystem 'Zeit' einem anderen Ablauf (Arbeit) parallelisiert wird - und dass dies eine *soziale Symbolisierung* ist (*Elias* geht sogar so weit zu behaupten, dass die Symbolisierung - neben der Zeit und den drei Raumdimensionen - die 'fünfte Dimension' ist). Daran lassen sich Überlegungen anschließen, die für ein erweitertes Verständnis von 'Flexibilisierung' relevant sind.

Nach Chronometrie, Chronologie und Chronomorphie sind im Management der Arbeitszeit folgende weitere Flexibilisierungsmöglichkeiten nutzbar:

Extensivierung und Intensivierung der Arbeitszeit

Unter 'Extensivierung' soll die Ausdehnung der Arbeitszeit in bislang private Bereiche hinein verstanden werden, während 'Intensivierung' den Versuch beschreibt, mehr Arbeitstätigkeiten als bisher innerhalb einer bestimmten Zeitstrecke unterzubringen.

Zur Extensivierung: Es ist keineswegs quasi naturgegeben-objektiv, was man als jene Arbeit verstehen will, die in ihrem Zeitablauf flexibilisiert werden soll. Mögliche Fragen: Sollen z.B. auch die sog. 'arbeitsgebundenen Zeiten', wie etwa An- und Rückfahrtszeiten[17] einbezogen werden, bei denen Verzögerungen - etwa bei Gleitzeit - vom Arbeitnehmer, bei fixer Zeit evtl. vom Arbeitgeber zu tragen sind? Sind von der Arbeitszeit die Pausen ausgenommen (wie es das ArbZG vorsieht), sodass Arbeitszeit etwas anderes ist als Anwesenheitszeit am Arbeitsplatz oder im Betrieb? Gelten Rüst-, Warte-, Leerzeiten, Störungen, Unterbrechungen, Nebenaufgaben etc.

[17] Im 'Freizeitpark Deutschland' mit seinen (vertraglichen) 35- oder 38-Std-Wochen scheint es reichlich Freizeit zu geben. Rechnet man aber Wegezeiten und personenbezogene 'Erhaltungs- und Wartungsarbeiten' (siehe oben bei *Linder*: Essen, Einkaufen, Reparieren, Körperpflege, Wohnungsinstandhaltung, unmittelbar nach der Arbeit nötige 'Entspannung' usw.) ab, dann bleiben im Normalarbeitsprogramm am Abend noch zwei Stunden ungebundene Zeit, bis dann der typische Erwerbstätige gegen 22 oder 23 h zu Bett geht. "Derartige Zeitbudgetstudien lassen kaum erkennen, wann denn 'freie Zeit', auf die nicht der Schatten der arbeitsgebundenen Zeitstruktur fällt, stattfinden kann und soll; tatsächlich erklärt ein Großteil der Befragten, immer oder oft zu wenig Zeit zu haben in der Arbeitswoche und diesen Mangel auch am Wochenende nicht mehr ausgleichen zu können" (*Seifert* 1985, 83). Diese Situation macht die Attraktivität solcher Flexibilisierungsformen verständlich, die größere zusammenhängende Freizeitblocks erlauben.
Ingrid Kurz-Scherf (1994) berichtet z.B. aus ihrer 'Bevölkerungsbefragung' in Berlin (n = 1514), dass bei einer durchschnittlichen tatsächlichen Wochen-Arbeitszeit von 40,3 Std (Tafel 5) täglich noch im Mittel ca. 70 min Wegezeiten und 30 min Mittagspause hinzukamen (Tafel 10), sodass im Wochendurchschnitt mit ca. 45 Std. arbeitsgebundener Zeit zu rechnen war (die durchschnittliche *vereinbarte* Arbeitszeit betrug 36,8 Std.!).

als Arbeitszeit?[18] Welches Ausmaß dürfen 'persönliche Verteilzeiten' (Toiletten-gänge oder Rauch-, Kaffee- oder Klatsch- & Tratsch-Episoden, private Telefonate usw.) annehmen, um als 'normal' zu gelten?

Zur Intensivierung: Zusätzlich zu diesen Überlegungen sind Möglichkeiten zu be-denken, die Menge von Arbeitstätigkeiten oder ihre 'Dichte' (das Tempo der Erledi-gung der einzelnen Teilvorgänge) zu variieren. Es ist keineswegs 'normal', dass alle Tätigkeiten stets mit gleicher Intensität ausgeführt werden, vielmehr ist ein Wechsel zwischen hoher Anstrengung und 'lockerem Herangehen' natürlicher als eine gleich-bleibende 'Normalleistung' über einen ganzen Arbeitstag hinweg. Das wissen alle PraktikerInnen und dennoch wird als Bezugsgröße nur der Mittelwert, nicht aber die Streuung berücksichtigt.

Ebene und Art der Vereinbarung

Einer sozialen Konvention liegt eine Übereinkunft (Absprache, Vertrag, Vereinba-rung) oder ein Herrschaftsakt (Diktat, Zwang) zugrunde, die sehr präzise oder eher auslegungsfähig gestaltet sein können bzw. deren Handhabung den Normen eng folgt oder sie sehr großzügig interpretiert. Die Regelungsebenen, die das deutsche Arbeitszeitsystem vorsieht (Gesetz, Tarifvertrag, Betriebsvereinbarung, individuel-ler Arbeitsvertrag, betriebliche Hierarchie) lassen notwendigerweise und absichtlich Anwendungsspielräume, die noch vermehrt werden durch ihre konkrete informelle Handhabung. Es kann z.B. in Betrieben oder Abteilungen sehr divergierende Vor-stellungen über die Pünktlichkeit von Arbeits- bzw. Pausenbeginn oder -ende geben. Denkbar ist auch, dass z.B. auf Betriebs- oder Abteilungs-Ebene gesetzliche oder ta-rifvertragliche Zeit-Regelungen informell 'flexibilisiert' werden, wenn es aus lokalen Gründen angezeigt erscheint (z.B. Mehrarbeits- und Mindestruhezeiten, Freizeitaus-gleich etc.).

Kontrollpraktiken und -ziele

Spielräume und Variationsmöglichkeiten kann es auch bei der Durchsetzung, Über-wachung und Dokumentation von Zeitregimes geben. Beispiele sind etwa techni-sche Arbeitszeiterfassungssysteme oder Selbstaufschreibung, die Echtzeiterfassung oder retrospektive Angaben, die zentrale oder dezentrale Verarbeitung der Zeitda-ten, der Genauigkeitsgrad der Führung von Zeitkonten (Minuten, halbe Stunden; in-dividuelle oder Gruppenkonten), die strikte Einhaltung von Grenzwerten oder Aus-

---

[18] *Geißler* (1996, 28) konstatiert: "Es gilt inzwischen als Fortschritt, die Anlaufzeiten (das Warmlaufen) wegzurationalisieren. Die Geräte, die Maschinen sind heutzutage sofort einsatz-bereit. Es wird nicht mehr angefangen, es wird eingeschaltet" - und so werden auch Menschen behandelt. *Geißler* fordert deshalb eine 'zeitökologische Zivilisierung', die er der zeitökonomi-schen Rationalisierung gegenüberstellt. Zur Zeitkultur (der Kultivierung der Lebenszeit) ge-hört, "dass Menschen Zeit haben, die Zeit zu genießen, um schließlich Zeit-Genossen werden zu können" (a.a.O.; s.a. *Held & Geißler* 1995).

gleichszeiträumen, die Handhabung von Verfallsdaten für Freizeitausgleichs-Ansprüche oder die Konvertierbarkeit von Freizeit in Entgelt, die Installierung von 'Erinnerungshilfen' (Uhren, Signale, Kontostandsmitteilungen, Mahnungen etc.). Die verschiedenen Lösungen, die z.B. bei der Zeiterfassung im Rahmen von Gleitzeitsystemen gefunden wurden (siehe unten), illustrieren den flexiblen Umgang mit alternativen Kontrolltechniken. Über technische Möglichkeiten informieren *Adamski* (1996), *Hans-Böckler-Stiftung* (1994) und das Special der Zeitschrift *'Personalwirtschaft'* (1996).

Reichweite

Hier soll noch einmal untergliedert werden im Hinblick auf zeitliche, soziale, räumliche und sachliche Aspekte:

a) Zeitliche Reichweite (Geltungsdauer, Bezugszeitraum)

Vereinbarungen können auf unterschiedliche Zeiträume (Tag, Woche, Monat, Saison, Jahr) bezogen werden. 'Überstunden' nehmen z.B. die tägliche Normalarbeitszeit als Standard. Wechselschichten können in unterschiedlichen Zeitspannen rotieren. Alle Abmachungen haben eine mehr oder minder präzis angebbare Geltungsdauer (und ein Verfalls- oder Erneuerungsdatum); die Fristen sind für Gesetze, Tarifverträge oder Gruppenabsprachen natürlich recht unterschiedlich (die Arbeitszeitordnung galt z.B. von 1938 bis zur Einführung des neuen ArbZG 1994). Gerade bei Arbeitszeitregelungen, die sich in der betrieblichen Praxis für bestimmte Interessengruppen als nachteilig erweisen, fehlt es nicht an Versuchen, sie während ihrer Laufzeit schon auszuhöhlen oder anzupassen. Zur zeitlichen Reichweite gehören auch Kündigungsfristen und -modalitäten; das ist von Bedeutung für die 'Friedenspflicht' im Rahmen von Tarifabkommen oder für die Chance von Neuverhandlungen bei Betriebsvereinbarungen oder Arbeitsverträgen. Die flexible Handhabung von Terminierungen (z.B. für befristete Verkürzungen, Ausgleichszeiträume, Höchstgrenzen für Mehrarbeit) schafft in der Praxis Bewegungs- und Verhandlungsspielraum.

Auch Ankündigungsfristen sind von Bedeutung und können erheblich variieren: Bei KapoVAZ (s. S. 276f.) ist z.B. der/die Beschäftigte mindestens 4 Tage vor seinem Einsatztermin zu verständigen. Ein besonderes Planungsproblem taucht auf, wenn ArbeitnehmerInnen größere Zeitguthaben aufbauen oder auflösen wollen. *Seifert* (1996, 448) berichtet über Betriebsregelungen, die z.B. in einem Fall einen Monat Ankündigungsfrist pro Woche Blockfreizeit oder in anderen Fällen für 6 bzw. 10 Tage Freizeit mindestens 3 Monate vorsehen. Auch die Institution der 'Ausgleichszeiträume' (innerhalb derer Zeitguthaben oder -schulden abgebaut werden müssen) schafft erhebliche Flexibilitätsspielräume, insbesondere, wenn die Zeiträume auf

Kapitel C

mehrere Monate oder gar Jahre ausgedehnt werden (siehe etwa Ansparmodelle für Sabbaticals*, Zeitschecks, Einbringen von Zeitguthaben zur Frühverrentung usw.).

Von großer praktischer Bedeutung ist die Entkoppelung von individueller Arbeitszeit und Betriebszeit. Wenn trotz zunehmender (individueller) Arbeitszeitverkürzung die betriebliche Funktions- oder Servicezeit pro Tag auf bis zu 24 Stunden ausgeht wird, erfordert das kreative Konzepte der Koppelung individueller Zeitmodule (s. dazu unten das Kapitel über Schichtarbeit).

b) Soziale Reichweite

Damit ist der erfasste Personenkreis gemeint. Man kann z.B. bestimmte Personen oder Gruppen von der Arbeitszeiterfassung, der Nacht- und Schichtarbeit, Überstundenzuschlägen etc. ausnehmen. Dies kann auch als flexible Methode der Segmentierung und/oder Anreizdifferenzierung (z.B. als Statussymbol) genutzt werden. Oben wurde schon erwähnt, dass z.B. in der Metallindustrie maximal 18% der Belegschaft dauerhaft erhöhte regelmäßige Arbeitszeiten haben können (vor allem Mitarbeiter mit hohen 'Humankapitalinvestitionen' wie etwa Entwickler oder Konstrukteure).

In diesen Rahmen würden auch Zeit-Wirkungen von Organisationskonzepten fallen, die MitarbeiterInnen formal oder informell aus der (zentralen) betrieblichen Steuerung entlassen (z.B. Telearbeit* oder 'Neue Selbständigkeit').

Noch wichtiger ist, dass die Besetzungs- oder Belegschaftsstärke variieren kann. Was wir oben im Rahmen der Entkoppelungsdiskussion zwischen 'Beschäftigtenkonzept' und 'Arbeitsplatzkonzept' erörtert haben, kann hier eingeordnet werden: ein Betrieb fährt z.B. ein Drei-Schicht-System, in der Nachtschicht aber ist nur eine auf 50% oder 30% reduzierte Belegschaft vorgesehen, sodass dann zwar rund um die Uhr gearbeitet wird (bzw. Fertigung oder Dienstbereitschaft gesichert sind), aber die mögliche Produktivität nicht ausgeschöpft wird.

c) Räumliche Reichweite

Leitfrage ist hier, an welchem Ort im Unternehmen welches Arbeitszeitregime praktiziert wird. Dieser Aspekt spielt ebenfalls bei der *Telearbeit* eine Rolle, weil hier Überwachungs- und Eingriffsmöglichkeiten reduziert sind (siehe dazu und zu weiterführender Literatur *Büssing & Aumann* 1996a, 1996b). Aber auch innerhalb von Betrieben können an verschiedenen Arbeitsorten unterschiedliche Zeitregimes oder -kulturen existieren (bei BMW gab es z.B. 1995 über 200 verschiedene Arbeitszeitmodelle). Zonen dichter Überwachung und enger Reglementierung stehen solchen mit grosser Zeitsouveränität gegenüber. Auch hier zeigt sich die Verflech-

---

* *Sabbatical*: siehe die Fußnote oben, S. 182
* *Telearbeit*: Arbeitsplatz zu Hause (oder unterwegs), wobei mittels moderner Informations- und Kommunikationstechnlogie die Vernetzung mit dem Unternehmen sichergestellt ist.

tung von Zeitmanagement mit *sozialen* Variablen wie Status, Qualifikation, Geschlecht, Nationalität, Einkommenshöhe, Alter usw. Ist das Essen oder Golfspielen von ManagerInnen mit GeschäftspartnerInnen Arbeitszeit? Wie lässt sich die Arbeitszeit von Boten, Fahrern, Aussendienst-Mitarbeiterinnen, Messe-Repräsentantinnen etc. regeln und überwachen?

d) Sachliche Reichweite

Damit ist der *Inhalt* der Zeit gemeint. An sich ist Zeit 'leer' oder 'unqualifiziert': der bloße Ablauf einer Stoppuhr verrät nicht, was in der gemessenen Zeit passiert. 'Systeme vorbestimmter Zeiten' (wie MTM) oder empirische Zeiterfassung (z.B. Refa) geben für Arbeitsvollzüge recht präzise, scheinbar objektive Richtzeiten vor. Bei den genannten 'unsozialen Arbeitszeiten' (z.B. Nacht- oder Wochenendarbeit) kann eine objektive Zeitstrecke durch einen Gewichtungsfaktor reduziert werden, für bestimmte Arbeiten (Wachen, Messwarten, Zug- oder Flugzeugführen etc.) kann es abweichende und verhandlungsfähige Höchstarbeits- und Mindestruhezeiten geben.

Entscheidungskompetenz, Reversibilität

Diese Dimension umfasst mehrere Optionen: *Wer* entscheidet über Beginn, Dauer, Ende und Stetigkeit der Arbeit? Möglichkeiten sind: Vorgesetzte, DisponentInnen, ArbeitnehmerInnen, Arbeitsgruppe jeweils allein oder in Absprache. *Wie oft* kann oder darf eine getroffene Entscheidung revidiert werden? Dies ist sowohl bei der System- wie bei der Varianten-Wahl wichtig. Die Systemwahl bedeutet im Regelfall eine längerfristige Festlegung (z.B. Einführung von Schichtarbeit), während größere Freiheitsspielräume bei der Variantenwahl innerhalb des Systems (z.B. Frühschicht, Wechselschicht) bestehen können. *An welche Voraussetzungen* ist eine Revision gebunden? Es kann Bevorzugungen oder Benachteiligungen geben z.B. auf der Grundlage von Alter bzw. Dienstalter, Geschlecht, Behindertenstatus; Abänderungen können geknüpft sein an Wartezeiten oder verbindliche Prozeduren (z.B. rechtzeitiges Eintragen in Urlaubslisten; ausgehandelte Reihenfolgen, Auf- oder Abbau von Guthaben etc.). Sollen z.B. Job-Sharing-PartnerInnen einander im Krankheitsfall vertreten (auch wenn sie das nicht *müssen*)? Sind Besitzstandswahrung und Übergangsfristen vorgesehen?

Transparenz

Die in (größeren) Unternehmen praktizierte Vielzahl unterschiedlicher Zeitregimes bringt es mit sich, dass die verbreiteten Praktiken - vor allem ihre konkrete Handhabung durch MitarbeiterInnen und Vorgesetzte - den vorgesetzten Stellen keineswegs in allen Einzelheiten bekannt sind. Diese 'Vernebelung' hat unter anderem den Effekt, dass auf lokaler Ebene flexible Anpassungen und innovative Experimente, aber auch die Konservierung von (vermeintlichen) Vorrechten möglich sind, die mikropolitischen Spielraum geben und bei völliger Publizität eliminiert würden.

Kapitel C

Interessen und Legitimation

Arbeitszeitsysteme können sich auch in dem Ausmaß unterscheiden, in dem sie zum flexiblen Behälter heterogener Interessen werden können. Während z.B. bei 3-Schicht-Systemen oder Jahresarbeitszeiten die Kapitalverwertungsinteressen des Betriebs dominieren, ist das bei Überstundenarbeit, Teilzeit oder Gleitzeit keineswegs mehr eindeutig der Fall. Dieser Aspekt der Arbeitszeitflexibilisierung scheint zunächst lediglich ideologischen Charakter zu haben; betrachtet man aber die Nachfrage nach bestimmten Zeitregimes und ihre Transaktionskosten, dann zeigt sich, dass es lohnend sein kann, Systeme zu entwickeln und anzubieten, die synchron(!) heterogene Interessen zu bedienen erlauben. Die gesellschaftliche und betriebliche Akzeptanz wird umso größer sein, je höher das Potential eines Zeitsystems ist, sich den Ansprüchen verschiedener Interessenten anzupassen.

Anreize

Mit den Interessen korrespondieren in gewisser Weise die Anreize. Damit ist gemeint, dass ein breites Spektrum von Belohnungs- oder auch Druckmaßnahmen existieren kann, das variabel einzusetzen ist (Beispiele sind Zuschläge, Prämien, Freizeitausgleich, Sonderentgelte, Guthaben, Vorrechte usw.). Wenn die Beschäftigten nicht (nur) intrinsische* Motive für die Bevorzugung bestimmter Zeitregimes haben, muss der Akzeptanz gefördert werden durch ein flexibel einsetzbares Repertoire extrinsischer* Motivatoren; neben Entgeltzahlungen oder Karriereversprechen sind in Situationen des Arbeitsüberangebots Garantien für Beschäftigungssicherheit besonders wirksam.

Kalkulationsbasis

Es gibt schließlich auch einen Spielraum im Hinblick auf die Kalkulationsbasis für Anreize (vor allem Entgelte), Gesamtzeiten oder Verteilungsmuster. Es können z.B. effektive, tarifliche oder fiktive Arbeitszeiten zugrundegelegt, Verfügungs- oder Bereitschaftszeiten berücksichtigt oder Gewichtungen vorgenommen werden (Beispiel: Im Manteltarifvertrag der Metallindustrie in Nordrhein-Westfalen galt z.B. 1996, dass der Zuschlag für die beiden ersten täglichen Mehrarbeitsstunden 25%, der für Sonntagsarbeit 70% beträgt).

---

* *intrinsisch/extrinsisch (lat.)*: Begriffspaar, das in motivationspsychologischen Dskursen gebraucht wird. Mit intrinsischer (innerer) Motivation ist gemeint, dass eine Person *von sich aus* ('aus eigenem Antrieb') an einer Aufgabe oder Tätigkeit interessiert ist, während Techniken der extrinsischen Motivation der Einsatzfreude mit äußeren Anreizen (Belohnung, Bestrafung) nachhelfen.

Dass die Zuschläge in Deutschland keineswegs exzessiv hoch sind, belegt die folgende Übersicht aus *Bosch* (1996, 427):

	Deutschland1)	Japan	USA/Kanada
Überstunden	25	30-34	50
Nachtarbeit	15-30	25-50	10
Samstagsarbeit	1)	35-47	50
Sonntagsarbeit	50-70	35-47	100

1) Die Metalltarifverträge sehen keine Zuschläge für Samstagsarbeit vor. Da die Regelarbeitszeit Montag bis Freitag ist, wird Samstagsarbeit vor allem in Form von Mehrarbeit realisiert. Die Zuschläge betragen bis 12 Uhr 25 v.H. nach 12 Uhr 50 v.H.

Tab. C-4:   Zuschläge für Überstunden, Nacht-, Samstags- und Sonntagsarbeit in der deutschen, japanischen und nordamerikanischen Automobilindustrie in v.H. des Stundenlohns (aus *Bosch* 1996, 427)

Die enge Verschränkung von Zeit und Geld zeigt sich auch an Flexibilisierungsstrategien, bei denen es "schlicht um die Verbilligung der bisherigen Arbeitsstrukturen (geht). Dies kann durch den Austausch von Vollzeitbeschäftigten durch billigere, nicht versicherungspflichtige Teilzeitkräfte, durch die Ausgliederung von Beschäftigten aus dem bisherigen Tarifgefüge (Outsourcing, Teilselbständige) oder die Abschaffung von Zuschlägen geschehen" (*Bosch*, 1996, 426). Die Forderung, den Samstag zum Regelarbeitstag zu machen, zielt auf die Abschaffung von Mehrarbeitszuschlägen; *Bosch* nennt eine solche Zeitflexibilisierungsdiskussion ohne Umschweife "neutitulierte Lohnverhandlungen" (a.a.O.).

Die Vielzahl dieser Dimensionen erlaubt in der Praxis einen nahezu unüberschaubaren Artenreichtum von Flexibilisierungsmustern. Wir können deshalb in unserem Überblick nicht auf alle denkbaren Kombinationen eingehen, sondern müssen uns auf exemplarische Arrangements beschränken. Einschlägige Überblicksdarstellungen (z.B. von *Wildemann* 1991, *Linnenkohl et al.* 1993, *Bundesarbeitsministerium* 1995, *Kutscher, Weidinger & Hoff* 1996, *Gutmann* 1997) und Veröffentlichungen in praxisnahen Zeitschriften wie 'Personalführung', 'Personal', 'Personalwirtschaft', 'Mitbestimmung' und 'WSI-Mitteilungen' zeigen, dass der Kreativität und Kompromissbereitschaft (zuweilen auch der Leidensfähigkeit) der Beteiligten und Betroffenen nahezu keine Grenzen gesetzt sind.

3.4 Hauptformen der Arbeitszeitflexibilisierung

Bevor einzelne *Hauptformen* illustriert werden (Kap. 3.4.3 - 3.4.5), wird zunächst kurz auf *funktionale Äquivalente* zur Zeitflexibilisierung hingewiesen (Kap. 3.4.1) und dann die *Logik* der Zeitgestaltungsmaßnahmen skizziert (Kap. 3.4.2).

3.4.1 Funktionale Äquivalente zur Zeitflexibilisierung

Zur Zeitflexibilisierung gibt es wirkungsgleiche Alternativen, die ebenfalls dem Management der Arbeitskosten, der Sicherstellung der Lieferfähigkeit, der Verbesserung der Wertschöpfung etc. dienen. Diese Alternativen oder Substitute sind für ArbeitnehmerInnen und Arbeitgeber unterschiedlich attraktiv. Einige der Möglichkeiten sind z.B.: befristete Arbeitsverträge, Leiharbeit, Beschäftigung von Aushilfskräften, 'geringfügige' Beschäftigung, Werkverträge; gezielte Urlaubssteuerung (Urlaubslisten, Brückentage, Betriebsurlaub); Fehlzeiten(!); freiwillige Fluktuation und evtl. Inanspruchnahme von Arbeitslosenzahlungen; 'unechte' Selbständigkeit, diskontinuierliche Erwerbsbiographie, vorzeitiges Ausscheiden; technologische und organisatorische Rationalisierung (z.B. Verkürzung von Rüstzeiten, Mehrzweckmaschinen, Gruppenarbeit, Fertigungsinseln); Outsourcing usw. Im einzelnen wird auf diese Möglichkeiten zur Gestaltung von Beschäftigungssystemen im Band 2 dieses Buchs eingegangen.

3.4.2 Zur Logik der Zeitgestaltungsvarianten

Nachdem im Kap. 3.3.1 die von uns differenzierten drei *Typen* des Zeitmanagements (Chronometrie, Chronologie und Chronomorphie) vorgestellt wurden, soll nun noch auf die zugrundeliegende Logik eingegangen werden, indem innere Struktur und Zusammenhang der Konzepte und Prinzipien erörtert werden. Dies ist auch deshalb wichtig, weil 'auf der Oberfläche der Erscheinungen' zum Teil Zuordnungen von Praxismodellen zu einem der drei Typen vorgenommen werden, die man aus verändertem Blickwinkel durchaus auch einem anderen Typ subsumieren könnte.

Ausgangspunkt ist die These, dass es zentrale Aufgabe des Managements ist, die betriebliche Wertschöpfung zu organisieren und zu steuern. Die Wertschöpfungskette endet beim Kunden, der für die erstellten Produkte und Leistungen bezahlt.

Die Wertschöpfungskette lässt sich auf höchst unterschiedliche Weise gestalten; dies wird im Folgenden durch zwei Visualisierungen illustriert. Im einen Fall ist sie als eine Art Puzzle dargestellt, bei dem es darum geht, verschiedene selbständige

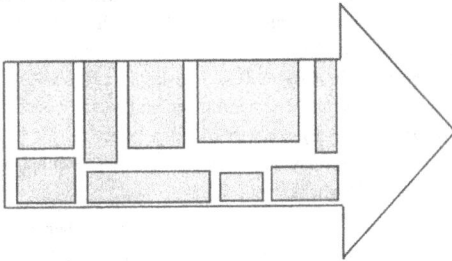

Bausteine (Module) so zusammenzustellen, dass ein optimales ' verschiedene selbständige Bausteine (Module) Bild' entsteht (Zueinanderpassen der einzelnen Teile,
möglichst wenig Verschwendung, passgenaue Dimensionierung usw.). So können
zum Beispiel Teile der Wertschöpfung in Tele-Arbeit erbracht, als Vorleistungen
von außen zugekauft, von Leiharbeitskräften erledigt, als Werkauftrag vergeben
werden usw. (siehe die oben genannten 'funktionalen Äquivalente'), und andere
Teile werden 'im Haus'- in unterschiedlicher Fertigungstiefe - erstellt und kombiniert.

Eine andere Möglichkeit, denselben Sachverhalt darzustellen, kann sich einer Netz-
plan-Darstellung bedienen, die deutlich macht, wie verschiedene Teil-Leistungen
(die Pfeile) zeitgenau an bestimmten Punkten (den Knoten) zusammentreffen und
Prozess der Wertschöpfung vorantreiben.

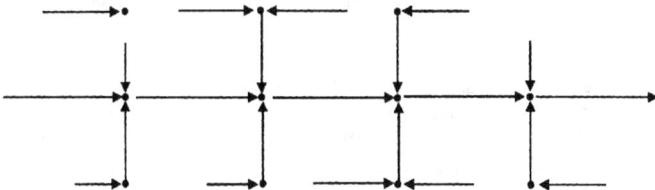

Auch eine solche Darstellungsform verdeutlicht, dass es eine Fülle von Möglichkeiten gibt, den Gesamtprozess im Zeitablauf zu gestalten, weil die Logik des Zu-
sammenführens von Teil-Leistungen offenlässt, von wem und an welcher Stelle sie
erstellt werden: Hauptsache, sie sind rechtzeitig, im erforderlichen Umfang, zur nötigen Qualität und zu günstigen Kosten verfügbar.

Für das betriebliche Zeitmanagement leitet sich daraus die Konsequenz ab, dass
nicht länger von *vorhandenen* Arbeitsplätzen bzw. Anlagen oder *bisher praktizier-*

ten Aufgabenstellungen und -zuordnungen ausgegangen werden muss. All das steht - im Prinzip - zu Disposition, es kann durch bessere (oder schnellere, billigere, effektivere) Alternativen ersetzt werden. Aus der Globalbetrachtung geht es deshalb nicht darum, wie man bestehende Anlagen besser auslastet (z.B. Verlängerung der Maschinenlaufzeiten) oder derzeitige MitarbeiterInnen umfassender oder effizienter 'nutzt' (z.B. Jahresarbeitszeitverträge), sondern wie man besser als die Konkurrenz wird, indem man sich aller erfolgversprechenden (finanziellen, rechtlichen, technischen, organisatorischen etc.) Möglichkeiten bedient.

Diese generelle Logik orientiert das konkrete Vorgehen im gegebenen (Betriebs-) Fall, bei dem nicht alles zur Disposition steht, weil z.B. Kapital in Anlagen gebunden ist, Verträge mit MitarbeiterInnen, Lieferanten und Kunden einzuhalten sind, das geltende Rechtssystem Beschränkungen auferlegt, neue Produkte nur mit Zeitverzögerung zu entwickelt werden können usw. Zeitmanagementsysteme müssen auf diese konkreten Restriktionen Rücksicht nehmen und das Beste daraus machen, d.h. möglichst viel Flexibilität und Variabilität zulassen, sodass kurzfristig und aufwandsminimal Anpassungen an neue Chancen oder Probleme erfolgen können. In den Kalkülen spielen dabei die folgenden Parameter eine wichtige Rolle (und zwar jeweils nicht 'für sich', sondern in ihren Kombinationsmöglichkeiten)[19]:

- Anzahl und Qualifikation der MitarbeiterInnen;
- gesetzliche, tarifliche, betriebliche, einzelvertragliche Regelungen der individuellen Arbeitszeit (Länge und Lage der Arbeitszeit, die jeder Beschäftigte unter bestimmten Bedingungen - z.B. Zuschläge, Betriebsratszustimmung, Freizeitausgleich etc. - zur Verfügung stellt);
- Anzahl und Art der Arbeitsplätze (z.B. Teilbarkeit, Mehrfachbesetzbarkeit);
- geplantes bzw. erwartetes bzw. erforderliches Leistungsvolumen in einer Bezugszeit;
- geplante Betriebszeit ('Maschinenlaufzeit');
- geplante Besetzungsstärke der Arbeitsplätze (Es wird z.B. in der Nachtschicht mit 'verdünnter' Belegschaft gearbeitet oder - z.B. im Gaststättengewerbe oder im Einzelhandel - zu bestimmten Tageszeiten mit erhöhter Besetzungsstärke gearbeitet);
- Art der Überbrückung von Pausen, Fehlzeiten, unbesetzten Stellen, Übergängen (z.B. Schichtwechsel);
- Dispositionsrechte über die Arbeitszeit (z.B. Meister, Fertigungssteuerung oder Personalbüro, Selbstorganisation der Gruppe oder der Person);

---

[19] Es ist zum Beispiel keine sinnvolle Maxime, ganz generell solche MitarbeiterInnen einzustellen oder heranzubilden, die mehrfachqualifiziert sind, sodass sie an heterogenen Arbeitsplätzen eingesetzt werden können. Solche MitarbeiterInnen sind zum einen teuer, zum anderen muss es für sie auch 'mehrfachqualifizierte Arbeitsplätze' geben und die Umsetzungen müssen akzeptiert werden.

- geplante Arbeitskosten (bzw. erzielbarer Preis für das Produkt, Subventionsmöglichkeiten, innerbetriebliche Transfers).

Die üblichen Arbeitszeitmodelle greifen aus diesem Bedingungs-Set meist einige Größen heraus. Dies soll im Folgenden an einigen Beispielen illustriert werden.

Fall: Einführung eines Schichtsystems

Vorhandene Arbeitsplätze werden bislang nur zu einem Drittel der Tageszeit genutzt; durch die Einführung eines Früh- und Spätschichtsystems wird die Anlagennutzungsdauer verdoppelt (keine Investitionskosten, erhöhte Abnutzung, proportional erhöhe Personalkosten, zusätzliche Organisationskosten):

derzeit genutzt	durch eine zweite Schicht genutzt	nicht genutzt
6 Uhr	15 Uhr	24 Uhr

Fall: Vorübergehende Mehrarbeit

An vorhandenen Arbeitsplätzen bzw. Maschinen wird auf begrenzte Zeit täglich um zwei Stunden mehr gearbeitet (keine Investitionskosten, durch Zuschläge überproportional erhöhte Arbeitskosten).

Fall: Einführung qualifizierter Gleitzeit

MitarbeiterInnen erhalten das Recht, über Arbeitsbeginn und -ende selbst zu disponieren. Folge: vorhandene Arbeitsplätze sind zu bestimmten Zeiten nicht besetzt, Investionen werden nicht genutzt, Kunden finden zeitweilig keine AnsprechpartnerInnen.

Fall: Einführung kapazitätsorientierter variabler Arbeitszeit

Um eine erhöhte Besetzungsstärke zu bestimmten Tageszeiten zu gewährleisten, wird über Zusatzkräfte disponiert, die kurzfristig (innerhalb von 4 Tagen) als Verstärkung und/oder Vertretung eingesetzt werden können (verringerte Arbeitskosten durch kleine Basisbelegschaft, verringerte Lohnnebenkosten durch Einsatz 'geringfügig Beschäftigter').

Fall: Einbezug des Samstags als Regelarbeitszeit

Zur Verlängerung der *wöchentlichen* Betriebslaufzeit wird ein rollierendes Schichtsystem eingeführt, das im Zweiwochen-Turnus jeden Beschäftigten zur Samstagsarbeit verpflichtet, als Ausgleich gibt es während der Woche Freischichten (erhöhte Nutzung der Betriebsanlagen, Verringerung der Fertigungskosten)

Kapitel C

Fall: Einführung von Jahresarbeitszeitverträgen

Um saisonale oder auftragsabhängige Auslastungsschwankungen aufzufangen, wird eine durchschnittliche jährliche Arbeitszeit vereinbart, die - bei gleichbleibendem Jahreseinkommen - vom Arbeitgeber in unterschiedlichen Monatsquanten abgerufen werden (keine Personalleerkosten durch überhöhten durchschnittlichen Personalbestand; hohe Elastizität, die noch gesteigert wird, wenn zusätzlich Mehrarbeit und Überstunden vereinbart werden).

Fall: Einführung von Gruppenarbeit

Die Arbeitsgruppe regelt - unter Beachtung bestimmter Vorgaben - in eigener Regie die Anwesenheitszeiten ihrer Mitglieder (Sicherung einer angepassten Besetzungsstärke, Verringerung der Gemeinkosten für Zeitdisposition)

Diese wenigen Beispiele sollten zeigen, dass beim Zeitmanagement zum Teil sehr komplexe vernetzte Entscheidungen zu treffen sind, weil unterschiedliche Parameter zu kombinieren sind: Zeitdauer der täglichen, wöchentlichen oder jährlichen Nutzung der Anlagen, Art und Anzahl der (neu einzurichtenden) Arbeitsplätze, Anzahl der 'Belegschaften' pro Arbeitsplatz, Stärke der Belegschaft pro Einsatzzeit, Dispositionsrechte und -fristen in Bezug auf Einsatzzeiten und -orte, Umfang der pro Person zur Verfügung gestellten durchschnittlichen Arbeitszeit bzw. der möglichen Schwankungsbreite (Teilzeit, Mehrarbeit), Einsatzmöglichkeit der Arbeitskräfte an verschiedenen Aufgaben/Arbeitsplätzen ('Springer', Mehrfachqualifikation).

Die Einstellung von Teilzeitkräften gehört z.B. für sich betrachtet dem Formenkreis der chronometrischen Maßnahmen an, weil sie mit verkürzten Arbeitszeiten verbunden ist; aus der Gesamtperspektive des Betriebs aber kann daraus für das betriebliche Arbeitszeitsystem eine Variation der Chronologie oder der Chronomorphie resultieren (wenn z.B. die Teilzeitbeschäftigen als 'Hausfrauen-Schicht' an die reguläre Tagesarbeitszeit 'angehängt' werden, wobei durch diese neue Arbeitszeit-Lage die Betriebszeit um mehrere Stunden täglich verlängert wird, oder wenn die Teilzeitkräfte innerhalb der Arbeitswoche in sowohl unterschiedlichen wie variablen *Zeitmustern* beschäftigt werden).

Wenn im Folgenden näher auf drei Typen von basalen Strategien eingegangen wird, die jeweils *schwerpunktmäßig* der Chronometrie (Leitstrategie: Teilzeit), der Chronologie (Leitstrategie: Schichtsysteme) und der Chronomorphie (Leitstrategie: Gleitzeit) zugeordnet werden, dann ist vorab festzuhalten, dass damit nur Grundmuster beschrieben werden, die sich im konkreten Fall (abhängig von den genannten Bedingungs- und Bezugsvariablen) zu einer quasi unendlichen Vielzahl von Praxislösungen kombinieren lassen. Die folgenden Ausführungen, über deren Aufbau der nachstehende Überblick informiert, können deshalb nur einige der wichtigsten Formen vorstellen.

Varianten der **Chronometrie** Leitstrategie: Teilzeit	Varianten der **Chronologie** Leitstrategie: Schichtarbeit	Varianten der **Chronomorphie** Leitstrategie: Gleitzeit
Mehrarbeit u. Kurzarbeit befristete Arbeitszeitverkürzung Teilzeit Mobile Teilzeit Partner-Teilzeit (Jobsharing)	Schichtsysteme Versetzte und gestaffelte Schichten Mehrfachbesetzung Springer- und Pausenlösungen	Jahresarbeitszeitmodelle (Korridor- u. Bandbreitenmodelle, saisonale Arbeitszeiten, Ansparmodelle) Kapazitätsorientierte variable Arbeitszeit (KapoVAZ) Gleitzeit, variable und flexible Arbeitszeit

Überblick über die folgende Darstellung von Zeitmanagement-Modellen

3.4.3   Chronometrische Flexibilisierung: Beispiel Teilzeit

Wie oben angekündigt, soll als Leitmodell für die chrono*metrische* Dimension der Arbeitszeitgestaltung die *Teilzeit* behandelt werden. Zuvor aber sollen einige andere Varianten dargestellt werden, die ebenfalls mit der Verkürzung bzw. Verlängerung der vereinbarten oder aktuell nachgefragten Arbeitszeit operieren: Mehrarbeit (Überstunden), Kurzarbeit, befristete Arbeitszeitverkürzungen.

Mehrarbeit und Überstunden

Überstunden und Mehrarbeit gehören zu den ältesten Flexibilisierungsformen (s.a. Fußnote 10 auf S. 193). *Seifert* (1985, 72) spricht in diesem Zusammenhang von 'perversen' Situationen, die sich in der Geschichte der Arbeitszeitverkürzung mehrfach ergeben hätten, weil *gleichzeitig* hohe Arbeitslosigkeit und hohe Überstundenzahlen existierten (so etwa 1926, als es 2 Millionen Arbeitslose und 16% Kurzarbeiter gab, gleichzeitig aber 50% der Beschäftigten Überstunden leisteten oder 1931/32, als nur 33% der Arbeiter vollzeitbeschäftigt, 44% arbeitslos und der Rest Kurzarbeiter waren: dennoch konstatierte die Gewerbeaufsicht, dass in einer erheblichen Zahl von Betrieben 10-15 Stunden täglich gearbeitet wurde (a.a.O., 73).[20] Vor diesem Hin-

---

[20] *Bosch* (1996, 428) bemerkt dazu: "Die größte Gefahr für eine wirkungsvolle Beschäftigungspolitik liegt gegenwärtig in einer schleichenden Verdrängung des Umverteilungsaspekts aus der Arbeitszeitdebatte und einem Aufbau von betriebsegoistischen Überstundenkulturen. Überstunden sind für eine Gesellschaft wie eine Droge. Je mehr man davon nimmt, desto mehr haben sich die Beschäftigten an das Mehreinkommen und die Unternehmen an für sie simple Arbeitszeitformen gewohnt und umso schmerzhafter wird die Entziehungskur. Mit ungezügelter Flexibilisierung der Arbeitszeit wird diese Droge immer leichter zugänglich. Es wird eben nicht mehr halböffentlich durch Betriebsvereinbarungen, sondern individuell an jedem Arbeitsplatz 'gedealt'. Die Szene wird damit immer unübersichtlicher und für Politik schwerer zugänglich."

tergrund warnt *Seifert* davor, die in Arbeitszeitstatistiken berichteten Durchschnitts-zahlen überzubewerten, weil es immer eine *beträchtliche Streuung* der *individuellen* Arbeitszeiten um den errechneten Durchschnitt gab und gibt (a.a.O. 55f und 74).

Um *Mehrarbeit* handelt es sich, wenn die *gesetzliche* Regel-Arbeitszeit überschrit-ten wird; *Überarbeit (Überstunden)* wird jene Arbeitszeit genannt, die über die normale *betriebliche* Arbeitszeit hinausgeht (sei sie kollektiv- oder individualver-traglich geregelt).

Das ArbZG (siehe oben, S. 182f.) sieht den 8-Stunden-Tag als 'nicht zu überschrei-tende' Arbeitszeit vor, geht allerdings auch davon aus, dass der Samstag Werktag ist, sodass die wöchentliche Arbeitszeit 48 Stunden beträgt. Erst eine diese Grenze überschreitende wöchentliche Arbeitszeit wäre 'Mehrarbeit' (ein Terminus, der im Gesetz nicht auftaucht). Weil das Gesetz eine Reihe von Ausnahmeregelungen vor-sieht, bedeutet die Überschreitung der 8-Stunden-Marke nicht unbedingt 'Mehrar-beit', weil über den Ausgleichszeitraum der Woche (wenn z.B. der Samstag arbeits-frei ist) leicht die Wochengrenze von 48 Stunden unterschritten werden kann. Für Mehrarbeit sind (anders als für Nachtarbeit) im Gesetz keine Entgeltzuschläge fest-gelegt, sie ist durch normalerweise durch Minderarbeit zu anderen Zeiten des Aus-gleichszeitraum zu kompensieren.

Tarifliche und betriebliche Regelungen sehen für die Behandlung von 'Überstunden' unterschiedliche Praktiken vor:

- Es wird festgelegt, ab welcher täglichen und/oder wöchentlichen Arbeitszeit 'Überstunden' vorliegen (dies ist besonders wichtig, wenn z.B. qualifizierte Gleit-zeit praktiziert wird oder Jahresarbeitszeitverträge geschlossen wurden). Dabei spielt auch eine Rolle (z.B. für Zuschlagsbezahlung), ob die Überarbeit explizit von einer Führungskraft angeordnet wurde.
- Die Art und Höhe des Überstundenentgelts (z.B. Antrittsprämien, prozentuale Zuschläge) wird definiert; für bestimmte Zeiten (z.B. Wochenenden oder Feierta-ge) kann ein Mehrfaches davon fällig werden.
- Es wird die Pflicht zum Freizeitausgleich oder zur entsprechenden Verkürzung nachfolgender Arbeitstage vereinbart oder die Wahl zwischen Entgelt oder Frei-zeit gelassen; dabei können Ausgleichszeiträume oder -tage (z.B. Brückentage), Ankündigungsfristen, Ansparmöglichkeiten und die Bildung von Freizeitblöcken geregelt sein.
- Es werden Höchstgrenzen festgelegt, z.B. maximal 100 Überstunden Stunden pro Jahr und Beschäftigten und/oder maximal 10 pro Woche oder maximal 2 pro Tag oder maximal 5% der Regelarbeitszeit pro Jahr. Beim Überschreiten solcher Grenzen können Verhandlungen mit dem Betriebsrat vereinbart sein, die z.B. (befristete) Neueinstellungen zum Inhalt haben.

Ein Beispiel für die Praxis einer Art 'erzwungenen Gleitzeit' findet sich in der Studie von *Mehrtens & Moll* (1989). In ihrer Befragung im Einzel- und SB-Großhandel, die

1984 in 28 Betrieben der vier norddeutschen Bundesländer durchgeführt wurde, wurden bei einem Rücklauf von 35,5% insgesamt 1002 Fragebogen ausgewertet. Von den Vollzeitkräften haben 73%, von den Teilzeitkräften 66% Überstunden geleistet. Teilzeitkräfte erhalten im Allgemeinen für die Überstunden keine Mehrarbeitszuschläge, bei Vollzeitkräften erfolgt die Abgeltung in Freizeit, meist ohne die Zuschläge für die Überstunden. Der Freizeitausgleich wird häufig in geschäftsschwachen Zeiten gewährt, sodass "ein doppelter Flexibilitätseffekt für den Betrieb erzeugt wird. Die Anpassung des Arbeitsvolumens an Über- und Unterauslastung erfolgt einerseits durch Überstunden und andererseits durch Freizeitausgleich. Überstunden auf der einen und regelloser Freizeitausgleich verdecken somit die ständige personelle Unterbesetzung in Warenhäusern und Supermärkten" (*Mehrtens & Moll* 1989, 97). Die Änderung von "Struktur und Verteilung der wöchentlichen Arbeitszeit" ist noch vor Verkürzungswünschen das dominante Anliegen der Befragten, das sich im "Interesse an größeren zusammenhängenden Freizeitblöcken" und im "Interesse an zusammenhängenden und nicht durch Halbtagsarbeit zerstückelten Tages- und Wochenabläufen" äußert. Den Hintergrund dieser Situation diagnostizieren *Mehrtens & Moll* (1989, 81f.) wie folgt:

"Engpässe im Personalbereich werden aufgrund urlaubs- und krankheitsbedingter Ausfallzeiten und einer ohnehin recht eng bemessenen Personaldecke als Regelungsproblem auf Laden-/Abteilungsleiter und Beschäftigte abgewälzt. Mangelnde Personalausstattung erscheint nicht als kalkulierte Folge betrieblicher Planung, sondern stellt sich den Beschäftigten als quasi unvermeidliche Wirkung der individuellen Inanspruchnahme sozialer Rechte dar, die nur durch persönliche Opfer gemildert werden kann. ... Informelle Abstimmungsprozesse über kurzfristige Variationen der Arbeitszeit einzelner Beschäftigter in den Läden und Abteilungen der Lebensmittelfilialen und Warenhäuser lassen sich von daher als tragende Säulen der Arbeitszeitkonstruktionen bestimmen, deren Wegfall das gesamte System ins Wanken bringen würde ... Möglichen Widerständen gegen diese Form der Flexibilisierung wird durch deren informellen Charakter die Spitze genommen: Die informelle Regelung schließt immer das Einverständnis oder zumindest die stillschweigende Akzeptanz durch die beteiligten Beschäftigten ein. ... [Die Deckungsbeitrags-Rechnung] bindet u.a. die Personalkosten in einem vom Unternehmen zentral vorgegebenen Verhältnis an den Umsatz. Umsatzschwankungen wirken sich daher unmittelbar auf den 'erlaubten' Personalbestand aus und sorgen für einen starken Druck zu knapper Personalkalkulation. Die daraus resultierende permanente Unterdeckung des faktischen Personalbedarfs kann nur durch den kalkulierten Einsatz von Überstunden ausgeglichen werden. Insofern kann man Überstunden im Handel als integrativen Bestandteil der dort praktizierten Arbeitszeitsysteme bezeichnen."

Wenn Überarbeit auf so breiter Front realisiert ist, dann müssen alle Beteiligten etwas davon haben. Interessen wichtiger Beteiligter sind (s.a. *Weidinger* 1995, 768f; *Kutscher, Weidinger & Hoff* 1996, 7):

- *Unternehmensleitung*: Überstunden ermöglichen 'schlanke' Organisationseinheiten, erfordern keine Umorganisation und sind kostengünstiger als die Einstellung von Zusatzkräften;

Kapitel C

- *Führungskräfte*: Überstunden sind ein Nachweis der eigenen Unentbehrlichkeit; weil mit bekanntem Personal gearbeitet wird, tauchen weniger Führungsprobleme auf; überflüssiger Personalbestand (in 'Auslastungstälern') wird vermieden;
- *MitarbeiterInnen*: Mit Überstunden können zusätzliches Einkommen und/oder (persönlich disponierbare) Freizeit erworben werden; außerdem wird die eigene Unersetzlichkeit bestätigt;
- *Betriebsrat*: "Die (Nicht-)Genehmigung von Überstunden ist das vielleicht stärkste Machtinstrument betrieblicher Mitbestimmung. Überstunden halten Feindbilder aufrecht." (a.a.O., 769).

Angesichts dieser Bedingungen wird auch die oben erwähnte 'perverse' Situation (die Gleichzeitigkeit von hoher Arbeitslosigkeit und hohen Überstundenraten) verständlich, sodass Appelle, die um erwarteter Beschäftigungseffekte willen auf *freiwilligen* Abbau von Überstunden drängen, geringe Erfolgsaussichten haben.

Kurzarbeit

Auf das Instrument der Kurzarbeit soll an dieser Stelle aus Platzgründen nicht näher eingegangen werden. Es ist geschaffen worden, um zu verhindern, dass auf längerdauernde, aber *vorübergehende* Unterauslastungen ganzer Bereiche mit anzeigepflichtigen betriebsbedingten (Massen-)Entlassungen reagiert wird. Es handelt sich um ein arbeitsmarktpolitisches Instrument zur Glättung der Beschäftigung, an dessen Finanzierung sich auch die Arbeitsverwaltung beteiligt. Die näheren Bedingungen sind in entsprechenden Gesetzen (vor allem dem Kündigungsschutzgesetz § 19) geregelt. Interessant ist, dass Unternehmen daran denken, Kurzarbeit im Sinne des Arbeitsförderungsgesetzes (§ 63 Abs. 4) zur Qualifizierung der MitarbeiterInnen gezielt einzusetzen. In diese Richtung gehen z.B. die Vorstellungen von VW, wenn z.B. in auftragsschwachen Zeiten MitarbeiterInnen angehalten werden, sog. 'Blockzeiten' für ihre Weiterqualifizierung in Anspruch zu nehmen (s. *Hartz* 1996, 133f.; 215f.; siehe auch den Abschnitt 3.4.7.).

Befristete Arbeitszeitverkürzung

Diese seit 1994 von den Tarifparteien vereinbarte Möglichkeit erlaubt es den Betrieben, die wöchentliche Arbeitszeit einheitlich für einen ganzen Betrieb oder bestimmte Abteilungen auf (meist) 30 Stunden zu verkürzen, im Wesentlichen mit der Zielsetzung, auf vermutlich vorübergehende Unterauslastungen nicht mit Personalentlassungen reagieren zu müssen. Innerhalb dieser Regelarbeitszeit kann dann wie bei Bandbreitenmodellen verfahren werden.

Die Möglichkeiten, die sich aus dauerhaften Verlängerungen, befristeten Verkürzungen, Ausgleichszeiträumen, Mehrarbeit(sgrenzen) ergeben hat *Bispinck* für das Beispiel der Metallindustrie Nordwürttemberg-Nordbaden zusammengestellt:

regelmäßige Wochenarbeitszeit	35 Std.
dauerhafte Verlängerung für max. 18 vH der AN bis:	40 Std.
befristete Verkürzung bis auf:	30 Std.
ungleichmäßige Verteilung über:	12 Mon.
zulässige Mehrarbeit:	10 Std./Wo.
	20 Std./Mon.
max. zulässige Wochenarbeitszeit bis zu:	50 Std.

Tab. C-5:   Tarifliche Arbeitszeitspielräume in der Metallindustrie
Nordwürttemberg-Nordbaden (aus *Bispinck* 1996, 415)

Nach der Erörterung von Mehr- und Kurzarbeit, sowie befristeter Arbeitszeitverkürzung wird nun auf die derzeit am meisten diskutierte Strategie der chronometrischen
Arbeitszeitgestaltung, die Teilzeit, eingegangen.

Teilzeit

Es ist gleich zu Beginn anzumerken, dass die Möglichkeiten der Teilzeit zu eng gesehen würden, beschränkte man sie nur auf den Aspekt der *Verkürzung* der Arbeitszeit. Die individuelle Arbeitszeit*verkürzung* ist nämlich - vor allem in Kombination
mit (chrono*logischen*) Schichtsystemen - Bestandteil einer großen Fülle von betrieblichen Arbeitszeitregimes, die hohe Flexibilität ermöglichen. Man muss sich
deshalb von der Vorstellung 'Teilzeit = Halbtagsarbeit' befreien, um die kreativen
Möglichkeiten dieser Variante zu erschließen (die sich allerdings erst in chronomorphischen Modellierungen voll entfaltet).

Fortgeschrittene Technologien, neue Produktions- und Organisationskonzepte (Globalisierung, Liberalisierung, Deregulierung, Flexibilisierung, Individualisierung, Outsourcing, Virtualisierung der Organisation) und weltweite Konkurrenz auf den Arbeitsmärkten haben das Ideal der 'Vollbeschäftigung in Normalarbeitsverhältnissen'
in weite Ferne gerückt. Wenn früher Teilzeit dadurch definiert war, dass weniger als
36 Stunden Wochenarbeitszeit vertraglich vereinbart waren, dann ist heute - bei zunehmender Verbreitung der 35-Stunden-Woche oder sogar kollektiver (befristeter
oder partieller) Verkürzung auf 30 Stunden und darunter (bekanntestes Beispiel: die
28,8-Stunden-Woche bei VW, siehe unten) - strenggenommen Teilzeit die Regel
und die ehemalige 'Vollzeit' die Ausnahme. Dass dennoch das Vollzeit-Modell
weiterhin als Referenzmodell gilt, grenzt für *Kutscher, Weidinger & Hoff* an ein
'Wunder':

"Vollzeitarbeit ist in den meisten Unternehmen die selbstverständliche Regel, während
Teilzeitarbeit die begründungspflichtige Ausnahme ist. Man könnte hier fast von einem

'Vollzeit-Wunder' sprechen: Denn woher 'weiß' die jeweilige Arbeitsaufgabe, wie viele Arbeitsstunden zu diesem Zeitpunkt gerade die für die betreffende Branche geltende tarifliche Vollzeitnorm umfasst? Sachlogisch wäre also genau das Gegenteil richtig: Die Vollzeitnorm als letztlich willkürliches Ergebnis von Aushandlungsprozessen zwischen Verbänden ist unter Produktivitätsgesichtspunkten eher begründungspflichtig als ein jeweils individuell vereinbartes Arbeitszeitvolumen" (*Kutscher, Weidinger & Hoff* 1996, 2). "Schließlich ist jeder Arbeitsplatz das Ergebnis von Arbeitsteilung und somit prinzipiell auch selbst wieder teilbar" (a.a.O., 16). Es geht also um die "Entkoppelung von Person und Funktion" (a.a.O., 17), die damit denselben Stellenwert erhält wie die Entkoppelung von individueller und betrieblicher Arbeitszeit (bzw. die Voraussetzung der Entkoppelung ist).

Aus dieser Überlegung leiten die Autoren eine zentrale Maxime ab: "Dauer und Verteilung der Arbeitszeit müssen sich nach den Erfordernissen der jeweiligen Arbeitsaufgabe richten - und nicht umgekehrt" (*Kutscher, Weidinger & Hoff* 1996, 11). Woher aber - so kann man polemisch zurückfragen - weiß die Arbeitsaufgabe, welche (zeitlichen) 'Erfordernisse' sie hat? Arbeitsteilung ist nur *ein* Aspekt der betrieblichen Organisation, der durch (Re-)Integration ergänzt werden muss - und gerade moderne Formen der Arbeitsgestaltung (z.B. Gruppenarbeit) setzen auf ein ganzheitliches Verständnis der Arbeitsausführung, das exakt zurechenbare Einzelzeiten für abgegrenzte Aufgaben fragwürdig werden lässt. Hinter der Forderung verbirgt sich eine objektivistisch-technizistische Auffassung von Arbeit, derzufolge 'die Aufgabe' oder 'die Situation' diktiert, was angemessen ist, sodass die herrschaftliche Verfassung der Arbeitsverhältnisse völlig aus dem Blickfeld gerät und die ArbeitnehmerInnen mit 'rein sachlichen' Anforderungen konfrontiert sind.

Begriffsbestimmung

Teilzeit ist jede vertragliche Arbeitszeit, die geringer ist als die betriebliche(!) Regelarbeitszeit für Vollzeitkräfte (*Bundesministerium* 1995, 15). Es gibt deshalb auch Versuche, den inzwischen irreführenden Namen *Teil*zeit aufzugeben und durch *Mobil*zeit oder *Wahl*arbeitszeit zu ersetzen (*Bundesministerium* 1995, 2; *Weidinger* 1995)[21]. Damit tritt der ursprünglich dominante chrono*metrische* Aspekt einer Verkürzung der Normalarbeitszeit, der Teil-Zeit eigentlich definiert, in den Hintergrund zugunsten einer umfassenderen Betrachtungsweise, bei der neben der Verringerung des Zeitvolumens vor allem die Steigerung der Flexibilität eine immer größere Rolle spielt.

---

[21] "MOBILZEIT steht ebenso für eine nach den individuellen Wünschen und Möglichkeiten vereinbarte Wochen- und Tagesarbeitszeit als auch für flexible Jahresarbeitszeitregelungen, gleitenden Altersruhestand, angesparten Langzeiturlaub und vieles mehr. Der Phantasie sind keine Grenzen gesetzt" (Bundesarbeitsminister *Blüm* im Vorwort zur 'Mobilzeit-Broschüre', die von seinem Ministerium, der Bundesanstalt für Arbeit und dem Bundesministerium für Familie, Senioren, Frauen und Jugend gestaltet wurde). Damit wird 'Mobilzeit' im Grunde bedeutungsgleich mit 'alle Maßnahmen der Arbeitszeitflexibilisierung'.

Es ist außerdem kaum möglich, von *der* Teilzeit zu sprechen, weil die unterschiedlichsten Formen *flexibler* Teilzeit praktiziert werden (z.B. stets oder zuweilen an
verschiedenen Wochentagen verschieden lang arbeiten oder wöchentlich das Zeit-
schema wechseln oder an zwei Tagen Vollzeit arbeiten und im Rest der Woche gar
nicht mehr etc.).

Die Verbreitung von Teilzeit

Bei der Bestimmung der Verbreitung von Teilzeit gibt es deshalb Erfassungspro-
bleme, die Zeitreihen und internationale Vergleiche erschweren. Für die Situation in
Deutschland sollen zwei Optionen vorgeführt werden, die zu völlig unterschiedlichen Zahlangaben kommen:

- Werden als Teilzeitbeschäftigte (TZB) alle Sozialversicherungspflichtigen erfaßt,
  die von den Arbeitgebern im Rahmen des Meldeverfahrens zur Sozialversicherung als Teilzeitkräfte eingestuft werden dann ergibt sich für 1994 eine Zahl von
  2,6 Mio.

- Gelten als TZB alle ArbeitnehmerInnen, die sich im Rahmen des Mikrozensus[22]
  selbst als 'Teilzeitbeschäftigte' einstufen, dann waren dies für 1994 4,46 Mio (die
  Zahlenangaben stammen aus *Kohler & Spitznagel* 1995, 342). TZB ist bei diesem
  Definitionsansatz, wer aus eigenem Entschluß (nicht z.B. wegen Arbeitslosigkeit)
  normalerweise weniger arbeitet als *tariflich* für ein Normalarbeitsverhältnis vereinbart und sich bei der Befragung entsprechend einstuft. Gegenüber den Arbeit-
  gebermeldungen an die Sozialversicherung (siehe oben) ist der Kreis erweitert:
  Im Mikrozensus 1994 wurden unter den 4,46 Mio TZB in den alten Bundesländern neben den Sozialversicherungspflichtigen (63,5%) auch 4,9% teilzeitbeschäftigte Beamte, 19,8% 'geringfügig Beschäftigte' (unter 15 Wochenstunden)[23]
  und 11,8% sonstige nicht versicherungspflichtige TZB erfaßt (*Kohler & Spitznagel* 1995, 342).

Teilzeitbeschäftigung ist in Deutschland im Vergleich zu anderen europäischen Nationen nicht besonders stark ausgeprägt (s. *Hoth & Schöberl* 1996) und umfasste
1993 etwa 16,5% aller Beschäftigungsverhältnisse. Zum Vergleich: In den Niederlanden betrug die Quote 1992 über 34,5% (s. *Hof* 1995, *Kohler & Spitznagel* 1993).
Allerdings muss man bei solchen Gesamtaussagen die unterschiedlichen Messme-
thoden und vor allem die z.T. enormen Unterschiede zwischen den Geschlechtern

---

[22] Nach der Abschaffung der Volkszählung ist der Mikrozensus eine gesetzlich geregelte jährliche
Befragung von 1% repräsentativ ausgewählten Haushalten in der Bundesrepublik (ca. 350.000;
mit ca. 800.000 Personen). Die schriftliche oder mündliche Befragung wird vom Statistischen
Bundesamt ausgewertet; es besteht Auskunftspflicht.

[23] Die Bestimmung der Anzahl 'geringfügig Beschäftigter' ist außerordentlich schwierig, es ist
von einer erheblichen Untererfassung auszugehen. *Der Spiegel* (1996, 89), der diese Beschäftigungsverhältnisse auch 'McArbeiter', 'Callgirls und Callboys', McJobs nennt, berichtet von
Schwankungsbreiten zwischen 3,8 Millionen (Deutsches Institut für Wirtschaftsforschung) und
6 Millionen (SPD-Fraktion).

und den Branchen berücksichtigen. So waren 1994 in Deutschland 2,9% der Männer, aber 36,6% der Frauen teilzeitbeschäftigt[24] (in den Niederlanden waren - nach *Walwei & Werner* (1995, 367) - die entsprechenden Zahlen für 1992 15,4% und 63,8%); "in den alten Bundesländern arbeitet jede 3. Arbeitnehmerin, aber nur etwa jeder 40. Arbeitnehmer individuell verkürzt" (*Bundesministerium* 1995, 18). Die meisten Teilzeitbeschäftigten fanden sich (1994) im Handel (28,7%; Frauen: 44,8%) und in Dienstleistungsberufen (24,0%; Frauen: 38,1%) (*Kohler & Spitznagel* 1995, 342 bzw. 355), die wenigsten im Bergbau, der Energie- und Wasserversorgung und der Metallindustrie. *Bäcker & Stolz-Willig* (1995, 55) stellen fest, "dass sich allein in den drei Berufen 'Raum- und Hausratsreinigerin', 'Verkäuferin' und 'Bürofachkraft' mehr als die Hälfte aller Teilzeitbeschäftigten finden," die überdies nicht selten in 'geringfügigen' Beschäftigungsverhältnissen arbeiten: es sind "nahezu ausschließlich Frauen, die hier in niedrigqualifizierten Tätigkeiten zu Niedriglöhnen arbeiten" (a.a.O.). "Quer durch alle Wirtschaftsbereiche gilt: Je größer der Betrieb, desto geringer ist der Mobilzeit-Anteil" (*Bundesministerium* 1995, 19). Nimmt man die 35-Stunden-Marke als Grenze, dann gab es 1994 unterhalb dieser Grenze folgende Verteilung:

	insg.	Männer	Frauen
1-14 Stunden:	22,5%	25,4%	22,1%
15-19 Stunden:	16,4%	14,3%	16,7%
20 Stunden:	23,9%	14,4%	25,2%
21-24 Stunden:	8,5%	4,9%	9,1%
25-29 Stunden:	14,8%	20,2%	14,1%
30-34 Stunden:	13,8%	20,9%	12,8%
Σ1-20 Stunden	62,8%	54,1%	64,0%
Σ20-34 Stunden:	61,0%	60,3%	61,1%

Tab. C-6: Verteilung der wöchentlichen Arbeitszeiten unterhalb der 35-Std.-Marke in der Bundesrepublik 1994 (*Bundesministerium* 1995, 19).

Diese Tabelle zeigt, daß die Gesamtwerte im Wesentlichen durch die Frauenwerte bestimmt sind, was nicht überrascht, weil es ja - absolut gesehen - wenig teilzeitarbeitende Männer gibt. Bei den Frauen überwiegen die kürzeren Teilzeitverhältnisse: fast 2/3 liegen zwischen 1-20 Std (s.a. *Eckart* 1990, *Kilchenmann* 1992).

Etwa 75% der Teilzeitbeschäftigten haben eine *pro Tag* verkürzte Arbeitszeit, die meist vormittags abgeleistet wird. Weil es in den unteren Segmenten der beruflichen und betrieblichen Hierarchie deutlich mehr Teilzeitarbeitsplätze als in den oberen gibt, ist der Wechsel von Voll- auf Teilzeitarbeitsplätze nach Auffassung von *Bäk-*

---

[24] *Ingrid Kurz-Scherf* (1994) fasst das diesbezügliche Ergebnis ihrer Befragung in Berlin folgendermaßen zusammen: "Für Männer ist Teilzeitarbeit nur eine akzeptable Alternative zur Arbeitslosigkeit."

ker & Stolz-Willig mit dem Risiko der Dequalifizierung und des Abstiegs verbunden. Aus diesem Grund sind auch die publizistischen Bemühungen von Regierungsstellen verständlich, die für Teilzeit bei Führungskräften werben, weil deren Modellcharakter die Stigmatisierung* der Teilzeit als minderwertige Arbeitsform (oder Arbeitsform der Minderwertigen?) aufheben könnte.

Bauer & Schilling (1994) machen auch auf Unterschiede hinsichtlich Geschlecht und Familienstand aufmerksam: die meisten Teilzeit-Arbeitsverhältnisse gehen verheiratete Frauen mit Kindern ein (über 62%), gefolgt von alleinerziehenden Frauen (ca. 30%), verheirateten Frauen ohne Kinder (22%) und alleinstehenden Frauen (14%). Bei den *Männern* stellen die Singles und die Alleinerziehenden (mit je ca. 5%) die höchsten Teilzeitquoten (die Prozentzahlen sind bezogen auf alle Erwerbstätigen der jeweiligen Gruppe).

Die Teilzeitquote hat sich in Deutschland von unter 4% in 1960 auf ca. 16% in 1993 vervierfacht, wobei sich aber die Quote der Männer kaum verändert hat. Es steht zu erwarten, dass sich - je nach Definitionsstandard - diese Quote weiter erhöht, z.B. allein dadurch, dass in vielen Branchen und Betrieben die *durchschnittliche* "Voll"-Arbeitszeit auf 35 Stunden und darunter sinkt. Den Arbeitskräften mit über 35 Stunden müssen dann - um den Gesamtdurchschnitt von 35 Stunden zu erreichen - im selben Verhältnis "Teilzeitkräfte" gegenüberstehen. Wie aus dem Beispiel 'Niederlande' immer wieder gefolgert wird, kann Massenarbeitslosigkeit durch Verteilung von Arbeit auf mehr Beschäftigte - einhergehend mit der Reduktion der durchschnittlichen individuellen Arbeitszeit - reduziert werden.

Hof (1995) hat im 16-Nationen-Vergleich Zusammenhänge zwischen der Verbreitung von Teilzeit und strukturellen Bedingungen berichtet. So steigt die Teilzeitquote sowohl mit der Dienstleistungsquote wie auch mit der Frauenerwerbsquote; zudem gilt, dass in Ländern mit hoher Frauenteilzeitquote auch die der Männer höher ist. *Pfau-Effinger* (1993) führt z.B. die im Vergleich zu Deutschland recht niedrige Teilzeitquote für Frauen in Finnland auf 'sozio-kulturelle' Leitbilder zurück: in Deutschland habe sich das traditionelle Modell der 'Versorgerehe' zwar modernisiert, weise der Frau aber immer noch abhängigen Status zu, während in Finnland die auf "Vollzeitarbeit angelegte Doppelverdiener-Ehe" im Vordergrund stehe.

Mit dieser Entwicklung setzt sich auch ein neues Verständnis von Teilzeitarbeit durch: neben der klassischen 'Halbtagsarbeit' gibt es vermehrt den Wunsch nach den unterschiedlichsten Abstufungen (z.B. 2/3- oder 3/4- oder 4/5-Stellen; Platzierung der gewählten Zeit auf bestimmte Tage etc.). Allerdings gilt auch hier, dass Männer sich bislang nur widerstrebend auf derartige 'weibliche' Arbeitszeitformen einlassen. *Kohler & Spitznagel* (1995, 350f.) referieren mehrere Modellrechnungen - darunter

---

* *Stigma* (griech.: 'Stich'): Wundmal, Brandmal oder -zeichen; Merkmal, das die Zugehörigkeit zu einer Randgruppe signalisiert

die vielzitierte *McKinsey*-Studie (1994) -, die von einer 'Teilzeitoffensive' etwa 2,4 - 2,7 Millionen neuer Arbeitsplätze erwarten. Auch wenn Umfragen immer wieder eine große Bereitschaft zur Arbeitszeitverkürzung berichten, gilt einschränkend: "Die allgemeine Arbeitsmarktlage, die finanzielle und personelle Situation des Betriebs, Art und Qualität der angebotenen Teilzeitarbeitsplätze, die rechtliche und vor allem die finanzielle Ausgestaltung der Regelung sowie familienbiografische Merkmale entscheiden darüber, ob die geäusserten Arbeitszeitwünsche auch umgesetzt werden" (*Bäcker & Stolz-Willig* 1995, 56)[25]. Vielmehr steht - so diese AutorInnen - zu erwarten, dass der "Arbeitsmarkteffekt einer Ausweitung von Teilzeitarbeit ... zu einem großen Teil darin bestehen [dürfte], die steigende Frauenerwerbsquote zu absorbieren."

Die betriebliche Sicht

Wenn die oben genannten Bedingungen zu einem Wandel von der 'reinen' (allein chronometrisch definierten) *Teilzeit* zur (chronologisch und chronomorphisch) flexiblen *Mobilzeit* führen, dürften die Chancen größer werden, die Feminisierung der Teilzeitarbeit aufzubrechen. Gerade in Verbindung mit Schichtarbeit oder gestaffelten Arbeitszeiten (siehe dazu unten) eröffnen sich neue Möglichkeiten für Zeitarrangements, die unterhalb von Vollzeitarbeitsplätzen bleiben. Die "geltenden Tarifverträge und Gesetze überlassen es den Betrieben, Arbeitsplätze mit beliebigen Arbeitszeitquanten und -verteilungen und proportional gestaffelten Verdiensten unterhalb der durch Gesetz und Tarifvertrag definierten Normalarbeitszeit quer durch alle Qualifikations- und Hierarchiestufen einzurichten und entsprechende Arbeitsverhältnisse einzelvertraglich zu vereinbaren" (*Bäcker & Stolz-Willig* 1995, 57).

"Den potentiellen Kostenzuwächsen (u.a. durch die Um- und Einrichtung des Arbeitsplatzes, Verwaltungs- und Organisationsaufwand, Informations- und Abstimmungsbedarf, Informations- und Reibungsverluste, höhere Anlauf- und Rüstzeiten, begrenzte zeitliche Nutzung von Humankapitalinvestitionen) wären die potentiellen Kostenvorteile gegenüberzustellen (u.a. höhere Arbeitsproduktivität, -intensität und -motivation, geringere Krankheits- und sonstige Fehlzeiten). Produktivitäts- und Kostenreserven bestehen vor allem bei variablen Arbeitszeitformen, die eine bessere (und im Vergleich zu Überstunden, Personalreserven und Neueinstellungen kostengünstigere) Anpassung der Arbeits-

---

[25] *Hof* (1995, 28) berichtet von einer ZUMA-Auswertung des sozioökonomischen Panels 1990, das sowohl bei Männern wie bei Frauen eine niedrigere *gewünschte* Arbeitszeit ergeben habe. "Rechnet man dies auf Basis der gewünschten Arbeitszeit in Vollzeitäquivalente um, resultiert aus der Umsetzung ein Zusatzbedarf von 184.000 erwerbstätigen Männern und 1,35 Millionen erwerbstätigen Frauen." *Kutscher & Weidinger* (1995, 497) berichten von einer repräsentativen ISO-Umfrage, in der für 1995 bei Vollzeitarbeitskräften (Ist-Zeit im Schnitt 38,1 Std./Wo in Westdeutschland) ein Verkürzungswunsch von etwa 4 Stunden gefunden wurde. "Rein rechnerisch entspräche dies, so die Autoren, einem möglichen Zusatzbeschäftigungseffekt von rd. 3,2 Millionen Vollzeitstellen."

zeit an Nachfrage- und Produktionsschwankungen ermöglichen und/oder eine Verlängerung der Betriebs- und Öffnungszeiten erleichtern" (*Bäcker & Stolz-Willig* 1995, 58).

Kohler & Spitznagel (1993, 90) sehen aus betrieblicher Sicht vor allem in *ertrags*-
relevanter Hinsicht *Vorteile* der Teilzeitarbeit in der Ausschöpfung des regionalen
Arbeitsangebots, der geringeren Fluktuations- und Fehlzeitenrate, der Produktivität
und Flexibilität, aus *kosten*relevanter Sicht dagegen *Nachteile* durch erhöhte Füh-
rungskräftebelastung, höhere Verwaltungsaufwände, Personalzusatz- und Arbeits-
platzkosten.

In der gemeinsamen Broschüre zur Mobilzeit von Bundesarbeits- und Bundesfami-
lienministerium und Bundesanstalt für Arbeit (*Bundesministerium* 1995, 84) werden
folgende Vor- und Nachteile von Mobilzeit gegenübergestellt:

Vorteile:
- Höhere Flexibilität bei geringeren Flexibilitätskosten,
- höhere Stundenleistung und bessere Arbeitsqualität,
- geringere Fehlzeiten,
- höheres Arbeitskräftereservoir,
- geringere Fluktuation.

Nachteile:
- Kosten der Personalbetreuung,
- Anlauf- und Rüstzeitenanteil,
- Infrastruktur- und Personalnebenkosten,
- Arbeitsvorbereitung, Organisation und Führung,
- kopfzahlenbezogene gesetzliche Vorschriften,
- Einarbeitung und Fortbildung.

Man darf somit Teilzeitarbeit nicht isoliert sehen, sondern muss sie einfügen in das
gesamte Repertoire von Flexibilisierungstechniken, die sich nicht nur auf *Zeit*flexibilität beschränken, sondern auch andere Varianten (wie befristete Arbeitsverträge,
Fremdbezug von Leistungen, Werkverträge, Leiharbeit, überbetrieblichen Personal-
ausgleich durch sog. Pool-Lösungen in Arbeitgeber-Verbundsystemen usw.) in Betracht ziehen; siehe dazu auch die oben genannten Flexibilisierungsbereiche (s.S.227f.)

Die Perspektive der ArbeitnehmerInnen

Die Bereitschaft von Vollzeitarbeitskräften, auf Teilzeitarbeit überzuwechseln, kann
unterstützt werden durch Imagekampagnen (wie die des Bundesarbeitsministers),
durch betriebliche Regelungen (wie Bevorzugungen von Teilzeitarbeitenden bei der
Besetzung frei gewordener Vollzeitstellen), durch hohes Entgegenkommen in der
Arbeitszeitgestaltung. Beispiele:

> In der H. Bahlsen Keksfabrik KG (6000 MitarbeiterInnen) gilt: "Alle Mitarbeiter kön-
> nen eine bestimmte Anzahl freier Tage pro Jahr oder Monat festlegen oder einen Jah-
> resstundenvertrag auf Teilzeitbasis abschließen. So arbeitet etwa der Leiter des Rech-

nungswesens auf einer 80-Prozent-Stelle: In der heißen Phase der Bilanzaufstellung ist er voll da, doch zwischendurch hat er 30 zusätzliche Urlaubstage. Eine Senior Product Managerin mit Personalverantwortung arbeitet - nach ihrer Babypause - im Jahr 1200 Stunden, was einer 60-Prozent-Stelle entspricht" (*Rueß* 1994, 70).

In ihrem Artikel über Führungskräfte in Teilzeit schildert Antonie *Bauer* (1994) vier Beispiele: Als Nachfolgerin einer Vollzeit-Vorgängerin leitet eine Frau in 19,25 Wochenstunden das Referat für berufliche Bildung bei der Direktion Postdienst in Stuttgart; ein Hypo-Bank Wertpapiergeschäfte-Abteilungsleiter in München mit 78 MitarbeiterInnen hat sich für eine Viertage-Woche mit freiem Freitag entschieden; ein Bereichsleiter für Finanzen bei der Bahlsen Keksfabrik verzichtet auf 10% Gehalt und hat 25 zusätzliche Freizeittage im Jahr; eine Filialdirektorin der Deutschen Bank in Duisburg arbeitet 3 Tage, was durch Neuabstimmung der Arbeitsgebiete im Dreier-Direktorium möglich wurde.

Von besonderer Bedeutung für die Bereitschaft zum Wechsel in Teilzeit sind die unmittelbaren und die langfristigen Einkommenskonsequenzen. Befragungen zu Zeitpräferenzen zeigen des öfteren, dass zwar Vollzeit-ArbeitnehmerInnen in Befragungen meist zur Verkürzung ihrer Arbeitszeit bereit sind[26], dass diese Bereitschaft aber deutlich sinkt, wenn in der Befragung auch die Einkommenskonsequenzen vor Augen geführt werden (s. *Stengel* 1987, *Hof* 1995).

Im konkreten Fall sinken zunächst natürlich die Bruttostundenverdienste im Ausmass der Arbeitszeitreduktion (nicht ganz so stark gehen - wegen Steuerprogression, Ehegattensplitting, Gebührenstaffelung - die Nettoeinkommen zurück). Ansprüche auf höhere steuerfinanzierte Sozialtransfers (Erziehungs-, Kinder-, Wohngeld, Bafög) steigen mit niedrigerem Einkommen, gleichzeitig besteht der volle Leistungsanspruch bei Kranken- und Pflegeversicherung.

Für Teilzeitarbeitende entstehen aber auch relativ höhere Nebenkosten (z.B. Wegezeiten und Fahrtkosten, Kosten für Berufskleidung, Kosten und Zeitaufwand für Fort- und Weiterbildung) (s. *Bundesministerium* 1995, 80).

Nicht zu vergessen sind die Auswirkungen auf die Renten, die nach dem 'lebensdurchschnittlichen Bruttoeinkommen' berechnet werden, sodass sich Teilzeitphasen

---

[26] Annette *Rueß* (1994) berichtet in der Wirtschaftswoche über eine Befragung der Bayer AG. 57.000 MitarbeiterInnen im Inland wurden nach ihren Teilzeitwünschen befragt. "Das Ergebnis der Erhebung schockte die Personalmanager: Gerade 80 Beschäftigte meldeten ihr Interesse an Teilzeit an - magere 0,14% der Bayer-Belegschaft ... Auch beim Ingolstädter Autohersteller Audi, wo die Firmenleitung Teilzeitbeschäftigung aktiv unterstützt, nehmen nur 3% der 30.000 Mitarbeiter das Angebot der Firma wahr ... Die Zurückhaltung der Beschäftigten hat mehrere Gründe. Geld spielt dabei eine wichtige Rolle: Nur wenige können es sich leisten, weniger zu verdienen und dementsprechend geringere Renten- und Arbeitslosenansprüche aufzubauen. Bayer-Manager Wollnik etwa führt die niedrige Teilzeitbereitschaft in seinem Unternehmen vor allem darauf zurück, dass '80% unserer Leute Alleinverdiener sind" (a.a.O., 66).

mit geringerem Einkommen stark auswirken (siehe dazu auch *Quack* 1993, *Rische* 1994):

"So verliert eine Frau mit Realschulabschluss und Lehre, die für sechs Jahre auf eine Teilzeitbeschäftigung wechselt, insgesamt gut 15% ihres ansonsten erreichbaren Lebenseinkommens ... Aufgrund der Erwerbseinkommensminderungen während der Teilzeitphase und während der nachfolgend wieder in Vollzeitbeschäftigung verbrachten Jahre fallen ihre eigenen Rentenansprüche (auch nach dem ab 1992 geltenden Rentenrecht) ebenfalls deutlich niedriger aus (je nach Schulbildung zwischen 11 und 15 % gegenüber durchgängig vollzeitbeschäftigten Frauen ...)" (*Hinrichs* 1992, 318).

Für niedrige Einkommen gibt es jedoch einige Begünstigungen (Rente nach Mindesteinkommen, Anrechnung von Kindererziehungszeiten, Pflegeversicherung); dies gilt nicht für 'geringfügig Beschäftigte', weil diese bislang nicht sozialversichert sind.

Die Reduktion der Arbeitszeit kann unbedachte Spätfolgen haben:

"Das gilt allerdings weniger für Alleinstehende und Alleinerziehende, sondern im relevanten Maße nur für verheiratete Paare im mittleren und oberen Einkommensbereich ... [In dieser Situation ist es] ökonomisch rational, dass die Ehe*frau* [kursiv durch O.N.] nicht, nur 'geringfügig' oder nur teilzeitig erwerbstätig ist. Diese Rationalität begründet sich durch den Bezug auf das Haushaltseinkommen und auf die Annahme, dass beide Partner über das gemeinsame Nettoarbeitseinkommen und die Transferleistungen gleichberechtigt verfügen. Wie wir wissen, steht diese Annahme spätestens im Konflikt- und Trennungsfall auf unsicheren Füßen. Rechtlich hat die (teilzeitarbeitende) Ehefrau keinen Anspruch auf das gesplittete Haushaltseinkommen, sondern nur auf angemessene Unterhaltsleistungen" (*Bäcker & Stolz-Willig* 1995, 61).

Neben den Einkommensnachteilen gibt es noch folgende weitere Probleme für Teilzeitarbeitende:

"Der Ausschluss von Karrierechancen, die Stagnation bei der Qualifikationsentwicklung (oder gar deren teilweise Entwertung), die Befürchtung, nicht genügend 'commitment' oder betriebliche Loyalität zu zeigen, auf einen uninteressanteren Arbeitsplatz versetzt zu werden oder weniger Beschäftigungssicherheit zu genießen" (*Hinrichs* 1992, 319).

Wenn Frauen aber zunehmend 'Mehrfach-Ambitionen'* haben und demzufolge eine 'Mehrfach-Inklusion'* anstreben (*Hinrichs* 1992, 319), ergeben sich Arbeitszeitpräferenzen, die im sozialen Querschnitt heterogener und im biographischen Längsschnitt instabiler sind (vergl. a.a.O., 319).

Das Teilzeit-Regime ist überaus flexibel, insbesondere wenn es mit Schichtarbeit gekoppelt wird. Bevor wir darauf im nächsten Kapitel eingehen, sollen kurz noch zwei Teilzeit-Varianten skizziert werden: Mobile Teilzeit und Jobsharing.

---

* *Ambition* (lat.): Ehrgeiz, Strebsamkeit, starker Wunsch
* *Inklusion* (lat.): Einschluss, Teilhabe

Kapitel C

Mobile Teilzeit

Wir haben oben schon erwähnt, dass die klassische 'fixe' Teilzeit (Halbtagsarbeit) nur einen Bruchteil der Möglichkeiten repräsentiert, die die dauerhafte Verkürzung der Arbeitszeit bietet. Eine volle Nutzung der Optionen ergibt sich, wenn neben der Dauer auch andere Dimensionen der Arbeitszeit 'mobilisiert' werden, vor allem die Lage und die Stetigkeit.

Allein schon mit Lage-Variationen eröffnen sich neue Spielräume, denn die verkürzte Arbeitszeit einer Arbeitskraft kann über eine Arbeitswoche (oder einen längeren Zeitraum) unterschiedlich platziert werden, je nachdem, ob die gewählten Lagen gleichmäßig oder ungleichmäßig verkürzt sind: Eine Verkäuferin kann z.B. drei Tage vormittags und drei Tage nachmittags arbeiten oder zwei volle Arbeitstage ganz (und den Rest der Woche gar nicht) oder an zwei Wochentagen je 6 Stunden und am Samstag 4 Stunden usw.

Noch größer werden die Spielräume, wenn zur (Un-)Gleichmäßigkeit noch die (Un-) Regelmäßigkeit hinzukommt: der freie Tag in der Woche, den eine Halbtagskraft sich ausbedungen hat, kann auf verschiedene Wochentage fallen; ein Arbeiter kann am Montag 6 Stunden, am Dienstag 5 Stunden jeweils vormittag arbeiten, am Mittwoch 4 Stunden nachmittags, am Donnerstag und Freitag je 3 Stunden vormittags und 3 Stunden nachmittags. Aus der Schering AG berichtet z.B. *Hancke* (1995) folgende Varianten [in Klammern sind von uns die prozentuale Verbreitung hinzugefügt]:
- "Arbeit an allen Tagen von Montag bis Freitag mit gleitender Arbeitszeit und täglich derselben durchschnittlichen Arbeitszeit [69%];
- unterschiedlich lange Arbeitszeiten an den vereinbarten Wochenarbeitstagen [fällt in die obige Kategorie];
- ganztägige Teilzeit mit drei oder vier Arbeitstagen [3: 7%, 4:19%];
- eine oder mehrere Vollzeitwochen gefolgt von einer Freiwoche [4%];
- Teilzeit als verlängerter Urlaub. Die Arbeitszeitreduktion wird gebündelt zu freien Tagen und zeitlich an den Urlaub geplant" [1%] (a.a.O., 10).

Es ist auf diese Weise möglich, nahezu beliebigen Arbeitszeitwünschen des Unternehmens und der ArbeitnehmerInnen zu entsprechen, wenn sich genügend viele Arbeitskräfte finden, die ihre verkürzten Arbeitszeiten zu unterschiedlichen Zeitpunkten und für unterschiedliche Zeiträume anzubieten bereit sind und wenn das Planungs- und Abstimmungsproblem gelöst werden kann. Der Flexibilitätsbereitschaft kann auf verschiedene Weise nachgeholfen werden: z.B. durch Arbeitsplatzgarantien, Einkommensglättungen, Mobilitätszuschläge (generell oder für besonders ungünstige Arbeitszeitlagen), Mitspracherechte, verlängerte Ankündigungs- oder Dispositionsfristen, gruppeninterne Tauschmöglichkeiten bei aus privaten Gründen erwünschten Abweichungen vom Plan oder gruppeninternen Vertretungsregelungen, faire Rotation ungünstiger Zeiten und Lagen über alle Beteiligten, Vorhalten einer mobilen 'Einsatzreserve' (Springer) etc.

Ein Praxisbeispiel für die vielfältigen Ausgestaltungsmöglichkeiten bietet die 'Teilzeitoffensive' von BMW (siehe Beleg C-1), die Varianten nennt, die in ähnlicher Weise in vielen anderen Firmen praktiziert werden. Sie kombiniert die oben schon besprochenen Möglichkeiten von Ansparmodellen, Bandbreitenmodellen, saisonalen Regelungen und befristeten Verkürzungen und erlaubt auch die Integration von Teilzeit in Schichtpläne.

Auf das im nachfolgenden Beleg genannte Jobsharing soll im Folgenden etwas näher eingegangen werden.

Partner-Teilzeit (Jobsharing, Arbeitsplatzteilung)

Ein Teilzeitsystem, das in der öffentlichen Diskussion besondere Aufmerksamkeit gefunden hat, obwohl es sehr selten realisiert wird, ist die sog. 'Partner-Teilzeit' (Jobsharing). Zwei MitarbeiterInnen besetzen - analog zu einem selbstregulierten *Mini-Schichtsystem* - einen Vollzeit-Arbeitsplatz. Je nach Vereinbarung können sie sich täglich oder halbwöchentlich abwechseln, sie können verschiedene Zeitanteile vereinbaren (z.B.: eine Person arbeitet 1/3, die andere 2/3 der Wochenzeit), sie können zu starren Zeiten arbeiten oder sich in bestimmten Rhythmen oder Zyklen abwechseln, sie können auch - bei einer sog. 'funktionalen' Teilung - dauerhaft jeweils einen bestimmten Arbeits*inhalt* übernehmen (dies wird zuweilen als Jobsplitting bezeichnet im Unterschied zum Jobpairing, bei dem die gleich qualifizierten PartnerInnen nacheinander an den gleichen Aufgaben arbeiten und sich deshalb gegenseitig stets auf dem Laufenden halten müssen). Es kann den PartnerInnen freigestellt sein, untereinander die Anwesenheitszeiten zu regeln, solange sie sicherstellen, dass der Arbeitsplatz stets besetzt ist; eine unbedingte Vertretungspflicht gibt es jedoch nicht (wenn ein Partner erkrankt ist oder kündigt, muss der andere nicht automatisch die Ausfallzeit kompensieren; er genießt Kündigungsschutz; siehe § 5 Abs. 1 und 2 BeschFG). Allerdings kann Jobsharing mit KapoVAZ (siehe oben) kombiniert werden, sodass ein Teil des Arbeitszeitkontingents vom Arbeitgeber nach Bedarf abgerufen wird und so Ausfallzeiten des Arbeitsplatz-Partners und Bedarfsspitzen abgedeckt werden (siehe *Bundesministerium* 1995, 175). Als eine Art von Schichtsystem kann Jobsharing über Mitarbeiter-Paare hinaus ausgeweitet werden, sodass z.B. drei MitarbeiterInnen zwei Arbeitsplätze zu variablen Zeitanteilen und -folgen besetzen.

Kapitel C

Beleg C-1:   Die 'Teilzeitoffensive' von BMW 1996
             (Vortrag vor der Erfa-Gruppe der DGFP am 3.12.96 in München)

Angebot zusätzlicher Varianten:

- befristete Teilzeit	zeitlich befristeter (max. 2 Jahre) Teilzeitvertrag mit Rückkehr in Vollzeit zu einem bestimmten Zeitpunkt
- temporäre Teilzeit (saisonale Teilzeit)	Arbeitsvertrag mit definiertem Wechsel zwischen Teil- und Vollzeit zu einem bestimmten Zeitpunkt
- Teilzeit in Gleitzeit ('Erprobung' von Teilzeit)	Kombination von Teilzeit und Gleitzeit, bei der Gleit-zeitsalden von bis 40 Stunden in einem gewissen Rahmen planmäßig unterschritten werden können, mit Abrechnung nach Ausgleichszeitraum (d.h. befristete Teilzeit ohne Vertragsänderung)
- Partner Teilzeit (Jobsharing)	mehrere Mitarbeiter teilen und organisieren sich einen Arbeitsplatz (Anwendung der bestehenden Möglichkeiten auf breiter Basis)
- Freizeitblock	Vereinbarung eines Freizeitblocks (persönliche Einsatz-pause) zwischen 1 und 6 Monaten, grundsätzlich unverän-dertes Monatsentgelt, Ausgleich auf Basis des Jahresein-kommens durch Festbetrag (proportionale Entgeltkür-zung), Verrechnung mit Sonderzahlungen, ggf. auf bis zu 3 Jahre verteilt.

Ein Unternehmen, das Jobsharing anbietet, kann sich erfahrene, eingearbeitete und qualifizierte MitarbeiterInnen sichern, die ansonsten wegen ihrer Arbeitszeitverkür-zungswünsche ausgeschieden wären; die PartnerInnen arbeiten in Teilzeit, verlieren nicht den Anschluss an Tätigkeit und Unternehmen, können weiterverdienen und sich weiterqualifizieren und haben vor allem ein hohes Maß an Autonomie in der Einteilung ihrer Arbeitszeit - vorausgesetzt, dass die 'Chemie' zwischen ihnen stimmt. Deshalb kann es Probleme geben, wenn ein Partner eines eingespielten Teams aus-scheidet und ein passender Ersatz nicht gefunden werden kann. Meist wird verein-bart, dass dem verbleibenden Partner ein Vorschlags- oder Ablehnungsrecht zusteht. Beim Nichtzustandekommen eines neuen Paars sind die häufigsten Optionen dann 'normale' Teilzeit oder Rückkehr auf eine Vollzeitstelle.

Wahrscheinlich ist Jobsharing in der betrieblichen Praxis deswegen so selten zu fin-den, weil es eine enge Koppelung der PartnerInnen voraussetzt und weil in Schicht-systemen funktionale Äquivalente existieren, die eine großzahlige und flexible An-wendung der Jobsharing-Idee erlauben.

3.4.4 Chronologische Flexibilisierung: Leitstrategie Schichtsysteme

Nach einem allgemeinen Überblick über Schichtsysteme sollen im Folgenden versetzte bzw. gestaffelte Arbeitszeiten, Mehrfachbesetzungssysteme, Springersysteme und Varianten der Pausengestaltung vorgestellt werden.

Schichtarbeit ist ein Arbeitsgestaltungsmodell, das auf eine jahrhundertelange Tradition zurückblicken kann, aber in jüngster Zeit durch die Integration von Teilzeit-Modellen eine Steigerung der Variantenvielfalt erfahren hat.

In der Literatur wird zuweilen zwischen 'Tagschicht-Systemen' und Zwei- oder Mehrschicht-Systemen unterschieden, wobei zur ersten Kategorie Systeme, die mit Teilzeit-Schichten arbeiten und die sog. versetzten und gestaffelten Arbeitszeiten (siehe unten) gezählt werden.

Der wesentliche Unterschied von Schichtarbeit zu anderen Arbeitszeitsystemen liegt darin, dass *ein* Arbeitsplatz von *verschiedenen* ArbeitnehmerInnen zu *verschiedenen* Tages- und/oder Nachtzeiten besetzt wird. Eine weitere Differenzierungsmöglichkeit ergibt sich dadurch, dass die verschiedenen Schichtbelegschaften in ihrer Zusammensetzung und/oder den Einsatzzeiten stabil sein können oder 'durchmischt' werden bzw. variabel sind.

Einen allgemeinen Überblick über die Varianten von Schichtsystemen geben *Rutenfranz & Knauth* (1989); er ist in Beleg C-2 abgedruckt.

Aus diesem Überblick gehen die Dimensionen hervor, die kombiniert werden können, um die Vielzahl empirisch realisierter Schichtsysteme zu produzieren.

- Die erste Dimension ist die *Stetigkeit* (Dauerschichten vs. Wechselschichten; bei letzteren wird nochmals unterschieden zwischen regelmäßiger und unregelmäßiger Lage, Wechselzeit und Zyklus),
- die zweite die *Lage* (Tag-, Nacht-, Wochenendschichten),
- die dritte die *Dauer* (Nacht- oder Wochenendschichten können z.B. kürzer sein als Früh- und Spätschichten; Vollzeitschichten können mit Teilzeitschichten kombiniert werden),
- die vierte die *Belegschaftszahl* (Je nach pro Person zur Verfügung gestellter Arbeitszeit oder dem Einsatz an anderen Arbeitsplätzen oder in anderen Aufgaben kann es 2 bis 6 und mehr Belegschaften geben, die abwechselnd auf demselben Arbeitsplatz eingesetzt werden)
- und die fünfte die *Belegschaftsstärke*; Nachtschichten können z.B. mit 'verdünnter' Belegschaft arbeiten, wie etwa im Krankenhaus.

Kapitel C

Beleg C-2:   Varianten von Schichtsystemen (aus: *Rutenfranz & Knauth* 1989)

A   Permanente Schichtsysteme (in den USA bevorzugt)

    I.   Dauerfrühschicht
    II. Dauerspätschicht
    III. Dauernachtschicht (in Europa oft kombiniert mit B I)
    IV. Geteilte Schichten zu konstanten Zeiten
        (z.B. Schiffswachen 0.00-4.00 und 12.00-16.00 Uhr;
        4.00-8.00 Uhr und 16.00-20.00 Uhr; 8.00-12.00 Uhr und 20.00-24.00 Uhr)

B   Wechselschichtsysteme (in Europa bevorzugt)

    I.   Systeme ohne Nachtarbeit
        1. Zweischichtsysteme ohne Wochenendarbeit
        2. Zweischichtsysteme mit Wochenendarbeit
           (z.B. mit Springern oder verdünnten Schichten)

    II. Systeme mit Nachtarbeit ohne Wochenendarbeit
         ("diskontinuierliche" Arbeitsweise)

        1. Regelmäßige Systeme
          a) Zweischichtsystem
            (z.B. 12 Stunden Tagschicht, 12 Stunden Nachtschicht;
            3 Schichtbelegschaften)

          b) Dreischichtsystem
            (z.B. 3x8 Stunden; 3 Schichtbelegschaften)

        2. Unregelmäßige Systeme
           (z.B. mit Variation der Anzahl von Schichtbelegschaften, der Schichtdauer,
           der Schichtwechselzeiten, des Schichtwechselzyklus)

    III. Systeme mit Nachtarbeit und Wochenendarbeit
         ("kontinuierliche" Arbeitsweise)

        1. Regelmäßige Systeme
          a) 3 Schichtbelegschaften
            (z.B. Schiffswachen 12.00-16.00, 20.00-24.00, 8.00-12.00,
            18.00-20.00, 4.00-8.00, 16.00-18.00, 24.00-4.00 Uhr)

          b) 4 Schichtbelegschaften
            (z.B. 8- oder 12-Stunden-Schichten; kombiniert als sogenannte
            „Schwedenschichten")

          c) 5 oder 6 Schichtbelegschaften
            (z.B. bei zusätzlichen Tagdiensten für Wartungsarbeit oder Weiterbildung)

        2. Unregelmäßige Systeme
           (z.B. mit Variation der Anzahl von Schichtbelegschaften, der Schichtdauer, der
           Schichtwechselzeiten, des Schichtwechselzyklus)

Der entscheidende Vorteil von Schichtarbeit für den Betrieb ist die Entkoppelung von Arbeitszeit und Betriebszeit, wobei diese bei Konti-Schicht (kontinuierliche Arbeit rund um die Uhr an allen 7 Wochentagen), wenn entsprechende Genehmigungen vorliegen, bis zum Maximum von 7 x 24 Stunden heraufgefahren werden kann. Aber auch jede andere Betriebszeit ist mit Schichtsystemen darstellbar, sodass Schichtarbeit die Methode der Wahl ist, wenn eine deutliche und langfristig gesicherte Verlängerung der Betriebszeit angestrebt wird.

Versetzte und gestaffelte Arbeitszeiten

Versetzte oder gestaffelte Arbeitszeiten sind Schichtvarianten, bei denen die Anwesenheitszeiten verschiedener Mitarbeitergruppen aufeinander abgestimmt und *leicht* gegeneinander versetzt sind; die jeweiligen Anfangs- und Endzeiten der gleichlangen Arbeitsblöcke sind über einen längeren Zeitraum hinweg festgelegt. Dabei werden verschiedene 'Staffeln' angeboten, für die sich Mitarbeiter(gruppen) einteilen lassen können. Im Unterschied zur Gleitzeit können also weder Lage noch Dauer des täglichen Arbeitseinsatzes frei gewählt werden.

Meist werden die Begriffe 'versetzt' und 'gestaffelt' synonym gebraucht; *Wildemann* (1991, 63) aber differenziert die Formen danach, ob entweder Einzelpersonen oder Gruppen wählen können: bei *versetzten* Arbeitszeiten legt sich eine ganze Gruppe auf ein angebotenes Zeitmuster fest, bei *gestaffelten* können einzelne Mitarbeiter unabhängig ihre Entscheidung treffen.

Mit diesem Arbeitszeitregime kann zum einen die Betriebszeit erheblich ausgeweitet werden. Zum anderen kann man durch das Gegeneinander-Versetzen der Anfangs- und Endzeiten erreichen, dass in den Randzonen der täglichen Arbeitszeit reduzierte Gesamtbelegschaften anwesend sind, während zur Kernzeit eine besonders hohe Belegschaftsstärke erreicht wird.

Ein Beispiel (aus *Schopp* 1988) für gestaffelte Arbeitszeitsysteme ist in Abb. C-7 veranschaulicht.

Mehrfachbesetzungssysteme

Auch die sogenannten 'Mehrfachbesetzungssysteme' sind als Varianten von Schichtsystemen anzusehen.

Bei Mehrfachbesetzungssystemen werden, wie bei den Schichtsystemen, mehr Mitarbeiter beschäftigt als Arbeitsplätze vorhanden sind; zusätzlich können - weil mehr Mitarbeitergruppen als Schichten vorhanden sind - Verkürzungen der individuellen Arbeitszeit mit Ausweitungen der Betriebszeit kombiniert werden. Ein Beispiel veranschaulicht Abb. C-8.

Diese Abbildung zeigt ein 5:4-System mit 5-Tage-Betriebswoche jeweils in langer Früh- und kurzer Spätschicht (entnommen aus *Bundesministerium* 1995, 108ff.):

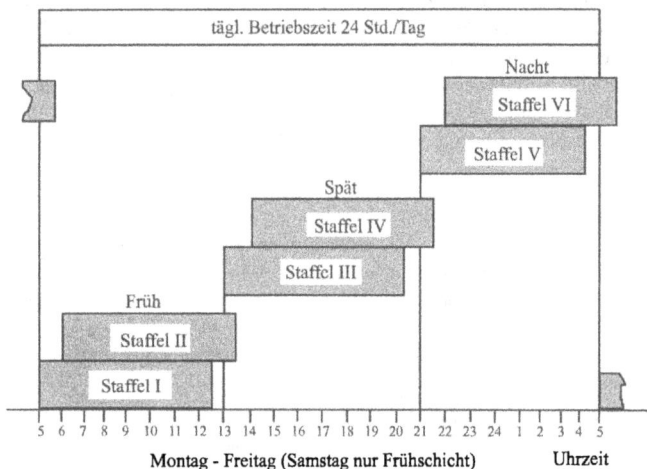

zu organisieren für:
- Betriebszeit   128 Std./Woche
- Arbeitszeit ⌀ 37,5 Std./Woche

Abb. C-7:   Gestaffelte Arbeitszeiten (aus *Schopp* 1988)

Erläuterung der Abb. C-8: In der Frühschicht werden (fast) Vollarbeitszeitverhält-
nisse praktiziert: die Schichtzeit von 6.00 h bis 15.35 h besteht aus 8 Stunden und
38 Minuten Arbeitzeit plus 12 Minuten Vorarbeit auf das Arbeitszeitkonto; die
Spätschicht arbeitet in reduzierter Arbeitszeit von 15.35 h bis 22.17 h (6 Std. und 10
Min. Arbeitszeit plus 12 Minuten fürs Arbeitszeitkonto). Es wird in rollierender 4-
Tage-Woche gearbeitet, so dass eine 5-tägige Betriebswoche resultiert. "Dabei werden jeweils vier Arbeitsplätze umschichtig von fünf Beschäftigten besetzt. Die vertragliche Arbeitszeit der Frühschicht beträgt 4 x 8 Stunden 38 Minuten = 34,53 Wochenstunden, diejenige der Spätschicht-Mobilzeitkräfte 4 x 6 Stunden 10 Minuten =
24,67 Wochenstunden" (a.a.O., 108).

Über die enorme Vielzahl möglicher Schichtsysteme informieren ausführlich *Kutscher, Weidinger & Hoff* (1996).

Zeit	Woche 1	Woche 2	Woche 3	Woche 4	Woche 5
Mo					
Die					
Mi					
Do					
Fr					
Sa					
So					

Arbeitstag Frühschicht-Mitarbeiter
(6.00 Uhr bis 15.35 Uhr; 34,53 Wochenstunden)

Arbeitstag Spätschicht-Mitarbeiter
(15.35 Uhr bis 22.17 Uhr; 24,67 Wochenstunden)

Arbeitsfreie Tage

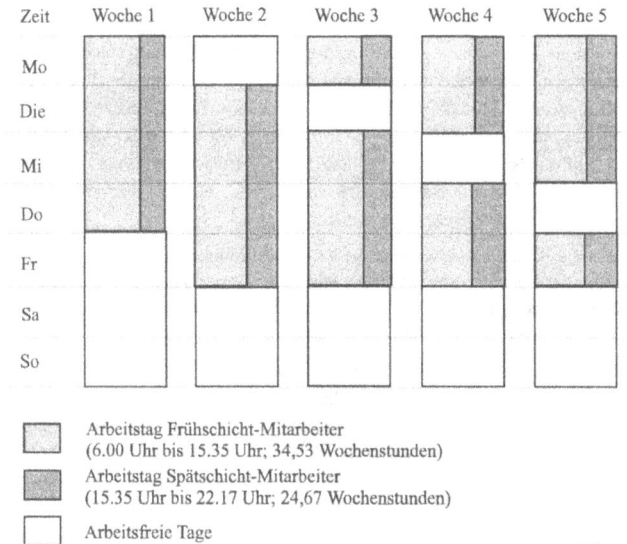

Abb. C-8: Beispiel für ein 5:4-System (5 Beschäftigte besetzen umschichtig 4 Arbeitsplätze) in einer 5-Tage-Betriebswoche mit Vollzeit-Frühschicht und Teilzeit-Spätschicht.

Bevor wir zwei Fallbeispiele zum betrieblichen Arbeitszeitmanagement vorstellen, soll noch kurz auf eine scheinbar nebensächliche Gestaltungsvariante eingegangen werden, um zu demonstrieren, dass mit relativ geringem Aufwand hohe Produktivitätseffekte zu erzielen sind.

Springersysteme, Pausengestaltung

Die bewährte Institution des 'Springers' - einer umfassend qualifizierten und breit einsatzfähigen Arbeitskraft, die bei Ausfällen an verschiedensten Arbeitsplätzen 'einspringen' kann - kann auch auf Gruppenebene erweitert werden. Es kann dann als Einsatzreserve eine Springer*gruppe* geben, mit der Besetzungslücken ausgeglichen werden, wie sie durch versetzte Schichtübergänge oder Pausen entstehen können.

Als Teil der Mikroorganisation des Arbeitstags wird - insbesondere bei Schichtsystemen - in der Regulierung des 'Pausendurchlaufs' eine Chance zur Verbesserung der Zeitökonomie gesehen. Wie oben erwähnt, sind im ArbZG (unbezahlte) Pausen in Abhängigkeit von der Arbeitsdauer zwingend vorgeschrieben; in Tarifverträgen und Betriebsvereinbarungen sind darüber hinaus weitere Verabredungen für bezahlte 'Brotzeit-' oder Erholungspausen getroffen worden.[27] Führen solche Arbeitsunterbrechungen zum Produktionsstillstand ganzer Abteilungen oder Bereiche, ist damit ein merklicher Produktivitätsrückgang verbunden. In der Broschüre 'Mobilzeit' (*Bundesministerium* 1995, 96) heißt es dazu: "Selbst bei nur 30 Minuten Pausenzeit = Stillstandszeit pro 8-Stunden-Schicht bringt die Organisation eines Pausendurchlaufs schon eine Zusatzkapazität von 6,25%." Wie das konkret realisiert wird, lässt sich am BMW-Beispiel erkennen:

> "Standen die Bänder bisher während der kollektiven Brotzeitpause still, so laufen sie zukünftig ohne Unterbrechung durch. Die Mitarbeiter können innerhalb eines Zeitraums von 2,25 Stunden ihre individuelle Pause nehmen. Der Einsatz von Springern gewährleistet die reibungslose Produktion" (*Bihl et al.* 1990, 772f.).

Dieses Beispiel (s.a. eine Visualisierung in *Bundesministerium* 1995, 97) ist deshalb interessant, weil es die Möglichkeit vorführt, den Springer(gruppen)einsatz auch in Teilzeit-Schichten zu praktizieren. Voraussetzung ist natürlich, dass die Arbeitsinhalte so einfach und/oder die Springer so qualifiziert sind, dass der universelle Einsatz möglich ist. Allerdings dürften - abhängig von der Weglänge oder von Einweisungs- oder Einstimmungsbedarf - beim Springer-Wechsel Zeitverluste entstehen.

Mehrfachbesetzungssysteme, (rollierende) Schichtsysteme und Teil- oder Mobilzeit lassen sich auf vielfältige und kreative Weise kombinieren, um bei gegebener individueller Arbeitszeit jede beliebige Betriebszeit darzustellen.

3.4.5 Chronomorphische Flexibilisierung: Das pulsierende Unternehmen

Für diese Gruppe wurde 'Gleitzeit' als Leitstrategie gewählt. 'Gleitzeit' ist ein besonders populäres System der Flexibilisierung der *Gestalt(ung)* der Arbeitszeit. Gemeinsames Merkmal aller im folgenden diskutierten Modelle ist, dass ein für eine bestimmte Periode vereinbartes oder anfallendes Arbeitsvolumen innerhalb der Periode variabel abgearbeitet wird. Um Planung und Abrechnung zu gewährleisten,

---

[27] Für das BMW-Werk in Regensburg wurde folgende Bilanzierung berichtet (*Bihl et al.* 1990, 772):

Persönliche Anwesenheit pro Mitarbeiter/Tag:	9 Std.	30 min
·/. unbezahlte (gesetzliche) Mittagspause:		30 min
·/. bezahlte Brotzeitpause		15 min
·/. bezahlte persönliche Verteilzeit		34 min
Netto-Arbeitzeit	8 Std.	11 min

BMW hat diese Rechnung nicht zuletzt deshalb aufgemacht, um das Umgehen der sozialpolitischen Errungenschaft des 8-Stunden-Tages (in einer 4-Tage-Woche mit 9-Std.-Tag) zu rechtfertigen. Das Zahlenmaterial demonstriert aber, welches Rationalisierungspotential in der 'Überbrückung' der Pausen liegt.

werden meist 'Zeitkonten' geführt. Im Rahmen dieser Bestimmung stellen wir folgende Varianten vor (s. *Seifert* 1996), die sich in einigen Merkmalen unterscheiden, z.B. Gewicht des chronometrischen oder chronologischen Aspekts, vorgesehene Ausgleichsmodi und -zeiträume, Ort der Entscheidung usw.:

- *Korridor- oder Bandbreitenmodelle; Jahresarbeitszeitregelungen; saisonale Arbeitszeitregelungen, Ansparmodelle,*
- *Kapazitätsorientierte variable Arbeitszeit (KapoVAZ),*
- *'klassische' Gleitzeit und deren Varianten.*

Auch hier stellen wir die Darstellung der Leitstrategie 'Gleitzeit' an den Schluss; zunächst gehen wir auf die anderen Varianten ein.

Korridor- oder Bandbreitenmodelle; Jahresarbeitszeitregelungen; Wahlarbeitszeitmodelle; saisonale Arbeitszeitregelungen, Ansparmodelle

Bei diesen Varianten werden bestimmte Arbeitszeitvolumina vereinbart, die innerhalb eines Bezugszeitraums (meist ein Jahr) abgearbeitet werden müssen. Weil innerhalb dieses Zeitraums Dauer, Lage und Verteilung der (täglichen, wöchentlichen) Arbeitszeit variiert werden können, lassen sich enge Anpassungen an schwankende Auslastungsgrade realisieren, was auch in den für diese Modelle gewählten Bezeichnungen zum Ausdruck kommt (atmendes Unternehmen, pulsierende Arbeitszeit, absatzgesteuerte Produktion, bedarfsorientierte Beschäftigung, kundenfrequenzgesteuerter Personaleinsatz, beschäftigungsorientierte Arbeitszeit, arbeitsanfallorientierte Zeitkorridore, Wahlarbeitszeit). Dabei können Arbeitsspitzen und -täler schon bei Vertragsschluss bekannt sein (etwa bei Saisonbetrieben, siehe unten); die Arbeitskraft weiß dann im voraus, dass sie z.B. 9 Monate voll arbeiten und 3 Monate nicht arbeiten wird und sie kennt die entsprechenden Monate. Arbeitsnachfrage kann sich aber auch erst im Zeitablauf (Auftragseingang) konkretisieren; in diesem Fall sind meist ein- oder zweimonatige Ankündigungsfristen vereinbart. Der Kerngedanke dieser Modelle ist es, bei einem innerhalb des Jahres schwankenden Arbeits*bedarf* und einer stabilen (Kern-)Belegschaft diese so einzusetzen, dass das vereinbarte Jahresarbeitszeitvolumen entsprechend dem anfallenden Bedarf eingesetzt wird. Wenn Auslastungstäler sich mit Auslastungsspitzen abwechseln, kann man dem mit zwei Strategien begegnen:

a) Die Belegschaftsstärke wird für den Mindestbedarf kalkuliert; bei erhöhter Arbeitsnachfrage wird diese entweder mit (zuschlagspflichtiger) Mehrarbeit oder mit der Einstellung zusätzlicher Kräfte (LeiharbeitnehmerInnen, Aushilfen, befristete Arbeitsverhältnisse) bzw. Auftragsvergabe an Fremdfirmen befriedigt.

b) Die Belegschaftsstärke wird wird für den (fiktiven) Jahresdurchschnitt der Auslastung kalkuliert, Schwankungen werden durch Auf- und Abbau von Zeitguthaben bewältigt: In den Spitzenzeiten werden Zeitguthaben aufgebaut, die dann in den auftragsschwachen 'Tälern' abgefeiert werden.

Wenn die Schwankungen vorhersehbar und regelmäßig sind, ist im Allgemeinen die Strategie b) für das Unternehmen günstiger, (gleichbleibende Belegschaft, keine Zustimmung für Mehrarbeit nötig, keine Mehrarbeitszuschläge usw.); sie ist aber an einige Voraussetzungen gebunden, vor allem an die Einführung von Zeitkonten und an die Bereitschaft der MitarbeiterInnen, sich auf variable Arbeitszeiten einzulassen (was ja meist mit einer Verkürzung der Jahresarbeitszeit und entsprechender Einkommensminderung verbunden ist).

Für die Gestaltung dieser Wahlarbeitszeit haben Kutscher, Weidinger & Hoff (1996) einige Grundsätze formuliert, die in Beleg C-3: abgedruckt sind.

Beleg C-3: Wahlarbeitszeit-Grundsätze (aus Kutscher, Weidinger & Hoff 1996, 21)

- Jeder Mitarbeiter wählt seine vertragliche Arbeitszeit im Rahmen einer zu definierenden Bandbreite für einen Zeitraum von mindestens 12 Monaten.

- Jeder Vorgesetzte kann Mitarbeitern Vorschläge hinsichtlich ihrer vertraglichen Arbeitszeitdauer unterbreiten. Durch eine Ablehnung solcher Vorschläge dürfen dem Mitarbeiter keine Nachteile entstehen.

- Die Vereinbarkeit der neu bestimmten vertraglichen Arbeitszeitdauer mit den jeweiligen Arbeitsaufgaben ist selbstverständlich Voraussetzung für Wahlarbeitszeit. In Absprache zwischen Mitarbeiter und Vorgesetztem können die jeweiligen Arbeitsaufgaben in diesem Zusammenhang auch neu definiert werden.

- Mit der Neufestlegung der individuellen Arbeitszeitdauer ist kein Anspruch auf eine bestimmte Regelung von Lage und Verteilung der individuellen Arbeitszeit verbunden ...

- Unterschreitet die vereinbarte durchschnittliche Wochenarbeitszeit die gesetzlichen Grenzen des §8 Sozialgesetzbuch IV, muss der Mitarbeiter vor Vertragsänderung auf mögliche sozialversicherungsrechtliche Folgen (keine Rentenversicherungs-, Krankenversicherungs- und Arbeitslosenversicherungpflicht) ausdrücklich hingewiesen werden.

In der nachstehenden Abbildung C-9 ist ein Beispiel eines Jahresarbeitszeitmodells visualisiert.

Die verschiedenen Namen für die Modelle zeigen einige Akzentsetzungen auf, die zunächst kurz skizziert, dann mit Beispielen illustriert werden sollen:

Korridor- oder Bandbreitenmodelle: Hier wird die *Schwankungsbreite* der (monatlichen) Arbeitszeit betont, indem als Eckpunkte die Höchst- und Niedrigstzeiten vereinbart werden. Innerhalb dieses Korridors spielen sich dann die Bewegungen ab. In diesem Zusammenhang ist wichtig, dass meist auch Korridore für *wöchentliche* Mindest- oder Höchstzeiten festgelegt werden (siehe unten).

	30.06						31.12						
Stunden/ Monat	+35	+60	+20	-15	+15	±0	+15	+10	±0	+21	+41	±0	Saldovertrag
	+35	+25	-40	-35	+30	-15	+15	-5	-10	+21	+20	-41	Differenz Ist - zu Soll - Std.

monatliche Soll - Arbeitszeit im Durchschnitt

Jan. | Feb. | März | April | Mai | Juni | Juli | August | Sept. | Okt. | Nov. | Dez.

Arbeitszeit

Quelle: Hegner/Kramer 1988

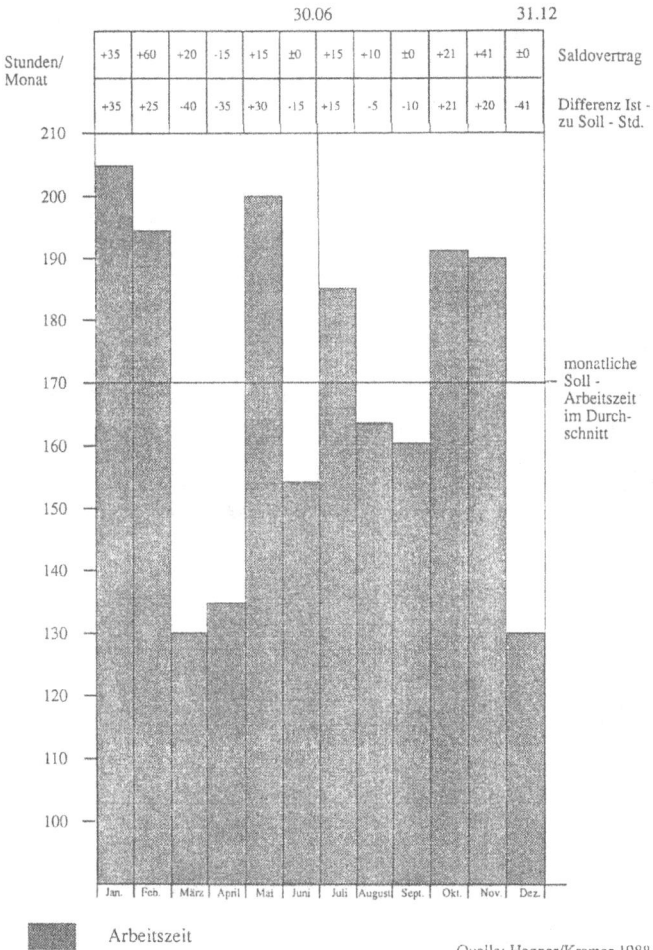

Abb. C-9: Jahresarbeitszeitmodell (aus: *Wildemann* 1991; nach *Hegner & Kramer* 1988)

Saisonale Regelungen: Damit werden die *Zeiten* erhöhter bzw. verringerter Nachfrage in den Mittelpunkt gestellt: Bei einer ganzen Reihe von Unternehmen gibt es ausgeprägte jahreszeitliche Nachfrageschwankungen [z.B. Auto- oder Spielzeugindustrie, Einzelhandel (z.B. Kleider, Schmuck, Bücher)], sodass eine erhöhte Arbeits(kräfte)nachfrage im Voraus relativ exakt bestimmbar ist.

Ansparmodelle: Mit dieser Bezeichnung wird hervorgehoben, dass das *Arbeits(zeit)-* Jahr beginnen sollte mit der Höchstbelastung (siehe *Kutscher, Weidinger & Hoff* 1996, 181f.), sodass die MitarbeiterInnen in diesen Monaten starker Auslastung Zeitguthaben aufbauen können, die sie dann in 'ruhigeren' Zeiten abbauen. Die Guthaben können durch einzelne freie Tage (Freischichten), mehrtägige Freizeitblöcke (zur Verlängerung des Urlaubs) oder mehrmonatige Blöcke (zur Verkürzung der Lebensarbeitszeit) aufgelöst werden.

Man kann das Jahresarbeits-Prinzip auch auf mehrjährige Bezugszeiträume ausdehnen (im Extrem: auf die Lebensarbeitszeit; s. dazu auch die Stafettenmodelle von VW, auf die wir unten eingehen). In der Automobilindustrie gibt es z.B. in der Anlaufphase eines neuen Modells erhöhten Arbeitszeitbedarf (und das hieß früher: erhöhten Personalbedarf), während in der Auslaufphase des 6-8-jährigen Modellzyklus ein deutlich geringerer Bedarf besteht (worauf meist mit betriebsbedingten Entlassungen reagiert wurde). Schafft man jahresübergreifende Ausgleichsmöglichkeiten, so kommt es zu einer Glättung des Personalbestands und zu einer Anpassung der Arbeitskosten an das jeweilige Fertigungsvolumen - was für das Unternehmen erhebliche Kostenvorteile bedeutet (die zusätzlich gesteigert werden, wenn in auftragsstarken Zeiten 'vorgearbeitet' wird und das unverzinste und zuschlagfrei aufgebaute Zeitguthaben dann in schwachen Zeit durch Minderarbeit 'abgeschmolzen' wird).

Das Entgelt wird bei Jahresarbeitszeitmodellen "regelmäßig als durchschnittlicher Verdienst in gleichbleibenden monatlichen Raten verteilt über das ganze Jahr gezahlt ..., was einen ununterbrochenen sozialversicherungsrechtlichen Schutz mit sich bringt" (*Bundesministerium* 1995, 174).[28]

Bei 'Korridormodellen' - die *Teriet* schon 1976 gefordert hat - wird die wöchentliche oder jährliche Regelarbeitszeit nur als Durchschnitt vereinbart, der innerhalb bestimmter Bandbreiten schwanken darf. *Bispinck* (1996, 416) verweist auf die Tarifbereiche Chemie und Metall, in denen Wochenarbeitszeit-Korridore zwischen 35

---

[28] Es ist in diesem Zusammenhang daran zu erinnern, dass auch die Teilzeitbeschäftigten Anspruch auf bezahlten Jahresurlaub haben; dieser beträgt mindestens (siehe Bundesurlaubsgesetz § 3 Abs. 1) 24 Werktage (die meisten Tarifverträge sehen fünf bis sechs Wochen vor). Eine Teilzeitbeschäftigte, die z.B. halbtags an allen Wochentagen arbeitet, hat Anspruch auf den vollen Jahresurlaub; arbeitet sie nur an 3 Tagen pro Woche, stehen ihr 3/5 der Urlaubstage einer Vollzeitkraft zu.

und 40 Stunden vereinbart wurden; in der Versicherungsbranche liegen sie sogar zwischen 20 und 42 Stunden. Die Funktion der Grenzwerte ist es, exzessive Schwankungen zu verhindern. Wichtig ist bei diesen Modellen der 'Ausgleichszeitraum', innerhalb dessen der tarifliche Durchschnitt (wieder) erreicht werden muss. In den meisten Fällen liegt dieser Zeitraum bei 1 Jahr (siehe auch den folgenden Beleg C-4, der den Arbeitszeitkorridor bei Opel beschreibt). Vorteile dieser Art von 'Gleitzeit' sind: Schwankende Kapazitätsauslastungen führen nicht zu Personalleerkosten oder Überstundenhäufungen; Mehrarbeitszuschläge fallen (meist) weg, Entlassungen werden vermieden, ein über die ganze Periode hinweg gleichbleibendes Einkommen ist gesichert.

Beleg C-4:   "Rahmenabsprache Arbeitszeit-Korridor-Modell" zwischen der Geschäftsleitung und dem Betriebsrat von Opel-Rüsselsheim vom 20.8.95 (Auszug):

Flexibilitätsrahmen im Arbeitszeit-Korridor

"Die wöchentliche Arbeitszeit in *der Produktion und den produktionsabhängigen Bereichen* beträgt für

- Mitarbeiter, die Anspruch auf persönliche Verteilzeit und/oder Erholzeit haben, zwischen mindestens 31 Stunden/Woche und höchstens 38,75 Stunden/Woche,

- alle anderen Mitarbeiter zwischen mindestens 30 Std./Woche und höchstens 37,5 Std./-Woche

und verteilt sich auf 4 bzw. 5 Arbeitstage pro Woche ..." (S. 1).

Es wird weiterhin vereinbart, dass Zeitguthaben und -schulden gebildet werden können, die auf Jahresbasis ausgeglichen werden sollen. Zu diesem Zweck wird ein neues Zeiterfassungssystem eingeführt. Auf der Basis der tariflichen IRWAZ (individueller regulärer Wochenarbeitszeit: 35 Std.) wird ein verstetigter Monatslohn gezahlt.

"Alle erarbeiteten Zeiten bis zur Höchstarbeitszeit von 7,75/7,5 Std./Schicht bzw. 38,75/37,5 Std./Woche werden von Montag - Freitag ohne Mehrarbeitszuschläge vergütet" (S. 3).

Ein *entgeltlicher* Ausgleich von Zeitguthaben oder -schulden erfolgt nicht, Guthaben sind abzufeiern, Schulden nachzuarbeiten. Als Frist für die im Rahmen des Korridors möglichen Arbeitszeitänderungen werden 2 Monate vereinbart (wenn also im 1. Monat die Veränderung angekündigt wird, wird sie im 4. und 5. Monat wirksam).

Für *saisonale Arbeitszeitregelungen* gibt *Bispinck* (1996, 417) ein Beispiel:

"Im Bauhauptgewerbe West und Ost ist der Arbeitszeitstandard von 39 Std./W. tarifvertraglich in eine Sommer- und Winterarbeitszeit gesplittet: Von der 13. bis 43. Kalenderwoche gilt die 40-Stunden-Woche (8 Std./Tag), in den übrigen Wochen die 37,5-Stunden-Woche (7,5 Std./Tag). Im Bereich der Foto-Be- und Verarbeitungsbetriebe ... sind noch differenziertere saisongebundene Arbeitszeiten tariflich festgeschrieben. In

den Monaten Februar/März sowie November/Dezember beträgt die tarifliche Wochenarbeitszeit 34 Std., von April bis Juli 37,5 Std., und von August bis Oktober sowie im
Januar 41 Std."

Ein anderes Beispiel für im Jahresablauf stark schwankende Auslastung findet sich
in *Borner* (1992, 686), der über die Bertelsmann Distribution berichtet.

Für den Betrieb eröffnen diese Modelle die Möglichkeit, Arbeitskräfte einerseits an
sich zu binden, andererseits aber sowohl bedarfsabhängig wie kostengünstig einsetzen zu können, weil - verwertungslogisch gesprochen - eine optimale Nutzung (möglichst wenig Leerzeiten) erreicht wird.

Im Hinblick auf den *Anspar-*(und Abfeier-)Gedanken sollen abschließend einige
Probleme und Lösungen referiert werden:

"Die umstrittenen Themen bei Jahresarbeitszeiten sind die maximale Länge der täglichen und wöchentlichen Arbeitszeit, die Länge des Ausgleichszeitraums zur Erreichung der durchschnittlichen Arbeitszeit, die Ankündigungsfristen für Änderungen
der Arbeitszeit, die Entscheidung über den Zeitpunkt der Entnahme des Freizeitaus-
gleichs für Zeitguthaben und die Kompensation für entgangene Überstundenzuschläge" (*Bosch* 1996, 425). "Mit Jahresarbeitszeiten kann in der Tat das stärkste
Recht der Betriebsräte, nämlich die Möglichkeit, Überstunden zu verweigern, verlo-
rengehen" (a.a.O., 426). Aus beschäftigungspolitischer Sicht gibt *Bosch* auch zu bedenken, dass das "Arbeitszeitgeschehen immer individualisierter und intransparenter
(wird); es werden am Betriebsrat vorbei große Zeitguthaben aufgebaut, die am Ende
des Jahres eigentlich nur noch ausbezahlt werden können." *Bosch* (a.a.O.) fordert
deshalb: "Frühwarnsysteme müssten Informationen über Plus- und Minusstunden
einzelner Beschäftigter und ganzer Arbeitsbereiche bereitstellen. In vielen Betrieben
werden bereits sogenannte *Ampelkonten* geführt. Geraten einzelne Beschäftigte in
den Gelbbereich, müssen sie sich mit den Führungskräften absprechen. Im Rotbe-
reich gehen die Dispositionsbefugnisse auf die Vorgesetzten über, deren Aufgabe es
ist, den Kontenstand wieder in den Grünbereich zu führen. Solche Gelb- und Rotbe-
reiche können auch für Arbeitsbereiche und ganze Betriebe erstellt werden ... Wenn
die Plusstunden nicht mehr abgetragen werden können, müssen Neueinstellungen
vorgenommen werden" (siehe dazu auch *Weidinger* 1995, 775, *Kutscher & Weidinger* 1996, 502; *Kutscher, Weidinger & Hoff* 1996, 159ff.).

Kapazitätsorientierte variable Arbeitszeit (KapoVAZ)[29]

Diese Flexibilisierungsform räumt ausschließlich dem Arbeitgeber das Verfügungs-
recht über den *Zeitpunkt* des jeweiligen Arbeitseinsatzes ein, wobei dessen *Dauer*
im Allgemeinen festgelegt ist. Beispiel: Eine Verkäuferin hat eine wöchentliche Arbeitszeit von 18 Std. vereinbart und sich bereit erklärt, in Spitzenzeiten und/oder zur

---

[29] Bei Hewlett-Packard wird sie 'Kapazitätsorientierte flexible Arbeitszeit' (KapoFAZ) genannt.

Vertretung erkrankter oder beurlaubter Kolleginnen zur Verfügung zu stehen; dementsprechend wird sie - z.T. kurzfristig - 'abgerufen'; dabei sind nach § 4 Abs. 2 BeschFG Abruffristen zu beachten (*4 Tage*; der Ankündigungstag wird nicht mitgezählt); der einzelne Arbeitseinsatz muss mindestens 3 Stunden dauern. Das Auslastungsrisiko trägt der Arbeitgeber; auch für nichtabgerufene Zeiten muss er anteilsmäßig Einkommen und Sozialversicherung bezahlen. Wie bei Teilzeit generell (die häufigste Form, in der KapoVAZ praktiziert wird), sind bestimmte Mindestzeiten, Urlaubs- und Sozialleistungsansprüche gewährleistet.

Normalerweise entgeht bei einem solchen Arbeitsverhältnis den Arbeitenden die Entgeltfortzahlung für Feiertage oder im Krankheitsfall.

Eine 'reine' Arbeitszeit auf Abruf ('Arbeit aus dem Wasserhahn'), bei der ArbeitnehmerInnen nach Bedarf beschäftigt und nur nach in Anspruch genommener Arbeitszeit bezahlt werden, ist in Deutschland nicht erlaubt.

Abschließend soll nun, wie angekündigt, ausführlicher auf das Beispiel *Gleitzeit* eingegangen werden.

Gleitzeit

Verbreitung

Gleitzeit (Flexitime bzw. Flextime) ist in Deutschland zum ersten Mal 1967 von der Firma MBB in Ottobrunn praktiziert worden; 1972 arbeiteten in der Bundesrepublik schon 6% der Beschäftigten in Gleitzeit, 1987 waren es 14%, 1993 22% und 1995 28% (*Schilling, Bauer & Groß* 1996, 437). Von denen, die ein Gleitzeitregime haben, wird diese Form überwiegend (85%) positiv bewertet, nur 4% sehen eher Nachteile (a.a.O.). Nicht ganz so euphorisch urteilten die 678 Befragten in Berlin, die 'über umfangreiche Erfahrungen mit Gleitzeit verfügten': für 68% überwogen die Vorteile, für 4% die Nachteile und für 27% hielten sich Vor- und Nachteile die Balance (s. *Kurz-Scherf* 1994, Tafel 16).

Begriffsbestimmungen

Bei der Gleitzeit ist zwischen den Vertragsparteien ein bestimmtes Zeitkontingent vereinbart (z.B. eine tarifliche Wochenarbeitszeit von 38,5 Stunden); es ist aber der Entscheidung oder Vereinbarung der Parteien überlassen, *wann* Arbeitsleistungen erbracht werden (genauer: wie die Anwesenheitszeiten verteilt werden). Diese Entscheidungs- oder Kontrahierungsfreiheit kann eingeschränkt sein, und dies ist der Punkt, in dem sich verschiedene Varianten von Gleitzeitsystemen unterscheiden. Einer Differenzierung von *Kutscher, Weidinger & Hoff* (1996) folgend, lassen sich drei Typen unterscheiden: die sog. 'klassische' Gleitzeit, die flexible Standard-Arbeitszeit und die Variable Arbeitszeit (oder Mobilzeit).

Kapitel C

1. Klassische Gleitzeit

Charakteristisch ist die Unterteilung der täglichen Gesamtarbeitszeit in eine

- *Kernzeit* (oder Pflicht-, Stammarbeits-, Fix-, Kontaktzeit, in der für alle Anwesenheitspflicht besteht);

  vor bzw. nach dieser Kernzeit gibt es

- *Gleitzeitspannen*; diese können frei gewählt werden innerhalb einer

- *Rahmenzeit* (der maximalen täglichen Arbeitszeit, die nicht mit der Betriebszeit gleich sein muss). Die Rahmenarbeitszeit ist definiert durch (früheste) *Anfangs-* und (späteste) *End-Zeiten*.

In ihrer Studie in der Kreditwirtschaft nennen z.B. *Wiltz & Rigo* (1991, 228) als häufigste Kernzeitspanne 6 bis 6,5 Stunden, als morgendliche Gleitspanne 2, als abendliche Gleitspanne 3 Stunden. Die häufigste *Bandbreite* (oder *Rahmenzeit*) ist 11 Stunden. Ähnliche Werte berichtet *Seifert* (1992) für die Metallindustrie. Für Einschränkungen der Gleitmöglichkeit werden verschiedene Gründe angeführt, wie etwa (innerbetriebliche) Koordination, inner- und außerbetriebliche Erreichbarkeit (z.B. Kundenkontaktzeit), Vorhalten von Infrastrukturleistungen (Heizung, Werkschutz, Reinigungsarbeiten etc.). *Abrechnungszeitraum* ist die Anzahl der Wochen oder Monate, innerhalb deren Gleitzeit*guthaben* oder *-schulden* bzw. Gleitzeit*salden* ermittelt und auf- oder abgebaut bzw. entgolten werden können bzw. müssen.

Es gibt *eingeschränkte* und *erweiterte* (bzw. *einfache* oder *qualifizierte*) Gleitzeitmodelle. Bei den eingeschränkten Modellen ist im Rahmen einer *fixen* Arbeitszeit-*Dauer* (z.B. 7,5 Std./Tag) eine tägliche Disposition von Arbeitsbeginn und -ende im Rahmen von vorgeschriebenen Kern- und Randzeiten möglich; bei den erweiterten Modellen kann darüberhinaus neben der *Dauer* auch noch die *Lage* variiert werden; dabei können Zeitguthaben oder -schulden angehäuft werden, die an anderen Tagen 'ausgeglichen' werden müssen.

Neben Einschränkung oder Erweiterung ist als zweite Dimension die *soziale Reichweite* variabilisierbar: Gleitzeitregelungen können ohne Abstimmungspflicht von *einzelnen* Personen, aber auch von *Paaren* oder ganzen *Gruppen* unter bestimmten Auflagen praktiziert werden. Eine Vorgabe an ein Paar oder eine Gruppe ist es zum Beispiel, wenn verlangt wird, dass irgendjemand während der ganzen 11-stündigen Betriebszeit anwesend und arbeitsbereit sein muss - was unter Umständen erhöhte Qualifikation und Information aller Beteiligten voraussetzt, weil sie sich gegenseitig vertreten (können) müssen. Gruppen können Dispositionsspielraum darüber erhalten, wie sie eine gleichmäßige Besetzung der Arbeitsplätze über die gesamte Betriebszeit hinweg realisieren. Auch ein Vetorecht gegen bestimmte Zeitzumutungen durch Vorgesetzte oder KollegInnen ist möglich; schließlich kann es ein paritätisch besetztes Steuerungskomitee geben, das in Streitfällen schlichtet, unbürokratische

Einzelfalllösungen vornimmt oder Möglichkeiten einer Weiterentwicklung des Systems erarbeitet.

2. Flexible Standard-Arbeitszeit

Die wichtigste Veränderung gegenüber der 'klassischen' Gleitzeit ist, dass die 'Kernzeit' aufgegeben und eine tägliche Standard-Arbeitszeit für jeden Beschäftigten (nicht: als *betriebliche* 'Funktionszeit') vorgegeben wird, von der beliebig (aber in Abstimmung mit Kollegen/Vorgesetzten) abgewichen werden kann, solange die Arbeitsfähigkeit der Einheit gesichert ist.

> Begründung: Je kürzer die 'Kernzeit' gewählt worden war, desto mehr Aktivitäten wurden in sie gedrängt (Besprechungen, interne Information); für Kunden war keine verlässliche Kontaktzeit über den Tag hinweg gewährleistet.
>
> ArbeitnehmerInnen, die z.B. früh kommen und mit ihrer Arbeit früh fertig sind, mussten dennoch das Ende der Kernzeit abwarten, bevor sie gehen durften: unproduktive Zeiten und 'erzwungener' Aufbau von Zeitguthaben waren die Folge.

Die Freiheitsgrade werden erhöht, wenn dabei auch auf eine exakte Komm-Geht-Erfassung verzichtet und eine *Negativ-Zeiterfassung* praktiziert wird: lediglich Abweichungen von der Standard-Arbeitszeit werden erfasst; meist wird nicht minutengenau registriert, sondern in Halbstunden-Schritten. Das legt den Verzicht auf Zeiterfassungsgeräte nahe und erlaubt Selbstaufschreibung durch die Beschäftigten (mit 14-tägiger oder monatlicher Quittierung durch die Führungskraft). Bei der sog. 'Vertrauensgleitzeit' (*Siemens*) wird zwar aus arbeitsrechtlichen Gründen von den MitarbeiterInnen die Anwesenheitszeit eingegeben, aber im Regelfall nicht mehr kontrolliert (außer z.B. bei Wegeunfällen).

3. Mobilzeit (Variable Arbeitszeit)

Der wichtigste Unterschied zur klassischen Gleitzeit ist, dass auch hier die *Kernzeit wegfällt*, aber durch die sog. *Funktionszeit* (oder Servicezeit, Öffnungszeit etc.) ersetzt wird.

Die Funktionszeit ist meist länger als die individuelle betriebliche Arbeitszeit (z.B. als Ladenöffnungszeit von 8.30h bis 20.00h). Konsequenz: Es ist eine *Abstimmung innerhalb der Arbeitsgruppen/KollegInnen* nötig. Vorab ist auch festzulegen, welche *Servicequalität* mit welcher *Belegschaftsstärke* zu welchen *Zeiten* zu gewährleisten ist. Damit können auch Teilzeitkräfte in das Zeitregime einbezogen werden; bezahlte Befreiungen für private Angelegenheiten (Arztbesuch, Behördengänge) gibt es nicht mehr - sie sind innerhalb des eigenen Zeitkontos zu regulieren; Pausen können variabel (überlappend) gelegt werden und sind grundsätzlich 'zu stempeln'. Zentrale Voraussetzung ist, dass *Zeitkonten* eingeführt werden und der Ausgleich von Zeitsalden innerhalb der Arbeitsgruppe und innerhalb bestimmter Fristen (bis zu einem Jahr) zu regeln ist.

Kutscher, Weidinger & Hoff (1996) machen in diesem Zusammenhang den Vorschlag, Zeit-*Budgets* einzuführen: Eine Unterschreitung wird als 'plus', eine Überschreitung als 'minus' erfasst (also entgegengesetzt zur bisherigen Praxis, wo eine Überschreitung zu einem 'Guthaben' führte). Damit soll das *Zeitbunkern* oder *Minutenschinden* abgestellt werden. Und nicht mehr die verkürzte, sondern die verlängerte Arbeitszeit ist *rechenschaftspflichtig*.

Im Kontext der 'variablen Arbeitszeit' lassen sich auch Langzeitkonten einrichten, die aber von Kurzzeitkonten strikt getrennt sein sollten. Das Ansparen von längeren Freizeitblöcken (Sabbaticals) sollte durch Rahmenverträge geregelt werden (z.B. Festlegung einer bestimmten Mindest-Sollarbeitszeit in der Sabbatical-Phase, die aus sozialversicherungsrechtlichen Gründen über 18 Std. liegen sollte; dies kann dadurch erreicht werden, dass eine z.B. 3- oder 6-monatige Sabbaticalzeit in einen Jahreszeitrahmen gestellt wird, wo im Rest des Jahres soviel gearbeitet wird, dass im Jahresmittel die genannte Grenze überschritten wird).

Vorteile der Gleitzeit

Die Gleitzeit hat vor allem deshalb eine so große Verbreitung gefunden, weil sie im Regelfall - in Verbindung mit der systematischen (technischen oder persönlichen) Arbeitszeiterfassung - Kontrollen versachlicht und individuelle Dispositionsspielräume erhöht; zuweilen allerdings wird bei der Neueinführung der Zeiterfassung die Kontrollfrage zum erstenmal akut und nicht selten sehr kontrovers diskutiert. Fehlzeiten, die früher begründungspflichtig waren oder vom Arbeitgeber getragen wurden (Verschlafen, Verkehrsstau, Arzt- oder Behördengänge usw.) gehen nun entweder zu Lasten der ArbeitnehmerInnen und stellen keine Fehlzeiten mehr dar, sondern 'persönlich disponierte Zeiten' oder es kann zur mikropolitisch nutzbaren Ressource der Vorgesetzten werden, derartige Abwesenheiten zu genehmigen (oder stillschweigend zu tolerieren), sodass sie den Beschäftigten nicht als Zeitschulden verbucht werden.

Für die Unternehmen werden über die genannten Aspekte hinaus - in unterschiedlichem Ausmaß für die verschiedenen Varianten - folgende Vorteile geltend gemacht:

- Anstelle bezahlter Überstunden wird Mehrarbeit aufs Gleitzeitkonto verbucht: Zuschläge entfallen;
- die alleinige Disposition durch die Vorgesetzten kann durch kollegiale Abstimmung und Selbstorganisation ersetzt werden; Gruppendruck sorgt für die Einhaltung der Absprachen;
- Fehlzeiten verringern sich (weil Behördengänge oder Arztbesuche nicht mehr 'kaschiert' werden);
- die Anwesenheitszeit wird am Arbeitsanfall orientiert (Verringerung von Leerzeiten);
- kundenorientierte Kapazitätsplanung kann forciert werden;

- es wird das Tor zur Einführung der (technischen) Zeiterfassung geöffnet.

Die Gewerkschaften verhielten sich lange Zeit skeptisch gegenüber der Gleitzeit; einmal wegen der mit ihr verbundenen Individualisierungstendenzen, mehr noch aber, weil Gleitzeitregelungen "oft genug souverän an Manteltarifvertrags-Sperrklauseln vorbei vereinbart werden und gegen die Arbeitszeitordnung sowie festgelegte Höchstgrenzen der täglichen und wöchentlichen Arbeitszeit in Tarifverträgen verstoßen" (*Stamm* 1987, 188), und weil es - so ebenfalls *Stamm* - zu verdeckter Schichtarbeit kommen kann[30] und weil schließlich vielfältiger Missbrauch der erfassten Zeitdaten durch die Integration in ein Betriebsdaten-Erfassungssystem befürchtet wird (s. *Hans-Böckler-Stiftung* 1994).

Auf Nachteile und Probleme der Gleitzeit gehen wir im Anschluss an die folgende Darstellung empirischer Ergebnisse ein.

Empirische Studien zur Gleitzeitnutzung

Aus Sicht der Beschäftigten hat die (klassische) Gleitzeitregelung verschiedene Vorteile; die wichtigsten haben *Bauer et al.* (1994, 107) in ihrer Umfrage als Antwortmöglichkeiten vorgegeben:

"Gleitende Arbeitszeit ist für mich von Vorteil, weil

1. ich dann auch mal lange schlafen kann;
2. der/die Vorgesetzte nicht mehr wie früher Pünktlichkeit kontrolliert;
3. ich meine Arbeitszeit dem Schul- und Kindergartenbeginn anpassen kann;
4. ich meine Arbeitszeit der Arbeitszeit meines Partners/meiner Partnerin anpassen kann;
5. ich Verkehrsspitzen umgehen kann;
6. ich in den frühen Morgenstunden bzw. am späten Nachmittag im Betrieb ungestört arbeiten kann, ohne Überstunden machen zu müssen;
7. ich im Rahmen der Gleitzeitregelung die Möglichkeit habe, Zeit anzusparen, um z.B. das Wochenende zu verlängern;
8. ich meine Freizeitaktivitäten so besser planen kann."

Am häufigsten wurde bei der Vorgabe, die drei wichtigsten Gründe auszuwählen, Grund 8 genannt (44%), gefolgt von 7 (42%) und 5 (41%). Allerdings ist die Begründung abhängig vom realisierten Gleitzeitsystem.

Bauer & Schilling (1994, 44ff.) berichten, dass 1993 bei den ArbeiterInnen der Prozentsatz der Gleitzeitberechtigten recht niedrig war (8%), während Angestellte (33%) und BeamtInnen (25%) auf wesentlich höhere Werte kamen. Trotz der Mög-

---

[30] sofern die Beschäftigten innerhalb einer großzügig bemessenen Rahmenarbeitszeit in Selbstorganisation dafür sorgen, dass jederzeit Ansprechbarkeit oder Arbeitsbereitschaft besteht.

lichkeiten der Flexibilisierung gehen aber ca. 75% aller Gleitzeitbeschäftigten "annähernd jeden Tag zur gleichen Zeit zur Arbeit und nutzen die Variationsmöglichkeiten nur bei konkretem Bedarf. Getreu dem Motto: 'Ich stelle mir doch nicht jeden Tag den Wecker neu!' haben sie für sich Zeitroutinen eingerichtet, die sie von täglichen Improvisationen entlasten ... Für die Beschäftigten ist es möglich, verläßliche Zeitroutinen zu etablieren, von denen bedarfsorientiert abgewichen werden kann" (a.a.O., 46). 85% schätzten die Gleitzeitmöglichkeiten positiv ein.

Auch *Reutter & Czolkos* (1995) fanden bei ihren Interviews gehäuft fixe Zeitroutinen, nicht zuletzt auch deshalb, weil die Beschäftigten lebensweltliche Arrangements getroffen haben, die sie nicht täglich neu aushandeln können oder wollen (morgendliche Badbenutzungsabfolge, gemeinsames Frühstücken, Kinder zum Kindergarten bringen oder für die Schule fertigmachen, Fahrgemeinschaften, Fahrpläne öffentlicher Verkehrsmittel; Kindergartenschluss, Kurse, Hobbies, Bereitung von Mahlzeiten ...).

> "Interessanterweise liegen die Gründe für die Ablehnung nur sehr selten bei den insbesondere von den Gewerkschaften vorgetragenen Befürchtungen verschärfter Zeitkontrolle (nur 13% der Ablehner nennen diesen Aspekt) oder insgeheim abverlangten und zuschlagsfreien Überstunden (6%). Sehr viel häufiger werden für die Ablehnung Gründe wie die Bevorzugung täglich gleicher Arbeitszeiten (55%), Präferenzen für bereits eingespielte und nicht änderungsbedürftige Zeitrhythmen (53%) sowie die Erwartung genannt, dass Gleitzeitbeschäftigung keine Vorteile für die Freizeitgestaltung bringe (24%)" (*Bauer & Schilling* (1994, 46).

In der oben schon erwähnten Studie von *Wiltz & Rigo* (1991) gab es in den meisten Unternehmen (68,3%) die Möglichkeit, 10-12 Stunden auf den Folgemonat zu übertragen, in Einzelfällen (2,4%) konnten sogar mehr als 30 Stunden übertragen werden. Ein "Freizeitguthaben, das im Ausgleichszeitraum nicht als zusätzliche Freizeit abgegolten werden kann und über das Übertragungskontingent hinausgeht, verfällt zum überwiegenden Teil (75,9%) zugunsten des Unternehmens" (a.a.O., 229); nur selten (8,2%) ist eine finanzielle Vergütung vorgesehen. Die Unternehmen können regeln, ob sie für angesammelte Zeit-Guthaben mehr als einen ganzen und/oder zwei halbe Tage einräumen (in diesem Bereich liegen 73,2% aller Firmen), ob sie Freizeitausgleich in Verbindung mit Urlaub oder dem Zusammenlegen mit Feiertagen genehmigen, wie die Sicherstellung der Betriebsbereitschaft geregelt ist, ob und wann Genehmigungsbedarf durch Vorgesetzte besteht, ob es Jahresbegrenzungen für Ausgleichstage gibt, welche MitarbeiterInnen ausgeschlossen werden (häufig: Rechenzentrum, KantinenmitarbeiterInnen, Azubis; Teilzeitkräfte) usw. Es wird auch die Möglichkeit praktiziert, solche Zeitguthaben, die eine bestimmte Höhe pro Monat überschreiten (z.B. 40 Stunden) nicht in vollem Umfang zu übertragen, sondern - wie etwa bei Motorola in München - nur zu 40% ihres ursprünglichen Wertes. Die Absicht ist, mit dieser 'Zeitschere' eine 'Plusstundenmentalität' zu verhin-

dern (durch überflüssige Arbeiten ein Zeitguthaben aufbauen: siehe das schon er-
wähnte 'Bunkern' von Überstunden). Andere Firmen, wie z.B. Condat in Berlin (s.
Karriere, 4.1.91, S. K1), ermöglichen MitarbeiterInnen, einen sechsmonatigen
Langzeiturlaub 'anzusparen'. Sie arbeiten z.B. 40 Stunden pro Woche, erhalten aber
nur für 30 Stunden Gehalt und können so in einem Jahr 380 Stunden auf ihrem
Zeitkonto sparen; nach insgesamt 18 Monaten ist dann (zusammen mit den üblichen
Urlaubsansprüchen) der bezahlte Langzeiturlaub 'vorfinanziert.'

Baillod & Sommer (1994) berichten über eine 1-Jahres-Erhebung in einer schweizerischen Versicherungsgesellschaft, in der die Daten von 224 MitarbeiterInnen analysiert wurden. Sie bestätigten den in allen anderen Untersuchungen mitgeteilten Befund, dass die Mehrheit ein Zeitpolster anlegt und dieses vor sich her schiebt. Negative Tagessaldi gab es in 17% (der insg. 42.000 analysierten Tagessaldi), 22% lagen
um 0 und 61% der Tagessaldi lagen zwischen 10 und über 30 min. Die Mehrheit der
Beschäftigten (etwa 2/3) baut langsam, aber kontinuierlich Zeitguthaben auf, die
meist in Form von Halbtagen 'abgefeiert' werden; ein Viertel baut rasch große Guthaben auf, die ebenso rasch 'en bloc' wieder konsumiert werden; der Rest hat Mo-
natssaldi um 0. *Baillod & Sommer* führen die Arbeitszeitüberschreitungen weniger
auf private Motive als vielmehr auf das jeweilige Arbeitspensum zurück (a.a.O.,
445). Über das ganze Jahr hinweg ergibt sich ein durchschnittliches monatliches
Arbeitszeitguthaben von 5,8 Stunden (das dem Arbeitgeber unverzinst zur Verfügung gestellt wird). Das 'Kompensationsverhalten' [die Einlösung von Zeitguthaben
in freie (Halb-)Tage] ist unterschiedlich: 43% beanspruchen keine Kompensation,
etwa ein Viertel nimmt einen halben Tag pro Monat in Anspruch, der Rest mehr (bis
zu 2 Tage). Der mit Abstand am häufigsten gewählte Kompensationstag ist - wie in
anderen Studien auch - der Freitag.

Bosch, Ellguth & Promberger (1992) berichten ebenfalls über die Auswertung eines 3-Monats-Zeitraums von Betriebsdaten von 188 Beschäftigten in einem 'süddeutschen Großbetrieb der Metallbranche', der seit 15 Jahren Gleitzeit praktiziert.
Während die meisten *Befragungs*studien ergeben, dass an die zwei Drittel berichten,
Gleitzeit bestenfalls innerhalb kleiner Schwankungsbreiten (bis 15 min) in Anspruch zu nehmen, fanden die AutorInnen aufgrund der *objektiven Zeitaufzeichnun-
gen*, dass nur ca. ein Fünftel die Gleitzeitmöglichkeit kaum nutzte, während 67%
regelmäßige zeitliche Schwankungen zwischen 15 und 60 min aufwiesen, wobei die
Schwankungen am Arbeits*ende* ausgeprägter waren als am Arbeits*beginn*. Dafür
waren vor allem außerbetriebliche Motive (Ausgehen, Familienverpflichtungen)
verantwortlich. Die jüngeren Beschäftigten waren dabei wesentlich variabler als die
MitarbeiterInnen über 45; die gleichen Unterschiede zeigten sich beim Vergleich
von Angestellten und ArbeiterInnen, sowie Ledigen und Verheirateten, Männer und
Frauen. Im Beobachtungszeitraum wurde eine durchschnittliche tägliche Arbeitszeit
von über neun Stunden gefunden (männliche Angestellte mit höherer Qualifikation

im Alter von 30-45 Jahren hatten besonders lange Arbeitszeiten). Nur 3,7% der Er-
faßten wiesen einen negativen Zeitsaldo auf, die meisten hatten ein Guthaben zwischen 9 und 16 Stunden (18% haben einen Plussaldo von über 16 Stunden, obwohl
dieses - den Regeln des Unternehmens entsprechend - am Monatsende ersatzlos ge-
strichen wird). Beim 'Abfeiern' von Zeitguthaben wird auch in dieser Studie der
Freitag bevorzugt. In Interviews wurde die Gleitzeit "durchgängig und eindeutig
sehr positiv" (a.a.O., 59) bewertet.

Wie *Weidinger* (1995, 770) zurecht bemerkt, konzentriert sich ein großer Teil der
pragmatischen Gleitzeit-Literatur auf die Regelung des Zeitguthabens-*Abbaus*, nicht
aber auf die Frage, wie der Aufbau (exzessiver) Zeitguthaben entweder vermieden
oder im Rahmen langfristiger Personalplanung konstruktiv genutzt werden kann
(Urlaubsverlängerung, Altersausstieg). Ist eine solche Langzeitperspektive nicht
gewollt, dann macht eine 'Flexi-Spielregel' Sinn, die *Weidinger* (a.a.O., 772) von einem Verpackungshersteller zitiert:

> "Wenn am Ende des Arbeitszeitjahres in keiner Abteilung der durchschnittliche Zeit-
> kontenstand größer als 0 Stunden ist, erhalten alle Mitarbeiter eine Sonderzahlung in
> Höhe von 500 DM."

Auf dem Hintergrund solcher Überlegungen wird verständlich, warum *Kutscher &
Weidinger* (1996) eine neue Sprachregelung fordern: Wenn bisher ein Zeitguthaben
'Plus' genannt wurde, so fordern sie dafür nun ein 'Minus' (weil ja mehr Zeit als geplant 'verbraucht' wurde). Wer seine Arbeit - bei gleicher Qualität - schneller gemacht hat, also früher nach Hause gehen kann, wird heute noch mit einem 'Minus'
bestraft. Stattdessen soll diese Verkürzungszeit als 'Guthaben' angerechnet werden.
"So wird das Augenmerk von Anbeginn auf die gezielte Nicht-Arbeit in Zeiten mit
geringerem Arbeitsanfall gerichtet" (a.a.O., 502). Bei zeitabhängigen Bezahlungssy-
stemen kann eine solche Verkürzungsbetonung, bei der die 'Poren der Arbeit' geschlossen werden, langfristig in Teilzeitarbeit münden.

Zur Zeitkontrolle bei der Gleitzeit

Einige Unternehmen - so der keinem Arbeitgeberverband angehörige Mobilfunkan-
bieter E-Plus - verzichten für alle ArbeitnehmerInnen auf Stechuhren. Bei E-Plus
geben die MitarbeiterInnen jeweils am Morgen in 'Halbstundensprüngen' in ihren
Computer ein, wie sehr sie am Vortag vom 8-Stunden-Tag abgewichen sind; die
Überstunden müssen sie begründen, nicht aber Verkürzungen. Die Vorgesetzten bekommen alle 14 Tage die Zeitbilanz ihrer MitarbeiterInnen auf den Bildschirm und
müssen zu den Überstunden Stellung nehmen. Zeitguthaben werden normalerweise
durch Freizeit abgebaut; bis zu 80 Stunden können auf das nächste Jahr übertragen
werden. Es wird darüber nachgedacht, den MitarbeiterInnen Qualifikationsangebote
zu machen, in denen sie einen Teil ihrer Guthaben 'verzehren' können. Diese 'Vertrauenskultur' "basiert auf der Annahme, dass der Mitarbeiter fair ist, das Unterneh-

men nicht betrügt und weiß, dass er einen Ausgleich für Mehrarbeit bekommt ... Es gebe natürlich schwarze Schafe, aber selbst wenn man diese mit fünf Prozent annehme, sei es nicht gerechtfertigt, den übrigen 95% eine 'Misstrauensstruktur' überzuwerfen. [Der Personalchef meint:] 'Die Selbstorganisation der Mitarbeiter dagegen ist effizienter als alle Strafen'. Irgendwann würden die 'schwarzen Schafe' diszipliniert, wenn die Kollegen sagen, wir machen da nicht mehr mit, und zwar besser als das Unternehmen dies könnte" (*Holzamer* 1995, V1/9; s. dazu auch den Ausschnitt aus der 'Mitarbeiterinformation' in *Kutscher, Weidinger & Hoff* 1996a, 175).

Weidinger (1995, 770) gibt zu bedenken, dass die exakte 'Kommt-Geht-Erfassung' zur Herausbildung einer "Minuten-Mentalität" führt (siehe die genannte Zeitschinderei; Absitzen von Leerzeiten; Kontrollexzesse usw.). Er schlägt deshalb im Sinne der oben schon erwähnten Sprachregelung statt der Positiv- eine Negativ-Zeiterfassung vor: "Erfasst werden nur *Abweichungen* von den jeweiligen Standardvorgaben (und zwar nicht die Zeitpunkte, sondern nur das Abweichungsvolumen); die Erfassung erfolgt manuell, wobei ein gewisser 'Unschärfebereich' - etwa die halbe Stunde als kleinste Zähleinheit - einerseits die Handhabung wesentlich erleichtert und andererseits die angesprochene 'Minuten-Mentalität' gar nicht erst entstehen lässt" (vorgesehen ist, dass der/die Vorgesetzte die Selbstaufschreibungen der MitarbeiterInnen etwa im Zwei-Wochen-Turnus quittiert).

Auch Hewlett-Packard kennt (bei 6100 MitarbeiterInnen in 1990) keine Stechuhren (siehe *Neuffer* 1991). "Gegenseitiges Vertrauen, Respekt gegenüber jedem einzelnen Mitarbeiter, die Berücksichtigung seiner persönlichen Interessen wo immer möglich, der Umgang miteinander auf der Grundlage von Toleranz, Partnerschaft, Offenheit und Ehrlichkeit sind wesentliche Elemente [der HP-Grundwerte und -Unternehmensziele, O.N.]" (*Neuffer* 1991, 736). HP hat seit Ende der 60er Jahre Gleitzeit; Mitte der 70er Jahre wurde 'Swingtime' eingeführt: die MitarbeiterInnen können an einem Tag der Woche die Arbeitszeit bis zu 3 Stunden verkürzen, müssen dies aber an den übrigen Tagen *derselben* Woche vor- oder nacharbeiten. Bei HP gibt es auch sogenannte 'Bonusstunden' (für je 5 Überstunden wird neben den üblichen Zuschlägen zusätzlich eine bezahlte Freistunde gewährt, die ebenfalls angespart werden kann. Weil die vertragliche Arbeitszeit (1991) 7,4 Stunden, die tatsächliche Arbeitszeit aber 8 Stunden war, ergeben sich 12 Stunden Zeitgutschrift pro Monat oder 18 Tage pro Jahr. Diese können nach Absprache mit der Vorgesetzten "als einzelne freie Stunden, freie Tage oder größere Freizeitblöcke genommen oder längerfristig angespart werden. Selbst ein Ansparen zur Reduktion der Lebensarbeitszeit ist möglich" (*Neuffer* 1991, 740). Bei einer Mitarbeiterbefragung beurteilten die Beschäftigten das HP-Arbeitszeitmodell zu 64% als "sehr gut", 34% schlugen einzelne Verbesserungen vor (vor allem: Auszahlung der angesparten Zeit in Geld), nur 2% wollten eine völlige Neugestaltung. Vorgesetzte sahen Probleme in der Planungssicherheit, sodass Vorankündigungszeiten für (längere) Freizeitausgleiche eingeführt wurden. Weil die MitarbeiterInnen meist ein Freizeit*guthaben* besitzen, ist dies als ein in Geldwert umrechenbarer Anspruch der MitarbeiterInnen gegenüber dem Unternehmen zu sehen. "Deshalb werden nicht nur Rückstellungen in entsprechender Höhe gebildet, sondern Barmittel in gleicher Höhe in externe Fonds abgeführt und dort treuhänderisch verwaltet. So sind Mitarbeiter und Unternehmen gleichermaßen abgesichert" (*Neuffer* 1991, 742). Die MitarbeiterInnen verbrauchen ihre Zeitguthaben (Mehrfachnennungen möglich) in einzelnen Stunden (32,6%), halben Tagen (28,9%), ganzen Tagen (55,4%), Wochenendverlängerung (34,9%), Urlaubsverlängerung (47%) und Verkürzung der Lebensarbeitszeit (9,6%).

Nachteile und Probleme bei Gleitzeitregelungen

- Die überwiegende Zahl der MitarbeiterInnen verfügt über Zeit*guthaben*. Ist das ein Resultat von Arbeitsüberlastung oder von Zeitschinderei, Sparwut oder Sicherheitsdenken? Im letzteren Fall würden Bestrebungen zur Verkürzung der Arbeitszeit bzw. zur Einstellung neuer MitarbeiterInnen konterkariert*.

- Meist wird nicht geklärt, ob und wie die Ansprüche der MitarbeiterInnen an das Unternehmen, die sie aufgrund von Zeitguthaben aufbauen, verzinst oder gesichert werden. Dieses Problem wird akut, wenn eine Firma Konkurs macht oder fusioniert. Bei Langzeitschulden (Ansparen auf Frühverrentung) gibt es eine implizite Verzinsung, denn - unterstellt man regelmäßige (zumindest nominale) Einkommensanpassungen - ein zu geringerem Barwert erworbenes 'Zeitpapier' ist später mehr wert und das Unternehmen muss später *diesen* Wert 'auszahlen'.

- Bestimmte 'Risiken', die bislang meist vom Arbeitgeber getragen wurden (geringfügiges Zuspätkommen, Zufrühgehen, Arzt- oder Behördengänge, Kinderversorgung etc.) werden - um Rechtfertigungsaufwand zu vermeiden - nun 'auf die eigene Kappe genommen'.

- Die Regelung der Verfügungsrechte über die Zeitentscheidungen liegt auf einem Kontinuum zwischen den Extremen 'allein der Betrieb' und 'allein die Beschäftigten'. Die Kapazitätsplanung wird bei Akzentuierung des Beschäftigtenpols für die Vorgesetzten schwieriger, weil beim Abfeiern angesparter Zeiten oder dem Aufbau von Zeitschulden bestimmte Zeitabschnitte nicht ausreichend besetzt sein können; auch können durch eine überraschende Häufung von An- oder Abwesenheiten bestimmte Arbeitsplätze un(ter)besetzt oder überbesetzt sein. Um diese Probleme zu kontrollieren, werden verschiedene Vorkehrungen getroffen:

    - Absprache mit und Genehmigung durch Vorgesetzte(n) oder die Arbeitsgruppe,
    - Vorankündigungsfristen, Sperren oder Vorgeben bestimmter Tage (z.B. Brückentage),
    - Fristbegrenzungen, innerhalb derer Guthaben oder Schulden ausgeglichen werden müssen,

---

* *konterkarieren* (lat.): hintertreiben

- Umfangsbegrenzungen für den Freizeitausgleich 'am Stück', Verfall von Guthaben nach einer bestimmten Zeit,
- Kontrolle der Überstunden (Begründung, Obergrenzen),
- Beschränkungen für bestimmte Mitarbeiter-Gruppen (z.B. jener im unmittelbaren Kundenkontakt),
- Dehnung oder Verkürzung von Ausgleichszeiträumen,
- Variabilisierung der Ausgleichsformen (z.B. Freizeit, betriebliche Qualifikation, finanzielles Entgelt),
- Anordnungsmöglichkeiten der Vorgesetzten bei 'dringenden betrieblichen Erfordernissen' (meist in Generalklauseln geregelt) etc.
- Behandlung von Mehr- und Überarbeit: Es kann vorkommen, dass pro Tag oder pro Woche sowohl die tarifliche regelmäßige Arbeitszeit (Überarbeit), wie auch die gesetzliche Höchstarbeitszeit (Mehrarbeit) überschritten wird, sodass eigentlich Genehmigungen durch den Betriebsrat und/oder Zuschläge fällig wären.

Um die Probleme zu begrenzen, die daraus entstehen können, werden Überstunden und Mehrarbeit nicht offiziell 'angeordnet', auf bestimmte Grenzwerte eingeengt und mit der Auflage relativ kurzfristigen Ausgleichs genehmigt (es sei denn, es sind Ansparmöglichkeiten vereinbart).

- Behandlung von Arbeitspausen: Konsequenterweise müssen alle Pausen 'gestempelt' oder erfasst werden; das gilt zum einen für die Mittagspause, die laut ArbZG bei Ganztagsarbeit mindestens 30 min (unbezahlt) betragen muss und die arbeitszeitverlängernd wirkt; es gilt aber auch für Kaffeepausen und Kantinenbesuche, die exakt dokumentiert werden müssen, wenn Kerngedanken der Gleitzeit nicht ad absurdum geführt werden sollen (so ließe sich etwa durch Verlängerung der Kaffeepausen leicht ein 'Gleitzeitguthaben' aufbauen!).
- Ein funktionierendes Gleitzeitsystem - vor allem bei der 'variablen Gleitzeit' - setzt ein gutes Klima wegen der normalerweise nötigen Abstimmung zwischen den KollegInnen (und mit der Führungskraft) voraus. Dabei bilden sich Routinen heraus, die eine tägliche Neuaushandlung entbehrlich machen ('standardisierte Flexibilität'). Ein gewisses Maß an Kollegialität und Vertrauen ist - vor allem bei variabler Arbeitszeit - unabdingbar, weil auch die 'ungünstigeren' Zeiten [früher Vormittag, später Nachmittag, Freitag(nachmittag), Frei-Tage] fair verteilt oder rotiert werden müssen. Beharren einzelne auf vermeintlichen Vorrechten, bricht das Absprache-System zusammen.

Zur Mikropolitik der Zeiterfassung

Im Hinblick auf die Methode und Differenziertheit der Zeiterfassung wird insbesondere die Art der Arbeitszeiterfassung ('Stechuhren' oder Selbstaufschreibung) thematisiert. In einer reinen Vertrauenskultur (Selbstorganisation) kann auf Dokumentation verzichtet werden. Häufig aber haben beide Parteien (MitarbeiterInnen und

Kapitel C

Vorgesetzte) ein - allerdings unterschiedliches - Interesse an einer Erfassung (z.B. Anspruchsbegründung[31] vs. Missbrauchskontrolle). Darüber hinaus ist der Arbeitgeber aufgrund von § 16 Abs. 2 ArbZG verpflichtet, bei Mehrarbeit Aufzeichnungen zu führen.[32]

Das *Wie* der Anwesenheitskontrolle [keine Kontrolle ('Vertrauenskultur', unüberwachte Selbstaufschreibung), regelmäßig oder stichprobenartig kontrollierte Selbstaufschreibung, technische Zeiterfassung ('Stechuhren')] ist mit dem *Wer* gekoppelt: Die Zeitdaten können kontrolliert werden von der unmittelbaren Führungskraft, einer Stabsstelle (z.B. in der Personalabteilung), einer Gleitzeitbeauftragten (analog den Datenschutz- oder Sicherheitsbeauftragten), der Arbeitsgruppe, von niemand bzw. der/dem Beschäftigten selbst. Die Lösung für dieses Problem muss meist unterschiedlichen Logiken gerecht werden: Steht die *Produktionslogik* im Vordergrund, wird die Sicherheit der Besetzungs- und Arbeitsplanung durch diejenigen, die die relevanten Parameter kennen (das kann die Vorgesetzte, eine Stabstelle, die Arbeitsgruppe, die Mitarbeiterin sein), einen zentralen Stellenwert haben. Die *Verwertungslogik* konzentriert sich auf optimale Personalausstattung, Verzinsung von Zeitguthaben, Rückstellungen und vor allem Kosten-Nutzen-Vergleiche. Es macht allerdings Schwierigkeiten, alle Transaktionskosten (Kosten von Planung, Beschaffung, Einführung, Betrieb, Kontrolle und Anpassung) zu operationalisieren, noch schwieriger aber ist die Nutzenbestimmung. Ist ein hoher technischer und administrativer Aufwand gerechtfertigt, um wenige 'schwarze Schafe' zu identifizieren bzw. Gerechtigkeit sicherzustellen? Welcher Schaden wird durch eine latente Misstrauenskultur angerichtet, wie ist andererseits die entlastende Wirkung durch ein technisches Aufzeichnungssystem zu bewerten? Aus verwertungslogischer Perspektive ist an die im Rahmen der Fehlzeitendiskussion (siehe unten) erörterten arbeitsökonomischen Denkansätze (impliziter Arbeitsvertrag, Informationsasymmetrien, Effizienzlohntheorien etc.) zu erinnern. Auch die mikropolitische (*herrschaftslogische*) Dimension der Regelung der Kooperation zwischen den Arbeitenden untereinander und mit den jeweiligen Vorgesetzten spielt eine Rolle. Wie gezeigt, lösen einzelne Unternehmen das Problem dadurch, dass sie es der 'Selbstorganisation' der Arbeitsgruppe übertragen, die für die Sonderregelungen oder auch die

---

[31] Der Personalchef eines großen deutschen Automobilunternehmens hat dem Verfasser (November 1996) berichtet, dass sein Sekretariat die Abschaffung der systematischen Zeiterfassung abgelehnt habe. Er habe sein Angebot mit der Bemerkung begründet: "Ich vertraue Ihnen!" Seine MitarbeiterInnen hätten geantwortet: "Aber wir Ihnen nicht - wir möchten nachweisen können, wie lange wir schon gearbeitet haben!"

[32] § 16 Abs. 2 ArbZG lautet: "Der Arbeitgeber ist verpflichtet, die über die werktägliche Arbeitszeit des § 3 Satz 1 hinausgehende Arbeitszeit [gemeint sind 8 Stunden, o.N.] der Arbeitnehmer aufzuzeichnen. Die Aufzeichnungen sind mindestens zwei Jahre aufzubewahren." § 16 Abs. 1 Nr. 10 bestimmt überdies, dass die Unterlagen "vollständig" vorgelegt werden müssen. Wenn also z.B. durch Überarbeit Zeitguthaben aufgebaut werden, muss dies dokumentiert werden.

Disziplinierung von Abweichenden ('Gruppendruck') verantwortlich ist. Das setzt allerdings gegenseitige Abhängigkeit, Vertretungsmöglichkeiten (gleiche Qualifikation, homogener Informationsstand), klare Zielgrößen (z.B. Erreichbarkeit für interne und externe Kunden, Termine, Qualitäten, Mengen) voraus. Vorgesetzte müssen lernen, das Instrument 'Anwesenheitskontrolle' mikropolitisch zu nutzen. Auch hier ist mit der 'Dialektik der Kontrolle' (*Giddens* 1988) zu rechnen: Je intensiver die Fremdbestimmung, desto präziser kann die Einhaltung bestimmter Vorschriften oder Anweisungen überwacht werden, desto niedriger ist aber auch die Ausschöpfung des kreativen und motivationalen Potentials der Kontrollierten (das vor allem dazu eingesetzt werden wird, die Kontrollen ins Leere laufen zu lassen oder zu pervertieren). Eine Vorgesetzte (oder eine Organisation) kann z.B. *Anwesenheit* erzwingen; dadurch ist aber nicht gleichzeitig gewährleistet, dass eine in Umfang, Qualität, Kosten, Termintreue etc. befriedigende *Leistung* erbracht wird. Wie industriesoziologische Studien immer wieder belegen (bekanntestes Beispiel: *Burawoy* 1979), sind Vorschriften oder Normen - überspitzt formuliert - dazu da, verletzt zu werden. Die hingenommene Verletzung innerhalb bestimmter Bandbreiten begründet Schuld(en) und Verpflichtung: wenn eine Vorgesetzte z.B. einem Mitarbeiter bestimmte Freiräume genehmigt (etwa durch ein entgegenkommendes Arbeitszeitregime), ist er ihr 'Rückzahlung' schuldig (z.B. besondere Loyalität, hohen Arbeitseinsatz bei Spitzenbelastungen, Bemühung um qualitativ hochwertige Leistungen, Pflege des Images usw.). Beide Seiten profitieren von diesem Deal - er darf nur nicht formell eingeklagt werden, weil beide Seiten dazu kein Recht haben. Die Einführung technischer Zeiterfassungssysteme (zer-)stört diesen Tauschhandel, weil plötzlich unternehmensweite Normen (Gleichbehandlung aller, Vorschriftentreue, Exaktheit etc.) durchgesetzt werden. Frühere Besitzstände können nicht geltend gemacht werden, weil sie illegal sind. Würden nun alle Seiten 'Dienst nach Vorschrift' machen, wäre das Gesamtergebnis für die Organisation negativ. Es ist deshalb damit zu rechnen, dass durch mechanische Erfassungssysteme 'entmachtete' Vorgesetzte auf kreative Weise versuchen werden, das Gleichgewicht wiederherzustellen, z.B. durch großzügige Handhabung von Ausnahmeregelungen, Kompensation in anderer Währung (Ausstattung, Bezahlung, Urlaubsregelung), Entlastung von unangenehmen Tätigkeiten etc. Gelingt es Vorgesetzten nicht, die entgangenen Privilegien durch neue Arrangements wettzumachen, ist mit Veränderungen auf der Inputseite zu rechnen (innere Kündigung, Desinteresse, Fehlzeiten, Qualitätsmängel etc.). Es besteht dann die Gefahr, dass eine Druckspirale in Gang gesetzt wird: ineffizientes Mitarbeiterverhalten wird mit Sanktionen belegt, die aber nicht dauerhaft besseres Verhalten, sondern Gegendruck oder Ausweichen provozieren werden. Damit ist ein bürokratischer Teufelskreis in Gang gesetzt (siehe dazu *Türk* 1976). Eine Deeskalation ist nur möglich, wenn von der Herrschaftslogik auf die anderen oben beschriebenen Logiken umgeschaltet wird (Kooperation, Verwertung, Integration, Anpassung usw.).

Ein Aspekt der Herrschaftslogik (im Sinne der Erhaltung gegebener hierarchischer Strukturen) ist es auch, wenn Aspekte des Arbeitszeitregimes als *Statussymbole* genutzt werden. Es ist z.B. möglich, bestimmte Arbeitnehmergruppen aus der technischen Zeiterfassung auszunehmen [siehe etwa für AT-Angestellte bei Audi (*Weidinger* 1993) und bei BMW (*Bullinger & Buck* 1994)] und/oder abgestuft nach Hierarchie-Ebene bestimmte Vorrechte in der Zeitautonomie einzuräumen (z.B. Bestimmung des Zeitpunkts der Inanspruchnahme von Freizeit, Länge von Fristen, Abstimmungspflichten, Volumina etc.). Ein Beispiel dafür ist die Regelung der Anwesenheitspflicht und des Urlaubszeitpunkts für ProfessorInnen einerseits (sie entscheiden selbst und müssen keinen Antrag stellen) und wissenschaftliche MitarbeiterInnen andererseits [für sie besteht - theoretisch - Anwesenheitspflicht; Urlaub muss schriftlich beantragt und genehmigt werden]; ein anderes Beispiel ist das stark differenzierte System der Dräger-Werke (*Alt* 1991), das in Abb. C-10 wiedergegeben ist.

Art des Zeit-speichers	Berechtigtenkreis	Volumen	Befristung	Entnahmemöglichkeiten
1. Gleitzeitspeicher	alle Mitarbeiter	+ 15 Std. - 10 Std.	pro Monat mit Saldo-übertrag	bis zu einem ganzen und einem halben oder 3 halbe freie Tage pro Monat
2. Mehrarbeitsspeicher	Tarifliche Mitarbeiter	-	6 Monate	bis zu 3 zusammenhängende Tage
3. Zusatzspeicher Schichtbetrieb[1]	alle Mitarbeiter im Schichtbetrieb[2]	+ 40 Std.[3] - 10 Std.	pro Monat mit Saldo-übertrag	höchstens 5 Tage in Form von ganzen/halben Tagen oder auch im Block pro Monat
4. AF-Speicher	Tarifliche Mitarbeiter	29,6 Std. (4 x 7,4 Std.)	Kalender-jahr	einheitlich pro Betrieb festgelegte 4 arbeitsfreie Tage ("Brücken-Tage")
5. Bezahlte Freizeit	Außertarifliche Mitarbeiter	40 Std. (5 x 8 Std.)	Kalender-jahr	1 Woche Freizeit oder entsprechende Abgeltung
6. Langzeit-Frei-zeit-Guthaben	Leitende Angestellte	unbegrenzt	keine	beliebig

[1] z.Zt. wird an der Realisierung dieses Speichers gearbeitet.

[2] In der Testphase: Nur für einen Pilotbereich.

[3] Einschl. des Guthabens des Gleitzeitspeichers.

Abb. C-10   Mitarbeiterdifferenzierung durch Arbeitszeitgestaltung; ein Beispiel aus den Dräger-Werken (*Alt* 1991).

Am Beispiel von Einführung und Handhabung des Arbeitszeit*regimes* 'Gleitzeit' zeigt sich einmal mehr, dass sich Arbeitsverhältnisse als eine komplexe Mischung aus herrschaftlichen, marktlichen, ideologischen, ethischen und sachlogischen Momenten darstellen, die sich einer eindimensionalen Steuerung verweigert.

Diese Mischung von Logiken erklärt auch, warum die Einführung von Gleitzeit nicht immer vorbehaltslos begrüßt wird. Es ist oben schon festgestellt worden, dass Gleitzeit vor allem bei Angestellten und BeamtInnen praktiziert wird. An Arbeitsplätzen mit produktions- oder kundenfernen Tätigkeiten hat sich oftmals historisch eine - von *Bosetzky* so genannte - 'kameradschaftliche Bürokratie' herausgebildet. Wird MitarbeiterInnen die Möglichkeit der Gleitzeit 'angeboten', reagieren sie nicht wegen der neuen Handlungsspielräume negativ, sondern weil sie einer bisher ungewohnten Kontrolle unterworfen werden. Sie befürchten (zurecht), dass durch die Zeiterfassung nun erstmals aufgedeckt wird, dass sie sich zahlreiche Freiheiten oder besser: Freizeiten herausgenommen haben, die arbeitsvertraglich nicht gedeckt sind: Arbeitsbeginn und -ende sowie Arbeitsunterbrechungen werden recht großzügig gehandhabt *und* - dies ist entscheidend - von den Vorgesetzten toleriert. Wenn - wie z.B. im Öffentlichen Dienst - keine ins Gewicht fallenden Druck- oder Belohnungsmöglichkeiten gegeben sind (Kündigungsdrohung, Gehaltsverbesserung, Aufstieg, Höherqualifizierung in oder neben der Tätigkeit), wird die tägliche Sicherung von Motivation durch 'Gefälligkeiten' betrieben: exzessive Arbeitsbelastungen oder Kontrollen unterbleiben, es wird Wert auf ein 'gutes Klima' gelegt (gemeinsame Kaffeerunden, Feiern, Ausflüge etc.). Nicht zuletzt werden die genannten vermeintlichen Nachteile (niedriges Einkommen und fehlende Möglichkeiten der leistungsabhängigen Einkommensverbesserung, Senioritätsprinzip bei Beförderungen) kompensiert durch Gegenleistungen in Freizeit. Diese oben schon behandelten mikropolitischen Deals begründen Besitzstände, die mit allen Mitteln verteidigt werden. Die für Organisationen typische Heuchelei (siehe *Brunsson* 1985, *Ortmann* 1995) lässt sich an diesem Fall besonders klar demonstrieren: Die wahre Begründung der Ablehnung von (Gleitzeit-)Kontrollen (Angst, dass die eigenmächtige und/oder stillschweigend ausgehandelte Verkürzung der Arbeitszeit aufgedeckt wird), kann nicht offen ausgesprochen werden. Obwohl allen Beteiligten (Leitung, Vorgesetzten, Personalrat, MitarbeiterInnen) genau dieser Grund bekannt ist, wird das Gefecht auf einem anderen Schauplatz ausgetragen: Es werden Messprobleme aufgebauscht, spezifische Arbeitsanforderungen ins Feld geführt, die Vertrauenskultur und die derzeit hervorragenden Leistungen beschworen, Präzedenzfälle von Ausnahmen oder Misserfolge in verwandten Organisationen gesammelt und entkontextualisiert oder extremisiert präsentiert usw.). Besonders kurzsichtig ist die Argumentation, dass nicht das Sitzfleisch, sondern die Leistung bezahlt werde - und wenn man mit hoher Leistungsintensität arbeite, habe man eben das 'Recht' zu gehen, wenn keine Arbeit mehr da sei. Unfreiwillig wird damit zugegeben, dass Vollzeitstellen nicht konstant ausgelastet sind, sodass eine Verkürzung der Arbeitszeit (Teilzeit mit Einkommensreduktion) angebracht wäre. Im Grunde ist gegen die mikropolitischen Deals aus ökonomischen Gründen nicht viel einzuwenden, weil sie ein bestimmtes (akzeptables oder auch nur gewohntes) Maß an Leistungsmenge und -qualität, an Loyalität, Spontaneität, Klima etc. sichern, das sich ansonsten nur mit unvertretbar hohen Transaktionskosten (vor allem Überwachungs- und Durchsetzungskosten) erreichen ließe. Prekär sind andere Probleme: Zum einen wird die Leitung, die auf der Einhaltung des Arbeitsvertrags besteht, 'vorgeführt' und verliert an Autorität; zum anderen kommt es zur schleichenden Erosion der Normen durch sukzessive Angleichung nach unten: Wenn z.B. die tägliche Verkürzung der Arbeitszeit um eine halbe Stunde üblich und 'normal' ist, einige aber als Sonderrechte von ihren Vorgesetzten eine Verkürzung um eine ganze Stunde eingeräumt bekommen, ist damit zu rechnen, dass andere auf Angleichung bestehen, sodass dann die bislang Bevorzugten eine weitere Reduktion beanspruchen werden, die wiederum vom Rest eingefordert werden wird usw. Wo sich die reale Arbeitszeit im individuellen Fall dann einpendelt, hängt von einer Vielzahl von Bedingungen ab, in erster Linie von informellen Normen (die durch Solidarität, Akzeptanz der Ungleichbehandlung des Gleichen, Verständnis für Sonderbelastungen etc. geprägt sind) und von der Vermeidung der Herausforderung offizieller Gegenmaßnahmen (formale Kontrollen, Planstellenkürzungen, Versetzungen, Abmahnungen etc.). Auf die negative Zeitpräferenz der beteiligten Vorgesetzten und MitarbeiterInnen (Maximierung des Nutzens von Gegenwart und naher Zukunft) reagieren Organisationen langfristig: z.B. durch Planstellenabbau, Teilzeit-Arbeitsplätze, Absenkung der Einstiegsgehälter, Forcierung der Technologisierung und Ähnlichem.

Im Folgenden werden als Belege für die Kombinierbarkeit vieler Arbeitszeitelemente zwei Betriebsbeispiele (BMW-Regensburg und VW) etwas ausführlicher dargestellt.

3.4.6 Fallbeispiel 1: Das Arbeitszeitmodell von BMW Regensburg

An einem in der Literatur gut dokumentierten (und vielzitierten) Beispiel - BMW Regensburg - sollen Entwicklung und Form eines Zeitorganisationssystems vorgestellt werden, das verschiedene Elemente (Schichtarbeit, Gleitzeit, Pausendurchlauf) kombiniert:

Die Vorbereitungen begannen 1983 in der Planungsphase des neuen Werks in Regensburg als schon klar war, dass die IG Metall ihre Forderung nach Einführung der 35-Std.-Woche durchsetzen würde.

In der Anlaufphase des neuen Werks (November 1986 bis April 1988) wurde einschichtig gearbeitet, und zwar im 8,5-Std./Tag in einer Doppelwoche mit (4+5) = 9

Arbeitstagen (zunächst ohne Samstagsarbeit); die Arbeiter kamen so auf (9 x 8,5Std.) : 2 = 38,25 Std./Woche (siehe Abb. C-11a).

In der zweiten Phase (Mai 1988 bis Mai 1990) wurde - weiterhin im Einschichtbetrieb, aber nun *mit* Samstagsarbeit - die persönliche Arbeitswoche auf 4 Tage à 9 Std. verkürzt (36 Std./Woche); die Betriebszeit betrug jedoch 6 Tage à 9 Std. = 54 Stunden - "eine um 35% größere Kapazitätsauslastung bei unveränderter Anlagenausstattung mit den entsprechenden Ergebnisvorteilen für das Unternehmen. ... Als weiterer Effekt ... werden dem einzelnen Mitarbeiter mit der 4-Tage-Woche zusätzlich 44 freie Tage im Jahr ermöglicht, die er innerhalb größerer zusammenhängender Freizeitblöcke (alle drei Wochen fünf zusammenhängende Tage frei) genießen kann. ... Den Lohnausgleich zwischen tariflicher und persönlicher Arbeitszeit von 1,5 Stunden pro Woche[33] zahlen wir als 'Bonus für die Bereitschaft zur Samstagsarbeit' aus den durch die höhere Kapazitätsauslastung erzielten Ergebnisvorteilen" (*Bihl et al.* a.a.O., 770f.). Die Organisation dieses Modells wird in Abb. C-11b veranschaulicht, bei dem als Beispiel die individuelle Einteilung für drei Arbeitnehmer (A, B, C) gewählt wurde, die an zwei vergleichbaren Arbeitsplätzen eingesetzt werden (Mehrfachbesetzung). Aus der Abbildung geht hervor, dass an jedem Wochentag (incl. Samstag) beide Arbeitsplätze besetzt sind.

Ab Juni 1990 wurde dann in einer dritten Phase der Zwei-Schicht-Betrieb eingeführt: in einer 4-Tage-Woche wurden 9 Std./Tag je in einer Frühschicht (5 - 14.30 h) und einer Spätschicht (14.30 - 24.00 h) gearbeitet; eine weitere Neuerung war, dass die unbeliebte Samstags-Spätschicht abgeschafft wurde.

Bei einer *individuellen* Arbeitzeit von 36 Std./Woche ergab sich damit eine *betriebliche* Arbeitszeit ('Maschinenlaufzeit') von 5x18 Std. + 1x9 Std. = 99 Std. - im Verhältnis zum Ausgangszustand bei Werkseröffnung eine mehr als verdoppelte Kapazitätsauslastung. Hinzu kommt noch die Neuorganisation des 'Pausendurchlaufs' (die wir oben skizziert haben); rechnete man die dadurch bewirkte Ersparnis hinzu, dann würden weitere 11 x 0,5 Std., also 5,5 Std., hinzukommen. Der Schichtplan ist aus Abb. C-11c zu ersehen.

Weil die regelmäßigen Samstags-Spätschichten weggefallen waren (bei damals 37 Std. tariflicher Wochenarbeitszeit), wurden - zusätzlich zur beibehaltenen Ausgleichszahlung für 1,5 Std. - 11 'Ausgleichsschichten' eingeführt, die gleichmäßig über das Jahr verteilt wurden und während der Freizeitblöcke zu absolvieren waren. "Aus der Produktionssteigerung bei gleichzeitiger Arbeitszeitverkürzung resultiert ein Belegschaftsanstieg gegenüber den ursprünglichen Planungen von ca. 4000 auf mehr als 6500 Mitarbeiter, d.h. wir haben durch das Arbeitszeitmodell mehr als 2500 zusätzliche Arbeitsplätze 'aus dem Hut gezaubert'" (*Bihl et al.* 1990, 774).

---

[33] Damals galt im Metallbereich die tarifliche Wochenarbeitszeit von 37,5 Std.

a: Kombinierte 5-/4-Tage-Woche, Einschichtbetrieb ohne Samstagsarbeit

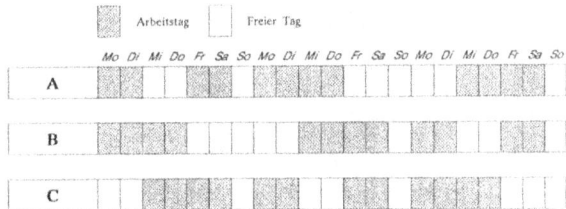

b: Schichtplan für den Einschichtbetrieb mit Samstagsarbeit

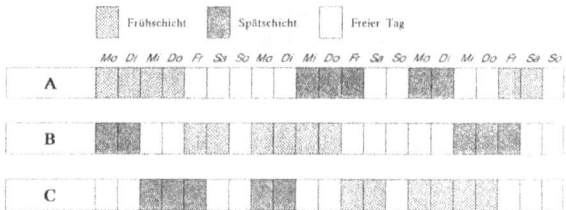

Anm.: zusätzlich 1 individuelle Ausgleichsschicht alle 4 Wochen pro Mitarbeiter (11 pro Jahr)
(Einarbeitung der entfallenen Samstagsspätschicht an einem der schichtfreien Tage)

c: Schichtplan für den 2-Schicht-Betrieb

Abb. C-11a,b,c: Schichtpläne bei BMW Regensburg (aus: *Bihl et al* 1990, 769-772)

Als Nachteile und Schwierigkeiten erwähnen die AutorInnen: die regelmäßige Arbeit an jedem 3. Samstag; Probleme der Informationsweitergabe wegen der langen Freizeitblöcke; die gerechte Verteilung der Ausgleichsschichten; die Vernachlässigung des "regelmäßigen Urlaubsabbaus", weil die großen Freizeitblöcke als Kurzurlaube betrachtet werden; Erschwernisse im Zusammenhang mit betrieblichen Bildungsmaßnahmen, die an Samstagen stattfinden.

3.4.7 Fallbeispiel 2: Das Volkswagen-Modell der Arbeitszeitverkürzung und -flexibilisierung

Bei VW wurde (am 15. Dezember 1993) eine Tarifvereinbarung zur Einführung der 28,8 Stunden-Woche geschlossen. Sie war der Endpunkt einer Vielzahl von Überlegungen, die sich auch unter die Überschriften 'Personalkostenabbau', 'Vorruhestandsregelung', 'Personalplanung', 'vorzeitiger Ruhestand' etc. subsumieren ließen. Der VW-Fall zeigt sehr plastisch die Vernetzung von Arbeitszeit- und Entgeltfragen auf und demonstriert, dass ein so gravierender Einschnitt wie eine Arbeitszeitverkürzung um 20% *mit einer entsprechenden Einkommenskürzung* der Belegschaft nur zu vermitteln ist, wenn im Möglichkeits-Szenario alle anderen Alternativen als schlechter präsentiert werden können. Im Grunde ging es darum, die Wettbewerbsfähigkeit von VW durch eine Senkung der Personalkosten (wieder) herzustellen.

VW stand 1993 - so *Peter Hartz*, der VW-Personalvorstand, in seinem Buch *'Jeder Arbeitsplatz hat ein Gesicht - Die Volkswagen Lösung'* (1994) vor dem Problem, einen Personalüberhang von 30.000 Stellen zu bewältigen. Als Alternativen wurden Kurzarbeit, Massenentlassungen und Arbeitszeitverkürzung erwogen. Kurzarbeit hätte als teuerste Lösung für VW mit Kosten von etwa 500 Mio. DM zu Buche geschlagen und wäre aufgrund der gesetzlichen Bestimmung allenfalls bis 1994 nutzbar gewesen; Massenentlassungen hätten sehr hohe Sozialplankosten ausgelöst und vor allem - weit wichtiger - zu einer 'negativen Sozialauswahl' geführt, weil v.a. jüngere MitarbeiterInnen als erste hätten entlassen werden müssen. Um aus "siebzigtausend herkömmlichen Beschäftigungsverhältnissen, für die allein Bedarf besteht, einhunderttausend Beschäftigungsverhältnisse" (*Hartz* 1994, 46) zu machen, entschloss sich VW zu einer 20%-Arbeitszeitreduktion mit entsprechender Lohnkürzung; bei einer damaligen tariflichen Arbeitszeit von 36 Std./Woche bedeutete das die 28,8 Stunden-Woche. Um die Zustimmung des Betriebsrats und der IG Metall zu erhalten, musste zum einen eine Beschäftigungsgarantie abgegeben, die Befristung des Modells (auf zwei Jahre) zugesagt und vor allem eine drastische Einkommensreduktion vermieden werden.

Kapitel C

Die Arbeitszeitverkürzung 'für alle' (auch für die Führungskräfte) hätte normalerweise zu einer linearen Einkommenssenkung um 20% führen müssen. Um sie für
die *Monats*einkommen unmittelbar nach dem Inkrafttreten des Abkommens zu umgehen, wurde ein ganzes Bündel von Maßnahmen ergriffen:

- Das monatliche Entgelt wurde um 20% abgesenkt. Aber folgende Einkommensbe-
  standteile wurden auf diesen Sockelbetrag aufgesattelt:
- die 'Jahressonderzahlung' (in etwa ein 13. Monatseinkommen) wurde auf Mo-
  natsbasis umgestellt;
- das 'Urlaubsgeld' (etwa 70% eines Monatsgehalts) wurde bis auf einen Restbetrag
  ebenfalls auf monatliche Zahlung umgestellt;
- die für 1.11.93 schon beschlossene Tariferhöhung um 3,5% wurde um zwei Monate verschoben;
- im Vorgriff auf die zum 1.8.94 anstehenden Tarifverhandlungen wurde eine 1%-
  ige Einkommenserhöhung vorgezogen;
- die für 1.10.95 beschlossene Einführung der 35-Std.-Woche wurde um ein Jahr
  vorgezogen;
- die 'Erholungsfreizeit' (der sog. 'Nordhoff-Urlaub') fiel weg;
- das Unternehmen steuerte noch ca. 2% des Monatseinkommens bei, um den Ausgleich sicherzustellen.
- Für das Unternehmen kamen noch die Einsparung von Mehrarbeitszuschlägen
  und die Absenkung des Sozialabgaben-Anteils hinzu.

Während bei der alten 36-Std.-Woche insgesamt 14,2 Monatsentgelte/Jahr gezahlt
worden waren, blieben davon nach der Umstellung 12,66 Monatsentgelte/Jahr (s.
Hartz 1996, 100).

Durch diese Maßnahmen, die kosmetisch zwar das nächste Monatseinkommen exakt konstant hielten, wurde das Jahreseinkommen zwischen 11 und 12% gesenkt;
für VW konnte dadurch im Jahr 1994 eine Personalkostenreduktion um 1,6 Milliarden DM erwartet werden (*Hartz* 1994, 68).

Was die konkrete Umsetzung der Arbeitszeitverkürzung anbelangt, so wurden keine
Ideen realisiert, die nicht schon bei VW oder anderswo praktiziert wurden. Es gab
für die jeweiligen Werke und Belegschaftsgruppen sehr unterschiedliche Modelle,
z.B. keinerlei Vorschriften für die Führungskräfte, 4-Tage-Woche mit täglicher Arbeitszeitverkürzung auf 7 Std. 12 min, Fünftagearbeit mit je 5 Std. 46 min pro Tag,
individuelle oder kollektive Freischichten, versetzte Schichten (im Angestelltenbereich arbeitet z.B. die eine Hälfte von Montag bis Donnerstag, die andere von
Dienstag bis Freitag), Zwei- oder Dreischichtbetrieb, Kontischichten usw.

Diese Maßnahmen wurde noch durch zwei weitere Bestandteile ergänzt: die sog.
'Generationen-Stafette' und die *'Blockzeit'*.

Die Stafette:

- Mit der Stafettenlösung wird an beiden Enden der Altersverteilung angesetzt: Ausgebildete werden nicht sofort in ein Vollarbeitszeit-Verhältnis übernommen, sondern stufenweise integriert: in den ersten zwei Jahren erhalten sie 20-Std.-Verträge, nach 24 bis 42 Monaten 24-Std.- und nach 42 Monaten 28,8-Std.-Verträge.

- Analog ist der "stufenweise Abschied vom Beruf" (*Hartz* 1994, 85) geregelt, wobei hier den betroffenen MitarbeiterInnen keine Zwangsverrentung droht, sondern Angebote gemacht werden, die finanziell vom Unternehmen unterstützt sind: Absenkung der wöchentlichen Arbeitszeit auf 24 Std. bis zum 59. Lebensjahr, ab dem 60. Lebensjahr auf 20 Stunden und Verrentung dann mit 63 Jahren.

Die 'Blockzeit'

Sie ist das Angebot einer Art Sabbatical-Lösung und als mehrmonatige 'Auszeit' gedacht, während der sich der Mitarbeiter oder die Mitarbeiterin weiterqualifizieren kann (VW hofft, dass ein Teil der Kosten von der Arbeitsverwaltung übernommen wird, s. unten). Zur Beratung der MitarbeiterInnen wurde eine Coaching-Gesellschaft gegründet. Auch ältere Mitarbeiter können sich blockweise auf Jahresbasis freistellen lassen (sodass dann z.B. die 56-59-jährigen nur noch 10 Monate im Jahr arbeiten würden).

Aus Unternehmenssicht bedeutet der Tarifvertrag einen wichtigen Einstieg in ein breites Feld von Flexibilisierungsmöglichkeiten, die früher bei einem so stark gewerkschaftsbeherrschten und auf soziale Sicherheit fixierten Unternehmen nicht für möglich gehalten worden waren. Entsprechend wurde auch das Schlagwort des M4-Mitarbeiters kreiert[34] (*Hartz* 1994, 114f.): offiziell übersetzt ist damit ein Mitarbeiter bezeichnet, der multifunktional[35], mobil, mitgestaltend und menschlich ist. Hinter diesen progressiv klingenden Etiketten steht die Forderung an die MitarbeiterInnen, alte Gewohnheiten (z.B. Besitzstandswahrung, Versorgungsdenken, Anspruchshaltung, Dienst nach Vorschrift) aufzugeben und beweglicher zu werden. *Hartz* verwendet ein ganzes Kapitel (27-42) darauf, den Begriff der 'Zumutbarkeit' hoffähig zu machen: alle müssen entsprechend ihrer Lage Opfer und Zugeständnisse auf sich nehmen und zwar *materielle* (Einkommenseinbußen), *funktionale* (Bereitschaft, sich umsetzen zu lassen und sich weiterzuqualifizieren), *geografische* (Hinnahme längerer Wegezeiten; Versetzung zu anderen VW-Werken) und schließlich *soziale*: jene, die es nicht so hart trifft, müssen mehr Opfer bringen, z.B. die jüngeren, die familiär ungebundenen, die älteren. So fährt ein Vater zugunsten seiner Tochter sein Arbeitsverhältnis zurück, ein Nachbar im Dorf zugunsten eines Azubis (*Hartz* 1994, 39). Dabei wird auch immer wieder moralisch und symbolisch argu-

---

[34] Im Kfz-Werbejargon spricht *Hartz* (1994, 34) auch vom "Flexi-Multi-Mitarbeiter-Modell".

[35] 1996 wird dieses M mit 'mehrfachqualifiziert' übersetzt (s. *Hartz* 1996, 46).

mentiert; beschworen werden z.b. der Sympathiekreis des VW-Umfelds, die VW-Familie, die große VW-Gemeinschaft ('Von der Zweckgemeinschaft zur Sinngemeinschaft', a.a.O. 121), Ownership oder VW als Lebensanker ...

Die Einführung der 28,8-Std.-Woche bei VW ist ein Projekt, an dem sich zeigen läßt, dass zentrale Kapitalverwertungsinteressen [*Hartz* zählt sie (1994) auf S. 30 auf: Verkürzung der Fertigungszeiten, Senkung der Lohn(stück)kosten, Erhöhung der Produktivität] eine konzertierte Aktion verlangen, bei der neben 'harten Maßnahmen' (Arbeitszeitverkürzung und -flexibilisierung, direkte Personalkostensenkung, organisatorische Umstellungen) auch 'weiche' Vorgehensweisen eingesetzt werden (KVP² [36], Führungsstil, Corporate Identity, Zusammenarbeit in Gruppen, Kommunikation).

Die Fortschreibung

In seinem zweiten Buch (*'Das atmende Unternehmen. Jeder Arbeitsplatz hat einen Kunden'*, 1996) informiert *Hartz* über die weitere Entwicklung. Die Tarifvereinbarung von 1993 ist 1995 (12.9.95) in geänderter Fassung bestätigt und weiterentwickelt worden. Die 'Vereinbarung zur Sicherung der Standorte und der Beschäftigung' enthält neue Elemente; sie ist auszugsweise im Beleg C-5 abgedruckt (s. *Hartz* 1996, 202).

Wichtige Elemente der neuen Vereinbarung knüpfen an das zentrale Anliegen an, Personalkosten zu senken und Flexibilität zu steigern. Neben den bereits zitierten Abmachungen [Jahresarbeitszeit; 5-Tage-Woche als regelmäßige Option, nicht wie früher als Ausnahme; Vermeidung von Überstundenzuschlägen, weil Mehrarbeit erst bei 35 und nicht schon bei 28,8 Stunden beginnt; Beseitigung der Zustimmungspflicht des Betriebsrats für Mehrarbeit bis 35 Std.] wurden 1995 noch weitere kostenrelevante Maßnahmen beschlossen:

"Leistungsbeitrag"

Alle Beschäftigten leisten einen 'freiwilligen' *Leistungsbeitrag*, indem sie ihre wöchentliche Arbeitszeit *ohne Bezahlung* auf 30 Stunden erhöhen! Dies geschieht im Produktionsbereich durch eine Verkürzung der bisherigen bezahlten 5-minütigen Erholungspause pro Stunde auf 2,5 min; im indirekten Bereich durch eine sog. "1,2-stündige SOLL-Leistung pro Woche und Mitarbeiter." Damit ist effektiv die 30-Stunden-Woche eingeführt, die Rechenbasis bleibt aber die 28,8-Stunden-Woche.

---

[36] So heißt bei VW der 'Kontinuierliche Verbesserungsprozess', der aus dem Vorschlagswesen und den Qualitätszirkeln hervorgegangen ist. Das 'hoch 2' soll 'Dynamisierung' signalisieren (*Hartz* 1994, 119): MitarbeiterInnen beseitigen erkannte Mängel und Störungen in eigener Initiative und sofort!

Beleg C-5:   Auszüge aus der VW-Tarifvereinbarung 1995 (zitiert ohne die Gliede-
rungsnummern des Originals) (aus: *Hartz* 1996)

"Arbeitsverteilung

Grundsatz

Beginn und Ende der täglichen Arbeitszeit einschließlich der Pausen sowie die Verteilung der wöchentlichen Arbeitszeit auf die einzelnen Wochentage - in der Regel von
Montag bis Freitag - werden mit dem Betriebsrat vereinbart. Die wöchentliche Arbeitszeit kann schichtplanmäßig gleichmäßig oder ungleichmäßig-regelmäßig grundsätzlich
auf 4 oder 5 Arbeitstage in der Regel von Montag bis Freitag verteilt werden.

Ungleichmäßige Verteilung - Volkswagenwoche -

In Produktionsbereichen sowie produktionsabhängigen Bereichen kann die regelmäßige
Arbeitszeit im Rahmen der jährlichen Programm- und Arbeitszeitplanung auf bis zu 8
Stunden pro Tag und bis zu 10 Stunden über die regelmäßige Wochenarbeitszeit von
Montag bis Freitag hinaus verteilt werden.

... Gegenüber den betroffenen Werksangehörigen ist grundsätzlich eine Ankündigungsfrist von 2 Monaten einzuhalten.

Bei ungleichmäßiger Verteilung der Arbeitszeit ist die 28,8-Stunden-Woche innerhalb
eines Kalenderjahres einzuhalten.

Um die 28,8-Stunden-Woche im Kalenderjahr für den Einzelnen sicherstellen zu können, kann durch Betriebsvereinbarung ein individuelles Arbeitszeitkonto nach dem
Ansparprinzip eingeführt werden."

Neu gefasst wurden auch die Regelungen über Mehrarbeit:

"Mehrarbeit liegt vor, wenn die im Rahmen der Verteilung der tariflichen wöchentlichen Arbeitszeit jeweils festgelegte tägliche und wöchentliche Arbeitszeit überschritten
wird. Mehrarbeit wird nur vergütet, wenn sie von dem zuständigen Vorgesetzten angeordnet ist. Es werden jedoch nur volle 1/4 Stunden verrechnet.

Zuschläge für Mehrarbeit gemäß Manteltarifvertrag werden ausschließlich für Stunden
gezahlt, die über die 35 Stunden in der Woche hinausgehen" [diese Zuschläge für Mehrarbeit betragen 30% für Montag bis Freitag, 30% für Samstag und 50% für schicht-
planmäßige Samstags- u. Sonntagsarbeit].

Die Mehrarbeit ist grundsätzlich durch bezahlte Freistellung von der Arbeit innerhalb
von 12 Monaten auszugleichen. Bei der Festlegung des Termins für die bezahlte Freistellung sind die persönlichen und betrieblichen Belange zu berücksichtigen.

Bezahlte Freistellung für Mehrarbeit kann auch für eine längere Unterbrechungszeit des
Arbeitsverhältnisses oder für einen gleitenden Übergang in (Stafette für Ältere) bzw. für
einen vorgezogenen Ruhestand verwendet werden."

Kapitel C

Flexibilitätskaskade

Die MitarbeiterInnen müssen zudem eine erhöhte Flexibilität zeigen; VW hat dafür ein neues Wort geprägt: *'Flexibilitätskaskade (Hartz* 1996, 121). Damit ist gemeint, dass - wie bei einem Wasserfall, der über mehrer Stufen zu Tal fließt - den MitarbeiterInnen abgestufte Zugeständnisse zu immer unattraktiveren Zeitregimes abverlangt werden:

- die tägliche Arbeitszeit kann pro Tag auf 8 Stunden und pro Woche auf 38,8 Stunden ausgeweitet werden;
- es können ungünstigere Schichten pro Tag gefordert werden;
- die Arbeitszeit kann auf fünf Arbeitstage pro Woche (Montag bis Freitag) ausgedehnt werden,
- reicht das noch nicht hin, kann Samstagarbeit angeordnet werden.
- Schließlich kann zum Ausgleich von Beschäftigungsungleichgewichten eine Versetzung in andere Arbeitsbereiche (oder sogar andere Standorte) vorgenommen werden. Im Vertrag heißt es dazu unter § 4:
  "Zur Beschäftigungssicherung kann es aus betrieblichen Gründen erforderlich sein, Umsetzungen und Versetzungen vorzunehmen. Jeder Werksangehörige ist verpflichtet, eine zugewiesene Tätigkeit zu übernehmen, wenn sie zumutbar ist" *(Hartz* 1996, 203).

Beschäftigungsscheck

Dabei handelt es sich um ein "Zeit-Wertpapier". Für angeordnete und abgeleistete Mehrarbeit stellt die jeweilige Führungskraft ein "Freizeitguthaben in Form eines Beschäftigungsschecks aus, in dem der Anspruch auf freie Stunden (Zeitwert) festgehalten wird. Gleichzeitig wird der Zeitwert auf einem individuellen Zeitkonto erfaßt" *(Hartz* 1996, 128). Dieses Guthaben kann dann auf verschiedene Weise entnommen werden (verlängerter Urlaub, Blockzeit, Absenken der Arbeitszeit zwecks Übergang in den Ruhestand); wichtig ist, dass das (verzinste!) Guthaben über mehrere Jahre hinweg aufgefüllt werden kann. Ankündigungsfristen für größere Zeitentnahmen sind differenziert geregelt.

Generationenstaffette

Die im Tarifvertrag von 1993 schon behandelten Stafettenlösungen werden weiter konkretisiert.

Für die Auszubildenden wird festgelegt:

- in den ersten zwei Jahren: Teilzeitarbeit mit 20 Wochenstunden im Jahresdurchschnitt;
- vom 25. - 42. Monat: 24 Wochenstunden,
- ab dem 43. Monat: Vollzeitarbeits-Verhältnis.

Es wurde weiterhin vereinbart, dass Azubis "grundsätzlich nach erfolgreich bestandener Abschlußprüfung in ein Arbeitsverhältnis übernommen werden."

Für die älteren MitarbeiterInnen ist eine 'Stafette für Ältere' mit drei Teilzeitschritten (24 Wochenstunden - 20 WStd. -18 WStd.) beschlossen worden. "Die Entscheidung über den Eintritt eines Werksangehörigen in den gleitenden Übergang in den Ruhestand trifft das Unternehmen unter Berücksichtigung der betrieblichen Bedürfnisse und der persönlichen Belange in Abstimmung mit dem Betriebsrat. Ein individueller Anspruch der Werksangehörigen hierauf besteht nicht." Die MitarbeiterInnen erhalten in der Stafette zum jeweiligen Teilzeit-Einkommen einen Zuschuß zur Aufbesserung ihres Einkommens auf Beträge, die je nach Tarifgruppe 95% (für die unterste Einkommensgruppe) bis 80% (oberste Gruppe) des Brutto-Monatsentgelts sicherstellen. Über Fristen (ab wann der Einstieg in den Ausstieg erfolgen kann und bis zu welchem Renteneinstiegsalter die Zuschüsse bezahlt werden) ist nichts ausgesagt.

Entlohnungsgrundsätze, Beteiligungsrente

Für ArbeiterInnen und Angestellte wird ein gemeinsamer Entgelttarifvertrag geschlossen und neue Entlohnungsgrundsätze vereinbart. Aus Arbeitzeit-Perspektive ist dabei wichtig, dass 'Persönliche Bedürfnis- und Erholzeiten' strenger gefaßt werden: erholungswirksamer Belastungswechsel kann nun ebenso auf die Erholzeit angerechnet werden wie Arbeitsunterbrechungszeiten von mehr als 5 Minuten.

Mit der Beteiligungsrente wird der Einstieg in eine neue Form der Altersvorsorge versucht: neben der gesetzlichen und betrieblichen Rente wird ein von den MitarbeiterInnen finanzierter Rentenbestandteil geschaffen, in den zunächst die bisherige 'vermögenswirksame Leistung' eingezahlt wird. Die nähere Regelung ist für den vorliegenden Zusammenhang der Arbeitszeitflexibilisierung nicht relevant und wird deshalb übergangen.

Insgesamt zeigen die Tarifvereinbarungen bei Volkswagen, dass beide Seiten, insbesondere die Arbeitnehmerseite, Beweglichkeit in verschiedenen Politikfeldern gezeigt haben. Als Gegenleistung gegen Beschäftigungssicherheit wurden Zugeständnisse in der Arbeitszeitverkürzung und -flexibilisierung gemacht und reale Kürzungen des Einkommens hingenommen. Umfragen haben gezeigt (*Promberger, Rosdücher, Seifert & Trinczek* 1996), dass die 2.767 befragten Beschäftigten mit der 28,8-Stunden-Woche mehrheitlich eher unzufrieden waren (49% waren sehr zufrieden/zufrieden, 35% zeigten sich ambivalent ('teils/teils') 16% zeigten sich unzufrieden/sehr unzufrieden)[37]; insbesondere die Einkommenseinbußen haben zu diesem kritischen Urteil beigetragen. Die (Un-)Zufriedenheit hängt stark von weiteren Faktoren ab (Geschlecht, Haushaltseinkommen, Lage und Verfügbarkeit der gewonnenen Zeit, Leistungsintensivierung usw.).

---

[37] Diese Prozentzahlen sind vor allem auf dem Hintergrund der üblichen Ergebnisse von Zufriedenheitsbefragungen zu sehen: Normalerweise erklären sich 70-90% der Befragten als 'zufrieden/sehr zufrieden' (siehe *Neuberger & Allerbeck* 1978).

Kapitel C

In einem eher bürokratischen und durch langjährige Gewerkschaftsdominanz gegenüber anderen Betrieben der Branche in Arbeitsgestaltungs- und Einkommensfragen verwöhnten Unternehmen wie VW derartige radikale Veränderungen durchzusetzen, war nur möglich, weil die Gefährdung vieler Arbeitsplätze plausibel gemacht werden konnte und weil der hohe gewerkschaftliche Organisationsgrad einheitliches Handeln erlaubte. Daß die Situation keineswegs leicht zu meistern war, ist auch den beiden Büchern von *Hartz* anzusehen: sie sind Dokumente erfolgreichen symbolischen Managements, das durch geschickte Kontextualisierung und vor allem suggestive Verbalisierung Akzeptanzbeschaffung betreibt. Die Texte sind ein Beleg für 'corporate wording': zahlreiche Wortneuschöpfungen und implizite 'Kulturarbeit' sind der Zuckerguß über der bitteren Pille, die die Belegschaft schlucken mußte. Einige Beispiele für diesen Newspeak, der ohne nähere Erläuterung nicht verständlich ist und die Adressaten zu Eingeweihten macht: Volkswagen-Woche, Volkswagenwelt, Volkswagen-Familie, Sympathiekreis, Zumutbarkeitskurve, Flexibilitätskaskade, Atmungsspielraum, M4-Mitarbeiter, Automobiltauglichkeit (der MitarbeiterInnen), Generationenstafette, Aktivzentrum Bauhof, Erfahrungsstufen, EASI-Initiative, KVP², Beschäftigungsscheck, Arbeitzeitbanking, Beteiligungsrente usw.

3.5 Schluss

(Personal-)Management ist vor die Aufgabe gestellt, Lösungen für schlechtstrukturierte Probleme zu finden und durchzusetzen, mit dem Ziel, die Kontrolle über Bedingungen, Prozesse und Ergebnisse zu behalten oder wieder zu erhalten. Diese Situation zwingt zum Denken in Alternativen (es sind stets funktionale Äquivalente in Erwägung zu ziehen), die zudem multiplen - und partiell widersprüchlichen - Kriterien genügen müssen. Es gibt deshalb den berühmten (einzigen) besten Weg nicht, vielmehr läßt sich das geforderte Vorgehen eher als 'Durchwursteln' charakterisieren. Daraus folgt, dass dem Management daran gelegen sein muss, einen möglichst großen Spielraum alternativ nutzbarer Möglichkeiten zu haben. Die Darstellung der Varianten, die sich aus Kombinationen der Grunddimensionen Chronometrie, -logie und -morphie erzeugen lassen, hat gezeigt, dass gerade auf dem Feld der Arbeitszeitgestaltung eine Vielzahl von (kreativ erweiterbaren) Modulen existiert. Damit ist die Voraussetzung gegeben, auf wechselnde Bedingungen nahezu maßgeschneidert reagieren und zentralen Managementkriterien (Kostenwirksamkeit, Revidierbarkeit, Kontrolle, Akzeptanz) genügen zu können. Das darf jedoch nicht dazu verführen, Zeitmanagement als technisches Problem zu reformulieren. Das ist es zwar auch, aber nicht ausschließlich: es ist weiterhin die Durchsetzung von Ordnung in einem 'umkämpften Terrain', auf dem sich Interessen gegenüberstehen, die teils unvereinbar sind (Hegemonie vs. Souveränität), teils partiell harmonisierbar sind, sodass alle Lösungen vorläufig, umstritten und gefährdet sind.

Kapitel D: Fehlzeiten - Übersicht

1. Fehlzeiten als Dauerthema: Die Kosten des 'Krankfeierns'

2. Methodische Grundlagen

2.1 Arten von Fehlzeiten
Geht es um Anwesenheit - oder um Leistung?
Echte Fehlzeiten vs. (Edel-)Absentismus

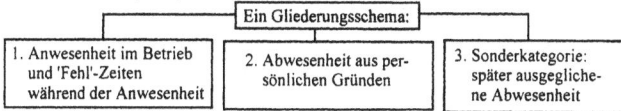

Ein Gliederungsschema:

1. Anwesenheit im Betrieb und 'Fehl'-Zeiten während der Anwesenheit	2. Abwesenheit aus persönlichen Gründen	3. Sonderkategorie: später ausgeglichene Abwesenheit

2.2 Zur Operationalisierung von Fehlzeiten

Definitionen

Fälle, Häufigkeiten	Dauer
Morbiditätsrate / Krankenstand	Fehlzeitenquote / Ausfallzeit

Erhebungsmethoden

Mikrozensus und internationale Vergleiche	Einzelfallstudien Beispiel: AOK Ingolstadt

weitere Differenzierungen

Blauer-Montags-Index; Fehlzeiten-Verteilung in der Arbeitswoche	Häufigkeit bestimmter Krankheitsdiagnosen

2.3 Krankheit

"echte" Krankheit; Arbeitsunfähigkeitsbescheinigung	simulierte Krankheit	dissimulierte Krankheit

2.4 Exkurs über die Fehlzeiten von Frauen

3. Perspektiven

3.1 Management-Perspektive:	3.2 Ökonomische Perspektive:	3.3 Politische Perspektive:
FZ-Controlling! Korrelate und Folgen von FZ Unterschiede zw. Branchen, Arbeitnehmergruppe und Unternehmen Unterschiede zw. Krankenkassen u. Geschlechtern Erklärungsmodelle - empirisch-deskriptiv - Steers & Rhodes - Pfaff et al. - Thibaut & Kelly Maßnahmen zur FZ-Reduktion und ihr theoretischer Hintergrund FZ u. betriebl. Logiken	FZ als rationale Entscheidung Modelle: Das neoklassische Arbeitsangebotsmodell Implizite Verträge Effizienzlohntheorien Humankapitaltheorien Informationsasymmetrien	FZ als Mittel und Objekt der Arbeitspolitik FZ und symbolische Politik FZ und Mikropolitik FZ und Makropolitik Fehlzeiten und Konjunktur Gegnerschaft und Komplizenschaft in der Behandlung von Fehlzeiten

1. Zur Daueraktualität des Themas 'Fehlzeiten'

Wenig Themen der Personalwirtschaftslehre werden mit solch affektiver Beteiligung diskutiert wie die sogenannten Fehlzeiten: von Drückebergern, Scheinkranken, eingebildeten Kranken, Ermessenskranken, Bagatellkranken, Simulanten, Sozialparasiten, dem 'bösen Drittel', Edel-Absentisten, Blaumachern, Arbeitsverweigerern und dem 'gelben Urlaubsschein' ist die Rede. Dabei wird fast immer betont, dass es sich zwar nur um 'einzelne schwarze Schafe' handele, dass aber dennoch der durch sie angerichtete Schaden so groß sei, dass man etwas dagegen tun müsse. In diesem Zusammenhang wird häufig auch auf die im internationalen Vergleich scheinbar relativ hohen Fehlzeiten in der BRD hingewiesen, auf das fehlzeitenbegünstigende System der sozialen Absicherung, auf enorme, aber vermeidbare betriebs- und volkswirtschaftliche Kosten, auf die Kumpanei der krankschreibenden Ärzte usw. Es überrascht deshalb nicht, wenn auch die Medien immer wieder auf das Thema einsteigen und den 'Volkssport Krankfeiern' (so ein *Spiegel*-Titelblatt (Nr. 18, 1991) oder das 'Ärgernis Krankfeiern' (siehe das Titelblatt des *Manager Magazins* (Nr. 10, 1995) aufs Korn nehmen.

Furore machte eine gerichtlich mehrfach verbotene anarchistische Schrift, die aus der Gegenperspektive argumentiert und das Fernbleiben von der Arbeit als Reaktion auf Ausbeutung interpretiert. In ihrem Hauptteil werden konkrete Ratschläge gegeben, wie man Krankheiten simulieren könne, um in den Besitz der ärztlichen Arbeitsunfähigkeitsbescheinigung zu kommen (*Mende* 1982; ein Beispiel drucken wir im Beleg D-3 auf S. 337 ab; eine ähnliche Polemik findet sich in *o.V.* 1982).

Die Thematik der Fehlzeiten hat immer Konjunktur: Wenn der Arbeitsmarkt angespannt ist, klagen die Arbeitgeber über das 'Ausnutzen der Lage' durch die ArbeitnehmerInnen; gibt es aber ein Überangebot an Arbeitskräften, werden die hohen Kosten beklagt, die durch Lohnfortzahlung, Versicherungsbeiträge, Krankengeld, Produktionsausfälle etc. entstehen.

Risch & Selzer (1995, 208) geben ohne weitere Informationen über die Berechnungsgrundlagen und -methoden die Krankenstandskosten einiger deutscher Großunternehmen wieder[1] (siehe nächste Seite oben).

Derr (1995, 15) geht noch weiter: "Die direkten Kosten der Lohnfortzahlung beliefen sich 1989 auf 44 Mrd. DM und summierten sich im Zeitraum vom 1.1.1970, der gesetzlichen Einführung der Lohnfortzahlung im Krankheitsfall, bis 1989 auf 550 Mrd. DM. "

---

[1] Ein aufgeschlüsseltes Beispiel aus einem mittelständischen Unternehmen (Dräger-Werk) ist auf Seite 319 abgedruckt.

Deutsche Post AG:	ca. 2.000 Millionen
Deutsche Bundesbahn:	ca. 1.700 Millionen
Deutsche Telekom:	ca. 1.500 Millionen
Volkswagen:	ca. 520 Millionen
Opel:	ca. 213 Millionen
Bosch:	ca. 177 Millionen
BMW:	ca. 144 Millionen

Derartige beeindruckende Zahlen werden vor allem in massenmedialen Darstellungen immer wieder präsentiert; sie werden vielfach in einem Kontext platziert, der suggeriert, es handle sich um vermeidbare Kosten, die vor allem durch die oben genannten Blaumacher verursacht würden, für die dann 'die Arbeitgeber' oder 'die Sozialversicherung' aufkommen müssten[2]. Manchmal wird der Vorwurf, 'die' ArbeitnehmerInnen nähmen sich allzu sorglos Freizeiten heraus, mit den Gegenvorwurf gekontert, an anderer Stellen würde noch mehr Missbrauch mit der Sozialversicherung getrieben (z.B. bei illegaler Beschäftigung, dem Fehlbezug von Sozialleistungen oder der leistungsfremden Inanspruchnahme der Rentenversicherung (s. die Zahlen in *Sturm* 1995).

Aus Arbeitgebersicht schreiben z.B. *Salowsky & Seffen* (1994, 113) die oben bei *Derr* für 1989 berichteten Zahlen fort:

"1992 mussten die Betriebe in Westdeutschland für die Entgeltfortzahlung über 53 Milliarden, in Ostdeutschland schätzungsweise 6 Milliarden DM aufwenden. Für die länger als sechs Wochen dauernden Erkrankungen ihrer Versicherten haben die westdeutschen Krankenkassen 1992 12,3 Milliarden DM an Krankengeld ausgegeben, die ostdeutschen fast zwei Milliarden DM. Über die Krankenversicherungsbeiträge wurden diese Beträge je zur Hälfte von den Arbeitgebern *und den Arbeitnehmern* finanziert [kursiv durch O.N.]. Ergänzend wurden von den Arbeitgebern Krankengeldzuschüsse in Höhe von schätzungsweise 385 Millionen DM bezahlt. Rund eine Milliarde DM schließlich wurde von den gewerblichen Berufsgenossenschaften als Träger der gesetzlichen Unfallversicherung im gesamten Bundesgebiet für Verletzten- und Übergangsgeld in den Fällen aufgewendet, in denen die Arbeitsunfähigkeit Folge eines Arbeitsunfalles war. Diese Leistungen - wie die gesamte Unfallversicherung - werden ausschließlich von den Arbeitgebern finanziert. Alles in allem gaben somit die Betriebe in Westdeutschland 1992 für die wirtschaftliche Sicherung ihrer Arbeitnehmer im Krankheitsfall fast 68 Milliarden DM aus. Das waren gut 2,2% des gesamtdeutschen Bruttoinlandsprodukts und 4% des Bruttoeinkommens aus unselbständiger Arbeit" (113).

---

[2] *Scharf* (1983, 140) zitiert eine Äußerung aus der FAZ, in der in diesem Zusammenhang von der "'alltägliche(n) Kleinkriminalität' gegen Mitversicherte und gegen die Betriebe" gesprochen wird. Die lange Tradition dieser Art von Argumentation zeigt er (S. 141) durch den Hinweis auf einen Ausspruch *v. Borsigs* auf, der sich 1929 als Vorsitzender der Deutschen Arbeitgeberverbände auf "Skrupellose, Dreiste, Arbeitsscheue" bezieht, die sich "auf Kosten der Gewissenhaften und Arbeitsamen bereichern" könnten.

Verständlich, dass bei solchen Größenordnungen über Einsparmöglichkeiten nachgedacht wird. Angesichts der Auseinandersetzungen um die Absenkung der Entgeltfortzahlung im Krankheitsfall, die nach der Gesetzesänderung 1996 entbrannten, sind viele Facetten des Problems sichtbar geworden. Aber schon 1991 hatte eine DGB-Studie, über die in der *Süddeutschen Zeitung* (11.10.1991, 8) berichtet wurde, andere Einordnungsmöglichkeiten der Fehlzeitenkosten angeboten:

> Die stellvertretende DGB-Vorsitzende *Engelen-Kefer* hatte erklärt, die Lohnfortzahlung im Krankheitsfall sei zwischen 1980 und 1990 von 6 auf 34 Mrd. gestiegen, "aber entscheidend sei der Anteil dieser Kosten an der gesamten Bruttolohn- und Gehaltssumme. Daran gemessen sei die Belastung durch die Lohnfortzahlung von 3,9% im Jahr 1980 auf 3,2% (in 1990) gesunken."

Volkholz u.a. (1984, 4) erinnern - im Sinne einer 'Volkswirtschaftlichen Gesamtrechnung' daran,

> "dass es nicht unproblematisch ist, von volkswirtschaftlichen Unfall- bzw. Krankheitskosten zu sprechen. Unfälle und Krankheiten, bzw. die damit verbundenen Dienstleistungen und Produkte schaffen Einkommen und sind ebensolche Wachstumsfaktoren wie etwa die Herstellung und der Vertrieb von Video-Kassetten. Richtiger ist wohl, von volkswirtschaftlichen Aufwendungen zu sprechen, die bei ihrer Senkung alternativ bewertet werden *können* und *müssen*, soll eine Steigerung der Arbeitslosigkeit vermieden werden."

Um mehr Licht in das Problem zu bringen, soll deshalb zunächst geklärt werden, wofür die Zahlungen anfallen. Was sind Fehlzeiten?

2. Zur Kategorisierung und Operationalisierung von Fehlzeiten

2.1 Zur Kategorisierung

Wie im Kap. A am Beispiel der chinesischen Enzyklopädie schon veranschaulicht, kommt beim Ordnen und Verstehen der Wirklichkeit den Unterscheidungen, die gemacht werden, ausschlaggebende Bedeutung zu: Was ist dasselbe, was das andere?

Dasselbe: Der Begriff 'Fehlzeiten' ist ein Sammelname, unter den - zunächst unbewertet - jede Form der Nichtanwesenheit am Arbeitsplatz während der regulären oder vereinbarten Arbeitszeit fällt. Fehlzeiten gelten als Zeiten, die dem Arbeitgeber fehlen (*Kempe* 1975); dieser Logik zufolge sind sie zugleich Zeiten, die die Arbeitskraft gewonnen hat (s. dazu die Sichtweise der mikroökonomischen Theorie, auf die wir unten noch eingehen werden).

Das andere: Die Meinungen gehen stark auseinander, wie innerhalb dieser Fehlzeiten zu differenzieren und was der Gegenbegriff zu 'Fehl-Zeiten' ist. Zum letzteren zuerst:

2.1.1   Gegenbegriffe zu Fehlzeiten: Anwesenheit und/oder Leistung?

Fehl-Zeiten werden mit Anwesenheits-Zeiten kontrastiert. Dies ist deshalb bedeutsam, weil es allein um *Zeiten der Anwesenheit* geht, nicht aber um die in diesen
Zeiten erbrachten *Leistungen*. Es ist der Extremfall denkbar, dass ein Arbeitnehmer
zwar die gesamte vertraglich vereinbarte Arbeitszeit anwesend ist, aber nicht produktiv arbeitet. Im Grunde sind Fehlzeiten somit nur ein Indiz oder Symptom, denn
Anwesenheit ist lediglich eine (meist)[3] notwendige, aber keineswegs hinreichende
Bedingung für Leistung. Zudem gilt: 'Fehlen von ArbeitnehmerInnen' muss nicht
unbedingt mit einer Verringerung der betrieblichen Leistung verbunden sein, weil -
wie im Zusammenhang mit dem Transformationsproblem schon ausgeführt - ein
Unterschied zu machen ist zwischen dem *kontrahierten** Arbeits*vermögen* und der
realisierten Arbeits*leistung*. Die Arbeitsleistung ist im Regelfall vorab nur unscharf
spezifiziert, es entwickeln sich Vorstellungen von 'Normalleistung' und diese Leistung kann innerhalb von bestimmten Zeiträumen und abhängig vom Vernetzungs-
grad variieren: eine Angestellte kann einen Tag lang unter höchster Anspannung
200% einer fiktiven Bezugsleistung schaffen, am nächsten Tag dann aber - ohne zu
fehlen! - gar nicht arbeiten (private Telefonate führen, mit KollegInnen plaudern,
sich schminken, herumtrödeln, Kaffee trinken, Zeitschriften lesen ...) - und dennoch würde sie innerhalb der Zwei-Tages-Frist die von ihr erwartete Leistung erbracht haben.

Die Fehlzeiten-Diskussion hat eine symptomatische und symbolische Bedeutung.
Symptomatisch deshalb, weil *ein* Aspekt stellvertretend für ein komplexeres
(Transformations-)Problem herausgegriffen wird: Wodurch wird das Leistungsver-
sprechen unterlaufen? Warum wird weniger Leistung geliefert als vereinbart? Man
könnte in diesem Zusammenhang statt über die Fehlzeiten über die leistungsmin-
dernden Wirkungen von autoritärem Führungsstil und Mobbing, ungesunden Arbeitsbedingungen, langen Arbeitswegen, Epidemien, schlechter Ärzte-Moral usw.
reden. Oder über die Zeiten, in denen MitarbeiterInnen zwar anwesend sind, aber
aufgrund von Büro-Tratsch ('office schmoozing'), Zeitungslektüre, Klo-Gängen,
Zigarettenrauchen, Nickerchen am Arbeitsplatz, verlängerten Kaffeepausen, privaten Erledigungen etc. keine Leistung bringen:

---

[3]   Ausnahmen sind z.B. Tele-Arbeit oder Arbeit unterwegs (auf Dienstreisen oder auf dem Arbeitsweg).
*   *kontrahieren* (lat.): vertraglich (per Kontrakt) binden

Kapitel D

In der Karriere-Beilage der Wirtschaftswoche vom 12.8.88 (S. K2) wird über eine Studie von Robert *Half*, "Chef der weltgrößten Vermittlungsfirma für Finanz-, Buchhaltungs- und EDV-Kräfte" berichtet. Er hat Geschäftsführer und Manager von 215 Firmen befragt, wie hoch sie 'den Diebstahl von Arbeitszeit für Privates' einschätzen: Die Antworten erstreckten sich von "30 Minuten pro Woche" bis zu "30% der Arbeitszeit". Als Durchschnittssatz errechnete *Half* drei Stunden und 42 Minuten pro Woche oder 185 Stunden jährlich. Das sind fünf volle 37,5-Stunden-Wochen. *Diese* 'fehlenden Zeiten' sind umfangreicher als die die jährlichen Krankenstände, die im Schnitt 20 bis 21 Tage erreichen!

Symbolisch ist die Diskussion deshalb, weil in ihr sehr viel Latenz und Hintersinn transportiert wird. Um einige der Unterstellungen zu nennen: Arbeitskräften muss man im Grunde misstrauen, weil sie leistungsscheu sind; sie sind nicht wirklich krank, sondern simulieren und deswegen sollte ihnen bei einer Krankmeldung pauschal ein Karenz*-Tag abgezogen werden. Oder: Arbeitgebern geht es nur um die *Leistung* (nicht aber um Disziplin, Macht, Ordnung); sie sorgen für die ArbeitnehmerInnen und ernten Undank, Betrug und Unzuverlässigkeit dafür ... Damit wird unter anderem der Eindruck vermittelt, ArbeitnehmerInnen hätten dankbar zu sein für die großzügigen 'Geschenke' des Arbeitgebers, der ihnen selbst dann noch Einkommen bezahlt, wenn sie krankheitsbedingt für ihn gar keine Leistung bringen. Es wird nicht thematisiert, dass die Arbeitgeber-Leistung im Kern nicht freiwillig ist, aber z.T. freiwillig aufgestockt wird und dass diese 'Zugabe' durchaus einem ökonomischen Kalkül entspringt: durch solche Sozial-Leistungen pflegt ein Unternehmen den internen Arbeitsmarkt, baut Sozialkapital auf, sichert sich Betriebstreue und damit Erfahrungswissen und Loyalität (siehe dazu die Diskussion der sogenannten Personalzusatzkosten, im Bd. 2).

Der Symbol-Charakter wird auch sichtbar, wenn man eine Gegenrechnung aufmacht: Wieviel Mehrarbeit und Überstunden leistet eine Arbeitskraft, sei es angeordnet oder freiwillig (um einen Auftrag besonders gut oder termingerecht zu erledigen)? Wie oft kommt sie trotz Krankheit "mit dem Kopf unter dem Arm" (*Wolff & Göschel* 1988, 7, 15) zur Arbeit?[4] Auf wieviel Urlaub wird verzichtet? Wie oft

---

* Karenz (lat.): Wartezeit, Sperrfrist, Verzicht; *Karenztag*: Krankheitstag, für den die fehlende Person weder Lohn, noch Lohnersatzleistungen erhält.

[4] Dass man auch ganz andere Rechnungen aufmachen und mit Statistiken eindrucksvoll hantieren kann, zeigen die AutorInnen auf folgende Weise: "In England haben Untersuchungen festgestellt, dass etwa 80 Prozent aller Gesundheitsstörungen nicht mit dem Aufsuchen eines Arztes beantwortet werden. In der Bundesrepublik Deutschland dürften die Verhältnisse ähnlich liegen. 'Würden nur 10 Prozent der nicht den Arzt aufsuchenden 80 Prozent aller Kranken doch zum Arzt gehen, so brächte das (bei 10 Prozent von 80 Prozent) eine Erhöhung des Krankenstandes von 20 auf 28 Prozent all derer, deren Wohlbefinden gestört ist, also eine 40-prozentige Zunahme der ärztlichen Beanspruchung. Jedes Gesundheitssystem der Welt würde dadurch sofort zusammenbrechen!' (Schaefer/Blohmke, Sozialmedizin, Thieme Verlag, Stuttgart 1978)" (*Wolff & Goeschel*, 1988, 7, 15).

kommt es vor, dass jemand trotz 'genehmigter Freizeit' für ausgefallene KollegInnen einspringt?

Es darf nicht übersehen werden, dass der Großteil der Fehl-Zeiten-Diskussion orientiert ist am Schema starrer Normalarbeitszeit, sodass immer dann, wenn die vereinbarte tägliche Regelarbeitszeit unterschritten wird, eine Fehlzeit gegeben ist. Diese Auffassung ändert sich im Zuge der Flexibilisierung und Individualisierung der Arbeitsverhältnisse. Gleitzeit, Ausgleichszeiträume, Jobsharing oder Selbstorganisation in Arbeitsgruppen sind einige der Möglichkeiten, die einen sehr variablen Umgang mit der Arbeitszeit erlauben und den Vorgesetzten die Souveränität entziehen, allein über die Definition des Fehlens zu entscheiden. Die öffentliche Auseinandersetzung über die 'Lohnfortzahlung im Krankheitsfall' wurde von einigen Personalchefs als höchst überflüssig bezeichnet, weil inzwischen mit dem Instrument der Arbeitszeitkonten ein 'eleganter' Ausgleich möglich sei. Es wird auch deutlich, dass die Synchronisation der Anwesenheitszeiten von der Kooperationsstruktur abhängt, oder allgemeiner: Nur wenn die Kontaktzeiten interner oder externer Kunden nicht steuerbar sind, muss eine zeitlich verlässliche und sozial verbindliche Anwesenheitszeit sichergestellt sein; Abweichungen davon sind Fehlzeiten.

2.1.2 Arten von Fehlzeiten

In der Literatur findet sich eine große Zahl von Fehlzeiten-Kategorien: Zum einen können (tarif-)vertraglich vereinbarte oder gesetzlich festgelegte Fehlzeiten (wie etwa Pausen, Schulungen, Urlaub, Feiertage, Mutterschutz) als Sonder-Kategorie abgespalten werden. Als weitere Gruppe werden meist Verhinderungen durch Unfälle oder Krankheit eingerichtet, die quasi als durch höhere Gewalt verursacht gelten; dazu können auch streik- oder aussperrungsbedingte Abwesenheiten gezählt werden.[5] Damit wird eine zusätzliche Klassifikation möglich: bezahlte und unbezahlte Fehlzeiten. Dieses Bezahlen bezieht sich allerdings allein auf die Arbeitnehmer-Einkommen: den Unternehmen werden etwaige Produktionsausfälle nicht

---

[5] Um einen ungefähren Eindruck über die Zahlenverhältnisse zwischen einigen dieser Fehlzeitenarten zu geben, soll im Folgenden eine gängige Einteilung wiedergegeben werden, in der Durchschnittsdaten angegeben werden, um die herum (im mehrjährigen Vergleich) die Werte schwanken:

Krankheit:	zw. 79,6 u. 85,1%
Kur:	zw. 4,3 u. 6,2%
Mutterschutz:	zw. 3,3 u. 6,4%
Unfall:	zw. 2,9 u. 6,1%
Entschuldigtes Fehlen:	zw. 2,8 u. 3,8%
Unentschuld. Fehlen:	zw. 0,2 u. 1,2%

(Quellen: *Eissing* 1991; *Salowsky* 1991; *Süddeutsche Zeitung* 28.12.96, 24; *Schnabel* 1996, 30).

bezahlt, sie selbst brauchen aber auch in einigen Fällen nicht zu bezahlen, weil nämlich eine Versicherung bezahlt (z.b. Krankengeld, Unfallversorgung). Weitere Einteilungsmöglichkeiten sind 'entschuldigt - unentschuldigt', 'angekündigt - überraschend', 'genehmigt - ungenehmigt' (wobei die Genehmigung prinzipiell oder im Einzelfall erteilt werden kann und auch nach der Stelle differenziert werden kann, die genehmigt, z.b. die unmittelbare Vorgesetzte oder die Personalabteilung). Prinzipiell oder fallweise genehmigtes Fehlen wären z.B. die Wahrnehmung einer Gleitzeitoption außerhalb der Kernzeiten oder das Abfeiern eines Zeitguthabens.

Eine besonders problematische und zugleich vieldiskutierte Kategorie wird dadurch geschaffen, dass das Fehlen zwar entschuldigt sein kann (z.B. durch ärztliches Attest) und dass dies ein prinzipiell genehmigter Grund ist, dass aber in Wirklichkeit gar keine echte Krankheit vorliegt, sondern bloß krankgefeiert wird. Dieser Fall ist es, an dem sich die polemische Diskussion vorrangig entzündet.

Nieder, ein Autor, der sich seit langem mit der Fehlzeitenproblematik auseinandersetzt (z.B. 1979, 1984, 1987, 1991, 1995), hat eine häufig zitierte Unterscheidung eingeführt (s. z.B. *Bitzer* 1992, *Reichart-Wimmers* 1992), die in Abb. D-1 visualisiert ist. Aus ihr geht hervor, dass ca. ein Drittel des Krankenstands bzw. der Fehlzeiten[6] durch "Edelabsentisten" produziert wird; dies sind Krankgeschriebene, die gar nicht wirklich krank sind oder - in geringerem Umfang - unzuverlässige Kantonisten*, die unangekündigt und unentschuldigt der Arbeit fernbleiben. "Die Edel-Absentisten werden definiert als Mitarbeiter, die in einem Jahr mindestens viermal kurz (eine Woche und weniger) fehlen" (*Nieder* 1987, 36). Damit werden zwei neue Kategorien eingeführt: Häufigkeit und Dauer des Fehlens. Häufiges kurzzeitiges Fehlen gilt als Definition für 'Absentismus', der als 'motivational bedingt' eingestuft wird. Die Etikettierung als *Edel*absentisten bezeichnet die Virtuosen und Aristokraten unter den Blaumachern; sie wirft damit 'nonchalante Blaumacher' (*Teriet* 1979) in einen Topf mit Müttern, deren Kleinkinder öfter krank werden, oder mit MitarbeiterInnen, die durch Verschleißerscheinungen, Arbeitsunfälle, postoperativ oder konstitutionell geschwächt sind, oder gemobbten KollegInnen usw. Der Begriff erinnert in seiner Voreingenommenheit an den Typus 'freizeitorientierte Schonhaltung', mit dem *v. Rosenstiel & Stengel* solche ArbeitnehmerInnen

---

6 Dies wird manchmal auch als 'das böse Drittel' bezeichnet. Die Betriebskrankenkassen berichteten (1996), daß der Anteil der gemeldeten(!) Kurzerkrankungen an den Fehltagen 1994 3,2% betragen habe. In seiner Befragung von 496 Unternehmen fand *Schnabel* (1996, 29), dass 11,3% aller mit Krankheit begründeten Fehl*tage* auf Kurzkrankheiten von maximal drei Tagen entfiel. Auch wenn dieser Wert der Realität wohl eher entspricht (weil die Betriebe auch solche Krankheitstage erfassen, für die kein ärztliches Attest eingeht und an die Kasse weitergeleitet wird), so liegt der doch weit unter einer Quote von einem Drittel.
*Kantonist: altertümlich für zwangsverpflichteter Rekrut; *unsicherer Kantonist*: unzuverlässiger Mensch

gekennzeichnet haben, die weder auf Karriere, noch auf alternatives Engagement setzen, sondern das Leben außerhalb der Erwerbsarbeit in den Mittelpunkt ihres Interesses stellen.

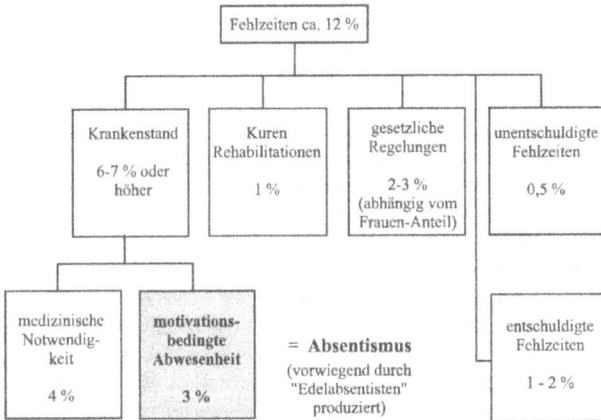

Abb. D-1:   (Edel-)Absentismus im Kontext der Fehlzeiten
(aus: *Nieder & Michalk* 1995, 783)

Eine weitere Differenzierung ist möglich, wenn man die Abwesenheit danach unterscheidet, ob sie bemerkt oder nicht bemerkt und registriert oder nicht registriert wird. Gerade kurzzeitiges Fehlen [Zuspätkommen, Verlängerung der Pausen, zu früh gehen, zwischendurch Besorgungen (z.B. Behörden- oder Arztgänge) erledigen] fallen Vorgesetzten oder Stabsstellen unter Umständen überhaupt nicht auf; unabhängig davon kann bemerktes Fehlen registriert und dokumentiert werden (etwa mit automatischer Arbeitszeiterfassung, dem 'Stempeln') oder nicht: Vorgesetzte drücken vielleicht ein Auge zu und machen keine Meldung, um ArbeitnehmerInnen entgegenzukommen und ein Tauschpotential aufzubauen (z.B. Vertrauen und Großzügigkeit gegen Einsatzbereitschaft und gelegentliche Mehrarbeit). Anwesenheitszeit wird als eine Art Tauschwährung eingeführt, wenn etwa eine niedrige Eingruppierung, an der sich momentan nichts ändern lässt, unter der Hand mit Freizeitzugeständnissen kompensiert wird oder wenn Sonderleistungen durch Sonder'urlaub' belohnt werden. Fairerweise müsste man bei einer Analyse der Kosten von Fehlzeiten auch berücksichtigen, wieviel Zeit MitarbeiterInnen dem Unternehmen durch freiwillige Mehrarbeit, Verfall von Gleitzeitguthaben, Arbeit zu Hause usw. schenken.

Eine grundlegende Differenz, die vielfach nicht hervorgehoben wird, ist die Unterscheidung zwischen betriebs- und personenbedingten Ausfallzeiten. In der üblichen Fehlzeitendiskussion sind z.b. Fehlzeiten, die aus technischen oder organisatorischen Unterbrechungen oder Störungen der Betriebstätigkeit resultieren, nicht erfasst, z.b. Maschinenausfälle oder -stillstände (Wartung, Instandsetzung), ablaufbedingte Wartezeiten, Nacharbeiten, Betriebsversammlungen, wegen Fluktuation oder wegen Fort- oder Weiterbildung (als TeilnehmerInnen oder DozentInnen) nicht besetzte Arbeitsplätze usw. Vergegenwärtigt man sich, dass bei Refa-Analysen (s. *Schettgen* 1995) neben den sachlichen Verteilzeiten (Rüstzeiten etc.) je nach Arbeitssituation zwischen 5-10% 'persönliche Verteilzeiten' einkalkuliert werden, dann macht die Größenordnung dieser Zahl, die im Schnitt über dem üblichen Krankenstand liegt, sichtbar, dass nicht die gesamte Anwesenheitszeit von MitarbeiterInnen unmittelbar in 'produktive' Tätigkeiten fließt. Hier wird auch eine kategoriale Vor-Entscheidung offenbar: Es wird von der Fiktion einer *fixen* Gesamtarbeitszeit ausgegangen, von der dann bestimmte Quanten als fehlend, ungenutzt, leer etc. abgezogen werden. Dieser Ansatz trifft eine willkürliche Festlegung; man könnte auch von der Gesamtheit von *Leistungen* ausgehen, die nötig sind, um den Betriebszweck zu realisieren. Diese Leistungen können dann mit hoher oder niedriger (Zeit-)Effizienz ausgeführt werden, abhängig von der Organisation, der Technologie, der Belegschaftsstärke, -motivation und -qualifikation. Arbeitszeit ist also eine pulsierende oder fluktuierende Größe, die als Näherungsbegriff für eine weniger gut messbare Variable genommen wird (s.a. das marxistische Konzept der 'gesellschaftlich notwendigen Arbeitszeit'). Definitionen, die sowohl Aus- und Einschlüsse wie Fest-Stellungen sind, haben neben ihrer systematischen immer auch eine politische Funktion (worauf unten noch näher eingegangen wird).

Komplikationen, die durch die Vielzahl zum Teil voneinander abhängiger Differenzierungen möglich sind, sollen an einem herausgegriffenen Beispiel illustriert werden: jemand kann unangekündigt, aber (nachträglich) entschuldigt fehlen (weil er krank ist), dies muss aber unter Umständen - weil es nur zwei Tage dauert - vom Arzt nicht bestätigt werden und kann trotzdem als 'prinzipiell genehmigt' gelten, aber nur, wenn es nicht gehäuft vorkommt und wenn der/die Vorgesetzte keine Schritte unternimmt. Es leuchtet ein, dass eine solche komplexe und intransparente Situation die Fehlzeiten-Problematik zu einer idealen mikropolitischen Arena werden lässt. Die Offenlegung der Definitions- und Erfassungsprozedur erlaubt eine buchstäblich 'differenziertere' Argumentation.

Dabei zeigt sich, dass die meisten Maße unscharf, aus *betrieblichem* Interessenstandpunkt definiert und häufig nicht vergleichbar sind. Betriebe (genauer gesagt:

bestimmte Akteure in Betrieben) treiben den Aufwand der Informationsgewinnung und Speicherung normalerweise nur dann freiwillig, wenn sie sich davon einen Nutzen versprechen, der den Aufwand rechtfertigt. Als Absichten können z.B. dahinterstehen: ein Druckmittel gegen Arbeitskräfte oder Vorgesetzte haben, bei Rechtsstreitigkeiten bestehen können, eine generalpräventive Wirkung erreichen usw.

Das Differenzieren kann noch weiter getrieben werden:

- Ist der Anspruch auf Bezahlung der Fehlzeit per Gesetz, Tarifvertrag, Betriebsvereinbarung oder Arbeitsvertrag geregelt (s. etwa Urlaub, Mutterschutz, Krankheit, Kur)?
- Wird die Fehlzeit von den Arbeitnehmern frei gewählt oder ist sie erzwungen (Blaumachen, eigene Krankheit, Krankheit eines abhängigen Familienangehörigen, Unfall, Streik, Aussperrung)?
- Werden die Gründe von allen Beteiligten für akzeptabel oder unakzeptabel gehalten und werden sie übereinstimmend oder kontrovers beurteilt? Wie stehen z.B. die KollegInnen zur Entscheidung einer Mutter, wegen ihres kränkelnden Kindes immer wieder der Arbeit fernzubleiben?

In Zusammenfassung der voranstehenden Ausführungen sind in der Tabelle D-1 und in der Abb. D-2 (korrespondierend) Einteilungsmöglichkeiten von Fehlzeiten wiedergegeben; die Abb. D-2 stellt die logische Struktur des Klassifikationssystems dar, Tab. D-1 nennt (zusätzliche) inhaltliche Beispiele. Damit soll verdeutlich werden, dass die übliche Konzentration auf die drei meistdiskutierten Kategorien (Unfälle, Krankheiten und unentschuldigtes Fehlen, sowie deren weitere Binnendifferenzierung) eine relativ willkürliche Beschränkung ist, die dem Facettenreichtum des Gesamtproblems nicht gerecht wird.

Würde man sich wirklich um die 'Zeiten, die dem Arbeitgeber fehlen' bekümmern, müsste man auch näher eingehen auf 'Unproduktive Tätigkeiten während der Anwesenheit' (Kategorie 1.1.2.), man müsste in Erfahrung bringen, wie groß der Anteil der (offiziell) nicht bemerkten und nicht erfassten Abwesenheiten ist (s. Kategorie 2.1.2.1.) und vor allem müsste man eine Gegenrechnung aufmachen: den Fehl-Zeiten stehen auch Überschuss-Zeiten gegenüber, nämlich unbezahlte Mehrarbeit, Verfall von Zeitguthaben usw. (s. Kategorie 2.2.). Von besonderer Ambivalenz ist die in die Aufstellung eingefügte 'Sonderkategorie' (3.), weil es hier um Fehlzeiten gehen kann, die später zwar kompensiert werden durch 'Nacharbeiten', aber im Moment ihres Auftretens durchaus personalplanerische Aktivitäten (Einsatz von Vertretungen usw.) oder aber Verluste auslösen können (wenn z.B. ein Kunde einen zuständigen Bearbeiter nicht erreicht und sich deshalb an eine andere Firma wendet).

Kapitel D

1.	Anwesenheit im Betrieb und 'Fehl-Zeiten' während der Anwesenheit
1.1	Anwesenheit am Arbeitsplatz
1.1.1	Produktive Arbeit
1.1.2.	Unproduktive Tätigkeiten
1.1.2.1	- während des Arbeitsablaufs z.B. Wegezeiten, Störungen, Unterbrechungen, Warten, Fehlbedienungen etc.
1.1.2.2	- aufgrund individueller 'Zeit-Verschwendung', z.B. Eigenarbeit, private Telefonate, Spiele, überzogene Pausen, 'Kontaktpflege', Bummelei, Rauchen, Trinken
1.2	bezahlte Abwesenheit vom Arbeitsplatz
1.2.1	- im Betrieb, z.B. bezahlte Pausen, Betriebsversammlung, Weiterbildung im Betrieb, Gremiumssitzungen
1.2.2	- außerhalb des Betriebs, z.B. Dienstreisen, externe Seminare, Tele-Arbeit, 'Arbeit unterwegs'
2.	Abwesenheit aus 'persönlichen' Gründen
2.1	keine betriebliche Arbeit
2.1.1	vom Arbeitgeber nicht bezahlt
2.1.1.1	Arbeitskampf
2.1.1.2	Kuren, Reha-Maßnahmen, Erziehungsurlaub etc.
2.1.1.3	unentschuldigtes Fehlen
2.1.2	vom Arbeitgeber bezahlt
2.1.2.1	nicht (offiziell) erfasst, z.B. ein Fehlen, das nicht bemerkt oder aber toleriert wird, wie z.B. Zuspätkommen, Zufrühgehen, Pausenüberziehung, Arzt-, Behörden-, Friseurtermine etc.
2.1.2.2	erfasste Abwesenheit z.B. Urlaub, Feiertage, Freischichten, Betriebsfeiern, Krankheiten in der Familie, Hochzeiten, Bestattungen, Mutterschutz usw.
2.1.3.	vom Arbeitgeber und/oder einer Versicherung bzw. Staat bezahlt
2.1.3.1	Krankheit - ärztlich attestiert - nicht ärztlich attestiert (z.B. Kurzkrankheit)
2.1.3.2	Arbeits-Unfälle und Berufskrankheiten
2.1.3.3	entschuldigtes Fehlen (wie z.B. Schöffentätigkeit, Betriebsratstätigkeit, Wahlämter usw.); Wehr- oder Ersatzdienst
2.2	unbezahlte Arbeit für den Betrieb außerhalb der offiziellen Arbeitszeit, z.B. unbezahlte Mehrarbeit, Verfall von Zeitguthaben, Arbeit zuhause, wie z.B. Fachlektüre, Aktenstudium, Vorbereitung von Präsentationen, Repräsentationspflichten usw.
3.	Zwischenkategorie: aktuelle Abwesenheit im Rahmen flexibler Arbeitszeitverträge (Abbau oder Aufbau von Zeitguthaben oder -schulden)
3.1	angekündigt, geplant (z.B. Freischichten, Blockfreizeit etc., s. 2.1.2.2)
3.2	nicht angekündigt
3.2.1	löst keinen Ersatz-Personalbedarf aus
3.2.2	löst Ersatzbedarf aus (Vertreter, Springer etc.).

Tab. D-1: Eine Systematik der An- und Abwesenheitszeiten im Rahmen eines bestehenden Arbeitsvertrags

314

Aufteilung der vertraglich vereinbarten Arbeitszeit

1. Anwesenheit im Betrieb und Fehlzeiten während der Anwesenheit

  1.1 Anwesenheit am Arbeitsplatz
- 1.1.1 produktive Arbeit
- 1.1.2 unproduktive Arbeit
  - 1.1.2.1 im Zusammenhang mit *Arbeits*ausführung
  - 1.1.2.2 "Verschwendung"

  1.2 Abwesenheit vom Arbeitsplatz
- 1.2.1 im Betrieb anwesend — Pausen, Betriebsversammlung, Weiterbildung etc.
- 1.2.2 außerhalb des Betriebs — Dienstreisen, externe Seminare etc.

2. Abwesenheit aus persönlichen Gründen

  2.1 keine betriebliche Arbeit
- 2.1.1 vom Arbeitgeber nicht bezahlt — Arbeitskampf; Kuren, Reha, Erziehungsurlaub; unentschuld. Fehlen
- 2.1.2 vom Arbeitgeber bezahlt — Mutterschutz, Urlaub, Freischichten etc.
- 2.1.3 vom Arbeitgeber und/oder Sozial- bzw. Krankenversicherung bezahlt
  - 2.1.3.1 Krankheit
  - 2.1.3.2 Unfälle
  - 2.1.3.3 entschuldigtes Fehlen

  2.2 Arbeit für den Betrieb — unbezahlte Mehrarbeit, Verfall von Zeitguthaben usw.

3. aktuelle Abwesenheit, die aber im Rahmen flexibler Arbeitszeitmodelle später ausgeglichen wird (z.B. Gleitzeit, Jahresarbeitszeitverträge etc.)

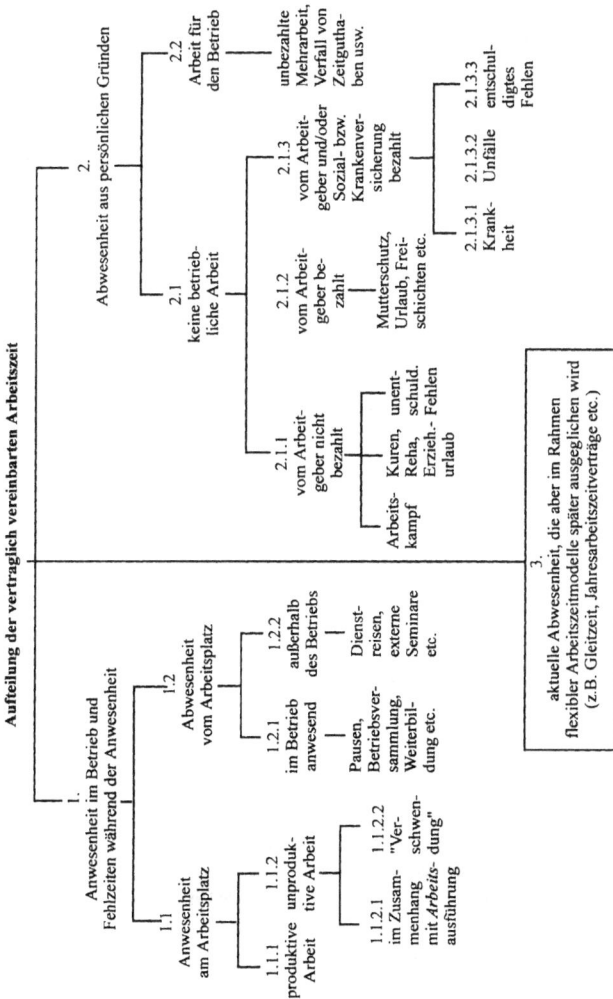

Abb. D-2: Die logische Struktur der Tab. D-1

Kapitel D

2.2 Zur Definition und Operationalisierung* von Fehlzeiten

Es gibt eine Vielzahl von Bezeichnungen für den untersuchten Tatbestand: Ausfallzeiten, An- oder Abwesenheitszeiten, Arbeitsausfall, Fehlzeiten, Absentismus, Krankenstand, Morbidität, Fehlquote usw. Will man die Vielzahl der Termini, die teils als Synonyme, teils als verschiedene Klassen gebraucht werden, in einen Zusammenhang bringen, muss man sich die Abgrenzungen und ihre Begründungen näher ansehen.

Zunächst seien einige lexikalische Definitionen genannt, bevor dann im Abschnitt 2.2.1f. Operationalisierungen vorgestellt werden.

Pillat (1986, 12) zitiert eine Definition eines Arbeitskreises der 'Deutschen Gesellschaft für Personalführung':

> "'Ausfallzeiten sind alle Zeiten, in denen der Mitarbeiter dem Unternehmen nicht zur Erfüllung seiner Aufgaben, wozu er sich vertraglich verpflichtet hat, zur Verfügung steht' und 'Fehlzeiten sind alle Zeiten, in denen der Arbeitnehmer aus persönlichen Gründen seinen Verpflichtungen nicht nachkommen kann'".

Trebesch (1979, 40) versteht unter

> "Absentismus die nicht vertraglich geregelten oder nicht in jedem Fall durch die Entscheidung des Vorgesetzten legitimierten Abwesenheiten vom Arbeitsplatz."

Eschweiler, Hinze & Nieder (1979, 110) definieren:

> "Fehlzeiten sind alle auf die durch Einzelarbeitsvertrag, tarifliche Regelungen und Betriebsvereinbarungen begründeten Anwesenheitspflichten bezogenen, in Tagen gemessenen Abwesenheiten vom Betrieb." [Hiermit werden also z.B. Urlaub, Mutterschutz- und Erziehungszeiten als Fehlzeiten ausgeschlossen].

Besonders weit (und unoperational) fassen *Nieder & Blaschke* (1979) den Begriff:

> Fehlzeiten sind "alle Zeiten, in denen der Betreffende nicht produktiv ist" bzw. "alle während der Arbeitszeit versäumten Stunden" (*a.a.O.*, 16).

Fehlzeitenmaße sind keine 1:1-Abbilder der Wirklichkeit; sie spiegeln Handlungs-Absichten und Ursachen-Theorien wider. Das zeigt sich allein schon darin, dass je nach Erklärungs- und Handlungskontext Fehlzeiten sowohl als unabhängige, wie intervenierende und abhängige Variablen benutzt werden. Sie sind unabhängige Variablen, weil sie bestimmte Konsequenzen auslösen (Zahlungen, Disziplinarmaßnahmen etc.), intervenierende Variablen, weil sie bestimmte Zusammenhänge

---

* *Operationalisierung*: Im Unterschied zu einer nominalen (lexikalischen, begrifflichen) Definition ist eine *operationale* Definition eine Bestimmung mit Hilfe eines Erzeugungsverfahrens: die Ausführung der entsprechenden Operation (Handlung) stellt den bezeichneten Gegenstand her oder dar. Zum Beispiel sind die im Abschnitt 2.2.1 genannten Formeln Anweisungen, ein bestimmtes Fehlzeiten-Maß zu erzeugen.

moderieren (z.b. den zwischen Personalstärke und Betriebsergebnis)[7] und abhängige Variablen, die 'verursacht' werden z.b. von Arbeitsbedingungen, Führungsstil, Alter etc.).

2.2.1 Morbiditätsrate, Fehlzeitenquote und Ausfallzeit

Beschränkt man sich auf die den MitarbeiterInnen zugerechneten Zeiten, macht es (bzw. man) einen Unterschied, ob man fall- oder zeitbezogen erhebt oder anders gesagt: ob man *Häufigkeit* oder *Dauer* des Fehlens erfasst. Im ersten Fall werden die Anzahl (und evtl. die Art) der abwesenden Personen zu bestimmten Zeit*punkten* registriert und in Beziehung gesetzt zur Soll-Personalstärke (bekanntestes Maß ist der Krankenstand). Wenn die personenbezogene Erhebung stichtagsbezogen erfolgt, wird nichts darüber ausgesagt, *wie lange* (oder wie häufig) eine bestimmte Person fehlt; es wird stillschweigend die Annahme der Gleichverteilung über den Bezugszeitraum gemacht. Im zweiten Fall geht es um die Ausfall*zeiträume* für den Betrieb: Wieviel Sollarbeitszeit wurde nicht zur Verfügung gestellt, weil Arbeitsplätze nicht besetzt waren?[8] Bekanntestes Maß ist die 'Fehlzeitenquote'.

Die Morbiditätsrate* zeigt an, wieviel *Fälle* von Erkrankungen - bezogen auf eine bestimmte Population und einen (längeren) Zeit*raum* - auftreten und lässt auf die 'Gesundheit' von Arbeitsbedingungen und/oder Belegschaften schließen.

(1) Morbiditätsrate $= \dfrac{\text{(Anzahl der Krankheitsfälle in Periode i) x 100}}{\text{durchschnittl. Personalsollbestand in Periode i}}$

Im Unterschied zu diesem *fall*bezogenen Maß sind die beiden folgenden *zeit*bezogen:

(2) Fehlzeitenquote $= \dfrac{\text{(Dauer der Nichtbesetzung von Arbeitsplätzen in i) x 100}}{\text{durchschnittl. Sollzeit in i}}$

Nach dem Krankenstand (s.u.) ist die Fehlzeitenquote das in der Praxis am häufigsten verwandte Maß (die Dauer und Sollzeit werden meist in ganzen *Tagen* bestimmt). Entscheidend ist, was als Sollarbeitszeit definiert wird. So errechnet z.B. *Schnabel* (1996, 26) in der vom arbeitgebernahen 'Institut der deutschen Wirtschaft' durchgeführten Unternehmensbefragung als gewichteten Durchschnitt für die deutsche Wirtschaft eine Fehlzeitenquote von knapp 6,94%. Er definiert dabei folgen-

---

[7] Bündig formulieren *Risch & Selzer* (1995, 197): "Fehlzeiten sind nicht das Problem, sie sind ein Symptom: für den Zustand einer Organisation, für das Wohlbefinden und die Identifikation der Mitarbeiter."

[8] Mit dieser Einschränkung sind organisations-, material-, oder maschinenbedingte Ausfallzeiten ausgeschlossen. Aber auch Ausfallzeiten aufgrund von Fluktuation (nicht rechtzeitig verfügbares Ersatzpersonal) werden damit nicht eingerechnet.
* *Morbidität*srate (von lat. *morbus* = Krankheit): Krankheitsrate, Erkrankungsziffer, Krankenstand

dermaßen: "Die Fehlzeitenquote misst den prozentualen Anteil der bezahlten und unbezahlten Fehlzeiten an der individuellen Sollarbeitszeit, ebenfalls ohne Urlaubs- und Feiertage gerechnet" (*a.a.O.*). Würde man die ca. 40 Urlaubs- und Feiertage pro Jahr der Sollarbeitszeit hinzuzählen, dann würde sich eine Fehlzeitenquote von ca. 5,5 % ergeben.

(3) Ausfallzeit = absolute Zeit der Abwesenheit (in Stunden oder Tagen).

Die Ausfallzeit kann als aggregiertes Maß für den Gesamtbetrieb angegeben werden oder relativiert werden pro Beschäftigtem (das ist z.B. der Fall, wenn die Betriebskrankenkassen für 1996 feststellen, dass die durchschnittliche krankheitsbedingte Abwesenheitsdauer pro versicherter Person 21 Tage betrug; siehe dazu auch die empirischen Befunde im Abschnitt 2.2.4). Bei (3) interessiert nicht, wieviele Leute gefehlt haben, sondern wieviel Zeit dem Betrieb 'verloren gegangen' ist.

Der Zusammenhang zwischen (1), (2) und (3) soll mit dem folgenden Beispiel illustriert werden:

Nehmen wir eine Abteilung mit 20 MitarbeiterInnen (Sollbestand) und einen Bezugszeitraum von 1 Monat (21 Arbeitstage). In diesem Zeitraum waren zeitweise 2 MitarbeiterInnen in Urlaub (zus. 8 Tage) und 2 MitarbeiterInnen auf Seminaren (zus. 4 Tage). Es sind 6 Erkrankungen registriert worden; davon war ein Mitarbeiter den ganzen Bezugszeitraum über krank, drei fehlten je 1 Tag, zwei 5 Tage. Wird vom Sollbestand ausgegangen, würde nach (1) eine *Morbiditätsrate* von 6/20 x 100= *30%* ermittelt. Bei (3) resultiert eine *Ausfallzeit* in Höhe von 8+4+21+3+10 = *46 Tagen*. Zur Ermittlung der Fehlzeitenquote (2) wird (3) mit der Sollzeit (20 x 21 Tage = 420) ins Verhältnis gesetzt. Es resultiert eine *Gesamt-Fehlzeitenquote* von 11 % bzw. eine krankheitsbedingte Fehlzeitenquote von 34:420x100 = 8%. Zum Krankenstand (siehe unten) in diesem Fall: Der Krankenkasse werden die Kurzzeiterkrankungen (3 von 6 Fällen) nicht mitgeteilt, weil dafür kein Attest vorgelegt wurde; am Stichtag war nur der Langzeiterkrankte abwesend (die anderen Krankheitsfälle traten in der Monatsmitte auf); somit wäre *der 'offizielle' Krankenstand* 1:20x100 = *5%*. Diese Beispiele machen klar, dass Koeffizienten periodenspezifisch stark schwanken können und nur bei großzahliger und Langzeit-Basis generalisiert werden können. Dies ist z.B. relevant für den (deutschen oder amerikanischen) Mikrozensus, der eine Woche im April (bzw. Mai) zugrundelegt. Es ist angesichts saisonaler Schwankungen des Krankenstands (siehe dazu unten) klar, dass *diese* Zahlen nicht unmittelbar als repräsentativ für das Gesamtjahr ausgegeben werden können. Die Höhe der Koeffizienten hängt überdies natürlich stark von den Bezugsgrößen ab. Würden z.B. nicht die Arbeitstage, sondern Kalendertage, oder nicht Sollzahlen, sondern die Ist-Zahlen oder bereinigte Zahlen (Soll schulungsbedingte Abwesenheit abgezogen werden?) zugrundegelegt, änderten sich buchstäblich die Verhältnisse. Zentrale Fragen aber sind: Was bilden diese Relationen ab? Womit werden wiederum sie in Relation gesetzt, um ihre Normalität oder Exzessivität zu bestimmen? Welchen Handlungsbedarf lösen sie bei wem aus (z.B. Kalkulation des Reservebedarfs, Disziplinierung der oder durch die Vorgesetzten, gezielter Personalabbau, Verbesserung der Arbeitsbedingungen usw.)?

Um einen konkreten Eindruck von der Präsentation von Fehlzeiten-Daten in der betrieblichen Praxis zu geben, ist im folgenden Beleg eine facettenreiche Aufstellung wiedergegeben, die in einer Fachtagung der DGFP vorgestellt wurde.

Beleg D-1:	Beispielrechnung Fehlzeiten der Drägerwerke AG Lübeck (aus *Esch*, 1997, 75):	
Zahl der Mitarbeiter:		1.020 MA
Durchschnittliches Jahreseinkommen:		50.600 DM
Fehlzeiten:		8,5%
Personalkosten für Fehlzeiten:		4,4 Mio. DM
● Fehltage im Jahr gesamt (bei 220 Arbeitstagen):		19.074 Tage
● fehlende Mitarbeiter pro Tag:		87 MA
● durchschnittliche Fehltage im Jahr/Mitarbeiter:		19 Tage
● durchschnittliche Personalkosten/Mitarbeiter/Fehltag:		230 DM
● durchschnittliche Personalkosten/Tag für Fehlzeiten:		20.000 DM
● Minderung der Personalkosten bei Fehlzeitensenkung um 1 Prozentpunkt:		ca. 0,5 Mio. DM!

Am Beispiel der Ermittlung einer optimalen Personalreserve zeigt *Schneider* (1993), dass die üblichen Methoden der aggregierenden Fehlzeitenstatistik aus mehreren Gründen unzulänglich sind: sie geben nur Durchschnittswerte wieder, zeigen keine Verteilungen über die Zeit hinweg (können nicht unterscheiden, ob 1 Mitarbeiter 20 Tage fehlte oder 20 Mitarbeiter am gleichen Tag gefehlt haben) und sagen nichts über die Wahrscheinlichkeit, mit der eine bestimmte Zahl von Mitarbeitern in einem bestimmten Zeitraum fehlt. Fehlzeitenstatistiken sind vergangenheitsorientiert; bei einer Änderung wichtiger Einflussgrößen können die bisherigen Werte nicht mehr fortgeschrieben werden.

2.2.2 Der Krankenstand

Das häufigste Maß - der Krankenstand - wird von den Betrieben nicht freiwillig erhoben, er ist der Krankenversicherung mitzuteilen. Der 'Krankenstand' ist eine für die Krankenkassen jeweils am 1. des Monats durchgeführte, also stichtagsbezogene Ermittlung aller als 'arbeitsunfähig' (krank) gemeldeten Pflichtmitglieder in Prozent der Pflichtmitglieder insgesamt.

Kapitel D

Der Krankenstand ist im Unterschied zur oben erwähnten Morbiditätsrate zeit*punkt*- oder stichtagsbezogen definiert:

Krankenstand $\quad\dfrac{\text{(Anzahl der erkrankten Pflichtmitglieder zum Zeitpunkt i)} \times 100}{\text{Anzahl aller Pflichtmitglieder zum Zeitpunkt i}}$

Damit zeigt sich: die resultierende Zahl ist von den Meldungen der Betriebe abhängig, sie ist auf *einen* Tag bezogen und es werden Nachmeldungen innerhalb einer bestimmten Frist (bis zu 8 Tagen) akzeptiert.

Zum Maß 'Krankenstand' ist kritisch anzumerken (s. *Stuppardt* 1988, 764):

- Es bezieht sich jeweils auf den Monats*ersten*, an dem relativ starke Mobilität vorherrscht (weil Kündigungen und Neueinstellungen meist auf den Monatsersten datiert werden).
- Es unterscheidet nicht nach wichtigen soziodemographischen Merkmalen, so z.B. nach Arbeitern und Angestellten.
- Kurzerkrankungen (1-3 Tage, halbe Tage) werden statistisch nicht bzw. kaum erfasst, womit allgemein eine zu geringe Krankenstandsziffer ausgewiesen wird (gilt nicht so stark für Betriebskrankenkassen).
- Schließlich abstrahiert die Krankenstandsstatistik von den Krankheiten.

In ihrem Gutachten für den Bundesarbeitsminister stellen *Pfaff et al.* (1986) fest:

"Bei der ausgewiesenen Arbeitsunfähigkeit ist die Melde- und Erfassungspraxis zu berücksichtigen:

(1) Vor allem für Angestellte, zum Teil auch für Arbeiter[9], sind Kurzkrankheiten bis zu 3 Tagen Dauer in der Regel nicht in den Arbeitsunfähigkeitszahlen enthalten.

(2) Arbeitsunfähigkeit, die über die maximale Bezugsdauer [von Krankengeld, O.N.] von 78 Wochen hinausgeht, wird bis auf wenige Ausnahmen nicht erfasst.

(3) Kehrt ein Arbeitnehmer vorzeitig an seinen Arbeitsplatz zurück, wird er trotzdem meist noch bis zum Ende der Krankschreibung als arbeitsunfähig erfasst.

(4) Krankenurlaub zur Pflege des kranken Kindes und Mutterschutzzeiten werden in der Regel nicht als Arbeitsunfähigkeitszeit erfasst.

(5) Miterfasst in den Arbeitsunfähigkeitstagen und -fällen sind Krankheiten, Arbeits- und Wegeunfallfolgen sowie Berufskrankheiten.

(6) Die Arbeitsunfähigkeit wird in Kalender-, nicht Arbeitstagen erfasst.

Insgesamt ergibt sich für die Arbeitnehmer (vor allem für die Angestellten) eine Untererfassung der ausgewiesenen Arbeitsunfähigkeit, deren Höhe allerdings nur schwer beziffert werden kann" (*a.a.O.* 1986, 17).

An diesen Bemerkungen wird auch deutlich, dass die *Quelle* der Fehlzeitendaten eine wichtige Rolle spielt, insbesondere dann, wenn generalisierende Aussagen (über *die* Deutschen, *die* Frauen, *die* ArbeiterInnen) gemacht werden. Die Krankenkassen

---

[9] Diese Differenzierung ist seit der Novellierung des Entgeltfortzahlungsgesetzes aufgehoben.

sind interessiert, die Ansprüche auf Krankengeld (das nach 6 Wochen Arbeitsunfähigkeit von ihnen gezahlt wird) zu erfassen. Kurzzeitiges Fehlen (bis zum dritten Tag) wird ihnen zuweilen gar nicht mitgeteilt (siehe dazu im folgenden Beleg D-2 den § 5); dieses wird aber durchaus in *Betriebs*statistiken erfasst, weil diese anderen Zwecken dienen (z.B. der Personaleinsatzplanung, der Personalkostenrechnung, der Schwachstellenanalyse etc.). Wurde zudem noch differenziert zwischen ArbeiterInnen und Angestellten im Hinblick auf den Zeitpunkt der Attestvorlage (z.B. 1. oder 4. Tag), so konnte es leicht zum Eindruck der 'gesünderen' Angestellten kommen.

Beleg D-2:   Einige Bestimmungen des Entgeltfortzahlungsgesetzes (EFZG) in der Fassung von 1996:

§ 3 (1): "Wird ein Arbeitnehmer durch Arbeitsunfähigkeit infolge von Krankheit an seiner Arbeitsleistung verhindert, ohne dass ihn ein Verschulden trifft, so hat er Anspruch auf Entgeltfortzahlung im Krankheitsfall durch den Arbeitgeber für die Zeit der Arbeitsunfähigkeit bis zu einer Dauer von sechs Wochen ..."

§ 4 (1): "Die Höhe der Entgeltfortzahlung im Krankheitsfall für den in § 3 (1) bezeichneten Zeitraum beträgt 80 vom Hundert des dem Arbeitnehmer bei der für ihn maßgebenden regelmäßigen Arbeitszeit zustehenden Arbeitsentgelts. Erleidet der Arbeitnehmer ... einen Arbeitsunfall oder eine Berufskrankheit ..., so bemisst sich die Höhe der Entgeltfortzahlung abweichend vom Satz 1 nach dem Arbeitsentgelt, das dem Arbeitnehmer bei der für ihn maßgebenden regelmäßigen Arbeitszeit zusteht ..."

§ 5 (1): "Der Arbeitnehmer ist verpflichtet, dem Arbeitgeber die Arbeitsunfähigkeit und deren voraussichtliche Dauer unverzüglich mitzuteilen. Dauert die Arbeitsunfähigkeit länger als drei Kalendertage, hat der Arbeitnehmer eine ärztliche Bescheinigung über das Bestehen der Arbeitsunfähigkeit sowie deren voraussichtliche Dauer spätestens an dem darauffolgenden Arbeitstag vozulegen. Der Arbeitgeber ist berechtigt, die Vorlage der ärztlichen Bescheinigung früher zu verlangen."

2.2.3   Mikrozensus

Als Alternative zu den Krankenkassendaten bieten sich die Haushaltsbefragungen des Mikrozensus an (in der eine 1%-Stichprobe der bundesdeutschen Haushalte - ca. 800.000 Personen - erfasst wird). Dabei zeigt sich, dass die so ermittelten Arbeitsunfähigkeitsdaten erheblich unter den Krankenkassendaten liegen. *Pfaff et al.* (1986, VIff.) haben für die damalige Bundesrepublik und andere Nationen die Haushaltsdaten vergleichend gegenübergestellt. Bei einem Krankenstand von 5,2%

ergab der Mikrozensus 1,6% für die BRD; für die USA (wo keine Krankenkassen-daten vorliegen) war für einen vergleichbaren Zeitraum der Mikrozensus-Wert 2,3. Im Lichte solcher Daten relativiert sich die allgemein verbreitete Auffassung, dass der Krankenstand in Deutschland wesentlich höher als in den USA ist (siehe zu neueren Daten: *Natalie Wendisch* 1996). Bezeichnend ist auch, dass für Japan, das immer als Musterland in Sachen Krankenstand gilt, weder Krankenkassen- noch Mikrozensus-Daten vorliegen, sondern höchst unzuverlässige Statistiken einzelner Unternehmen und des Unternehmerverbandes (s.a. die Angaben in *Küng* 1996).

Das Problem soll anhand eines längeren Zitats aus *Lecher* (1990) näher beschrie-ben werden (übernommen aus *Jaufmann* 1996, 53):

- "Die Daten sind scheingenau. Nur selten werden die an sich ja nicht schwierig zu er-mittelnden Absentismusquoten betrieblich exakt erfasst, an die Unternehmensfüh-rung weitergegeben und dann unmanipuliert der amtlichen Statistik zur Verfügung ge-stellt. In der Regel werden sie vielmehr nicht offiziell erfasst, sondern von den Äm-tern/Ministerien nur mittels unüberprüfbarer Unternehmensbefragungen festgestellt.

- Dies liegt vor allem daran, dass die Betriebe/Unternehmen objektive Daten nicht gerne veröffentlichen, da hoher Absentismus mit schlechtem Firmenimage gleich-gesetzt wird.

- Zudem werden in Japan krankheitsbedingte Fehlzeiten oft nicht in die Absentis-musstatistik einbezogen. Darüber hinaus ist es üblich, für kurze Krankheiten anstelle der unbezahlten Karenztage* bezahlten Urlaub zu nehmen.

- Schließlich verwischt die generalisierte Durchschnittsquote den wichtigsten Unter-schied zwischen japanischen und westlichen Unternehmen: die enorme Spannbreite der Arbeitsbedingungen zwischen Groß- und Kleinbetrieben" (*Lecher* 1990, 85).

Bei Vergleichen der Fehlzeitenwerte zwischen einzelnen Nationen spielen aber nicht nur die Erhebungsmethoden eine Rolle. *Pfaff et al.* (1986, 122ff.) und *Jauf-mann* (1996) referieren darüber hinaus am Beispiel Japans noch einige weitere Ein-flussgrößen, die einen direkten Vergleich relativieren. So spielt es eine Rolle

- ob und wieviele Karenztage es gibt (in Japan z.B. 3 Tage, s. *Jaufmann* 1996, 49);
- ob Prämien oder Jahressonderzahlungen an Anwesenheitszeiten geknüpft sind; [10]

---

* siehe Fußnote auf S. 308

[10] *Küng* (1996, 37): [Die Anwesenheitszulage] "dient dazu, die Abwesenheitsrate der Mitarbeiter möglichst niedrig zu halten. Einige japanische Unternehmen zahlen daher eine Zulage für jene Mitarbeiter, die keinen Tag der bezahlten Zeit abwesend gewesen sind. Dies führt natürlich dazu, dass viele ihre - als Abwesenheitszeit geltende - Urlaubszeit möglicht wenig in An-spruch nehmen wollen. Anwesenheitszulagen sind vor allem in kleineren Unternehmen üblich, da hier die Abwesenheitsrate relativ hoch ist. Größere Unternehmen berücksichtigen die An-wesenheitsrate eines Mitarbeiters eher in der Berechnung des jährlichen Bonus ... In einigen Unternehmen herrscht auch der Usus, bis zu einer bestimmten Grenze für jeden Abwesen-heitstag 1/25 des Lohnes [Bezugsbasis: 25 Arbeitstage/Monat, O.N.] abzuziehen." Bedenkt

Wenn japanische Arbeitnehmer bei Krankheit Anwesenheitsprämien und Bonuszahlungen verlieren würden, nehmen sie lieber ein paar Tage Urlaub und kaschieren damit die Krankheit. Es wird geschätzt (s. *Pfaff et al.* 1986, 133), "... dass über ein Viertel der in Anspruch genommenen Jahresurlaubstage für Tage der Krankheit verwendet wurden."[11] *Jaufmann* (1996, 52) zitiert eine Umfrage in Japan aus dem Jahr 1991: "Auf die Frage, wofür man den Urlaub nutze, nannten nahezu 40 Prozent 'Abwesenheit wegen Krankheit' und damit steht dieses Antwortitem* an der Spitze der Nennungshäufigkeiten."

- ob ein System der *betrieblichen* Lohnfortzahlung existiert; in dieser Hinsicht unterscheiden sich in Japan die Groß- und Kleinbetriebe erheblich. "Bei den meisten mittleren und großen Unternehmen wird ... dem Arbeitnehmer, der infolge von Krankheit seiner Arbeit fernbleiben muss, ohne gesetzliche Verpflichtung für etwa 6 Monate bis zu 1 Jahr der volle Regellohn oder die Differenz zwischen vollem Regellohn und Krankengeld gezahlt" (*Jaufmann* 1996, 48).

- auf welcher Grundlage *Krankengeld* bezahlt wird (auf gesetzlicher Grundlage in Japan z.B. 60% des 'monatlichen Standardverdienstes', in dem die in Japan sehr wichtigen halbjährlichen Bonuszahlungen nicht enthalten sind, s. *Jaufmann* 1996, 47); es gibt in japanischen Großbetrieben die Möglichkeit arbeitsplatzerhaltender Beurlaubung mit 60% Grundlohn anstelle von Krankengeldzahlungen (bis zu einem halben Jahr) (s.a. *Küng* 1996);

- welche gesellschaftlichen und religiösen Werte und Traditionen auf das Arbeitsleben Einfluss nehmen (Disziplin, Unterordnung unter die Gruppe, Loyalität und Gehorsam etc.);

- welches System der industriellen Beziehungen und der Gestaltung der internen Arbeitsmärkte existiert, z.B. Ideologie des Betriebs als Familie, in der hoher Gruppendruck von KollegInnen aufeinander ausgeübt wird; geringer gewerkschaftlicher Organisationsgrad; Betriebsgewerkschaften; Aufnahme nur der leistungsfähigsten Arbeitnehmer in die Stammbelegschaft; an die Dauer der Betriebszugehörigkeit gekoppeltes Entlohnungssystem;

---

man, dass die Bonuszahlungen bis zur Hälfte des Einkommens ausmachen können, dann fiele eine fehltagsproportionale Reduktion sehr stark ins Gewicht.

[11] "Japanische Unternehmen, die Absentismus und die volle Inanspruchnahme des Urlaubs nicht dulden, legen ihrer Personalbedarfsplanung eine Anwesenheitsquote der Beschäftigten zwischen 94 und 95,5 v.H. zugrunde und können auf rigiden und homogenen Arbeitszeitstrukturen beharren. Europäische Betriebe rechnen mit Quoten zwischen 75 und 90 v.H., also einem ständigen Kommen und Gehen im Betrieb, das sie organisatorisch bewältigen müssen" (*Bosch* 1996, 425). Wenn in Japan Gruppenmitglieder fehlen, bedeutet das - weil keine Ersatzkräfte vorhanden sind -, dass die anderen KollegInnen die Arbeit der fehlenden Person miterledigen müssen und deshalb ein hohes Interesse daran haben (Gruppendruck ausüben?), dass die Abwesenheit nicht lange dauert. Dies erklärt vielleicht auch einen Teil der Praxis, den Jahresurlaub in kleinen Portionen und fast nie in voller Höhe zu nehmen.

* *Item* (engl.): Einzelangabe; in Fragebogen: vorformulierte Frage oder Antwort; in psychologischen Tests: einzelne Aufgabe

- in welchem Alter üblicherweise das Arbeitsleben endet. Scheiden Arbeitnehmer - wie in japanischen Großbetrieben - mit etwa 55 Jahren aus, dann entfallen jene Teile der Belegschaft, die ansonsten überproportional durch chronische und Langzeiterkrankungen fehlen;
- ob es gesetzliche Regelungen gibt und wie einheitlich tarifvertragliche, betriebliche oder einzelvertragliche Regelungen sind;
- welche Wirtschaftsstruktur eine Volkswirtschaft hat (z.B. relative Anteile des primären, sekundären und tertiären Sektors; Anteil der Staatsunternehmen);
- welche Mitgliederstruktur die (Betriebs-)Krankenkassen haben ...

Weil soziale Phänomene multifaktoriell bedingt sind, ist es unzulässig, einzelne Größen (wie z.B. den 'Krankenstand') herauszugreifen und ohne Einbettung in den sozialen und ökonomischen Kontext für ein 'benchmarking' zu verwenden.

Internationale Vergleiche von Fehlzeiten lenken den Blick auf die zum Teil höchst unterschiedliche Ausgestaltung der jeweiligen Kranken- und Sozialversicherungssysteme und deren Handhabung. Wie *Einerhand, Knol, Prins & Veerman* (1995) anhand eines Vergleichs der Arbeitsunfähigkeiten in sechs Ländern der EU belegen, können (unstandardisierte) Arbeitsunfähigkeitsraten nicht unmittelbar verglichen werden, sondern müssen in Beziehung gesetzt werden zu anderen Charakteristika des jeweiligen nationalen Beschäftigungssystems. Wenn man z.B. die Frühverrentung schon ab 60 zulässt, wird die generell hohe Fehlzeitenquote der 60-65-jährigen stark abgesenkt, weil die 'hohen Risiken' ausgesteuert werden. Oder: Falls es, wie in einigen EU-Ländern, leicht möglich ist Langzeitkranke in die Erwerbs- oder Berufsunfähigkeit überzuleiten, dann werden Statistiken der krankheitsbedingten Fehlzeiten erheblich verändert, weil - wie gezeigt - die Fehlzeiten*volumina* vor allem durch die Langzeitkranken erhöht werden. Oder: Wird es Arbeitgebern leichtgemacht, sich von Langzeitkranken durch Kündigung zu trennen, verbessert sich zwar ihre Krankenstandsbilanz, aber das Niveau der Arbeitslosigkeit nimmt zu. Berücksichtigt man derartige Möglichkeiten, dann ist ein schlichter Länder-Vergleich *allein* der krankheitsbedingten Fehlzeiten nicht mehr sinnvoll, weil niedrige Werte in *dieser* Kategorie mit entsprechend höheren Werten in den Kategorien 'Verrentungsquote', 'Invaliditätsquote' oder 'Arbeitslosenquote' erkauft sein können.

Die Bedeutung dieses Problems kann ermessen werden, wenn man sich den Altersaufbau einer Bevölkerung vor Augen führt (in Abb. D-3 ist der Altersaufbau in der Bundesrepublik Ende 1994 wiedergegeben). Man erkennt, dass im höheren Alter (über 50) die Erwerbstätigkeit zurückgeht und die Arbeitslosigkeit zunimmt. Weil ältere ArbeitnehmerInnen deutlich höhere Fehlzeitenvolumina (Häufigkeit x Dauer) haben als jüngere Erwerbstätige, kann man die Fehlzeitenstatistik eines Landes

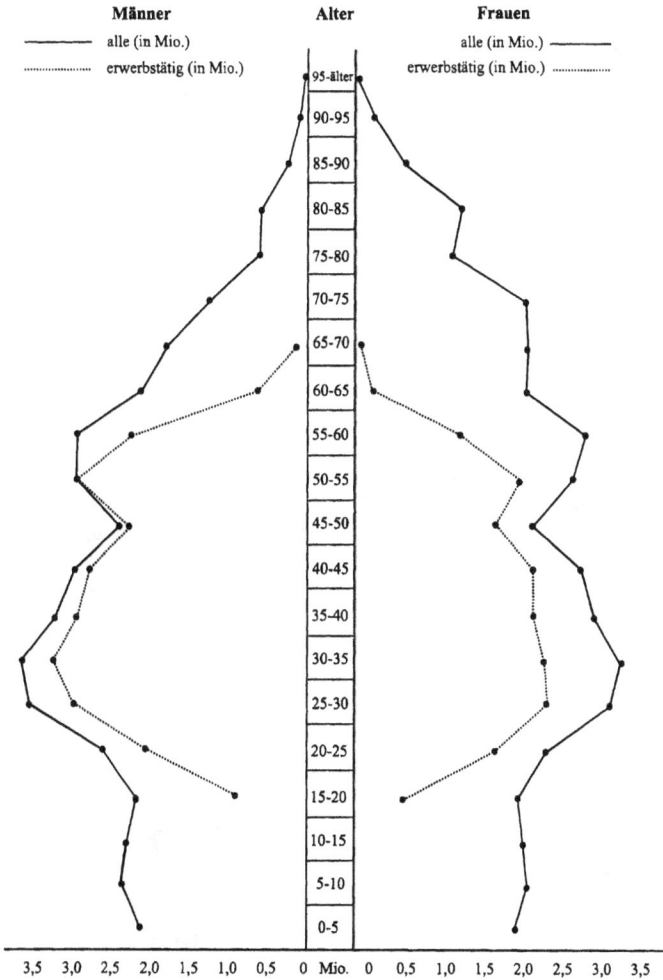

Abb. D-3: Die Bevölkerung der Bundesrepublik Deutschland nach Altersgruppen und Erwerbstätigkeit am 31.12.1994 (nach Angaben des *Statistischen Jahrbuchs* 1996 (63, 110)

ganz erheblich beeinflussen, wenn man das reguläre Arbeitsverhältnis mit 55 Jahren beendet (wie in Japan), oder eine Politik der Frühverrentung betreibt, oder Langzeitkranke als 'nicht erwerbstätig' definiert und für sie Lohnersatzleistungen durch die Sozialversicherung oder die öffentliche Hand bereitstellt.

Bei internationalen Vergleichen müßte man deshalb die Spezifika der Gesundheitssysteme berücksichtigen. An folgende Merkmale wäre zu denken:

- An welche Voraussetzungen oder Berechtigungskriterien ist die Zuweisung in eine bestimmte Kategorie (z.B. 'krank', 'berufsunfähig', 'behindert', 'RentnerIn', 'arbeitslos') gebunden?

- Wie unterscheiden sich die genannten Kategorien der Arbeitsunfähigkeit voneinander im Hinblick auf

  - die Höhe der Ersatzleistungen (z.B. 66% oder 80% oder 100% des Netto- oder Bruttolohns) und

  - deren Dauer (unbegrenzter Bezug von Ersatzleistungen oder auf 78 Wochen oder 6 usw. Monate begrenzt)?

- Von wem werden die Entgelte für Arbeitsunfähigkeit bezahlt (vom Arbeitgeber, einer Versicherung oder beiden, vom Staat)?

- Auf welcher Rechtsgrundlage wird bezahlt (z.B. Gesetz, Tarifvertrag, Betriebsvereinbarung, Arbeitsvertrag)? Wie üblich ist es, dass gesetzliche Mindeststandards durch andere Regelungen überschritten werden (z.B. freiwilliger Ausgleich der Differenz zwischen Krankengeld und Nettolohn)?

- Wie oft kann innerhalb welcher Perioden eine Leistung in Anspruch genommen werden - und wie lange?

- Wird die Anspruchsberechtigung während der Laufzeit überprüft (z.B. zwischenzeitliche medizinische Untersuchungen)?

- Bleiben die Zahlungen während der gesamten Anspruchsdauer gleich hoch oder sinken/steigen sie im Zeitablauf?

- Wie leicht/schwer ist der Einstieg in bzw. Ausstieg aus einer der genannten Kategorien (z.B. von 'arbeitslos' in 'verrentet' oder von 'erwerbsunfähig' in 'verrentet' etc.).

Es überrascht auf dem Hintergrund solcher Überlegungen nicht, dass *Einerhand et al.* (1995) bei ihrem Vergleich der Arbeitsunfähigkeitsquoten zeigen konnten, dass in Ländern, in denen die Anspruchsberechtigung für Leistungen im Krankheitsfall an niedrige Schwellen gebunden ist und in denen die Leistungen hoch sind und für einen längeren Zeitraum hoch bleiben (wie in Deutschland, den Niederlanden, Schweden) die krankheitsbedingten Fehlzeiten ebenfalls hoch sind, während die niedrigen Leistungen und deren kurze Dauer in Großbritannien mit niedrigeren Fehlzeitenquoten verbunden ist. Überzeugend ist auch ihr Nachweis, dass sich die einzelnen Arbeitsunfähigkeitsformen gegenseitig substituieren können, sodass hohe krankheitsbedingte Fehlzeitenquoten für sich betrachtet nicht aussagekräftig sind, wenn man sie nicht ins Verhältnis setzt zu Arbeitslosenraten, Frühverrentungsquoten, Erwerbsunfähigkeitsquoten usw. Auf dieser Basis erweist sich der beliebte Slogan, Deutschland habe die kürzesten Arbeitszeiten und die längsten Fehlzeiten, als Aussage von hohem Unterhaltungswert, aber geringer Haltbarkeit.

2.2.4 Einzelfallstudien

Neben (Betriebs-)Krankenkassen-Statistiken und Mikrozensus bietet sich als dritter vielbegangener Weg der Datenerhebung die Einzelfallstudie an. Meist werden dazu in praxisnahen Fachzeitschriften (wie 'Personalführung', 'Personalwirtschaft' oder 'Mensch und Arbeit') von FirmenvertreterInnen Erhebungen oder Auswertungen veröffentlicht, die die Situation in ihrem jeweiligen Unternehmen darstellen (Beispiel: *Hilla & Tiller* 1992; *Hilla, Henneke & Tiller* 1990); vergleichbar sind wissenschaftliche Untersuchungen in Unternehmungen (Beispiele: *Schmidt-Braße & Neuberger* 1973; *Becker* 1996). Wegen der oftmals sehr spezifischen Belegschaftsstruktur und der Besonderheiten von Arbeits- und Organisationsbedingungen können die berichteten Einsichten (meist: Krankenstände verschiedener Belegschaftsgruppen, Erfolge von Interventionstechniken) nur mit Vorsicht generalisiert werden.

Auf eine Einzelfallstudie der AOK Ingolstadt soll etwas ausführlicher eingegangen werden, weil sie von großer methodischer und inhaltlicher Bedeutung ist, insbesondere im Hinblick auf das Gewicht kurzfristigen Fehlens. In dieser Untersuchung wurde für den Zeitraum eines Jahres eine Vollerhebung aller Krankmeldungen (80.000 Fälle) vorgenommen. Es zeigte sich, dass 50% aller Versicherten im Bezugszeitraum nie krank waren[12]. Die anderen 50% verteilten sich wie folgt auf Krankheitshäufigkeiten (siehe das Schema auf der nächsten Seite).

In weiteren Auswertungen wurden 'Fallklassen' unter jener Hälfte gebildet, die einmal oder mehrere Male gefehlt hatte. Fallklasse 1 bedeutet *ein* Abwesenheitsfall pro Jahr, Fallklasse 2 *zwei* Abwesenheitsfälle usw. Außerdem wurde neben der *Häufigkeit* auch die *Dauer* des Fehlens pro Fallklasse erhoben. Schließlich wurde das Fehlzeiten-*Volumen* ermittelt, indem Dauer und Häufigkeit des Fehlens multipliziert wurden (wer 4 mal je 3 Tage fehlt, erreicht ein Volumen von 12 Tagen, wer nur 1mal, dafür aber 6 Wochen fehlt, kommt auf ein Volumen von 6 x 5 = 30 Ta-

---

[12] *Eissing* (1991, 60 f.) berichtet über eine BDA-Umfrage im Jahr 1991 bei 500 Unternehmen, derzufolge bei 40% der Beschäftigten im Jahr 1990 keine Arbeitunfähigkeitsfälle aufgetreten sind. In einer anderen von ihm referierten Studie war der Wert noch höher (48%).

gen). Als *%-Volumen* wird der Anteil an der Gesamtzeit bezeichnet, die dem Betrieb durch das Fehlen verlorengegangen ist.

Befunde der AOK-Studie:
50% waren im Untersuchungsjahr
nie krank
Die Krankheitshäufigkeiten der
anderen Hälfte:

1 mal krank:	60,12%
2 mal krank:	26,28%
3 mal krank:	9,47%
4 mal krank:	3,00%
übrige (bis 15 mal):	1,10%

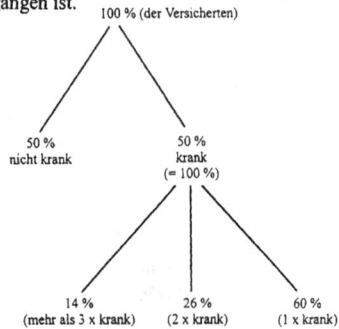

100 % (der Versicherten)

50 % nicht krank   50 % krank (= 100 %)

14 % (mehr als 3 x krank)   26 % (2 x krank)   60 % (1 x krank)

Die nähere Aufgliederung der Fallklasse 1 (jene 60% der Belegschaft, die nur 1 mal im Jahr gefehlt hatten) ergab folgendes Bild:

Dauer	Anteil an allen Fällen	%-Volumen
bis 7 Tage	33,7%	6,9%
8-14 Tage	33,7%	20,8%
15-21 Tage	13,5%	13,4%
22-42 Tage	11,3%	20,3%
42 u. mehr	7,8%	38,5%[13]

---

[13] In der *Süddeutschen Zeitung* wird (1.10.96, 2) eine Aufstellung der Betriebskrankenkassen präsentiert, in der für das Jahr 1994 folgende Prozentanteile der Erkankungsdauern angegeben werden:

1 Tag:	9%
2 Tage:	8%
3 Tage:	9%
4 Tage:	8%
5 Tage:	11%
6 od. 7 Tage:	7%
2 Wochen:	23%
3 Wochen:	10%
4 bis 5 Wochen:	8%
6 bis 7 Wochen:	3%
8 bis 9 Wochen:	1%
10 u. mehr Wochen:	3%
Summe:	100%

Auch aus dieser aktualisierten Bilanz erhellt, dass kurzfristiges Fehlen zwar durch die *Fall*zahlen imponiert, das Fehlzeiten*volumen* aber wesentlich stärker durch die längeren Abwesenheiten bestimmt wird.

Zu bemerken ist, dass sich allein in Fallklasse 1 schon 60% jener Hälfte aller ArbeitnehmerInnen befanden, die im untersuchten Jahr überhaupt gefehlt hatten. Zieht man Fallklasse 0 und 1 zusammen, so ergibt sich, dass 80% aller ArbeitnehmerInnen *höchstens* einmal im Untersuchungsjahr gefehlt hatten. Sieht man sich die Aufstellung näher an, erhält man wiederum Aufschlüsse, die verbreiteten (Vor-) Urteilen über die Fehlzeiten widersprechen, insbesondere wenn man die *Dauer* des Fehlens berücksichtigt. Es macht schließlich einen großen Unterschied, ob jemand 1 mal im Jahr 1 Tag lang gefehlt hat oder 1 mal 60 Tage abwesend war. Die Ergebnisse zeigen, dass die meisten Krankheitsfälle (über 2/3) im Bereich "bis 14 Tage" lagen. Zusammen machen sie aber nur gut ein Viertel des Fehlzeiten-*Volumens* aus. Rechnet man die prozentualen Werte aus (Anteil der jeweils aggregierten Einzeldauer an der Gesamtdauer), dann zeigt sich, dass die mit 7,8% sehr kleine Gruppe der Langzeitkranken allein ein Fehlzeitenvolumen von fast 40% produzierte. Andersherum: das große Drittel (33,7%) der Einmal-Kurzkranken fällt mit einem Volumen von ca. 7% kaum ins Gewicht.

Ähnlich verhält es sich in Fallklasse 2 (2 Abwesenheitsfälle pro Jahr, das waren 26,28% von jenen 50% der ArbeitnehmerInnen, die im untersuchten Jahr ein- oder mehrmal fehlten):

Dauer	Anteil an allen Fällen in Klasse 2	%-Anteil am Gesamt-Volumen der Fallklasse
bis 14 Tage	40,5%	15,7%
15-42 Tage	41,5%	37,4%
43 u. mehr	18,1%	46,9%

Auch hier belasteten die Langzeitkranken, obwohl sie nur 18% der Fälle in dieser Klasse ausmachten, die Volumenstatistik mit fast der Hälfte des gesamten Fehlzeitenvolumens.

Ähnliche Daten berichtet *Kuhn* (1995) aus einer Untersuchung "einer großen Innungskrankenkasse" im Baugewerbe 1991 (nur Männer), bei dem man nach allgemeiner Auffassung mit hohen Fehlzeiten rechnen muss. Im einzelnen zeigte sich folgende Fehlzeitenverteilung (*Kuhn* 1995, 84f.):

Dauer		in % aller Arbeitsunfähigkeitstage
bis 3	Tage	1,9%
4-7	Tage	4,7%
8-14	Tage	9,6%
2-4	Wochen	12,3%
4-6	Wochen	9,2%
über 6	Wochen	62,3%

Kuhn resümiert: "... bis zu einer Woche Arbeitsunfähigkeit macht dies nur 6,6% des gesamten Fehlzeitenvolumens aus; die Fehlzeiten über 6 Wochen aber 62,3%" (*a.a.O.*, 85).

Auch *Stuppardt*, damals Leiter der Abteilung Wirtschaft und Statistik beim Bundesverband der Betriebskankenkassen wird von *Rueß* (1991, 58) mit der Bemerkung zitiert, "dass bei 4,2 Millionen BKK-Versicherten die kurzfristige Arbeitsunfähigkeit, also ein bis drei Tage Abwesenheit, gerade mal 1,5% des Krankenstandtagevolumens ausmacht."

Wie verträgt sich das mit der unter Personalleuten fast zum Stereotyp geronnenen Formel, dass 1/3 aller Arbeitenden nie, 1/3 manchmal und 1/3 (das sog. 'böse Drittel') sehr häufig fehlen?

Dazu können die Angaben der Ingolstädter AOK-Studie nichts abschließendes sagen, weil sie auf eine 1-Jahres-Beobachtung beschränkt war. In diesem Jahr fehlten 50% nie und 4 oder mehr Abwesenheits-Fälle pro Jahr (siehe die Edelabsentisten-Definition auf Seite 310) waren von nur 4,1% aller ArbeitnehmerInnen zu verantworten, unter denen sich auch Langzeitkranke fanden. Wie oben schon einmal festgestellt, gehen somit nicht 33% aller Fehlzeiten auf das Konto von Edelabsentisten, eher sind es 3,3%.

Die 'Böse-Drittel'-These könnte man nur rechtfertigen, wenn man über mehrere Jahre hinweg Daten im selben stabilen Kollektiv erhöbe. Dazu sind uns keine Untersuchungen bekannt. Es ist aber unwahrscheinlich, dass sich die griffige Formel bestätigen würde. Denn zum einen ist anzunehmen, dass die Unternehmen alles daran setzen würde, sich von solchen MitarbeiterInnen zu trennen (aufgrund person- oder verhaltensbedingter Kündigungen oder mit Aufhebungsverträgen) und dass Neueingestellte nicht gleich wieder alle in diese Gruppe fallen. Zum anderen gibt es mehrere Untersuchungen zur Reliabilität von Fehlzeiten (siehe z.B. *Schmidt-Braße & Neuberger* 1973, *Landy, Vasey & Smith* 1984, *Hackett* 1989, *Hogan & Hogan* 1989, *Steel* 1990). Meist sind kürzere Zeiträume untersucht worden, aber die Ergebnisse deuten darauf hin, dass personenbezogene Fehlzeitenmaße technisch gesehen nicht sehr zuverlässig sind: das Wissen um die Fehlzeiten*häufigkeit* einer Person in Periode 1 (z.B. dem 1. Quartal oder dem 1. Jahr) lässt die Fehlzeiten*häufigkeit* in den Perioden 2, 3, i nur sehr schlecht prognostizieren (die Korrelationswerte liegen meist um die 0,3)[14]. Nicht zuletzt liegt das daran, dass die allermeisten Personen weder in Periode 1 noch in Periode 2 fehlen, die Verteilungen sind sehr schief, so dass die üblichen Korrelationskoeffizienten gar nicht gerechnet werden können. Es mag also notorische FehlzeitlerInnen geben, ihre Zahl dürfte aber - wie oben schon gesagt - näher bei 3% als bei 33% liegen (insbeson-

---

[14] Die Stabilität der Fehlzeiten*dauer* ist meist noch geringer.

dere dann, wenn man chronische und Langzeiterkrankungen ausschließt)[15]. Das wird jene Vorgesetzten nicht trösten, in deren Gruppe oder Abteilung sich ein solcher Fall findet, aber es rückt den Maßstab zurecht, der an das Ausmaß von 'Edelabsentismus' zu legen ist. Und außerdem stellt sich die Frage, warum man sich so sehr auf diese 3% kapriziert, anstatt den Anteil der 97% zu reduzieren (z.B. indem man krankmachende Bedingungen beseitigt).

Darüber hinaus gilt es zu berücksichtigen, dass sich die Fehlzeiten weder gleich noch zufällig über bestimmte Referenzzeiträume verteilen: zum einen gibt es innerhalb der Arbeitswoche asymmetrische Muster (am Wochenende sind die Fehlzeiten meist höher als in der Wochenmitte; siehe dazu unten bei der Diskussion des 'Blauer-Montags-Index'), zum anderen sind die Fehlzeiten über das Jahr hinweg ungleich verteilt. Es ist ein über Jahrzehnte hinweg bestätigter Befund, dass es pro Jahr zwei Fehlzeiten-Spitzen gibt: die eine meist im Februar/März, die andere etwa im Oktober/November. Drittens wird - allerdings keineswegs einhellig (siehe *Pfaff et al.* 1986) - behauptet, dass eine Korrelation zwischen Konjunkturlage und Krankenstand bestehe: Je schlechter die Wirtschaftslage, desto geringer sei der Krankenstand (s.a. *Schnabel* 1991). Auch darauf kommen wir unten - bei der Diskussion des politischen Paradigmas - noch einmal zurück.

2.2.5 Blauer-Montags-Index und Verteilung der Fehlzeiten in der Arbeitswoche

Aus der nahezu unüberschaubaren Fülle von in der Praxis verwandten Fehlzeitenmaßen (s. etwa den Überblick bei *Trebesch* 1979, 51-55) sollen - über die oben bereits skizzierten Grundformen hinaus - noch kurz einige Varianten erwähnt werden, weil in ihnen sehr deutlich spezifische Absichten oder Grundannahmen zum Ausdruck kommen.

Um Interventionen gezielter ansetzen zu können, gibt es betriebsspezifische Aufschlüsselungen, bei denen z.B. differenziert werden kann zwischen verschiedenen Unternehmensteilen oder Belegschaftsgruppen (Angestellte/ArbeiterInnen, Männer/Frauen, Deutsche/Ausländer, Junge/Alte, Schichtarbeitende/Normalarbeitende), zwischen (attestierter) Krankheit und 'Sonstigem Fehlen'. Es können auch die Fehl-*Zeiten* differenziert werden, indem nicht nur ganze Tage erfasst werden, sondern mit Hilfe von Zeiterfassungsgeräten Minuten registriert werden und somit Zeitkonten des Fehlens errichtet werden können bzw. Absentismus als eigenständige

---

[15] *Steel* (1990, 410) berichtet z.B. über die Ergebnisse von 5 Studien mit Mehrperioden-Vergleich; die Korrelationskoeffizienten lagen zwischen .29 und .79. Davon abweichende Angaben finden sich bei *Eschweiler, Hinze & Nieder* (1979, 123), die allerdings ein voraussetzungsvolles Absentismus-Maß und willkürliche Gruppenbildungen zugrundelegten.

Zeitkategorie entfällt, weil jedes Fehlen irgendwann innerhalb beliebiger Ausgleichszeiträume 'hereingearbeitet' werden muss (wie etwa bei qualifizierter Gleitzeit oder manchen Ansparmodellen).

Interessant für Betriebe ist aus disziplinarischer, motivationaler oder ergonomischer Sicht z.B. die Differenzierung nach Kategorien, Ursachen (z.B. Krankheitsdiagnosen, siehe nächster Abschnitt), Dauer oder Häufigkeit des Fehlens. Sogar die Zeitpunkte des Fehlens und der Krankmeldung haben Aufmerksamkeit gefunden. So hat z.B. Hilde *Behrend* schon 1953 (s.a. 1974) einen 'Blauer-Montags-Index' vorgeschlagen:

Blauer-Montags-Index (BMI):

$$\frac{\text{Zahl der Abwesenden (ZdA) am Freitag - ZdA am Montag}}{(\text{Zahl der Beob.wochen}) \times (\text{durchschnittl. Personalbestand})}$$

Ihre Überlegung: Wenn die Arbeitsbelastung während der Arbeitswoche steigt, müssten theoretisch am Freitag die höchsten Krankenstände zu registrieren sein[16]. Empirisch bestätigt ist eine meist erhöhte Krankmelderate an Montagen (Krankheits*beginn*), also nach Erholungstagen. Die Differenz zwischen Freitag und Montag wird deshalb als 'motivational bedingter' Absentismus (Blaumachen) definiert[17]. Auf diese eigenartige Begründung soll unten noch eingegangen werden.

Für den Befund, dass der Montag jener Wochentag ist, an dem die meisten neuen Krankmeldungen eingehen, gibt es verschiedene Begründungen. Überraschend ist *Zimmermann*s motivationale Erklärung für diesen "eigentümlichen, um nicht zu sagen: paradoxen, Sachverhalt" (1979, 71): "Die regelmäßige Abnahme der Fehlschichten von Montag bis Freitag kann sinngemäß nur als eine Zunahme der subjektiven Leistungs*bereitschaft* verstanden werden." Eine viel plausiblere Erklärung geht von der Gleichverteilung der Erkrankungswahrscheinlichkeit über die Wochentage aus. Weil aber in den meisten Fällen an Samstagen und Sonntagen nicht gearbeitet wird, werden Erkrankungen erst am Montag gemeldet, sodass hier mit einer deutlich höheren Inzidenz* zu rechnen ist. Oder: Arbeitskräfte versuchen, übers Wochenende Krankheiten auszukurieren. Schaffen sie das nicht, fehlen sie auch noch am Dienstag und evtl. Mittwoch, denn - wie oben gezeigt - die meisten Krankheiten sind Kurzkrankheiten. Selbst wenn man sich am Freitag schon nicht

---

[16] Einen solchen kontinuierlichen Anstieg der Fehlzeiten über die Arbeitswoche hinweg berichten z.B. *Hilla* u.a. 1990; in der von *Salowsky* 1991 mitgeteilten Unternehmensbefragung des Instituts der deutschen Wirtschaft ist der Mittwoch der Tag mit dem niedrigsten Krankenstand, während am Freitag am häufigsten der höchste Stand berichtet wird (a.a.O., 77).

[17] Eine Variante zum BMI, der 'Index des schlechtesten Tages', wird in Kap. 3.3.2 erörtert.

* *Inzidenz* (lat.): Vorfall, Ereignis; neu hinzukommende Fälle

mehr ganz wohl fühlt, kann man durchhalten, weil man weiß, dass das Wochenende zur Erholung nah ist. An diesem Beispiel lässt sich verdeutlichen, dass isolierende Erklärungen für den Wochentag einer Krankmeldung einem derartigen multikausal bedingten Phänomenen nicht gerecht werden können, weil an dessen Zustandekommen stets eine Fülle von Einflussgrößen gleichzeitig wirksam ist (z.B. Betriebsklima, Gruppengröße, Arbeitsinhalt, private Situation usw.).

2.2.6   Differenzierung nach Krankheits-Diagnosen

Aus betriebsärztlicher Sicht ist es wichtig, die Verteilung der Diagnosen auf die Arbeitsplätze auszuwerten, weil daraus Schlüsse auf belastende oder gesundheitsgefährdende Einflüsse zu ziehen sind (Schadstoffe, mangelhafte Arbeitsgestaltung, unzureichende Sicherheitsvorkehrungen etc.). Die resultierenden betrieblichen Gesundheitsberichte können durch Aufstellungen der Krankenkassen erweitert werden, in denen die Verteilung bestimmter Erkrankungsursachen in einer bestimmten Region, bestimmten Branchen oder Unternehmensgrößenklassen als Bezugsgrößen (benchmarking?) mitgeteilt werden.

Die Rangfolge der häufigsten Diagnosen, die laut Auswertungen der Krankenkassen gestellt werden, ist seit Jahren weitgehend konstant (s. dazu auch *Eissing* (1991, 62ff.); es werden allenfalls nebeneinanderstehende Rangplätze getauscht. Zum Beleg werden im Folgenden zwei Erhebungen (1988 und 1993) aufgeführt.

Die Prozentzahlen für 1988 betrugen z.B.:

1. Bewegungsapparat, d.h. Skelett, Wirbelsäule, Muskeln, Gelenke, Rheuma (26,8),
2. Verletzungen und Vergiftungen (15,5),
3. Atemwegserkrankungen (v.a. Erkältungen, Grippe) (15,2),
4. Verdauungsorgane (8,9),
5. Herz-, Kreislauferkrankungen (8,3),
6. Sonstige (25,3).

Kuhn (1995) stellt fest, dass ca. 80% aller Arbeitsunfähigkeitsfälle von Pflichtversicherten in nur fünf Krankheitsarten zu finden sind. Er rechnet die Ausfalltage für 1993 in Geldwerte um (wobei er als Maß - nicht unproblematisch - das durchschnittliche Bruttoeinkommen aus unselbständiger Arbeit, das 1993 in Deutschland 55.900 DM betrug, zugrundelegt). In Klammern sind jeweils die Ausfalltage für 1990 angegeben; daraus erhellt, dass bei gleichbleibender Rangfolge doch erhebliche Schwankungen zu registrieren sind:

Art der Erkrankung	Arbeitsunfähig-keitstage (in Mio.); 1993/1990	Geldwert in Mrd. DM
Muskel- und Skeletter-krankungen	172 / 104,65	26,3
Krankheiten der Atemwege	110 /104,32	16,8
Verletzungen und Ver-giftungen	68 / 96,15	10,4
Krankheiten der Ver-dauungsorgane	51 / 54,67	7,9
Herz-Kreislauf-Erkrankungen	45 / 29,85	6,9

Wie oben schon einmal angemerkt, muss man sich davor hüten zu unterstellen, dass diejenigen MitarbeiterInnen, die *nicht* krankgeschrieben sind und zur Arbeit erscheinen, gesund (oder besser: symptomfrei) sind. Nimmt man nur drei oder vier Labor- oder sonstige Diagnosewerte, dann zeigt sich, dass in der Arbeitspopulation nur ein geringer Prozentsatz von Menschen ist, die in *allen* drei oder vier Kennwerten im Normalbereich liegen[18]. Einmal mehr wird damit die Bedeutung der gesellschaftlichen und persönlichen Definition von 'Krankheit' sichtbar. Darauf soll nun näher eingegangen werden.

2.3   Krankheit: Echt oder simuliert?

"Arbeitsrechtlich liegt eine eindeutige Definition vor: Krankheit stellt das Unvermögen dar, die vertragliche Leistung zu erbringen. Sie beruht auf einer Arbeitsunfähigkeit, d.h. dass es nicht oder nur unter der Gefahr der Verschlimmerung des Gesundheitszu- standes möglich ist, der bisher ausgeübten Tätigkeit nachzugehen" (*Eissing*, 1991, 50).

Formal ist das Vorliegen einer Krankheit zweifelsfrei geregelt: als krank gilt, wer eine ärztliche 'Arbeitsunfähigkeitsbescheinigung' vorlegen kann.

Wie oben schon (siehe S. 321) zitiert, legt das Entgeltfortzahlungsgesetz in § 5 fest, dass bei einer mehr als dreitägigen Erkrankung *spätestens* am folgenden Arbeitstag ein ärztliches Attest vorzulegen ist. Eigentlich würde das bedeuten (s. *Schaub* 1994), dass erst am 5. Fehltag eine Bescheinigung vorzulegen ist; aus der Begrün- dung des Gesetzes ergibt sich jedoch, dass der 4. Tag gemeint war. Damit wird die

---

[18] "Ein gesunder Mensch, so heißt die ärztliche Faustregel, ist einer, der nicht gründlich genug untersucht wurde" (*Der Spiegel*, 1996, Nr. 40, 119).

Möglichkeit geschaffen, Kurzerkrankungen ohne ärztliche Unterstützung auszukurieren und es wird der Tatsache Rechnung getragen, dass Krankheit ganz generell Selbstattribution mit nachfolgender offizieller ärztlicher Legitimation ist. Jemand *fühlt sich* krank (positioniert sich auf dem Kontinuum(!) 'gesund - krank' eher auf der 'kranken' Seite) und holt sich dafür eine gutachterliche Bestätigung. Diese Tatsache hat immer wieder dazu geführt, die Objektivität und Gültigkeit ärztlicher Diagnosen und vor allem das 'Krankschreibeverhalten' der Ärzte in Frage zu stellen [siehe dazu z.B. aus juristischer Perspektive *Schmitt* (1990) und *Brill* (1985)]. Nachdem es dazu auch abweichende richterliche Auffassungen gegeben hatte, ist inzwischen abschließend geklärt, dass dem ärztlichen Attest vom Arbeitgeber eine 'Richtigkeitsvermutung' zuzugestehen ist.

Hat ein Arbeitgeber Zweifel, stehen ihm folgende Möglichkeiten offen (siehe *Schmitt* 1990, 228f.):

- Er kann bei 'begründeten Zweifeln' an der Arbeitsunfähigkeit den Medizinischen Dienst der Krankenkasse einschalten.

   "Derartige begründete Zweifel hat man zum Beispiel bejaht, wenn die Arbeitsunfähigkeitsbescheinigung von einem Arzt stammt, der durch besonders häufige Arbeitsunfähigkeitsbescheinigung auffällt, wenn die Arbeitsunfähigkeitsbescheinigung sich auf einen Arbeitnehmer bezieht, der besonders häufig den Arzt wechselt, wenn die Fortsetzung der Arbeitsunfähigkeit nach der Erkrankung durch einen anderen Arzt bescheinigt wird, wenn das Verhalten der Versicherten Anlass zu Zweifeln gibt oder wenn die innerbetriebliche Situation als eine mögliche Ursache in Frage kommt" (*a.a.O.*, 228).

- Er kann (vor Gericht) eine Beweisumkehrung verlangen, wenn er Tatsachen geltend machen kann, die die Richtigkeits*vermutung* in Frage stellen (z.B. wurde der krankgeschriebene Arbeitnehmer wiederholt bei Vergnügungsveranstaltungen oder bei Schwarzarbeiten gesehen) und

- er kann eine Kündigung in Betracht ziehen, die aber nur dann Erfolgsaussichten hat, wenn die Fehlzeiten in den letzten drei Jahren mehr als 14% betragen haben, für die Zukunft weitere Ausfallzeiten zu erwarten sind und eine Interessenabwägung ergibt, dass dem Arbeitgeber eine Weiterbeschäftigung nicht zuzumuten ist.

Wegen der ökonomischen Interessen und Abhängigkeit von Ärzten und wegen des Krankenschein-Systems werden (einigen) Ärzten immer wieder 'Gefälligkeitsatteste' unterstellt. Damit ist eine erhöhte Bereitschaft gemeint, den Krankschreibe-Wünschen von PatientInnen nachzukommen, um sie nicht als KlientInnen zu verlieren.

Kapitel D

Hauß et al. (1984) zitieren aus einem Kongreßreferat Argumente von *Scholz*:

- Großzügigkeit beim Krankschreiben (es wird zu schnell, zu lange und fast immer bis zum Wochenende krankgeschrieben),
- Leichtfertiges Umgehen mit der Verantwortung (Missachtung der Sorgfaltspflicht bei der Ausstellung von Attesten, Leichtgläubigkeit gegenüber vorgebrachten Beschwerden),
- Handeln nach kommerziellen Gesichtspunkten mit dem Ziel der Gewinnmaximierung ('Monetik' statt 'Ethik'),
- Unzulängliche Vorbereitung der Ärzte für ihre Schlüsselrolle in der GKV (mangelnde Kenntnisse der Realitäten der Arbeitswelt, fehlendes Lehr- und Fortbildungsangebot für die ökonomischen und sozialen Komponenten der ärztlichen Berufstätigkeit),
- Durch den Trend zur Rezept- und Apparatemedizin Vernachlässigung des ärztlichen Gesprächs (mangelnde Bereitschaft zur Diskussion, keine Miteinbeziehung des Patienten in Entscheidungsprozesse),
- Fehlen einer Bestandsaufnahme innerhalb der Ärzteschaft über die 'ewigen Jasager' zu Rezepten nach Belieben und zu Krankschreibungen auf Wunsch,
- Die ungenügende, weil noch nicht flächendeckende allgemeinärztliche Versorgung mit qualifizierten Ärzten (Fachärzte können die Funktion des Hausarztes nicht oder nur sehr beschränkt wahrnehmen)' (*Scholz* 1982, Kongreßpapier)."

Spandau (1991, 320) gibt zu bedenken, dass "... ein Arzt die Folgen der von ihm ausgestellten Arbeitsunfähigkeitsbescheinigungen kaum übersehen [kann]. Bei jährlich 304 Arbeitsunfähigkeitsverschreibungen verursacht eine 'durchschnittliche' Arztpraxis im Kassenbereich der AOK Reutlingen Lohnfortzahlungs- und Krankengeldkosten von DM 492 000 [1989/90]. Pro Arbeitsunfähigkeitsverschreibung betragen diese Kosten DM 1620."

Natürlich lässt sich die Abhängigkeit des Arztes von der subjektiven Beschwerdeschilderung der PatientInnen taktisch nutzen. Der schon erwähnte 'Ratgeber zu Wissen und Wohlstand' (*Mende* 1982) gibt dazu zahlreiche Beispiele, wie man sich eine Krankschreibung erschleichen kann. Im Beleg D-3 ist das Beispiel 'Migräne' abgedruckt. Darin werden im einzelnen die Symptome geschildert, die man dem 'Magier in Weiß' berichten muss, um bei ihm die gewünschte Diagnose auszulösen. [Mit Kontroll- oder Vertrauensarsch ist im Beleg D-3 der Vertrauensarzt der Krankenkasse gemeint].

Das Spüren von und Reagieren auf Krankheitsanzeichen ist sozial normiert; für unsere Kultur gilt z.B., dass man nicht wehleidig oder hysterisch oder mimosenhaft sein darf; allerdings wird je nach Geschlechter und/oder Alter unterschiedliche Sensibilität zugestanden.

Beleg D-3: Wie man eine Krankheit simuliert. Das Beispiel Migräne
(aus: *Mende* 1982, 17-20)

Wie lange: maximal eine Woche, dafür aber häufig!
Wer wird krank: Jede und jeder. Außerdem leiden wirklich viele darunter und arbeiten damit!

Beschwerden:
1. Es beginnt damit, dass du gereizt und unausgeschlafen aufgewacht bist.
2. Zum Frühstück hast du kaum was 'runterbekommen', weil dein Magen wie zuge-schnürt war.
3. Nachdem du dich so eine halbe bis zwei Stunden 'rumgeschleppt' hast, haben dann die Kopfschmerzen begonnen.
4. Diese haben folgende Eigenschaften (zutreffendes ankreuzen):
   - dumpf-drückend und pulsierend bis bohrend pulsierend
   - einseitig oder beidseitig
   - besonders stark im Bereich der Stirn, Schläfe(n), des Auges bzw. der Augen.
5. Du wurdest gegen Licht empfindlich und musstest die Gardinen vorziehen.
6. Lärm konntest du ebenfalls nicht ertragen.
7. Allmählich wurde dir schlecht, schlimmstenfalls musstest du gallig (gelb, bitter) er-brechen, wobei du Schweißausbrüche hattest.
8. Weil die Kopfschmerzen nicht weggegangen sind und dir ab und zu noch mal schlecht wird, bist du nach ein oder zwei Tagen zum Arzt gegangen.
9. Du hast solche Migräneanfälle schon öfters gehabt, oft - aber nicht unbedingt - nach Alkohol (ein Glas Wein reicht aus), nach Streß, Wetterwechsel, bei Frauen gekoppelt an die Periode.
10. Es kann aber auch später begonnen haben: Nach dem Mittagessen hattest du dich plötzlich unruhig und unkonzentriert gefühlt, bis nach einer oder anderthalb Stunden Kopfschmerz und Übelkeit sowie die übrigen Beschwerden eingesetzt haben ...

Was untersucht der Magier in Weiß?
Blutdruck, Blutabnahme. Wenn du's oft hast, lässt er vom Neurologen 'ne sogenannte 'Hirnstromuntersuchung' an dir machen - völlig harmlos -, um eine Epilepsie auszuschließen.

Woran denkt er:
[Hier folgt ein Cartoon, in dem sich eine Patientin und ein Arzt gegenübersitzen und bei beiden ist eine Sprech- bzw. Denkblase eingezeichnet. Die Patientin sagt: "Also, ich habe Migräne, und mir hilft nur Migräne-Cranit!" und der Arzt denkt: "Ergo: Sie hat Migräne, und ihr hilft nur Migräne-Cranit®."]
Die Migräne tritt anfallsartig auf. Sie ist eine Funktionsstörung der Gehirnschlagader: sie äußert sich zuerst ½ bis 2 Stunden lang in einer unzulässigen Verengung; danach für Stunden bis Tage in einer (noch unzulässigeren) Erweiterung dieser Adern, wodurch die Kopfschmerzen entstehen.

Kapitel D

[Ratschlag für die 'PatientInnen':]
Du kannst bei dieser Krankheit ruhig offen die Diagnose "Migräne" aussprechen. Schließlich ist sie ja schon öfters an dir diagnostiziert worden, und in deiner Familie leiden auch mehrere daran. Er kann, da es auch schwerste Formen der Migräne mit Organstörungen geben kann, dich auch nach Beschwerden wie Augenflimmern, schweren Sehstörungen, Sprachstörungen oder Kribbeln in Händen und Armen fragen. Würde ich alles verneinen, gibt nur Scherereien, und mehr als eine Woche liegt sowieso nicht drin.

Therapie: erfolgt mit Medikamenten, Spritzen ablehnen. Am besten, du sagst gleich mit, du wolltest ganz bestimmte Tabletten (oder Zäpfchen zusätzlich, wenn dir sehr übel ist) von ihm verschrieben bekommen, weil die dir immer geholfen haben, z.B. Cafergot, Dihydergot, oder Migräne-Cranit (heißt wirklich so); auch "normale" Schmerzmittel wie Gelonida, Spalt, Optalidon - alles in den Müll.

Kontrollarsch:
Dürfte dir erspart bleiben, da meist nur eine Woche. Wenn es dich doch erwischt, geh' hin, wenn du dich stark genug fühlst. Je mehr Leute zum Vertrauensarsch müssen, desto weniger schafft er seine Kontrollen.

Warnhinweise:
Keine Spritzen, keine Röntgenuntersuchungen, schon gar keine Röntgenuntersuchung der Gehirnschlagadern - sonst schleunigst Arzt wechseln.

Noch ein Tip:
Wenn du ihm einen Gefallen tun willst (oder um dich sicherer zu fühlen), solltest du einen "verkaterten" Eindruck machen und blass aussehen, also die Nacht vorm Arztbesuch wenig schlafen und die Augenlider ein wenig anspannen wie bei grellem Tageslicht.

Übrigens: Im Jahre 1970 wurde die englische Wirtschaft allein durch Migränekrankschreibungen um 3 Millionen Pfund Sterling geprellt - saubere Arbeit, Hut ab!

[folgt ein weiteres Cartoon: Drei Patienten feiern ihren Täuschungserfolg]

Dissimulation

Ebenso wie *Simulation* (Vortäuschung einer nicht vorhandenen Erkrankung: siehe die sog. Blaumacher), gibt es auch *Dissimulation*: Jemand ist krank und a) weiß das gar nicht oder b) getraut sich nicht es zuzugeben[19]. Letzteres gilt in besonderem

---

[19] Eine systematische Kategorisierung könnte von folgenden drei Dichotomien ausgehen:
- -'objektiv' krank vs. gesund sein;
- -sich als 'krank' vs. gesund erleben oder bezeichnen;
- -zur Arbeit gehen vs. nicht zur Arbeit gehen.

Maße für ManagerInnen, die vital, gesund, belastbar, dynamisch usw. sein oder erscheinen müssen; ersteres wurde in epidemiologischen Untersuchungen gezeigt. Dazu ein Beispiel aus einer Krankenkassenstudie; *Böker* (1979) informiert

"... über die Ergebnisse der unlängst an über 50 000 sozialversicherten Arbeitern und Angestellten durchgeführten Vorsorgeuntersuchung in Baden-Württemberg. Der Zwischenbericht über die Auswertung der Befunde von etwa 31 000 Untersuchten führt aus, dass:

- 79,9 Prozent der Männer und 84,7 Prozent der Frauen pathologische Abweichungen im klinischen Bereich zeigten;
- 42,8 Prozent der Männer und 47,7 Prozent der Frauen zum Hausarzt und 19,5 Prozent (Männer) bzw. 21,1 Prozent (Frauen) sofort zum Facharzt mussten;
- 1,6 Prozent der Männer und 1,3 Prozent der Frauen ins Krankenhaus sowie 20,8 Prozent (Männer) und 17,9 Prozent (Frauen) zur Kur mussten.

Diese Ergebnisse kommen von Arbeitern und Angestellten, die nicht krank geschrieben waren und noch arbeiteten" (189f.).

15 Jahre später kamen *Landau u.a.* (1994) zu ähnlichen Ergebnissen. Sie zeigten z.B. an einer Stichprobe von Arbeitnehmern, die in Fahr-, Steuer- und Überwachungstätigkeiten im Braunkohlebergbau beschäftigt waren, dass sich systematische Zusammenhänge zwischen (langdauernden) Belastungen im Arbeits- bzw. Privatbereich und Erkrankungen finden lassen.

"Die Häufigkeitsanalyse der ärztlich festgestellten Befunde weist bei unserer Stichprobe (n = 284) auf hohe Erkrankungsraten bei Fettstoffwechselstörungen mit 45,4% des untersuchten Kollektives, Adipositas bei 45,8% des untersuchten Kollektives, Schallempfindungsstörungen bei 49,3%, Hypertonie bei 29,2% des untersuchten Kollektives und chronisch degenerativen Wirbelsäulenerkrankungen ... hin. Die [Diagnose von] chronisch degenerativen Erkrankungen der Halswirbelsäule trifft für 16,1% des untersuchten Kollektives, die der Brustwirbelsäule für 8,5% des untersuchten Kollektives zu. Darüber hinaus treten in 31% der Fälle chronische Erkrankungen der Extremitäten auf. Im untersuchten Kollektiv haben 49% einen korrigierten Sehfehler. Des weiteren sind die Anteile an Probanden mit erhöhtem Harnsäurespiegel (Hyperurikämie) mit 15% des untersuchten Kollektives, der Betroffenen mit Schallleitungsstörungen mit 27% des untersuchten Kollektives, und der chronisch obstruktiven Atemwegserkrankungen mit 12% des untersuchten Kollektives zu erwähnen. Neben den 29% Hypertonie-Erkrankten des untersuchten Kollektives ist die Zahl der Erkrankten an koronarer Herzkrankheit mit 4,6% der Fälle, der Probanden mit relevanter EKG-Veränderung

---

Aus diesen 3 Kategorien lassen sich 2^3 Möglichkeiten bilden (z.B.: 'objektiv krank sein, sich als gesund erleben und zur Arbeit gehen' oder 'objektiv gesund sein, sich als krank erleben und nicht zur Arbeit gehen' usw.). Verzichtet man auf die fragwürdige erste Dichotomie, schrumpft das Schema auf eine Vierfeldertafel zusammen, in der Simulation und Dissimulation die beiden 'unstimmigen' Kombinationen sind.

(3,9%) und der Personen mit Zustand nach Herzinfarkt mit 2,8% der Fälle auffallend. Abschließend ist der Anteil an akuten Hauterkrankungen mit 10,6% und mit chronischen Hauterkrankungen mit 11,9 des untersuchten Kollektives zu erwähnen" (*Landau, Brauchler, Brauchler, Ballé & Blankenstein* 1994, 30).

Dies sind Diagnosen, die nicht etwa in einem Krankenhaus oder einer Kurklinik erhoben wurden, sondern die eine 'normale' Population von Arbeitenden charakterisieren! Liest man derartiges, muss man sich fragen, warum der Krankenstand nicht viel höher ist. Zumindest aber wird deutlich, dass jeder ärztlichen Krankheitsbestätigung eine Selbstdefinition des Patienten als 'krank' vorausgehen muss - und dass verschiedene Menschen sehr unterschiedliche Maßstäbe benutzen.

Im 'Deutschen Ärzteblatt' berichtet *Hein* (1996) über einen Modellversuch der Medizinischen Dienste der Krankenversicherung (MDK) Essen, bei dem in fünf Regionen der Bundesrepublik in einer Vollerhebung alle 13 119 Arbeitsunfähigkeits-Fälle 'gesichtet' wurden, die *länger als 22 Tage gedauert* hatten. Es wurden auf der Grundlage der Unterlagenauswertung folgende fünf Gruppen gebildet (in Klammern die prozentuale Häufigkeit):

1. Eindeutige Krankheitsfälle (50%)
2. prospektive Langzeitkranke mit Rehabilitationsbedarf (20%)
3. Verdacht auf medizinisch nicht begründete Arbeitsunfähigkeit (6%)
4. psychsoziale Problemfälle (6%)
5. Fälle, die noch nicht zuzuordnen waren (18%).

In seinem kurzen Bericht geht *Hein* nicht auf die Probleme einer Überprüfung schriftlicher Diagnosen ein (der hohe Prozentsatz in Gruppe 5 ist ein Indiz dafür). Dennoch ist die Studie ein erster Hinweis auf die Rate von 'SimulantInnen' bei *Langzeit*kranken (es wurden ja nur PatientInnen untersucht, die länger als drei Wochen krankgeschrieben waren). *Hein* zieht die Schlussfolgerung, dass bei einer frühzeitigen Begutachtung (also nicht erst nach dem 42. Tag, ab dem die Krankenkassen zur Zahlung von Krankengeld verpflichtet sind) zumindest in den Gruppen 2 und 3 die Effizienz der Arbeit der MDK gesteigert werden kann. Wird der Zeitpunkt der Begutachtung, die normalerweise erst nach dem 50. Tag erfolgt, vorverlegt, dann können früher Rehabilitationsmaßnahmen eingeleitet werden oder Missbrauchsfälle eher identifiziert werden - und beides sparte den Kassen Geld.

Auch die Zeitschrift *Psychologie Heute* (1993, Oktober, 46-48) berichtet unter der Überschrift "Karenztage*: eine gesundheitspolitische Zeitbombe" von einer Fragebogenaktion "Gesundheit und Lebensqualität" der Angestelltenkammer Bremen, an der sich 6300 BürgerInnen beteiligten (siehe dazu auch die Angaben bei *Behrens & Müller* 1995):

---

* siehe die Fußnote auf S. 308

"Sieben Prozent der Befragten leiden nach eigener Angabe an chronischen, seit über einem Jahr anhaltenden Schmerzen in bestimmten Körperpartien, waren aber trotzdem in den letzten 12 Monaten nicht bei einem Allgemein- oder Facharzt in Behandlung. Nimmt man all jene hinzu, die noch nicht an chronischen Schmerzen, wohl aber häufiger an ernstzunehmenden gesundheitlichen Beschwerden und Beeinträchtigungen leiden, so sind es über 10% der Befragungsteilnehmer, die körperliche Warnsignale verharmlosen und nicht zum Arzt gehen" (47).

"Karenztage würde nach Ansicht der Bremer Forschungsgruppe diese Quote [gemeint ist: fast die Hälfte aller Erwerbstätigen erreicht nicht die gesetzliche Altersgrenze für die Verrentung O.N.] mittel- und langfristig noch erhöhen: 'Chronische Krankheiten, wie insbesondere rheumatische und Herz-Kreislauf-Erkrankungen, bleiben noch längere Zeit unerkannt, Rehabilitationsmaßnahmen, die schon heute oft viel zu spät einsetzen, werden abermals hinausgezögert. Karenztage wären gesundheitspolitisch eine gefährliche Zeitbombe'" (a.a.O., 47).

"Es sind vor allem ältere und weniger qualifizierte Arbeitnehmer, die zur Arbeit erscheinen, selbst wenn sie sich krank fühlen. 60 Prozent der älteren Befragten mit Lehre oder ohne Berufsausbildung geben an, sie seien im letzten Jahr trotz Krankheit arbeiten gegangen, aber nur 30 Prozent der jüngeren mit Hoch- oder Fachhochschulausbildung" (a.a.O., 48).

An der Fragebogenaktion "Gesundheit und Lebensqualität" beteiligten sich auch rund 630 leitende Angestellte und Selbständige, die sich zumindest zwiespältig [zur Einführung von Karenztagen] äußern: 62% sind der Meinung, dass dadurch Krankheiten verschleppt werden, 58% "... sehen die Gefahr, dass es dann zu längeren Krankmeldungen kommt, etwa nach dem Motto: 'Wenn ich schon zwei Tage Lohn abgezogen bekomme, dann kuriere ich meine Krankheit auch richtig aus und lasse mich für einige Tage länger krankschreiben'" (a.a.O., 48).

2.4 Exkurs über die Fehlzeiten von Frauen

In ihrem Praxisratgeber "Fehlzeiten senken" schreiben *Pohen & Esser* (1995, 53 und 71): "Frauen fehlen erfahrungsgemäß wesentlich häufiger als Männer. Verheiratete Frauen und Frauen mit Kindern fehlen im allgemeinen häufiger und länger als ledige Frauen und Frauen ohne Kinder." Auch *Derr* (1995, 36) resümiert: "Weibliche Arbeitnehmer weisen generell nach Länge und Häufigkeit höhere Fehlzeiten auf als Männer." Damit geben diese Autoren verbreitete Auffassungen wieder, die keineswegs unwidersprochen geblieben sind [siehe etwa *Eissing* 1991, 68; *A. Pfaff, Deimer, Jaufmann, Kistler, M. Pfaff & Stark* (1986); *Zoike* (1991); *Pfaff & Busch* (1993) und *Jaufmann* (1993)].

Es lässt sich zeigen, dass man beim Männer-Frauen-Vergleich in puncto 'krankheitsbedingte Fehlzeiten' keine generellen Aussagen treffen kann; die Unterschiede sind vielmehr abhängig von der 'Herkunft' der zugrundeliegenden Statistiken. Allgemein kann man sagen, dass bei Daten, die von den Betriebskrankenkassen stammen, Frauen höhere Fehlzeitenwerte aufweisen, während bei der gesetzlichen Krankenversicherung die Männer vorne liegen. Insgesamt gesehen, haben Frauen niedrigere Krankenstände (Fallzahlen!).[20] Für die Pflichtmitglieder der gesetzlichen Krankenversicherung (im Jahr 1989) ergab sich z.b. in praktisch allen Altersgruppen (einzige Ausnahme: die Gruppe der 60-64-jährigen), dass die Prozentzahl der Arbeitsunfähigkeits*tage* und *-fälle* bei Männern *höher* war als bei Frauen (s. z.B. *Pfaff & Busch* 1993, *Zoike* 1991, 223). Zudem gilt: Frauen haben eine höhere Lebenserwartung, ihre Frühverrentungswahrscheinlichkeit im Alter zwischen 40 und 60 Jahren liegt niedriger als die der Männer, Frauen haben empirisch eine geringere Häufigkeit von Wege- und Arbeitsunfällen. Für die Arbeitgeber sind die Frauen - finanziell gesehen - die besseren Risiken; für die Krankenkassen verursachen sie jedoch höhere Leistungsausgaben als die Männer (mit Ausnahme des Krankengelds, das bei Männern 2,2 mal so hoch liegt). *Pfaff & Busch* (1993, 291) folgern:

> "Die vergleichsweise günstigeren Gesundheitsindikatoren der Frauen, die oben dargestellt wurden - gepaart mit den höheren Gesundheitsausgaben -, deuten darauf hin, dass Frauen bei gesundheitlicher Beeinträchtigung eher Hilfen in Anspruch nehmen, vielleicht auch eher bereit sind zu klagen und nicht 'männlich stark' Symptome zu ignorieren und zu verdrängen, jedoch letztendlich besser mit eventuellen Beeinträchtigungen fertig werden."

Von Ferber (1994) gibt in diesem Zusammenhang zu bedenken, dass nicht alle, die sich krank fühlen und einen Arzt aufgesucht haben, auch krankgeschrieben werden. Oft kann der Arzt die Befürchtungen zerstreuen oder die Probleme medikamentös (und nicht zusätzlich durch die Verschreibung von Arbeitsruhe) beseitigen. Man muss aber auch berücksichtigen, dass statistische Effekte vorliegen können: weil weniger Frauen als Männer erwerbstätig sind, kann es zu einer gezielten Selektion kommen: die weniger gesunden Frauen werden durch (Selbst-)Selektion vom Arbeitsmarkt ferngehalten, während bei den Männer auch 'schlechtere Risiken' erwerbstätig sind. In Ländern mit höherer Erwerbsquote von Frauen (wie etwa Schweden) scheint es zu einer Angleichung der Fehlzeiten zu kommen [s. *Vogel*

---

[20] Der niedrigere Krankenstand der Frauen ist auch über den Zeitablauf stabil (s. die folgende Tabelle nach Daten in *Kohler & Reyher* (1988 bzw. 1991); aus dieser Tabelle geht auch die erhebliche Schwankung des Krankenstands im Zeitablauf sehr deutlich hervor; immerhin stehen sich (für die 'Wirtschaft insgesamt' Extremwerte von 4,45% und 6,10% gegenüber!

	1965	1967	1973	1975	1980	1983	1990	1991
Wirtschaft insgesamt	5,10	4,45	6,00	5,29	6,10	4,65	5,30	5,58
Männer	5,15	4,50	6,17	5,43	6,37	4,79	5,54	5,65
Frauen	4,99	4,35	5,70	5,04	5,64	4.40	4,94	5,50

1995; zur Diskussion der Selektionshypothese (Kranke werden eher arbeitslos) und der Kausationshypothese (Arbeitslose werden eher krank) anhand empirischer Daten s. *Meggeneder* 1994].

Bei den krankheitsbedingten Fehlzeiten von Frauen sind Abwesenheiten wegen Mutterschutz und Erziehungsurlaub nicht mit einbezogen (weil Mutterschaft ja keine 'Krankheit' ist); diese, wie auch Freistellungen wegen Erkrankung eines Kindes (nach § 45 SGB V), werden in Form von Krankengeld von der Krankenversicherung und nicht vom Arbeitgeber bezahlt.

> "Etwa 350 000 Mutterschaftshilfefälle (von Nicht-Rentnern) d.h. etwa 3,5 je 100 weibliche Mitglieder, fallen im Jahr an. Bei einer unterstellten Mutterschutzfrist von 14 Wochen entspricht dies etwa einer Fehlzeitenquote von 1 v.H. Unter Einbeziehung der Mutterschutzfristen ergibt dies eine Fehlzeitenquote von etwa 5,7 v.H. für Frauen im Vergleich zu 5,0 v.H. für Männer im Jahr 1980" (*Pfaff et al.* 1986, 17).

Großzahlige Auswertungen von Daten der *gesetzlichen* Krankenkassen ergeben, dass *im allgemeinen* Frauen die 'besseren Gesundheitsrisiken' sind (aktuelle Daten dazu siehe Tab. D-5). Dies mag unter anderem daran liegen, dass mehr Frauen in Angestelltentätigkeiten arbeiten und dass Frauen einen wesentlich höheren Anteil der Teilzeitbeschäftigten stellen. Diesem generellen Befund lassen sich Betriebserhebungen gegenüberstellen, die abweichende Ergebnisse (höherer Krankenstand von Frauen) berichten - und es sind *diese* Veröffentlichungen, die den Eindruck erwecken, Frauen fehlten häufiger. Beispiele für AUDI bringen *Hilla, Henneke & Tiller* (1990) bzw. *Hilla & Tiller* (1992); andere Betriebsdaten referiert *Böker* (1979, 186); siehe auch die Umfrageergebnisse von *Salowsky* (1991, 50 ff.) oder die Ergebnisse aus einem Automobilunternehmen, die *Derr* (1995, 129) berichtet: 2.258 Frauen hatten eine Fehlzeitenquote von 8,85%, 14.964 Männer erreichten 5,8%. Auf die Daten von *Gesine Stephan* (1991), die ebenfalls höhere Frauen-Fehlzeiten gefunden hat, werden wir unten noch eingehen.

An dieser Diskrepanz der Daten und Schlussfolgerungen lässt sich ein grundsätzliches Problem veranschaulichen: Personenbezogene Statistiken, die sich nicht auf die Gesamtheit aller Arbeitskräfte beziehen, bilden die Verhältnisse in Stichproben ab, über deren Repräsentativität (meist) nichts gesagt wird. In einem konkreten Fall (z.B. der ArbeiterInnen-Population in einem Industriebetrieb) können aber verschiedene relevante Faktoren vermischt sein, die in ihrer spezifischen (*nicht* repräsentativen) Form eindeutige Zurechnungen auf eine Größe (z.B. Geschlecht) verbieten. Es mag z.B. sein, dass aufgrund der gegebenen Arbeitsmarktlage nur eine bestimmte Altersgruppe eingestellt wird (z.B. jüngere Frauen mit Kleinkindern), dass die eingestellten Frauen an den ungünstigeren (physisch belastenden, schlechter bezahlten, weniger Qualifikation erfordernden) Arbeitsplätzen eingesetzt werden, dass sie eine schlechtere Ausbildung haben, dass unter ihnen überdurchschnittlich viele Ausländerinnen sind, dass sie in großen Arbeitsgruppen mit hoher Fluktuation arbeiten usw. Das Merkmal 'Geschlecht' wäre dann vermengt mit einer Reihe weiterer Merkmale, die in einem statistischen Zusammenhang mit höherer Fehlzeitenwahrscheinlichkeit stehen. Es ist dann nicht das Geschlecht als solches, was die höhere Fehlzeitenbilanz begründet, dafür sind vielmehr die anderen Faktoren verantwortlich (s.a. *Leigh* 1983, der bei einer entsprechenden statistischen Behandlung seiner Daten praktisch keine Geschlechtsunterschiede mehr nachweisen konnte, obwohl die Rohdaten einen sehr starken Geschlechtseffekt gezeigt hatten). Der allgemeine Männer-Frauen-Vergleich hat den gleichen Beweiswert, wie wenn man die Krankenstände von Bergarbeitern unter Tage (Männer) und Teilzeitverkäuferinnen in Kaufhäusern vergliche und dann feststellen würde, dass Männer doppelt so 'anfällig' sind wie Frauen![21] Oder - um einen anderen Vergleich heranzuziehen - wenn immer wieder nachgewiesen wird, dass Angestellte wesentlich weniger fehlen als Arbeiter: Liegt das dann daran, das Arbeiter weniger belastbar oder 'parasitärer' sind als Angestellte? In einer solchen Situation wird jeder sofort nach 'vernünftigeren' Gründen suchen (und sie in verschleissenden Arbeitsbedingungen, geringeren Handlungs- und Interaktionsspielräumen oder unterschiedlichem Ernährungs- oder Gesundheitsverhalten usw. finden).

Schon *Böker* (1979, 187f.) zitiert einige in der Literatur vorgeschlagene Begründungen für den (angeblich) höheren Krankenstand von Frauen, "... die von 'geringerem Betriebszugehörigkeitsgefühl' (vgl. König, 1963) über 'gesunde Fluchtreaktion aus der industriellen Männerwelt' (vgl. Ulich, 1965) zu der alten, jedoch nie schlüssig bewiesenen These von der konstitutionell erhöhten Anfälligkeit der Frau (vgl. Günther, 1960, Siefert, 1966) reichen. Verständlich wird diese Diskrepanz der Krankenstände jedoch,

---

[21] Ein besonders plastisches Beispiel einer manipulativen Datenpräsentation findet sich in *Salowsky* (1991, 50 f.). Er wählt aus seiner Befragung von 380 Unternehmen den Vergleich zwischen *Arbeiterinnen* und männlichen *Angestellten* aus und kommt zum Ergebnis: "Während die weiblichen Vollzeit-Arbeiter im Durchschnitt 11,2 Prozent oder 190 Fehlstunden aufwiesen, fehlten die männlichen Angestellten 1989 im Durchschnitt 71 Stunden" (und 4,2%, wie aus seiner plakativen Abb. 4 (S. 51) hervorgeht. Vorher hatte er als Gesamtergebnis berichtet: "Abgesehen von den Wirtschaftsbereichen, in denen die Frauenbeschäftigung keine große Rolle spielt und wo zudem die wenigen beschäftigten Frauen noch Angestellte sind, liegen die Fehlzeiten der weiblichen Arbeitnehmer überall über denen der männlichen" (a.a.O., 50). In einer vergleichbaren Unternehmensbefragung - ebenfalls vom arbeitgebernahen Institut der deutschen Wirtschaft durchgeführt - argumentiert *Schnabel* (1996, 27f.) differenzierter: "Frauen weisen nach den Ergebnissen der Unternehmensbefragung auf den ersten Blick höhere Fehlzeiten auf als Männer. Dies könnte unter anderem darauf zurückzuführen sein, dass sie auch Fehlzeiten durch Mutterschutzfristen haben. Allerdings sind die von den Unternehmen erfassten Daten meist nicht hinreichend detailliert und differenziert, um eindeutige Aussagen über geschlechtsspezifische Fehlzeiten zu ermöglichen. Bei einer multiplen Analyse, das heißt unter gleichzeitiger Berücksichtigung anderer Einflussfaktoren wie Arbeiter- und Ausländeranteil, Betriebsgröße und Arbeitsorganisation, zeigt sich kein signifikanter Einfluss des Frauenanteils auf die betrieblichen Fehlzeiten."

wenn man sich die ... ursächlichen Faktoren (besonders die Abhängigkeit von der Art der ausgeübten Tätigkeit und vom Ausbildungsstand) vergegenwärtigt und in Beziehung setzt zu den bekannten Tatsachen über die Lage der westdeutschen Arbeiterinnen. Die außerordentlich niedrige Zahl der abgeschlossenen Lehren bei Arbeiterinnen, der Einsatz vor allem am Band und im Akkord ... , dazu die im Vergleich zum Manne geringere Bezahlung trotz gleichwertiger Arbeit ..., alle diese Faktoren vermögen den erhöhten Krankenstand schlüssiger zu erklären als die ständige Wiederholung der obskuren Behauptung über die angebliche Minderwertigkeit des 'Weibes'. Auch die Berufung auf die Doppelbelastung der Arbeiterin durch Beruf und Familie reicht als alleinige Erklärung nicht aus; zwar ist der Krankenstand der verheirateten Frauen mit Kindern doppelt so hoch wie der der ledigen Frauen (vgl. Günther, 1960), jedoch ist auch der Krankenstand dieser Ledigen noch überdurchschnittlich hoch. Krankheit ist eben nicht ein zufälliges Ereignis, das den Menschen quasi durch die Willkür des Schicksals trifft oder für das er evtl. sogar selbst verantwortlich gemacht werden kann, sondern vor allem das Ergebnis von Bedingungen der gesellschaftlichen Umwelt, die direkt (z.B. bei Arbeitsunfällen und Berufskrankheiten) oder über die Erlebnissphäre (bei psychischen und psychosomatischen Krankheiten) zur körperlichen Leistungsveränderung führen. So sind es auch nicht die spezifisch weiblichen (gynäkologischen und geburtshilflichen) Leiden, die den Krankenstand der Frauen in die Höhe treiben - ihr Anteil beträgt maximal 1/10 und wird durch die niedrigere Unfallquote wieder ausgeglichen - sondern die gleichen psychischen und psychosomatischen Symptome und Syndrome wie beim Mann".

Es wird auch geltend gemacht, dass Frauen wegen ihrer durch Unterbrechungen gekennzeichneten Erwerbsbiographie eine geringere 'Bindung an den Betrieb' (oder an die Erwerbsarbeit) entwickelten und dass ihnen deshalb die Entscheidung, der Arbeit fernzubleiben, leichter falle. Diese These scheitert am empirischen Material (s.o.), insbesondere deshalb, weil die Erwerbsbiographien von Müttern sich nicht mehr sehr stark von denen der Männer und der Single-Frauen unterscheiden (Tendenz zur 1-Kind-Ehe bzw. -Partnerschaft; immer kürzere Unterbrechungszeiten durch Kindererziehung; Wechsel auf Teilzeit, die mit deutlich niedrigeren Fehlzeiten verbunden ist, s. *Stephan* 1991). Zudem muss man berücksichtigen, dass bei internen Arbeitsmärkten die zuletzt Eingetretenen die ungünstigsten Bedingungen vorfinden (evtl. sogar in den Status von Randbelegschaften oder prekären Arbeitsverhältnissen gedrängt werden), was die 'Bindung an den Betrieb' - geschlechtsunabhängig - reduziert.

Arbeiten Frauen in Gleitzeit und Teilzeit, so fehlen sie weniger, in der Tendenz so wenig/so viel wie Männer. Dies wird z.B. durch Daten bei Gesine *Stephan* (1991) belegt, die exakt gleiche Fehlzeiten-Werte bei vollzeitarbeitenden Männern und *teilzeitarbeitenden* Frauen berichtet:

> In ihrer Studie zeigte sich z.B., dass die Wahrscheinlichkeit, 1988 mindestens einmal zu fehlen, für Männer 0,79, für Frauen 0,88 für ledige Männer 0,74 und für ledige

Frauen 0,84 betrug. *Für Teilzeit arbeitende Frauen war die Wahrscheinlichkeit genauso groß wie die der Männer insgesamt: 0,79!*

Fehlzeit ist demzufolge kein individuelles Problem der Frau, sondern (auch) eine Konsequenz einer spezifischen Pflichtenaufteilung in Haushalten:

Interpretiert man Fehlzeiten als Reaktionen auf Überlastung, dann wird im allgemeinen auf die sog. Doppel- oder Dreifachbelastung vor allem der Frauen Bezug genommen. Trotz behauptetem, aber nur marginal realisiertem Wandel in der Rollenverteilung in Partnerschaften liegt immer noch die Hauptlast der 'Zusatzarbeit' (im Haushalt und für Kinder) bei den Frauen (s. *Rastetter* 1994). Deshalb schlägt Gesine *Stephan* vor, die 'Haushaltsproduktionstheorie' zur Erklärung heranzuziehen: Nicht Individuen, sondern Haushalte sind als Einheiten zu untersuchen, weil es implizite Arbeitsaufteilungsverträge in Haushalten gibt. Wenn eine bestimmte Gesamtlast an Arbeiten (im Produktions- und Reproduktionssektor) zu erledigen ist, versuchen Haushalte ihr Gesamteinkommen dadurch zu maximieren, dass sie ihre Mitglieder jenen Tätigkeiten zuweisen, bei denen das höchste Einkommen erzielt wird - und das bedeutet normalerweise, dass der Mann erwerbsarbeitet, die Frau hausarbeitet oder dass die schlechterverdienende Frau zu Hause bleibt und das kranke Kind versorgt, während der besserverdienende Mann seiner Erwerbsarbeit nachgeht.

In ihrer Studie (Vergleich der Fehlzeiten-Daten 1985 und 1988 in einem Industriebetrieb) erklärt *Stephan* die gefundenen Geschlechterdifferenzen in den Fehlzeiten entsprechend:

"Frauen fehlen in dem untersuchten Unternehmen signifikant öfter und länger" (S. 590). Bei der durchschnittlichen Frau sind 5-6 Fehltage mehr pro Jahr zu erwarten; auch wenn man die Art der Arbeitsplätze berücksichtigt (wodurch der Frauenfaktor verringert wird), fallen nicht alle Unterschiede weg. Es kommt deshalb vermutlich auch auf "die Zeitallokation zwischen Hausarbeits- und Marktarbeitszeit" an (*a.a.O.*, 590).

Allerdings kann man nicht einfach das Geschlecht als Prediktor* des Fehlzeitenverhaltens benutzen; man müsste vielmehr einige Differenzierungen vornehmen, weil sich in den zu bildenden Gruppen unterschiedliche Belastungsverhältnisse oder Aufteilungsmuster verbergen.

Neben der Geschlechterdifferenz müssten also als weitere Kategorien z.B. Familienstand, Kinderzahl, Familienzyklus herangezogen werden. Folgende Gruppen sollten getrennt untersucht werden:

---

* *Prediktor* (lat.): wörtlich: 'Vorhersager'; eine Variable, die in Längsschnittstudien stabil und deutlich mit später erhobenen Werten einer anderen Variablen korreliert. Beispiel: Je höher die Schulbildung, desto höher das Lebensarbeitseinkommen.

- 'Ledige' (Singles) [*mit* vs. *ohne* Kinder(n)]. Eine solche amtliche Familienstands-Differenzierung wird jedoch immer weniger aussagekräftig, weil viele der offiziell 'Ledigen' in fester Partnerbeziehung leben;
- Verheiratete; auch hier wären wieder die Haushalte *mit* vs. *ohne* Kinder(n) zu unterscheiden.
- Familienstand im Zusammenhang mit Alter bzw. Stand im Lebenszyklus (vor, während, nach Kindererziehungsphase).

In sehr verklausulierter, fast schon ironischer Form spricht *Stephan* eine die Männerhegemonie entlarvende Wahrheit aus:

"Würden Frauen über ähnliche Humankapitalausstattungen und Reaktionsweisen (besonders auf die Kinderversorgung bezogen) wie Männer verfügen, würden sich die Abwesenheitsraten annähern. ... Mit gesundheitlichen Verschlechterungen scheinen dagegen die Betreuung von Kindern, die Nachfrage nach Hausarbeitszeit und die duale Rolle von Marktarbeit und Kleinkindbetreuung verbunden zu sein. Salowsky (1991, 53) vertritt die Meinung, dass die wichtigste Ursache der höheren Fehlzeiten von weiblichen Arbeitnehmern der im Durchschnitt niedrigere Ausbildungsstand von Frauen im Vergleich zu Männern ist. Er führt allerdings keine multivariaten Untersuchungen durch" (*Stephan* 1991, Fussnote 6, 585).

Eine weitere Tendenz ist ebenfalls bedeutsam: Es wird von der 'Feminisierung' von Arbeitsplätzen gesprochen, wenn der Anteil von Frauen auf diesen Arbeitsplätzen dauerhaft und deutlich überwiegt (s. *Rastetter* 1994, 113ff.). Werden vormals von Männern dominierte Arbeitsplätze 'feminisiert', verschlechtern sich die relativen Einkommenspositionen und die Arbeitsbedingungen.

Zum (ideologischen) Hintergrund von Begründungen für den behaupteten 'höheren' Krankenstand von Frauen

Wenn in der öffentlichen Diskussion widersprüchliche Befunde vorwiegend in *einer* Richtung ausgelegt werden, kann man nach Gründe suchen, die in den unterschiedlichen Interessenlagen der (be-)urteilenden Gruppen liegen. Im Folgenden sind einige der in der Literatur vertretenen Positionen aufgeführt:

- Konservativ oder reaktionär ist der Standpunkt, Frauen seien nicht für die Arbeit geschaffen; sie gehörten eigentlich in den Haushalt und sollten Kinder bekommen und erziehen, denn dies sei ihre natürliche Bestimmung und noch dazu viel erfüllender und wichtiger als Erwerbsarbeit, die ohnehin meist nur aufgenommen werde, um Luxusbedürfnisse befriedigen zu können. Damit etabliert sich der Mann als Alleinverdiener, fixiert die Abhängigkeit der Frau von ihm und schafft (sich) die Begründung dafür, sich in der Hausarbeit nach dem Ende seiner Arbeitszeit nicht mehr engagieren zu müssen; Frauen werden auf enge soziale Netzwerke beschränkt und vom 'öffentlichen Leben' ferngehalten. Es geht also letztlich um die Verteidigung von männlichen Privilegien. Dass sie als Privilegien gelten, macht der einfache Test sichtbar, Männern die Übernahme der

Kapitel D

Reproduktionsarbeit vorzuschlagen. Frauen werden in die 'Reservearmee' abgedrängt, aus der dann rekrutiert wird, wenn es Engpässe in der Beschaffung männlicher Arbeitnehmer gibt (z.B. zu Kriegszeiten, für schlechtbezahlte Arbeiten).

- Frauen sind keine 'Normalmenschen'; der Normal*arbeits*mensch ist der Mann (s. *Rastetter* 1994). Der im Prozeß der Zivilisierung und Industrialisierung hergestellte 'Norm(al)arbeiter' ist nüchtern, unemotional, unkörperlich, entsinnlicht, stets verfügbar, ordnet alles der Erwerbsarbeit unter - und eben diese Qualifikationen sind dem traditionellen Rollenbild der Frau diametral* entgegengesetzt, sodass Frauen in der Erwerbsarbeit stärker als Männer mit Problemen der Identitätsbalance belastet sind.

- Der häufigere Arztbesuch von Frauen darf nicht umgefälscht werden zum Urteil größerer Krankheits- oder gar Fehlzeitenhäufigkeit. Er könnte vielmehr als erfolgreiches Präventionsverhalten interpretiert werden (siehe die höhere Lebenserwartung von Frauen). Frauen sind sensibler in Bezug auf ihre Körperwahrnehmung; sie registrieren Krankheitsanzeichen früher und gehen eher zum Arzt (wobei natürlich nicht jeder Arztbesuch zur Krankschreibung führt). Damit verhindern sie die Chronifizierung von Krankheiten.

- Personalverantwortliche, die die Personal-Beschaffung organisieren oder realisieren, gehen häufig davon aus, dass die 'betriebliche Nutzungsdauer' von Frauen geringer ist als die von Männern, sodass Investitionen in das Humankapital von Frauen weniger Ertrag versprechen. Je geringer das Humankapital, desto höher die Fehlzeiten, aber - zirkulär argumentiert - es lohnt sich nicht, in das Humankapital von Frauen zu investieren!

Dazu Gesine *Stephan* (1991):

[Arbeitnehmer wissen 'aus eigener Erfahrung', welches Gesundheitsrisiko sie darstellen/haben, Arbeitgeber, bei denen sie sich bewerben, wissen dies nicht]. "Diese Informationsasymmetrien über die Abwesenheitsneigung bzw. den Gesundheitszustand von Arbeitskräften können Folgen für das Einstellungsverhalten bzw. die Lohngestaltung haben: Lernen Unternehmen durch Erfahrung, so ist statistische Diskriminierung ... ein mögliches Ergebnis dieser Lernprozesse. Die Unternehmen können bei unvollkommenen Informationen nicht sicher sein, welche Produktivität Arbeitskräfte aufweisen werden. Sie versuchen daher, Arbeitskräfte nach bestimmten Kriterien Gruppen zuzuordnen, die ihrer Erfahrung nach mit Produktivität bzw. der Abwesenheitsneigung korreliert sind" (S. 587) - und dies trifft v.a. Frauen!

Allerdings ist dieses 'Lernen durch Erfahrung' nicht notwendig rational, sondern - wie *Skinner* sogar schon in Tierexperimenten gezeigt hat - möglicherweise abergläubisch. Wenn nämlich 'zufällig' bestimmte Bedingungskonstellationen gegeben sind (wenn z.B. schlechter ausgebildete Frauen vorzugsweise an schlechteren Arbeitsplätzen eingesetzt werden), dann stimmt es zwar, dass *diese* Frauen häufiger

---

* *diametral* (griech., von Diameter = Durchmesser): an den Endpunkten des Durchmessers

fehlen, es ist aber nicht ihr Geschlecht, sondern die damit konfundierte* Arbeitssituation, die die unbezweifelbare 'Erfahrung' begründet. Nicht abergläubisch ist das Lernen jedoch, wenn sich zeigt, dass Mütter von Kleinkindern häufiger fehlen als Männer oder ältere Frauen. Aber auch hieran ist nicht das Geschlecht 'an sich' schuld, sondern - wie oben schon gezeigt - die damit vermengte gesellschaftliche Aufgabenzuschreibung. Insofern haben Betriebe recht: Männer sind (versicherungstechnisch gesprochen) ein 'besseres Risiko', weil sie die Delegation der Kindererziehung an die Frauen gesellschaftlich abgesichert haben.

Bei der Humankapital-These müsste zudem geprüft werden, welche Kosten die Fluktuation von (qualifizierten) Männern verursacht. Wenn gut ausgebildete und erfolgreiche Männer ihre Chancen auf dem Arbeitsmarkt nutzen und die Firma wechseln, geht ebenfalls Humankapital verloren - aber in diesem Fall wird der Verlust gesellschaftlich anders 'gerahmt', nämlich als erwünschtes Wettbewerbs- oder Turnierverhalten, das eben seinen Preis hat!

Es ist wenig wahrscheinlich, dass die Unterbrechung der Erwerbstätigkeit von Frauen ein großes Personalmanagementproblem ist. Denn auch Männer wechseln häufig den Arbeitsplatz; der größte Teil von ihnen arbeitet nicht in dem Beruf, in dem er ausgebildet wurde. Rotation im Unternehmen wird geradezu zur Voraussetzung von Aufstieg gemacht. Außerdem hat Fluktuation nicht nur negative, sondern auch eine Reihe positiver Konsequenzen, sodass insgesamt festgestellt werden kann, dass die Humankapital-These als Argument gegen die Einstellung von Frauen auf schwachen Füßen steht. Männer erhalten eine bessere Humankapitalausstattung, weil Frauen diskriminiert werden - und das liefert dann die Begründung dafür, dass Männer Frauen vorgezogen werden.

Nach der Klärung der Grundsatzfragen (Was sind und wie misst man Fehlzeiten bzw. Erkrankungen?) gehen wir nun im Folgenden im Rahmen unseres triadischen Analyseschemas (Management, Ökonomie, Politik) nacheinander auf diese Perspektiven zur Analyse und Erklärung des Phänomens ein.

---

* *konfundiert* (lat.): verwirrt, vermischt, durcheinander gebracht (siehe Konfusion)

3.   Perspektiven

3.1   Die Managementperspektive: Fehlzeiten-Controlling!

In der Gruppe der managementorientierten Ansätze geht es um die Lösung betrieblicher Probleme mit dem Ziel, die Effizienz und Effektivität des Unternehmens zu steigern. Die Management-Maxime zum Umgang mit Fehlzeiten kann man in Abwandlung eines *Foucault*-Titels formulieren: Überwachen und Steuern!

Aus einer Managementperspektive ist eine nicht uninteressante Ausgangsfrage: Wieviel Fehlzeiten sind *zuviel* Fehlzeiten? Wenn wir uns einfachheitshalber einmal auf den Krankenstand beschränken: Sind 5% viel oder wenig? Sie sind eventuell viel in Japan oder den USA, wenig in Deutschland; sie sind wenig in der Bauindustrie, aber viel bei Finanzdienstleistern; sie sind wenig in einem Großunternehmen, aber viel in einem kleinen Handwerksbetrieb ... Ist "Krankenstand Null" ein erreichbares Ziel? Wieviel Krankenstand ist unvermeidbar? Mit wieviel Kreuzschmerzen oder Schnupfen oder Erbrechen *sollte(!)* man noch zur Arbeit gehen? Wenn der Krankenstand 'zu hoch' ist, gibt es ganz offensichtlich eine Bezugsnorm, die entweder als üblich oder erreichbar oder aber als ununterschreitbar gilt. Es gab Zeiten, in denen der jahresdurchschnittliche Krankenstand in Deutschland 6,5% oder aber nur 4,5% betrug. Was also ist ein 'normaler' Krankenstand? Das Entgeltfortzahlungsgesetz verpflichtet z.B. den Arbeitgeber in § 3 (1) - siehe den Beleg D-2 auf S. 321 -, indirekt eine krankheitsbedingte Abwesenheitsdauer von maximal 6 Wochen (für dieselbe Erkrankung) hinzunehmen, weil er für diesen Zeitraum Lohnersatz leisten muss. Umgerechnet sind das ca. 30 von insges. etwa 210 Soll-Arbeitstagen pro Jahr, also fast 15%. Bezugsgröße ist dabei die einzelne Arbeitskraft; was wäre, wenn das ganze Kollektiv dieses Recht in Anspruch nähme?

Seinem Selbstverständnis nach ist Management die Kunst des Machbaren - und deshalb geht es ihm um die *Reduktion* der Fehlzeiten, nicht aber deren *Elimination*[22]. Weil Management pragmatisch vorgeht, sucht es seine Strategien oder Interventionen auf Fakten zu gründen. Nicht zuletzt deshalb gibt es gerade im Bereich von Absentismus und Krankenstand viele empirische Untersuchungen. Die meisten

---

[22] Einer verbreiteten larmoyanten [weinerlichen] Haltung im Arbeitgeberlager gibt *Spandau* (1991, 339 f.) Ausdruck, wenn er in der Zusammenfassung seines Aufsatzes schreibt: "Ihren Glauben, dass Fehlzeiten beeinflusst werden können, haben viele Firmen verloren. Eine arbeitnehmerfreundliche Gesetzgebung und eine durch moralische Appelle nicht ansprechbare Belegschaft haben sie in Resignation versinken lassen. Auch hat eine weitverbreitete (⇨)scholastisch-juristische Orientierung häufig ein unbegründetes Abhängigkeitsverhältnis vom Betriebsrat entstehen lassen. Vor möglicherweise unpopulären Maßnahmen wird zurückgeschreckt. Fehlzeiten werden als Schicksal getragen ..." (⇨: *scholastisch*: spitzfindig, lebensfremd, pedantisch-engstirnig)

von ihnen sind verhaltenswissenschaftlichen, insbesondere organisationspsychologischen und betriebssoziologischen Ursprungs. Inzwischen ist eine beeindruckende Zahl empirischer Befunde angehäuft worden, die Belege für den Zusammenhang bestimmter personaler und situativer Bedingungen mit Fehlzeiten liefern.

Ausgangspunkt ist die Suche nach Gründen für das Entstehen von Fehlzeiten, denn wer die Ursachen kennt, kann - so die instrumentelle Logik - ihr Auftreten steuern. Entsprechend dem attributionstheoretischen Theorieprogramm (s. *Schettgen* 1992) werden bei der Ursachenanalyse zwei Gruppen von Kausalfaktoren unterschieden: personale und situative.

Beide Male wird wiederum differenziert, ob es sich um konstante oder variable Größen handelt.

	konstant	variabel
personal	1	2
situativ	3	4

Tab. D-2:   Schema der Kausalfaktoren bei der Ursachenanalyse

Zu 1: Konstante personale Dispositionen sind z.B. Eigenschaften. Bei diesem Ansatz würde man analog dem 'Unfäller' einen 'Fehlzeitler' konstruieren, der als Typus jene Eigenschaften in sich vereinigt, die das Ergebnis 'Absentismus' wahrscheinlich machen. *Hill & Trist* (1955, 147) haben z.B. den Fehlzeitler aus einer psychodynamischen Perspektive folgendermaßen charakterisiert: "Ihm scheint es an der gewöhnlichen Fähigkeit zu mangeln, ein gutes Objekt zu internalisieren, er scheint zu paranoider Feindseligkeit zu neigen, bereit zu sein, keine Verantwortung für sein Tun übernehmen zu wollen und sich seiner wahren Motivation nicht bewusst zu sein." *Spandau* (1991, 330) interpretiert in überraschender Weise weitere Merkmale, die *Gavin* (1973, 216) gefunden hat: "Wenn in der Literatur der zum Absentismus neigende Mitarbeiter u.a. als gefühlsbetont (affected by feelings), rechthaberisch (assertive), misstrauisch (suspicious), phantasievoll (expedient), scharfsinnig (imaginative, shrewd) und experimentierfreudig (experimenting) beschrieben wird, so scheint es, dass eben diese Merkmale als 'Überqualifikation' tituliert werden." Vielleicht kommt es deshalb zu der eigenartigen (heimlich bewundernden?) Bezeichnung 'Edelabsentist'? Personalisierungen werden allzu schnell zu Pathologisierungen, die Fehl-Zeiten mit Charakter-Fehlern gleichsetzen und so zur Abstempelung der Fehlenden als arbeitsscheu, parasitär, egoistisch usw. führen.

Kapitel D

Zu 2: Fehlzeitenerklärungen, die sich auf *variable personale* Eigenschaften stützen, gehen davon aus, dass es vorübergehende Launen oder Zustände sind, die für die Abwesenheit verantwortlich sind (z.B einen Rausch ausschlafen, keine Lust haben, 'nicht gut drauf sein', durch Freizeitaktivitäten des vergangenen Wochenendes übermüdet sein).

Zu 3: Bei den *situativen* Bedingungen spielen *überdauernde* Bedingungen am Arbeitsplatz oder in der Privatsphäre eine wichtige Rolle. Es leuchtet unmittelbar ein, dass Personen, die unter verschleißenden oder unfallträchtigen Bedingungen zu arbeiten haben, im Durchschnitt mehr und längere Fehlzeiten haben werden. Aber auch Leute mit riskanten verletzungsträchtigen *Freizeit*beschäftigungen (Fußball, Risikosportarten) weisen höhere Fehlzeitenquoten auf. Die Grenze zwischen personalen und situativen Faktoren wird fließend, wenn man zudem ungesunde Lebensgewohnheiten (Rauchen, Alkoholexzesse, Bewegungsmangel) als externe(!) Bedingungen bezeichnet.

Zu 4: Eine wichtige Rolle bei der Erklärung von Fehlzeiten spielen *variable situative* Einflüsse (z.B. Rache für einen 'Anpfiff' durch den Vorgesetzten oder Reaktion auf Mobbing durch die KollegInnen). Selbst rationales Kalkül kommt in Frage: Wenn in Zeiten von Personalabbau MitarbeiterInnen Angst um ihren Arbeitsplatz bekommen, erscheinen sie trotz Arbeitsunfähigkeit; dadurch kann die Selbstorganisation des Auslastungsgrades durcheinandergeraten. Es kann sogar so weit kommen, dass Meister bestimmten ArbeitnehmerInnen nahelegen, 'eine Freischicht zu nehmen', damit ihre Einsatzreserven nicht entdeckt und abgebaut werden, was ihre (der Meister) eingespielte Personaleinsatzplanung gefährdete. In der *Süddeutschen Zeitung* vom 18.2.93 (S. 25) fand sich beispielsweise folgende Notiz:

"Bei der Ford-Werke AG, Köln, soll es auch im Februar wieder Kurzarbeit geben. Wie der *Kölner Stadt-Anzeiger* berichtet, sollen in Köln in diesem Monat 5000 der 24 000 Arbeiter für 4 Tage die Arbeit ruhen lassen und so 4500 Autos weniger bauen. Neben der branchenweiten Absatzflaute habe der aufgrund der 'Krisenstimmung' niedrigere Krankenstand Überkapazitäten entstehen lassen, hieß es. Die Zahl der Krankmeldungen habe sich von 12% fast halbiert, sodass 1400 zusätzliche Mitarbeiter zur Verfügung stünden. Das bedeute eine Überkapazität von 500 Wagen pro Monat."

Vergegenwärtigt man sich das komplexe Zusammenspiel von personalen und situativen, konstanten und variablen Faktoren, dann wird unmittelbar einsichtig, dass simple Personalisierungen nicht nur in ihrer Erklärungskraft unzulänglich sind, sondern auch - weil andere Varianzquellen ganz offenkundig ausgeblendet werden - Aufschluss über die ideologische Position des Autors oder der Autorin geben.

3.1.1 Fehlzeiten als Korrelate und Folge anderer Variablen

In einer Zusammenschau der Ergebnisse empirischer Studien kristallisieren sich eine Reihe von Variablen heraus, die *tendenziell* (keineswegs: immer) mit höheren Fehlzeiten zusammenhängen (siehe z.b. die Angaben oder Aufstellungen in *Vogel* 1995, *Spandau* 1991, *Trebesch* 1979, *Theis* 1985, *Hollich* 1985, *Eissing* 1991, *Salowsky* 1991, *Derr* 1995, *Fick* 1993, *Marr* 1996).

Häufigkeit und/oder Dauer von Fehlzeiten sind größer

- in großen Unternehmen und großen Arbeitsgruppen;
- bei geringer Kohäsion in der Arbeitsgruppe;
- in städtischen Populationen (im Gegensatz zu ländlichen Gebieten);
- bei ArbeiterInnen (im Gegensatz zu BeamtInnen, Angestellten oder Führungskräften);
- bei schlechtem Betriebsklima und geringer Arbeitszufriedenheit;
- bei physisch oder sozial belastenden Arbeitsbedingungen;
- bei Arbeitsinhalten, die durch Monotonie, Anforderungsarmut, niedrige Verantwortung, Zerstückelung ausgezeichnet sind;
- bei niedriger formaler Qualifikation der Arbeitskräfte;
- bei häufigen Versetzungen;
- bei großer Arbeitsplatzsicherheit, günstiger Konjunkturlage, sehr hohem Auslastungsgrad der Produktion;
- bei einem hohen Anteil von alten Mitarbeitern (die seltener, dafür aber länger fehlen);
- in den Monaten Februar/März und Oktober/November;
- in bestimmten Branchen wie Gummiverarbeitung, Hüttenindustrie, Baugewerbe, öffentlicher Dienst (im Gegensatz z.B. zur Versicherungen, Handel und Kreditwirtschaft);
- bei Ausländern (im Gegensatz zu Deutschen);
- bei langen Arbeitswegen;
- bei Müttern, die kleine Kinder erziehen;
- bei Personen mit niedrigem (Aus-)Bildungsstand;
- bei Personen ohne soziales Netzwerk;
- bei einem ausgebauten sozialen Sicherungssystem (z.B. Lohnfortzahlung ohne Karenztage);
- bei Schichtarbeit und Nachtarbeit;
- bei häufigen Überstunden,
- bei Verlängerung der Wochenarbeitszeit;
- bei Vollzeitarbeit (im Unterschied zu Teilzeitarbeit).

Kapitel D

Es kann hier nicht auf alle diese Korrelate im Einzelnen eingegangen werden (siehe dazu die oben genannten Sammeldarstellungen). Einige Bereiche sollen als Beispiele herausgegriffen werden.

Unterschiede zwischen Branchen, Arbeiternehmergruppen, Unternehmen

Nach Angaben der Betriebskrankenkassen 1993 waren die MitarbeiterInnen durchschnittlich 20,4 Tage arbeitsunfähig gemeldet; diese Zahl blieb relativ konstant bis 1995, wo als Durchschnittszahl 21 Tage berichtet wurden (s. *Süddeutsche Zeitung* vom 3.12.96). Die Unterschiede zwischen den Branchen sind jedoch erheblich (in der folgenden Aufstellung stehen links die Angaben der *Bundesvereinigung der Deutschen Arbeitgeberverbände (BDA)* vom April 1995, rechts eine Aufstellung aus *Der Spiegel* (Nr. 32, 1996, 88):

	BDA	Der Spiegel
Öffentlicher Dienst:	27,5 Tage	30,6 Tage
Verkehrsbetriebe:	26,3 Tage	26,7 Tage
Bahn und Post:	23,6 Tage	25,4 Tage
Baugewerbe:	25,1 Tage	
Maschinenbau:	19,7 Tage	
Energie- und Wasserversorgung	15,7 Tage	
Banken, Versicherungen:	11,1 Tage	

Um die in der Fachdiskussion verbreitete Verwirrung widerzuspiegeln, seien zu den genannten Zahlen noch Angaben des Bundesinnenministers zum 'Öffentlichen Dienst' hinzugefügt. Der Minister hat Anfang 1997 als Ergebnis einer Erfassung der Fehlzeiten von Beschäftigten in Bundesbehörden im Zeitraum von 1.3.95 bis 29.2.96 folgende Zahlen mitgeteilt (siehe *Der Spiegel* 1997, Nr. 3, S. 25):

Beschäftigtengruppen (Anzahl)	Fehltage pro Person (∅)	Fehltage pro Person nach Einstufung			
		höh.	gehob.	mittl.	einf.
Beamte (N = 133.000)	13,9	8,1	12,4	15,8	23,0
Angestellte (N = 117.000)	18,4	9,1	14,5	19,7	22,4
Arbeiter (N = 98.000)	24,8	entfällt	entfällt	entfällt	entfällt

Die Aufstellung zeigt, dass die Rede von hohen Fehlzeiten 'im Öffentlichen Dienst' buchstäblich unqualifiziert ist, weil sowohl zwischen den Beschäftigtengruppen als auch innerhalb der Eingruppierungen ganz erhebliche Unterschiede bestehen. Um die Bandbreite der Angaben noch zu erweitern, soll an diese Gegenüberstellung noch eine weitere Demonstration angeschlossen werden:

	West-D.	Ost-D.
Dienstbetriebe Bund	28,4	18,6
Öffentliche Verwaltungen	27,7	26,6
Verkehrsbetriebe	27,1	20,1
Bau	25,6	14,6
Nahrung	20,9	27,0
Steine u. Erden	19,9	12,1
Chemie, Mineralöl	18,7	14,1
Hüttenwesen	18,6	13,4
Handel, Banken	18,4	13,9
Metall	18,4	12,6
Druck u. Papier	17,7	10,2
Energie, Wasser	15,7	16,0

Tab.D-3: Zahl der Fehltage wegen Arbeitsunfähigkeit im Jahr 1993 (nach Angaben in der Süddeutschen Zeitung vom 17.5.95, 29). "Insgesamt betrugen 1993 in den alten Ländern die Fehlzeiten pro in Betriebskrankenkassen versichertem Beschäftigten 21,1 Tage, in den neuen Ländern dagegen nur 17,7 Tage. Den höchsten Wert erreicht West-Berlin mit 37,4 Tagen."

Die zum Teil auffälligen Unterschiede (West-Berlin 37,4 vs. Neue Bundesländer 17,7!) sollen dafür sensibilisieren, in den Medien (oder Fachveröffentlichungen) berichtete Durchschnittswerte nicht für bare Münze zu nehmen. Im Grunde sind solche Angaben nur dann vergleichbar, wenn zugleich die Erhebungsmethode und die Datenquelle (z.B. Angaben der AOK oder von Ersatzkassen oder von Betriebskrankenkassen oder auf der Grundlage von Betriebsbefragungen) aufgeführt sind.[23]

---

[23] Dies lässt sich anhand einer Unternehmensbefragung (*Schnabel* 1996, 26) zeigen. Das dabei benutzte Maß war die *Fehlzeitenquote*; die oben aufgrund der *Ausfalltage* berichtete Rangordnung der Branchen konnte nicht bestätigt werden. In *Schnabels* Studie wurde die höchste Fehlzeitenquote im Baugewerbe produziert (9,92%), gefolgt von Bergbau (9,41%) und Groß- u. Einzelhandel (8,95%). Gummi- u. Kunststoffwaren (6,57%) und Energie- u.Wasserversorgung (6,44%) rangierten im Mittelfeld, während die niedrigsten Werte bei 'Sonstigen Dienstleistungen' (5,39%) und 'Kredit- u. Versicherungsgewerbe' (5,04%) erreicht wurden.

Nicht nur die Branchen unterscheiden sich in ihren Durchschnittswerten, sondern auch einzelne Unternehmen *innerhalb* bestimmter Branchen berichten z.T. weit auseinanderliegende Fehlzeitenwerte. Dies soll in der folgenden Aufstellung anhand eines Krankenstandsvergleichs belegt werden; auch hier gilt natürlich die Einschränkung, dass nicht gesichert ist, dass in den verschiedenen Firmen nach der gleichen Methode vorgegangen wurde und ein jeweils vergleichbarer Personenkreis einbezogen wurde:

Hewlett-Packard	2,4 (a)
Krauss-Maffei	2,6 (b)
Thyssen	3,0 (c)
Webasto	3,2 (d)
Degussa	4,7 (c)
Hoechst	4,7 (c)
ABB	4,8 (c)
Henkel	4,8 (c)
Merck	5,3 (c)
Karstadt	5,4 (c)
Schering	5,6 (c)
Bayer	5,7 (c)
Beiersdorf	6,5 (c)
Mannesmann	7,4 (c)

Quellen: a: Wirtschaftswoche 1996 (41), 10
b: Südd. Zeitung 6.12.1996, 22
c: Wirtschaftswoche 1996 (33), 26
d: Südd. Zeitung 30.5.96, 21

Tab. D-4: Krankenstände ausgewählter deutscher Unternehmen

Könnte man Divergenzen aufgrund von Unterschieden in der Erhebungsmethode ausschließen, dann wäre die Quintessenz recht offenkundig: Fehlzeiten sind kein Naturgesetz, sondern durch die Unternehmen in hohem Maße steuerbar; z.B. durch gezielte Selektion der Belegschaft, Entwicklung einer bestimmten Belegschaftsstruktur (z.B. erhöhter Anteil an Teilzeitbeschäftigten, Verkürzung der Arbeitszeit), Anreicherung der Arbeitsinhalte (siehe z.B. *Przygodda et al.* 1991; *Eissing* 1991, 74-87), Ausweitung der Verantwortung der Arbeitsgruppen, Einführung geeigneter Lohnsysteme usw.

Unterschiede zwischen den Krankenkassen und den Geschlechtern

Wie groß die Unterschiede sein können, wenn man die *Datenquelle* berücksichtigt, soll anhand einer Aufstellung nach Angaben in den Jahrbüchern des Statistischen Bundesamts 1996 und 1995 demonstriert werden, die für verschiedene Krankenkassen[24] die Arbeitsunfähigkeitsfälle der in ihnen versicherten Personen für das Jahr 1994 bzw. 1993 (Gesamtdeutschland) wiedergibt (siehe Tab. D-5 Seite 359).

An dieser Aufstellung lassen sich einige Sachverhalte demonstrieren, die für die Fehlzeiten-Diskussion bedeutsam sind:

1. Von Jahr zu Jahr kann es deutliche Schwankungen geben: so wurden z.B. 1994 bei den Männern insgesamt (letzte Zeile) 1611 Arbeitsunfähigkeitstage (AUT) pro 100 Mitgliedern registriert, während es 1993 nur 1576 waren; bei den Frauen hingegen haben sich die entsprechenden Werte praktisch nicht verändert (1573 zu 1570). Umgekehrt war bei den Frauen 1994 gegenüber 1993 eine fast 4%ige Steigerung der Arbeitsunfähigkeitsfälle (AUF) auf 107,1 zu verzeichnen, die Rate der Männer aber blieb konstant.

2. Bei den einzelnen Kassen bestehen zum Teil ganz erhebliche Unterschiede in den AU-Fällen (AUF) und den AU-Tagen (AUT). Um nur die Extremfälle für 1994 zu nennen: Bei den Männern gab es bei den Ortskrankenkassen 119,4 AUF und 2004 AUT pro 100 Mitgliedern, während die vergleichbaren Werte für die Landwirtschaftliche Krankenkasse 9,4 bzw. 149 waren!

3. Beim Geschlechtervergleich liefert die Betrachtung verschiedener Krankenkassen verschiedene Ergebnisse, sodass sich sowohl die Aussage A "Frauen fehlen häufiger" wie die entgegengesetzte Aussage B "Männer fehlen häufiger" belegen lassen; gleiches gilt für die Aussage C "Frauen fehlen länger" und die Aussage D "Männer fehlen länger". In der folgenden Tabelle sind die entsprechenden Kennzahlen einander gegenübergestellt (siehe nächste Seite).

Aussage A stimmt z.B. für die Betriebskrankenkassen, die Ersatzkassen für Angestellte und die Gesamtwerte, Aussage B dagegen für die AOK-Daten. C ist wahr für für die Betriebskrankenkassen und die Ersatzkassen für Angestellte, nicht aber für die Gesamtpopulation und die AOK-Versicherten, deren Werte vielmehr D bestätigen.

---

[24] In der Zeitschrift UNI [1993 (15), 50] wird ein Überblick über die Struktur der Gesetzlichen Krankenkassen (Stand 1991) gegeben, demzufolge zu diesem Zeitpunkt 1235 Krankenkassen existierten, deren Mitgliederzahl ganz erheblich variierte (siehe dazu auch die ersten Spalten der Tabelle D-5). Auch das Ausgabenvolumen war außerordentlich unterschiedlich; so hatte z.B. in 1992 die Barmer Ersatzkasse ein Ausgabenvolumen von etwa 25 Mrd., während es bei der Braunschweiger Kasse/Ersatzkrankenkasse für das Bekleidungsgewerbe 0,175 Mrd. betrug.

	AU-Fälle pro 100 Mitglieder (1994)		AU-Tage pro 100 Mitglieder (1994)	
	Männer	Frauen	Männer	Frauen
Ortskrankenkassen	119,4	113,6	2004	1939
Betriebskrankenkassen	110,0	117,3	1721	1915
Ersatzkassen Angestellte	61,6	95,7	970	1303
Insgesamt	99,8	103,4	1611	1573

4. Die AU-Tage pro AU-Fall sind - insgesamt gesehen - bei den Frauen geringer als bei den Männern (für 1994: 16,1 vs. 15,2 - siehe die letzten Spalten der großen Tab. D-5); dieses Ergebnis wird aber im Wesentlichen durch die Ergebnisse bei den weiblichen Versicherten der *Angestellten-Ersatzkassen* bestimmt: in diesen Kassen - bei denen die meisten weiblichen Erwerbstätigen versichert sind - steht einer durchschnittlichen Fehldauer pro Erkrankungsfall von 15,7 Tagen bei den Männern eine solche von nur 13,6 Tagen bei den Frauen gegenüber, sodass dadurch die Werte bei den Orts- und Betriebskrankenkassen mehr als kompensiert werden, was dafür sorgt, dass das Gesamtergebnis niedrigere Zahlen für die Frauen ausweist.

Diese Verhältnisse lassen das in der Fehlzeiten-Diskussion praktizierte Verfahren fragwürdig erscheinen, irgendwelche Prozentzahlen, Mittelwerte oder Häufigkeiten zu präsentieren und daraus Folgerungen für die Gesamtthematik abzuleiten (etwa: "Der deutsche Arbeitnehmer fehlt im Jahr 20,5 Tage" oder "Frauen sind bessere Risiken"). Man kann mit solcherlei Statistik - wie gezeigt - Vieles und das Gegenteil beweisen. Daraus lässt sich aber zugleich die Schlussfolgerung ableiten, dass es grundsätzlich nötig ist, den Ursachen nachzugehen, die für diese Divergenz verantwortlich sind: Warum haben die *Frauen* 1994 in den *AOK* eine AU-Rate von 113,6 (niedriger als die *Männer* in den AOK), während sie in den *Betriebskrankenkassen* einen Wert von 117,3 erreichen (1993 waren es sogar 'astronomische' 131,9) und damit wesentlich höher liegen als die *Männer*? Man muss zumindest berücksichtigen, dass sich die verglichenen Populationen in anderen wichtigen Merkmalen als nur dem des Geschlechts erheblich unterscheiden (das könnten zum Beispiel die Arbeitsbedingungen sein, der betriebliche Status, die durchschnittliche Länge der wöchentlichen Arbeitszeit usw.).

Art der Krankenkasse	Gesamtzahl der Arbeitsunfähigkeitsfälle (in Mio)				Arbeitsunfähigkeitsfälle (AUF) pro 100 Mitglieder				Arbeitsunfähigkeitstage (AUT) pro 100 Mitglieder				Arbeitsunfähigkeitstage je Arbeitsunfähigkeitsfall			
	männlich		weiblich		männlich		weiblich		männlich		weiblich		männlich		weiblich	
	1994	1993	1994	1993	1994	1993	1994	1993	1994	1993	1994	1993	1994	1993	1994	1993
Ortskrankenkassen	10,72	10,89	6,10	6,49	119,4	116,7	113,6	115,3	2004	1913	1939	1865	16,8	16,4	17,1	16,2
Betriebskrankenkassen	2,64	2,91	1,21	1,41	111,0	117,0	117,3	131,9	1721	1780	1915	2109	15,6	15,2	16,3	16,0
Innungskrankenkassen	2,08	1,99	,58	,59	117,4	118,2	101,3	105,1	1663	1648	1553	1529	14,2	13,9	15,3	14,5
Landwirtsch. Krankenkasse	,03	,03	,01	,01	9,4	8,9	16,3	15,5	149	145	306	309	15,9	16,3	18,8	20,0
See-Krankenkasse	,01	,02	,00	,00	45,0	47,1	79,8	83,0	1638	1749	1721	1946	36,4	37,1	21,6	23,4
Bundesknappschaft	,23	,26	,05	,06	84,4	86,4	88,6	92,9	1944	1918	1717	1594	23,0	22,2	19,4	17,2
Ersatzkassen Arbeiter	,63	,63	,16	,16	109,4	115,5	107,7	113,8	1485	1470	1377	1406	13,6	13,2	12,8	12,4
Ersatzkassen Angestellte	3,33	3,35	7,91	8,06	61,6	62,5	95,7	98,7	970	951	1303	1308	15,7	15,2	13,6	13,2
Insgesamt	19,67	20,08	16,02	16,78	99,8	99,9	103,4	107,1	1611	1576	1573	1570	16,1	15,8	15,2	14,7

Tab. D-5: Arbeitsunfähigkeitsfälle und -tage, differenziert nach Geschlecht und der Art der Krankenkassen für zwei aufeinanderfolgende Jahre. Nach Angaben im *Statistischen Jahrbuch* 1996, 457 (für das Jahr 1994) bzw. 1995, 462 (für das Jahr 1993)

Kapitel D

Stellt man - egal mit welchen Maßen - verschiedene Gruppen gegenüber, so findet man nicht selten zwar statistisch *signifikante* Unterschiede, diese Differenzen sind aber oft *gering* und nicht immer *stabil*[25] (es gibt fast immer auch andere Erhebungen, die zu gegenteiligen Ergebnissen kommen; oder die relativen Gruppenpositionen variieren im intertemporalen Vergleich). Vor allem aber gilt, dass die Resultate stark abhängig von Unterschieden in Datenquellen und Populationen sind.

Weil außerdem komplexe Interdependenzen bestehen (Beispielsfrage: Wie oft bzw. wie lange fehlen alleinstehende Ausländerinnen in kleinen Arbeitsgruppen in Großstädten?), sind empirische Verteilungen von und Korrelationen zwischen 'unabhängigen' Variablen (wie Alter, Geschlecht, Gruppengröße, Arbeitsbedingungen usw.) und Fehlzeiten[26] nur ein erster Schritt, der die Hypothesenbildung anregen kann. Aus diesem Grund wird - allerdings seltener - versucht, von den Oberflächen-Korrelationen zu einem Verständnis von Wirkprinzipien vorzudringen. Dabei werden auch latente Variable oder hypothetische Konstrukte (wie z.B. Arbeitszufriedenheit oder Tauschgerechtigkeit) als Erklärungskonzepte herangezogen. Darauf wird im Folgenden eingegangen.

3.1.2 Erklärungsmodelle

a) Empirische Ansätze (Leitfrage: Was ist der Fall?)

Als Beispiel für empiri(sti)sche (bzw. deskriptive, explorative) Zusammenhangsanalysen können Studien (z.B. die von *Elci* 1986 oder *Theis* 1985) dienen, die eine große Zahl von Variablen miteinander in Beziehung setzen. Im Grunde läuft das auf Kästchen-mit-Pfeilen-Erklärungen wie im Schema von *Vogel* (1995, 159) hinaus, bei dem alle Variablen einander beeinflussen (siehe Abb. D-4). Die Erklärungskraft solcher Darstellungen ist gering[27], sie sensibilisieren allerdings für die Vielzahl und die Vernetzung von heterogenen Einflussfaktoren.

---

[25] Die Signifikanz eines Stichproben-Unterschieds (z.B. von zwei Mittelwerten) gibt nur an, mit welcher Irrtumswahrscheinlichkeit die beiden Mittelwerte auch in der Grundgesamtheit unterschiedlich sind. Selbst quantitativ sehr kleine Differenzen können 'signifikant' sein, wenn die Stichproben sehr groß sind. In Tab. D-5 werden die Daten der *Grundgesamtheiten* berichtet; bei Betriebserhebungen dagegen sind es oft relativ kleine Stichproben von nur mehreren hundert Personen, von denen dann weitreichende Generalisierungen abgeleitet werden.

[26] Diese Korrelationen liegen höchst selten über .20, was dann bestenfalls eine Varianzerklärung von nicht einmal 5% bedeutet. Keinesfalls dürfen die *Gruppen*aussagen auf Einzelindividuen übertragen werden.

[27] *Geurts, Buunk & Schaufeli* (1994) konnten mit derselben Untersuchungsmethodik im einen Unternehmen 9,5%, im zweiten dagegen 23% der Varianz der Fehlzeitenhäufigkeit erklären. Sie berichten (p 1887) über zwei andere Studien in den Niederlanden und den USA, in denen mit einer großen Zahl von Prediktoren 19% bzw. 22% der Varianz erklärt werden konnten.

Die in vielen empirischen Untersuchungen praktizierte Methode ist es, auf statistische Weise die Korrelationen zwischen isolierten Einflussfaktoren (Alter, Geschlecht, Gruppengröße, Familienstand usw.) zu errechnen. *Pasler* (1995) hat einen anderen Weg gewählt; er versuchte die *Laientheorien* verschiedener betrieblicher Gruppen zu identifizieren, also deren mentale Modelle über das Zustandekommen von Fehlzeiten nachzuzeichnen. Er konnte in seiner Diplomarbeit aufgrund von Interviews mit verschiedenen betrieblichen Repräsentanten eines großen Automobilwerks (Meister, Betriebsräte, 'Personaler', Organisationsentwickler) zeigen, dass diese 'stakeholders' jeweils sehr unterschiedliche Strukturbilder des Zustandekommens von Fehlzeiten hatten und dass sie aufgrund dieser heterogenen Ursachenkarten auch jeweils andere Ansatzpunkte für erfolgversprechende Interventionen sahen. So war z.B. das 'Fehlzeiten-Modell' der Meister variablenreicher und stärker vernetzt als das der PersonalentwicklerInnen.

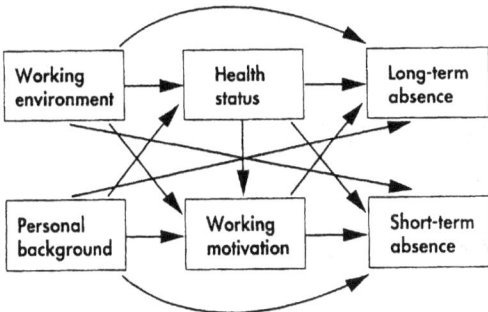

Abb. D-4:   Modellskizze für krankheitsbedingtes Fehlen (aus: *Vogel* 1995, 159)

b) Theoretisch fundierte Ansätze (Leitfrage: Warum ist es der Fall?)

Die zweite Gruppe von Ansätzen entscheidet sich - wie gesagt - für eine theoretische Ordnung der Zusammenhänge und wählt dafür ein organisierendes Prinzip. Drei solch übergreifende Konzeptionen sollen im folgenden kurz vorgestellt werden: die ersten zwei (von *Steers & Rhodes* und *Pfaff et al.*) gehören zum Kreis der sog. Erwartungs-Valenz-Theorien, die dritte (von *Thibaut & Kelley*) ist eine Variante der sog. Austausch-Theorien. Auf einen interessanten weiteren Ansatz

---

Selbst diese sorgfältigen und umfangreich dokumentierten Untersuchungen lassen also an die 80% der Gründe für Fehlzeiten unaufgeklärt.

(*Geurts, Buunk & Schaufeli* 1994), der zusätzlich zu sozialen Vergleichsprozessen (analog dem *Thibaut-Kelley*-Modell) auch noch individuelle und Gruppen-*Normen* der Fehlzeiten-Toleranz berücksichtigt, soll hier nur hingewiesen werden.

Das Modell von Steers & Rhodes

Die Erwartungs-Valenz-Theorien sind eine psychologische Variante der Rational-Choice-Theorien. Es wird davon ausgegangen, dass eine Person, der verschiedene Handlungsmöglichkeiten offenstehen, jene wählen wird, die ihr den größten subjektiv erwarteten Nutzen stiftet. Dieser Nutzen ist das Produkt aus Erwartung (Wahrscheinlichkeit des Eintretens einer bestimmten Konsequenz) und Valenz (Wertschätzung dieser Konsequenz). Über alle möglichen Handlungskonsequenzen werden die Erwartungs-Valenz-Produkte gebildet; jene Kombination wird gewählt werden, die den höchsten Wert erreicht.

Eine solche Theoriekonstruktion erfordert, dass alle Einflussgrößen auf die beiden Komponenten (Wahrscheinlichkeit und Wertschätzung) projiziert werden. Ein langer Arbeitsweg erfordert sicher höheren Aufwand als ein kurzer; als Frau mit Doppel- oder Dreifachbelastung ein krankes Kind zu betreuen, ist psychologisch wertvoller als zur Arbeit zu gehen, noch dazu, wenn man 'sich ausrechnen kann', dass der Vorgesetzte und die KollegInnen dafür Verständnis haben ...

Im Modell von *Steers & Rhodes* (s. die Abb. D-5) werden die Valenzen der vielen einzelnen Komponenten der Arbeitssituation zusammengezogen auf das Konzept 'Arbeitszufriedenheit'[28] als einer Art summarischer Bewertung. Die Arbeitszufriedenheit wirkt ein auf die 'Motivation, zu erscheinen'[29]; in ihr sind die Abschätzungen der Folgen repräsentiert, die ein Fehlen oder Dasein vermutlich haben wird. Damit werden zwei 'Erwartungs'-Werte verrechnet: zum einen wird die 'Motivation, (nicht) zu erscheinen' von *äußeren Zwängen* oder Chancen (z.B. Gruppensolidarität oder -druck), und zum zweiten von *inneren Möglichkeiten* (personalen) Faktoren beeinflusst.

Versucht man, auf der Grundlage dieses Modells Fehlzeiten zu prognostizieren, so wird sofort sichtbar, dass die meiste Arbeit noch zu leisten ist, weil im Grunde alle

---

[28] Arbeitszufriedenheit wird immer wieder als eine Art Kausalvariable diskutiert (nach dem Muster: je höher die Arbeitszufriedenheit, desto niedriger die Fehlzeiten). Der Zusammenhang ist jedoch relativ niedrig: in einer Zusammenschau empirischer Studien haben *Neuberger* (1974) und *v. Rosenstiel* (1975) schon gezeigt, dass der mittlere Korrelationskoeffizient um die .20 liegt, ein Ergebnis, das auch durch die Synthese von drei Metaanalysen durch *Hackett* (1989) bestätigt wird, der Werte zwischen .14 und .21 berichtet. Das bedeutet, dass weniger als 5% der Fehlzeitenwerte durch Arbeitszufriedenheitswerte erklärt werden können.

[29] Ein Modell, bei dem die 'attendance motivation' ebenfalls eine zentrale Rolle spielt und das ähnlich wie das *Steers & Rhodes*sche aufgebaut ist, hat *Nicholson* (1977, 251) vorgelegt.

genannten Variablen (in Werte und Wahrscheinlichkeiten) umzurechnen sind, wobei - was in Abb. D-5 nicht explizit gezeigt wird - zuallererst noch die vom Individuum antizipierten *Folgen* seines Handelns (Erscheinen/Nicht-Erscheinen) aufzulisten wären (im negativen Bereich z.B. Wut der KollegInnen, Verärgerung der Vorgesetzten, Abmahnung, Gefahr einer Kündigung, Beeinträchtigung von Karrierechancen, Versetzung auf einen anderen Arbeitsplatz, dem Partner zu Hause auf die Nerven gehen ...; dem müsste man analog die positiv bewerteten Konsequenzen gegenüberstellen, um dann bilanzieren zu können).[30] Die Folgen müssten auf dem Hintergrund der aktuellen Arbeitssituation und der eigenen Werthaltungen hinsichtlich ihrer Valenz und hinsichtlich ihrer Eintrittswahrscheinlichkeit eingeschätzt werden. Für beide Handlungsalternativen müssten sodann alle Wert-Wahrscheinlichkeits-Produkte aller jeweiligen Folgen gebildet und addiert und das höherwertige müsste gewählt werden!

Ein solcher Anspruch kann nicht eingelöst werden. Was bleibt, ist ein typisches Kästchen-mit-Pfeilen-Modell, das eine heuristische Funktion hat. Es stellt - letztlich unfalsifizierbar - übersichtlich zusammen, was alles eine Rolle spielen kann, setzt sich aber nicht systematisch mit Prozessen, Interaktionen, Feedback-Wirkungen, Aufschaukelungen, Grenzwerten, Informationsgewinnungsstrategien usw. auseinander. Letztlich bleibt nur der Kerngedanke interessant: *Fehlzeiten sind kein Charakterprodukt, sondern Ergebnis einer rationalen Entscheidung.* Dieser Gedanke macht das Modell auch einer schlichten Aufzählung von empirischen Befunden überlegen, weil es dazu einlädt, Hintergründe und Zusammenhänge der Wirkung z.B. von Gruppengröße, Arbeitsweg, Familienstand, Nationalität usw. zu reflektieren. Wenn Fehlzeiten als Entscheidungen gesehen werden, hat das Management die Möglichkeit, diese Entscheidungen auch gezielt zu beeinflussen, indem es die Parameter zu gestalten sucht: zum einen die *Wahrscheinlichkeiten* zu steigern, dass bei Anwesenheit positive, beim Fehlen negative Konsequenzen eintreten werden und zum anderen die *Valenzen* der Konsequenzen des Erscheinens möglichst positiv, diejenigen des Fehlens aber möglichst negativ werden zu lassen. Ein solch allgemeines Programm belehrt die Managerin schnell darüber, dass sie nur einen Teil der Größen unmittelbar, viele bestenfalls indirekt und/oder langfristig bzw. überhaupt nicht beeinflussen kann.

---

[30] Damit wird auf ein Problem aufmerksam gemacht, das auch von ArbeitsökonomInnen thematisiert wird: Absentismus ist nicht nur die *Abwendung von* negativ bewerteten Arbeitsbedingungen, sondern auch die *Hinwendung zu* arbeitsexternen Aktivitäten, die einen höheren Anreizwert haben (z.B. Versorgung kranker Kinder, einem Hobby nachgehen etc.).

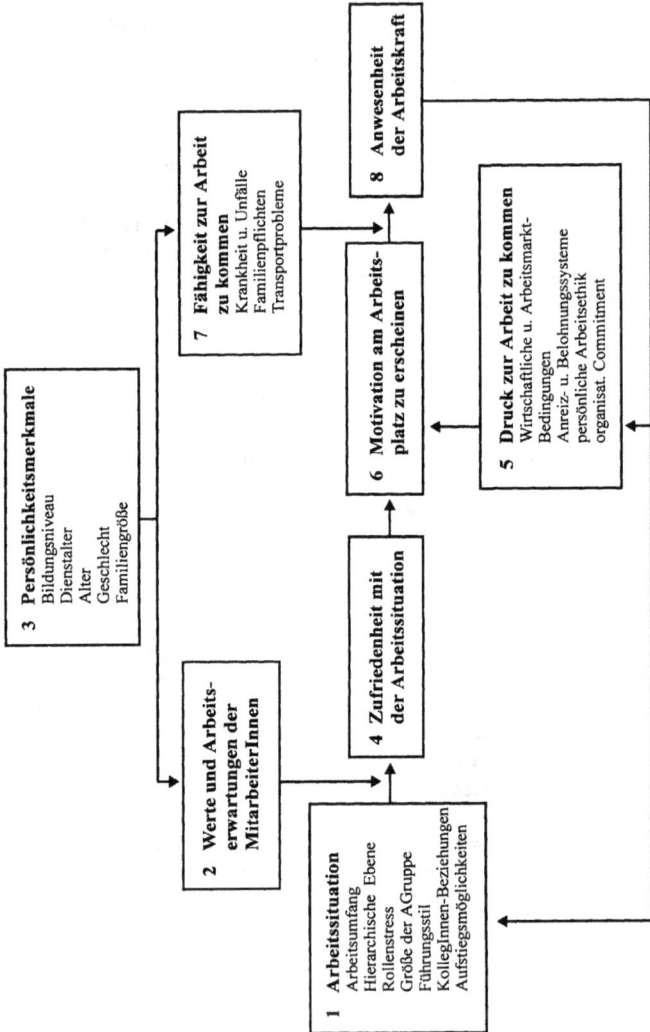

Abb. D-5:   Das Fehlzeiten-Modell von *Steers & Rhodes* (1978)

Das Modell von Pfaff et al. (1986)

Ein strukturell verwandtes Modell, das auch Person- und Umwelteinflüsse in ihrem Zusammenspiel berücksichtigt und auf individueller Informationsverarbeitung basiert, legen *A. Pfaff, Deimer, Kistler, Jaufmann, M. Pfaff & Stark* (1986, 32) vor (s. Abb. D-6). Weil die AutorInnen volkswirtschaftlich geprägte SozialwissenschaftlerInnen sind, ist es nicht verwunderlich, dass sie in ihrem Erklärungsansatz die 'individuelle Umwelt' durch eine 'gesamtwirtschaftliche Ebene' ergänzen, in der wirtschaftspolitische, soziodemografische und sozialpolitische Größen berücksichtigt sind. Eine Neuerung ist, dass eine prozessuale Darstellung gewählt wird, bei der zwei *Filter* eingebaut sind: zum einen ein 'Verhaltensfilter', in dem individuelle Gewohnheiten und Ressourcen eine Selektion unter den möglichen Reaktionen auf gesundheitliche Beeinträchtigung vornehmen, und zum anderen ein mit dem Unwort "institutionelle Inanspruchnahmefilter" bezeichnetes weiteres Auswahlsystem, bei dem rechtliche, politische und sozialpsychologische Bedingungen und Möglichkeiten das schließliche Ergebnis (individuelle Arbeitsunfähigkeit) kanalisieren. Sozialstatistisch ist dann weiterhin wichtig, ob und wie diese individuelle Arbeitsunfähigkeit tatsächlich erfasst wird (z.B. in der betrieblichen Personalstatistik) und ob bzw. wie die Daten zu globalen Kennziffern, die sozialpolitische und rechtliche Regulierungen beeinflussen können, weiterverarbeitet wird. Gerade die letzten beiden Schritte sind sehr wichtig, wenn - was auch ein Anliegen dieses Forschungsgutachtens war - internationale Vergleiche der Krankenstände vorgenommen werden sollen.

Das Modell von Thibaut & Kelley (1959)

In die Richtung der 'Filter'-Konstruktion gehen auch Konzepte, die in der Austauschtheorie von *Thibaut & Kelley* (1959; s.a. *Neuberger* 1974, *Irle* 1975 und *Spandau* 1991) eine Rolle spielen. Das allgemeine Prinzip dieses Ansatzes, das auf *Barnards* Anreiz-Beitrags-Theorie zurückgeht ist, dass eine Person ihre 'Investionen' in eine Organisation danach bemisst, wieviele 'Gegenleistungen' (Gewinne, Anreize) sie zu erwarten hat; sie wird nach Möglichkeit immer ein ausgeglichenes Tauschverhältnis anstreben. Zu den Investitionen oder Beiträgen gehören Arbeitseinsatz, Kreativität, Gesundheit, Zeit, Energie usw., als Gegenleistungen werden nicht nur Einkommen, sondern auch Anerkennung, Sicherheit, Wachstum, sozialer Kontakt usw. gewertet. Die Person vergleicht ihr eigenes Gewinn-Einsatz-Verhältnis mit von Vergleichspersonen; wenn sie schlechter abschneidet als diese, ist sie unzufrieden und sucht den Ausgleich (indem sie z.B. ihren Einsatz reduziert, etwa dadurch, dass sie zu spät kommt, zu früh geht oder blaumacht). Allerdings wird nicht auf jedes Missverhältnis entsprechend re-agiert, vielmehr sind zwei Relativierungen eingebaut: das Vergleichsniveau VN und das Vergleichsniveau für Alternativen VN(alt). Das Vergleichs- oder Anspruchsniveau VN markiert jenen

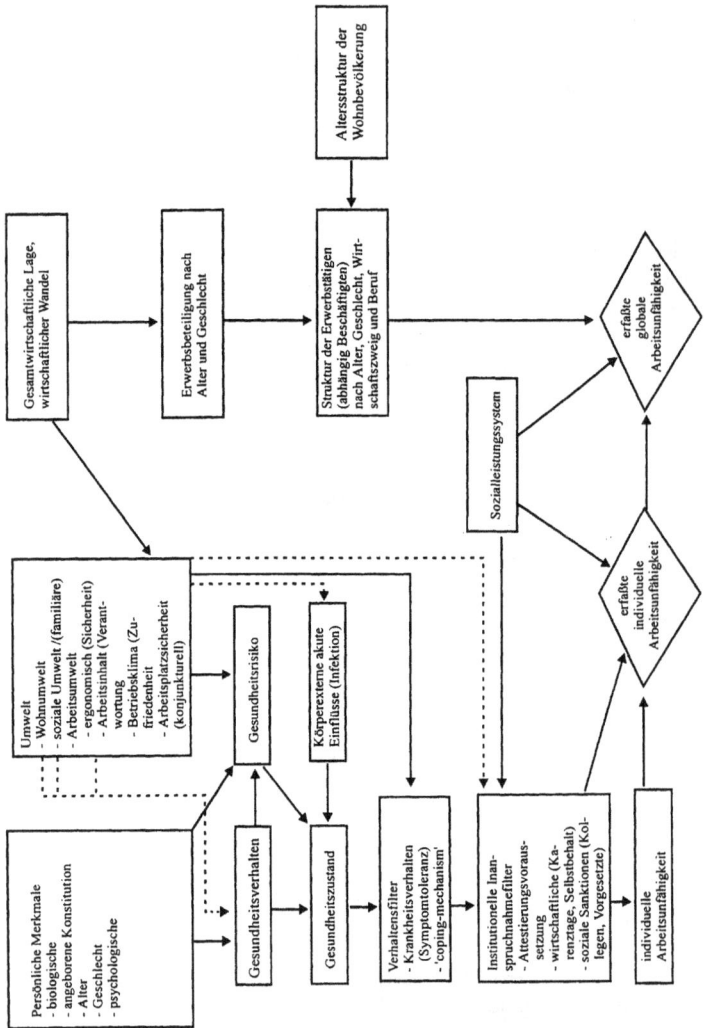

Abb. D-6:   Das Fehlzeiten-Modell von *Pfaff et al.* (1986, 32)

gewünschten oder angestrebten Wert, bei dem die Person 'eigentlich' zufrieden wäre, weil sie dabei gut wegkommt, sich fair behandelt fühlt etc. Das VN(alt) bezeichnet die *Alternativen*, die der Person in der aktuellen Situation offenstehen. In
Zeiten von Personalabbau muss man seine Erwartungen nach unten revidieren und
sich mit schlechten Bedingungen abfinden, obwohl sie unterhalb des eigenen An-
spruchsniveaus VN liegen, weil man sie nur gegen noch schlechtere Bedingungen
(z.B. Arbeitslosigkeit) tauschen könnte.

VN und VN(alt) liefern Bezugsgrößen, die für die Erklärung von Fehlzeiten-
Verhalten relevant sein können: eine bestimmte Menge von Fehltagen kann z.B. zu
einer Art sozialem Besitzstand geworden sein, den alle beanspruchen, sodass man
sich nicht rechtfertigen muss, wenn man unterhalb dieses Wertes bleibt. Hochkohä-
sive loyale Arbeitsgruppen senken dieses Niveau, während es bei schwacher Grup-
penbindung und niedriger Identifikation mit der Unternehmung steigen kann. Wer
in einer konkreten Unternehmung keine Sonderbedingungen vorfindet, sondern jederzeit woanders arbeiten kann, wird auszutesten versuchen, wie weit er oder sie
mit einer persönlich vorteilhaften Arbeit-Freizeit-Kombination gehen kann. Wenn
es keinen internen Arbeitsmarkt gibt, werden Leute mit Jedermannsqualifikationen
- insbesondere bei hoher Arbeitsnachfrage, die günstige Vergleichsalternativen sichert - sich mehr Fehlzeiten herausnehmen.

*Thibaut & Kelley*s Modell kann auch spieltheoretisch als Zwei-Personen-Spiel
formuliert werden. Es lassen sich dann verschiedene Möglichkeiten unterscheiden,
mit denen die eine Partei das Verhalten der anderen gegebenenfalls steuern kann,
nämlich Kontakt-, Verhaltens- und Schicksalskontrolle. Die Autoren erläutern das
mit stark vereinfachten Auszahlungsmatrizen und jeweils zwei Handlungsalternativen pro Partei (z.B. Mitarbeiter und Management). Bei (einseitiger) *Schicksalskontrolle* ist die 'unterlegene' Partei der anderen ausgeliefert, denn was immer sie
selbst tut, die mächtigere bestimmt durch ihr Verhalten, was die unterlegene bekommt. Bei *Kontaktkontrolle* entscheiden die Akteure unabhängig voneinander;
das Zusammentreffen ihrer Aktionen bestimmt ihre Gewinne und Verluste. Der
interessanteste Fall ist die *Verhaltenskontrolle*, weil hier jede Partei durch eine bestimmte Wahl ihrerseits die andere Seite 'motivieren' kann, ebenfalls - und zu ihrem Vorteil - eine bestimmte Wahl zu treffen, sodass letztlich beide Seiten profitieren können.

Das 'Fehlzeiten-Spiel' läuft vielfach nach diesem Muster ab: Eine Führungskraft
bietet oder vermittelt Vorteile, wenn eine unterstellte Arbeitskraft ihre Option, blau
zu machen, nicht wahrnimmt. Die Führungskraft 'bezahlt' mit Freundlichkeit, günstigen Arbeitsbedingungen, Gehaltserhöhungen, Arbeitsplatzsicherheit usw., sie
erhält dafür von der Arbeitskraft Pünktlichkeit, Verfügbarkeit, Planbarkeit, Einsatzbereitschaft usw. Es ist ein offenes Spiel, weil nicht von Anfang an determi-

niert ist, wer besser abschneidet. Man muss sich gegenseitig abtasten und kennen-
lernen, den Barwert von Drohungen einschätzen lernen, die Bindewirkung von
Vertrauen ermessen usw. Viele der 'deals' in der Praxis scheinen nach einem solchen Muster abzulaufen, bei dem abgegangen wird von einseitiger 'Schicksalskontrolle' durch die Vorgesetzten, und die Gegen-Macht der Unterstellten explizit berücksichtigt wird. Zum Sanktionspotential, das MitarbeiterInnen haben und durch
das sie ihre Vorgesetzten 'erziehen' können (Verhaltenskontrolle), gehört neben der
Dosierung des Leistungseinsatzes (bis hin zum obstruktiven 'Dienst nach Vorschrift' oder gar zur Sabotage) auch die Anwesenheit. Gerade dann, wenn Fernbleiben vom Arbeitsplatz leicht legitimiert werden kann (der Hausarzt stellt im Be-
darfsfall eine Arbeitsunfähigkeitsbescheinigung aus, weil er die Beschwerdeschilderung nicht widerlegen kann und/oder weil er den Patienten nicht an eine Konkur-
rentin verlieren will) und wenn ein ausgebautes System rechtlicher und sozialer Sicherung besteht, ist es für Vorgesetzte vorteilhafter, die Illusion der Schicksalskontrolle aufzugeben und auf Verhaltenskontrolle umzustellen. Sie können damit
bessere 'Vertragskonditionen' aushandeln und durchsetzen, als wenn sie auf Recht,
Gewohnheit oder Bestrafungsmacht pochten.

Im Unterschied zu den soeben vorgestellten *expliziten* Erklärungen des Fehlzeiten-
geschehens, die seiner Kontrolle dienen, soll im Folgenden der umgekehrte Zugang
erprobt werden: ausgehend von konkreten Maßnahmen zur Fehlzeitenverringerung
sollen die diesen Praktiken zugrundeliegenden *impliziten* Theoriefragmente rekonstruiert werden.

3.1.3 Maßnahmen zur Fehlzeitenreduktion und ihr versteckter theoreti-scher Hintergrund

Es ist die Aufgabe des Managements dafür zu sorgen, dass Leistungspotentiale
entdeckt, erschlossen, genutzt und ausgebaut und Widerstände, die dem entgegen-
stehen, beseitigt werden. Darum nimmt es nicht wunder, wenn angesichts der Kosten von Fehlzeiten und ihrer Bedeutung für Personalplanung und -einsatz gerade
in der PraktikerInnen-Literatur eine Vielzahl von Maßnahmen vorgestellt wird,
durch die es gelingen soll, das Fehlzeitenproblem in den Griff zu bekommen. Im
folgenden Beleg D-4 sind die wichtigsten dieser Maßnahmen zusammengestellt
(aus *Biallo* 1993, *Bitzer* 1992, 1993, 1995, *Dangers* 1990, *Derr* 1995, *Diergarten &
Hagedorn* 1991, *Eissing* 1991, *Gindert, Hensing & Schellenberger* 1994, *Grimm*
1979, *Harms & Homp* 1995, *Hilla et al.* 1992, *Iken & Haberkorn* 1982, *Meder &
Nieder* 1991, *Meier* 1990, 1996, *Nieder & Michalk* 1995, *Nieder & Janssen* 1996,
Olesch 1993, *Pillat* 1986, *Pohen & Esser* 1995, *Salowsky* 1991, 1996, *Spies & Beigel* 1996, *Wank* 1992, *Wilke* 1986, *Wöhler & Kuhnert* 1995).

Es fehlt hier der Platz, diese einzelnen Maßnahmen im Detail zu beschreiben; dazu wird auf die oben zitierten Literaturquellen verwiesen. Es soll vielmehr, wie oben schon angekündigt, der Frage nachgegangen werden, welche *Ursachen-Theorien* hinter den Fehlzeiten-Reduktionsmaßnahmen stehen. Grundgedanke ist, dass alle Maßnahmen eine unausgesprochene (aber im praktischen Handeln verwirklichte) Kausaltheorie enthalten, weil sie unterstellen, dass die Maßnahme eine Fehlzeiten-ursache korrigiert bzw. beseitigt. Neben dem manifesten (offen verkündeten) ist auch das latente (tabuisierte) Problem zu ent-decken, das durch den Einsatz der praktizierten Methode gelöst werden soll. Gerade weil Fehlzeiten 'umkämpftes Terrain' sind, ist nicht damit zu rechnen, dass alle Gründe offen ausgesprochen werden.

Wenn im Folgenden Hintergrund-Annahmen aufgelistet werden, dann ist damit keine Vollständigkeit beansprucht. Es geht in erster Linie um eine Demonstration des Prinzips, dass auch PraktikerInnen TheoretikerInnen sind, ohne freilich ihre Theorien zu reflektieren und zu formulieren (siehe auch die Unterscheidung von *Argyris & Schön* zwischen 'theories in use' und 'espoused theories').

Die Maßnahmen zur Verringerung der Fehlzeiten richten sich gegen folgende Ursachen:

1. Die ArbeitnehmerInnen bewerten bzw. erleben die Arbeitssituation negativ

Es wird davon ausgegangen, dass es nicht gelungen ist,
- die Arbeitskräfte für das Unternehmen und/oder für ihre Aufgaben zu gewinnen (mangelnde Identifikation und/oder Einbindung),
- die organisatorischen und physischen Arbeitsbedingungen so zu gestalten, dass Überanstrengung und Gesundheitsverschleiß vermieden werden,
- eine ausreichende psychosoziale und werksärztliche Betreuung sicherzustellen, so-dass schädigende Einflüsse rechtzeitig entdeckt und beseitigt werden können.

Mangelnde Einbindung und Identifikation führen dazu, dass ArbeitnehmerInnen kein Verantwortungsgefühl gegenüber KollegInnen und Firma entwickeln, sich nicht gegenseitig informieren und kontrollieren in Bezug auf die geltenden (informellen) Normen oder Spielregeln. Autoritäre, aber auch laissez-faire-Führung verhindern die Entwicklung von Eigeninitiative, Engagement und Selbstverantwortung. Ist der Aufgabeninhalt unzulänglich (monotone, kurzzyklische, anforderungsarme Tätigkeiten, zerstückelte intransparente Aufgaben, wenig Verantwortung, häufige Umsetzung, unzureichendes Feedback, wenig Interaktionsmöglichkeiten etc.), kommt es zu Desinteresse, Sättigung und Entfremdung. Zu den Maßnahmen, die diesen Fehlzeiten-Ursachen entgegenwirken sollen gehören u.a.: Gesundheitszirkel, Mitarbeitergespräche und -besprechungen, intensive Einführung neuer MitarbeiterInnen, Vorgesetztenschulung, Reorganisation der Arbeitsinhalte und -abläufe, Anwesenheitsprämien, Corporate-Identity-Programme. Vor allem die Schaffung selbstorganisierender Arbeitsgruppen, die Rechte in Bezug auf Arbeitsverteilung, Personalausstattung und Entgeltverteilung erhalten, kann die Anwesenheitsmotivation erhöht werden.

Kapitel D

Beleg D-4:   Maßnahmen zur Fehlzeiten-Reduzierung

- Geeignete Einführung neuer MitarbeiterInnen;

- arbeitsmedizinische und psychologische Untersuchungen *vor* einem Arbeitsvertrags-Angebot;

- regelmäßige werksärztliche Untersuchung vor allem der MitarbeiterInnen mit überdurchschnittlich hohen Fehlzeiten;

- Ausbau des werksärztlichen Dienstes;

- Verbesserung des Kontakts zwischen Firma und niedergelassenen Ärzten (Einladungen, Werksführungen, Informationsmaterial);

- Einrichtung von Betriebskrankenkassen und Verstärkung der Zusammenarbeit mit dem werksärztlichen Dienst;

- Verbesserung der Zusammenarbeit mit dem medizinischen Dienst der Krankenkassen (Vertrauensärzten); eine Vorladung zur ärztlichen Untersuchung ist *nur* bei Versicherten möglich; lässt sich jemand bei einem Nicht-Kassenarzt behandeln, kann dieser nicht zur Vorlage eines Attests gezwungen werden. Die Krankenkasse kann die Mitglieder nicht *zwingen*, sich vom Vertrauensarzt untersuchen zu lassen; sie kann nur das Krankengeld verweigern (das aber erst nach 6 Wochen Entgeltfortzahlung fällig ist);

- Arbeitszeugnis-Auswertung, telefonische Rückfragen bei früheren Arbeitgebern;

- ergonomische Gestaltung der Arbeitsplätze und -prozesse; Sicherheitsschulung; Arbeitsplatzbegehung; Motivation zur Nutzung von Sicherheitseinrichtungen (Brillen, Schutzkleidung, Stahlschuhe etc.);

- inhaltliche Arbeitsgestaltungsmaßnahmen mit dem Ziel, die Arbeit verantwortungsvoller, herausfordernder, abwechslungsreicher, ganzheitlicher, transparenter und sozial integrierter zu machen;

- Verstärkung der Bemühungen um Aufbau eines internen Arbeitsmarktes; Aufbau von Vertrauensbeziehungen.

- Arbeitszeitflexibilisierung; verstärktes Angebot von Teilzeitarbeitsplätzen;

- systematische und protokollierte Rückkehrgespräche (Weiterleitung einer Kopie an nächsthöhere Vorgesetzte oder Personalabteilung); Hinzuziehung von Betriebsräten zu diesen Gesprächen; abgestuftes System solcher Gespräche mit zunehmend stärkerem Druck (siehe dazu Beleg D-5);

- Einführung von Überwachungssystemen; Fehlzeiten-Controlling (Erstellung akkumulierter und differenzierter Fehlzeiten-Statistiken; wöchentliche Weiterleitung an Personalvorstand oder (höheren) Linienvorgesetzten: Fehlzeiten-'Spitzenreiter' werden - zusammen mit der verantwortlichen Führungskraft - zu klärenden Gesprächen gebeten; s.a. die Praxis, Abteilungs-Ranglisten vor versammelter Führungsmannschaft zu präsentieren und zu diskutieren;

- Vorbeugende Gespräche (z.B. zu Jahresbeginn *muss* die Vorgesetzte mit *allen* Mitarbeitern (oder nur mit den 'EdelabsentistInnen' ein Gespräch führen, über die Person des Mitarbeiters bzw. der Mitarbeiterin (Belastbarkeit, Karriere- oder Einsatzwünsche), die familiäre Situation (außergewöhnliche Belastungen), die Arbeitssituation (Belastungen, Verbesserungsmöglichkeiten);

- Krankenbesuche durch Vorgesetzte, KollegInnen, Betriebsräte; Anrufe bei der erkrankten Person;

- Briefe oder kleine Geschenke an erkrankte MitarbeiterInnen;

- Gesundheitszirkel; Zirkel im Rahmen von Total Quality Management- Aktivitäten; Projektgruppen;

- Fehlzeiten-Seminare mit Vorgesetzten;

- Qualifikation der MitarbeiterInnen; Führungstrainings;

- Aktionen zur Erhöhung des Gesundheitsbewusstsein bei den ArbeitnehmerInnen (z.B. Kurse über Ernährung, Gymnastik am Arbeitsplatz, Betriebssport, Fitness-Kurse, Rückenschule; richtige Kleidung, Kosmetik, Schutz vor Infektionen); Informationsmärkte; Artikel in Werkszeitung; kostenlose Grippeimpfungen;

- Mitarbeiterbefragungen, Arbeitszufriedenheits- und Betriebsklimastudien (zur 'Schwachpunktanalyse');

- Anwesenheitsprämien bzw. deren fehlzeitenabhängige Kürzung; Berücksichtigung von Fehlzeiten bei außertariflichen Zulagen;

- Einführung der Attestpflicht ab dem ersten Krankheitstag;

- Karenztage bei freiwilligen betrieblichen Sonderleistungen;

- Einführung oder Veränderung von Betriebsvereinbarungen über *Zulagen* zum Krankengeld;

- die Dienste von professionellen Fehlzeitenberatern in Anspruch nehmen;

- Streuen von Gerüchten über 'Schwarze Listen' mit den Namen von häufig Fehlenden, die bei Personalabbaumaßnahmen als erste 'dran' sind;

- Abmahnung und Kündigungsdrohung; Kündigung aus personbedingten Gründen;

- Aufhebungsverträge (Abfindungszahlungen).

Wenn die ergonomische Gestaltung der Arbeitsbedingungen, der Stellenzuschnitt und die Organisation des Arbeitsflusses unzulänglich sind, kann es zu Über- oder Unterforderungen, zum Gesundheitsverschleiß, zu Spannungen zwischen den Arbeitskräften oder -gruppen etc. kommen. Sieht man Fehlzeiten vor allem in diesen Ursachen begründet, kann man z.B. durch Gesundheitszirkel, Mitarbeiterbefragungen, Unfallforschung, Organisationsanalysen, ergonomische, arbeitspsychologische und medizinische Untersuchungen etc.[31] Problemfelder identifizieren und geeignete präventive und kurative Maßnahmen vorschlagen (dazu gehören auch Aufklärungskampagnen über Sicherheits- und Gesundheitsverhalten).

Um zu verhindern, dass dies einmalige Aktionen bleiben, deren Effekte angesichts rascher Veränderungen in Organisation, Technologie, Aufgaben etc. bald verpuffen, sind Institutionen zu schaffen, die dauerhaft darüber wachen, dass schädigende Entwicklungen frühzeitig erkannt und abgestellt werden (psychologischer und werksärztlicher Dienst, Arbeitsschutz und -sicherheit, Qualitätszirkel, Erfahrungsaustauschgruppen der Vorgesetzten usw., s.a. *Slesina & Broekmann* 1992; *Elsner* 1986).

Ganz im Gegensatz zu anderen Ursachentheorien (siehe die beiden folgenden Punkte), können kurze Fehlzeiten auch als absichtlich genommene 'Auszeit' interpretiert werden (siehe *Staw & Oldham* 1978 oder *Froemer* 1991). Dabei handelt es sich um Fluchten aus einer negativ erlebten Arbeitswelt, bei denen sich die Person regeneriert, um dann wieder umso besser zu funktionieren. Es ist eine durchaus ökonomische Überlegung, diese Fluchten nicht zu unterbinden, um nicht einen viel höheren Preis bezahlen zu müssen (Langzeitkrankheit, Desinteresse, Sabotage etc.).[32]

2. Die fehlenden MitarbeiterInnen sind nicht wirklich arbeitsunfähig

Wenn unterstellt wird, dass die Fehlenden nicht wirklich arbeitsunfähig krank sind, sondern bloß 'blaumachen', wird versucht, sie zu kontrollieren und zu disziplinieren. Letztlich liegt dem die Annahme zugrunde, dass Absentisten 'Delinquenten' sind, die durch Merkmale wie "soziale Insensitivität*, Entfremdung, Impulsivität, Feindseligkeit gegen Autorität" gekennzeichnet sind (so *Bycio* 1992, 211).

Auf diesem Hintergrund ist die Installation von Überwachunssystemen zu sehen (Kontrollbesuche, Anlegen von Fehlzeitenprotokollen und -akten). Durch ein abgestuftes System von vorbeugenden oder nachträglichen Gesprächen (in Anwesenheit von höheren Vorgesetzten oder PersonalreferentInnen), Aktennotizen, Verpflichtungserklärungen usw. wird ein Bewusstsein dafür entwickelt, dass Fehlzeiten offiziell registriert werden und rechtfertigungspflichtig sind und dass jedes Fehlen Konsequenzen nach sich ziehen kann. Maßnahmen in diesem Umfeld sind z.B. Rückkehrgespräche und ein

---

[31] *Kuhn* (1995, 85) berichtet z.B., dass 1991 im Baugewerbe "193 Arbeitsunfälle je 1000 Pflichtmitglieder gezählt wurden", das waren u.a. Prellungen, Verstauchungen, Gelenk- und Muskelzerrungen, Quetschungen und oberflächliche Verletzungen. Solche Statistiken legen andere Schwerpunkte bei Fehlzeiten-Reduktionsprogrammen nahe, als wenn man die Hauptursache im 'Krankfeiern' sieht (s. dazu auch *Scharf* 1983b).

[32] "Die Abwesenheit ist ein Sicherheitsventil, das die Gesellschaftsmaschinerie braucht, um in einem immer schnelleren Tempo laufen zu können ... " - so zitiert *Froemer* eine schwedische ärztliche Fachzeitschrift. Und er stellt fest: "Die Arbeitnehmer achten verstärkt auf die 'Signale ihres Körpers' und bleiben kurze Zeit vom Arbeitsplatz weg, um vorzubeugen. Letzteres ist besser als Heilen - ein fundamentaler Grundsatz in der Medizin ... 'Die spannen aus und arbeiten später besser' ..." (*Froemer* 1992, 20).

* *Insensitivität*: Unempfindlichkeit, Fühllosigkeit

ausgearbeitetes Fehlzeiten-Controlling; wichtig ist dabei nicht nur die diagnostische Funktion dieser Einrichtungen, sondern auch ihr antizipativer disziplinierender Effekt.

Weitere Maßnahmen sind die Verbesserung des Kontakts sowohl zu den niedergelassenen Ärzten (um deren 'Krankschreibeverhalten' zu beeinflussen und sie über die betriebliche Situation zu informieren), wie zu den Krankenkassen (um von dort aus Druck auf die Ärzte zu machen oder Vergleichsstatistiken zu erhalten).

3. Die Vorgesetzten gehen nicht nachdrücklich genug gegen das 'Blaumachen' vor

Zugrunde liegt die Annahme, dass die Fehlzeitenkontrolle bisher zu lasch gehandhabt und in ihrem Stellenwert von vielen Beteiligten nicht richtig eingeschätzt wurde. Vorgesetzte 'drücken sich' davor, MitarbeiterInnen zu überwachen und mit spürbaren Maßnahmen gegen Missbrauch einzuschreiten (s. *Schmilinsky* 1988, 1989).

Deshalb werden die Führungskräfte in Seminaren und Aufklärungsaktionen über Umfang, Verteilung und Kosten der Fehlzeiten informiert und selbst unter Druck gesetzt (wenn die Krankenstände in ihrem Bereich zum Bestandteil ihrer Bewertung werden, z.B. in Rankinglisten, Führungsgesprächen usw.). Durch *allgemeine* Einführung bestimmter Maßnahmen (Fehlzeitenbriefe, Zwang zu Rückkehrgesprächen und deren Protokollierung) entlastet man Führungskräfte gegenüber den MitarbeiterInnen.Beleg D-5 informiert über das abgestufte Gesprächssystem zur Fehlzeitenreduktion bei Opel.

Symbolische Handlungen, die alle MitarbeiterInnen, insbesondere aber die 'auffälligen', vorwarnen sollen, flankieren den Druck auf die Vorgesetzten. In Frage kommen z.B. Berichte in Werkszeitungen über sehr unterschiedliche Krankenstände in verschiedenen Unternehmensteilen oder -bereichen, über die Kosten von Fehlzeiten, über Benchmarking* im Vergleich zur Konkurrenz (aufgrund von Krankenkassen- oder Verbandsstatistiken), Artikel über drastische Fälle und demonstratives 'Durchgreifen' (Abmahnungen, Prämienkürzungen, Kündigungen).

4. Die Anreize für Anwesenheit sind unzulänglich

Hier wird davon ausgegangen, dass nicht Abwesenheit unattraktiv, sondern Anwesenheit attraktiv gemacht werden muss. Es geht deshalb darum, jene Motivatoren zu identifizieren und einzusetzen, von denen eine günstige Wirkung auf die tägliche Entscheidung der MitarbeiterInnen erwartet wird, zur Arbeit zu kommen. Verengt auf monetäre Anreize ist der Ansatz, Anwesenheitsprämien einzuführen, die fehlzeitenproportional gekürzt werden.

Wirksamer sind offenbar Versuche, die Arbeitsumgebung und vor allem die Arbeitsinhalte positiv zu gestalten (s. oben). In diesem Zusammenhang ist erneut auf die Bedeutung von Führungsstil und Gruppenklima hinzuweisen. Bestimmte generelle Maßnahmen (wie z.B. der Aufbau einer sog. Vertrauenskultur) sind mit den oben in den Punkt 2 und 3 behandelten Maßnahmen nicht vereinbar, sodass nicht einfach irgendein

---

* *Benchmarking*: 'benchmark' bedeutet Bezugsgröße oder Vergleichswert; im Management-Jargon meint 'benchmarking': sich an den Methoden, Leistungen oder Ergebnissen der Branchenbesten orientieren und deren Praktiken nachahmen.

Kapitel D

Beleg D-5:   Wie Opel die Abwesenheit senkt (nach: *Spies & Beigel* 1996)

Die Autoren berichten, dass Opel im Vergleich zu anderen Unternehmen der Automobil-
branche überdurchschnittliche Fehlzeiten hatte. Um sie zu reduzieren, war schon 1982 eine Betriebsvereinbarung abgeschlossen worden, in der ('motivierende und nicht disziplinierende') Rückkehrgespräche vorgesehen wurden, die aber kaum geführt wurden. 1990
wurde dann ein 'gemeinsames Steuerungskomitee mit Vertretern der Geschäftsleitung und
des Gesamtbetriebsrates' gebildet, das drei Maßnahmen empfahl: Mitarbeiter-Fehlzeiten-
gespräche, Meister-Information und Verbesserung der Mitarbeiterbetreuung (erprobt in
einem Pilotprojekt in der Lackiererei). Aufgrund der Erfahrungen wurde dann 1992 das
erste 'Anwesenheitsprogramm' entwickelt, das 'Rückkehrgespräche' ("mit jedem Mitarbeiter zu führen, der aus der Abwesenheit zurückkehrt") und 'Fehlzeitengespräche' ("mit
jedem Mitarbeiter zu führen, der häufig Fehlzeiten aufweist") vorsah. Eine Überprüfung
zeigte, dass jedoch nur etwa 43% der vorgeschriebenen Gespräche tatsächlich geführt
worden waren.

Deswegen wurde 1994 eine neue Betriebsvereinbarung ("Standortsicherung") abgeschlossen, die u.a. konkrete Ziele für zu erreichende Abwesenheitsraten nannte, nämlich 1994
7%, 1995 6,5% und 1997 6%. Zu diesem Zweck wurde ein Programm "Anwesenheitsver-
besserungsprozess" (AVP) entwickelt, das drei Prinzipien hat: Standardisierung (einheitliche selbsterklärende Unterlagen, exakt festgelegte Gesprächsarten bzw. -stufen*), Dokumentation* (jedes Gespräch ist zu dokumentieren mit Hilfe vorstrukturierter Gesprächs-
protokolle) und *Visualisierung* (auf eine sog. 'Interaktionstafel', die sich im Büro des/der
direkten Vorgesetzten befindet, klebt die gesprächsführende Führungskraft einen farbigen
Klebepunkt, sodass jederzeit auf einen Blick erkennbar ist, wieviele Gespräche welcher
Art geführt wurden bzw. noch zu führen sind).

Es wurde ein System einer 'vierstufigen Gesprächsführung' eingeführt; für jeden der vier
Gesprächstypen wurden eigene Namen, Formularsätze, Logos (Symbole) und Farben
entwickelt. Die Gesprächsarten bauen aufeinander auf:

Stufe 1: Motivationsgespräch

Es wird von der oder dem unmittelbaren Vorgesetzten geführt, wenn ein Mitarbeiter oder
eine Mitarbeiterin aus einer Fehlzeit zurückkommt. Er oder sie soll mit 'offenen Armen'
empfangen, über zwischenzeitliche Vorkommnisse informiert, über Fehlzeitengrund, Befinden, persönliches Umfeld, Wünsche und Arbeitsgestaltungsvorschläge befragt werden.
Ziel ist es, eine "freundliche Atmosphäre" herzustellen.

Stufe 2: Mitarbeitergespräch

Wenn innerhalb von 9 Monaten eine weitere Fehlzeit zu registrieren ist, wird ein 'Mitarbeitergespräch' durchgeführt, das ebenfalls der oder die unmittelbare Vorgesetzte führt.
Logo dafür ist eine hochgereckte Hand mit 'gelber Karte': dem oder der Fehlenden soll
klar gemacht werden, dass die letzte Fehlzeit nicht lange (weniger als 9 Monate) zurück-

liegt, dass bzw. welche Kapazitätsengpässe und Mehrarbeitsbedarf bei KollegInnen durch das Fehlen entstanden sind und dass bei nochmaligem Fehlen intensivere Gespräche geführt würden. Die Führungskraft hat zu fragen nach Gründen des Fehlens und der Rolle der Arbeitssituation; sie soll fragen, wie der/die Fehlende bei häufigem Fehlen eines Kollegen oder einer Kollegin reagieren würde und welchen Eindruck er/sie wohl bei den KollegInnen durch häufiges Fehlen mache. Der/die Fehlende muss einen 17-Item-Fragebogen, die/der Vorgesetzte einen 9-Item-Fragebogen ausfüllen. Ziel ist, weiterhin eine freundliche Atmosphäre zu erhalten, aber aufzuzeigen, dass das Fehlen dem Arbeitsablauf schadet, den KollegInnen zusätzliche Arbeitslast aufbürdet und dass in Zukunft mit 'härteren' Gesprächen zu rechnen ist.

Stufe 3: Personalgespräch

Bei diesem ist neben dem/der unmittelbaren Vorgesetzten auch der/die nächsthöhere Vorgesetzte anwesend. Symbol ist ein 'erhobener Zeigefinger'. Die Inhalte dieses Gespräch sind eine Steigerungsform des 'Mitarbeitergesprächs' (u.a. Hinweis auf die entstandenen Kosten, 'Beschreibung von Fällen, in denen häufiges Fehlen zur Kündigung führte', Hinweis auf die nächste Gesprächsstufe und arbeitsrechtliche Konsequenzen. Die Atmosphäre soll 'sachlich und bestimmt' sein, es soll klar werden, dass dies 'die letzte Chance vor massiveren Schritten' ist. Das Gespräch wird ähnlich wie das 'Mitarbeitergespräch' protokolliert.

Stufe 4: Fehlzeitengespräch

Dieses Gespräch wird in der Personalabteilung von einem 'Vertreter der Personalabteilung' in Anwesenheit des bzw. der betrieblichen Vorgesetzten (und evtl. eines Betriebsrats) geführt. Logo ist hier ein schwarzes Paragraphenzeichen. Es soll dabei eine 'offizielle Information über die Möglichkeit der Kündigung' gegeben werden.

Die Auswertung der 'Interaktionstafeln' (Ende 1995) ergab, dass über 4700 Gespräche geführt worden waren (nahezu 80% Motivationsgespräche, gut 15% Mitarbeitergespräche, ca. 3% Personalgespräche und 1-2% Fehlzeitengespräche). Im Vergleich zum Vorjahr wurden 1995 im Durchschnitt monatlich etwa 30%ige Reduktionen der Abwesenheitsraten festgestellt.

'Maßnahmen-Mix' praktiziert werden kann, sondern die Vereinbarkeit untereinander und mit der strategischen Ausrichtung der Personalpolitik zu berücksichtigen ist.

Zu erwähnen ist im Kontext der 'Attraktivitätssteigerung' schließlich die Gestaltung von fehlzeitenbeeinflussenden Umfeldbedingungen (z.B. Einrichtung von Werks-Kindergärten, Bereitstellung von Werksomnibussen für den Transport zum Arbeitsplatz).

Kapitel D

5. Die Zusammensetzung der Belegschaft wird verantwortlich gemacht.

Zum einen wird hier von der Personalisierung des Problems ausgegangen: bestimmte MitarbeiterInnen sind besonders fehlzeitenanfällig (sei es als 'Edelabsentisten' oder aufgrund gesundheitlicher oder privater Belastungen). Diese Unterstellung kann zu Maßnahmen im Bereich der Akquisition und Selektion von MitarbeiterInnen führen (Identifikation von auffälligen MitarbeiterInnen durch gezielte Auswertung von Bewerbungsunterlagen; systematische werksärztliche Eingangsuntersuchungen, um MitarbeiterInnen auszusondern, die den Belastungen ihres künftigen Arbeitsplatzes nicht gewachsen sind; Rückfragen bei früheren Arbeitgebern; Diskriminierung von alleinerziehenden Müttern mit kleinen Kindern) oder eine gezielte Personalabbau-Politik anleiten (schwarze Listen, abteilungsinterne Versetzungslisten etc.). Die Verlagerung der Verantwortung für die personelle Zusammensetzung auf die Arbeitsgruppe kann sich günstig auf die Abwesenheitsbilanz auswirken. Als ultima ratio werden fehlzeitenbedingte Kündigungen (oder Aufhebungsverträge) genutzt, die durchaus auch im Hinblick auf die Signalwirkung vorgenommen werden.

Des Weiteren kann die Einführung bestimmter Arbeitszeitformen, die fehlzeitenreduzierend wirken, auf diesem Hintergrund gesehen werden (Gleitzeit und vor allem Teilzeit); auch mit Tele-Arbeit, Scheinselbständigkeit und Befristung der Arbeitsverhältnisse wird die Abwälzung des Krankheitsrisikos versucht bzw. der Druck auf die MitarbeiterInnen erhöht.

Die Vielzahl der Maßnahmen und ihrer Begründungen lässt erkennen, dass die Fehlzeitenthematik für das Management einen hohen Stellenwert hat. Im Vordergrund stehen dabei ökonomische Argumente (s.a. *Schnabel* 1996, 31). Natürlich müssen aus Managementsicht alle Produktivitätsreserven ausgeschöpft werden. Aber das Verständnis wird vertieft, wenn man auch die Möglichkeit einer Symptomverschiebung in Betracht zieht: Viele der diskutierten Maßnahmen zielen (auch oder in erster Linie) auf Generalprävention, vielleicht sogar Abschreckung, jedenfalls Disziplinierung. Dem Ziel 'Produktivität' wäre deshalb als Schattenziel das der 'Disziplinierung' oder 'Herrschaftssicherung' zur Seite zu stellen. Damit würde eine 'politische' Logik zu einer ökonomisch argumentierenden Logik hinzutreten. Der kostenintensive Überwachungsapparat, den die Fehlzeitenkontrolle erfordert, hat nützliche Nebenfunktionen.

Das Fehlzeitenproblem macht auch die Grenzen betrieblicher Autonomie sichtbar. Eine Vielzahl gesellschaftlicher Institutionen (Rechtsprechung, Sozialversicherung, Kirchen, Verbände, Gewerkschaften, Sozialpolitik, Medien) interveniert mehr oder weniger direkt und beschränkt Handlungsmöglichkeiten des Managements; zumindest aber sind 'Fehlzeiten' der Gegenstand zahlreicher Diskurse und die Unternehmen haben keineswegs die ausschließliche Definitionsmacht.

3.1.4 Betriebliche Logiken und das Fehlzeitenproblem

Im Fehlzeitenproblem bündeln sich verschiedene betriebliche Logiken:

- Eine *Verwertungslogik*, weil Fehlzeiten Kosten bedeuten und das kontrahierte Arbeitsvermögen nicht optimal ausgenutzt werden kann. Außerdem entstehen zahlreiche Transaktionskosten (Überwachungs-, Informations-, Kontroll-, Durchsetzungskosten).

- Eine *Herrschaftslogik*, weil Fehlzeiten gegebene Ordnungen in Frage stellen; Leute nehmen sich heraus, gegen gesatzte oder oktroyierte Normen zu verstoßen. Dies kann im Interesse des Vertrauensschutzes für die Konformen, vor allem aber zur Abwehr der Infragestellung von Management-Vorrechten nicht hingenommen werden.

- Eine *Anpassungslogik*: Unternehmen haben auch den Erwartungen zu genügen, die ihre institutionellen Umwelten an sie richten. Vorhandene gesellschaftliche *Institutionen* werden durch den betrieblichen Umgang mit Fehlzeiten herausgefordert; das Management kann nicht einfach tun, was es für richtig hält, sondern ist durch Gesetze, Verträge, Traditionen und Werte gebunden. Es muss - zumindest symbolisch - dafür sorgen, dass es zu einer Deckung von (gesellschaftlichen, institutionellen) Erwartungen und organisationaler Praxis kommt. Zu diesen Erwartungen, die z.B. Geldgeber, Spitzenkräfte auf dem Arbeitsmarkt, Tarifparteien, Wahlbürger etc. haben, gehört, dass es in Unternehmungen mit rechten Dingen und menschlich zugeht, dass effizient und produktiv gearbeitet wird, dass bestimmte Normen oder Werte (wie Gleichbehandlung, Fairness, Leistungsprinzip) nicht offen und zynisch verletzt werden. Ansonsten kann von Seiten der Politik, der Gewerkschaften, der Medien, der Kirchen etc. erheblicher Druck auf die Unternehmungen ausgeübt werden. Es wird ihnen dann möglicherweise zugunsten verbindlicher formaler Reglementierung die bevorzugte Strategie der fallweisen Regelung genommen; internen Vorgängen wird öffentliche Aufmerksamkeit gewidmet und damit entsteht sowohl Rechtfertigungsdruck wie auch die unbequeme Situation, heterogenen Vorschriften, Normen und moralischen Standards aufs genaueste gehorchen zu müssen.

- Eine *Kooperationslogik*, weil bei wechselnder Anwesenheit Strukturen und Potentiale der Zusammenarbeit nicht aufgebaut oder genutzt werden können: es kommt zu Planungsproblemen, Störungen im Ablauf.

Kooperation darf nicht mit innerer *Integration* verwechselt werden. Kooperation genügt als Zusammen-*Arbeit* einer Produktionslogik, die die Koordination von Einzelbeträgen technisch oder organisatorisch rationell und wirksam regelt. Sie ist aber auch *Zusammen*-Arbeit, eine Arbeit, die Beziehungen benötigt, stiftet und belastet. Formeln wie Corpsgeist, Wirgefühl, Corporate Identity bringen zum Ausdruck, dass technische Prozesssteuerung allein nicht genügt, sondern auch die Qualität der Beziehungen ein Erfolgsfaktor sein kann. Die Art und Weise, wie von offizieller Seite des Unternehmens (z.B. Personalabteilung, Vorgesetzte) und MitarbeiterInnen (und deren Vertretung) mit Fehlzeiten umgegangen wird, prägt dieses Klima. Beispiele: enge Kontrolle und rigide Sanktionen belasten die Integration genauso wie es das Zudrücken beider Augen vor dem Missbrauch von Spielräumen oder der Verletzung von Vereinbarungen tut (und dieser Missbrauch kann sowohl für 'vorgeführte' Vorgesetzte wie düpierte MitarbeiterInnen der Tropfen sein, der das Fass zum Überlaufen bringt).

- *'Logik der Gefühle'*: Dieser Terminus soll hier nicht im Sinne seines Erfinders (*Mayo*) gebraucht werden, der damit die Herangehensweise der Arbeiter an Arbeitsprobleme von derjenigen der Manager ('Effizienzlogik') abheben wollte. Vielmehr ist generell davon auszugehen, dass in Unternehmen der Geist der Rationalität keine Alleinherrschaft ausübt, sondern sich stets seinem Widerpart, der Emotionalität konfrontiert sieht. Auf das Fehlzeitenproblem angewandt: Offiziell zählt zwar nur die Mitgliedsregel, die Anwesenheit verbindlich einschließt; inoffiziell aber spielt sich weit mehr ab. Die 'Produktion' von Fehlzeiten hat emotionale Gründe und wird von Vorgesetzten und KollegInnen auch emotional bewertet: Es gibt in Arbeitsverhältnissen - als Managementproblem! - Neid, Enttäuschung, Gerechtigkeitsfanatismus, Aggressivität, Ärger, Mitleid, Toleranz, Hilfsbereitschaft ...

Alle Logiken benötigen zu ihrer Umsetzung transparente *Information*, brauchen aber gleichzeitig und paradoxerweise auch Intransparenz, Mehrdeutigkeit und Geheimhaltung, weil damit Handlungsspielräume ermöglicht werden, die Patt- und Verriegelungssituationen auflösen können. Gerade im Bereich 'Fehlzeiten' werden Informationen verschleiert und verfälscht, es konkurrieren unvereinbare mentale Modelle miteinander. Ungewissheit und Uneinsehbarkeit sind Bedingungen des Machtpokers: nur als sicherer Gewinner oder Verlierer legt man alle Karten auf den Tisch.

Man macht es sich also zu einfach, wenn man Fehlzeiten nur als Problem der Personaleinsatzplanung oder als Kostenfrage diskutiert. Es geht auch um etwas, was zu den Randbedingungen der Möglichkeit von 'rational choice' gehört, z.B. *beschränkte* Rationalität, Opportunismus, *emotionale* Reaktionen der MitspielerInnen auf Managementaktionen. Aus einer solchen komplexeren Perspektive sind dann auch die Diskussionen über sog. Edelabsentisten, höhere Fehlzeiten von Frauen, exzessives 'nationales Krankfeiern' zu würdigen. Solche Diskurse übernehmen, ob gewollt oder nicht, Funktionen der Kontrolle, Ablenkung, Abschreckung, Differenzierung und Diskriminierung, Rechtfertigung.

Die Fokussierung der Auseinandersetzung allein auf Fragen der Kosten und Kontrolle hat unintendierte Wirkungen und verstellt den Blick auf Entstehung und die *positiven* Funktionen der Fehlzeiten(diskussion). Um einige Beispiele zu nennen:

Der Umgang mit Fehlzeiten kann

- ein Tauschverhältnis begründen (gegenseitige Verpflichtungen schaffen, z.B. Entgegenkommen mit Einsatzfreude beantworten),

- Großzügigkeit oder Strenge symbolisieren,
- die eigentlich fällige Leistungs- oder Ergebnismessung substitutieren,
- den Stand der Machtverteilung klären,
- Selbstdarstellung ermöglichen (als schonungsbedürftig, überlastet auf seiten von Fehlenden oder als verständnisvoll oder konsequent auf seiten der Führungskräfte).

Fehlzeiten binden Aufmerksamkeit, schaffen Planstellen, ermöglichen Machtdemonstration und (informelle) Sozialpakte usw.

3.2 Die ökonomische Perspektive: Fehlzeiten als rationale Entscheidungen

Barmby & Treble (1991) haben Grundlagen einer (mikro-)*ökonomischen* Theorie der Fehlzeiten skizziert. Ihr zentraler Ausgangspunkt ist die Behandlung des Problems im Rahmen der Gestaltung von *Arbeitsverträgen*. Sie machen darauf aufmerksam, dass man von Fehlzeiten nur sprechen kann, wenn im Arbeitsvertrag die Anwesenheit bzw. die zu erbringende Leistung nach Beginn und Dauer exakt festgelegt ist. Wird - wie z.B. bei der Tele-Heimarbeit - eine Arbeitskraft ergebnisabhängig bezahlt, dann sind ihr Ort, Zeitpunkt und Dauer der Arbeitserledigung (in Grenzen) freigestellt; es macht unter solchen Umständen wenig Sinn, von 'Abwesenheitszeiten' zu reden. Als Ökonomen untersuchen *Barmby & Treble* Fehlzeiten im Zusammentreffen von Arbeitsangebot und -nachfrage. Beim Arbeitsangebot spielen "die Struktur des Arbeitskräftepools, aus dem die Betriebe ihre Beschäftigten rekrutieren, die Gestaltung des Arbeitsvertrages und die Reaktionen der Beschäftigten auf die vertraglichen Regelungen" (*a.a.O.*, 596) eine entscheidende Rolle. Auf der Nachfrageseite gehen sie auf das Arbeitszeitangebot der Betriebe und deren Methoden der Kontrolle von Fehlzeiten näher ein. "Eine vollständige Theorie der Fehlzeiten benötigt deshalb zwei Elemente: eine Theorie darüber, weshalb Arbeitsverträge ihre zu beobachtende Struktur besitzen, und eine Theorie, wie Arbeitskräfte sich im Betrieb verhalten, wenn sie mit einem bestimmten Arbeitsvertrag konfrontiert sind" (*a.a.O.*).

3.2.1 Das neoklassische Arbeitsangebotsmodell

Für die zweite dieser Theorien nehmen sie als Ausgangspunkt das kurzfristige Arbeitsangebotsmodell der Neoklassik, das sie erweitern durch die arbeitsvertragliche Festlegung der Anwesenheit. Das klassische Einkommens-Freizeit-Modell geht davon aus, dass Arbeitskräfte eine Präferenz für ein charakteristisches Verhältnis von Freizeit und Arbeit (definiert als aufgegebene Freizeit, für die sie Einkommen erhalten) haben. In der Abb. D-7 ist die Beziehung visualisiert[33]:

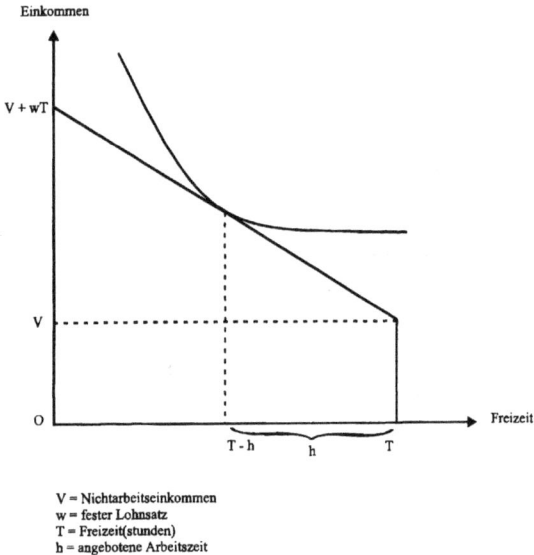

Einkommen

V + wT

V

O

Freizeit

T - h

h

T

V = Nichtarbeitseinkommen
w = fester Lohnsatz
T = Freizeit(stunden)
h = angebotene Arbeitszeit

Abb. D-7:   Das neoklassische Einkommens-Freizeit-Modell
              (nach: *Barmby & Treble* 1991, 596

Im Einkommens-Freizeit-Modell werden zwei Elemente in Beziehung gesetzt: die Wahlmöglichkeiten der Arbeitskräfte zwischen Arbeits-Freizeit-Kombinationen und ihre Präferenzen. Die ersten sind *allein*(!) durch die Einkommenserzielung in Arbeit und/oder Freizeit bestimmt. Das Modell sieht vor, dass Arbeitskräfte ein Nichtarbeitseinkommen V erhalten können (z.B. Krankengeld, Sozialfürsorge) und dass es - abhängig von der Arbeitszeit - einen festen Lohnsatz w gibt, der für jede

---

[33] Der Unterschied dieser Abbildung zur Abb. C-3 auf S. 206 liegt darin, dass in der vorliegenden Abbildung ein arbeitsunabhängiges Sockel-Einkommen V berücksichtigt ist: Wenn man z.B. Arbeitslosenhilfe oder Krankengeld erhält, ist der Zwang geringer, Freizeit durch Arbeit zu substituieren.

Arbeitsstunde bezahlt wird. Entschließt sich die Arbeitskraft, nicht zu arbeiten (wählt also die maximale Zahl von Freizeitstunden T), erhält sie das Nichtarbeitseinkommen V. Für jede geleistete Arbeitsstunde h erhält sie ein Arbeitseinkommen w h; verzichtet sie völlig auf Freizeit, erhält sie das maximale Einkommen V+w T.

Die Präferenzen der Arbeitskräfte werden in Nutzenfunktionen oder Indifferenzkurven ausgedrückt. Die angebotene Stundenzahl wird im "Gleichgewicht so bestimmt, dass der Lohnsatz der (negativen) Grenzrate der Substitution (GRS) zwischen Einkommen und Freizeit entspricht" (a.a.O., 597). Im klassischen Modell ist, wenn der Arbeitsvertrag geschlossen ist, das Konzept der Grenzrate der Substitution hinfällig, weil die Budgetbeschränkung aus nur zwei Punkten besteht: eine bestimmte kontrahierte Stundenzahl arbeiten oder eben nicht arbeiten. Fehlzeiten sind der empirische Beleg dafür, dass es weitere (im Arbeitsvertrag nicht spezifizierte) Möglichkeiten der Arbeit-Freizeit-Allokation gibt. Verhaltensänderungen im Gleichgewicht können erreicht werden, indem entweder die Beschränkungen (Lohnsatz w oder Nichtarbeitseinkommen V) oder die Präferenzen (Attraktivität von Arbeit/-Freizeit, Durchsetzungswahrscheinlichkeiten, Personalauswahl) verändert werden.

Das *betriebliche* Entscheidungsproblem als Problem der Arbeitsnachfrage kreist um die Gestaltung der Fehlzeiten*kontrolle*. Diese ist - wie jede andere Kontrolle - mit (Transaktions-)Kosten verbunden. "Die Kernfrage betrifft das Ausmaß, in dem Fehlzeiten durch Produktion zu einer anderen Arbeitszeit oder durch Substitution mit anderen Arbeitskräften oder durch Substitution mit anderen Produktionsfaktoren als der Arbeit kompensiert werden können" (a.a.O., 597). Betriebspraktische Beispiele für die erste Alternative sind Gleitzeit, für die zweite Einstellung von Leiharbeitskräften und für die dritte Nutzung arbeitssparender Technologien. Der Betrieb kann z.B. auf die Arbeit-Freizeit-Wünsche von Arbeitskräften eingehen, indem er ihnen differenzierte Arbeitsverträge anbietet, die von Vollarbeitszeit bis sehr kurzer Teilzeit reichen. Wenn eine Arbeitskraft das kontrahierte Quantum an Arbeitszeit nicht liefert (also fehlt), taucht für den Betrieb die Frage auf, wie und mit welchen (Durchsetzungs-)Kosten die Vertragseinhaltung erzwungen werden kann. Die Arbeitskosten bestehen dann aus Löhnen und Kosten für Vertragsdurchsetzung und -verletzung. Die Gewinneinbußen durch Vertragsverletzung könnten hingenommen werden, wenn die Durchsetzungskosten größer wären als der Grenzertrag, den die Arbeitskräfte durch ihre Anwesenheit erzielen. Höhere Kontrollkosten schmälern den Gewinn. Der Betrieb wird deshalb solche Kontrollformen wählen, die seinen Gewinn maximieren.

Um Abweichungen vom Arbeitsvertrag (Fehl-Zeiten) zu analysieren, muss man die Präferenzen der Arbeitskräfte untersuchen. Zu diesem Zweck wird die Komplexität durch zwei vereinfachende Annahmen reduziert: (1) Die Nutzenfunktion enthält nur die Argumente Einkommen und Freizeitstunden und (2) als einzige Kosten von Fehlzeiten für die Arbeitskraft wird entgangener Lohn angesehen. Wenn Krankengeld bezahlt wird, ist die 2. Bedingung nicht mehr (voll) gegeben. Krankengeld schafft in dieser Logik einen Anreiz für Fehlzeiten (*a.a.O.*, 601). Diesen Effekt kann man durch Umstrukturierungen von Lohn und Krankengeld verringern. Die Autoren verweisen auf das britische Beispiel von drei Karenztagen: Krankengeld wird erst ab dem 4. Krankheitstag gezahlt. Weil in den ersten drei Tagen kein Einkommen gegeben ist, wird der Einkommenseffekt von Krankengeld reduziert und dieser Weg der Einkommenserzielung unattraktiv(er). Umgekehrt können Anwesenheitsprämien wirken.

Eine andere Steuerungsmöglichkeit besteht darin, eine größere Palette von Arbeitsverträgen anzubieten (bei Teilzeitverträgen gibt es weniger kurzfristiges Fehlen als bei Vollzeitarbeitsplätzen). Auch "Schadensfreiheitsrabatte" (*a.a.O.*, 601) können fehlzeitenreduzierend wirken: wer innerhalb einer bestimmten Periode Krankengeld selten in Anspruch nimmt, bekommt einen höheren Krankengeld-Satz, während häufig fehlende nur den (gesetzlichen) Mindestsatz erhalten. Das ähnelt einem Angebot verschiedener impliziter Arbeitsverträge (siehe unten). Eine weitere Möglichkeit sehen *Barmby & Treble* "in dem erprobten System sich steigernder Abmahnungen" (*a.a.O.*, 601). Damit wird das Druckmittel der Kündigungsdrohung eingeführt. Wenn das Einkommen nach Kündigung viel niedriger ist als das Arbeitseinkommen, wenn die Wiederbeschäftigungs-Aussichten schlecht und das Einkommen in alternativen Beschäftigungen niedriger ist, dann können realistische Entlassungsdrohungen einen fehlzeitenmindernden Effekt haben (weitere Bedingungen liegen in der Verfügbarkeit arbeitslosen Einkommens, der Haushaltsstruktur und des Vorhandenseins anderer Haushaltsmitglieder, die zum Haushaltseinkommen beitragen). In einer eigenen Studie konnten sie allerdings zeigen, dass Abmahnungen überhaupt keinen Effekt und 'Schadensfreiheitsrabatte' einen (schwachen) Einfluss hatten.

Barmby & Treble kommen zu dem Schluss, dass die Effektivität von Fehlzeiten-Kontrollen von der Lohn- und Arbeitszeitpolitik abhängt. Je höher für den Arbeitgeber die Kosten der Vertragsdurchsetzung oder je höher für die Beschäftigten der Nutzen der Vertrags-Nichterfüllung sind, desto mehr Fehlzeiten treten auf. Wenn Arbeitslosigkeit für eine Arbeitskraft unerwünscht ist und teuer kommt, wird sie gleichsam 'festgehalten' im gegenwärtigen Arbeitsverhältnis und - wenn dieses für sie unattraktiv ist - höhere Fehlzeiten 'produzieren' (weil für sie ein anderer Arbeitsvertrag mit einer besseren Einkommens-Freizeit-Kombination nicht in Sicht ist). Allerdings ist diese Strategie riskant und muss mit Augenmaß praktiziert werden, weil die Kündigung droht. Wichtig ist auch die Schlussfolgerung, dass immer Angaben über die Personen *und* die Betriebe nötig sind, um Arbeitsangebots- und nachfrageaspekte voneinander trennen zu können. Dies hört sich wie eine Selbstverständlichkeit an; ein Blick auf die vorliegenden empirischen Studien zeigt jedoch, dass dieses Desiderat* meist nicht eingelöst wird.

Bei PraktikerInnen des Personalwesens werden die Theoriekonstruktionen *Barmby & Treble*s vermutlich keine großen Aha-Erlebnisse auslösen. Ihre für eine exakte Problemdefinition nötige extreme Einengung der Perspektive führt zur Ausklammerung der gerade in Praxiskontexten entscheidenden Interaktionseffekte. Die Grundannahme, dass Fehlzeiten Ergebnis einer rationalen Wahl einer Arbeitszeit-Freizeit- (oder Lohn-Krankengeld-)Kombination sind, beschränkt die Analyse auf 'Absentismus' und blendet den Fall 'echter' Krankheit völlig aus und entledigt sich somit elegant der Probleme, die die Krankheitsdefinition mit sich bringt (siehe oben). Fragwürdig ist außerdem die Interpretation von Einkommen als Kompensation für "Arbeitsleid" (dass Arbeit herausfordernd und attraktiv sein kann und dass intrinsische Gratifikationen sogar einkommenskompensierend wirken können, bleibt unberücksichtigt). Außerdem müssten die institutionellen Restriktionen der Handlungsfreiheit der Betriebe ins Modell eingearbeitet werden: Kündigungsdrohungen sind stumpf, wenn die Arbeitskräfte aufgrund gesetzlicher oder tariflicher Regelungen praktisch unkündbar sind, Karenztage können unerlaubt sein oder zu einer Verlängerung der Abwesenheit führen, Prämien können starken Reglementierungen unterworfen sein usw.). Positiv ist an der Analyse der Autoren, dass sie die *Kosten* der Fehlzeiten*kontrolle* ins Blickfeld rücken, die Bedeutung der Arbeitsverträge hervorheben und klarmachen, dass man Fehlzeiten nicht unabhängig von der Lohn*politik* untersuchen kann.

Weitere Perspektiven arbeitsökonomischer Beiträge zur Fehlzeitenproblematik sind durch einen Aufsatz von Gesine *Stephan* (1991) eröffnet worden, in dem sie einen Überblick über zusätzliche Herangehensweisen bietet. *Stephan* referiert in ihrem Paper fünf Ansätze:

(1) Das kurzfristige neoklassische Arbeitsangebotsmodell, (2) Implizite Verträge, (3) Effizienzlohntheorien, (4) die Humankapitaltheorie, (5) Informationsasymmetrien.

Diese Ansätze sollen im Folgenden kurz vorgestellt werden.

Das neoklassische Arbeitsangebotsmodell ist bei den Ausführungen zu *Barmby & Treble* schon referiert worden: Das Individuum handelt nutzenmaximierend; es wird nur soviel arbeiten, dass eine für es ideale Arbeit-Freizeit-Kombination resultiert. Fehlzeiten sind aus dieser Sicht:

---

* *Desiderat* (lat.): Erwünschtes, Erfordernis, Verlangen

"... die Reaktion eines Individuums auf nichtoptimale Arbeitsvereinbarung; Fehlzeiten ermöglichen eine Reallokation der Zeit ohne ständige Neuaushandlungen des Arbeitsvertrages oder die Suche nach einer neuen Beschäftigung." Insofern kennt *Stephan* "eine Nachfrage nach Abwesenheitsstunden" (*Stephan* 1991, 584).

Ihre Formulierung zur Geschlechterdifferenz offenbart in ihrer verfremdenden Diktion die theoretische Einengung des Problems, worauf ja oben schon ausführlicher Bezug genommen wurde:

"Zur Erklärung geschlechtsspezifischer Unterschiede in den Fehlzeiten ist die Annahme hilfreich, dass Individuen ihre Entscheidungen sehr häufig innerhalb des Haushaltszusammenhanges treffen. Üblicherweise wird davon ausgegangen, dass Frauen komparative Vorteile bei der Produktion im Haushalt haben (besonders ist hier an die Versorgung von Kleinkindern zu denken). Dies erhöht ihren Reservationslohnsatz und mindert ihr Arbeitsangebot" (Stephan 1991, 585).

Einen Beleg für die praxisferne Kreativität der Arbeitsökonomen (oder andersherum: die Verriegelung von Denkmöglichkeiten durch Gewöhnung an herrschende Praxis?) bieten auch ihre Überlegungen zur Lohnkurve. Kann z.B. durch eine starke *Steigung* des Lohnsatzes fehlzeitendämpfend eingewirkt werden (Wer mehr zu verlieren hat, riskiert keine fehlzeitenbedingte Kündigung)? Oder muss (allgemeiner) die *Form* der Lohnkurve reflektiert werden? So böte sich etwa theoretisch die Option, in den ersten Anwesenheits-Stunden wenig zu zahlen und den Stundensatz sukzessiv zu erhöhen, je mehr sich die Arbeitskraft 'fehlfrei' der Grenze der vereinbarten Arbeitszeit nähert.

3.2.2 Implizite Verträge

Bei diesen Ansätzen wird davon ausgegangen, dass Arbeitskräfte einen Arbeitsplatz und ein Unternehmen suchen, die die von ihnen bevorzugte Arbeit-Freizeit-Kombination ermöglichen.

Das kann folgende Konsequenz auf Unternehmensseite haben:

"Ein Unternehmen wird für bestimmte Arbeitsplätze relativ niedrige Löhne in Verbindung mit einer impliziten Billigung von Absentismus anbieten" (*Stephan* 1991, 585)

Ein solcher Ansatz könnte erklären, warum bei niedrig bezahlten Verwaltungstätigkeiten (z.B. im Öffentlichen Dienst) eine größere Toleranz für Fehlzeiten herrscht als etwa bei AT- oder höheren Management-Positionen. Bei diesen ist die Definition von *Fehl*-Zeiten prinzipiell erschwert, weil sie sich aufgrund von Besprechungen, Reisen, 'wandering around' etc. ohnehin selten am eigentlichen Arbeitsplatz aufhalten und weil Kaffeepausen, Arbeitsessen, Freizeitbeschäftigungen (das sprichwörtliche Golf!) zu 'geschäftlichen' Aktivitäten erklärt werden.

Stephan macht auch darauf aufmerksam, dass das einfache Arbeitsangebotsmodell nicht berücksichtigt, dass zwar eine bestimmte Stundenzahl angeboten wird, dass aber die *Lage* (Tageszeit) dieser Stunden relevant werden kann (z.B. Nachtschicht, Wochenendarbeit, Feiertagsarbeit ...), sodass die Arbeit-Freizeit-Kombinationen zusätzlich implizit (oder explizit) gewichtet werden.

3.2.3 Effizienzlohntheorien

"Bekanntlich wird in der Effizienzlohntheorie davon ausgegangen, dass die Produktivität der Arbeit von der Höhe des gezahlten Lohns abhängt. Explizit genannt wird Absentismus ('krankfeiern') als extremes Beispiel für Shirking* ... Die Gemeinsamkeit zu anderen Formen des Shirkings liegt darin, dass für die Arbeitskraft die Möglichkeit gegeben ist, die eigene Leistungsabgabe zu kontrollieren, und das Unternehmen nur mit hohen Kosten sicherstellen kann, dass das Individuum seiner Arbeitsverpflichtung nachkommt ... Bieten Unternehmen nun einen Lohn über dem Gleichgewichtslohnsatz an, so müssen die Arbeitskräfte fürchten, im Falle einer Entlassung wegen Shirkings auf einem anderen Arbeitsplatz weniger zu verdienen und werden daher kaum fehlen, wenn diese Entscheidung in ihrem eigenen Ermessen liegt" (*a.a.O.*, 586).

Voraussetzungen sind, dass es einen 'vollkommenen' Arbeitsmarkt mit "Gleichgewichtslohn" gibt und dass es den Arbeitskräften *nur* ums Geld geht. Überhöhte Löhne können allerdings langfristig nur bezahlt werden, wenn sie mit einer Verbesserung der Wettbewerbsposition verbunden sind, die u.a. mit höherem Einsatz der Arbeitskräfte (Akzeptanz 'ungünstiger' Arbeit-Freizeit-Kombinationen) oder höher qualifizierten Arbeitskräften erreicht werden kann.

Wenn zudem gilt, dass aufgrund von Senioritätslohn die Alten relativ mehr Einkommen erhalten als die Jüngeren, dann haben sie bei Entlassung wegen Bummelei auch mehr zu verlieren (sofern sie nicht durch Kündigungsschutzrechte geschützt sind![34]). Also wäre zu folgern: Je länger die Betriebszugehörigkeit, desto mehr Einkommensvorteile, die man verlieren kann, wenn man zu oft fehlt und gekündigt wird. Genau das ist die Logik interner Arbeitsmärkte.

In all diesen Überlegungen spielt die Entlassungsdrohung eine zentrale Rolle, obgleich der verbreitete Kündigungsschutz dem entgegensteht. Das erhellt einmal mehr, warum Arbeitgeber auf eine Lockerung der Kündigungsbestimmungen dringen und warum eine genügend hohe Arbeitslosenrate 'disziplinierend' wirkt. Bei Vollbeschäftigung fällt dieses Drohpotential weg, die Fehlzeiten müssten steigen.

---

* *Shirking* (engl.): Drückebergertum

[34] So kann man vielleicht auch verstehen, warum *Schnabel & Stephan* (1993) in ihrer empirischen Studie einen negativen Zusammenhang zwischen Senioritätslohn und Fehlzeiten gefunden haben.

3.2.4 Humankapitaltheorien

Die Maxime, die hier die Entscheidungen der Arbeitskräfte lenkt, ist: "Die Stetigkeit der Rückflüsse aus den vorhandenen Humankapitalinvestitionen nicht riskieren!" (*Stephan* 1991, 586).

> "Gesundheitsökonomisch lässt sich Krankheit erklären, indem analog zur Humankapitaltheorie Gesundheit als Kapitalgut betrachtet wird, das sich im Lauf der Zeit mit überproportionaler Zuwachsrate entwertet und in das investiert werden muss" (*a.a.O.*).

Allerdings ist anzumerken, dass 'sich' Gesundheit nicht automatisch entwertet, sondern dass spezifische betriebliche(!) Arbeitsbedingungen und -anforderungen sowie persönliche Arbeits- und Lebensstile diesen Verschleiß herbeiführen oder begünstigen.

> "Bei zunehmender Akkumulation von Humankapital wird weniger Absentismus erwartet. Dies gilt besonders, wenn vor allem in spezifische Ausbildung investiert wurde. In diesem Fall sind die Fähigkeiten - im Gegensatz zu genereller Ausbildung - nur in dem Unternehmen produktiv einsetzbar (und damit auch entlohnbar), in dem sie erworben wurden" (*a.a.O.*).

Zusatzannahme ist auch hier, dass das Unternehmen den MitarbeiterInnen mit Kündigung drohen kann. Wenn die Ausbildung unternehmensspezifisch ist und und außerhalb des Unternehmens *nicht* verwertet werden kann (weil sie z.B. auch nicht zertifiziert oder reguliert ist), dann können *diese* Investitionen ins eigene Humankapital bei einem Arbeitsplatzwechsel nicht (oder nicht so gut/leicht) realisiert werden. Deshalb ist die Arbeitskraft ans Unternehmen 'gefesselt' und wird den Verlust an Freiheit durch Fehlzeiten auszugleichen suchen. Betriebsspezifisches Humankapital wirkte dann fehlzeitentreibend! Erhält eine Arbeitskraft aber *im* Unternehmen wegen ihrer Ausbildung mehr Einkommen (das sie in anderen Unternehmen *nicht* erlösen könnte), dann fehlt sie weniger, um nicht eine fehlzeitenbedingte Kündigung zu riskieren.

3.2.5 Informationsasymmetrien

> "Auf asymmetrischen Informationen beruhende Modelle geben die Annahme auf, dass unendlich schnelle Preisanpassungen und Recontracting möglich sind ... Auch Fehlzeiten können unter dem Aspekt betrachtet werden, dass Arbeitskräfte wissen, ob sie absentismus- oder krankheitsanfällig sind. Betriebe hingegen können in aller Regel nur unvollkommen zwischen Arbeitskräften differenzieren" (Stephan 1991, 587).

Wie oben schon bei der Diskussion über Frauen-Fehlzeiten gezeigt, ist es nachvollziehbar, dass Arbeitgeber zur "statistischen Diskriminierung" greifen (und *Gruppen*merkmale bei Einstellungsentscheidungen zugrundelegen). Das gilt auch für solche Fälle, in denen die Mittelwerte der Gruppen gleich, die Streuungen aber unterschiedlich groß sind. Man wird die Gruppe mit den großen Streuungen vermeiden, weil sie eine geringere Planungssicherheit bietet. In einer so diskriminierten Gruppe kann es dann aufgrund einer 'self-fulfilling prophecy' dazu kommen, dass ihre Mitglieder, weil an 'minderwertigeren' Arbeitsplätzen eingesetzt, dort tatsächlich das (Fehlzeiten-)Verhalten zeigen, das von ihnen erwartet wurde.

In ihrer empirischen Studie (Vergleich der Fehlzeiten-Daten 1985 und 1988 in einem Industriebetrieb) fand *Stephan* neben den Ergebnissen, die oben bereits zur Geschlechterdifferenzierung berichtet worden sind, dass die Ausstattung der Arbeitsplätze und die Lohnsätze einen deutlichen Zusammenhang mit der Fehlzeitenwahrscheinlichkeit zeigen. So fehlten z.B. zwar ausländische *Arbeiter*, nicht aber ausländische *Angestellte* häufiger. Mit dem *Alter* (ebenso mit der Betriebszugehörigkeitsdauer) nahm die Wahrscheinlichkeit des Fehlens signifikant *ab*. Je besser die *Ausbildung* war, desto weniger Abwesenheit wurde registriert. Im *Gehalts*bereich wurde weniger gefehlt als im *Lohn*bereich. Selbst wenn man im Angestelltenbereich Einkommen, Schulbildung, Belastung und Arbeitszeit kontrolliert, wird immer noch weniger gefehlt. Dies wird zurückgeführt auf "Arbeit in einer kleineren Gruppe, das Gefühl einer besseren Stellung innerhalb des Hierarchiegefüges und die größere Gestaltungsfreiheit bei der Durchführung der täglich anfallenden Arbeit" (*Stephan* 1991, 592).

3.2.6 Schluss

Die dargestellten *ökonomischen* Modelle zur Fehlzeiten-Analyse behandeln das Problem insofern aus einer eingeschränkten Perspektive, als sie vom Paradigma der rationalen Wahl zwischen Anwesenheit und Abwesenheit am Arbeitsplatz ausgehen - und somit auf den Fall der Arbeitsunfähigkeit infolge von Krankheit oder Unfällen nicht anwendbar sind. Die verschiedenen Ansätze greifen jeweils spezifische Perspektiven heraus und reduzieren die Komplexität, indem sie nur wenige Variablen betrachten. Das bringt den Vorteil, dass die wichtigsten Prämissen offengelegt werden und dass die Modelle falsifizierbar sind (was man von Ansätzen wie dem von *Steers & Rhodes* oder *Thibaut & Kelley* nicht sagen kann). Als Beschränkungen der Wahl können prinzipiell zahlreiche weitere Parameter eingearbeitet werden; am dringlichsten wäre die Berücksichtigung *institutioneller* Regelungen (z.B. Kündigungsschutzrecht; Tarifverträge, die die Gesetzesanwendung regeln, betriebliche Sonderleistungen). Die ökonomischen Ansätze sind in ihrer gegenwärtigen Form insoweit 'praxisfern', als sie das *Zusammenwirken* der einzelnen Einflussgrößen (Lohnsatz, Freizeit, Lage der Arbeitszeit, Krankengeld, Kündigungsschutzregeln, übertarifliche Bezahlung etc.) - noch - nicht erfassen; aber sie haben das Verdienst, Fehlzeiten nicht als irrationalen Protest oder Ausfluss von 'delinquenten' Persönlichkeitsstrukturen hinzustellen, sondern als ökonomisch kalkuliertes Verhalten, das deswegen auch mit ökonomischen Mitteln beeinflusst werden kann.

3.3 Die politische Perspektive: Fehlzeiten als Mittel und Gegenstand der Arbeitspolitik

Will man Fehlzeiten als Folge von und Anlass für Politik untersuchen, ist es nützlich, sich an den drei Bedeutungen des Politischen zu orientieren, die im Englischen unterschieden werden. *Polity* steht für das Gemeinwesen, den Ordnungsrahmen, die Verfassung; *policy* ist die Leitlinie oder Strategie des Handelns und schließlich *politics* das Arsenal der Mittel und Techniken zur Durchsetzung eigener Interessen.

Fehlzeiten sind ein Problem der *polity*, weil sie im Rahmen institutioneller Ordnungen auftreten und bearbeitet werden (solche Institutionen sind z.B. das Arbeitszeitgesetz, das Betriebsverfassungsgesetz, das Entgeltfortzahlungsgesetz usw.). Die unternehmerische Handlungsfreiheit ist einerseits stark eingeschränkt durch diese gesetzlichen Vorgaben, die andererseits aber auch bestimmte Handlungsstrategien erst ermöglichen. Zu diesen auferlegten Reglementierungen kommen noch weitere - mehr oder weniger freiwillig eingegangene - Selbstverpflichtungen hinzu (z.B. Tarifverträge, Betriebsvereinbarungen, Arbeitsverträge). Alle Regulierungen definieren Rechte und Pflichten, und machen Überwachung, Kontrolle und Sanktionen möglich und nötig. Die Vielzahl, Intransparenz und Interpretationsbedürftigkeit oder -fähigkeit der geltenden Verträge und Vereinbarungen erlaubt bzw. erzwingt strategisches oder taktisches Handeln. Das lässt sich immer dann zeigen, wenn Gesetze oder Tarifverträge neu gefasst werden sollen und dabei bisherige Besitzstände gefährdet sind.

Ein Beispiel sind die Irritationen, die die Novellierung des Entgeltfortzahlungsgesetzes im Herbst 1996 mit sich gebracht hat, in der unter anderem die Absenkung der Lohnfortzahlung auf 80% des normalen Arbeitsentgelts für die ersten 6 Wochen einer Erkrankung beschlossen wurde. Die beabsichtigte Einheitsfront der Arbeitgeber zerbröckelte rasch, als Vorreiterbetriebe (z.B. Daimler-Benz) durch spontane Arbeitsniederlegungen lahmgelegt wurden und binnen weniger Tage Produktionsausfälle von über 200 Millionen DM zu verkraften hatten. In zähen Verhandlungen setzten Betriebsräte und Gewerkschaften (in der Metall- und Elektroindustrie) die 100-prozentige Lohnfortzahlung durch, mussten aber an anderer Stelle - symbolische Politik! (siehe unten) - Zugeständnisse machen (z.B. Kürzung von Urlaubs- und Weihnachtsgeld; Verrechnung von Fehlzeiten mit Überstunden- oder Gleitzeitguthaben usw.), die in ihrer Größenordnung der 20%-igen Absenkung der Lohnfortzahlung nahekommen.

Fehlzeiten sind im Kontext herrschaftlich verfasster Organisationen zu sehen, bei denen im Tausch gegen Einkommen Selbstbestimmungsrechte ab- bzw. aufgegeben werden. Dabei sind Anwesenheitszeiten jedoch nur ein Substitut für das eigentlich Interessante: die Arbeitsleistung bzw. den vorab schwer zu konkretisierenden Beitrag zum Ergebnis oder Gewinn. Beide beteiligten Parteien werden versuchen, die Mehrdeutigkeiten und Spielräume der gegebenen institutionellen Ordnung zum eigenen Vorteil zu nutzen.

Die dazu angewandten Strategien markieren die *policy*. Fehlzeiten sind eine mögliche Reaktion auf bestimmte 'policies' (Handlungsgrundsätze oder -leitlinien) der anderen Seite; im betrieblichen Rahmen kommen dafür insbesondere die Kontroll-, Leistungs- und die Entgeltpolitik in Frage. Wenn MitarbeiterInnen glauben, sie würden für ihre Leistung zu wenig Geld bekommen, können sie Tauschgerechtigkeit z.B. dadurch wiederherstellen, dass sie eine für sie günstigere Arbeit-Freizeit-Verteilung durch 'Fehlzeitenproduktion' herbeiführen. Dies wäre dann ihrerseits eine 'policy'. Das Problem Fehlzeiten lässt sich aber auch noch auf eine andere Weise politisieren, wenn Politisierung verstanden wird als die soziale Erzeugung und Behandlung einer Thematik. Ihre besondere Zuspitzung erhält diese Herangehensweise in der sogenannten *symbolischen Politik*. Sie zielt darauf ab, einen Wirklichkeitsausschnitt so zu präparieren und zu präsentieren, dass die gewünschten (weil den eigenen Interessen dienenden) Maßnahmen Zustimmung der Betroffenen und/oder der Öffentlichkeit finden.

3.3.1 Fehlzeiten und Symbolische Politik

Symbolische Politik benutzt eine Reihe von Methoden, die in wechselnden Kombinationen und Abfolgen eingesetzt werden. Wichtige Techniken sind Kontrolle der Medien, Symbolisierung, Personalisierung, Dramatisierung, Ideologisierung und Moralisierung, Simplifizierung. Dies soll am Beispiel der Fehlzeitendiskussion kurz illustriert werden:

Kontrolle der Medien: Damit ist im Fehlzeitenkontext primär 'Sprachbeherrschung' gemeint. Fehlzeiten werden als negativ dargestellt, als Zeitdiebstahl, als parasitäre Ausnutzung von Sozialleistungen und Rechten. Wörter wie Krankfeiern, Blaumachen, Edelabsentist sind bezeichnend. Eine andere Sicht würde sich eröffnen, wenn man stattdessen über den Gesundheitsverschleiß durch nicht menschengerechte Arbeitsbedingungen reden würde.[35]

---

[35] *Der Spiegel* [1996, (18), 73] berichtet über eine von ihm in Auftrag gegebene Emnid-Umfrage zu Themen der Sozialpolitik. Einer repräsentativen Stichprobe wurden darin u.a. folgende zwei Fragen gestellt: 'Kennen sie Kollegen, die gelegentlich blaumachen?' und 'Haben Sie schon einmal blaugemacht?' Die Verteilung:

Symbolisierung: Problemdruck und -lösung werden sinnlich erfahrbar gemacht, z.B. visualisiert. Dies kann geschehen durch eindrucksvolle Kennziffern oder Grafiken; Beispiele sind Balkendiagramme oder Profillinien, durch die die Welt-Spitzenposition der Deutschen als 'Blaumacher' belegt wird oder in denen Entwicklung und Höhe der astronomischen Kosten der Fehlzeiten präsentiert werden. Auch die Veröffentlichung von Geschichten über einzelne besonders extreme Personen oder Zustände kann als 'Aufhänger' genutzt werden. Auf dem Schwarzen Brett oder in der Werkzeitung oder in Betriebsversammlungen kann das Problem drastisch und plastisch 'zur Sprache gebracht' werden.

Personalisierung: Die Argumentation zielt zum einen darauf herauszustellen, dass nicht das System als solches schlecht oder veränderungsbedürftig ist, sondern nur einzelne, die es missbrauchen (Personalisierung als Strukturschutz). An den Organisations- und Arbeitsbedingungen muss nichts geändert werden - ändern müssen sich die Einstellungen, Haltungen und Werte von Personen. Die Arbeitsbedingungen - z.B. auf Baustellen - bleiben krankmachend, aber die Leute sollen sich 'zusammenreißen' und auf alte Tugenden besinnen (Härte gegen sich, Einsatzfreude, Zuverlässigkeit usw.). In einem zweiten Verständnis wird bei Personalisierung an eine Modell-Person à la *Stachanow** gedacht, die sich exponiert, das Anliegen 'zu ihrer Sache' gemacht hat und Garant dafür ist, dass es erfolgreich bewältigt wird. Beispiel: Bei 'guten Vorgesetzten' gibt es keine Fehlzeiten!

Dramatisierung: Die Situation wird emotionalisiert und extremisiert, indem existenzbedrohende Gefahren ausgemalt werden: es wird z.B. ein rapider Anstieg im Vergleich zu früher, ein gravierender Unterschied im Vergleich zur Konkurrenz (oder den Japanern), eine Kostenlawine, Werteverfall etc. konstatiert. Absicht: Die Zustimmung dazu gewinnen, dass unbedingt etwas dagegen unternommen werden muss.

	Ja	Nein
Selbst blaugemacht:	17%	80%
Kollegen machen blau:	29%	63%

Wie üblich bei Fragen mit unterschiedlicher sozialer Erwünschtheit der Antwortvorgaben werden die negativ bewerteten Verhaltensweisen vor allem den KollegInnen unterschoben (allerdings ist deren Zahl natürlich größer, sodass rein statistisch irgendein schwarzes Schaf darunter sein muss).
Weil zudem auch der Zeitraum nicht begrenzt ist (in einem ganzen Arbeitsleben?), ist nicht von Selbst- und Fremd*beschreibungen*, sondern von -*attributionen* auszugehen: beobachtetes Fehlen wird (z.B. imageschützend) interpretiert. Wenn die Kollegen-Zuschreibung eher zuträfe, würde das sogenannte 'böse Drittel' bestätigt, aber nur, wenn man als Bezugsgröße sehr lange Zeiträume nimmt. Ansonsten hätte man fragen müssen: "Wieviele Ihrer KollegInnen machen derzeit blau?" oder " ... haben im vergangenen Jahr blaugemacht?"
* *Stachanow*, ein Bergarbeiter, wurde ein sowjetischer 'Held der Arbeit', weil er pro Tag über 100 Tonnen Steinkohle förderte, während die Durchschnittsleistung eines Bergmanns damals unter 15 Tonnen lag.

Ideologisierung und Moralisierung: Ähnlich wie bei der 'Personalisierung' wird weniger mit Fakten argumentiert, als an Prinzipien, Traditionen, oder Identitäten appelliert. Es kommt zu einer Blickverengung, so als ob der herausgegriffene Aspekt der wichtigste und überlebensentscheidende sei. Die Lösung wird mit gesellschaftlichen Grundwerten verknüpft (deutsche Arbeitstugenden, gemeinsame Verantwortung, Beendigung des Sozialmissbrauchs usw.). Von Betriebsrats- oder Gewerkschaftsseite werden ähnlich schwere Geschütze aufgefahren.

Simplifizierung: Hier geht es nicht nur um die holzschnittartige Zurichtung des Problems, sondern auch um die Suggestion der einfachen Lösung: "Man muss nur ...!" Fehlzeiten lassen sich (leicht, erfolgreich) bekämpfen, wenn man nur: Karenztage einführt, die überhöhte, unbezahlbare Entgeltfortzahlung zurückfährt, schwarze Listen führt, ein Controllingsystem implementiert usw. Oder: Man muss 'nur' besser bezahlen, die Führungskräfte in Gesprächsführung schulen, die Arbeitsbedingungen humaner gestalten, Betriebskindergärten einrichten ...

Symbolische Politik hat ihre Pointe darin, dass sie wirksame durch publikumswirksame Maßnahmen ersetzt, die den Anschein von Problemlösung erwecken, in Wirklichkeit aber vor allem jenen nützen, die eine 'Wurzelbehandlung', die an ihre Interessen rührt, vermeiden möchten.

3.3.2 Fehlzeiten und Mikropolitik

Der dritte Bedeutungsgehalt von Politik ist *politics* (Mikropolitik, Tagespolitik). Dies ist der Sammelname für die Techniken und Tricks, mit denen eigene Interessen in den Niederungen des Alltags auch gegen Widerstand durchgesetzt werden (ausführlich dazu der Band 'Mikropolitik' in dieser Reihe: *Neuberger* 1995).

Fehlzeiten sind ein Kampfmittel. Darauf soll nun näher eingegangen werden:

Eine politische Analyse der Fehlzeiten muss sie als Medium und Resultat von Auseinandersetzungen sehen. Inanspruchnahme wie Bekämpfung von Fehlzeiten sind als Kampf um Macht und Herrschaft zu verstehen. Herrschaft gilt als legitimer Einfluss, der strukturell und normativ abgesichert und damit dem täglichen Test entzogen ist. Gesetze, Verträge, Regeln, Normen sind Bestandteile einer stabilen Ordnung, die Einflusschancen dauerhaft verteilt und - weil und wenn sie legitim ist - mit Akzeptanz rechnen kann. Wer z.B. 'wirklich' krank ist, hat das Recht auf bezahlte Arbeitsruhe - und Arzt oder Ärztin sind jene befugten Instanzen, die über die Wahrheit (der Krankheit) entscheiden. Anders bei Machtfragen, bei denen es darum geht, das Territorium der Einflusszonen neu zu vermessen und anders aufzuteilen; zu diesem Zweck können alle Ressourcen eingesetzt werden, die man kontrolliert und die Vorteile versprechen. Fehlzeiten sind ein solches Druckmittel, das sich kollektiv und individuell nutzen lässt. Wie bei allen genuin* politischen Situationen muss Mehrdeutigkeit der Situation und/oder ihrer Bewertung vorliegen, es muss antagonistische Interessen geben, die Berufung auf legitime Werte oder Rechte muss möglich sein und die Variable Zeit eine Rolle spielen (Zeitdruck erzeugen, günstigen Moment nutzen, verzögern können, die Vergangenheit kennen, Entwicklungen vorwegnehmen etc.). Fehlzeiten 'spielen' mit der Ressource Zeit, die Geld ist. Aber sie ist eben nicht nur Geld, sondern auch Macht, Status, Freiheit.

Fehlzeiten sind - wenn sie (denn) motivational bedingt sind - auch politische Widerstandsformen. Selbst wenn sie im individuellen Fall nur eine Variante von Rückzug (ähnlich wie Fluktuation, innere Kündigung, Gedankenlosigkeit, Dienst nach Vorschrift etc.) sind, lösen sie aggregiert kollektive oder strukturelle Wirkungen aus: vom Vorhalten von Reservepersonal bis hin zur Einführung von Kontrollsystemen können die Reaktionen reichen. Besonders wichtig ist die Definitionsarbeit: wie schon am Beispiel der chinesischen Enzyklopädie gezeigt wurde, wird die Wirklichkeit in Klassen sortiert, wenn man Fällen eigene Namen gibt und sie durch diese Besonderung zu etwas Besonderem macht. Man muss z.B. lernen, zwischen vereinbarten (Urlaub), entschuldbaren ('echte' Krankheit) und verwerflichen (Absentismus) Fehlzeiten zu unterscheiden!

Kranksein ist ein sozial legitimierter (ärztlich bestätigter) Grund zu fehlen, der weitere Nachforschungen erspart oder abwehrt. Krankheit hat deshalb als Waffe im Arbeitskampf einen anderen Wert als 'unentschuldigt fehlen', weil hier Rechenschaftspflicht besteht. Auch die Fehlzeiten-Maße sind keineswegs unpolitisch: Sie können personbezogen (Anzahl der Fälle) oder zeitbezogen (Dauer) sein, in Tagen oder Minuten messen, kontinuierlich oder an Stichtagen erhoben werden. Von wem und in welcher Steuerungsabsicht werden die Daten erhoben und genutzt?

Als Beispiel für den politischen Gehalt von Fehlzeitenmaßen kann der von *Argyle, Gardner & Cioffi* (1958) als eine Art Variante zum 'Blauer Montags-Index' vorgeschlagene "Index des schlechtesten Tages" genommen werden. Er wird aus der Differenz der Fehlzeiten an den beiden Tagen mit den höchsten Ausschlägen nach oben und unten gebildet. Der unterste Wert fungiert implizit als eine Art Bezugs- oder Normalwert, als das, was eigentlich immer möglich sein müsste. Wird nach oben abgewichen, sind nach Meinung der Autoren motivationale Gründe für die Abwesenheit anzunehmen: je größer die Spanne, desto größer ist der beeinflussbare Bereich. Im Index steckt unausgesprochen die Korrekturmaßnahme!

Die symbolische Politik, die mit Wortschöpfung betrieben wird, lässt sich auch an einem Vorschlag von *Grimm* (1979, 73) demonstrieren. Er führt als Gegenbegriff zu Fehlzeit das Konzept der 'Mehrzeit' ein und will damit zum Ausdruck bringen,

---

* *genuin* (lat.): echt; (erblich, ursprünglich, angeboren)

dass Leute auch freiwillig mehr arbeiten, als sie müssten (länger dableiben, Arbeit mit nach Hause nehmen, Pausen durcharbeiten, trotz Krankheit kommen). Das Kontinuum 'Normalzeit - Fehlzeit' erweist sich somit als gekappt, weil nur die eine, die 'negative' Hälfte erfasst wird. Würde man es in seiner Gänze wahrnehmen, müsste es 'Mehrzeit - Normalzeit - Fehlzeit' lauten und man wäre aufgefordert, ebenso intensiv wie man das für die Fehlzeiten tut, nach Indizien und Indices für 'Mehrzeiten' zu suchen, deren Kosten bzw. Wert auszurechnen und auf Kompensationsmaßnahmen zu dringen.

Wenn man schon Fehlzeiten als 'Zeiten, die dem Betrieb fehlen' etikettiert, dann müsste man vollständigkeitshalber auch eine Reihe weiterer Phänomene einbeziehen, die man bei der Arbeit beobachten kann und die in der üblichen Diskussion des Problems ausgeklammert bleiben: Scheinarbeit, private Erledigungen, Trödeln, Klatsch, Zeitunglesen, Computerspiele, Herumwandern, persönliche Verteilzeiten, gedankenlos arbeiten und dadurch Unfälle, Produktions- oder Maschinenausfälle auslösen, Ausschuss oder Qualitätsmängel produzieren und damit Verluste oder Nacharbeit verursachen, die dann produktive Arbeitszeit (an anderen Stellen) konsumiert, sodass diese 'fehlt'. Auch hier wird wieder einmal das Transformationsproblem virulent*: Weil man sich schnell darauf verständigen kann, wie die *Anwesenheit* des Arbeitsvermögens im Betrieb zu erfassen ist, verzichtet man auf die Schwierigkeit der Messung seiner Verausgabung in Arbeits*leistung*. Warum kapriziert sich die Diskussion auf Anwesenheitszeiten oder sogar noch enger: auf den Krankenstand? Zum einen, weil er quantitativ ins Auge fällt. Zum anderen, weil er so leicht zu operationalisieren ist und weil Krankheit ein dehnbarer Begriff ist - was für alle beteiligten Seiten Vorteile hat. Und schließlich, weil er das Problem personalisiert und auf die Arbeitskräfte - weg vom Unternehmen - lenkt. Das Unternehmen spricht sich von seiner Verantwortung für gesunde Arbeitsbedingungen und interessante, erfüllende Arbeit frei und richtet Krankheit (Krankfeiern!) als moralisches Problem (mangelnde Arbeitsdisziplin, gestohlene Zeit) ein. Es fällt - wie oben schon angemerkt - auf, dass über die 3% Arbeitszeitverlust, der auf die 'Edelabsentisten' zurückgeht, so ausführlich diskutiert wird, während von den restlichen 97%, in denen sehr viel mehr Einsparungspotential liegt, (zumindest nach außen hin) wesentlich weniger Aufhebens gemacht wird.

Statt *negativ* über Fehlzeiten zu reden, könnte *positiv* über Arbeitsfreude geredet werden. Arbeit gilt jedoch seit den Zeiten des Alten Testaments ganz offenkundig als Qual, Last, Joch, Zwang, Fron, Knechtschaft, Folter und Strafe (weil sie vielfach eben so eingerichtet ist); dies ist auch bei der Diskussion der Grundannahmen der Arbeitsökonomie klar geworden. Warum ist Arbeit nicht so spannend und herausfordernd, dass man keine Minute versäumen möchte? Wann ist sie begehrtes

---

* *virulent* (lat.): aktiv, wirksam;(ansteckend, krankheitserregend)

Privileg und Belohnung? Sind die niedrigen Fehlzeiten leitender Angestellter nicht ein Beleg dafür, dass man durch interessante, verantwortungsvolle, selbständige und gutbezahlte Arbeit Fehlzeiten radikal senken könnte?

Wird Arbeit vorwiegend negativ erlebt, dann wird sie - wo nur möglich - gemieden; wenn man dennoch unfreiwillig anwesend sein muss, gibt es ein reiches Repertoire von Möglichkeiten, sich dennoch zu schonen. Wäre ein solches Drückeberger-Verständnis allgemein verbreitet, wäre organisierte Erwerbstätigkeit unbezahlbar und kaum planbar. Es hat allerdings auch lange gedauert, bis den Arbeitskräften eine passende Arbeitsethik anerzogen wurde; die Geschichte der Arbeit ist - wie oben gezeigt - eine Geschichte von Kämpfen um Arbeitszeiten, Arbeitsbedingungen, Entlohnung, Herrschaftsbefugnisse usw. Diese Kämpfe sind auch mit der Entwicklung von rechtlichen und vertraglichen Regulierungen nicht zum Stillstand gekommen: sie werden im Rahmen dieser Regeln, sie interpretierend, ausnutzend, dehnend und verletzend fortgeführt. Im alltäglichen Arbeitskampf (*Hoffmann* 1981) spielen auch Fehlzeiten als Mittel und Gegenstand der Auseinandersetzung eine Rolle.

3.3.3 Fehlzeiten und Makropolitik

Auf *makropolitischer* Ebene wird immer wieder ein Zusammenhang zwischen Konjunkturlage und Fehlzeitenhöhe behauptet (siehe z.B. *Schnabel & Stephan* 1993, 136). Hintergrund ist die These, dass sich die Verhandlungsposition der Arbeitnehmer bei hoher *Nachfrage* nach Arbeitskräften verbessert und sich bei hohem *Angebot* verschlechtert. Bei einer schwachen Konjunktur riskiert der Arbeitnehmer, der viel fehlt, als erster entlassen, versetzt oder unter Druck gesetzt zu werden. Wenn sie viel zu verlieren haben, werden Arbeitnehmer weniger fehlen. Diese vermutete Wirkung von Entlassungsdrohung spielt - wie gezeigt - in den arbeitsökonomischen Theorien eine wichtige Rolle. *Der Spiegel* (1982, 50, 67) bringt die oft geäußerte Feststellung, dass in Zeiten einer Hochkonjunktur hohe, in einer Rezession dagegen niedrige Krankenstände zu beobachten seien, in gewohnt doppeldeutiger Formulierung zum Ausdruck: "Die Wirtschaft krankt, doch das Volk gesundet." Allerdings wird die positive Korrelation zwischen Arbeitsmarktsituation und Fehlzeiten (je größer die Nachfrage, desto höher die Fehlzeiten) nicht von allen Autoren bestätigt (s. *Pfaff et al.* 1986). Im Grunde eignet sich diese Thematik gut für eine Illustration symbolischer Informationspolitik: Daten werden so ausgewählt und präsentiert, dass die gewollten Schlussfolgerungen nahegelegt werden. Wir möchten das im Folgenden durch einige Abbildungen belegen:

Schlechte Konjunktur – geringe Fehlzeiten

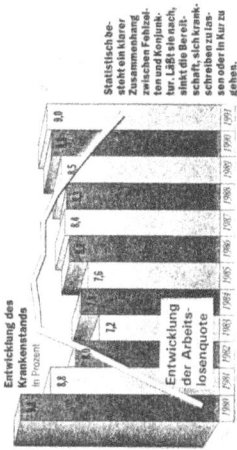

Entwicklung des Krankenstandes
In Prozent

Entwicklung der Arbeitslosenquote

Statistisch besteht ein klarer Zusammenhang zwischen Fehlzeiten und Konjunktur. Läßt sie nach, sinkt die Bereitschaft, sich krankschreiben zu lassen oder in Kur zu gehen.

Quelle: IW, Entlegungen in den verarbeitenden Industrie

Abb. D-7a: Krankenstand und Arbeitslosigkeit in der Bundesrepublik von 1954 - 1989 (aus: *Schröder & Hauß* 1991)

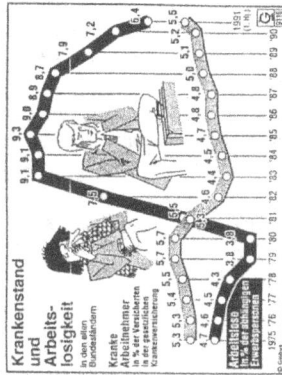

Abb. D-7c: Krankenstand und Arbeitslosenquote von 1980 - 1991 (aus: *Stepp & Wolf* 1992)

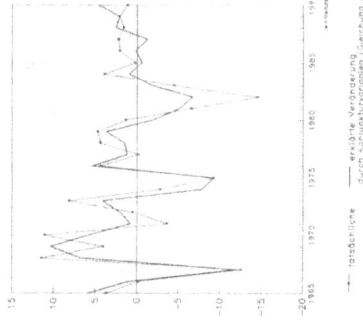

Abb. D-7b: Krankenstand und Arbeitslosigkeit von 1975 - 1991 (aus: *Bausch* 1993)

Abb. D-7d: Prognostizierte und tatsächliche Veränderung des Krankenstandes zwischen 1965 - 1990 (aus: *Schnabel* 1991)

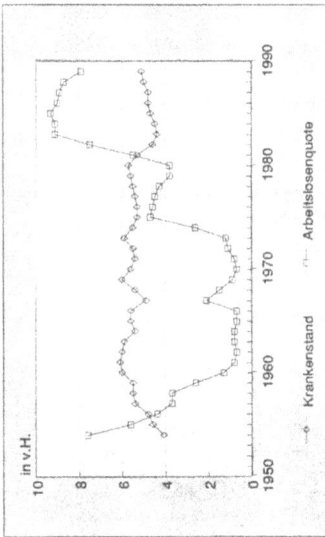

Die ersten drei (D-7a-c) unterscheiden sich durch die Länge des berücksichtigten Zeitraums. Zieht man nur den Zeitraum zwischen etwa 1975 und 1991 heran (Abb. D-7b), dann wird der negative Zusammenhang zwischen Arbeitslosenrate und Krankenstand bestätigt. Hält man sich aber an den Zeitraum von ca. 1959-1961 (Abb. D-7a), dann ist wohl eher eine Null-Korrelation zu konstatieren. Man könnte auch den Zeitraum von 1970 bis 1990 in drei Abschnitte unterteilen und könnte für die Zeit von 1971 bis 1975 einen einen negativen, für 1975-1980 keinen und für 1980-1991 (s. Abb. D-7c) wiederum einen negativen Zusammenhang zwischen Arbeitslosigkeit und Krankenstand belegen (siehe *Schräder & Hauß* 1991, *Bausch* 1994, *Stepp & Wolf* 1992).

Eine vierte Möglichkeit der Präsentation hat *Schnabel* gewählt (s. Abb. D-7d): hier sind in der einen Kurve die *Veränderungs*raten von Periode$_i$ zu Periode$_{i+1}$ abgetragen und in der anderen Kurve sind die Schätzungen aufgrund einer aus den empirischen Daten rekonstruierten Regressionsgleichung dargestellt[36]. Der Fit der Regressionsgeraden ist beeindruckend, leidet aber darunter, dass keine Kreuzvalidierung* vorgenommen wurde. Das Zick-Zack-Muster der Originaldaten - wohlgemerkt: Veränderungsraten! - lässt jedenfalls auf den ersten Blick keinerlei Aussage über den Zusammenhang zwischen Konjunkturlage und Krankenstand zu.

Eine zusätzliche Perspektive eröffnen Daten aus verschiedenen Volkswirtschaften im Längsschnitt (siehe z.B. *Pfaff et al.* 1986, S. 158 oder *Einerhand et al.* 1995, siehe Abb. D-8). Aus ihr ist abzulesen, dass es in den verglichenen Nationen unterschiedliche Verläufe gibt, dass aber im Großen und Ganzen kein oder nur ein sehr instabiler Zusammenhang mit Konjunkturschwankungen anzunehmen ist.

Wenn es ihn denn gäbe, könnte man den Zusammenhang zwischen Arbeitslosenrate und Krankenstand auch anders als 'fehlzeitenreduzierende Angst vor Arbeitsplatzverlust' interpretieren: In Zeiten einer Hochkonjunktur ist der Arbeitsmarkt ausgeschöpft, sodass die letzten Reserven mobilisiert und auch krankheitsanfälligere Mitarbeiter eingestellt oder nicht entlassen werden. Damit steigt die Wahrscheinlichkeit, dass chronisch Kranke in der Belegschaft sind, die das Arbeitsunfähigkeits-

---

[36] Die ermittelte Gleichung lautet: $\Delta KS = -3{,}72 + 1{,}69\Delta BIP - 0{,}04\Delta ALQ$ *(Schnabel* 1991, D-4) [$R^2 = 0{,}70$; DW $= 2{,}19$; $R^2 =$ Bestimmtheitsmaß; DW = Durbin-Watson-Statistik]
Legende: Δ = jährl. prozent. Wachstumsraten; KS = Krankenstand in % der Beschäftigten; BIP = Bruttoinlandsprodukt real; ALQ = Arbeitslosenquote in %.
Anmerkung: Aus dieser Gleichung geht hervor, dass die Entwicklung der Arbeitslosenquote praktisch überhaupt nicht mit der Krankenstandsentwicklung zusammenhängt.
* *Kreuzvalidierung*: Eine statistische Methode, um herauszufinden, ob bestimmte Ergebnisse verallgemeinerbar sind. Zu diesem Zweck wird z.B. eine Stichprobe in zwei Hälften geteilt und für die eine Hälfte die relevante Größe, im vorliegenden Fall: eine Regressionsgleichung, ermittelt. In diese Gleichung werden dann die Daten der anderen Stichprobenhälfte eingegeben, um zu sehen, wie gut der Fit ist. Dasselbe wird umgekehrt ('kreuzweise') auch mit der anderen Hälfte gemacht.

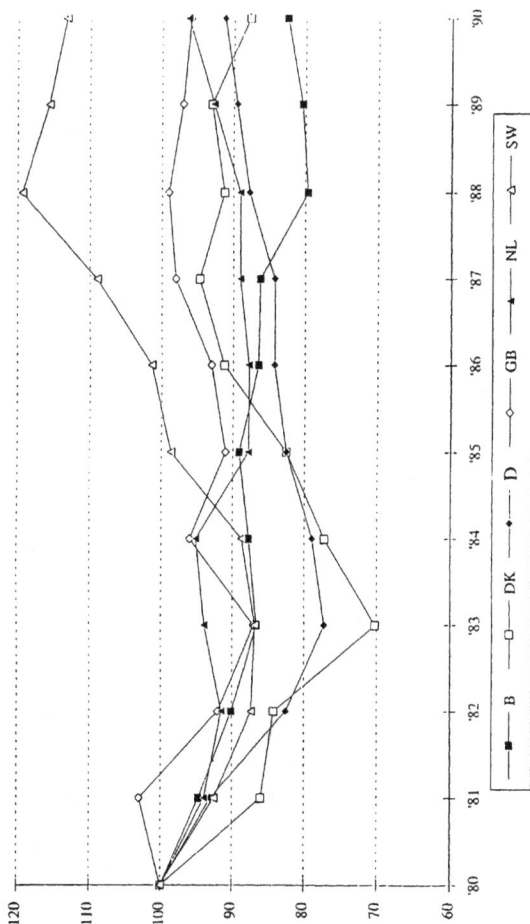

Abb. D-8: Krankheitsbedingte Fehlzeitenraten (% Fehltage, % Krankengeldtage), 1980-1990 (Index 1980 = 100) (aus: *Einerhand, Knol, Prins, Veerman* 1995, 76)

volumen überproportional belasten. Diese Erklärungsvariante wird durch die Untersuchungen von *Dennerlein & Schneider* (1985) bestätigt. Des Weiteren könnte eine gute Auftragslage, die oft mit erhöhtem Leistungseinsatz, Überstunden, Zusatzschichten etc. verbunden ist, zu einem höheren Verschleiß und damit zu steigenden Krankheitsziffern führen.

Ein im engeren Sinn politisches Verhalten liegt vor, wenn sich MitarbeiterInnen in Selbstregulation auf eine Art 'Gruppennorm' des Fehlens verständigen. Es wird ohne soziale Sanktion akzeptiert, wenn jemand im 'normalen Rahmen' die 'zustehende Auszeit nimmt'. Eine durchgehaltene informelle Norm bietet eine verlässliche Grundlage für die Planung einer vorzuhaltenden Einsatzreserve. Oben wurde schon gezeigt (siehe das Beispiel auf S. 352), dass es für die unmittelbaren Vorgesetzten keineswegs immer ein Ziel ist, dass *alle* ihre MitarbeiterInnen anwesend sind.

Es ist nicht ohne weiteres zu akzeptieren, wenn eine strikte kategoriale Trennung von Fehlzeiten vorgenommen wird und ein Teil als motivational (und damit als Kampf- oder Widerstandsform), ein anderer dagegen (z.B. Unfallfolgen) als objektiv und unvermeidlich bezeichnet wird. Auch Unfälle, Berufskrankheiten, Verschleißkrankheiten sind *politisch* zu werten, weil auf ihre Ursachen eingewirkt werden könnte, dies aber aufgrund von Entscheidungen der jeweils Herrschenden allenfalls selektiv geschieht (weil es zu teuer kommt, Wettbewerbsnachteile bringt, extreme Krankheitsbelastungen ohnehin externalisiert werden können etc.). Die implizite Gewichtung und differentielle Durchsetzung von Interessen ist Kernbestandteil des Politischen, sodass dann z.B. auch die höheren Fehlzeiten von erziehenden Müttern ein gesellschaftlicher und politischer Tatbestand (und nicht nur private Reaktion auf Überlastung) sind.

Auch die Auswertungstiefe von Fehlzeiten-Daten ist politisch zu würdigen. Arbeitet man z.B. mit über Kollektiven aggregierten Daten, dann zielt man auf die für alle Mitglieder gleichen Ursachen und sucht *kollektive* Lösungen; analysiert man aber auf dem Niveau von Einzelpersonen, geht es um Differenzierung und Personalisierung: *einzelne* MitarbeiterInnen werden zu 'Schuldigen' erklärt. Für eine Gruppe, die eine Fehlzeiten-Streubreite aufweist, sind die AbweichlerInnen nach unten sehr wichtig, weil sie den Durchschnitt sichern. Würden in einer Arbeitsgruppe alle 'hohen Risiken' entlassen, würden sich die früher im Mittelbereich liegenden plötzlich als Schlusslichter sehen und müssten mit Aufmerksamkeit und Druck rechnen. Diese Überlegung stützt sich auf die These (s. *Geurts, Buunk & Schaufeli* 1994), dass es gruppenspezifische Normen und Traditionen des tolerierten Fehlens gibt, die sich innerhalb und zwischen (Groß-)Betrieben und Branchen stark unterscheiden können.

Politisch ist auch der bislang kaum belegte Vorwurf, das Lohnfortzahlungsgesetz habe nach seiner Einführung im Jahr 1957 zu einer rapiden Steigerung des Krankenstandes geführt. Während die Arbeitsökonomie Karenztage oder die Absenkung der Höhe von Lohnfortzahlung und des Krankengeld als Parameter einer rationalen Wahl der Betriebe sieht, können sie aus politischer Perspektive ins Arsenal jener Disziplinierungstechniken eingeordnet werden, mit denen verschlüsselt mitgeteilt wird, dass die sogenannten Kranken schon arbeiten könnten, wenn sie nur wollten; selbst wenn die Sozialparasiten und Edelabsentisten nicht kuriert werden können, so hält man vielleicht weniger bedenkenlose 'Arbeitsverweigerer' (s. *Hinze* 1982) von 'Kurzkrankheiten' ab. Allerdings kann der schon erwähnte Bumerang-Effekt eintreten: Wer am Dienstag erkrankt und für die ersten zwei Tage Krankheit kein Einkommen erhält, wird dann möglicherweise gleich noch den Donnerstag und Freitag 'mitnehmen', und so durch einen zusammenhängenden Freizeitblock 'auf seine Rechnung' kommen wollen; in einer Art 'Auge-um-Auge'-Prinzip zahlt er die angetane Schäbigkeit heim, indem er seinerseits dem Betrieb Schwierigkeiten macht. Bei Reparaturmaßnahmen an der Entgeltfortzahlung muss bedacht werden, dass sie als Kontrahierungsbestandteil im Rahmen einer Politik des internen Arbeitsmarkts anzusehen ist. Werden einseitig von Arbeitgeberseite Loyalitätspflichten aufgekündigt, ist mit einer Rücknahme der Loyalität auch auf Arbeitnehmerseite zu rechnen.

In diesem Zusammenhang sind auch die sog. Anwesenheitsprämien zu würdigen. Nach langem Hin und Her der unteren Gerichte hat das Bundesarbeitsgericht 1990 entschieden, dass - verkürzt gesagt - bei Sonderzahlungen mit Mischcharakter (Bezugsgrößen sind z.B. Leistung und Betriebszugehörigkeit) Anwesenheitsprämien erlaubt sind und auch fehlzeitenabhängig gemindert werden dürfen, dass dies aber strengen Auflagen zu genügen hat. Galten früher Anwesenheits-Prämien (auch als jährliche Sonderzahlung) als Entgelt für geleistete Arbeit, das auch im Krankheitsfall fortzuzahlen ist, können sie nun gekürzt werden (s. *Gaul* 1994, *Wank* 1993; s.a. das Urteil des BAG vom 26.10.94, 10 AZR 482/93) Wenn die Kürzung aber pro Fehltag nicht mehr als 1/30 für einen versäumten Arbeitstag bis höchstens 1/2 Monatsentgelt pro Jahr der versprochenen Jahressonderzahlung betragen darf, steht zu vermuten, dass eine solche Regelung die Bereitschaft zu 'Scheinkrankheiten' kaum senken dürfte, wobei man zusätzlich die Wirkung positiver Zeitpräferenzen in Rechnung stellen muss: eine 'Auszeit' jetzt kann wertvoller sein als eine noch weit entfernte Prämie zum Jahresschluss (auf die japanische Praxis der Bonuszahlungen wurden schon - siehe 322ff.- hingewiesen.

Auch Abteilungsrankings ('Hitlisten') als Instrument der Fehlzeitensenkung sind ein Politikum, und zwar im doppelten Sinn: Einmal handelt es sich um eine mikropolitische Strategie, zum anderen wird die makropolitische Herrschaftsordnung thematisiert. Wenn z.B. monatlich einmal auf einer Meisterversammlung die Meistereien hinsichtlich der Fehlzeiten in eine Rangordnung gebracht werden und der 'schlechteste' Meister vor allen anderen und vor dem Personalchef begründen muss, warum sein Bereich so negative Werte hat, wird er mit allen Mitteln versuchen, das nächste Mal diesen Rangplatz nicht mehr zu haben. Rangordnungen haben es aber an sich, dass, wie sehr sich auch alle verbessern, es immer einen schlechtesten geben wird!

Weitere Maßnahmen aus der Liste der oben zusammengestellten Techniken zur Fehlzeitenreduktion (z.B. Rückkehrgespräche, Besuche am Krankenbett) können ambivalent bewertet werden: einerseits sind sie Ausdruck der Fürsorge, andererseits deutliches Druckmittel. Ihre Bewertung schwankt, weil sie völlig unterschiedlichen Logiken gehorchen: als Disziplinierungsmethoden sind sie Ausdruck der makropolitisch verankerten Direktionsrechte des Arbeitgebers, der diese im Rahmen eines schuldrechtlichen Tauschverhältnisses gebrauchen kann, andererseits aber wird von einer persönlichen, gemeinschaftlichen Beziehung ausgegangen, bei der nicht die Verwertung der Arbeitskraft, sondern - im Rahmen formaler Organisation völlig unerwartet - Mitmenschlichkeit im Vordergrund steht. Diese ist eine von KollegInnen oder Vorgesetzten spontan erbrachte Zu-Tat, die weder befohlen noch exakt gemessen werden kann.

3.3.4 Gegnerschaft und Komplizenschaft in der Auseinandersetzung um die Fehlzeiten

Die politische Betrachtung der Fehlzeitenproblematik hat erbracht, dass zusätzlich zur (mikro-)ökonomischen Sichtweise, die sich auf das Paradigma der nutzenmaximierenden rationalen Wahl stützt und zusätzlich zur Management-Pespektive, bei der die Suche nach Gründen und Einflussmöglichkeiten kontrolltheoretisch motiviert ist, weitere Aspekte ins Blickfeld kommen: Zum einen ist die große Bedeutung der institutionellen Ordnung (Kündigungsschutzrecht, Regulierung von Entgeltfortzahlung und Krankengeldzahlung, tarifvertragliche und betriebliche Vereinbarungen zur Absicherung bei Krankheit etc.) verdeutlicht worden, die den Korridor für Entscheidungen und Interventionen schafft. Dazu gehört auch die selten thematisierte Bedeutung der jeweils vorherrschenden Zeitregimes (z.B. 'Vollzeit-Normalarbeitsverhältnis' vs. zeitkontengesteuertes Jahresarbeitsmodell). Zum anderen wird auf dem Hintergrund der Selektivität der Fehlzeiten-Diskussion [Warum wird nicht (stärker) über Vergeudung von Zeit *während* der *An*wesenheit diskutiert?] auch an den symbolischen Charakter des Fehlzeiten-Diskurses erinnert, der in hohem Maße geeignet ist, Mythen und Ideologien zu transportieren (Werteverfall, delinquente Persönlichkeiten etc.). Und schließlich lassen sich Fehlzeiten und das Vorgehen gegen sie als Waffen im alltäglichen Arbeitskampf interpretieren, die dazu beitragen, das stets prekäre Gleichgewicht im Dauerkonflikt zwischen Herrschaft und Unterordnung herzustellen. Sie sind Konfliktregulierungsstrategien, die meist unterhalb der Ebene der offenen Konfrontation bleiben, durchaus aber - in der Regel zum gegenseitigen Schaden - auf diese Ebene gehoben werden könnten. Diese Sichtweise würde davon ausgehen, dass ein Sieg im Krieg gegen die Fehlzeiten zwar theoretisch möglich ist, aber nicht im Interesse der Beteiligten liegt: es würde für die Arbeitgeber im Sinne eines Kosten-Nutzen-Kalküls unverhältnismäßig teuer kommen, entweder für Arbeitsbedingungen zu sorgen, die nicht krankmachend sind oder aber perfekte Kontrollmechanismen einzuführen; den ArbeitnehmerInnen blieben bei Versperrung des Fehlzeiten-Wegs Optionen, die drastischer (z.B. Fluktuation, Sabotage, unproduktive Anwesenheit, Einkommensverzicht) oder unwirksamer wären (z.B. Beschwerde- oder Vorschlagswesen). Fehlzeiten sind Sicherheitsventil, Drohgeste, Unzufriedenheitssignal, Auslastungskorrektiv, Tribut an ersparte Arbeitsgestaltungsmaßnahmen, Tauschwährung für die Einhandlung von Konzessionen, Preis für die Ausschöpfung der Besonderheiten der 'Ressource Mensch' ... Obwohl nach außen hin ein heftiger Streit um die Fehlzeiten tobt, besteht im Hintergrund eine heimliche Komplizenschaft, dass nicht die Fehlzeiten 'an sich' das Thema sind, sondern nur der Missbrauch dieses vielseitigen Instruments - und was als Missbrauch gilt, ist Verhandlungssache und abhängig vom wechselnden Gewicht der Kontrahenten in den politischen Auseinandersetzung.

4. Schluss

Der personalwirtschaftliche Diskurs über Fehlzeiten kann als exemplarisch gelten für die Art, wie ein Praxisproblem zum Gegenstand wissenschaftlicher Analysen wird. Der breite Raum, den die Fehlzeiten-Diskussion in der Personalarbeit einnimmt und die hohe affektive Beteiligung, mit der sie geführt wird, forderten die wissenschaftliche Stellungnahme heraus. Zugute kam ihr, dass es auf diesem Gebiet keinen Mangel an standardisierten und legitimierten Maßen und Daten gibt, die von verschiedenen betrieblichen und außerbetrieblichen Instanzen regelmäßig erhoben und veröffentlicht werden (z.B. Krankenstand, Fehlhäufigkeit und -dauer, Fehlzeitenquote, ganz zu schweigen von Sonder-Indices). Aber das Problem liegt gerade darin, dass es zwar viele Maße gibt, man aber nicht genau weiß, was sie eigentlich messen und wozu gemessen wird. Ist die krankheitsbedingte Arbeitsunfähigkeit, die eine Ärztin bescheinigt, tatsächlich auf eine 'echte' Krankheit zurückzuführen - und wie ist eine solche definiert und zu erkennen? Welche Fehl-Zeiten-Arten werden differenziert und wie werden sie erfasst und wem oder was werden sie zugerechnet? Sind Fehlzeiten nur auf Abwesenheitszeiten beschränkt oder kann man auch während der Anwesenheit am Arbeitsplatz oder im Betrieb Fehl-Zeiten produzieren? Wie hoch ist der Anteil *unvermeidlicher* Fehlzeiten?

Kapitel D

Der wissenschaftliche Diskurs hat die Maße der Praxis übernommen und versucht, sie zu verstehen oder zumindest mit anderen Maßgrößen zu korrelieren (Geschlecht, Alter, Betriebsgröße, Konjunktur usw.). Aber: Unterscheidungen machen einen Unterschied - und wenn man z.b. den Krankenstand als Maß akzeptiert, hat man sich festgelegt auf eine aggregierte, stichtagsbezogene Größe, die von anderen nur ungefähr definierten Größen abhängt (v.a. vom Ist- oder Soll-Personalbestand). Motiviert durch die Klagen und Anklagen der Arbeitgeber-Seite (Tenor: eine 'eigentlich' geschuldete Leistung wird vorenthalten, die Effizienz ist gemindert, dem Arbeitgeber entstehen hohe vermeidbare Kosten, unsolidarisches, wenn nicht gar betrügerisches Verhalten liegt zugrunde), wird vom Mainstream der ForscherInnen die darin beschlossene Problemdefinition akzeptiert; dementsprechend wird die Diagnose und Therapie ausgerichtet. Es ist unbestritten, dass sich eine wissenschaftliche Analyse beschränken und und nicht 'alles' berücksichtigen kann. Entscheidend sind deshalb die Begründung für den gewählten Aus-Schnitt und den Vorschlag, das Ausgegrenzte mit anderem in *Zusammenhang* zu bringen (geschieht das nicht, handelt es sich um bloße Deskription). Nimmt man z.B. Fehl-*Zeit* als Bezugseinheit, dann unterstellt man implizit, dass die physische (oder lediglich: die dokumentierte) Anwesenheit, nicht aber die produktive Leistung im Mittelpunkt steht und man lässt unberücksichtigt, dass es womöglich nicht nur Kosten der Fehl-Zeit gibt, sondern auch einen erheblichen Nutzen. Betrachtet man es als Aufgabe des Personalwesens, den Beitrag des 'Faktors Arbeit' zur Wertschöpfung zu ermitteln und zu optimieren, dann ist es nicht ausreichend, das Fehlen als solches zu untersuchen. Ökonomisch gesehen sind wie bei anderen Anlage- und Verbrauchsgütern Abnutzungserscheinungen zu erwarten und Abschreibungen vorzunehmen. Wieviel Fehlen (bzw. Krankheit) sind einzukalkulieren? Müssten so gesehen - wenn es um Dauernutzung des Faktors Mensch geht - dann nicht auch der Urlaub, das arbeitsfreie Wochenende, Feiertage, die tägliche arbeitsfreie Zeit und die nicht in Arbeit genutzte Lebenszeit eingerechnet werden? Oder wird mit dem Anlage- bzw. Verbrauchsgut 'Mensch' nicht ein Gut erworben, zu dessen Materialeigenschaften es gehört, nur 'zeitweise' nutzbar zu sein, eine Einschränkung, die alle Wettbewerber zu akzeptieren haben? Dann müsste man die fiktive effektive Nutzungszeit von der formalen Kontrahierungszeit unterscheiden und sich fragen, in welchen Grenzen diese Effektivzeit variiert, wie unabänderlich diese Grenzen sind und wie innerhalb dieser Grenzen die Leistungsabgabe intensiviert werden kann. Damit würden auch die in der Fehlzeiten-Diskussion implizit unterstellten Beziehungen 'Zeit determiniert Leistung' und 'Anwesenheitszeit determiniert Einkommen' aufgeben und konfrontieren mit Alternativen wie etwa 'Motivation (oder Organisation, Technologie usw.) determiniert Leistung' und 'Leistung (Ergebnis) determiniert Einkommen'. Aus einer solchen Sicht wäre die Kontrolle von Fehlzeiten kein betriebliches Anliegen mehr, weil es im Eigeninteresse der Beteiligten läge, die wahren Zielgrößen zu realisieren, anstatt sich auf Surrogatmaße zu konzentrieren. Wenn jedoch - wie etwa bei Messwarten, VerkäuferInnen, PflegerInnen, Feuerwehrleuten, SchalterbeamtInnen usw. - das bloße Da-Sein zur Arbeitsaufgabe gehört (Erreichbarkeit, Verfügbarkeit, Wachsamkeit, Ansprechbarkeit etc.), dann ist ein großer Teil der Arbeitszeit Warten, leere Aufmerksamkeit, Nichtstun - und es wird Arbeitsbereitschaft, nicht nur Effizienz verkauft. In *diesen* Fällen sind Fehl-Zeiten ebenso ein Problem wie bei Arbeiten, die in straffer Kopplung und zeitlicher Interdependenz ablaufen. Genau dies sind aber die Arbeitsverhältnisse, bei denen Abhängigkeit und Fremdbestimmung am größten und die intrinsische Motivation am geringsten sind. Wie die erheblichen Fehlzeiten-Unterschiede zwischen vergleichbaren Firmen zeigen, sind Fehlzeiten kein Schicksal, sondern Machsal. Was gemacht wird, verrät und bedingt die firmenspezifische Haltung. Rückkehrgespräche oder verantwortungsvolle selbstorganisierte Arbeitsgestaltung sind keine gleich gültigen Alternativen. Sie produzieren die Bedingungen ihres Erfolgs.

Literaturverzeichnis

Vorbemerkung:
In diesem Literaturverzeichnis sind im allgemeinen solche AutorInnen nicht aufgeführt, die
  a) in einem Zitat erwähnt und von uns nicht in der Originalfassung überprüft wurden; die Angaben können im zitierten Beitrag nachgesehen werden;
  b) nicht mit Bezug auf eine bestimmte Arbeit, sondern nur allgemein als VertreterInnen von Schulen oder Richtungen zitiert wurden (z.B. Taylor für Taylorismus, Likert für Neo-Human Relations usw.)

Ackermann, Karl-Friedrich & Hofmann, Mathias (1988): Systematische Arbeitszeitgestaltung. Handbuch für ein Planungskonzept. Köln (Deutscher Instituts-Verlag)

Ackermann, Karl-Friedrich & Reber, Gerd (1981): Entwicklung und gegenwärtiger Stand der Personalwirtschaftslehre. In: dies. (Hrsg.): Personalwirtschaft. Stuttgart (Poeschel)

Ackermann, Karl-Friedrich & Scholz, Hartmut (Hrsg.) (1991): Personal-Management für die 90er Jahre. Neue Entwicklungen, neues Denken, neue Strategien. Stuttgart (Poeschel)

Ackermann, Karl-Friedrich (1991): Strategisches Personalmanagement im Visier der Wissenschaft. In: Ackermann, K.-F. & Scholz, Christian (Hrsg.): Personalmanagement für die 90er Jahre. Stuttgart (Poeschel), 13-34

Ackermann, Karl-Friedrich (1992): Auf der Suche nach kundenorientierten Organisationsformen des Personalmanagements. In: Kienbaum, J. (Hrsg.): Visionäres Personalmanagement. Stuttgart (Poeschel), 241-254

Adamski, Bernhard (1996): Einführung der integrierten Zeitwirtschaft. Ein Leitfaden zur Vorgehensweise. Köln (Datakontext)

Albach, Horst (1989): Informationen für die Fertigung; Streit in der Personalwirtschaft (Editorial). Zeitschrift für Betriebswirtschaft, 59 (8), 809-812

Alchian, Armen & Demsetz, Harold (1972): Production, information costs and economic organizations. American Economic Review, 62, 777-795

Alewell, Dorothea (1994): Informationsasymmetrien in Arbeitsverhältnissen. Zeitschrift für betriebswirtschaftliche Forschung, 64 (1), 57-79

Alewell, Dorothea (1996): Zum Verhältnis von Arbeitsökonomik und Verhaltenswissenschaften. Die Betriebswirtschaft, 56 (5), 667-683

Alewell, Dorothea (1997): Stellungnahme zu den Dialog-Beiträgen. Die Betriebswirtschaft, 57 (1), 132-134

Allen, Steven G. (1983): How much does absenteeism cost? Journal of Human Resources, 18 (3), 379-393

Alt, Herwig (1991): Der Dräger-Langzeit-Freizeitspeicher. Personalführung, 10, 720-723

Altmann, Norbert & Bechtle, Günter (1971): Betriebliche Herrschaftsstruktur und industrielle Gesellschaft. Ein Ansatz zur Analyse. München (Hanser)

Altrichter, Herbert & Gorbach, Stefan (1993): Professionalität im Wandel: Konsequenzen für Begriffsbestimmung und professionelle Ausbildung diskutiert am Beispiel Personalentwicklung. Zeitschrift für Personalforschung, 7 (1), 77-95

Arendt, Hannah (1983; zuerst 1958) : Vita Activa oder Vom tätigen Leben. München (Piper)

Argyle, Michael, Gardner, George & Cioffi, F. (1958): Supervisory methods related to productivity, absenteism and labour turnover. Human Relations, 11, 23-40

Argyris, Chris & Schön, Donald A. (1978): Organizational Learning. A theory of action perspective. Reading, Mass. (Addison-Wesley)

Armstrong, Michael (1987): Human resources management: a case of the emperor's new clothes? Personnel Management, August, 31-34

Aveni, Anthony (1991). Rhythmen des Lebens. Eine Kulturgeschichte der Zeit. Stuttgart (Klett-Cotta)

Bäcker, Gerhard & Stolz-Willig, Brigitte (1995): Mehr Teilzeit - aber wie? Zur Diskussion über-Förderung und soziale Absicherung optionaler Arbeitszeiten. Sozialer Fortschritt, VVV (3), 54-64

Backes-Gellner, Uschi (1993): Personalwirtschaftslehre - eine ökonomische Disziplin? ZfP, 7, (4), 513-529

Baillod, Jürg & Sommer, Rahel (1994): Nutzung von Zeitspielräumen durch Gleitende Arbeitszeit. Personal (9), 442-445

Barmby, Tim & Treble, John (1991): Betriebliche Fehlzeiten und Arbeitsverträge. Mitteilungen aus der Arbeitsmarkt- und Berufsforschung, 24 (3), 595-603

Barney, Jay B. (1990): The debate between traditional Management Theory and Organizational Economics: Substantive differences or intergroup conflict. Academy of Management Review, 15 (3), 382-393

Bauer, Antonie (1994): Geteilte Zeit, doppelte Lust! Forbes, 11, 108-113

Bauer, Frank & Schilling, Gabi (1994): Arbeitszeit im Überblick. Zentrale Ergebnisse der Arbeitszeitberichterstattung des ISO zu Betriebszeiten, Arbeitszeiten und Arbeitszeitwünschen. Köln (Ministerium für Arbeit, Gesundheit und Soziales des Landes Nordrhein-Westfalen)

Bausch, Jürgen (1993): „Krankschreiben": Arbeitsunfähigkeit aus ärztlicher Sicht. In: Hromadka, Wolfgang (Hrsg.): Krankheit im Arbeitsverhältnis. Stuttgart (Schäffer-Poeschel), 23-37

Becker, Gary S. (1965): A theory of the allocation of time. Economic Journal, 75 (September), 493-517

Becker, Gary S. (1976): The economic approach to human behavior. Chicago (Chicago Univ. Press); deutsch: (1982): Der ökonomische Ansatz zur Erklärung menschlichen Verhaltens. Tübingen (Mohr)

Becker, Gary S. (1993): Nobel Lecture: The Economic Way of Looking at behavior. Jorunal of Political Economy 101 (3), 385-409

Becker, Manfred (1996): Krankheitsbedingte Fehlzeiten in ostdeutschen und westdeutschen Unternehmen. In: Becker, M., Lang, R. & Wagner, D. (Hrsg.): Sechs Jahre danach: Personalarbeit in den neuen Bundesländern. München & Mering (Hampp), 267-291

Beckstein, Klaus & Wellen, Christoph (1994): Flexibilisierung bedeutet Spielräume für beide Seiten. Die Mitbestimmung, 11, 50-53

Beer, Michael & Spector, Bert (1985) (Eds.): Readings in Human resource Management. New York (Free Press)

Beer, Michael, Spector, Bert, Lawrence, Peter R., Mills, Quinn D. & Walton, Richard E. (1985): Human Resource Management. A general manager's perspective. Text and cases. New York u. London (Free Press).

Behme, Wolfgang (1995): ZP-Stichwort: Virtuelle Unternehmen. Zeitschrift für Planung, 6, 297-300

Behrend, Ch. (1983): Probleme der Erfassung des Krankenstandes: Sind ältere Mitarbeiter öfter krank? Berlin (Deutsches Zentrum für Altersfragen).

Behrend, Hilde (1953): Absence and labour turnover in a changing economic climate. Occupational Psychology, 27, 69

Behrend, Hilde (1974): A new approach to the analysis of absences from work. Industrial Relations Journal, 5 (Winter), 4-21

Literaturverzeichnis

Behrens, Johann u. Müller, Rainer (1995): Arbeitsmedizinische Aspekte und Bedingungen des Arbeitsschutzes bei der Beschäftigung älterer Arbeitnehmer. In: Jaufmann, Dieter, Mezger, Erika u. Pfaff, Martin (Hg.) (1995): Verfällt die Arbeitsmoral? Zur Entwicklung von Arbeitseinstellungen, Belastungen und Fehlzeiten. Frankfurt u. New York (Campus), 89-118.

Benz, Jürgen, Krebs, Hartmut u. Durstberger, Herbert (1993): Strategische Personalarbeit. Ein systematisches Konzept. Personalführung (7), 582-588

Berthel, Jürgen (1995[4]): Personalmanagement. Grundzüge für Konzeptionen betrieblicher Personalarbeit. Stuttgart (Schäffer-Poeschel)

Beyer, Horst-Thilo (1990): Personalabteilung der 90er Jahre. Personalwirtschaft, 11, 32-33

Beyer, Horst-Thilo (1994): Innovatives Zeitmanagement und Markterfolg. Personal, 479-481

Beyer, Jürgen & Metz, Thomas (1995): Professionalisierungspfade des Personalwesens. In: Wächter, H. & Metz, T. (Hrsg.): Professionalisierte Personalarbeit? Perspektiven der Professionalisierung des Personalwesens. München u. Mering (Hampp), 185-206

Biallo, Horst (1993): Abschied vom blauen Freitag. Konzepte gegen Fehlzeiten. Management Wissen (3), 4-6

Bierfelder, Wilhelm (1976): Handwörterbuch des Öffentlichen Dienstes. Das Personalwesen. Berlin (Schmidt)

Biervert, Bernd & Held, Martin (1995): Time matters - Zeit in der Ökonomik und Ökonomik der Zeit. In: dieselben (Hrsg.): Zeit in der Ökonomik. Perspektiven für die Theoriebildung. Frankfurt u. New York (Campus), 7-32

Bihl, Gerhard, Berghahn, Angela & Theunert, Manfred (1990): Arbeitszeitmodell BMW Werk Regensburg. Teil I: Personalführung (11) 768-777; Teil II: Personalführung (12) 836-841

Bisani, Fritz (1976): Das Personalwesen in der Bundesrepublik Deutschland. Köln (Hanstein)

Bisani, Fritz (1983[3]): Personalwesen. Grundlagen, Organisation, Planung. Wiesbaden (Gabler)

Bispinck, Reinhard (1996): Zeitfragen - Streitfragen. Zur Entwicklung der kollektiven Regulierung von Arbeitszeit. WSI-Mitteilungen, 49 (7), 414-422

Bitzer, Bernd (1992): Fehlzeiten und kein Ende. Seminarveranstaltungen und Projektgruppenarbeit. Personalführung, 9, 746-751

Bitzer, Bernd (1994): Fehlzeiten: Ein Stufenplan für Rückkehrgespräche. Personal (2), 72-73

Bitzer, Bernd (1995): Fehlzeitenabbau mit System. Personal (6), 286-289

Blaschke, Dieter & Nieder, Peter (1979): Krankheit als soziale Norm. In: Nieder, P. (Hrsg.): Fehlzeiten - ein Unternehmer- oder Arbeitnehmerproblem? Wege zur Reduzerung von Fehlzeiten. Bern u. Stuttgart (Haupt), 205-212

Böker, Karl (1979): Entwicklung und Ursachen des Krankenstandes der westdeutschen Arbeiter. In: Nieder, P. (Hrsg.): Fehlzeiten. Bern u. Stuttgart (Haupt), 181-193

Borges, Jorge Luis (1966): Die analytische Sprache John Wilkins. In: Ders.: Das Eine und die Vielen. Essays zur Literatur. München (Hanser)

Borner, Lothar (1992): Sicherung der Wettbewerbsfähigkeit durch Arbeitszeitflexibilität: Arbeitszeitmodell der Bertelsmann Distribution. Personalführung, 686-690

Bosch, Aida, Ellguth, Peter & Promberger, Markus (1992): Gleitzeit: Wieviel Zeitautonomie ist gefragt? WSI-Mitteilungen 45 (1), 51-59

Bosch, Gerhard (1996): Flexibilisierung der Arbeitszeit und Umverteilung der Arbeit. WSI-Mitteilungen, 49 (7), 423-432

Bosetzky, Horst & Heinrich, Peter (1989): Mensch und Organisation. Aspekte bürokratischer Sozialisation. Stuttgart (Kohlhammer)

Brander, Sylvia (1988): "Zeit ist Geld." Über Selbstbestimmung. In: Haubl, Rolf (Hrsg.): Wie man so sagt ... Thema: Alltagsmythen. Weinheim (Beltz), 121-145

Breid, Volker (1995): Aussagefähigkeit agencytheoretischer Ansätze im Hinblick auf Verhaltenssteuerung von Entscheidungsträgern. Zeitschrift für betriebswirtschaftliche Forschung, 47 (9), 821-854

Brewster, Chris & Larsen, Henrik Holt (1993): Human Resource Management in Europe. Evidence from Ten Countries. In: Hegewisch, Ariane & Brewster, Chris (Eds.): European Developments in Human Resource Management. London (Kogan Page), 126-148

Brill, Werner (1985): Überprüfungsmöglichkeiten des Arbeitgebers bei Zweifeln an der Arbeitsunfähigkeit des Arbeitnehmers. Die Ortskrankenkasse, 67, (2-3), 64-68

Brinig, Margaret (1990): Rings and Promises. Journal of Law, Economics, & Organization, 6, 203-215

Brunsson, Nils (1985): The organization of hypocrisy. Talk, decisions and actions in organizations. Chichester u.a. (Wiley)

Bühner, Rolf (1994): Personalmanagement. Landsberg (moderne industrie)

Bullinger, Hans-Jörg & Buck, Hartmut (1994): Abschied vom Acht-Stunden-Tag. Uni (7), 23-27

Bundesministerium für Arbeit und Sozialordnung (Hrsg.) (1995): Mobilzeit. Ein Leitfaden für Arbeitnehmer und Arbeitgeber. Bonn (Referat für Öffentlichkeitsarbeit)

Bundesministerium für Familie und Senioren u. Statistisches Bundesamt (Hrsg.) (1994): Wo bleibt die Zeit? Die Zeitverwendung der Bevölkerung in Deutschland. Wiesbaden

Bundesvereinigung der Deutschen Arbeitgeberverbände (BDA) (Hrsg.) (1991): Betrieblicher Krankenstand: Probleme und Maßnahmen. Köln

Burawoy, Michael (1979): Manufacturing consent. Changes in the labor process under monopoly capitalism. Chicago (Univ. of Chicago Press)

Buschmann, Rudolf & Ulber, Jürgen (1989): Flexibilisierung: Arbeitszeit - Beschäftigung. Basiskommentar. Köln (Bund)

Büssing, André & Aumann, Sandra (1996a): Telearbeit und Arbeitszeitgestaltung. WSI-Mitteilungen, 49 (7), 450-459

Büssing, André & Aumann, Sandra (1996b): Telearbeit im Spannungsfeld der Interessen betrieblicher Akteure: Implikationen für das Personalmanagement. Zeitschrift für Personalforschung, 10 (3), 223-239

Büssing, André (1993): Sozialverträglichkeit von Arbeitszeitstrukturen. WSI Mitteilungen 46 (3), 154-163

Bycio, Peter (1992): Job performance and absenteeism: A Review and Meta-Analysis. Human Relations, 44 (2), 193-220

Clark, Jon (1993): Procedures and consistency versus flexibility and commitment in employee relations. A comment on Storey. Human Resource Management Journal, 3 (4)

Coase, Ronald H. (1937): The nature of the firm. Economica, 4, 386-405

Coase, Ronald H. (1984): The new institutional economics. Journal of Institutional and Theoretical Economics, 140, 229-231

Coase, Ronald H. (1988):The nature of the firm: Influence. Journal of Law, Economics, and Organization, 4, 33-47

Coleman, James (1990): Foundations of Social Theory. Cambridge u.a. (The Belknap Press of Harvard Univ. Press)

Commons, John R. (1934): Institutional Economics. Madison (Univ. of Wisconsin Press)

Conrad, Peter & Pieper, Rüdiger (1990): Human Resource Management in the federal Republic of Germany. In: Pieper, Rüdiger (Hrsg.): Human Resource Management: An international comparison. Berlin u. New York (de Gruyter), 109-139

Conrad, Peter (1991): Human Resource Management - eine 'lohnende' Entwicklungsperspektive? Zeitschrift für Personalforschung 5 (4), 411-445

Dangers, Willy (1990): Prämien für Anwesenheit und Leistung. Personal (1), 30-34

Literaturverzeichnis

Dasgupta, Partha (1988): Trust as a commodity. In: Gambetta, Diego (Ed.): Trust: Making and Breaking Cooperative Relations. New York (Blackwell), 49-73

Davidow, William H. & Malone, Michael S. (1992): The Virtual Corporation. New York (Harper-Collins)

Deal, Terrence E. & Kennedy, Alan A. (1982): Corporate Cultures: The rise and rituals of corporate life. Reading, Mass. (Addison-Wesley)

Dennerlein, Rudolf & Schneider, Markus (1985): Untersuchungen der Bestimmungsfaktoren für Schwankungen des Krankenstandes in der Bundesrepublik Deutschland von 1960-1983. Schriftenreihe des Bundesministers für Arbeit und Sozialordnung. Nr. 131 (Bonn)

Der Spiegel (1996): Callboys am Abend. Nr. 35, 89-90

Derr, Dietmar (1995): Fehlzeiten im Betrieb. Ursachenanalyse und Vermeidungsstrategien. Köln (Bachem)

Deters, Jürgen (1990): Mensch und Betriebswirtschaftslehre. Zur Entwicklung und Kritik der verhaltenstheoretischen Betriebswirtschaftslehre als individualistisches Wissenschaftskonzept. Stuttgart (Poeschel)

Deutscher Gewerkschaftbund (Hrsg.) (1992): Krankschuften - Gesundfeiern? Zur Versachlichung der Krankenstandsdiskussion. Düsseldorf

Deutschmann, Christoph (1990): Der Normalarbeitstag. Historische Funktion und Grenzen des industriellen Zeitarrangements. In: König, Helmut, von Greiff, Bodo, Schauer, Helmut (Hrsg.): Sozialphilosophie der industriellen Arbeit. Leviathan, Sonderheft 11, 77-95

Dielmann, Klaus (1994): Arbeitszeitregelungen in der Metallindustrie. Ein internationaler Vergleich. Personal, (7), 324-326

Diergarten, Dagmar & Hagedorn, Jobst (1991): 'Krank sein' oder 'Krankfeiern'? Arbeitgeber, 43, 580-584

Dietrich, Rudolf (1914): Betriebs-Wissenschaft. München u.a. (Duncker & Humblot)

DiMaggio, Paul & Powell, Walter (1983): The iron cage revisited: Institutional isomorphism and collective rationality in organizational fields. American Sociological Review, 48 (2), 147-160

Dohrn-van Rossum, Gerhard (1981): 'Uhrzeit' und 'Zeitordnung'. Ästhetik und Kommunikation, 12, 51-74

Dohrn-van Rossum, Gerhard (1992): Die Geschichte der Stunde. Uhren und moderne Zeitordnungen. München u. Wien (Hanser)

Domsch, Michel (1991): Personal. In: Vahlens Kompendium der BWL. Bd. 1, München (Vahlen), 501-560

Donaldson, Lex (1990a): The ethereal hand: Organizational Economics and Management Theory. Academy of Management Review, 15 (3), 369-381

Donaldson, Lex (1990b): A rational basis for criticisms of organizational behavior: A reply to Barney. Academy of Management Review, 15 (3), 394-401

Douglas, Mary (1995): Converging on Autonomy: Anthropology and Institutional Economics. In: Williamson, O. (Ed.): Organization Theory. From Chester Barnard to the present and beyond. New York (Oxford Univ. Press), 98-115

Drumm, Hans Jürgen (1993): Die neueren Enzykliken zur katholischen Soziallehre: Eine Grundlage der Personalwirtschaftslehre? In: Weber, W. (Hrsg.): Entgeltsysteme. Lohn, Mitarbeiterbeteiligung und Zusatzleistungen. Stuttgart (Schäffer-Poeschel), 23-39

Drumm, Hans Jürgen (1993): Personalwirtschaft - Auf dem Weg zu einer theoretisch-empirischen Personalwirtschaftslehre? In: Hauschildt, J. & Grün O. (Hrsg.): Ergebnisse empirischer betriebswirtschaftlicher Forschung. Zu einer Realtheorie der Unternehmung. Stuttgart (Schäffer-Poeschel), 673-712

Drumm, Hans-Jürgen (1995[3]): Personalwirtschaftslehre. Berlin u.a. (Springer)

Drumm, Hans Jürgen (1996): Das Paradigma der Neuen Dezentralisation. Die Betriebswirtschaft, 56, 7-20

Drumm, Hans-Jürgen (1996): Theoretische und verantwortungsethische Grundlagen des Personalmanagements. In: Weber, Wolfgang (Hrsg.): Grundlagen der Personalwirtschaft. Theorien und Konzepte. Wiesbaden (Gabler), 1-18

du Gay, Paul (1991): Enterprise culture and the ideology of excellence. New formations, 13 (Spring), 45-61

Dütz, Wilhelm (1993): „Krankfeiern". In: Hromadka, Wolfgang (Hrsg.): Krankheit im Arbeitsverhältnis. Stuttgart (Schäffer-Poeschel), 75-91

Ebers, Marc & Gotsch, Wilfried (1993): Institutionenökonomische Theorien der Organisation. In: Kieser, A. (Hrsg.): Organisationstheorien. Stuttgart (Kohlhammer), 193-242

Eckardstein, Dudo von & Schnellinger, Franz (1978[3]): Betriebliche Personalpolitik. München (Vahlen)

Eckart, Christel (1990): Der Preis der Zeit - Eine Untersuchung der Interessen von Frauen an Teilzeitarbeit. Frankfurt u. New York (Campus)

Edwards, Paul (1985): Myth of the Macho Manager. Personnel Management, 17 (4), 32-35

Eigler, Joachim (1996a): Transaktionskosten als Steuerungsinstrument für die Personalwirtschaft. Frankfurt

Eigler, Joachim (1997): Transaktionskosten und Personalwirtschaft - Ein Beitrag zur Verringerung der Ökonomiearmut in der Personalwirtschaftslehre. Manuskript zur Veröffentlichung in der Zeitschrift für Personalforschung 11 (1), 5-29

Einerhand, M.G. Knol, G., Prins, R, Veerman, T.J. (1995): Sickness and invalidity arrangements: facts and figures from six European Countries. Den Haag (VUGA)

Eisenhardt, Kathleen M. (1989): Agency Theory: An Assessment and Review. Academy of Management Review, 14, 57-74

Eissing, Günter (1991): Fehlzeiten. Betriebliche Ursachenanalyse und Maßnahmen. Angewandte Arbeitswissenschaft, 130, 44-104

Elci, Adnan (1986): Die Beeinflussung des Abwesenheitsverhaltens durch das Zusammenspiel zwischen Arbeitbedingungen und außerbetrieblichen Lebensbedingungen. Karlsruhe (Wahl)

Elias, Norbert (1982): Über die Zeit. Merkur, 36 (9), 841-856 und 36 (10), 998-1016

Elsner, Gine (Hrsg.) (1986): Vorbeugen statt krankschreiben. Hamburg (VSA-Verlag)

Ende, Werner (1982): Theorien der Personalarbeit im Unternehmen. Königstein (Hanstein)

Esch, Petra (1997): Absentismus - Reduzierung von Fehlzeiten. Personalführung (1), 74-75

Eschweiler, Walter, Hinze, Dirk & Nieder, Peter (1979): Beschreibung und Ergebnisse einer empirischen Untersuchung zur Erfassung der Ursachen von Fehlzeiten. In: Nieder, P. (Hrsg.): Fehlzeiten: ein Unternehmer- oder Arbeitnehmerproblem? Wege zur Reduzierung von Fehlzeiten. Bern u. Stuttgart (Haupt), 109-129

Esser, Hartmut (1994): Von der subjektiven Vernunft der Menschen und von den Problemen der kritischen Theorie damit. Auch ein Kommentar zu Millers 'kritischen Anmerkungen zur Rational Choice Theorie'. Soziale Welt, 45 (1), 16-32

Festing, Marion (1996): Strategisches Internationales Personalmanagement. Eine transaktionskostentheoretisch fundierte Analyse. München u. Mering (Hampp)

Fick, Diemut (1993): Der Krankenstand im Betrieb. Konstanz (Hartung-Gorre)

Föhr, Silvia & Lenz, Hansrudi (1992): Unternehmenskultur und ökonomische Theorie. In: Staehle, W. & Conrad, P. (Hrsg.): Managementforschung 2, Berlin u. New York (de Gruyter), 111-162

Förderreuther, Rainer (1994): Flexible Handhabung des Faktors Zeit. Personal (7), 304-307

Forsyth, P. & Danisiewicz, T. (1985): Toward a theory of professionalization. Work and Occupations, 12 (1), 59-76

Literaturverzeichnis

Foucault, Michel (1979): Überwachen und Strafen. Die Geburt des Gefängnisses. Frankfurt (Suhrkamp)

Foucault, Michel (1988): Die Ordnung der Dinge. Frankfurt/M. (Suhrkamp)

Fowler, Alastair (1987): When Chief Executives discover HRM. Personnel Management, 19 (1), 3.

Fox, Alan (1974): Beyond Contract: Work, Power, and Trust Relations. London (Faber & Faber)

Freidson, Eliot (1985): Professional Powers. Chicago u. London (Univ. of Chicago Press)

Freimuth, Joachim (1995): Rollen und Rollenkonflikte des Personalmanagements in flexiblen Organisationen. Eine neue Dimension professionellen Handelns. In: Wächter, H. & Metz, T. (Hrsg.): Professionalisierte Personalarbeit? Perspektiven der Professionalisierung des Personalwesens. München u. Mering (Hampp), 163-184

Frese, Erich (1995[6]): Grundlagen der Organisation. Konzepte - Prinzipien - Strukturen. Wiesbaden (Gabler)

Frey, Bruno S. (1993): Shirking or work morale? The impact of regulating. European Economic Review, 37, 1523-1532

Froemer, Friedhelm (1991): Immun gegen Krankheiten? Die Persönlichkeit ist Faktor Nr. 1. Arbeitgeber, 43, 3, 100-101

Froemer, Friedhelm (1991): Gesünder durch 'Krankfeiern'? 'Coping' - Kurzzeiterkrankungen als 'Sicherheitsventil' für die Gesundheit. Soziale Sicherheit, 40, (1), 20-21

Frost, Peter (1989): The role of organizational power and politics in human resource management. In: Nedd, A. (Ed.): Research in Personnel and Human Resource Management. International Human Resources Management, Suppl. 1, Greenwich & London (JAI-Press), 1-21

Furubotn, Erik G. & Pejovich, Svetozar (1972): Property Rights and Economic Theory: A survey of the literature. In: dies. (Eds.)): The Economics of Property Rights. Cambridge Mass. (MIT Press), 1-9

Gambetta, Diego (Ed.) (1988): Trust: Making and Breaking Cooperative Relations. New York (Blackwell)

Garnjost, Petra & Wächter, Hartmut (1996): Human Resource Management - Herkunft und Bedeutung. Die Betriebswirtschaft, 56 (6), 791-808

Gaugler, Eduard & Weber, Wolfgang (Hrsg.) (1992): Handwörterbuch des Personalwesens. Stuttgart (Poeschel)

Gaugler, Eduard & Wiltz, Stefan (1992): Personalwesen im europäischen Vergleich - Ergebnisse einer international vergleichenden Personalmanagementstudie. Personal 44 (10), 448-453

Gaul, Björn (1994): Krankenstand und Kürzung von Jahressonderzahlungen. Arbeit und Arbeitsrecht, 10, 309-313

Gavin, J. F. (1973): Predicting performance and attendance criteria. Personnel Journal 52 (3), 215-227

Geißler, Karlheinz A. (1996): Atmende Fabrik, porenlose Produktion. Blätter für deutsche und internationale Politik, 41 (1), 26-30

Geißler, Karlheinz A. (1996): Zeit. "Verweile doch, du bist so schön!" Weinheim (Beltz Quadriga)

Gershuny, Jonathan (1996): Veränderungen bei der Arbeitsteilung im Haushalt: Mikro-soziologische Analysen. In: Zapf, W., Schupp, J. & Habich, R. (Hrsg.): Lebenslage im Wandel: Sozialberichterstattung im Längsschnitt. Frankfurt u. New York (Campus), 97-124

Geurts, Sabine, Buunk, Bram & Schaufeli, Wilmar (1994): Social Comparisons and Absenteeism: A Structural Modeling Approach. Journal of Applied Social Psychology, 24, 1971-1890

Giddens, Anthony (1992): Die Konstitution der Gesellschaft. Frankfurt u. New York (Campus)

Gindert, Christine, Hensing, Andreas & Schellenberger, Brigitte (1994): Förderung der Mitarbeiterpräsenz durch betriebliche Gesundheitsförderung. Personal (3), 132-136

Glanz, Alexander (1992): Männerzeit: Zeit für sich, Frauenzeit: Zeit für andere? In: Raehlmann, I., Meiners, B., Glanz, A. & Funder, M. (Hrsg.): Alles unter einen Hut? - Arbeits- und Lebenszeit von Frauen in der 'Dienstleistungsgesellschaft'. Hamburg, 80-93

Göbel, Johannes (1995): Aufbruch zu neuen Arbeitszeiten. BAG Handelsmagazin, 2, 14-17

Goshal, Sumantra & Moran, Peter (1996): Bad for Practice: A Critique of the Transaction Cost Theory. Academy of Management Journal, 21 (1), 13-47

Granovetter, Marc (1985): Economic action and social structure. The problem of embeddedness. American Journal of Sociology, 91, 481-501

Grap, Rolf, Gudat, Volker & Flachsenberg, Uwe (1994): Rationalisierung der Arbeit in Großanlagen durch Organisationsentwicklung. Zeitschrift für Arbeitswissenschaft, 48 (NF 20), (3), 171-176

Grimm, Jacob und Wilhelm (1991): Deutsches Wörterbuch. Bd. 31, München (dtv)

Grimm, Wolfgang (1979): Projekt-Management als organisatorisches Instrument zur Senkung von Fehlzeiten. In: Nieder, Peter (Hrsg.): Fehlzeiten: ein Unternehmer- oder Arbeitnehmerproblem? Wege zur Reduzierung von Fehlzeiten. Bern u. Stuttgart (Haupt), 73-82)

Groß, Hermann (1992): Betriebszeiten in der Bundesrepublik Deutschland. Arbeit, 1 (3), 263-281

Grosser, Joachim (1995): Der Transaktionskostenansatz der Neuen Institutionenökonomik - Versuch einer kritischen Verallgemeinerung. In: Seifert, E. & Priddat, B. (Hrsg.): Neuorientierungen in der ökonomischen Theorie. Marburg (Metropolis), 241-270

Guest, David E. (1987): Human resources management and industrial relations. Journal of Management Studies, 24 (5), 503-521

Guest, David E. (1990): Human Resource Management and the American Dream. Journal of Management Studies, 27, 377-397

Guest, David E. (1991): Personnel Management: the End of Orthodoxy? British Journal of Industrial Relations, 29 (2), 149-175

Günther, Hans-Otto (1990): Personalkapazitätsplanung und Arbeitsflexibilisierung. In: Adam, Dietrich, Backhaus, Klaus, Meffert, Heribert & Wagner, Helmut (Hrsg.): Integration und Flexibilität. Eine Herausforderung an die Allgemeine BWL. Wiesbaden (Gabler), 303-334

Gutmann, Joachim (Hrsg.) (1997): Flexibilisierung der Arbeit. Stuttgart (Schäffer-Poeschel)

Hackett, Rick D. (1989): Work attitudes and employee absenteeism: A synthesis of the literature. Journal of Occupational Psychology, 62, 235-248

Hammes, Michael & Poser, Günter (1992): Die Messung von Transaktionskosten. Wirtschaftswissenschaftliches Studium (WISU) 11, 885-889

Hancke, Ingrid (1995): Förderung von Teilzeitarbeit. Beispiel Schering AG. Personalführung (1), 8-13

Hans-Böckler-Stiftung (Hrsg.) (1994): Zeiterfassung und Zugangskontrolle. EDV-Systeme in Verwaltung und Betrieb. Handlungshilfe für Betriebsräte und Vertrauensleute. Düsseldorf (Hans-Böckler-Stiftung, Manuskript 149)

Hardy, Cynthia, Langley, A., Mintzberg, Henry & Rose, J. (1984): Strategy formation in the University Setting. In: Bees, J.L. (Ed.): College and University Organization: Insights from the Behavioral Sciences. New York, 169-210

Harms, Martina & Homp, Karin (1995): Das Konzept 'Gesundheitszirkel'. Erfahrungen aus einem Gemeinschaftsprojekt der AOK Hamburg und der Beiersdorf AG. Personalführung (11), 978-983

Hart, Tim (1993): Human Resource Management - time to exorcize the militant tendency. Employee Relations, 15 (3), 29-36

Hartz, Peter (1994): Jeder Arbeitsplatz hat ein Gesicht. Die Volkswagen Lösung. Frankfurt u. New York (Campus)

Literaturverzeichnis

Hartz, Peter (1996): Das atmende Unternehmen. Jeder Arbeitsplatz hat einen Kunden. Frankfurt u. New York (Campus)

Hasenack, Wilhelm (1961): Der Mensch im Betrieb. Inwieweit kann oder muß die Betriebswirtschaftslehre den Menschen in ihre Untersuchungen einbeziehen? Zeitschrift für Betriebswirtschaft, 31, 577-596

Hauß, Friedrich, Müller, R., Oppen, M., Scharf, B., Thiele, W. und Westhoff, J. (1984): Krankenstand zwischen Unternehmerpolitik und Gesundheitsinteresse. Soziale Sicherheit, 33, (4), 106-112

Hautsch, Gert (1984): Kampf und Streit um die Arbeitszeit. Dokumente und Materialien zur Geschichte des Kampfes um Arbeitszeitverkürzung. Erfahrungen - Argumente - Kontroversen. Frankfurt (Verlag Marxistische Blätter)

Hax, Karl (1950): Die menschlichen Beziehungen im Betrieb als Gegenstand wissenschaftlicher Forschung. Zeitschrift für handelswissenschaftliche Forschung, NF 2, 390.399

Heckhausen, Heinz (1963): Hoffnung und Furcht in der Leistungsmotivation. Meisenheim (Hain)

Hein, Hans-Jürgen (1992): Arbeitsflexibilität: Herausforderung und Selbstverständlichkeit zugleich. Personalführung, 9, 692-696

Hein, Rüdiger (1996): Keine schematische AU-Begutachtung. Deutsches Ärzteblatt 93 (27), C-1270-1271

Held, Martin & Geißler, Karlheinz A. (Hrsg.) (1993): Ökologie der Zeit. Vom Finden der rechten Zeitmaße. Stuttgart (Universitas)

Heller, Waltraud (1994): Arbeitsgestaltung. Stuttgart (Enke)

Hentze, Joachim (1994[6]): Personalwirtschaftslehre 1: Grundlagen, Personalbedarfsermittlung, -beschaffung, -entwicklung und -einsatz. Personalwirtschaftslehre 2: Personalerhaltung und Leistungsstimulation, Personalfreistellung und Personalinformationswirtschaft. Bern u. Stuttgart (Haupt)

Hermann, Thomas (1994): Zur Theoriengeschichte des dispositiven Faktors. Stuttgart (Schäffer-Poeschel)

Herzberg, Frederick, Mausner, Bernhard & Snyderman, Bloch Barbara (1959): The motivation to work. New York (Wiley)

Hildebrandt, Regine (1994): Neue Wege zu dauerhaften Arbeitsplätzen. Arbeit und Arbeitsrecht, 49 (1), 1-4

Hill, Charles W. L. (1990): Cooperation, opportunism, and the invisible hand: Implications for transaction cost theory. Academy of Management Review, 15 (3), 500-513

Hill, J. M. & Trist, Emery L. (1955): Changes in accidents and other absences with length of service. Human Relations, 8, 121-152

Hilla, Wolfgang & Tiller, Ralf Eike (1992): Gesundheitsvorsorge am Arbeitsplatz bei der Audi AG. Personalführung (7), 532-541

Hilla, Wolfgang & Tiller, Ralf Eike (1996): Krankenstand aus arbeitsmedizinischer Sicht. In: Marr, Rainer (Hrsg.) (1996): Absentismus. Der schleichende Verlust an Wettbewerbspotential. Göttingen (Verlag für Angewandte Psychologie), 91-118

Hilla, Wolfgang, Henneke, Knuth & Tiller, Ralf Eike (1990): Fehlzeiten im Betrieb. Personalführung (3), 184-195

Hinrichs, Karl (1988): Motive und Interessen im Arbeitszeitkonflikt. Eine Analyse der Entwicklung von Normalarbeitszeitstandards. Frankfurt u. New York (Campus)

Hinrichs, Karl (1992): Zur Zukunft der Arbeitszeitflexibilisierung. Arbeitnehmerpräferenzen, betriebliche Interessen und Beschäftigungswirkungen. Soziale Welt, 43 (3), 313-330

Hinrichs, Karl, Offe, Claus & Wiesenthal, Helmut (1982): Arbeitswerte und Arbeitszeit. Zur Pluralisierung von Wertmustern und Zeitverwendungswünschen in der modernen Industriegesellschaft. In: Offe, C., Hinrichs, K. & Wiesenthal H. (Hrsg.): Arbeitszeitpolitik. Frankfurt u. New York (Campus), 116-136

Hinrichs, Karl, Roche, William & Sirianni, C. (Eds.) (1991): Working time in transition: The political economy of working time. Philadelphia (Temple Univ. Press)

Hinze, Dirk A. (1982): Determinanten der Arbeitsverweigerung. Eine empirische Untersuchung der Einflußfaktoren auf industriellen Absentismus. Spardorf (Wilfer)

Hirsch, Fred (1980): Die sozialen Grenzen des Wachstums. Eine ökonomische Analyse der Wachstumskrise. Reinbek (Rowohlt)

Hof, Bernd (1995): Teilzeit in Europa. Von der beschäftigungspolitischen Strategie zum tragfähigen personalpolitischen Konzept. Personalführung (1), 24-31

Hoffmann, Rainer-W. (1981): Arbeitskampf im Arbeitsalltag. Frankfurt (Campus)

Hogan, Joyce & Hogan, Robert (1989): How to measure employee reliability. Journal of Applied Psychology, 74 (2), 273-279

Hohn, Hans-Willy (1984): Die Zerstörung der Zeit. Wie aus einem göttlichen Gut eine Handelsware wurde. Frankfurt (Fischer TBV)

Hollich, Franz (1985): Analyse organisatorischer und personeller Einflußgrößen auf Fehlzeiten. Karlsruhe (Planta)

Holzamer, Hans-Herbert (1995): Die 'wache Fabrik'am Beispiel von E-Plus. Kontrolle ist gut, Vertrauen ist besser. Süddeutsche Zeitung, 14.10.95, V1/9.

Hoppe, Hans-Hermann (1991): Unternehmer und Unternehmensberater - über die wissenschaftstheoretischen Grundlagen des Unternehmertums und der Unternehmensberatung. In: Rickenbacher, U. (Hrsg.): Zukunftsorientierte Ausbildung von Unternehmensberatern. Stuttgart (Kohlhammer), 43-59

Hörning, Karl-H. (1992): Es wird Zeit für die 'Zeitpioniere'. Wechselwirkung, 56 (Aug.), 4-6

Hörning, Karl-H., Gerhard, Anette, Michailow, Matthias (1990): Zeitpioniere. Flexible Arbeitszeiten - neuer Lebensstil. Frankfurt (Suhrkamp)

Hoth, Kerstin & Schöberl, Elisabeth (1996): Frauen in Europa (Herausgegeben vom Presse- und Informationsamt der Bundesregierung und der Europäischen Kommission), Bonn

Huczynski, Andrzej (1993): Management Gurus. What makes them and how to become one. London und New York (Routledge)

Iken, Johann & Haberkorn, Kurt (1982): Praktische Methoden zur Reduzierung von krankheitsbedingten Fehlzeiten. Kissing (Weka-Verlag)

Institut der Deutschen Wirtschaft (Hrsg.) (1986): Flexibilisierung der Arbeitszeit. Köln (Deutscher Instituts-Verlag)

Irle, Martin (1975): Lehrbuch der Sozialpsychologie. Göttingen (Hogrefe)

Jacoby, Sanford M. (1990): The New Institutionalism: What can it learn from the Old? In: Mitchell, Daniel J.B. & Zaidi, Mahmood (Eds): The Economics of Human Resource Management. Oxford (Basil Blackwell), 162-186

Jaufmann, Dieter & Mezger, Erika (1995): Fehlzeiten: Zwischen 'Mißbrauch' und der 'richtigen Inanspruchnahme' - Einige Schwerpunkte der Diskussionen. In: Jaufmann, Dieter, Mezger, Erika u. Pfaff, Martin (Hg.) (1995): Verfällt die Arbeitsmoral? Zur Entwicklung von Arbeitseinstellungen, Belastungen und Fehlzeiten. Frankfurt u. New York (Campus), 185-196

Jaufmann, Dieter (1993): Lieber krankfeiern als gesund schuften? Klarstellungen und Anmerkungen zur Arbeitsunfähigkeitsdebatte. Soziale Sicherheit, 42 (8/9), 225-229

Literaturverzeichnis

Jaufmann, Dieter (1995): Arbeitseinstellungen - Belastungen - Fehlzeiten. Ergebnisse, Problemlagen und offene Fragen im Vergleich. In: Jaufmann, Dieter, Mezger, Erika u. Pfaff, Martin (Hg.) (1995): Verfällt die Arbeitsmoral? Zur Entwicklung von Arbeitseinstellungen, Belastungen und Fehlzeiten. Frankfurt u. New York (Campus), 33-80.

Jaufmann, Dieter (1996): Japan - Mythos versus Realität beim Themenkomplex Arbeit und Wirtschaft. Unveröffentlichtes Arbeitspapier der INIFES (Stadtbergen)

Jaufmann, Dieter, Mezger, Erika u. Pfaff, Martin (Hg.) (1995): Verfällt die Arbeitsmoral? Zur Entwicklung von Arbeitseinstellungen, Belastungen und Fehlzeiten. Frankfurt u. New York (Campus)

Johns, G. & Nicholson, Nigel (1982): The meanings of absence. New strategies for theory and research. In. Staw, B. & Cummings, L.L. (Eds.): Research in Organizational Behavior. Greenwich (JAI Press), 127-172

Jung, Hans (1995): Personalwirtschaft. München u. Wien (Oldenbourg)

Jurczyk, Karin (1993): Flexibilisierung für wen? Zum Zusammenhang von Arbeitszeiten und Geschlechterverhältnissen. In: Jurczyk, K. & Rerrich, H. (Hrsg.): Die Arbeit des Alltags. Freiburg (Lambertus), 346-374

Kappler, Ekkehard (1983): Vorwort. In: ders. (Hrsg): Rekonstruktion der Betriebswirtschaftslehre als ökonomischer Theorie. Spardorf (Wilfer), I-VI

Kastner, Michael (1990): Personalmanagement heute. Landsberg (moderne industrie)

Keenoy, Tom & Armstrong, Peter (1992): HRM: Metaphor, meaning and morality. In: Blyton, P. & Turnbull, P. (Eds.): Reassessing Human Resource Management. London u.a. (Sage), 233-255

Keenoy, Tom (1990): HRM: a case of the wolf in sheep's clothing? Personnel Review, 19 (2), 3-9

Kempe, H. (1975): Fehlzeiten - Zeiten, die dem Betrieb fehlen. Personalführung, 10, 224-228

Kieser, Alfred (1996): Moden & Mythen des Organisierens. Die Betriebswirtschaft, 56 (1), 21-40

Kießler, Otfried (1990): Die Instrumentalisierung der ökonomischen Theorie in der Personalwirtschaftslehre (PWL). Zeitschrift für Personalforschung, 4 (2), 209-219

Kilchenmann, Ulla (1992): Flexibel oder flexibilisiert? Chancen und Fallen der Teilzeitarbeit von Frauen. Zürich (1992)

Kirchgässner, Gebhard (1991): Homo oeconomicus. Das ökonomische Modell individuellen Verhaltens und seine Anwendung in den Wirtschafts- und Sozialwissenschaften. Tübingen (Mohr)

Koehne, Karl (1920): Studien zur Geschichte des blauen Montags. Zeitschrift für Sozialwissenschaft, N. F. 11, 268-287 und 394-413

Kohler, Hans & Reyher, Lutz (1988, Aktualisierungen 1991/1992): Arbeitszeit und Arbeitsvolumen in der Bundesrepublik Deutschland. Beiträge zur Arbeitsmarkt- und Berufsforschung des IAB, Nr. 123 (Nürnberg)

Kohler, Hans & Spitznagel, Eugen (1993): Teilzeitarbeit. Personal (2), 88-91

Kohler, Hans & Spitznagel, Eugen (1995): Teilzeitarbeit in der Gesamtwirtschaft und aus der Sicht von Arbeitnehmern und Betrieben in der Bundesrepublik Deutschland. Mitteilungen aus der Arbeitsmarkt- und Berufsforschung, 28 (3), 339-364

Kolb, Meinulf (1995): Personalmanagement. Berlin (Berlin Verlag)

Kompa, Ain (1992): Studienschwerpunktfach Personalwesen. Theoretisches Verständnis, Aufgaben, Gestaltungsbedingungen und Instrumente. Informationsschrift für Studierende an der Universität Augsburg (Broschüre des Sozioökonomischen Instituts)

Kossbiel, Hugo (1997): Personalwirtschaftslehre, quo vadis. Die Betriebswirtschaft, 57 (1), 123-127

Krackhardt, David (1992): The strenth of strong ties: The importance of philos in organizations. In: Nohria N. & Eccles, R.G. (Eds): Networks and Organizations, Boston (Harvard Business School Press), 216-239

Krell, Gertraude (1987): Personaltheorie in historischer Perspektive: Rudolf Seyfferts 'Der Mensch als Betriebsfaktor' (1922). Zeitschrift für Personalforschung, 1 (3), 299-320

Krell, Gertraude (1994): Vergemeinschaftenden Personalpolitik. Normative Personallehren, Werksgemeinschaft, NS-Betriebsgemeinschaft, Betriebliche Partnerschaft, Japan, Unternehmenskultur. München u. Mering (Hampp)

Krell, Gertraude (1996): Orientierungsversuche einer Lehre vom Personal. In: Weber, W.(Hrsg.): Grundlagen der Personalwirtschaft. Theorien und Konzepte. Wiesbaden (Gabler), 19-37

Kromphardt, Jürgen (1989): Regulierung der Arbeitszeit als Mittel der Beschäftigungspolitik. In: Scherf, H. (Hrsg.): Beschäftigungsprobleme hochentwickelter Volkswirtschaften. Berlin (Duncker & Humblot), 251-265

Kuhn, Karl (1995): Krankenstand im Betrieb: 'Facts and figures'. In: Jaufmann, Dieter, Mezger, Erika u. Pfaff, Martin (Hg.) (1995): Verfällt die Arbeitsmoral? Zur Entwicklung von Arbeitseinstellungen, Belastungen und Fehlzeiten. Frankfurt u. New York (Campus), 81-88.

Kuhn, Thomas & Maurer, Andrea (1995): Ökonomische Theorie der Zeitallokation - Gary Beckers Weiterentwicklung der Konsum- und Haushaltstheorie. In: Biervert, B. & Held, M. (Hrsg.): Zeit in der Ökonomik. Perspektiven für die Theoriebildung. Frankfurt u. New York (Campus), 132-146

Kuhn, Thomas (1992): Der Preis der Zeit. Wechselwirkung, 56 (Aug.), 12-16

Küng, Christina (1996): Das japanische Entlohnungssystem und derzeitige Wandlungstendenzen. Wien (Wirtschaftsuniversität, unveröffentlichte Diplomarbeit)

Kurz-Scherf, Ingrid (1995): Zeit der Vielfalt - Vielfalt der Zeiten. Schriftenreihe der Senatsverwaltung für Arbeit und Frauen, Nr. 11, Berlin (BBJ Verlag)

Küster, Horst E. (1968): Analyse der soziologisch relevanten Ursachen des Krankenstandes. Dissertation (Univ. Köln)

Kutscher, Jan & Weidinger, Michael (1996): Bündnis für flexiblere und individuellere Arbeitszeiten. Drei Arbeitsumverteilungs-Strategien. Personalführung (6), 494-503

Kutscher, Jan, Weidinger, Michael & Hoff, Andreas (1996): Flexible Arbeitszeitgestaltung. Praxis-Handbuch zur Einführung innovativer Arbeitszeitmodelle. Wiesbaden (Gabler)

Labour Research Department (1989): HRM - human resource manipulation? Labour Research, August, 8-9 (zitiert in Noon 1992).

Landau, Kurt, Brauchler, Regina, Brauchler, Wolfgang, Ballé, Wolfgang u. Blankenstein, Ulrich (1994): Prognose arbeitsbedingter Erkrankungen. Zur Eignung belastungsanalytischer Verfahren für den Aufbau einer betrieblichen Mikro-Epidemiologie. Arbeit, 3, 19-39

Landy, F.J., Vasey, J.J. & Smith F.D. (1984): Methodological problems and strategies in predicting absence. In: Goodman, P.S. & Atkin, R.S. (Eds.): Absenteeism: New Approaches to understanding, measuring, and managing employee absence. San Francisco (Jossey-Bass), 110-157.

Lang, Rainhart (1995): Personalwesen im Osten vor und nach der Wende - Politisierte De-Professionalisierung und marktwirtschaftliche Re-Professionalisierung? In: Wächter, H. & Metz, T. (Hrsg.): Professionalisierte Personalarbeit? Perspektiven der Professionalisierung des Personalwesens. München u. Mering (Hampp), 85-110

Lattmann, Charles (1985): Die Personalabteilung. Ihre gegenwärtige Stellung in der Unternehmung und ihre künftige Entwicklung. Die Unternehmung, 39 (3), 192-211

Lazear, Edward P. (1995): Personnel Economics. Cambridge, Mass. (MIT Press)

Lecher, Wolfgang (1990): Arbeitsbeziehungen und Arbeitszeit. In: Bobke, M.H. & Lecher, W. (Hrsg.): Arbeitsstaat Japan. Köln (Bund), 15-45

Lee, Gloria & Limberg, Katrin (1995): Professional associations and their cultural context. A comparison of the IPD in Britain and the DGFP in Germany. In: Wächter, H. & Metz, T. (Hrsg.): Professionalisierte Personalarbeit? Perspektiven der Professionalisierung des Personalwesens. München u. Mering (Hampp), 13-37

Literaturverzeichnis

Legge, Karen (1989): Human Resource Management - a critical analysis. In: Storey, J. (Ed.): New Perspectives on Human Resource Management. London (Routledge), 19-40

Legge, Karen (1992): The role of the personnel specialist: Centrality or marginalization? In: Blyton, P. & Turnbull, P. (Eds.): Reassessing Human Resource Management. London u.a. (Sage), 20-42

Legge, Karen (1995a): Human Resource Management. Rhetorics and Realities. Houndsmills et al. (Macmillan Business)

Legge, Karen (1995b): HRM: rhetoric, reality and hidden agendas. In: Storey, J. (1995): Human Resource Management. A critical text. London u. New York (Routledge), 33-59

Leigh, Paul J. (1983): Sex differences in absenteeism. Industrial Relations, 22 (3), 349-361

Likert, Rensis (1967): The Human Organization. New York (MacGraw-Hill)

Linder, Staffan B. (1973): Warum wir keine Zeit mehr haben. Das Linder-Axiom. Frankfurt (Fischer)

Linnenkohl, Karl, Kilz, Gerhard, Rauschenberg, Dirk & Reh, Dirk (1993, 2. Aufl.): Arbeitszeitflexibilisierung: 140 Unternehmen und ihre Modelle. Heidelberg (Recht u. Wirtschaft)

Löhr, Albert & Osterloh, Margit (1993): Ökonomik und Ethik als Grundlage organisationaler Beziehungen. In: Staehle, W. & Sydow, J. (Hrsg.): Managementforschung 3. Berlin (de Gruyter), 109-155

Luhmann, Niklas (1975): Allgemeine Theorie organisierter Sozialsysteme. In: ders. (Hrsg.): Soziologische Aufklärung, Bd. 2, Opladen (Westdeutscher Verlag), 39-50

Luhmann, Niklas (1988): Die Wirtschaft der Gesellschaft. Frankfurt (Suhrkamp)

Mag, Wolfgang (1995): Wodurch wird die Personalwirtschaftslehre zu einer ökonomischen Disziplin? Die Betriebswirtschaft, 55, (2), 269 - 273.

Maier, Walter (1988): 'Ohne Fleiß kein Preis'. Über Arbeitstugenden. In: Haubl, Rolf (Hrsg.): Wie man so sagt ... Thema: Alltagsmythen. Weinheim (Beltz), 175-202

March, James & Olsen, Johan (1989): Rediscovering Institutions. New York (Free Press) (zitiert in Williamson 1993, 486).

Marr, Rainer & Stitzel, Michael (1979): Personalwirtschaft. Ein konfliktorientierter Ansatz. (Verlag Moderne Industrie)

Marr, Rainer (1987): Strategisches Personalmanagement - des Kaisers neue Kleider? Kritische Anmerkungen zum derzeitigen Diskussionsstand. In: Lattmann, C. (Hrsg.): Personal-Management und strategische Unternehmensführung. Heidelberg (Physica), 13-23

Marr, Rainer (1996): Absentismus - der schleichende Verlust an Wettbewerbspotential. In: derselbe (Hrsg.): Absentismus. Der schleichende Verlust an Wettbewerbspotential. Göttingen (Verlag für Angewandte Psychologie), 13-39.

Marr, Rainer (Hrsg.) (1996): Absentismus. Der schleichende Verlust an Wettbewerbspotential. Göttingen (Verlag für Angewandte Psychologie)

Mars, Gerald (1984): Cheats at Work. An Anthropology of Occupational Crime. London (Allen and Unwin)

Marx, August (1963): Die Personalplanung in der modernen Wettbewerbswirtschaft. Baden-Baden (Verlag für Unternehmensführung)

Marx, Karl (1867 bzw. 1983): Das Kapital. MEW 23. Berlin (Dietz)

Marx, Karl (1888 bzw. 1983): Thesen über Feuerbach. In: MEW Bd. 3, Berlin (Dietz), 533-535

Masten, Scott E. (1993): Transactions costs, mistakes, and performance: Assessing the importance of governance. Mangerial and Decision Economics, 14, 119-129

Masuch, M. (1985): Vicious circles in organization. Administrative Science Quarterly 30, 1, 14-33

Maurer, Andrea (1992): Alles eine Frage der Zeit? Die Zweckrationalisierung von Arbeitszeit und Lebenszeit. Berlin (Sigma)

Maurer, Andrea (1992a): Das Zeitgerüst der Arbeitswelt: Arbeitstag - Arbeitswoche - Arbeitsjahr. Arbeit, 3, 282-298

Maurer, Andrea (1994): Moderne Arbeitsutopien. Das Verhältnis von Arbeit, Zeit und Geschlecht. Opladen (Westdeutscher Verlag)

Maurer, Rolf (1992): Zeitmanagement als Führungsinstrument. Personalführung, 12, 1022-1028

McKinsey (1994): Teilen und Gewinnen. Das Potential der flexiblen Arbeitszeitverkürzung. München

Meder, Heinz-Josef & Bitzer, Bernd (1993): Fehlzeitenreduzierung durch gezieltes Führungskräftetraining. Das Rückkehrgespräch. Personal, (5), 212-213

Mee, Charles (1995): Halbgötter der Geschichte. Sieben historische Begegnungen. Stuttgart (DVA)

Meggeneder, Oskar (1994): Krankenstände von Arbeitslosen. Arbeit und Sozialpolitik, 7-8, 48-55

Mehrtens, Martin & Moll, Reinhard (1989): Die alltägliche Flexibilität - Arbeitszeiten von Frauen im Handel zwischen Wunsch und Wirklichkeit. In: Angestelltenkammer Bremen (Hrsg): Arbeitszeit zwischen Wunsch und Wirklichkeit. Bremen, 75-113

Meier, Ulrich (1990): Wie krankheitsbedingte Fehlzeiten positiv beeinflußt werden können. Personalführung (9), 607-611

Meier, Ulrich (1996): Fehlzeitenreduzierung als Führungsaufgabe. In: Marr, R. (Hrsg.): Absentismus. Der schleichende Verlust an Wettbewerbspotential. Göttingen (Verlag für Angewandte Psychologie), 73-88.

Meiners, Birgit (1992): 'Belastungsriesinnen' und 'Widerständige' - Strategien zur Bewältigung chronischer Zeitknappheit. In: Raehlmann, I., Meiners, B., Glanz, A. & Funder, M. (Hrsg.): Alles unter einen Hut? - Arbeits- und Lebenszeit von Frauen in der 'Dienstleistungsgesellschaft'. Hamburg

Meinert, Ruth (1958): Die Entwicklung der Arbeitszeit in der deutschen Industrie 1820-1956. Dissertation (Universität Münster)

Meißl, Gerhard (1984): Harte Zeiten. Arbeitsdauer und -intensität als Konfliktfeld der industriellen Gesellschaft. In: Sauer, Walter (Hrsg.): Der dressierte Arbeiter. München (C.H. Beck), 94-110.

Mende, Jochen (Hrsg.) (1982): Dokumentation Wege zu Wissen und Wohlstand oder lieber krankfeiern als gesund schuften. Lollar (Prolit Buchvertrieb)

Metz, Thomas (1995): Status, Funktion und Organisation der Personalabteilung. München u. Mering (Hampp)

Meyer, John W. & Rowan, Brian (1977): Institutionalized organizations: formal structure as myth and ceremony. American Journal of Sociology, 83, 340-363

Miles, Raymond E. (1965): Human Relations or Human Resources? Harvard Business Review, 4, 148-163

Miles, Raymond E. (1975): Theories of Management. New York (MacGraw-Hill)

Milgrom, Paul & Roberts, John (1992): Economics, Organization and Management. Englewood Cliffs (Prentice Hall)

Moran, Peter & Goshal, Sumantra (1996): Theories of economic organization: The case for realism and balance. Academy of Management Review, 21 (1) 58-77

Mumford, Lewis (1934): Technics and Civilization. New York (Harcourt)

Nagaoka, Katsujuki (1983): Auf der Suche nach dem Ökonomischen in der Unternehmung und der Betriebswirtschaftslehre. In: Kappler, E. (Hrsg.): Rekonstruktion der Betriebswirtschaftslehre als ökonomischer Theorie. Spardorf (Wilfer), 113-131

Negt, Oskar (1984): Lebendige Arbeit, enteignete Zeit. Politische und kulturelle Dimensionen des Kampfes um die Arbeitszeit. Frankfurt u. New York (Campus)

Neuberger, Oswald & Allerbeck, Mechthild (1978): Messung und Analyse von Arbeitszufriedenheit. Bern (Huber)

Neuberger, Oswald (1974): Messung von Arbeitszufriedenheit. Stuttgart (Kohlhammer)

Literaturverzeichnis

Neuberger, Oswald (1983): Vorwort des Herausgebers: Personalwesen: Arbeits-Wissenschaft und Personalwirtschaftslehre. In: Maier, W. : Arbeitsanalyse und Lohngestaltung. Stuttgart (Enke) 1-9

Neuberger, Oswald (1995). Mikropolitik. Stuttgart (Enke)

Neuffer, Manfred (1991): Das Hewlett-Packard-Arbeitszeitmodell. Personalführung (10), 736-744

Nicholson, Nigel (1977): Absence behaviour and attendance motivation: a conceptual synthesis. Journal of Management Studies, 14, 231-252

Nicklisch, Heinrich (1920): Der Weg aufwärts! Organisation. Stuttgart (Poeschel)

Nicklisch, Heinrich & Schweitzer, R. (1928): Betriebsethik. In: Das Buch des Kaufmanns, 7. Auflage, Bd. 2, Stuttgart (Poeschel), S. 133-135

Nicklisch, Heinrich (1922[6]): Wirtschaftliche Betriebslehre. Stuttgart (Poeschel)

Nicklisch, Heinrich (1932): Die Betriebswirtschaft. 7. Auflg. Stuttgart. (Poeschel)

Nieder, Peter & Janssen, Matthias (1996): Reduzierung von Absentismus durch persönlichkeitsfördernde Arbeitsgestaltung. In: Marr, R. (Hrsg.): Absentismus. Der schleichende Verlust an Wettbewerbspotential. Göttingen (Verlag für Angewandte Psychologie), 59-72

Nieder, Peter & Michalk, Silke (1995): Absentismus und betriebliche Gesundheitsförderung. Fünf Wege zur Reduzierung von Fehlzeiten . Personalführung (9), 782-791

Nieder, Peter (1984): Die gesunde Organisation. Spardorf (Wilfer)

Nieder, Peter (1987): Fehlzeiten als Signale. Personalführung (1), 36-37

Nieder, Peter (1991). Fehlzeiten als Signale. Arbeitsmoral, Lohnfortzahlung und Ärzteverhalten oder doch die für den Mitarbeiter unbefriedigende Arbeitssituation? Personalführung, 24 (9), 686.

Nieder, Peter (1991): Die Rolle der Vorgesetzten bei der Reduzierung von Fehlzeiten. Personal (1/2), 2-5

Nieder, Peter (1991): Was Fehlzeiten verraten. Wenn es um die Gesundheit einer Organisation nicht zum Besten steht. Harvard Manager, 13 (1), 137-139

Nieder, Peter (Hrsg.) (1979): Fehlzeiten: ein Unternehmer- oder Arbeitnehmerproblem? Wege zur Reduzierung von Fehlzeiten. Bern u. Stuttgart (Haupt)

Niessen, Hans-Joachim (1988): Die mikroökonomische Theorie der Zeitallokation. In: Seifert, Eberhard K. (Hrsg.): Ökonomie und Zeit. Beiträge zur interdisziplinären Zeitökonomie. Frankfurt (Arnoldshainer Schriften zur interdisziplinären Ökonomie, Bd. 15), 66-78

Nomura, Masami & Jürgens, Ulrich (1995): Binnenstrukturen des japanischen Produktivitätserfolges. Arbeitsbeziehungen und Leistungsregulierung in zwei japanischen Automobilunternehmen. Berlin (Sigma)

Noon, Mike (1992): HRM: A map, model or theory? In: In: Blyton, P. & Turnbull, P. (Eds.): Reassessing Human Resource Management. London u.a. (Sage), 16-32

North, Douglass (1986): The new institutional economics. Journal of Institutional and Theoretical Economics/ Zeitschrift für die gesamte Staatswissenschaft, 142 (1) , 230-237

North, Douglass (1991): Institutions. Journal of Economic Perspectives, 5, 97-112

Nowotny, Helga (1989): Eigenzeit. Entstehung und Strukturierung eines Zeitgefühls. Frankfurt (Suhrkamp)

o.V. (1969): Gehalts- und Lohnfortzahlung im geschichtlichen Rückblick. Gewerkschaftliche Rundschau, 22, 8/9, 370-373

o.V. (1982): Wider die Arbeitsmoral. Arbeiten bis 60, dann leben. Himmel & Erde, Krankfeier-Revue, Doppelheft 5/6 (Bremen)

o.V. (1991): Volkssport Krankfeiern. 'Wer es nicht tut, gilt als dumm." Der Spiegel 45 (18), 40-65

o.V. (o.J.): Priorities for Competitive Advantage. An IBM Study conducted by Towers Perrin. Manuskript

Oechsler, Walter (1994[5]): Personal und Arbeit. München u.Wien (Oldenbourg)

Literaturverzeichnis

Olesch, Gunther (1993): Pragmatische Maßnahmen zur Reduzierung des Krankenstandes. Personal (12), 570-574

Opp, Karl-Dieter (1978): Das 'ökonomische Programm' in der Soziologie. Soziale Welt, 29, 129-154

Ortmann, Günther (1995): Heuchelei, Bigotterie, Intrige. Eine Apologie. In: Volmerg, B., Leithäuser, T., Neuberger, O., Ortmann, G. und Sievers, B.: Nach allen Regeln der Kunst. Macht und Geschlecht in Organisationen. Freiburg (Kore), 99-136

Otto, Karl A. (1989): Die Arbeitszeit. Von der vorindustriellen Gesellschaft bis zur 'Krise der Arbeitsgesellschaft'. Pfaffenweiler (Centaurus)

Otto, Karl A. (1990): Wieviel wurde in unterschiedlichen Epochen gearbeitet? - Ein quantitativer Vergleich. In: König, Helmut, von Greiff, Bodo, Schauer, Helmut (Hrsg.): Sozialphilosophie der industriellen Arbeit. Leviathan, Sonderheft 11, 51-76

Paschen, Klaus (1988): Formen der Personalorganisation. Von der funktionalen Organisation zum Integrationsmodell. Zeitschrift Führung + Organisation, 56 (4), 237-241

Pasler, Siegfried (1995): Fehlzeiten in einem Industriebetrieb. Eine empirische Analyse. Unveröffentlichte Diplomarbeit (Universität Augsburg)

Perec, Georges (1996): In einem Netz gekreuzter Linien. Bremen (Manholt)

Peters, Tom & Waterman, R.H. (1982): In search of excellence. New York (Harper & Row)

Pfaff, Anita & Busch, Susanne (1993): Sind Arbeitnehmerinnen schlechtere Gesundheitsrisiken als Arbeitnehmer? Ursachen für die Benachteiligung von Frauen am Arbeitsmarkt. In: Beckmann, P. & Engelbrech, G. (Hrsg.): Arbeitsmarkt für Frauen 2000. Ein Schritt vor oder ein Schritt zurück? Beiträge zur Arbeitsmarkt- und Berufsforschung, Bd. 179, Nürnberg, 281-305

Pfaff, Anita, Deimer, Klaus, Jaufmann, Dieter, Kistler, Ernst, Pfaff, Martin & Stark, Ernst (1986): Vergleich von Niveau und Entwicklung der Arbeitsunfähigkeit in der Bundesrepublik Deutschland und in ausgewählten Ländern. Gutachten im Auftrag des Bundesministers für Arbeit und Sozialordnung. Forschungsbericht Nr. 137. Bonn

Pfau-Effinger, Birgit (1994): Sozio-kulturelle Grundlagen der Entwicklung der Teilzeitarbeit in Europa. Das Beispiel Finnland und West-Deutschland. Beiträge zur Arbeitsmarkt- und Berufsforschung, 179, 727-750

Picot, Arnold & Reichwald, Ralf (1994): Auflösung der Unternehmung? Zeitschrift für Betriebswirtschaft, 64, 547-570

Picot, Arnold (1991): Ökonomische Theorien der Organisation - Ein Überblick über neuere Ansätze und deren betriebswirtschaftliches Anwendungspotential. In: Ordelheide, Dieter, Rudolf, Bernd & Büsselmann, Elke (Hrsg.): Betriebswirtschaftslehre und Ökonomische Theorie. Stuttgart (Poeschel), 143-170

Pieper, Rüdiger (Hrsg.) (1990): Human Resource Management: An international comparison. Berlin u. New York (de Gruyter)

Pillat, Rüdiger (1986): Abbau krankheitsbedingter Fehlzeiten. Personalpolitische Aspekte. In: Pillat, R. & Wilke, K.H. (Hrsg.): Probleme bei krankheitsbedingten Fehlzeiten. Eine Fibel für den Betrieb. Köln (Deutscher Instituts-Verlag), 7-72

Pinchot, Gifford (1988): Intrapreneuring. Mitarbeiter als Unternehmer. Wiesbaden (Gabler)

Pinl, Claudia (1994): Das faule Geschlecht: Wie die Männer es schaffen, Frauen für sich arbeiten zu lassen. Frankfurt (Eichborn)

Pirker, Reinhard (1992): Zeit, Macht und Ökonomie. Zur Konstruktion und Gestaltbarkeit von Arbeitszeit. Frankfurt u. New York (Campus)

Pohen, Josef & Esser, Walter (1995): Fehlzeiten senken. Mit System zum Erfolg. Zusammenhänge - Ursachen - Maßnahmen. Heidelberg (Sauer)

Pollard, S. (1967): Die Fabrikdisziplin in der industriellen Produktion. In: Fischer, W. & Bajor, G. (Hrsg.): Die sozialefrage. Stuttgart (Koehler), 159-185

Popper, Karl (1979[5]): Das Elend des Historizismus. Tübingen (Mohr)

Literaturverzeichnis

Potthoff, Erich (1974): Betriebliches Personalwesen. Berlin u. New York (DeGruyter)

Promberger, Markus, Rosdücher, Jörg, Seifert, Hartmut & Trinczek, Rainer (1996): Akzeptanzprobleme beschäftigungssichernder Arbeitszeitverkürzungen. Empirische Evidenz zweier Beschäftigungsbefragungen bei der Volkswagen AG und der Ruhrkohle AG. MittAB, 2, 203-218

Przygodda, Martina, Arentz, Klaus-Peter, Quast, Hans-Henning, Kleinbeck, Uwe (1991): Vorgesetztenverhalten und Fehlzeiten in Organisationen. Zeitschrift für Arbeits- und Organisationspsychologie 35, (4), 179-186

Purcell, John & Ahlstrand, Bruce W. (1994): Human Resource Management in the multidivisional company. Oxford u.a. (Oxford Univ. Press)

Putz, Peter & Nöbauer, Brigitta (1995): Personalleiter in Oberösterreich. Eine empirische Untersuchung zur Professionalisierung der Personalverantwortlichen. In: Wächter, H. & Metz, T. (Hrsg.): Professionalisierte Personalarbeit? Perspektiven der Professionalisierung des Personalwesens. München u. Mering (Hampp), 55-83

Quack, Sigrid (1993): Dynamik der Teilzeitarbeit. Berlin (edition sigma)

Rastetter, Daniela (1994): Sexualität und Herrschaft in Organisationen. Opladen (Westdeutscher Verlag)

Rastetter, Daniela (1996): Freizeit braucht freie Zeit. Oder: Wie die Männer es schaffen, den Frauen die (Frei-)Zeit zu stehlen. In: Hartmann, Hans A. & Haubl, R. (Hrsg.): Freizeit in der Erlebnisgesellschaft. Amüsement zwischen Selbstverwirklichung und Kommerz. Opladen (Westdeutscher Verlag), 45-66

Ravaioli, Carla (1987): Die beiden Seiten des Lebens. Von der Zeitnot zur Zeitsouveränität. Hamburg (VSA)

Reichart-Wimmers, Helga (1992): Fachtagung 'Fehlzeiten - Zeiten, die dem Unternehmen fehlen', Personalführung, (12), 1038-1039

Reid, Douglas A. (1979): Der Kampf um den 'blauen Montag' 1866-1876. In: Puls, Detlef u.a. (Hrsg.): Wahrnehmungsformen und Protestverhalten. Studien zur Lage der Unterschichten im 18. und 19. Jahrhundert. Frankfurt (Suhrkamp), 265-296

Remer, Andreas (1978): Personalmanagement. Berlin (de Gruyter)

Reulecke, Jürgen (1976): Vom blauen Montag zum Arbeiterurlaub. Archiv für Sozialgeschichte, 16, 205-248

Reutter, Sigrid & Czolkos, Bernd (1995): Beschäftigte im Umgang mit gleitender Arbeitszeit. Eine empirische Untersuchung in einem öffentlichen Dienstleistungsunternehmen. Unveröfft. Diplomarbeit (Univ. Augsburg)

Richter, Rudolf & Bindseil, Ulrich (1995): Neue Institutionenökonomik. Wirtschaftswissenschaftliches Studium, (3), 132-140

Rieger, Wilhelm (1959[2]): Einführung in die Privatwirtschaftslehre. Erlangen (Palm u. Enke)

Rifkin, Jeremy (1988): Uhrwerk Universum. Die Zeit als Grundkonflikt des Menschen. München (Kindler)

Rinderspacher, Jürgen (1985): Gesellschaft ohne Zeit. Individuelle Zeitverwendung und soziale Organisation der Arbeit. Frankfurt u. New York (Campus)

Rinderspacher, Jürgen (1988): Wege der Verzeitlichung. In: Henckel, Dietrich (Hrsg.): Arbeitszeit, Betriebszeit, Freizeit. Stuttgart (Kohlhammer), 23-66

Rinderspacher, Jürgen (1992): Arbeit und Zeitpolitik. Über die Schwierigkeit, Arbeitsproduktivität in Zeitwohlstand zu verwandeln. Arbeit, 1 (3), 431-448

Rinderspacher, Jürgen (1992): Wege in die Rund-um-die-Uhr-Gesellschaft. In: Oblong, Dirk (Hrsg.): Zeit und Nähe in der Industriegesellschaft. Allheim (Riedmühle), 33-52

Ringlstetter, Max & Kniehl, Axel (1995): Professionalisierung als Leitidee eines Human Resourcen-Managements. In: Wächter, H. & Metz, T. (Hrsg.): Professionalisierte Personalarbeit? Perspektiven der Professionalisierung des Personalwesens. München u. Mering (Hampp), 139-161

Risch, Susanne & Selzer, Peter (1995): Fehlzeiten. Altes Leiden. Manager Magazin, 25 (10), 188-211

Rische, Herbert (1994): Halbe Arbeitszeit gleich halbe Rente? Zusammenhänge zwischen vermehrter Teilzeitarbeit und Rentenversicherung. Soziale Sicherheit 43 (8/9), 281-287

Ritzer, G. & Trice, H.M. (1969): An Occupation in Conflict: A Study of the Personnel Manager. New York (Humphrey Press)

Rojot, Jacques (1990): Human Resource Management in France. In: Pieper, Rüdiger (Hrsg.): Human Resource Management: An international comparison. Berlin u. New York (de Gruyter), 87-108

Rueß, Annette (1991): Wurzel des Übels. Wirtschaftwoche vom 14.6.91, 58-59

Rueß, Annette (1994): Flexible Arbeitszeiten. Hemmender Mythos. Wirtschaftswoche Nr. 29 (15.7.94), 66-70

Rüschemeyer, Dietrich (1972): Ärzte und Anwälte: Bemerkungen zur Theorie der Professionen. In: Luckmann, T. & Sprondel, W. (Hrsg.): Berufssoziologie. Köln (Kiepenheuer & Witsch), 169-181

Rüschemeyer, Dietrich (1973): Professions. Historisch und kulturell vergleichender Überblick. In: Albrecht, G., Daheim, H. & Sack,f. (Hrsg.): Soziologie. Opladen (Westdeutscher Verlag), 250-260

Rutenfranz, Josef & Knauth Peter (1989): Schichtarbeit und Nachtarbeit. München (Bayer. Staatsministerium für Arbeit, Familie und Sozialordnung)

Sadowski, Dieter & Frick, Bernd (1989): Unternehmerische Personalpolitik in organisationsökonomischer Perspektive: Das Beispiel der Schwerbehindertenbeschäftigung. MittAB, 3, 408-418

Sadowski, Dieter (1991): Humankapital und Organisationskapital - Zwei Grundkategorien einer ökonomischen Theorie der Personalpolitik in Unternehmen. In: Ordelheide, Dieter, Rudolf, Bernd & Büsselmann, Elke (Hrsg.): Betriebswirtschaftslehre und Ökonomische Theorie. Stuttgart (Poeschel), 127-141

Sadowski, Dieter, Backes-Gellner, Uschi, Frick, Bernd, Brühl, Norbert, Pull, Kerstin, Schröder, Michael, Müller, Constanze (1994): Weitere 10 Jahre Personalwirtschaftslehren - ökonomischer Silberstreifen am Horizont. DBW, 54, (3), 397-410.

Salowsky, Heinz & Seffen, Achim (1994): Einkommenssicherung bei Krankheit - ein internationaler Vergleich. Personal (3), 112-115

Salowsky, Heinz (1991): Fehlzeiten - Eine Bilanz nach 20 Jahren Lohnfortzahlungsgesetz. Köln (Dt. Inst. Verl.)

Salowsky, Heinz (1992): Wer nicht arbeiten will oder kann, muss auf Geld + Freizeit verzichten. Arbeitgeber, 44, 5, 150-151

Salowsky, Heinz (1996): Fehlzeiten - empirische Zusammenhänge. In: Marr, R. (Hrsg.): Absentismus. Der schleichende Verlust an Wettbewerbpotential. Göttingen (Verlag für Angewandte Psychologie), 41-56

Schanz, Günther (1977): Grundlagen der verhaltenstheortetischen Betriebswirtschaftslehre. Tübingen (Mohr)

Scharf, Bodo (1983): Krankenstand - Missbrauch oder Spiegelbild betrieblicher Belastungen? Soziale Sicherheit, 33 (5), 140-144

Scharf, Bodo (1983b): Krankenstand: 'Krankfeiern' oder krank durch Arbeit? Sozialkonservative Krankenstandskritik, Krankengeldkürzung und Karenztage im Lichte neuer Ergebnisse der Krankenstandsforschung. Deutscher Gewerkschaftsbund (Hrsg.): Krankenstand und Lohnfortzahlung. Düsseldorf (WSI)

Literaturverzeichnis

Schartner, Helmut (1990): Eine neue Rolle des Personalwesens bei BMW? Personalführung (1), 32-37

Schaub, Günter (1994): Rechtsfragen der Arbeitsunfähigkeitsbescheinigung nach dem Entgeltfortzahlungsgesetz. Der Betriebs-Berater, (23), 1629-1631)

Schauenberg, Bernd (1996): Personalwirtschaftslehre und ökonomische Theorien. In: Weber, Wolfgang (Hrsg.): Grundlagen der Personalwirtschaft. Theorien und Konzepte. Wiesbaden (Gabler), 341-372

Schelling, Thomas C. (Hrsg) (1973): Symposium: Time in Economic Life. Quarterly Journal of Economics, 87, 627-675

Scherm, Ewald (1995): Die virtuelle Personalabteilung: Modell der Zukunft oder Utopie? Personalführung, 8, 726-727

Schettgen, Peter (1996): Arbeit - Leistung - Lohn. Stuttgart (Enke)

Schilling, Gabi, Bauer, Frank & Groß, Hermann (1996): Arbeitszeiten, Arbeitszeitwünsche und Zeitverwendung in Deutschland. WSI-Mitteilungen, 49 (7), 432-441

Schmalenbach, Eugen (1911/12): Die Privatwirtschaftslehre als Kunstlehre. Zeitschrift für handelswissenschaftlicheforschung, 6, 304-316

Schmalenbach, Eugen (1933[6]): Dynamische Bilanz. Leipzig (Gloeckner)

Schmid, Günther (1989): Die neue institutionelle Ökonomie: Königsweg oder Holzweg zu einer Institutionentheorie des Arbeitsmarktes? Leviathan, 17, 386-408

Schmid, Michael (1985): Zeit und sozialer Wandel. In: Fürstenberg,f., Herrmann I. & Mörth, I. (Hrsg.): Zeit als Strukturelement von Lebenswelt und Gesellschaft. Linz (Trauner), 259-305

Schmidt-Braße, Ute & Neuberger, Oswald (1973): Vorgesetztenverhalten, Zufriedenheit und Absentismus. Zeitschrift für experimentelle und angewandte Psychologie, 20 (4), 663-683

Schmilinsky, Michael (1988): Das Rückkehrgespräch trainieren. Der Arbeitgeber, 40 (17), 594-595

Schmilinsky, Michael (1989): Vor gelben Scheinen bitte nicht resignieren. Personal. Mensch und Arbeit, (6), 238-240

Schmitt, Jochem (1990): Der Missbrauch der Lohnfortzahlung - Ursachen und Bekämpfungsmöglichkeiten. Zeitschrift für Tarifrecht, 6, 223-229

Schnabel, Claus & Stephan, Gesine (1993): Determinanten des Krankenstands: Eine Untersuchung mit Betriebs- und Zeitreihendaten. Jahrbuch für Sozialwissenschaft, 44, 132-147

Schnabel, Claus (1991): Strukturelle und konjunkturelle Determinanten des Krankenstandes. Sozialer Fortschritt, 40 (12), 298-304

Schnabel, Claus (1996): Betriebliche Fehlzeiten in der deutschen Wirtschaft. iw-trends, (4), 24-35

Schnabel, Claus (1996): Krankenstand im internationalen Vergleich. IW-Trends, 1996 (1), 27-38

Schneider, Bernd (1993): Fehlzeitenstatistik - Instrument zur Ermittlung einer risikoorientierten Personalreserve. Personal (7), 321-323

Schneider, Dieter (1987[3]): Allgemeine Betriebswirtschaftslehre (Dritte Auflage der 'Geschichte betriebswirtschaftlicher Theorie'), München u. Wien (Oldenbourg)

Schneider, Dieter (1990): Verfehlte Erwartungen an eine Allgemeine Betriebswirtschaftslehre in Lehre und Forschung. Die Betriebswirtschaft (50), 272-282

Schneider, Michael (1984): Streit um die Arbeitszeit. Geschichte des Kampfes um Arbeitszeitverkürzung in Deutschland. Köln (Bund)

Scholz, Christian (1994): Personalmanagement zwischen Rezession und Restrukturierung. In: Scholz, Ch. & Oberschulte, H. (Hrsg.): Personalmanagement in Abhängigkeit von der Konjunktur. Sonderband 1994 der Zeitschrift für Personalforschung, 15-30

Scholz, Christian (1994[4]): Personalmanagement. Informationsorientierte und verhaltenstheoretische Grundlagen. München (Vahlen)

Scholz, Christian (1995): Ein Denkmodell für das Jahr 2000? Die virtuelle Personalabteilung. Personalführung (5), 398-403

Scholz, Christian (1996a): Virtuelle Organisation: Konzeption und Realisation. zfo (Zeitschrift Führung + Organisation), 4, 204-210

Scholz, Christian (1996b): Die virtuelle Personalabteilung. Ein Jahr später. Personalführung 12, 1080-1086

Schopp, G. B. (1988): Betriebliche Arbeitszeitgestaltung. Eine Herausforderung für die Personalorganisation. Personalführung (7), 484-493

Schräder, Wilhelm F. & Hauß, Friedrich (1991): Fehlzeiten: Vorurteile bringen Sand ins Getriebe. Personalwirtschaft (7), 8-12

Schramm, Florian & Boeven, Holger (1994): Fünf Thesen zum Personalmanagement in der Wirtschaftskrise. Personal, (9), 436-438

Schudlich, Edwin (1987): Die Abkehr vom Normalarbeitstag - Entwicklung der Arbeitszeiten in der Industrie der Bundesrepublik seit 1945. Frankfurt & New York (Campus)

Schummer, Uwe (1995): Im Mittelpunkt steht der Mensch. Alternativen der christlich-sozialen Arbeitnehmer. Köln (Bund)

Schwartz, Howard (1987): Anti-social actions of committed organizational participants: An existential psychoanalytic perspective. Organization Studies, 8, 327-340

Schwartz, Howard (1990): Narcissistic Process and Corporate Decay. The Theory of Organization Ideal. New York (New York University Press)

Scott, Richard (1995): Symbols and Organizations: from Barnard to the Institutionalists. In: Williamson, O. (Ed.): Organization Theory. From Chester Barnard to the present and beyond. New York (Oxford Univ. Press), 38-55

Seifert, Eberhard K. & Priddat, Birger (1995): Neuorientierungen in der ökonomischen Theorie. In: dieselben (Hrsg.): Neuorientierungen in der ökonomischen Theorie. Marburg (Metropolis), 7-54

Seifert, Eberhard K. (1985): Arbeitszeit in Deutschland. Herausbildung und Entwicklung industrieller Arbeitszeiten von der frühen Industrialisierung bis zum Kampf um die 35-Stunden-Woche. Wuppertal (Dissertation)

Seifert, Eberhard K. (1989): Neue Formen der Arbeitszeitgestaltung und zunehmende Probleme ihrer statistischen Erfassung. In: Angestelltenkammer Bremen (Hrsg): Arbeitszeit zwischen Wunsch und Wirklichkeit. Bremen, 41-74

Seifert, Eberhard K. (Hrsg.) (1988): Ökonomie und Zeit. Beiträge zur interdisziplinären Zeitökonomie. Frankfurt (Arnoldshainer Schriften zur interdisziplinären Ökonomie, Bd. 15)

Seifert, Hartmut: (1992): Gleitende Arbeitszeit - Chancen für mehr selbstbestimmte Zeitgestaltung? Sozialer Fortschritt, (3), 66-68

Seifert, Hartmut (1996): Arbeitszeitkonten - Modelle für mehr Zeitsouveränität oder absatzorientiertes Zeitmanagement? WSI-Mitteilungen, 49 (7), 442-449

Seyffert, Rudolf (1922): Der Mensch als Betriebsfaktor. Eine Kleinhandelsstudie. Stuttgart

Shelanski, Howard A. & Klein, Peter G. (1995): Empirical Research in Transaction Cost Economics: A Review and Assessment. Journal of Law, Economics, and Organization, 11 (2), 336-361

Shimizu T. (1979): Wirtschaftliche und humane Aspekte eines Systems zur Produktionssteuerung in der japanischen Automobilindustrie. In: Wunderer, R. (Hrsg.): Humane Personal- und Organisatiosentwicklung. Berlin (Duncker & Humblot), 321-343

Simon, Herbert A. (1985): Human nature in politics: The dialogue of psychology with political science. American Political Science Review, 79, 293-304

Simon, Herbert A. (1991): Organizations and markets. Journal of Economic Perspectives, 5 (2), 25-44

Literaturverzeichnis

Singer, H. F. (1917): Der Blaue Montag. Eine kulturgeschichtliche und soziale Studie. Mainz (Lehrlingshaus)

Sisson, Keith (1990): Introducing the Human Resource Management Journal. Human Resource Management Journal, 1 (1), 1.

Sisson, Keith (1995): Human resource management and the personnel function. In: Storey, J. (1995): Human Resource Management. A critical text. London u. New York (Routledge), 87-109

Slesina, Wolfgang & Broekmann, M. (1992): Gesundheitszirkel zur Verstärkung des Gesundheitsschutzes im Betrieb. Arbeit, 1, (2), 166-186

Smentek, Martin (1991): Arbeitszeit-Flexibilisierung - Zwischen 'kapitalistischer Zeitökonomie' und 'sozialer Zeitstruktur'. Hamburg (VSA)

Spandau, Arnt (1991): Ansätze zur Verringerung von Fehlzeiten in Industriebetrieben. In: Kistner, Klaus-Dieter & Schmidt, Reinhardt (Hrsg.): Unternehmensdynamik. Horst Albach zum 60. Geburtstag. Wiesbaden (Gabler), 315-341

Spie, Ulrich (1988): Personalwesen als Organisationsaufgabe. Heidelberg (Sauer)

Spies, Steffen & Beigel, Holger (1996): Einer fehlt, und jeder braucht ihn. Wie Opel die Abwesenheit senkt. Wien (Ueberreuter)

Spremann, Klaus (1987): Agent und Prinzipal. In: Bamberg, Günter & Spremann, Klaus (Hrsg.): Agency Theory, Information und Incentives, Berlin u.a. (Springer), 3-37

Springer, Beverly & Springer, Stephen (1990): Human Resource Management in the U.S. - Celebration of its centenary. In: Pieper, Rüdiger (Hrsg.): Human Resource Management: An international comparison. Berlin u. New York (de Gruyter), 41-60

Staehle, Wolfang (1989): Human Resource Management und Unternehmensstrategie. Mitteilungen aus der Arbeitsmarkt- und Berufsforschung, 22, 388-96

Staehle, Wolfgang (1990): Human Resource Management and Corporate Strategy. In: Pieper, Rüdiger (Hrsg.): Human Resource Management: An international comparison. Berlin u. New York (de Gruyter), 27-38

Staffelbach, Bruno (1995): Bausteine und Funktionen einer Personalökonomik. Die Unternehmung, (3), 179-191

Stamm, Sybille (1987): Fröhliches Gleiten. In: Kurz-Scherf, Ingrid & Breil, Gisela (Hrsg.): Wem gehört die Zeit? Ein Lesebuch zum 6-Stunden-Tag. Hamburg (VSA), 187-192

Stanko, Lucia & Ritsert, Jürgen (1994): Zeit als Kategorie der Sozialwissenschaften. Eine Einführung. Münster (Westfälisches Dampfboot)

Staw, Barry & Oldham, G. (1978): Reconsidering our dependent variables: A critique and empirical study. Academy of Management Journal, 21, 539-559

Steel, Robert P. (1990): Psychometric theory and the problem of relating prior and subsequent absences. Journal of Organizational Behavior, 11, 407-411

Steers, Richard M. & Rhodes, Susan R. (1978): Major influences on employee attendance: A process model. Journal of Applied Psychology, 63, 391-407

Steinmann, Horst & Hennemann, Carola (1993): Personalmanagementlehre zwischen Managementpraxis und mikro-ökonomischer Theorie. Versuch einer wissenschaftstheoretischen Standortbestimmung. In: Weber, W. (Hrsg.): Entgeltsysteme. Lohn, Mitarbeiterbeteiligung und Zusatzleistungen. Festschrift zum 65. Geburtstag von Eduard Gaugler. Stuttgart (Poeschel), 41-73 (77-80); aktualisiert mit gleichem Titel in: Weber, Wolfgang (Hrsg.): Grundlagen der Personalwirtschaft. Theorien und Konzepte. Wiesbaden (Gabler), 223-277

Steinmann, Horst & Kühlmann, Torsten (1991): Sieben Thesen zur Lehre im Fach Personalmanagement. Die Betriebswirtschaft, 51, 667-673.

Steinmann, Horst & Schreyögg, Georg (1990): Management. Wiesbaden (Gabler)

Stengel, Martin & von Rosenstiel, Lutz (1987): Psychologische Aspekte der Arbeitszeitverkürzung. In: Marr, Rainer et al. (Hrsg.): Arbeitszeitmanagement. Berlin (E. Schmidt), 183-197

Stengel, Martin (1987): Einstellungen zur individuellen Arbeitszeitverkürzung. Zeitschrift für Arbeitswissenschaft, 41 (2), 77-83

Stengel, Martin (1996): Freizeit als Restkategorie. Das Dilemma einer eigenständigen Freizeitforschung. In: Hartmann, H.A. & Haubl, R. (Hrsg.): Freizeit in der Erlebnisgesellschaft. Opladen (Westdeutscher Verlag), 19-44

Stephan, Gesine (1991): Fehlzeiten: eine theoretische und empirische Untersuchung mit Individualdaten. Mitteilungen aus der Arbeitsmarkt- und Berufsforschung, 24 (3), 583-594

Stepp, Kai & Wolf, Thomas (1992): Krankheit - ein Risiko für Gehalt und Arbeitsplatz. Capital (10), 309-315

Stigler, George J. & Becker, Gary, S. (1977): De gustibus non est disputandum. American Economic Review, 67, 76-90

Storey, John (1987): Developments in the management of human resources. An interim report. Warwick Papers in Industrial Relations, Nr.17, Warwick (University of Warwick)

Storey, John (1995): Human Resource Management: Still marching on, or out? In: ders. (Ed.): Human Resource Management. A critical text. London & New York (Routledge). 3-32

Storey, John, Ackers, P., Bacon, N., Buchanan, D., Coates, D. & Preston, D. (1994): Human Resource Management Practices in Leicestershire: A Trends Monitor. Loughborough (zitiert in Storey 1995, 16-20).

Stück, Heiner (1989): Einkommens- und Freizeitpräferenzen der Angestellten. In: derselbe (Hrsg.): Arbeitszeit zwischen Wunsch und Wirklichkeit. Ergebnisse sozialwissenschaftlicher Untersuchungen. Bremen (Schriftenreihe der Angestelltenkammer Bremen), 115-206

Stuppardt, Rolf (1988): Branchenorientierte Krankenstandsstatistik der Betriebskrankenkassen. Qualitätsmerkmale und Aussagekraft. Personalführung, 10, 763-769

Sturm, Norbert (1995): Sprengsatz für den Sozialstaat. Missbrauch auch durch Staat und Wirtschaft überfordern den ohnehin schon arg gebeutelten Beitragszahler. Süddeutsche Zeitung Nr. 11, 31

Teriet, Bernhard (1976): Der Jahresarbeitszeitvertrag - ein Arbeitskonzept der oder mit Zukunft? Analysen und Prognosen, Nov., 19-23

Teriet, Bernhard (1977): Die Wiedergewinnung der Zeitsouveränität. In: Duve, F. (Hrsg.): Technologie und Politik, Bd. 8, Reinbek (Rowohlt), 75-111

Teriet, Bernhard (1981): Die gleitende Arbeitszeit - Zwischenbilanz ihrer bisherigen Penetration und der dabei gemachten Erfahrungen - eine Literaturanalyse. In: Bundesminister für Arbeit und Sozialordnung (Hrsg.): Die Gleitzeitarbeit - Entwicklungsstand und Perspektiven in der Bundesrepublik. Bd. 61 der Reihe "Humanisierung des Arbeitslebens", Bonn

Teriet, Bernhard (1983): Lineare Arbeitszeitverkürzungen auf dem Prüfstand von Pro- und Contra-Argumenten. Personal, (8), 313-315

Teriet, Bernhard (1993): Arbeitszeit- und Betriebszeitflexibilisierung. Zur aktuellen Diskussion. IAB Werkstattbericht Nr. 15, 1-21

Theis, K.-H. (1985): Fehlzeiten und psychische Beschwerden. Reaktionsformen auf Belastungen im Betrieb. Spardorf (Wilfer)

Thibaut, John & Kelley, Harold (1959): The social psychology of groups. New York (Wiley)

Thompson, Edward P. (1980): Die 'moralische Ökonomie' der englischen Unterschichten im 18. Jahrhundert. In: ders.: Plebeische Kultur und moralische Ökonomie. Frankfurt u.a. (Ullstein), 67-130

Thompson, Edward P. (1980): Zeit, Arbeitsdisziplin und Industriekapitalismus. In: ders.: Plebeische Kultur und moralische Ökonomie. Frankfurt u.a. (Ullstein), 35-66

Tichy, Noel M., Fombrun, Charles J. & Devanna, Mary Anne (1982): Strategic Human Resource Management. Sloan Management Review, 2, 47-61

Literaturverzeichnis

Titscher, Stefan (1995): Der Personalbereich als Profi-Center. In: Wächter, H. & Metz, T. (Hrsg.): Professionalisierte Personalarbeit? Perspektiven der Professionalisierung des Personalwesens. München und Mering (Hampp), 207-228

Torrington, Derek (1993): How dangerous is Human Resource Management? A reply to Tim Hart. Employee Relations, 15 (5), 40-53

Townley, Barbara (1994): Reframing Human Resources Management. Power, Ethics and the Subject at Work. London u.a. (Sage)

Trebesch, Karsten (1979): Fehlzeiten in Betrieb und Verwaltung. In: Nieder, P. (Hrsg.): Fehlzeiten: ein Unternehmer- oder Arbeitnehmerproblem? Wege zur Reduzierung von Fehlzeiten. Bern u. Stuttgart (Haupt), 33-58

Treiber, Hubert & Steinert, Heinz (1980): Die Fabrikation des zuverlässigen Menschen. München (Moos)

Türk, Klaus (1976): Grundlagen einer Pathologie der Organisation. Stuttgart (Enke)

Türk, Klaus (1978): Instrumente betrieblicher Personalwirtschaft. Neuwied (Luchterhand)

Türk, Klaus (1978a): Objektbereich und Problemfeld einer Personalwissenschaft. Zeitschrift für Arbeitswissenschaft, 32, 18-19

Türk, Klaus (1981): Personalführung und soziale Kontrolle. Stuttgart (Enke)

Türk, Klaus (1995): "Die Organisation der Welt." Herrschaft durch Organisation in der modernen Gesellschaft. Opladen (Westdeutscher Verlag)

Türk, Klaus (1997): Soziologische Institutionentheorie und politische Ökonomie. In: Ortmann G., Sydow, J. & Türk, K. (Hrsg.): Theorien der Organisation. Opladen (Westdeutscher Verlag) [im Druck]

Tyson, Shaun & Fell A. (1986): Evaluating the Personnel Function. London (Hutchinson)

Tyson, Shaun (1987): The Management of the Personnel Function. Journal of Management Studies, 24, 5, 523-

Vogel, Joachim (1995): Working conditions, health and work absenteeism: Recent Swedish experience. In: Jaufmann, D., Mezger, R. & Pfaff, M. (Hrsg.): Verfällt die Arbeitsmoral? Zur Entwicklung von Arbeitseinstellungen, Belastungen und Fehlzeiten. Frankfurt u. New York (Campus), 145-165

Volkholz, Volker u.a. (1983): Kosten der Arbeitsunfähigkeit. Dortmund (Bundesanstalt für Arbeitsschutz, Forschungsbericht 361)

von Ferber, Christian, Köster, Ingrid & von Ferber, Lieselotte (1995): Fehlzeiten und Krankenstand. In: Jaufmann, Dieter, Mezger, Erika u. Pfaff, Martin (Hg.) (1995): Verfällt die Arbeitsmoral? Zur Entwicklung von Arbeitseinstellungen, Belastungen und Fehlzeiten. Frankfurt u. New York (Campus), 17-31.

von Nell-Breuning, Oswald (1950): Der Mensch im Betrieb. Zeitschrift für Betriebswirtschaft 257-266

von Rosenstiel, Lutz (1975): Die motivationalen Grundlagen des Verhaltens in Organisationen. Leistung und Zufriedenheit. Berlin (Duncker & Humblot)

Wächter, Hartmut & Metz, Thomas (1995): Die DGFP zwischen Wissenschaft und Praxis. Interview mit dem Geschäftsführer der Deutschen Gesellschaft für Personalführung (DGFP), Herrn Dr. Hans Böhm. In: dies. (Hrsg.): Professionalisierte Personalarbeit? Perspektiven der Professionalisierung des Personalwesens. München u. Mering (Hampp), 39-53

Wächter, Hartmut & Metz, Thomas (Hrsg.) (1995): Professionalisierte Personalarbeit? Perspektiven der Professionalisierung des Personalwesens. München u. Mering (Hampp)

Wächter, Hartmut (1979): Einführung in das Personalwesen. Herne u. Berlin (Verlag Neue Wirtschafts-Briefe)

Wächter, Hartmut (1981): Das Personalwesen: Herausbildung einer Disziplin. Betriebswirtschaftliche Forschung und Praxis, 5, 462-473

Wächter, Hartmut (1987): Professionalisierung im Personalbereich, Die Betriebswirtschaft, 47, 141-150

Wächter, Hartmut (1992): Vom Personalwesen zum Strategic Human Resources Management. In: Staehle, W. & Conrad, P. (Hrsg): Managementforschung Bd. 2, Berlin (de Gruyter), 313-340.

Wagner, Bernd (1990): Bedürfnisorientierte Unternehmenspolitik. Grundlagen und Konzept. Stuttgart u. Bern (Haupt).

Wagner, Dieter (1989): Zentralisation oder Dezentralisation. Organisatorisch-institutionelle Aspekte und konzeptionelle Perspektiven des Personalmanagements. Zeitschrift Führung + Organisation (ZfO), 57 (3), 179-185

Wagner, Dieter, Domnik, Eckhard & Seisreiner, Achim (1995): Professionelles Personalmanagement als Erfolgspotential eines holistisch-voluntaristischen Managementkonzepts. In: Wächter, H. & Metz, T. (Hrsg.): Professionalisierte Personalarbeit? Perspektiven der Professionalisierung des Personalwesens. München u. Mering (Hampp), 111-138

Walwei, Ulrich & Werner, Heinz (1995): Entwicklung der Teilzeitbeschäftigung im internationalen Vergleich. Ursachen, Arbeitsmarkteffekte und Konsequenzen. Mitteilungen aus der Arbeitsmarkt- und Berufsforschung, 28 (3), 365-382

Wank, Rolf (1992): Reform des Lohnfortzahlungsrechts. Betriebs-Berater, 28, 1993-1999

Weber, Max (1921): Wirtschaft und Gesellschaft. Grundriß der verstehenden Soziologie. Tübingen (Mohr)

Weber, Wolfgang (1996): Fundierung der Personalwirtschaftslehre durch verhaltenswissenschaftliche Theorien. In: ders. (Hrsg.): Grundlagen der Personalwirtschaft. Theorien und Konzepte. Wiesbaden (Gabler), 279-296

Weibler, Jürgen (1995): Personalwirtschaftliche Theorien - Anforderungen, Systematisierungsansätze und konzeptionelle Überlegungen. Zeitschrift für Personalforschung, 9, (2), 113-134

Weibler, Jürgen (1996): Ökonomische vs. verhaltenswissenschaftliche Ausrichtung der Personalwirtschaftslehre - Eine notwendige Kontroverse? Die Betriebswirtschaft, 56 (5), 649-665

Weibler, Jürgen (1997): Personalwirtschaftslehre auf der Suche nach Identität. Die Betriebswirtschaft, 57 (1), 127-131

Weidinger, Michael (1993): Neue Perspektiven betrieblicher Arbeitszeitgestaltung. Personalführung, 7, 598-602

Weidinger, Michael (1995): Abschied von der "Zeitverbrauchs-Kultur". Konsequenzen für Führung und Organisation. Personalführung (9), 768-775

Wendisch, Natalie (1996): Change and Challenge. Amerika und Arbeitsbeziehungen. Unveröffentlichtes Arbeitspapier des INIFES, Stadtbergen

Wendorf, Rudolf (1980): Zeit und Kultur. Geschichte des Zeit-Bewußtseins in Europa. Opladen (Westdeutscher Verlag)

Wiegran, Gabriele (1993): Transaktionskostenanalyse in der Personalwirtschaft, Zeitschrift Führung + Organisation (zfo), (4), 264--267

Wildemann, Horst (1991): Flexible Arbeits- und Betriebszeiten - wettbewerbs- und mitarbeiterorientiert. Leitfaden zur Einführung. München (Bayerisches Staatsministerium für Arbeit, Familie und Sozialordnung)

Wilke, Karl H. (1986): Kündigung bei Krankheit. Arbeitsrechtliche Aspekte eines betrieblichen Dauerproblems. In: Pillat, R. & Wilke, K.H. (Hrsg.): Probleme bei krankheitsbedingten Fehlzeiten. Eine Fibel für den Betrieb. Köln (Deutscher Instituts-Verlag), 73-99

Williamson, Oliver E. (1975): Markets and Hierarchies. Analysis and Antitrust Implications. New York (Free Press)

Williamson, Oliver E. (1985): The Economic Institutions of Capitalism. New York (Free Press)

Williamson, Oliver E. (1993): Opportunism and its critics. Managerial and Decision Economics, 14, 97-107

Williamson, Oliver E. (1993): Calculativeness, trust, and economic organization. Journal of Law and Economics, 36, 453-486

Literaturverzeichnis

Williamson, Oliver E. (1996^{2}a): Transaktionskostenökonomik. Hamburg (Lit-Verlag)

Williamson, Oliver E. (1996b): Economics and Organization: A Primer. California Management Review 38 (2), 131-146

Williamson, Oliver E. (1996c): Economic Organization: The case for candor. Academy of Management Review, 21 (1), 48-57

Williamson, Oliver E. (Ed.) (1995a): Transaction Cost Economics and Organization Theory. In: ders. (Hrsg.): Organization Theory. From Chester Barnard to the present and beyond (Expanded edition). New York (Oxford Univ. Press), 207-256

Willke, Helmut (1987): Systembeobachtung, Systemdiagnose, Systemintervention - Weiße Löcher in schwarzen Kästen? In: Schiepek, G. (Hrsg.): Systeme erkennen Systeme. München u. Weinheim (PVU), 94-114

Wiltz, Stefan & Rigo, Konrad (1991): Anpassung der Gleitenden Arbeitszeit an veränderte Arbeitszeitbedingungen. Personal (7-8), 226-229 und 282-286

Wöhe, Günter (1984^{15}): Einführung in die Allgemeine Betriebswirtschaftslehre. München (Vahlen)

Wöhler, Christiane & Kuhnert, Jan (1995): Zufriedenheit am Arbeitsplatz - Reduzierung von Fehlzeiten. Personalführung (5), 411-415

Wolff, Georg & Göschel, Gesine (1988): Fehlzeiten im Betrieb - Ein Thema für Führungskräfte. In: Humane Produktion, 6, 20-24; 7, 14-17; 8, 24-28; 9/10, 12-29

Wright, Patrick, Rowland, Kendrith & Weber, Wolfgang (1992): Konzeptionen des Personalwesens. In: Gaugler, E. & Weber, W. (Hrsg.): Handwörterbuch des Personalwesens. Stuttgart (Poeschel), 1139-1154

Wunderer, Rolf & Kuhn, Thomas (1993): Unternehmerisches Personalmanagement. Konzepte, Prognosen und Strategien für das Jahr 2000. Frankfurt u. New York (Campus)

Wunderer, Rolf & Kuhn, Thomas (1995): Innovatives Personalmanagement. Theorie und Praxis unternehmerischer Personalarbeit. Neuwied u.a. (Luchterhand)

Wunderer, Rolf & Mittmann, Josef (1983): 10 Jahre Personalwirtschaftslehre - von Ökonomie nur Spurenelemente. Die Betriebswirtschaft, 43 (4), 623-655

Wunderer, Rolf (1983): Entwicklungstendenzen im Personalwesen - Beurteilung aus theoretischer und praktischer Warte. Die Betriebswirtschaft, 43, 217-236

Wunderer, Rolf (1984): Strategische Personalarbeit - arbeitslos? Zeitschrift Führung + Organisation, 53, 506-510

Wunderer, Rolf (1992a): Das Personalwesen auf dem Weg zu einem Wertschöpfungscenter. Personal, 52 (4), 148-153

Wunderer, Rolf (1992b): Von der Personaladministration zum Wertschöpfungs-Center. Vision, Konzeption und Realisation unternehmerischer Personalarbeit. Die Betriebswirtschaft, 52 (2), 201-215

Wunderer, Rolf (1993): Personalmanagement 2000. Auf dem Weg zu einer unternehmerischen Funktion. Personalführung (7), 560-569

Zahrndt, Angelika (1993): Zeitvergessenheit und Zeitbesessenheit der Ökonomie. In: Held, Martin & Geißler, Karlheinz A. (Hrsg.): Ökologie der Zeit. Vom Finden der rechten Zeitmaße. Stuttgart (Universitas), 111-120

Zimmermann, Walter (1979): Fehlzeiten im Industriebetrieb. Über das theoretische und praktische Problem des Absentismus in der Industriesoziologie. In: Nieder, P. (Hrsg.): Fehlzeiten: ein Unternehmer- oder Arbeitnehmerproblem? Wege zur Reduzierung von Fehlzeiten. Bern u. Stuttgart (Haupt), 59-72

Zoike, Erika (1991): Woran erkranken Frauen? Öffentliches Gesundheitswesen 53 (5), 221-227

Zoll, Rainer (1988): Zerstörung und Wiederaneignung von Zeit. Frankfurt

Zukav, G. (1980): The dancing Wu Li masters. London (Fontana) [zit. in Keenoy & Armstrong 1992, 236]

AutorInnenverzeichnis

AutorInnenverzeichnis

AutorInnenverzeichnis

Stichwortverzeichnis

Stichwortverzeichnis

Stichwortverzeichnis

Stichwortverzeichnis